Wolf Schmid
Mentale Ereignisse

Narratologia

Contributions to Narrative Theory

Edited by
Fotis Jannidis, Matías Martínez, John Pier,
Wolf Schmid (executive editor)

Editorial Board
Catherine Emmott, Monika Fludernik, José Ángel García Landa, Inke Gunia,
Peter Hühn, Manfred Jahn, Markus Kuhn, Uri Margolin, Jan Christoph Meister,
Ansgar Nünning, Marie-Laure Ryan, Jean-Marie Schaeffer, Michael Scheffel,
Sabine Schlickers

Band 58

Wolf Schmid

Mentale Ereignisse

Bewusstseinsveränderungen in europäischen
Erzählwerken vom Mittelalter bis zur Moderne

DE GRUYTER

ISBN 978-3-11-065161-4
e-ISBN (PDF) 978-3-11-053822-9
e-ISBN (EPUB) 978-3-11-053739-0
ISSN 1612-8427

Library of Congress Cataloging-in-Publication Data
A CIP catalog record for this book has been applied for at the Library of Congress.

Bibliografische Information der Deutschen Nationalbibliothek
Die Deutsche Nationalbibliothek verzeichnet diese Publikation in der Deutschen Nationalbibliografie; detaillierte bibliografische Daten sind im Internet über http://dnb.dnb.de abrufbar.

© 2019 Walter de Gruyter GmbH, Berlin/Boston
Dieser Band ist text- und seitenidentisch mit der 2017 erschienenen gebundenen Ausgabe.
Druck und Bindung: CPI books GmbH, Leck
♾ Gedruckt auf säurefreiem Papier
Printed in Germany

www.degruyter.com

Vorwort

Das vorliegende Buch ist die Frucht meiner Emeritenzeit und wurde seit Oktober 2013 geschrieben. In einzelnen Kapiteln greife ich auf Ergebnisse früherer Arbeiten zurück, die jeweils angegeben sind.

Ich danke herzlich meiner Frau Irina, die mit ihrer großen Belesenheit und ihrem feinen Sinn für Literatur eine anregende Gesprächspartnerin war, den gesamten Text kritisch gelesen und manchen hilfreichen Hinweis gegeben hat.

Mein aufrichtiger Dank gilt auch dem Hamburger anglistischen Kollegen Professor Peter Hühn, der das gesamte Manuskript gründlich gelesen und mit zahlreichen kritischen Anmerkungen versehen hat.

Für die kritische Lektüre des Kapitels zum *Tristan* danke ich Daria Filippov.

Hamburg, im Mai 2017

Inhalt

1   Einleitung: Handlung und Bewusstsein —— 1

I. Bewusstsein und Ereignis

2	**Bewusstseinsdarstellung** —— **11**	
2.1	Die Schablonen der Gedankenwiedergabe —— 13	
2.2	Die Skala zwischen Diegesis und Mimesis —— 17	
2.3	Das Textinterferenz-Modell —— 19	
2.4	Markierte explizite Bewusstseinsdarstellung —— 23	
2.4.1	Die direkte innere Rede mit dem direkten inneren Monolog und der direkten figuralen Benennung —— 24	
2.4.1.1	Der direkte innere Monolog —— 25	
2.4.1.2	Die figurale und die narratoriale Variante des direkten inneren Monologs —— 29	
2.4.1.3	Die direkte figurale Benennung —— 30	
2.4.2	Die indirekte und die freie indirekte Darstellung von Wahrnehmungen, Gedanken und Gefühlen —— 32	
2.4.2.1	Die figurale und die narratoriale Variante der indirekten Darstellung —— 34	
2.4.2.2	Die freie indirekte Darstellung —— 36	
2.4.2.3	Die Verknüpfungsfunktion der indirekten Darstellung —— 37	
2.4.3	Der Bewusstseinsbericht —— 38	
2.5	Die kaschierte explizite Bewusstseinsdarstellung —— 41	
2.5.1	Die erlebte Rede mit dem erlebten inneren Monolog —— 42	
2.5.1.1	Grundtypus und Varianten der erlebten Rede im Deutschen, Englischen und Russischen —— 45	
2.5.1.2	Der erlebte innere Monolog —— 47	
2.5.2	Die erlebte Wahrnehmung —— 50	
2.5.3	Das uneigentliche Erzählen —— 52	
2.6	Die sechs Schablonen der expliziten Bewusstseinsdarstellung —— 54	
2.7	Die Uneindeutigkeit der Textinterferenz —— 57	
2.8	Indiziale und symbolische Bewusstseinsdarstellung —— 59	

3	**Mentale Zustandsveränderungen und Ereignisse** —— 63	
3.1	Narrativität, Zustandsveränderung und Geschichte —— 63	
3.2	Äußere und innere Zustandsveränderungen —— 64	
3.3	Ereignis und Erzählwürdigkeit —— 66	
3.4	Bedingungen des Ereignisses —— 68	
3.4.1	Faktizität —— 68	
3.4.2	Resultativität —— 70	
3.5	Kriterien für Ereignishaftigkeit —— 71	
3.5.1	Relevanz —— 72	
3.5.2	Imprädiktabilität —— 77	
3.5.3	Konsekutivität —— 79	
3.5.4	Irreversibilität —— 79	
3.5.5	Non-Iterativität —— 80	
3.6.	Diegetische und exegetische mentale Ereignisse —— 81	
3.6.1	Die Figuren als Subjekte diegetischer mentaler Ereignisse —— 81	
3.6.2	Der Erzähler als Subjekt exegetischer Ereignisse —— 84	
3.7	Rezeptionsereignisse —— 87	

II. Bewusstseinsveränderung in Epen des deutschen Mittelalters

4	**Wolframs *Parzival*: Die Überwindung der *hôchvart*** —— 91	
4.1	Verfluchung und Gotteshass —— 91	
4.2	Das Erkennen: Von der *hôchvart* zur *diemuot* —— 94	
4.3	Offenheit vs. Determination —— 104	
5	**Gottfrieds *Tristan*: Grenzüberschreitungen und Aporien** —— 107	
5.1	Tantris' Reise nach Irland —— 108	
5.2	Der Beginn der Liebe —— 109	
5.3	Isoldes innerer Monolog: Leidvolle Entsagung —— 116	
5.4	Paradoxien in Tristans Gefühlen —— 119	
5.5	Tristans erster innerer Monolog: Namensrealismus —— 119	
5.6	Tristans Streben nach einer Zweckliebe —— 121	
5.7	Tristans zweiter innerer Monolog: Selbstanklage —— 122	
5.8	Tristans *zwîvelnôt* —— 122	
5.9	Tristans dritter innerer Monolog: Kasuistische Rechtfertigung —— 125	
5.10	Nicht realisierte Ereignisse —— 126	

III. Mentale Ereignisse in der englischen Literatur des 18. und 19. Jahrhunderts

6	**Die Wendungen des Gefühls in Samuel Richardsons Briefromanen** —— 133	
6.1	*Pamela, or Virtue Rewarded* —— 133	
6.1.1	Monoperspektivismus und Introspektion —— 134	
6.1.2	Squire B.s Konversion —— 138	
6.1.3	Pamelas Erkennen ihrer Liebe —— 140	
6.2	*Clarissa, or The History of a Young Lady* —— 143	
6.2.1	Multiperspektivismus —— 143	
6.2.2	Innere Dialogisierung —— 145	
6.2.3	Textinterferenz —— 146	
6.2.4	Seelische Entwicklungen —— 149	

7	**Erkennen in Jane Austens Romanen** —— 153	
7.1	*Sense and Sensibility* —— 155	
7.1.1	Symmetrien —— 155	
7.1.2	Narratoriale und figurale Präsentation des Bewusstseins —— 159	
7.1.3	Elinors Umschlag von Unglück in Glück —— 159	
7.1.4	Der prosaische Schluss —— 165	
7.2	*Pride and Prejudice* —— 166	
7.2.1	Symmetrische Veränderungen —— 166	
7.2.2	Erzählperspektive und Bewusstseinsdarstellung —— 168	
7.2.3	Darcys und Elizabeths Veränderung —— 170	
7.2.4	Zwei Ebenen des Bewusstseins —— 175	
7.3	*Emma* —— 177	
7.3.1	Irrtümer und Revisionen —— 177	
7.3.2	Die Perspektive —— 179	
7.3.3	Rätselmotive und Rätselstrukturen —— 180	
7.3.4	Schablonen der Bewusstseinsdarstellung —— 182	
7.3.5	Emmas Revisionen —— 183	

IV. Nicht erzählte und nicht eintretende Ereignisse in der Literatur des 19. Jahrhunderts

8	**Psychologia in absentia: Aleksandr Puškins Belkin-Erzählungen** —— 191	
8.1	Auf dem Weg zum psychologischen Roman —— 191	

8.2	Die „nackte" Prosa —— **194**	
8.3	Drei diegetische Verfahren —— **199**	
8.4	Der *Schneesturm* und der „coup de foudre" —— **203**	
8.5	Die Bewegung des Lesens und das Bild der Psyche —— **207**	
8.6	Glück und mentale Beweglichkeit —— **211**	
9	**Das nicht eintretende Ereignis in Otto Ludwigs *Zwischen Himmel und Erde* —— 213**	
9.1	Der Vorenthalt des Ereignisses und die Erzählwürdigkeit —— **213**	
9.2	Wertungsdifferenzen —— **215**	
9.3	Das Psychogramm der Dinge —— **217**	
9.4	Explizite Bewusstseinsdarstellung —— **221**	
9.5	„Was damals in vier Seelen vorging" —— **225**	
9.6	Ludwigs Bewusteins- und Ereignispoetik —— **230**	
10	**Die nicht ereignisfähige Welt in Jan Nerudas *Kleinseitner Geschichten* —— 233**	
10.1	Erkenntnisprozesse —— **233**	
10.2	*Wie sich Herr Vorel sein Meerschaumpfeifchen anrauchte* —— **235**	
10.3	Ledige und Fast-Verheiratete —— **240**	
10.4	Unbestimmtheiten und Äquivalenzen —— **243**	

V. Ereignisoptimismus im russischen Realismus

11	**Fëdor Dostoevskij —— 249**	
11.1	*Der Doppelgänger* —— **249**	
11.1.1	Figurale Weltwahrnehmung und „Polyphonie" —— **249**	
11.1.2	Goljadkins Erkenntnis —— **251**	
11.2	Raskol'nikovs „Auferstehung" in *Schuld und Sühne* —— **254**	
11.2.1	Die Motivation —— **255**	
11.2.2	Perspektive und Bewusstseinsdarstellung —— **265**	
11.2.3	Der Umschlag —— **270**	
11.2.4	Geständnis und „Auferstehung" —— **275**	
11.3	Die Kettenreaktion der Konversionen in den *Brüdern Karamazov* —— **279**	
11.3.1	Das Unwahrscheinliche —— **279**	
11.3.2	Der Erzähler und die Bewusstseinsdarstellung —— **281**	
11.3.3	Markel und die Bedingungen der Konversion —— **284**	
11.3.4	Von Zosima zu Dmitrij —— **288**	

11.3.5	Ereignishaftigkeit und Philosophie —— 297	
12	**Lev Tolstoj** —— 301	
12.1	Dostoevskij und/oder Tolstoj —— 301	
12.2	*Krieg und Frieden* —— 304	
12.2.1	Andrej Bolkonskij —— 304	
12.2.2	Die Passage in den Tod —— 311	
12.2.3	Pierre Bezuchov —— 313	
12.3	*Anna Karenina*: Die Levin-Handlung —— 319	
12.4	Tolstojs Ereignisphilosophie —— 324	
12.5	Pragmatische Ereignishaftigkeit in *Auferstehung* —— 327	
12.6	*Anna Karenina*: Annas Konstruktion —— 328	
12.6.1	Äquivalenzen: Die Träume und der Bär —— 328	
12.6.2	Zerschnittene Körper —— 331	

VI. Ereignisskepsis im russischen Postrealismus

13	**Anton Čechov** —— 341	
13.1	Leidenschaftlicher Arzt und „Priester der Prinzipienlosigkeit" —— 341	
13.2	Problematisiertes Erkennen —— 343	
13.2	Veränderungslose Welt: *Der Dicke und der Dünne* —— 347	
13.3	Körper, Stimmung und Weltbild: *Der Student* —— 352	
13.4.	Ein vermeintliches Ereignis: *Die Dame mit dem Hündchen* —— 358	
13.5	Iterative Zustandsveränderungen: *Die Braut* —— 361	
13.6	Die Vision im Tode: *Der Erzpriester* —— 363	
13.7	Die innere Umkehr Sterbender: *Kummer* und *Rothschilds Geige* —— 368	

VII. Zusammenfassung und Auswertung

14	*Parzival*: **Asymmetrische Entwicklung in Sprüngen** —— 391	
15	*Tristan*: **Widersprüche des Herzens in dialogisierten inneren Monologen** —— 393	
16	*Samuel Richardson*: **Der Beginn der Bewusstseinskunst** —— 394	

17 Jane Austen: Erkenntnisprozesse in erlebter Rede —— 396

18 Aleksandr Puškin: Vielstimmige Charaktere —— 399

19 Otto Ludwig: Das nicht eintretende Ereignis im Gemenge von Stimmen und Sinnpositionen —— 400

20 Jan Neruda: Der Reigen der nicht gelingenden Ereignisse —— 401

21 Fëdor Dostoevskij: Dialogizität im Pro und Contra —— 402

22 Lev Tolstoj: Die Dialektik der Seele in der Suche nach dem Sinn —— 405

23 Anton Čechov: Die Ereignisskepsis des Postrealisten —— 408

Literaturverzeichnis —— 415
    Primärtexte und ihre Siglen —— 415
    Sekundärtexte —— 416

Index der Namen und Werke —— 433

1 Einleitung: Handlung und Bewusstsein

Eine wesentliche Komponente des Erzählens, das in der gegenwärtigen Narratologie allgemein als Darstellung von Zustandsveränderungen verstanden wird, ist das Bewusstsein der Figuren, von denen erzählt wird.[1] Seit dem Ende des achtzehnten Jahrhunderts sind in den europäischen Literaturen die entscheidenden Zustandsveränderungen mentaler Natur, Veränderungen des Bewusstseins.

Das heißt jedoch nicht, dass Bewusstseinsdarstellung erst in dieser Zeit begänne. In den europäischen Literaturen des Mittelalters finden wir bereits eine entwickelte Darstellung der Gefühle und Gedanken der Figuren, die nicht nur in der Form narratorialer Wiedergabe, sondern durchaus auch in den Formen figuraler Rede gestaltet ist. Gottfrieds von Straßburg Versroman *Tristan* enthält sogar ausgedehnte innere Monologe, die in der Gestalt innerer Dialoge der Figur mit sich selbst äußerst widersprüchliche Bewegungen in der Seele des Helden ausdrücken. Bereits in antiken (hebräischen und griechischen) Werken finden wir Fälle ausgedehnter Bewusstseinsdarstellung, sogar elaborierte innere Monologe (vgl. Dinkler 2015).

Für die Chronologie der Bewusstseinsdarstellung hochrelevant sind Monika Fluderniks (2011) Untersuchungen zur mittelenglischen Literatur. Fludernik kommt zu dem Schluss, dass die mittelenglische Literatur wesentlich mehr Darstellung von Subjektivität und innerer Welt enthalte, als man ihr gemeinhin zugestehe, vor allem von Seiten jener Experten für die Renaissance, die den Aufstieg der Subjektivität mit dem späten sechzehnten Jahrhundert datieren.

Fludernik erklärt die generelle Unterschätzung mittelalterlicher Bewusstseinsdarstellung durch die Narratologie mit deren ausschließlichem Interesse für Erzählwerke seit dem Aufstieg des Romans im achtzehnten Jahrhundert. Der Mangel an narratologischen Untersuchungen mittelalterlicher Literatur mag allerdings auch durch die Skepsis der Mediävisten gegenüber Fragestellungen und Untersuchungen begründet sein, die ihnen anachronistisch, der Denk- und Dichtungsweise des Mittelalters nicht angemessen erscheinen.

Mit dem Beginn des neunzehnten Jahrhunderts beobachten wir eine Verlagerung der Handlung aus der Außenwelt in die Innenwelt. Thomas Mann hat in seinem Vortrag *Die Kunst des Romans* (1939) diese Entwicklung „Verinnerlichung" genannt und sich dafür auf Arthur Schopenhauer berufen:

---

[1] Zum Bewusstsein als einer Konstituente des Erzählens vgl. Marie-Laure Ryan (2007; [2009] 2014).

> Ein Roman wird desto höherer und edlerer Art seyn, je mehr *inneres* und je weniger *äußeres* Leben er darstellt [...] Die Kunst besteht darin, dass man mit dem möglichst geringsten Aufwand von äußerem Leben das innere in die stärkste Bewegung bringe; denn das innere ist eigentlich der Gegenstand unsres Interesse. – Die Aufgabe des Romanschreibers ist nicht, große Vorfälle zu erzählen, sondern kleine interessant zu machen. (Schopenhauer, *Parerga und Paralipomena* [1851]; zit. nach Mann, X, 356)

In der Verinnerlichung sieht Mann das „Geheimnis der Erzählung", das darin besteht, „das, was eigentlich langweilig sein müsste, interessant zu machen":

> Das Prinzip der Verinnerlichung muss im Spiele sein bei jenem Geheimnis, dass wir atemlos auf das an und für sich Unbedeutende lauschen und darüber den Geschmack am grob aufregenden, robusten Abenteuer ganz und gar vergessen. (Mann, X, 357)

Seit dem Beginn des neunzehnten Jahrhunderts wird äußeres Handeln mit mehr oder weniger ausführlich dargestellten inneren Vorgängen verbunden. Als Beleg dienen Schopenhauer sogar die Abenteuerromane Walter Scotts:

> Selbst die Romane Walter Scotts haben noch ein bedeutendes Übergewicht des innern über das äußere Leben, und zwar tritt Letzteres stets nur in der Absicht auf, das erstere in Bewegung zu setzen, während in schlechten Romanen es seiner selbst wegen da ist. (Zit. nach Mann, X, 356)

Der Nexus zwischen Handeln und Bewusstsein wird zum Grundprinzip des neueren Erzählens, und der wechselseitigen Motivierung der beiden Faktoren gilt die Sorge der um Plausibilität bemühten Autoren.

Mit dem Stichwort *Bewusstsein* ist die kognitivistische oder – einfacher – kognitive Narratologie aufgerufen. Wenn in ihrem Fokus auch vor allem die Relation zwischen dem Text oder der in ihm erzählten Geschichte einerseits und dem Leser andererseits steht (vgl. Herman 2009), so interessiert sie sich doch ebenfalls für das im Erzählwerk dargestellte fiktive Bewusstsein.

„Novel reading is mind reading". Mit dieser Losung beruft sich der britische Kognitivist Alan Palmer (2007, 217) auf Lisa Zunshines Buch *Why We Read Fiction* (2006). Es wird damit behauptet, dass in der Lektüre fiktionaler Literatur die wichtigste Rolle das Erschließen des Bewusstseins der fiktiven Figuren spiele, jene rezeptive Aktion, die in den kognitiven Wissenschaften *mind reading* oder *theory of mind* genannt wird (Gopnik 1999; Zunshine 2006, 6).[2] Auch wenn das

---

[2] Die Bezeichnung *theory of mind* ist etwas irritierend, handelt es sich doch nicht um eine Theorie, sondern um das alltägliche Bilden von Hypothesen darüber, was in einem andern Menschen vorgehen mag. Der entsprechende Zweig der Kognitionswissenschaft müsste eigentlich *theory of theory of mind* heißen (vgl. Gopnik 1999, 838).

Bewusstsein der Figuren für fiktionale Narrationen von großer Bedeutung ist, kann ihm nicht der Rang des Wichtigsten im Erzählen zugesprochen werden. Gegen die in Alan Palmers „target article" (2011a) vorgetragene These, Leser interessierten sich weniger für die Geschehnisse von Erzählungen als für die „workings of the fictional minds contained in them" ist aus der Perspektive der empirischen Psychologie Widerspruch vorgebracht worden. Gegen die Schlussfolgerung „Fictional narrative is, in essence, the presentation of mental functioning" (Palmer 2011a, 202), argumentiert Marisa Bortolussi, die als Ko-Autorin des Bandes *Psychonarratology* (Bortolussi & Dixon 2003) von realen Leserreaktionen auf Erzählstrukturen berichtet, dass die Vermutung Palmers über die Präferenz des Lesers für das Figurenbewusstsein nicht empirisch bestätigt sei, ja von den Ergebnissen der empirischen Psychologie widerlegt werde, die besagten, dass Leser nach der Lektüre von Geschichten vor allem Ereignisse erinnern (Bortolussi 2011, 286).

Den Primat der Handlung vor den Charakteren hat schon Aristoteles am Beispiel des Dramas betont:

> Die Darstellung (μίμησις)[3] der Handlung (πρᾶξις) ist die Erzählung (μῦθος). Ich nenne Erzählung die Zusammensetzung der Geschehnisse (σύνθησις τῶν πραγμάτων)[4] [...] Die Tragödie hat sechs wesentliche Komponenten [...]: Erzählung, Charaktere, sprachlicher Ausdruck, Erkenntnisfähigkeit, äußere Ausstattung und Musik [...] Die wichtigste Komponente ist die Zusammenstellung der Geschehnisse (τῶν πραγμάτων σύστασις). Denn die Tragödie ist nicht Darstellung von Menschen, sondern von Handlungen (πράξεις) und von Leben [...], und das Ziel [der Darstellung] ist eine Handlung (πρᾶξις), nicht aber die Eigenschaft eines Charakters. Die Personen handeln nicht, um Charaktere darzustellen, sondern die Charaktere sind in den Handlungen enthalten. Deshalb sind die Geschehnisse (τὰ πράγματα) und die Erzählung das Ziel der Tragödie. Das Ziel aber ist das Wichtigste von allem. (*Poetik* 1450a)

---

3 Mimesis bezeichnet in der *Poetik* des Aristoteles nicht „Nachahmung" wie noch in Platons *Staat*, sondern Darstellung von etwas nicht Vorgegebenem, das allererst in der Mimesis konstituiert wird (vgl. Schmid 2014a, 32 und die dort angegebene Literatur).

4 „Mythos" wird von einigen Übersetzern mit „Fabel" wiedergegeben (so von Wilhelm Nestle [Aristoteles 1934], obwohl der Begriff in Aristoteles' Definition die „organisierte Handlungsstruktur" (Kannicht 1976), den „Handlungsaufbau" (Fuhrmann 1994, 147) bezeichnet, also weniger der (formalistischen) „Fabel" als jener kompositionell gestalteten Ebene entspricht, die die russischen Formalisten – im Gegensatz zur „Fabel" (*fabula*) – „Sujet" (*sjužet*) genannt haben (vgl. Schmid 2009c, 36–37). Dem formalistischen Begriff *Sujet* als dem Ergebnis der kompositionellen Gestaltung entspricht am besten der Begriff der „Erzählung" im Gegensatz zur kompositionell noch ungestalteten „Geschichte" (vgl. Schmid 2014a, 223–225).

Neuzeitlich formulierend können wir den Schluss ziehen: Erzählende Literatur wird nicht um der Bewusstseinsdarstellung willen geschrieben, sondern um Zustandsveränderungen handelnder und leidender Menschen darzustellen. Aristoteles' Begriff des „Charakters" (ἦθος) kann auch „Denkweise", „Sinnesart", „Seelenzustand" und „künstlerische Darstellung von Seelenzuständen" bezeichnen, und wir können ihn durchaus im Sinne unseres neuzeitlichen „Bewusstseins" oder der gesamten Innenwelt einer Figur verstehen, also alles dessen, was der englische Begriff *mind* umfasst. Der Philosoph macht darauf aufmerksam, dass das Bewusstsein zwar an „zweiter Stelle" der Tragödie steht, während die Handlung ihre „Grundlage und Seele" bildet (*Poetik* 1450a), dass es aber in den Handlungen impliziert ist.

Der Mythos der Tragödie besteht nach Aristoteles aus drei „Teilen" (μέρη): der „Peripetie" (περιπέτεια), der „Wiedererkennung" (ἀναγνώρισις) und dem „Leiden" (πάθος). Für die nicht-tragödische Narration sind offensichtlich nur die ersten beiden Teile relevant. Beide bezeichnet Aristoteles als Formen des „Umschlags" (μεταβολή). Die Peripetie ist der „Umschlag dessen, was gerade betrieben wird, in sein Gegenteil", die Wiedererkennung der „Umschlag aus Unwissenheit in Erkennen" (ἐξ ἀγνοίας εἰς γνῶσιν μεταβολή; *Poetik* 1452a). Mit dieser zweiten Form des Umschlags zielt Aristoteles auf die für die attische Tragödie spezifische Form mentaler Zustandsveränderung, das Wiedererkennen von Figuren. Das Musterbeispiel für diesen Umschlag gibt für Aristoteles das von ihm oft angeführte Drama des Sophokles *König Ödipus* ab, dessen Titelheld erkennen muss, dass er, ohne es zu wissen, seinen Vater erschlagen und seine Mutter geheiratet hat. Die Anagnorisis bezieht sich für Aristoteles nicht nur auf Figuren, sondern auch auf Nicht-Lebendiges und Sachverhalte. Das erhellt aus der lakonischen Bemerkung:

> Es gibt auch andere Arten von Wiedererkennung. Sie kann vorkommen bei leblosen Gegenständen (ἄψυχα) und Zufälligem (τυχόντα), und man kann auch entdecken, ob jemand etwas gemacht oder nicht gemacht hat. (*Poetik* 1452a)

Bei Aristoteles finden wir auch schon den Gedanken angelegt, dass Handlung und Bewusstsein (ἦθος) der wechselseitigen Motivierung bedürfen.[5] In der Spra-

---

[5] Es ist zu unterscheiden zwischen der (künstlerischen) *Motivierung* der Handlung eines Werks und der (psychischen) *Motivation* der Figur, eine einzelne Handlung auszuführen. Die *Motivierung* wurde von Tomaševskij (1925, 147; dt. 1985, 227) definiert als „das System der Verfahren, die die Einführung einzelner Motive und Motivkomplexe rechtfertigen". Die *Motivation* bezieht

che der *Poetik*, die das Verfahren der Motivierung mit den Begriffen von „Notwendigkeit" und „Wahrscheinlichkeit" umschreibt, wird das auf folgende Weise formuliert:

> Man muss auch bei der Darstellung von Seelenzuständen (τὰ ἤθα) wie bei der Zusammensetzung der Geschehnisse sich um das Notwendige (τὸ ἀναγκαῖον) oder Wahrscheinliche (τὸ εἰκός) bemühen, so dass eine bestimmte Person mit Notwendigkeit oder Wahrscheinlichkeit dieses oder jenes sagt oder tut und dass sich das eine aus dem andern mit Notwendigkeit oder Wahrscheinlichkeit ergibt. (*Poetik* 1454a)

Seitdem die neuzeitliche Poetik im achtzehnten Jahrhundert den Roman zu reflektieren begann, spielte das Problem der wechselseitigen Motivierung von Handlung und Bewusstsein eine wesentliche Rolle. In Deutschland hat auf den Nexus zwischen Handeln und Bewusstsein am nachdrücklichsten Friedrich Blanckenburgs *Versuch über den Roman* (1774), die erste Poetik des psychologischen Romans, aufmerksam gemacht. In ihrem Zentrum steht die Wechselwirkung von „Handlungen und Empfindungen des Menschen". Der Roman soll das „Werden" des Menschen gestalten, „das ganze innere Sein der handelnden Personen mit all' den sie in Bewegung setzenden Ursachen" sichtbar machen und dabei den kausalen Nexus zwischen Begebenheiten und Empfindungen so veranschaulichen, dass das „Wie" der Entwicklung erlebbar und verallgemeinerbar wird (vgl. Wahrenburg 1995).

Während im Erzählen des Dramas der Nexus zwischen Bewusstsein und Handlung seit der Renaissance äußerste Pflege erfährt, man denke nur an Shakespeares Dramen, beobachten wir an der Prosanarration erst seit der zweiten Hälfte des achtzehnten Jahrhunderts eine zunehmend sorgfältige Motivierung der Handlung durch das Bewusstsein. Jedes äußere Handeln wird seitdem mit inneren Vorgängen verbunden. Der Nexus von Handlung und Bewusstsein ist ein Grundprinzip des neueren Erzählens, und der wechselseitigen Motivierung der beiden Faktoren gilt die Sorge der um Glaubwürdigkeit bemühten Autoren.

---

sich ausschließlich auf die Innenwelt einer Figur und wird etwa von Eder et al. (2010, 24) definiert als „the entirety of psychical processes that initiate, maintain and regulate behavior". Die Motivation einer Figur, so und nicht anders zu handeln, der Zusammenhang zwischen Psyche und Handlungsweise der Figur ist eine Komponente in der gesamten Motivierung eines Werks. Die russischen Formalisten haben die beiden Begriffe, die sie eingeführt haben, nicht immer konsequent auseinandergehalten (vgl. Hansen-Löve 1978, 197–200). Vor allem Tomaševskijs Begriff der „realistischen Motivierung" des Werks verschwamm gelegentlich mit dem der psychologischen Motivation des Helden.

I. Bewusstsein und Ereignis

Im Zentrum des vorliegenden Buchs steht ein besonderer Typus von Handlung oder Vorkommnis, eine Veränderung des Bewusstseinszustands der Figur, die als mentales Ereignis bezeichnet werden kann. Dabei verfolgt die Arbeit sowohl ein systematisches als auch ein historisches Interesse.

Dem systematischen Interesse dient die Klassifizierung der Formen der Darstellung von Bewusstsein in der Literatur und die Klärung, unter welchen Bedingungen man die Veränderung eines Bewusstseinszustands ein Ereignis nennen kann. Die historische Dimension kommt durch die Analyse von Werken verschiedener Kulturen und Epochen unter dem Aspekt ihrer mentalen Ereignisse zum Tragen. Es ist hier zunächst zu klären, von welchen Umschlägen der Bewusstseinsaktivität Werke erzählen. Dann ist die Frage zu stellen, in welchen der sechs zu unterscheidenden Schablonen das Bewusstsein der Figuren gestaltet wird und in welchem Maße die bedeutungsgebenden Instanzen Erzähler und Figur ins Spiel kommen. Schließlich ist der mentalitätsgeschichtliche Status der jeweiligen Ereignispoetik und Bewusstseinsphilosophie zu eruieren.

Die ausgewählten Werke erstrecken sich über einen Zeitraum von etwa 700 Jahren, von der Blütezeit der mittelalterlichen Epik bis zur Schwelle des zwanzigsten Jahrhunderts, und sie repräsentieren vier Nationalliteraturen. Ihre Auswahl bemisst sich nach ihrem exemplarischen Charakter für hohe Ereignishaftigkeit. Aber auch merkmalhaftes Fehlen von Bewusstseinsereignissen (Otto Ludwig), der systematische Verzicht auf Explikation innerer Entscheidungen, die in den Geschichten gleichwohl stattfinden (Aleksandr Puškin), und die Darstellung einer veränderungsunwilligen Mikrowelt (Jan Neruda) ist für einige Texte das Kriterium der Auswahl.

Der analytische Parcours setzt bei den mittelhochdeutschen Versepen *Parzival* und *Tristan* als Repräsentanten vorneuzeitlicher Narration ein, deren Gestaltung mentaler Ereignisse überraschend ‚moderne' Züge aufweist.[6] Ausführlich behandelt werden die Brief(wechsel)romane Samuel Richardsons und die nichtdiegetischen (‚Er'-)Romane Jane Austens, in denen die neuzeitliche Bewusstseinskunst ihren Anfang nimmt. Besonderes Augenmerk gilt den Romanen

---

[6] Man könnte fragen, warum der Parcours durch europäische Romane und Erzählungen bei mittelalterlichen Versepen beginnt. Mit dem *Parzival* setzt der neuere europäische Roman ein. Michail Bachtin ([1934/35] 1986, 187–192; dt. 1979, 259–263), der ein hervorragender Kenner des antiken, besonders des griechischen, aber auch des mittelalterlichen Romans war, lokalisiert den klassischen, in Versen geschrieben Ritterroman an der Grenze zwischen Epos und Roman und attestiert Wolframs *Parzival*, diese Grenze bereits überschritten zu haben: „*Parzival* ist der erste Problemroman und Entwicklungsroman [scil. der europäischen Literatur]" (1986, 189; dt. 1979, 363). Erhellende Ausführungen zum „Chronotopos" des europäischen „Ritterromans", insbesondere zu *Parzival* und *Tristan*, die als herausragende Exempel der Gattung betrachtet werden, finden sich in Bachtin [1937/38, 301–308; dt. 2008, 79–87].

der russischen Realisten Dostoevskij und Tolstoj, in denen sich Sinnpositionen maximal ändern können und die insofern einen Höhepunkt des realistischen Ereignisoptimismus darstellen. Ihnen stehen die Erzählungen Anton Čechovs gegenüber, die die Skepsis der postrealistischen Moderne gegenüber der Ereignisfähigkeit der Welt und der Veränderungsfähigkeit des Menschen artikulieren. Der Gegensatz zwischen Realismus und Postrealismus zeigt, dass Epochenmentalitäten durch ihre Einstellung zur Möglichkeit tiefgreifender mentaler Ereignisse charakterisiert werden können.

Die Analyse konnte sich nicht auf einzelne herausragende Stellen mentaler Ereignishaftigkeit konzentrieren, sondern hatte jeweils ihre Situierung in der Sequenz des Textes und im gesamten Kontext des Werks zu beachten. Dies machte die Ausführlichkeit in der Vorstellung der Werke und ihrer Handlung erforderlich. Zudem war zu bedenken, dass nicht alle Leser mit den behandelten Werken der vier Nationalliteraturen gleichermaßen vertraut sein werden.

Englische und französische Zitate werden im Original angeführt. Zitate aus russischen und tschechischen Texten werden in deutscher Übersetzung präsentiert. Für die mittelhochdeutschen Texte ist eine zweisprachige Zitierung gewählt worden. Soweit möglich und sinnvoll, wurde auf publizierte Übersetzungen zurückgegriffen, mit meinen gelegentlichen Revisionen des Übersetzungstextes, die mit *Ü. rev.* markiert sind. Bei einer Reihe von Werken habe ich die Zitate selbst übersetzt. Dann beziehen sich die Stellenangaben auf die angegebene Originalausgabe. Falls nicht anders angemerkt, entsprechen Hervorhebungen dem Original.

Russische Werktitel und Personennamen werden nicht deutsch transkribiert, sondern in der internationalen Transliteration wiedergegeben.[7] Im Index wird in russischen Namen und Werktiteln durch Akzent die Betonung angegeben.[8]

---

[7] Zur Transliteration kyrillischer Buchstaben siehe die Tabelle im *Duden* (24. Aufl. 2006, S. 139).
[8] Das *e* mit Trema (ë) wird jo gesprochen und ist immer betont.

I. Bewusstsein und Ereignis

2 Bewusstseinsdarstellung

Unter den mentalen Ereignissen, die in diesem Buch behandelt werden, sind bestimmte, im Weiteren näher zu qualifizierende Zustandsveränderungen im Bewusstsein der Figuren einer erzählten Welt zu verstehen. In einzelnen Fällen geht es auch um mentale Prozesse im Bewusstsein des Erzählers, entweder eines nichtdiegetischen Erzählers (des sogenannten „Er-Erzählers"), der nicht zur erzählten Welt gehört, oder eines diegetischen Erzählers („Ich-Erzählers"), dessen früheres, „erzähltes Ich" als Figur der erzählten Welt auftritt.[5]

Es ist zunächst zu fragen, mit welchen Verfahren das Bewusstsein der Figuren einer erzählten Welt dargestellt werden kann. Die Darstellung des Bewusstseins des Erzählers wird uns weiter unten beschäftigen.

Das Bewusstsein der Figuren kann in der Narration auf zweierlei Weise präsentiert werden, entweder explizit, als Gegenstand der Darstellung und Ort der darzustellenden Zustandsveränderung, oder nur implizit, als mehr oder weniger eindeutig zu rekonstruierender Motivierungsfaktor, der das Handeln, Sprechen und Denken der Figuren begründet und der aus dem Verhalten der Figur abgeleitet werden kann.

Die Frage nach der Darstellung von fiktivem Bewusstsein zu stellen heißt die Vorbehalte der rezenten kognitiven Narratologie zu missachten, wie sie jüngst etwa von Marco Caracciolo (2012; 2014) formuliert wurden. Danach kann Bewusstsein nicht dargestellt, sondern vom Leser nur „zugesprochen" (*attributed*) und „ausgeführt" (*enacted*) werden, indem der Leser Gesten und Reden der Figuren als Ausdruck ihres Bewusstseins nimmt.[6] Das *enactment* bedeutet für Caracciolo (2012, 59) die Verschmelzung des Lesers mit dem Bewusstsein der Figur: „our consciousness merges with the consciousness attributed to the fictional character, and we experience a fictional world through the narrow gap between being ourselves and not being ourselves".

---

[5] Zur Unterscheidung zwischen der „erzählten Welt", die vom Erzähler entworfen wird, und der vom Autor „dargestellten Welt", die den Erzähler und sein Erzählen mit umfasst, vgl. Schmid 2014a, 43–44. Zur Dichotomie von diegetischem und nichtdiegetischem Erzähler vgl. dort, 81–82.

[6] Bezeichnend für die kognitivistische Skepsis gegenüber der Bewusstseinsdarstellung ist die Differenz in David Hermans Artikeln über *Cognitive Narratology* in den beiden Ausgaben des *Handbook of Narratology*. Enthält der Artikel in der ersten Auflage (Herman 2009) noch den Abschnitt *Issues of Consciousness Representation*, in dem vor allem die Arbeiten von Cohn und Palmer gewürdigt werden, taucht in der zweiten Auflage (Herman 2014) der Begriff *consciousness representation* (oder ein Äquivalent) nicht mehr auf.

Diese Position erinnert an die Einfühlungsästhetik Karl Vosslers und seiner Münchner Schule der „Sprachseelenforschung", in deren Geist Etienne Lorck (1921) die international als *style indirect libre* bekannte Form der Gedankendarstellung „erlebte Rede" nannte. Diesem Terminus lag die Konzeption der „Einfühlung des Dichters in die Geschöpfe seiner Phantasie" (E. Lerch 1914; 1928; G. Lerch 1922) zugrunde, die Vorstellung vom unmittelbaren „Erleben" der Vorgänge eines fremden Bewusstseins.[7]

Bei der *consciousness-attribution* geht es um jenen Prozess, den Zunshine (2006) und Palmer (2007) als *mind reading* bezeichnen (s. o., S. 4). Wie die beiden Autoren betrachtet auch Caracciolo die *consciousness-attribution* als für fiktive Figuren in gleichem Maße adäquat wie für reale Menschen. Unter den Argumenten, die empirisch arbeitende Psychologen gegen die Annahmen der kognitiven Narratologen vorgebracht haben[8], ist das vielleicht wichtigste, dass die Anwendung der im Lebenskontext als Hilfsmittel unerlässlichen *theory of mind* auf fiktive Figuren dem literarischen Werk als einer ästhetischen Konstruktion nicht hinreichend gerecht werde.[9] Generell kann man sagen, dass kognitive Narratologen, die die *theory of mind* umstandslos auf die Figuren künstlerischer Werke übertragen, dazu tendieren, den Kunstcharakter der fiktionalen Narration und den Artefaktcharakter ihrer fiktiven Instanzen zu vernachlässigen. Sie würdigen nicht in ausreichendem Maße, dass der Inhalt eines Bewusstseins nicht nur durch den Charakter der Figur und die gegebene Situation motiviert sein kann, sondern auch durch Erfordernisse der künstlerischen Konstruktion. In gut gemachten Werken fallen diese Faktoren in der Regel zusammen, so dass keine Nähte zwischen den charakterologischen und der künstlerischen Motivierung sichtbar werden.

Wir gehen also davon aus, dass das Bewusstsein der Figuren explizit und implizit dargestellt wird, und zwar durch den Erzähldiskurs, der sich aus Erzählertext und Figurentext konstituiert. Damit ist nicht gesagt, dass die Innenwelt der

---

[7] Schon Valentin Vološinov ([1929] 1993, 50–70, 153–174; dt. 1975, 95–119, 211–237) hat die von ihm „individualistischer Subjektivismus" genannte Richtung der Vosslerianer im Vergleich mit Charles Ballys „abstraktem Objektivismus" ausführlich dargestellt und kritisiert.
[8] Vgl. die 27 Repliken auf Palmers „Target Essay" *Social Minds in Fiction and Criticism* (2011a) und seine Erwiderungen (2011b; 2011c) in *Style* 45, Nrn. 2 und 4.
[9] Schon Palmers Gleichsetzung der Wahrnehmung fiktiver Figuren und realer Menschen hat Marisa Bortolussi (2011, 284) mit Blick auf die Empirie in Frage gestellt. Die Empirie zeige auch, dass Leser, anstatt eine *theory of mind* für fiktive Figuren zu bilden, eher zu rekonstruieren suchten, „what the narrator might intend for us to understand" (285). Überhaupt zeigten empirische Studien, dass die bei kognitiven Narratologen so beliebte *theory of mind* in ihrer Anwendbarkeit auf fiktive Figuren drastisch überschätzt werde.

Figuren sprachlich ist oder auch durch sprachliche Mittel voll ausgedrückt werden kann. Vieles im Bewusstsein widersetzt sich der sprachlichen Fixierung. Zur Bewahrung dieses Unfixierbaren hat die Erzählliteratur allerdings spezifische sprachliche Mittel entwickelt, die einerseits eine Vorstellung vom Inhalt des figuralen Bewusstseins vermitteln und andererseits in ihrer Struktur das Ambivalente, Vielschichtige und Unbestimmbare des Seelenlebens abbilden.

Natürlich ist das Figurenbewusstsein im Werk nicht einem fertigen Denotat gleichzusetzen, das nur noch zu rezipieren wäre. Es besteht vielmehr als schematisches Gebilde, das der Konkretisation bedarf, wie Roman Ingarden (1937) sagen würde. Erst in der Rezeption, als Konstrukt des Lesers, das in weiteren Lektüren revidierbar ist, kommt das Figurenbewusstsein zu seiner Existenz. Darin unterscheidet es sich freilich nicht von andern Geschehensmomenten (Situationen, Figuren, Handlungen), die, wie Ingarden gezeigt hat, im Werk alle nur in schematischer Form vorliegen und der Konkretisation im individuellen Leseakt bedürfen.

2.1 Die Schablonen der Gedankenwiedergabe

Die klassische Erzähltheorie erfasste die Formen der Bewusstseinsdarstellung in den drei Schablonen der Redewiedergabe: direkte Rede, indirekte Rede, erlebte Rede (vgl. McHale 2014).[10] Dabei wurden die indirekte und erlebte Rede als mehr oder weniger narratoriale[11] Transformationen des in der direkten Rede authentisch wiedergegebenen Figurentextes verstanden.[12] Die direkte Rede galt als „mimetischer", d. h. den Figurentext unmittelbarer abbildend als die indi-

---

10 Für das Englische vgl. auch Toolan 2006. Die bislang umfassendste, neben dem Englischen auch das Französische und Deutsche berücksichtigende und gründlich empirische Darstellung der sprachlichen Wiedergabe von Rede und Bewusstsein ist Fludernik 1993. Den Versuch einer neuen Typologie der Verfahren der Rede- und Gedankendarstellung aus linguistischer Sicht unternehmen Dirscherl und Pafel (2015).
11 Zur Begriffsverwendung in diesem Buch: *narratorial* bedeutet ‚auf den Erzähler (*narrator*)' bezogen, *figural* ‚auf die Figur bezogen', *auktorial* – im Gegensatz zu Stanzels (1955, 1979) gleichlautendem Terminus, der bei ihm den Erzählerbezug bezeichnet – ‚auf den Autor (*auctor*) bezogen'.
12 Zur *direct discourse fallacy*, der falschen Annahme, dass die direkte Rede den Figurentext authentischer als die indirekte oder erlebte Rede reproduziere, vgl. Sternberg (1982a; 1982b) und Fludernik (1993, 312–315). Zu weiteren Problemen, die das klassische Modell einer Transformation von indirekter und erlebter Rede aus der direkten Rede aufgibt, vgl. Fludernik (1993, 275–279).

rekte Rede, die als „diegetischer", d. h. als narratorialer und weniger authentisch aufgefasst wurde.[13]

Die nationalsprachigen Realisierungen der drei Schablonen unterscheiden sich durch spezifische grammatische Merkmale der indirekten und erlebten Rede. So wird etwa im Grundtypus der deutschen erlebten Rede das Tempus um eine Stufe in die Vergangenheit verschoben (*Morgen war Weihnachten. Gestern war die Tante gekommen*) oder bei futurischen Ausdrücken der Modus vom Indikativ in den Konditional transponiert (*Was würde sie dazu sagen?*).[14]

Die Triade der Schablonen für die Wiedergabe des Figurentextes wurde auch für Modelle der Darstellung vorsprachlicher Bewusstseinsinhalte (Wahrnehmungen, Gedanken, Gefühle, Sinnposition) herangezogen. Leech und Short (1981) sowie Fludernik (1993, 285) machten allerdings darauf aufmerksam, dass die Kategorien der Rededarstellung nicht ohne weiteres auf die Gedankendarstellung übertragen werden können: die Proportionen und die Häufigkeit der Schablonen, die in verschiedenen (drei- und mehrteiligen) linguistischen Modellen figurieren, unterschieden sich in der Bewusstseinsdarstellung wesentlich von denen der Rededarstellung.

In folgendem Schema ist die Korrelation zwischen (1) den Inhalten des wiedergegebenen Figurentextes, (2) den Formen der wiedergegebenen Figurenrede und (3) den bevorzugten Wiedergabeschablonen dargestellt (nach Schmid 2014a, 175).

---

[13] Die Begriffe „mimetisch" und „diegetisch" wurden im Sinne der Platonischen Dichotomie *Mimesis* (Nachahmung der Rede der Helden) und *Diegesis* („reines, unvermischtes Erzählen" des Erzählers) (*Staat* III, 392d) gebraucht. Zu Platons Dichotomie *Diegesis* vs. *Mimesis* vgl. Halliwell 2014.
[14] Zu den Tempora und Modi der erlebten Rede im Deutschen, Englischen und Französischen vgl. Steinberg 1971. Im Grundtypus der russischen erlebten Rede werden dagegen die ‚indikativischen' Tempora gebraucht, die der direkten Rede entsprechen; vgl. Schmid (2014a, 186–190).

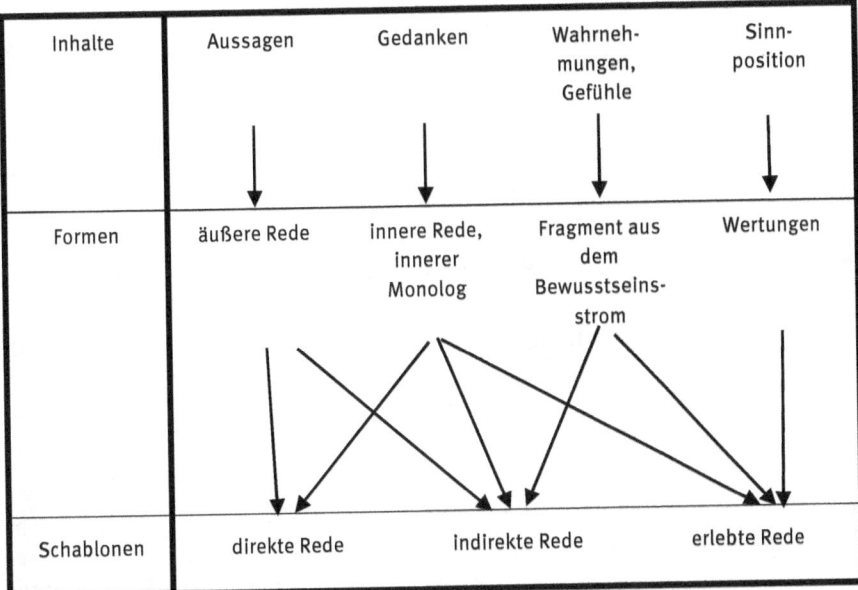

Abb. 1: Die drei Schablonen der Redewiedergabe

Die drei Schablonen der Redewiedergabe könnten ergänzt werden durch den Bewusstseinsbericht, der nicht der Wiedergabe von äußerer Rede und nicht nur der Wiedergabe von Gedanken, sondern auch von Wahrnehmungen und Gefühlen sowie der Sinnposition einer Figur oder einer Gruppe von Figuren dient und eigentlich „narratoriale Benennung der figuralen Bewusstseinszustände" heißen müsste. Der Ausschluss aus dem Schema ist jedoch insofern gerechtfertigt, als in den unterschiedlichen Inhalten des Bewusstseinsberichts („ein Schauder lief ihm über den Rücken", „sie fühlte sich unwohl in ihrer Haut", „sie konnten seinen Argumenten nicht folgen") nicht der Figurentext wiedergegeben wird, sondern eine narratoriale Darstellung der inneren Befindlichkeit einer Figur, also Erzähltext, vorliegt.

In *Transparent Minds*, der ersten Monographie zur Bewusstseinsdarstellung in der erzählenden Literatur, schlägt Dorrit Cohn (1978, 14) eine Triade vor, die nicht mehr den drei Schablonen der Redewiedergabe entspricht:
1. *Quoted monologue*: „a character's mental discourse" (in meiner Terminologie: innerer Monolog in direkter Rede).
2. *Narrated monologue*: „a character's mental discourse in the guise of the narrators discourse" (innerer Monolog in erlebter Rede).

3. *Psycho-narration*: „the narrator's discourse about a character's consciousness" (Bewusstseinsbericht).

In der Tradition Käte Hamburgers (1957; 1968) behandelt Cohn die Bewusstseinsdarstellung in der Ich- und der Er-Form gesondert, und zur weiteren Differenzierung führt sie für die drei Typen, Stanzels Dichotomie *auktorial* vs. *personal* aufnehmend, das Merkmal der Wertungsrelation zwischen Erzähler und Figur ein: *dissonant* ist eine Bewusstseinsdarstellung, die ein distanzierter oder gar ironischer Erzähler präsentiert, *consonant* ist die Darstellung, wenn der Erzähler, wie Cohn nicht unproblematisch formuliert, „verschwindet" und „mit dem erzählten Bewusstsein verschmilzt" (1978, 26).

Die *psycho-narration* ist, wie Cohn ausführt, von der Narratologie traditionell vernachlässigt worden, und ihre Existenz wird von den Anhängern des *stream of consciousness* (der in den oben unterschiedenen Typen 1 oder 2 gestaltet werden kann) nur widerwillig zugegeben. Der Würdigung dieser schlecht angesehenen Form der Bewusstseinsdarstellung gilt jedoch Cohns besonderes Augenmerk, und das ist einer der zahlreichen innovativen Aspekte ihres Buches.

Eine anders benannte, aber in der Sache weitgehend identische Triade hat Alan Palmer (2004) vorgeschlagen:
1. *Direct thought* (Beispiel: „She thought, ,Where am I?'");
2. *Free indirect thought* (Beispiel: „She stopped. Where the hell was she?");
3. *Thought report* (Beispiel: „She wondered where she was").

Palmer, der schon 2002 heftig gegen den *speech category approach* polemisierte, kann nicht verhehlen, dass seine Typen 1 und 2 den Redeschablonen der direkten und erlebten Rede entsprechen. Bezeichnenderweise wollte er den „Sumpf" der erlebten Rede in seinem Buch ursprünglich ganz umgehen (2004, 56). Seine besondere Aufmerksamkeit gilt dem dritten Typus, der Cohns *psychonarration* entspricht und den er wort- und argumentenreich gegen seine Verächter verteidigt (ausführlich zu *psychonarration* vgl. schon Fludernik 1993, 291–299). Der Bewusstseinsbericht ist in der Erforschung der Wiedergabeschablonen, die seit der zweiten Hälfte des neunzehnten Jahrhunderts – den Ansätzen Heinrich Keiters (1876)[15] und Adolf Toblers (1887) – bis in die jüngste Zeit vom

---

15 Auf Keiter als den ersten, der in der deutschen Theorietradition das Phänomen der erlebten Rede beschrieben hat, verweist Matthias Grüne (2017a). Keiter (1876, 159–160) spricht der Darstellungsform, die er als „eine Art indirekter Monolog" bezeichnet, den Vorteil zu, Figuren-

hochkomplexen Phänomen der erlebten Rede dominiert war, gewiss vernachlässigt worden, wie schon Brian McHale (1981, 186) in seiner Besprechung von Cohn (1978) feststellte.

2.2 Die Skala zwischen Diegesis und Mimesis

In den 1970er Jahren wurden feiner gekörnte Typologien präsentiert. Von ihnen erlangte besondere Anerkennung die von Brian McHale (1978, 258–259) vorgestellte Skala, die Norman Pages (1973, 31–35) *degrees of indirectness* modifizierte. McHales Skala unterscheidet sieben Typen, die sich vom „diegetischen" (d. h. narratorialen) zum „mimetischen" (d. h. figuralen) Pol erstrecken.[16] In der folgenden Tabelle sind die Kategorien McHales (1978) (die meisten von ihnen begleitet von seinen Definitionen und Beispielen) mit denen Cohns (1978) und Palmers (2004) zusammengestellt, so dass die Äquivalenzen zwischen den Nomenklaturen zu erkennen sind (es ist dabei zu beachten, dass McHale die Wiedergabe von *Rede* typologisiert, Cohn und Palmer dagegen die von *Bewusstseinsinhalten*):

---

inhalte „in den epischen Fluss ein[zu]fügen, und den Dichter, durch welchen die Mittheilung geschieht, vergessen [zu] lassen" (zit. nach Grüne 2017b, unpaginiertes Ms.).
16 Die Begriffe *diegetisch* und *mimetisch* werden hier im Sinne Platons verwendet, siehe oben Fn. 13. Trotz ihrer Differenziertheit wurde McHales Typologie dafür kritisiert, dass sie nicht – wie etwa Leech/Short 1981 – zwischen Rede- und Gedankendarstellung unterscheidet. So rücken bei ihm „historisch und typologisch so weit voneinander entfernte Diskurstypen" wie die „direkte Rede" und der „innere Monolog" in engste Nachbarschaft (W. Müller 1984, 207). Gegen Müller sei eingewandt, dass man die *Schablonen* (wie direkte Rede) von den *Inhalten* der Darstellung (wie innerer Monolog) unterscheiden muss (siehe oben, S. 14). Problematisch ist auch Müllers These (216), dass die „freie indirekte Redewiedergabe" zur ironischen Darstellung tendiere, während es bei der „freien indirekten Gedankenwiedergabe" zu einer Einfühlung des Erzählers (und folglich auch des Lesers) in die geistig-seelischen Prozesse der Figur komme. Mit *Emma*, „Austens erzählerischem Meisterstück", in dem „über weite Strecken" Ironie in der „freien indirekten Gedankenwiedergabe" auftritt, liefert Müller selbst den Gegenbeweis.

Tab. 1: Die Typologien McHales, Cohns und Palmers im Vergleich

McHale	Cohn	Palmer
1. *Diegetic summary:* "involving only the bare report that a speech event has occurred, without any specification of what was said or how it was said" (258) "When Charley got a little gin inside of him he started telling war yarns" (259)		
2. *Summary, less "purely" diegetic:* "represents, not merely gives notice of, a speech event in that it names the topics of conversation" (259) "He stayed till late in the evening telling them about miraculous conversions of unbelievers, extreme unction on the firing line [...]" (259)	Psycho-narration	Thought report
3. *Indirect content paraphrase:* "without regard to the style or form of the supposed 'original' utterance" (259) "The waiter told him that Carranzas troops had lost Torreón [...]" (259)		
4. *Indirect discourse, mimetic to some degree:* "gives the illusion of 'preserving' or 'reproducing' aspects of the style of an utterance" (259) "She shook her head but when he mentioned a thousand she began to brighten up und to admit that que voulez vous it was la vie" (255)		
5. *Free indirect discourse:* "may be mimetic to almost any degree short of 'pure' mimesis" (259). "[...] he still had more'n fifty iron men, quite a roll of lettuce for a guy like him" (254)	Narrated monologue	Free indirect thought
6. *Direct discourse:* "the most purely mimetic type of report" (259)		
7. *Free direct discourse:* "direct discourse shorn of its conventional orthographic cues" (259)	Quoted monologue	Direct thought

Diese Skala der Formen, in der sich die Bewusstseinsdarstellung dem reinen Figurentext nähert[17], sollte freilich, wie McHale (2014, 816) vorsorglich warnt, nicht als eine Folge zunehmender Realitätsadäquatheit verstanden werden. Formen und Funktionen sind, wie Meir Sternberg (1982) anmerkt, nicht in „package deals" zu haben, sie können sich kreuzen. Das heißt, dass die direkte Rede, die als die mimetischste Form gilt, durchaus weniger ‚authentisch' sein kann als etwa der diegetische Gedankenbericht.

2.3 Das Textinterferenz-Modell

Als Alternative oder – besser – Ergänzung zu dem Drei-Schablonen-Modell und der Sieben-Formen-Skala bietet sich das Textinterferenz-Modell an. Es geht zurück auf Bachtins Beschreibung der erlebten Rede als einer „hybriden Konstruktion", in der „zwei Äußerungen vermischt sind, zwei Redeweisen, zwei Stile, zwei ‚Sprachen', zwei Sinn- und Wertungshorizonte" ([1934/35] 1975, 118; dt. 1979, 195). Mit Bachtins Ansatz, der schon im Dostoevskij-Buch (1929) formuliert wurde, ist Valentin Vološinovs Konzept der „Redeinterferenz" (*rečevaja interferencija*) verbunden ([1929] 1993, 148; dt. 1975, 206; hier fälschlicherweise übersetzt als „sprachliche Interferenz"). Bachtins und Vološinovs Modelle der Zweistimmigkeit wurden vom tschechischen Strukturalisten Lubomír Doležel (1958; 1960; 1965) aufgegriffen und in ein Modell distinktiver Merkmale für Erzählertext und Figurentext integriert. In Schmid (1973; 2003a; 2014a) wurde das Modell weiterentwickelt, der Katalog der Merkmale, ihr Status, die mögliche Neutralisierung der Oppositionen neu definiert und die Kategorie der *Textinterferenz* eingeführt.

Textinterferenz resultiert daraus, dass in ein und demselben Segment des Erzähldiskurses gewisse Merkmale auf den Erzählertext (ET), andere dagegen auf den Figurentext (FT) als Ursprung verweisen (wobei die Opposition der

---

[17] Eine ähnliche Skala, die sich vom narratorialen Pol zum figuralen erstreckt, hat Monika Fludernik (1993, 305) erstellt. Sie unterscheidet folgende Idealtypen, zwischen denen sie zahlreiche Übergangsformen ansetzt: (A) *Pure narrative* – action, background description plus evaluative commentary by the narrator; (B) *Narrated perception* – description replaced by evocation of character's perception; (C) *Speech report/psycho-narration* – the narrative's (frequently evaluative) rendering of utterances or feelings/thought processes; (D) *Free indirect discourse*; (E) *Indirect discourse*; (F) *Direct discourse* (quoted and unquoted). Es fragt sich freilich, ob die Form (A) in diese Skala gehört, denn sie ist nicht Wiedergabe des Figurentextes.

Texte in bestimmten Merkmalen neutralisiert sein kann).[18] Die in Betracht kommenden Merkmale sind: (1) Thema, (2) Wortung, (3) Personalform, (4) Tempus und Modus, (5) Zeigsystem, (6) Sprachfunktion, (7) Lexik und (8) Syntax (vgl. ausführlich Schmid 2014a, 166–197). Durch die Distribution der Merkmale auf die beiden Texte, durch die in zwei Richtungen zielende „Kundgabe" (Karl Bühler 1918/20) werden die beiden Texte als ganze gleichzeitig vergegenwärtigt. Das bivokalistische Modell der Textinterferenz impliziert, dass der Erzähler nie ‚von der Bühne geht', wie es univokalistische Konzeptionen wie z. B. die von Ann Banfield (1982) vorsehen. Auch in der Rede der Figur ist der Erzähler präsent, und sei es auch nur als derjenige, der aus dem Kontinuum der Reden und Gedanken der Figur bestimmte auswählt und somit den ‚fremden' Text für seine eigenen narrativen Zwecke nutzt. Schon Platon fragte rhetorisch: „Sind denn die Reden, die [Homer] jeweils anführt, und das, was zwischen den Reden steht, nicht gleichermaßen Erzählung [Diegesis]?" (*Staat* 393c)

Alle Segmente des Erzähldiskurses können eine doppelte Kundgabe ausüben, d. h. in ihnen können sich gleichzeitig die beiden bedeutungsgenerierenden Instanzen, Erzähler und Figur, ausdrücken.

Die Textinterferenz lässt sich mit einer Merkmalmatrix darstellen, die für den Grundtypus der deutschen erlebten Rede (*Aber am Vormittag hatte sie den Baum zu putzen. Morgen war Weihnachten* [Alice Berend: *Die Bräutigame der Babette Bomberling*, 1915]), wenn alle Merkmale vertreten sind, wie folgt aussieht:

---

18 Zur Klärung der Terminologie: Der *Erzähldiskurs* (der Text des Erzählwerks als Produkt des Erzählers) gliedert sich in *Erzählerrede* und *Figurenrede*, wobei die Figurenrede als Zitat in der organisierenden Erzählerrede fungiert. Diese Unterscheidung entspricht der von Diegesis und Mimesis im Platonischen Sinne. Seit dem Beginn des modernen Erzählens im achtzehnten Jahrhundert gibt die Erzählerrede oft nicht mehr den reinen Text des Erzählers wieder, sondern ist tendenziell mit Merkmalen durchsetzt, die für die Figuren charakteristisch sind. In ähnlicher Weise kann die Figurenrede narratoriale Merkmale enthalten. Für beide Phänomene, das Eindringen figuraler Merkmale in die Erzählerrede und die narratoriale Überarbeitung der Figurenrede, ist der Erzähler verantwortlich. Von Erzählerrede und Figurenrede, die Merkmale des figuralen bzw. narratorialen Pols enthalten können, muss man die unvermischten, ‚genotypischen' Texte, also *Erzählertext* und *Figurentext*, unterscheiden (vgl. Schmid 2014a, 142–146). Die Neutralisierung der Opposition von ET und FT findet statt, wenn die beiden Texte hinsichtlich eines Merkmals identisch sind. Die Neutralisierung wird im Merkmalschema durch ein *x* sowohl für ET wie für FT markiert.

Tab. 2: Merkmalschema des Grundtypus der erlebten Rede im Deutschen

	1. Thema	2. Wertung	3. Person	4. Tempus/Modus	5. Zeigsystem	6. Sprachfunktion	7. Lexik	8. Syntax
ET			x	x				
FT	x	x			x	x	x	x

Die mannigfachen Kombinationen der Merkmaldistributionen ergeben zahllose fein differenzierbare Formen der Bewusstseinsdarstellung. Ihr Kontinuum wird im Weiteren (2.4 und 2.5) in ihren Grundtypen mit ihren Merkmalprofilen dargestellt. Die Systematik der Typologie und die Definition der Typen unterscheidet sich von den 7 McHale-Kategorien. Sofern vorhanden, wird die Äquivalenz mit den MacHale-Typen angegeben.

Alle unterschiedenen Grundtypen können in den axiologischen und stilistischen Merkmalen (2, 6, 7, 8) in einer *narratorialen* und einer *figuralen* Variante auftreten. Diese Varianten bilden keine Idealtypen, sondern eine gleitende Skala. Narratorialität und Figuralität sind gleichermaßen gradationsfähig. So können wir zwischen mehr und weniger figuralen oder narratorialen Varianten unterscheiden.

Die Unterscheidung narratorialer und figuraler Varianten ist allerdings nur in Werken sinnvoll, die grundsätzlich Erzählertext und Figurentext in den axiologischen und stilistischen Merkmalen differenzieren. In Texten vor dem neunzehnten Jahrhundert ist das in der Regel nicht der Fall.

Betrachten wir ein Beispiel aus der Erzählung *Die arme Lisa* (Bednaja Liza; 1792) des russischen Sentimentalisten Nikolaj Karamzin. Das einfache Bauernmädchen Lisa hat sich in den jungen Adeligen Erast verliebt, der ihr auf dem Markt Maiglöckchen abgekauft hat. Nun sitzt sie mit schwerem Herzen ohne Blick für die Schönheiten der Natur am Ufer eines Flusses. Ein vorbeigehender Hirte weckt in ihr Wunschvorstellungen, die sich der Idyllenliteratur verdanken:

> Unterdessen trieb ein junger Hirte seine Herde am Ufer des Flusses entlang und spielte auf seiner Flöte. Lisa richtete ihren Blick auf ihn und dachte: „Wenn jener, der jetzt meine Gedanken beschäftigt, als einfacher Bauer geboren wäre, als Hirte, und wenn er jetzt seine Herde an mir vorbeitriebe, ach!, ich verneigte mich mit einem Lächeln und sagte ihm: ‚Sei gegrüßt, du liebenswerter Hirte! Wohin treibst du deine Herde? Auch hier wächst Gras für deine Schafe, auch hier leuchten die Blüten, aus denen man einen Kranz für deinen Hut flechten kann'" (Karamzin, 43)

Das analphabetische Bauernmädchen ist nicht nur mit den Requisiten der literarischen Idylle vertraut, sondern verwendet auch die Sprache des Sentimentalismus. Die Bäuerin spricht wie der Erzähler, und dieser folgt der empfindsamen Sprechweise seiner Epoche. Bezeichnend für Figuren- wie Erzählerrede sind empfindsame Ausdrücke wie das im Zitat begegnende Attribut „liebenswert[er]" (*ljubeznyj*) [Hirte]. In einem solchen Kontext fehlender sprachlicher Perspektivierung ist es wenig sinnvoll, die Figurenrede als narratorial zu bezeichnen, denn es fehlt die Alternative. Eine Differenzierung zwischen Erzählertext und Figurentext ist in den Merkmalen 2, 7 und 8 noch nicht durchgeführt. Die mögliche Opposition zwischen den beiden Texten ist hier nicht neutralisiert, sondern grundsätzlich noch gar nicht entwickelt. Die Figurenrede ist auch nicht auktorial, denn der Autor pflegte als reale Person und als Urheber der *Geschichte des russischen Staates* einen andern Stil. Die Figurenrede entspricht wie die Erzählerrede vielmehr dem Epochenstil des Sentimentalismus.[19]

Erst im neunzehnten Jahrhundert erlangen in den europäischen Literaturen die Figuren allmählich ein eigenes sprachliches Profil, aber noch im romantischen Erzählen sind Figurentext und Erzählertext sprachlich wenig voneinander und vom Autor dissoziert. Der volle Perspektivismus setzt sich in allen Parametern erst um die Mitte des neunzehnten Jahrhunderts in der Erzählkunst des Realismus durch, der im Streben nach authentischer Wirklichkeitsdarstellung und Gestaltung von Menschen als autonomen Subjekten das Prinzip des Mimetismus und Perspektivismus auch auf das Verhältnis von Erzählertext und Figurentext anwendet.

Aber auch in der Moderne ist es möglich, dass eine Opposition von Erzählertext und Figurentext in den Merkmalen Lexik und Syntax nicht besteht, etwa wenn der Figurentext schriftsprachlich formuliert ist, wofür die Romane Henry James' zahlreiche Beispiele liefern, oder wenn andererseits der Erzähler ein Mann aus dem Volk ist und umgangssprachlich erzählt, wie das die Regel im russischen Skaz der 1920er Jahre ist. Dann sprechen wir von Neutralisierung der Opposition, da in dieser Zeit die Differenzierung der beiden Texte grundsätzlich als Möglichkeit bekannt ist oder sogar erwartet wird.

---

[19] Die in älteren Literaturen noch nicht individualisierte Wiedergabe des Figurentextes nennt Valentin Vološinov ([1929] 1993, 130) „entpersönlichte [*obezličennaja*] direkte Rede" (die deutsche Übersetzung der entsprechenden Stelle in Vološinov [1975, 18] ist irreführend und spart das Attribut aus).

2.4 Markierte explizite Bewusstseinsdarstellung

In den folgenden Unterkapiteln wollen wir unterschiedliche Modi und Formen der Bewusstseinsdarstellung betrachten. Wir unterscheiden zunächst *explizite* und *implizite* Bewusstseinsdarstellung. In ersterer wird der Bewusstseinsinhalt der Figur vom Erzähler beschrieben oder der Figurentext, der den Bewusstseinsinhalt formuliert, durch den Erzähltext präsentiert, in letzterer erfolgt die Darstellung des Bewusstseins durch indiziale Zeichen und symbolische Ausdrucksformen.

Die explizite Darstellung ist wiederum zu unterteilen in *markierte* und *kaschierte* Formen. Markiert ist die Bewusstseinsdarstellung, wenn durch graphische Mittel (Anführungszeichen, Kursivdruck, Sperrung und dergleichen), sogenannte Inquit-Formeln (*er dachte...; sie fühlte...*) ausdrücklich auf den figuralen Ursprung der entsprechenden Segmente des Erzähldiskurses hingewiesen wird. Markiert ist die Darstellung natürlich auch im narratorialen Bewusstseinsbericht (*Solche Gedanken gingen ihr durch den Sinn*). Kaschierte Darstellung liegt vor, wenn der Figurentext nicht ohne weiteres als solcher zu erkennen ist, sondern formal als Erzählerrede ausgegeben ist. Das betrifft in besonderem Maße die erlebte Rede. Nicht von ungefähr wurde sie in der Frühzeit ihrer Erforschung, bevor sie ihre etwas irreführende deutsche Bezeichnung erhielt, als „verschleierte" oder „verkleidete" Rede bezeichnet (Kalepky 1899; 1913).

Die Frage, ob die explizite Bewusstseinsdarstellung, vorweg die erlebte Rede, eher der Empathie oder der Ironie diene, eine Frage, die seit den 1920er Jahren hochkontrovers diskutiert wird, wollen wir hier nicht noch einmal aufwerfen (vgl. dazu ausführlich Schmid 2014a, 200–204). Es mag folgender Hinweis genügen: Der noch heute währende Streit zwischen den Bivokalisten (vgl. Roy Pascals [1977] *dual voice*-Position) und den Univokalisten (Banfield 1982; Voort 1986; Padučeva 1996) lässt sich schlichten, indem man die Frage nach dem axiologischen Verhältnis zwischen Erzählertext und Figurentext in dem jeweiligen Werk stellt. Die Bitextualität, die aufgrund der Textinterferenz immer besteht, nimmt nicht zwangsläufig einen zweistimmigen, doppelakzentigen Charakter an, wie ihn die auf agonale Relationen fixierten Bachtin (1929; 1934/35) und Vološinov (1929) postuliert haben. Zwischen der einakzentigen Textinterferenz und der den Inhalt und den Ausdruck des Helden kritisch vorführenden zweistimmigen Darbietung erstreckt sich ein breites Spektrum möglicher Verwendungen mit unterschiedlichen Wertungsrelationen, die von der Empathie über die humoristische Akzentuierung, die kritische Ironie bis zur vernichtenden Verhöhnung reichen. Ob der Erzähler Empathie oder Ironie zeigt ist eine Frage des Kontextes und dann natürlich der Interpretation. Zwischen den unterscheidbaren Formen der Bewusstseinsdarstellung und ihrer semantischen Funktion besteht kein apriorischer Zusammenhang.

2.4.1 Die direkte innere Rede mit dem direkten inneren Monolog und der direkten figuralen Benennung

Im figuralen Typus der *direkten inneren Rede* (*direct interior discourse*; *prjamaja vnutrennjaja reč'*)[20] verweisen (wie in der direkten äußeren Rede) alle Merkmale auf FT. Die Schablone der direkten Rede ist außerdem dadurch gekennzeichnet, dass die Präsenz von FT in der Regel durch graphische Zeichen im Erzähltext (meistens Anführungszeichen oder Kursive) markiert ist. Relativ selten begegnet eine Variante, die nicht auf diese Weise ausdrücklich als direkte Wiedergabe markiert wäre.[21] Häufig, aber nicht notwendig, ist die Schablone der direkten inneren Rede von einem einleitenden Matrix-Satz (*Er fragte sich: „…"*, *Sie dachte: „…"*) oder einer eingeschalteten bzw. nachgestellten Inquit-Formel begleitet. Diese Form der Bewusstseinsdarstellung entspricht den McHale-Typen 6 und 7.

Die direkte innere Rede ist die Schablone der ‚mimetischen' ‚Wiedergabe' der originalen inneren Figurenrede.[22] Zumindest die Konvention der Rede- und Gedankendarstellung sieht vor, dass der Leser die direkte innere Rede der Figur als authentische Wiedergabe ihres Bewusstseins auffasst.

Die in dieser Schablone präsentierte Innenwelt der Figur ist Zitat in der Rede des die einzelnen mentalen Momente auswählenden Erzählers. Diese Inklusion bedingt, dass die Momente des Bewusstseins nicht unbedingt authentisch wiedergegeben sind. Die inneren Figurenreden können in einer perspekti-

---

20 Die deutschen Termini werden von den englischen und russischen Bezeichnungen begleitet, die entweder gebräuchlich sind oder von mir (Schmid 2003a; 2010) vorgeschlagen wurden.
21 Doležel (1960) nennt diese Variante auf Tschechisch „uneigentliche direkte Rede (*nevlastní přímá řeč*)" und in seinem russischen Resümee „nicht bezeichnete direkte Rede (*neoboznačennaja prjamaja reč*'). Zu Unrecht betrachtet Doležel die graphische Markierung als eines der distinktiven Merkmale, die die „Äußerungszone" der Figur von jener des Erzählers scheiden. Die von ihm angesetzten „graphischen Merkmale" kennzeichnen nicht die Figurenrede selbst, sondern ihre Präsentation im Erzähltext.
22 Es handelt sich nicht eigentlich um eine *Wiedergabe*, da das Original fehlt. Die literarische Fiktion unterstellt indes, dass die in direkter Rede präsentierten Wahrnehmungen, Gedanken, Gefühle usw. in jenem Geschehen stattgefunden haben, von dem die Geschichte erzählt und das in ihr impliziert ist.

visch streng durchgehaltenen Erzählweise eines subjektiven, d. h. ideologisch und sprachlich profilierten Erzähler eine axiologische und stilistische Umfärbung erfahren, die Spuren seines eigenen Denk- und Sprachhorizonts enthält.

Dazu gibt es aufschlussreiche Äußerungen Dostoevskijs. In den Notizbüchern zu seinem Roman *Der Jüngling* (Podrostok; 1875) äußert sich der Autor wiederholt in dem Sinne, dass der jugendliche Erzähler die konkrete Gestalt der Reden und Ideen der Erwachsenen nicht in allen Zügen authentisch wiedergeben könne. Und der diegetische Erzähler selbst bekennt dann im Roman auch mehrfach, dass er fremde Reden und Ideen nur soweit wiedergebe, wie er sie damals, als erzähltes Ich, verstanden habe und wie er sich nun, als erzählendes Ich, an sie erinnere. In den Notizbüchern erwägt Dostoevskij die Vor- und Nachteile der Entscheidung für einen diegetischen Erzähler. Einen Nachteil sieht er darin, dass ein Erzähler „in der ersten Person", im Unterschied zu einem nichtdiegetischen („in der dritten Person"), fremde Ideen nicht vollauthentisch reproduzieren könne: „Wenn [man] in der ersten Person [erzählt], dann kann man sich weniger auf die Entwicklung der Ideen einlassen, die der Jüngling natürlich nicht so wiedergeben kann, wie sie ausgesprochen wurden; er gibt statt dessen nur den Kern der Sache wieder" (Dostoevskij, XVI, 98).

Auch wenn ein zu authentischer Wiedergabe fremder Innenwelt befähigter Erzähler die inneren Figurenreden inhaltlich zuverlässig wiedergibt und nach strenger Imitation sowohl der axiologischen als auch der stilistischen Merkmale der Figur strebt, wird allein schon die Auswahl einzelner Abschnitte aus dem Kontinuum der Wahrnehmungen, Gedanken, Gefühle der Figur und die Nicht-Auswahl anderer der Wiedergabe eine gewisse Narratorialität verleihen.

Die zitierten Momente des figuralen Bewusstseins erfahren im Erzähltext unausweichlich eine funktionale Überdeterminierung. Einerseits drücken sie Bewusstseinsinhalte der Figur aus, andererseits haben sie die doppelte Aufgabe zu erfüllen, die Figur zu charakterisieren und zugleich die Narration zu tragen. Generell kann man sagen, dass der Erzähler, indem er Wahrnehmungen, Gedanken oder Gefühle der Figur in ihrer inneren Rede zitiert, den ‚fremden' Text für seine narrativen Zwecke nutzt und ihn zumindest im funktionalen Sinne narratorial überformt.

2.4.1.1 Der direkte innere Monolog

Eine längere innere Rede bezeichnen wir als *inneren Monolog* (die Grenze zwischen Rede und Monolog ist nicht festgelegt und nicht festlegbar).

Innere Monologe markieren in der mentalen Entwicklung der sie denkenden Helden in der Regel einen besonderen Punkt des Innehaltens, der inneren Rechenschaft, der Krise, eines neuen Klarsehens, einer Umentscheidung in wichtigen Lebens- und Existenzfragen. Michael Toolan macht darauf aufmerksam, dass schon die direkte innere Rede für „self-addressed, self-instructing conclusions, at moments of crisis, high emotion, and revelation" (2006, 704) gebraucht werde. Umso mehr gilt das für den inneren Monolog, der häufig an den Schaltstellen mentaler Entwicklungen erscheint.

Der innere Monolog, der fälschlicherweise nicht selten mit der erlebten Rede identifiziert wird, kann sowohl in der Schablone der direkten als auch der erlebten Rede dargestellt werden. Im ersten Fall sprechen wir vom *direkten inneren Monolog* (direct interior monologue; prjamoj vnutrennij monolog), im zweiten vom *erlebten inneren Monolog* (free indirect monologue, nesobstvenno-prjamoj monolog; diese zweite Form wird weiter unten, in 2.5.1, behandelt).

In der Fachliteratur wird die Priorität in der Verwendung des inneren Monologs häufig Edouard Dujardin und seiner Novelle *Les Lauriers sont coupés* (1888) zugeschrieben. Wenn Dujardins Beteuerung „le premier emploi voulu, systématique et continu du monologue intérieur date des *Lauriers sont coupés*" (1931, 31) nach den von verschiedener Seite gegebenen Hinweisen auf früheres Vorkommen auch relativiert werden muss, so ist unbestreitbar, dass er zumindest eine der ersten Definitionen des inneren Monologs gegeben hat:

> Le monologue intérieur est, dans l'ordre de la poésie, le discours sans auditeur et non prononcé par lequel un personnage exprime sa pensée la plus intime, la plus proche de l'inconscient antérieurement à toute organisation logique, c'est à dire en son état naissant, de façon à donner l'impression « tout venant ». (Dujardin 1931, 59)

Dujardins Definition betrifft indes nicht den inneren Monolog allgemein, sondern einen bewusstseinsunmittelbaren Typus, der auch als *Bewusstseinsstrom* (stream of consciousness, potok soznanija) bezeichnet wird. In diesem Typus wird der Figurentext in *statu nascendi* als Sequenz flüchtiger Wahrnehmungseindrücke, freier Assoziationen, momentaner Erinnerungen und fragmentarischer Reflexionen präsentiert.[23]

In der Literatur zur Rede- und Gedankenwiedergabe gibt es noch keinen Konsens darüber, ob *innerer Monolog* und *Bewusstseinsstrom* nur verschiedene Bezeichnungen desselben Phänomens sind oder ob sie Unterschiedliches be-

---

[23] Der Begriff *stream of consciousness* wurde vom amerikanischen Philosophen und Psychologen William James (1890) eingeführt, um erratische Bewusstseinsinhalte zu charakterisieren. Ein klassisches Muster dieser Technik ist das Kapitel *Penelope* aus James Joyce' *Ulysses*.

zeichnen (vgl. Palmer 2005b). Es erscheint sinnvoll, *Bewusstseinsstrom* als eine extrem figurale, syntaktisch weitgehend aufgelöste, asyndetische Variante des direkten inneren Monologs zu betrachten.

Der direkte innere Monolog ist keineswegs eine Errungenschaft der Moderne, wie seit Dujardins Darstellung allgemein angenommen wird, sondern begegnet bereits im Realismus, so bei den großen Bewusstseinsdarstellern Dostoevskij und Tolstoj.

Ein frühes Beispiel für einen direkten inneren Monolog im Werk des jungen Dostoevskij sind die innerlich dialogisierten Auseinandersetzungen des Herrn Goljadkin mit sich selbst im Roman *Der Doppelgänger* (Dvojnik; 1846). In dem folgenden Ausschnitt hadert der Held mit sich darüber, dass er seinen Doppelgänger zu sich eingeladen hat und fürchtet zugleich, der Eingeladene werde nicht kommen. Die innere Auseinandersetzung teilt das Ich in zwei Instanzen und bereitet die Bewusstseinsspaltung vor:

> „Gut, wir werden sehen", dachte er bei sich, „wir werden sehen, wir werden das alles rechtzeitig gewahr werden ... Oh, mein Gott", stöhnte er zum Abschluss mit ganz veränderter Stimme, „und warum habe ich ihn überhaupt eingeladen, zu welchem Zweck habe ich das Ganze getan? Ich stecke doch tatsächlich meinen Kopf in die Schlinge dieser Gauner, drehe mir diese Schlinge noch selbst. Ach du Dummkopf, du Dummkopf! Hast du's nicht ausgehalten und musstest damit herausplatzen wie irgendein Jüngelchen, wie so ein Kanzleimensch, wie ein dahergelaufener Lump ohne jeden Rang, wie ein Waschlappen, ein stinkiger Putzlumpen, du Schwatzmaul du, du Waschweib! ... Ihr meine Heiligen! Verslein hat der Schuft gedichtet und mir seine Liebe bekannt! Wie konnte das so weit kommen? ... Wie kann ich diesem Schuft auf anständige Weise die Tür weisen, wenn er wiederkommt? Es gibt natürlich viele Wendungen und Weisen. So und so, kann ich sagen, bei meinem begrenzten Gehalt ... Oder ich kann ihm auf irgendeine Art Furcht einjagen, kann sagen, dass ich in Erwägung dieses und jenes Umstandes genötigt bin, zu erklären ... kann sagen, dass er die Hälfte für Logis und Kost aufbringen und das Geld im Voraus zahlen muss. Hm! Nein, zum Teufel, nein! Das würde meine Reputation beschmutzen. Das ist nicht ganz delikat! [...] Aber wenn er nun gar nicht kommt? Was wird dann? Musste ich gestern damit herausplatzen!.. Oh, das ist schlimm, wirklich schlimm! Oh, was haben wir da für eine schlimme Geschichte! Ach, ich Dummkopf, verfluchter Dummkopf! Kriegst du das nicht in deinen Schädel hinein, wie man sich benimmt, kannst du nicht ein bisschen Verstand hineinkriegen! Wenn er aber nicht kommt und absagt? Gebe Gott, dass er kommt! Ich wäre sehr froh, wenn er käme; viel würde ich dafür geben, wenn er käme ..." (Dostoevskij, I, 371–372; Originalfassung von 1846)

Bereits etwa hundert Jahre früher finden wir in Henry Fieldings *Tom Jones* (1749) einen dialogisierten direkten inneren Monolog. Er ist zwar in der Überschrift von Buch 7, Kapitel 2 als *Conversation which Mr Jones had with himself* (Fielding, 302) angekündigt und sowohl in den einleitenden Worten als auch im Nachsatz als laut artikulierter Monolog präsentiert, doch, gleichgültig, als wie performiert er aufgefasst wird, entspricht seine kommunikative Struktur ganz der des inneren Monologs. Ein innerer Monolog in Fieldings Roman mag verwundern, ist doch die Erzählperspektive dieses Romans, der am Beginn der neueren Erzählliteratur steht, ausgesprochen ironisch-narratorial (vgl. Stanzel 1955, 50–54; Booth [1961] 1983, 215–218; Cohn 1978, 112). Die Innenwelt der Figuren wird hier fast ausschließlich in narratorialem Bewusstseinsbericht präsentiert. Zudem verzichtet Fieldings Erzähler, sonst nicht eben wortkarg, gerne ausdrücklich auf die Darstellung des Innenlebens seiner Figuren. Eine seiner mehr oder weniger ironischen Begründungen für die Abstinenz von der Innensicht lautet wie folgt:

> A gentle sigh stole from Sophia at these words, which perhaps contributed to form a dream of no very pleasant kind; but as she never revealed this dream to anyone, so the reader cannot expect to see it related here. (Fielding, 542; Bk. 11, Ch. 8).

Bei dem oben erwähnten direkten inneren Monolog geht es um Toms Reaktion auf den Brief des verräterischen Halbbruders Blifil, in dem dieser mitteilt, Mr Allworthy, Toms Wohltäter, bestehe darauf, dass Tom die Gegend – und das heißt: auch die geliebte Sophia – unverzüglich verlasse:

> He grew, however, soon ashamed of indulging this remedy; and starting up he cried, "Well then, I will give Mr Allworthy the only instance he requires of my obedience. I will go this moment – but wither? – why let Fortune direct; since there is no other who thinks it of any consequence what becomes of this wretched person, it shall be a matter of equal indifference to myself. Shall I alone regard what no other? – Ha! have I not reason to think there is another? – One whose value is above that of the whole world! – I may, I must imagine my Sophia is not indifferent to what becomes of me. Shall I then leave this only friend – and such a friend? Shall I not stay with her? – Where? How can I stay with her? Have I any hopes of even seeing her, tho' she was as desirous as myself, without exposing her to the wrath of her father? And to what purpose? Can I think of soliciting such a creature to consent to her own ruin? Shall I indulge any passion of mine at such a price? – Shall I lurk about this country like a thief, with such intentions? – No, I disdain, I detest the thought. Farewell, Sophia; farewell most lovely, most beloved – " Here passion stopped his mouth, and found a vent in his eyes. (Fielding, 303; Bk. 7, Ch. 2)

Die Verwendung des direkten inneren Monologs ist allerdings noch wesentlich älter. Wie wir im Weiteren sehen werden, bedienen sich schon die mittelhochdeutschen Epiker Wolfram von Eschenbach und Gottfried von Straßburg einer Form der Bewusstseinsdarstellung, die man nicht anders denn als direkten inneren Monolog bezeichnen kann.

2.4.1.2 Die figurale und die narratoriale Variante des direkten inneren Monologs

In beiden Beispielen aus dem *Doppelgänger* und *Tom Jones* handelt sich um einen dialogisierten direkten inneren Monolog, der zwar nahe am figuralen Pol angesiedelt ist, aber noch nicht die für den Bewusstseinsstrom charakteristische Auflösung der thematischen und syntaktischen Kohärenz zeigt, noch nicht eine Assoziativität, die, von phonischen Äquivalenzen ausgehend, zu eigenwilligen thematischen Verknüpfungen gelangt.

Einen solchen extrem figuralen, bewusstseinsunmittelbaren Typus bilden die Gedankensplitter und Assoziationen Nikolaj Rostovs in Tolstojs *Krieg und Frieden* (Vojna i mir; 1968/69), die während der nächtlichen Besichtigung der dem Helden anvertrauten Soldatenkette vor der Schlacht bei Austerlitz in seinem Bewusstsein aufblitzen. Rostov kann vor Müdigkeit kaum die Augen aufhalten und hat größte Mühe, in der nebligen Dunkelheit real Erblicktes von Phantasmagorie zu unterscheiden. Halbschlaf, Fieberzustände, starke Erregung sind mentale Situationen, für deren Darstellung Tolstoj, der Psychologe des undramatischen, prosaischen Alltagsbewusstseins, einen extrem ‚mimetischen' Typus des direkten inneren Monologs benutzt. Im folgenden Beispiel geschieht die Auswahl der thematischen Einheiten nicht allein nach thematischer Kohärenz und Kontiguität, sondern folgt vor allem klanglichen Assoziationen (die nicht alle in der Übersetzung wiederzugeben sind; die prägnantesten sind durch Kursive von mir hervorgehoben):

> „Offenbar Schnee, dieser Fleck; ein Fleck – une *tache*", dachte Rostov, „Nein, keine *tasch*.... „Na*tasch*a, Schwester, schwarze Augen. Na... *tasch*ka... (Da wird sie aber staunen, wenn ich ihr erzähle, wie ich den Kaiser gesehen habe!) Na*tasch*ka... nimm die Säbel*tasche*". [...] „Woran hab ich bloß gedacht? nicht vergessen. Wie ich mit dem Kaiser sprechen werde? Nein, das nicht, das ist morgen. Ach ja, das war's, die *Tasche* an*greifen* ... uns *greifen* – wen? Die Husaren. Die Husaren und ihre Mous*taches* ... Auf der Tverskaja ritt dieser Husar mit dem Mous*tache*, habe ja noch an ihn gedacht, er ritt gerade am Haus der Gur'evs vorbei ... Der alte Gur'ev ... Was für ein toller Kerl, der Denisov! Ach, das ist alles unwichtig. Die Hauptsache ist jetzt: Der Kaiser ist hier. Wie er mich angesehen hat, etwas sagen wollte, aber er hat sich nicht getraut ... Nein, ich war es, der sich nicht getraut hat. Aber das ist unwichtig, Hauptsache ist – nicht vergessen, dass ich an etwas Notwendiges gedacht habe, ja. Na-*tasch*ka, die *Tasche* greifen, ja, ja, ja. Das ist gut." (Tolstoj, *Krieg und Frieden*, I, 3, 13; Ü. rev.)[24]

---

[24] Die Zitate aus *Krieg und Frieden* folgen der deutschen Übersetzung von Barbara Duden (Tolstoj, Krieg und Frieden) mit Angabe von Buch, Teil und Abschnitt.

Solche extrem figuralen Assoziationsketten sind nicht charakteristisch für Tolstoj, der im Allgemeinen den Monologen seiner Helden geringen figuralen Freiraum gibt. So dominiert in *Krieg und Frieden* die narratoriale Variante des direkten inneren Monologs. Ein Beispiel sind die Reflexionen Pierre Bezuchovs über die in der Gesellschaft verbreitete Lüge:

> „Elena Vasil'evna, die nie irgendetwas geliebt hat außer ihrem eigenen Körper und die eine der dümmsten Frauen der Welt ist" dachte Pierre, „scheint den Leuten der Gipfel der Klugheit und der Verfeinerung zu sein, und so huldigen sie ihr. Napoleon Bonaparte wurde von allen verachtet, solange er groß war, doch seit er ein jämmerlicher Komödiant geworden ist, bringt es selbst ein Kaiser Franz fertig, ihm seine Tochter als illegitime Ehefrau anzubieten. [...] Meine Brüder Freimaurer schwören bei ihrem Blut, dass sie bereit sind, alles für den Nächsten zu opfern, zahlen aber nicht einmal einen Rubel in die Armenkollekte [...] Wir alle bekennen uns zum christlichen Gebot der Vergebung von Kränkungen und der Nächstenliebe – ein Gebot, wegen dem wir in Moskau vierzig mal vierzig Kirchen errichtet haben, aber gestern haben wir einen Deserteur zu Tode gepeitscht, und ein Diener desselben Gebots der Liebe und Vergebung, ein Geistlicher, hat dem Soldaten vor der Hinrichtung das Kreuz zum Kuss gereicht." So dachte Pierre, und diese ganze, allgemeine und allseits anerkannte Lüge – wie sehr er sich auch an sie gewöhnt hatte, jedes Mal setzte sie ihn in Erstaunen, als wäre sie etwas Neues. (Tolstoj, *Krieg und Frieden*, II, 5, 1)

Pierre Bezuchov dient hier offensichtlich als Sprachrohr des Autors (von dem der Erzähler wenig dissoziiert ist) und spricht eine auktoriale Botschaft aus. Seine innere Rede hat der Erzähler bearbeitet, geglättet und an den Stil seiner Erzählerrede angepasst. Es fehlen in diesem Beispiel Züge einer assoziativen Entwicklung des Gedankens und Merkmale spontaner Hervorbringung. Die innere Rede ist mit ihrer Reihung und Steigerung eher rhetorisch geprägt. Die charakterisierende Funktion des inneren Monologs wird in solchen Fällen von der auktorial-ideologischen dominiert. Bezeichnenderweise erfährt der Stil beim Übergang vom direkten inneren Monolog zur Erzählerrede keine Veränderung.

2.4.1.3 Die direkte figurale Benennung

Der direkte innere Monolog ist eine Langform der direkten inneren Rede. Es gibt auch eine Reduktionsstufe der direkten Wiedergabe. Sie besteht aus einzelnen Wörtern des Erzähldiskurses, die durch graphische Zeichen als Figurentext ausgewiesen sind. Diese Kurzform der direkten inneren Rede, die bei McHale nicht vorgesehen ist, wollen wir *direkte figurale Benennung* (*quoted figural designation*; *prjamaja nominacija*) nennen. In Dostoevskijs Romanen finden wir zahlreiche Beispiele für solche Benennungen, die die Sinnposition und Denkweise einer Figur in starker Verkürzung und mit Markierung des fremden Ursprungs präsentieren.²⁵

Schon Leo Spitzer (1928a) hat die „Nachahmung einzelner Worte im Berichttext", wie er das Verfahren nennt, an einem Beispiel aus den *Brüdern Karamazov* demonstriert: „Starr blickte er [d. i. Dmitrij Karamazov] dem ‚Milchbart' in die Augen". Spitzer kommentiert: „Man sieht gleichsam einen Strahl von Subjektivität, den Ton der Stimme Mitjas, aus dem sachlichen Bericht emporschießen" (Spitzer 1928a, 330).

Die direkte figurale Benennung ist in der Regel ein Mittel der ironischen Distanzierung vom Ausdruck und der Denkweise einer Figur. Besonders häufig verwendet das Verfahren mit ironischer Intention Arkadij Dolgorukij, der jugendliche diegetische Erzähler im *Jüngling*. Er kondensiert in charakteristischen Benennungen das Denken dritter Personen der erzählten Welt: „Wo die Versilovs auch sein mochten [...], Makar Ivanovič [Arkadijs gesetzlicher Vater] gab der ‚Familie' unbedingt Nachricht von sich" (Dostoevskij, XIII, 13).

Das erzählende Ich distanziert sich mit direkten figuralen Benennungen – offensichtlich unter dem Eindruck erwarteter Einwände des als äußerst kritisch vorgestellten Lesers – auch von Ausdrücken, die die Sinnposition seines früheren, erzählten Ich charakterisieren. Am häufigsten begegnen diese Distanzierungen bei Begriffen, die mit der Idee des erzählten Ich, ein Rothschild zu werden, verbunden sind:

> [...] und obwohl mein jetziger „Schritt" nur ein *Versuch* sein sollte, so hatte ich doch beschlossen, auch diesen Schritt erst dann zu unternehmen, wenn ich [...] mit allen gebrochen und mich in mein Schneckenhaus verkrochen hätte und völlig unabhängig wäre. Freilich war ich noch längst nicht in meinem „Schneckenhaus" [...] (Dostoevskij, XIII, 36)

Das aus dem Figurentext (dem Text des erzählten Ich) in den Text des erzählenden Ich eingehende *Schneckenhaus* wird durch Anführungsstriche der Handlungsgegenwart zugewiesen und von narratorialer Warte mit wertenden Akzenten versehen, die einer veränderten Sinnposition entsprechen. Die ironische Überlagerung des Figurentextes durch den Erzählertext ist im *Jüngling* unmittelbar mit der Orientierung am Leser verbunden: das Abrücken des Erzählers von

---

25 Im Gegensatz zu Ljudmila Sokolova (1968, 69–72), die das Verfahren der „graphischen Hervorhebung semantisch gesättigter Wörter" der Kategorie der „uneigentlichen Autorrede" (d. i. der erlebten Rede) zurechnet, schließe ich die direkte figurale Benennung aus dem Kreis der Varianten der erlebten Rede aus, da die graphische Markierung einen Grundzug der erlebten Rede aufhebt, die Verschleierung des Ursprungstextes.

der Sinnposition seines früheren Ich soll dem erwarteten Spott des vorgestellten Adressaten zuvorkommen

2.4.2 Die indirekte und die freie indirekte Darstellung von Wahrnehmungen, Gedanken und Gefühlen

Die Schablone der indirekten Rede dient nicht nur der Wiedergabe äußerer Reden, sondern auch nicht ausgesprochener Bewusstseinsinhalte. In diesem letzteren Fall sprechen wir von *indirekter Darstellung von Wahrnehmungen Gedanken und Gefühlen* (*indirect representation of perception, thought, and emotion*; *kosvennoe izobraženie vosprijatij, myslej i čuvstv*).

Die indirekte Rede besteht, auch in der Anwendung auf nicht gesprochene Bewusstseinsinhalte, aus zwei Teilen, der sogenannten Inquit-Formel (dem Matrixsatz oder der ‚Einleitung' durch die wiedergebende Instanz mit dem *verbum dicendi, sentiendi, cogitandi* etc.: *sie dachte, dass ...*) und dem wiederzugebenden Bewusstseinsinhalt. Die Inquit-Formel kann auch nachgestellt oder in die Wiedergabe eingeschaltet sein. Eine Differenz zwischen diesen Positionsvarianten besteht vor allem darin, dass bei Nachstellung und Einschaltung in manchen Sprachen, z. B. im Deutschen und Englischen, die bei einleitender Inquit-Formel erforderliche syntaktische Umstellung entfällt (und in manchen Fällen auch die unterordnende Konjunktion). Das bedingt, dass die Markierung der Wiedergabe des Figurentextes später bzw. nachträglich erfolgt und die entsprechende Aussage zunächst als Erzähldiskurs wahrgenommen werden kann. Sehr häufig beobachten wir die eingeschaltete Inquit-Formel (in den Zitaten von mir kursiv markiert) bei Virginia Woolf:

> What would he think, *she wondered*, when he came back? (Woolf, *Mrs Dalloway*, 41)
>
> What an extraordinary habit that was, *Clarissa thought*; always playing with a knife. (*Mrs Dalloway*, 49)

Da die Inquit-Formel, gleichgültig, wie sie konstruiert und positioniert ist, zur Erzählerrede gehört und ausdrücklich den figuralen Ursprung des Wiedergegebenen markiert, ist es nicht sinnvoll, diese Schablone der erlebten Rede zuzuordnen, wie etwa Toolan (2006, 703) vorschlägt, mag der Wiedergabeteil in manchen Sprachen auch nur gering oder gar nicht von der erlebten Rede unterschieden sein. Die markierte Wiedergabe des Figurentextes scheidet die indirekte Darstellung kategorial von der kaschierten Bewusstseinsdarstellung, zu der die erlebte Rede gehört.

Für die meisten indoeuropäischen Sprachen gelten bei der Wiedergabe von äußeren Reden in der indirekten Schablone bestimmte Transformationsregeln, auf die wir hier nicht näher eingehen: die Ersetzung des Ich-Du-Er-Systems der drei grammatischen Personen durch die dritte Person, die Verschiebung des Tempus und/oder Modus, die Ersetzung expressiver und appellativer Elemente durch zusätzliche Qualifikationen der Inquit-Formel (*Er sagte stark erregt, dass ...; sie fragte sich aufgewühlt, warum ...*), die Glättung von Interjektionen und syntaktischen Irregularitäten der direkten Rede wie Ellipsen, Anakoluthe usw., die syntaktische Umformung.

Bei der Wiedergabe nicht-oraler Inhalte wie Wahrnehmungen, Gedanken, und Gefühle entfallen einige dieser Transformationen, insbesondere die Transposition von Tempus und Modus.

Unter Berufung auf Cohn (1978) und Leech/Short (1981) attestiert Fludernik (1993, 5) der Schablone der indirekten Rede eine „near-non-occurrence" für die Wiedergabe von Bewusstsein. An späterer Stelle ihres Buches (1993, 304) akzeptiert sie seltenes Vorkommen von *verba cogitandi* mit *that*-Sätzen, ordnet sie aber – wie schon Cohn (1978) und dann Palmer (2004) – dem Gedankenbericht zu. Gewiss, die (von mir konstruierten) Sätze *Er erinnerte sich an seine glückliche Kindheit* (Bewusstseinsbericht) und *Er erinnerte sich daran, wie glücklich seine Kindheit war* (indirekte Gedankendarstellung) unterscheiden sich zwar nicht im propositionalen Gehalt, sehr wohl aber in der Modalität und in der Akzentuierung der Bewusstseinstätigkeit. Fludernik (1993, 305–306) findet für das angeblich seltene Vorkommen indirekter Gedankendarstellung eine generalisierende Begründung: Denkprozesse, Haltungen und Gefühle könnten nicht beobachtet und nicht gewusst sein, es sei denn durch ihr Subjekt selbst. Sie verkennt dabei, dass die vom Standpunkt der Moderne formulierte Skepsis gegenüber der Erfahrbarkeit fremden Innenlebens nicht für die Literatur des achtzehnten und neunzehnten Jahrhunderts gilt und auch in der Avantgarde keineswegs zum konsequenten Verzicht auf indirekte Darstellung von Bewusstseinsinhalten führt.

In Virginia Woolfs *Mrs Dalloway*, einem Markstein des modernen Romans, der fast ausschließlich die Innenwelten der Figuren, vor allem der Titelheldin, an einem einzigen Tag ihres Lebens präsentiert und dabei vorzugsweise erlebte Rede und erlebten inneren Monolog benutzt, finden sich zahllose indirekte Darstellungen der Innenwelt. Wir begnügen uns neben den beiden oben gegebenen Beispielen mit drei Belegen unterschiedlicher Konstruktion, die in geringen Abständen aufeinander folgen (die Wiedergabeteile sind von mir kursiviert):

And she felt that *she had been given a present, wrapped up, and told just to keep it, not to look at it* [...] (Woolf, *Mrs Dalloway*, 40)

> She felt only *how Sally was being mauled already, maltreated* [...] (Mrs Dalloway, 41)
>
> *Strange*, she thought, pausing on the landing, and assembling that diamond shape, that single person, *strange how a mistress knows the very moment, the very temper of her house!* (Mrs Dalloway, 43)

2.4.2.1 Die figurale und die narratoriale Variante der indirekten Darstellung

Nach der Nähe und Ferne des Wiedergabeteils zu Erzählertext oder Figurentext unterscheiden wir zwei Spielarten der *indirekten Darstellung von Wahrnehmungen, Gedanken und Gefühlen*.

In der *narratorialen indirekten Darstellung* (die McHales Typus 3 *Indirect content paraphrase* entspricht) erfährt der Ausdruck des figuralen Bewusstseinsinhalts eine deutliche Überarbeitung, die sich in der analytischen Akzentuierung des thematischen Kerns, der Glättung syntaktischer Unregelmäßigkeiten, der Neutralisierung figuraler Idiosynkrasien und generell in der stilistischen Assimilation an den Erzählertext äußert.[26]

Tab. 2: Charakteristisches Merkmalschema der narratorialen indirekten Darstellung

	1. Thema	2. Wertung	3. Person	4. Tempus/ Modus	5. Zeigsystem	6. Sprachfunktion	7. Lexik	8. Syntax
ET		x	x	x	x	x	x	x
FT	x	x						

Die Markierung von sowohl ET als auch FT verweist auf die Neutralisierung der Opposition zwischen den beiden Texten in diesem Merkmal.

Die narratoriale indirekte Gedankendarstellung ist in Goethes *Wahlverwandtschaften* (1809) weit verbreitet. Wir betrachten ein für diesen Roman charakteristisches Beispiel, in dem die narratoriale indirekte Gedankendarstellung (von mir kursiv gesetzt), eine Begründung enthält (unterstrichen), die zunächst nicht figuraler Herkunft zu sein scheint, sich dann aber, nach deutlich narratorialer Korrektur (doppelt unterstrichen), als Teil des inneren Figurentextes erweist:

---

[26] Zum analytischen, sprach- oder sachanalytischen, Charakter der indirekten Darstellung vgl. Vološinov ([1929] 1993, 140–144; dt. 1975, 196–201).

> Charlotte war überzeugt, *Ottilie werde auf jenen Tag wieder zu sprechen anfangen*; <u>denn sie hatte bisher eine heimliche Geschäftigkeit bewiesen, eine Art von heiterer Selbstzufriedenheit, ein Lächeln, wie es demjenigen auf dem Gesichte schwebt, der Geliebten etwas Gutes und Erfreuliches verbirgt. Niemand wusste, dass Ottilie gar manche Stunde in großer Schwachheit hinbrachte, aus der sie sich nur für die Zeiten, wo sie erschien, durch Geisteskraft emporhielt.</u> (Goethe, 194)

Den Begründungsatz wegen seiner syntaktischen Unabhängigkeit vom *verbum cogitandi* als erlebte Rede anzusehen verbietet die logische Verbindung mit der in indirekter Gedankendarstellung gegebenen Erwartung, dass Ottilie wieder zu sprechen anfangen werde.

In der *figuralen indirekten Darstellung* (die McHales Typus 4 *Indirect discourse, mimetic to some degree* entspricht) präsentiert der Erzähler die Bewusstseinsinhalte der Figur in den sprachlichen Besonderheiten der Figur.

Im folgenden Beispiel für figurale indirekte Gedankendarstellung aus Dostoevskijs *Doppelgänger* ist der Wiedergabeteil ganz in der eigentümlichen, hyperbolisierenden Sprache der Figur formuliert, mit ihrer Tendenz zu Wiederholung und Steigerung. Der Erzähler outriert diese Sprache und führt in ihr die Denkweise des Herrn Goljadkin vor:

> Nachdem er im Nu erkannt hatte, dass er zugrunde gerichtet, in einem gewissen Sinne vernichtet worden war, dass er sich selbst besudelt und seine Reputation beschmutzt hatte, dass er in Gegenwart Unbeteiligter verspottet und bespuckt worden war, dass er von jenem heimtückisch beschimpft worden war, den er noch gestern für seinen hervorragendsten und zuverlässigsten Freund gehalten hatte, dass er schließlich entsetzlich durchgefallen war [...]. (Dostoevskij, I, 167)

Tab. 3: Merkmalschema des Wiedergabeteils der zitierten indirekten Gedankendarstellung

	1. Thema	2. Wertung	3. Person	4. Tempus/ Modus	5. Zeigsystem	6. Sprachfunktion	7. Lexik	8. Syntax
ET			x	x				
FT	x	x			x	x	x	x

Im Wiedergabeteil der figuralen indirekten Darstellung ist ET nur im grammatischen Merkmal der Personalform und – in einigen Sprachen – im Tempus und/oder Modus repräsentiert.

2.4.2.2 Die freie indirekte Darstellung

Die Figuralisierung kann so weit gehen, dass die grammatischen und syntaktischen Normen der Schablone der indirekten Rede verletzt werden. Dann bildet sich ein hybrider Typus, den ich *freie indirekte Darstellung (autonomous indirect discourse, svobodnoe kosvennoe izobraženie)* nenne.[27] Er entsteht insbesondere dann, wenn in einer figuralen indirekten Rede die Expressivität und die Syntax von FT die syntaktischen Restriktionen der Schablone sprengen oder wenn die indirekte Rede die konstitutiven Merkmale der direkten Rede (graphische Markierung, Gebrauch der 1. und 2. Person) übernimmt.

Für den ersten Fall, die Übernahme von Interjektionen aus dem FT, ist folgendes Zitat aus dem *Doppelgänger* ein Beispiel:

> [Goljadkin] schien es, dass gerade, soeben jemand hier gestanden hatte, dicht bei ihm, neben ihm, auch auf das Ufergeländer gestützt, und – wie seltsam! – zu ihm sogar etwas gesagt hatte [...] (Dostoevskij, I, 139)

Der zweite Fall wird durch folgendes Zitat aus Dostoevskijs *Herrn Procharčin* (Gospodin Procharčin; 1846) belegt: Die Personalformen wechseln hier vom Er-System der indirekten Rede zum Ich-Du-Er-System der direkten Rede, und dieser Wechsel wird durch Anführungszeichen markiert:

> [...] dann begriffen sie, dass Semen Ivanovič prophezeite, dass Zinovij Prokof'evič um keinen Preis in die höhere Gesellschaft gelangen wird und dass ihn der Schneider, dem er noch einen Anzug schuldet, verprügeln wird, unbedingt verprügeln, weil der dumme Junge so lange nicht zahlt und dass „du [sic!], du dummer Junge", fügte Semen Ivanovič hinzu, „schließlich, siehst du, zu den Husaren gehen willst, dass man dich dummen Jungen, wenn die Obrigkeit von allem erfährt, sofort zu den Schreibern steckt; so ist es, hörst du, du dummer Junge?" (Dostoevskij, I, 243)

Ohne Markierung durch Anführungszeichen ist folgender Schablonenwechsel in *Mrs Dalloway* durchgeführt. Subjekt der Bewusstseinstätigkeit ist Peter Walsh, der soeben aus Indien zurückgekehrt ist:

---

27 Einige Theoretiker benutzen den Terminus *freie indirekte Rede* als Übersetzung von *discours indirect libre* oder *style indirect libre* (vgl. Holthusen 1968, 226), d. h. zur Bezeichnung der erlebten Rede. So für das Russische etwa Bulachovskij 1954, 443–446, und in jüngster Zeit noch Padučeva 1996 (*svobodnyj kosvennyj diskurs*). Die freie indirekte Rede unterscheidet sich von der erlebten Rede jedoch durch den expliziten Verweis auf die Wiedergabe des FT. Die Mischung von direkter und indirekter Schablone bezeichnen Dirscherl und Pafel (2015, 19) als „gemischte Rededarstellung". Siehe dort (Fn. 21) auch den Hinweis auf die jüngere und ältere Literatur zur „mixed quotation".

> Here she is mending her dress; mending her dress as usual, he thought: here she's been sitting all the time I've been in India [...] (Woolf, *Mrs Dalloway*, 46)

Eine hoch synkretistische Bewusstseinsdarstellung finden wir in folgender Stelle aus *Mrs Dalloway*. In eine erlebte Rede (kursiv) ist mit eingeschalteter Inquit-Formel (punktiert unterstrichen) eine freie indirekte Gedankendarstellung eingelassen, in der das Personalsystem nicht umgepolt ist (doppelt unterstrichen). In die indirekte Gedankendarstellung ist in Klammern wiederum erlebte Rede eingebettet. Auf die freie indirekte Rede folgt eine Grundform der indirekten Darstellung (einfach unterstrichen) mit eingeschalteter Inquit-Formel:

> *This was a favourite dress, one of Sally Parker's, the last almost she ever made, alas, for Sally had now retired, lived at Ealing*, and if ever I have a moment, thought Clarissa (*but never would she have a moment any more*), I shall go and see her at Ealing. For she was a character, thought Clarissa, a real artist. (Woolf, *Mrs Dalloway*, 44)

Die freie indirekte Darstellung entsteht oft aus dem Wunsch des Erzählers, auch in den Gedanken und Gefühlen der Figur ihren idiosynkratischen Ausdruck in allen seinen Eigentümlichkeiten möglichst authentisch wiederzugeben, ohne auf seine eigene narratoriale Präsenz zu verzichten. Die Verletzungen der grammatischen Norm sollen dann in der Regel dem Figurentext zugeschrieben werden.

2.4.2.3 Die Verknüpfungsfunktion der indirekten Darstellung

Ausgesprochen häufig leitet die indirekte Darstellung von Wahrnehmungen, Gedanken und Gefühlen zu einer erlebten Rede über. Damit wird die Uneindeutigkeit, die letzterer zu eigen ist, nicht ganz aufgehoben, denn es bleibt immer noch, die Grenze zwischen den Formen und den jeweiligen Anteil von ET und FT zu entscheiden.

Die Einleitungs- oder Markierungsfunktion der indirekten Darstellung für eine darauf folgende erlebte Rede beobachten wir auch in der figuralen Variante. Ein Beispiel finden wir in *Mrs Dalloway*, einem Roman, der fast durchweg aus figuraler Darstellung des Bewusstseins der Helden besteht und in dem die indirekte Darstellung keineswegs selten ist:

> *Her only gift was knowing people almost by instinct*, she thought, walking on. If you put her in a room with someone, up went her back like a cat's; or she purred. (Woolf, *Mrs Dalloway*, 11)

Die Inquit-Formel ist hier der indirekten Gedankendarstellung nachgestellt, was im Allgemeinen nicht selten vorkommt und in *Mrs Dalloway* sogar die Regel ist. Der Selbstcharakterisierung der Figur in indirekter Gedankendarstellung (kursiv) folgt eine Selbstbeschreibung in erlebter Rede (unterstrichen), in der sich das figurale Medium wie von außen, von Dritten, beobachtet vorstellt.

2.4.3 Der Bewusstseinsbericht

Die am meisten, im Grunde ausschließlich narratoriale Präsentation des Figurenbewusstseins ist der *Bewusstseinsbericht*. In der Typologie McHales entsprechen ihm die Typen 2 (*Summary, less „purely" diegetic*) und 3 (*Indirect content paraphrase*). Dorrit Cohn nennt die narratoriale Darstellung der Innenwelt *psycho-narration*, Alan Palmer *thought report* (s. o., S. 16). Beide streben nach einer Anerkennung dieses „Stiefkinds" unter den Erzähltechniken, zu dem die Theoretiker des *stream of consciousness* die psycho-narration angeblich erklärt haben. Beide, Cohn wie Palmer, haben allerdings einen sehr weiten Begriff ihrer Kategorie, subsumieren unter sie auch die indirekte Darstellung. Das ist insofern problematisch, als die indirekte Darstellung im Wiedergabeteil auf den Figurentext bezogen ist, während die *psycho-narration* oder der *thought report* keinerlei figurales Moment enthalten und deshalb auch keine Textinterferenz bewirken. Textinterferenz tritt in dieser narratorialsten Form der Bewusstseinsdarstellung allenfalls dann auf, wenn in den berichteten Bewusstseinsinhalten der Figurentext durch axiologische oder stilistische Merkmale vertreten ist. Dann aber geht der Bewusstseinsbericht in uneigentliches Erzählen über. Eine figurale indirekte Darstellung wie „She wondered where the hell she was", betrachtet Palmer (2004, 56) als *colored thought report*. Seine Analyse lautet, wenig überzeugend, dass die Erzählersprache durch die Ausdrucksweise der Figur gefärbt sei, die Subjektivität aber die des Erzählers bleibe.

Recht zu geben ist Cohn und Palmer darin, dass der Bewusstseinsbericht in Bereiche vordringen kann, die der Figur nicht zugänglich sind. Deshalb können die entsprechenden Bewusstseinsinhalte auch nicht in einer den Figurentext präsentierenden Form dargeboten werden, denn das setzte einen gewissen Grad an Bewusstheit und Reflexivität voraus.

Für den Bewusstseinsbericht, der den Horizont der Figur überschreitet, liefert Lion Feuchtwangers *Jud Süß* (1925) zahlreiche Beispiele, ungeachtet seiner starken Tendenz zur figuralen Perspektive. In dem Roman (dessen Inhalt im gleichnamigen antisemitischen Film von Veit Harlan aus dem Jahr 1940 auf das Übelste verzerrt wurde) trägt der Held Josef Süß Oppenheimer einen inneren

Kampf mit sich aus, ob er sich für den in Esslingen zu Unrecht zum Tode verurteilten Juden Jescheskel Seligmann Freudenthal einsetzen soll. Er wägt Vor- und Nachteile seines Engagements ab:

> Im Grunde wusste er, dass er es tun wird. Im Grunde wusste er es von dem ersten Augenblick an, da er Rabbi Gabriel sah. Während er sich bejammerte und sich sentimental streichelte, welche Opfer man von ihm postulierte, war in seinem heimlichen Winkel ein großes Aufatmen. (Feuchtwanger, *Jud Süß*, 283–284)

Dem Leser stellt sich hier allerdings die Frage: Wer blickt in den „heimlichen Winkel", nur der Erzähler oder der Erzähler mit dem Helden?

Eindeutig ist die reine Narratorialität der Introspektion in folgenden Stellen:

> Gestand sich aber, wie dies in letzter Zeit seine Art war, die wahren Gründe nicht ein, sondern spreizte sich vor sich selber, wie es sich nun erweise, dass er nicht um Dank, sondern nur aus reinen und edlen Motiven die Tat getan habe. (*Jud Süß*, 294)

Der Bewusstseinsbericht ist ein archaisches Verfahren, das im älteren Roman neben der direkten Rede dominiert. Ein Beispiel für häufiges Vorkommen ist Fieldings *Tom Jones*. Der Titelheld hat die große Entscheidung zu treffen, wie er, der von seinem Vormund Verstoßene, sich angesichts seiner Liebe zu Sophia verhalten solle:

> And now the great doubt was, how to act with regard to Sophia. The thoughts of leaving her, almost rent his heart asunder; but the consideration of reducing her to ruin and beggary still racked him, if possible, more; and if the violent desire of possessing her person could have induced him to listen one moment to this alternative, still he was by no means certain of her resolution to indulge his wishes at so high an expence. The resentment of Mr Allworthy, and the injury he must do to his quiet, argued strongly against this latter, and lastly, the apparent impossibility of his success, even if he would sacrifice all these considerations to it, came to his assistance; and thus honour at last, backed with despair, with gratitude to his benefactor, and with real love to his mistress, got the better of burning desire, and he resolved rather to quit Sophia than to pursue her to her ruin. (Fielding, *Tom Jones*, 289)

Die Überlegungen des Helden in der Schlüsselstelle des Romans, die auf eine Abwägung zwischen existentiellen Werten hinauslaufen, wären in jüngeren Romanen in erlebter Rede inszeniert worden. Fielding verwendet den Gedankenbericht, bringt Toms widerstreitenden Gefühle auf ihre Begriffe und gibt ein klares Bild von der Hierarchie der Werte im sittlichem Haushalt des Helden.

Obwohl in Jane Austens Roman *Pride and Prejudice* (1813) die Beziehungen zwischen den Personen weitgehend figural, über die Perspektive Elizabeth Bennets dargeboten werden, ergänzt der Erzähler an wichtigen Stellen der Handlung die Wahrnehmungen der Protagonistin:

> Occupied in observing Mr. Bingleys attentions to her sister, Elizabeth was far from suspecting that she was herself becoming an object of some interest in the eyes of his friend. (Austen, *Pride and Prejudice*, 15)

Mit dieser narratorialen Bemerkung macht der Erzähler eine unüberhörbare Vorausdeutung, die die aufmerksame Leserin warnen wird. Fitzwilliam Darcy, der junge, hübsche und reiche, aber hochnäsige Gutsbesitzer, den alle Mütter der Gegend sich als Schwiegersohn wünschen, hatte auf dem Ball nicht nur nicht mit Elizabeth Bennet getanzt, sondern sich auch zu seinem Freund Bingley abfällig über Elizabeths Reiz für ihn geäußert: „She is tolerable; but not handsome enough to tempt *me*" (*Pride and Prejudice*, 7).

Darcys – tatsächliches oder angebliches – Desinteresse wird bald erschüttert. Der Leser erfährt von dieser Entwicklung weder durch die Wahrnehmung Elizabeths noch durch eine innere Rede Darcys, sondern durch den autoritativen Bewusstseinsbericht des zuverlässigen Erzählers, der mehr über seinen Helden weiß als dieser über sich selbst:

> Mr. Darcy had at first scarcely allowed her to be pretty; he had looked at her without admiration at the ball; and when they next met, he looked at her only to criticise. But no sooner had he made it clear to himself and his friends that she had hardly a good feature in her face, than he began to find it was rendered uncommonly intelligent by the beautiful expression of her dark eyes. To this discovery succeeded some others equally mortifying. Though he had detected with a critical eye more than one failure of perfect symmetry in her form, he was forced to acknowledge her figure to be light and pleasing; and in spite of his asserting that her manners were not those of the fashionable world, he was caught by their easy playfulness. Of this she was perfectly unaware,—to her he was only the man who made himself agreeable no where, and who had not thought her handsome enough to dance with. (*Pride and Prejudice*, 15)

Nach dieser narratorialen Aufklärung zu Beginn des Romans kann für den Leser nicht mehr ganz überraschend sein, dass Elizabeth und Darcy zuguterletzt ein Paar werden.

Nach der Betrachtung der psycho-narration in „auktorialen Romanen" – wie Stanzel (1955 und später) sie nennt – (*Tom Jones*, Thackerays *Vanity Fair*, Balzacs *Père Goriot* und Wielands *Agathon*) gelangt Cohn (1978, 25) zu der Schlussfolgerung, dass der Erzähler, je stärker er profiliert sei, umso weniger geneigt sei, die Tiefe des Innenlebens seiner Figuren zu ergründen. „It almost seems as though the authorial narrator jealously guards his prerogative as the sole thinking agent within his novel". Den Rückzug des narratorial perspektivierenden Erzählens zugunsten zunehmend figuraler Präsentation der Geschichten kann man indes wohl kaum mit der abnehmenden „Eifersucht" des Erzählers und hinter ihm des Autors erklären. Außerdem bleibt zu bedenken, dass der Gedanke des konstanten Aufwands, der in dieser Verrechnung narratorialer und figuraler „emotionaler und intellektueller Energie" aufscheint, von der literarischen Entwicklung nicht durchweg bestätigt wird. Es gibt stark figural perspektivierte Erzählwerke mit voller Entfaltung des Seelenlebens der Figuren, in denen der Erzähler durchaus profiliert ist, und sei es auch nur durch narratoriale Ironie in der zweistimmigen Textinterferenz. Dostoevskijs *Doppelgänger* und die Erzählung *Der ewige Ehemann* (Večnyj muž; 1870) sind dafür schlagende Beispiele (vgl. Schmid 1968), die sogar Stanzel (zuletzt 1979, 90) akzeptiert hat.

Palmer spricht dem vermeintlich verkannten Gedankenbericht, den er aufzuwerten sucht, die Grundfunktion des *linking* zu, der Fähigkeit, den Denkvorgang der Figur mit ihrer Umgebung zu verknüpfen und dabei die soziale Natur des Denkens zu demonstrieren. „It is in thought report that the narrator is able to show explicitly how characters' minds operate in a social and physical context" (Palmer 2005a, 604). Diese Grundfunktion fächert Palmer (2004, 81–85; 2005a, 604) in eine Reihe von Facetten auf. Deren Liste kann indes nicht darüber hinwegtäuschen, dass der Gedankenbericht, der für Palmer (2005a, 602) von der indirekten Rede bis zur Zusammenfassung (*summary*) reicht (Beispiel: „She thought of Paris"), die genannten Funktionen keineswegs exklusiv ausübt und dass er unter den drei Typen, die Palmer für die „representation of mind" unterscheidet (siehe oben), die trockenste und unkomplexeste ist. Der Hauptnachteil des Gedankenberichts besteht aber wohl vor allem in seiner Explizitheit, die – wie schon Bachtin ([1934/35] 1975, 133; dt. 1979, 208) konstatierte – der Unklarheit und Verschwommenheit des darzustellenden Seelenlebens wenig entspricht. Unter diesem Aspekt ist die erlebte Rede nicht von ungefähr seit jeher als der Bewusstseinsdarstellung besonders angemessen empfunden worden.

2.5 Die kaschierte explizite Bewusstseinsdarstellung

Wir wenden uns nun den Formen zu, in denen der figurale Bewusstseinsinhalt zwar explizit im Text gegeben, aber – da graphische Zeichen, Inquit-Formeln und entsprechende narratoriale Kommentare fehlen – als Erzählerrede präsentiert wird.

2.5.1 Die erlebte Rede mit dem erlebten inneren Monolog

Unter den Formen, die den Figurentext mit seinen Bewusstseinsinhalten explizit darstellen, aber als Erzählerrede kaschieren, ist zweifellos die komplexeste und die seit jeher weitaus am meisten in der wissenschaftlichen Literatur behandelte die sogenannte *erlebte Rede (free indirect discourse, nesobstvenno prjamaja reč'* [d. i. uneigentlich direkte Rede]) (McHales Typ 5).[28]

Wir können das Verfahren auf folgende Weise definieren:
Die erlebte Rede ist ein Segment des Erzähldiskurses, das Wahrnehmungen, Gedanken, Gefühle oder die Sinnposition einer oder mehrerer der erzählten Figuren oder auch ganzer Kollektive wiedergibt, wobei die Wiedergabe des Figurentextes weder graphisch noch durch irgendwelche explizite Hinweise markiert ist.

Tab. 4: Grundstruktur der erlebten Rede

	1. Thema	2. Wertung	3. Person	4. Tempus/ Modus	5. Zeigsystem	6. Sprachfunktion	7. Lexik	8. Syntax
ET			x					
FT	x	x			x	x	x	x

Die Spalte für Tempus/Modus ist nicht ausgefüllt, da – erstens – die Sprachen hier unterschiedlich verfahren und es – zweitens – im Deutschen, Englischen und Russischen Varianten gibt, die sich von dem für die Sprache gültigen Grundtypus in diesem Merkmal unterscheiden.

Bevor die wichtigsten Typen der erlebten Rede behandelt werden, seien drei weitverbreitete Auffassungen zurückgewiesen:

Die erlebte Rede dient selten der Wiedergabe äußerer Rede. In der Fachliteratur wird zwar gelegentlich auf Fälle hingewiesen, in denen sie gesprochene Rede zu gestalten scheint (vgl. Sokolova 1968, 29–31), aber es handelt sich dabei – zumindest in der neueren Erzählprosa ab dem achtzehnten Jahrhundert – fast durchweg nicht um Wiedergabe der gesprochenen Rede selbst, sondern um reflektierte Rede, die Darstellung der äußeren Rede in der Wahrnehmung oder Erinnerung einer der Figuren (vgl. Kovtunova 1955, 138).

---

[28] Überblicke über andere deutsche Bezeichnungen für dieses Phänomen geben Neubert (1957, 7–11) und Steinberg (1971, 111–118).

Die folgende Stelle aus *Mrs Dalloway* zeigt, wie zunächst die äußere Rede Hugh Whitebreads von Clarissa Dalloway wahrgenommen (einfach unterstrichen) und ironisch reflektiert wird (kursiv) und wie sich dann Clarissas Wahrnehmung auf die eigene äußere Rede richtet (doppelt unterstrichen):

> They [the Whitebreads] had just come up – unfortunately – to see doctors. *Other people came to see pictures; go to the opera; take their daughters out; the Whitebreads came 'to see doctors'.* Times without number Clarissa had visited Evelyn Whitebread in a nursing home. *Was Evelyn ill again?* Evelyn was a good deal out of sorts, said Hugh, intimating by a kind of pout or swell of his very well-covered, manly, extremely handsome, perfectly upholstered body (he was almost too well dressed always, but presumably had to be, with his little job at Court) that his wife had some internal ailment, nothing serious, which, as an old friend, Clarissa Dalloway would quite understand without requiring him to specify. Ah yes, she did of course; what a nuisance; and felt very sisterly and oddly conscious at the same time of her hat. (*Mrs Dalloway*, 8)

Die erlebte Rede gilt manchen Theoretikern (so Banfield 1973) als ein für die fiktionale Literatur spezifisches Verfahren. Das ist keineswegs der Fall. Sie kommt durchaus außerhalb der Fiktion und gerade auch in der umgangssprachlichen Kommunikation vor. Man vgl. etwa folgende typisch alltagssprachliche ironisch-outrierende Wiedergabe einer fremden Rede: A berichtet von B: „Ja, ja, er konnte das nicht auch noch erledigen. Er hatte doch wirklich wichtigere Dinge zu tun!" Schon Leo Spitzer (1922; 1928) und Eugen Lerch (1928) haben auf das Entstehen der erlebten Rede aus der Alltagskommunikation aufmerksam gemacht.[29]

Die erlebte Rede ist keineswegs auf nichtdiegetische Erzähler (sog. Er-Erzähler) beschränkt, wie Käte Hamburger (1957; 1968) und andere Theoretiker postuliert haben. Dorrit Cohn (1969; 1978, Teil II *Consciousness in first-person texts*) hat für erlebte Rede im diegetischen Erzählen überzeugende Beispiele aus der deutschen und englischen Literatur angeführt. Dabei gibt die erlebte Rede nicht die Texte dritter Personen wieder, sondern die Gedanken und Wahrnehmungen des früheren, erzählten Ich.

Im diegetischen Erzählen bestehen allerdings etwas andere Bedingungen für die Profilierung der Texte von erzähltem Ich (FT) und erzählendem Ich (ET) als im nichtdiegetischen Erzählen und entsprechend andere Bedingungen für die Neutralisierung der Opposition (vgl. ausführlich Schmid [1973] 1986, 245–246). Generell gilt, dass die Opposition von FT und ET häufiger als im nichtdie-

---

[29] Über die Rolle der erlebten Rede in der Alltagskommunikation, in der parlamentarischen Rede und im journalistischen Gebrauch (im mündlichen wie schriftlichen) vgl. Pascal (1977, 18–19, 34, 57) und McHale (1978, 282).

getischen Erzählen neutralisiert ist. Merkmal 3 (Person) entfällt für die Differenzierung der Texte in der Regel grundsätzlich, und die Opposition von ET und FT ist im Merkmal 6 (Lexik) selten stark ausgeprägt. Sprachfunktion (Merkmal 7) und Syntax (Merkmal 8) werden nur dann eine Opposition bilden, wenn das erzählte Ich sich in einem besonderen psychischen Zustand befindet, erregt, verwirrt oder seelisch besonders reduziert ist. Häufiger als im nichtdiegetischen Erzählen bleibt die Identifizierung der erlebten Rede auf die Merkmale 1 (Thema) und 2 (Wertung) angewiesen. Aber auch in ihnen kann die Opposition der beiden Texte neutralisiert sein.

Betrachten wir für erlebte Rede im diegetischen Erzählen ein Beispiel aus Dostoevskijs *Jüngling*:

> Ich war maßlos überrascht; diese Neuigkeit war von allen die beunruhigendste: *es ist etwas geschehen, es ist etwas vorgefallen, es ist unbedingt etwas passiert, wovon ich jetzt noch nichts weiß!* (Dostoevskij, XIII, 254: Hervorhebung von mir, W. Sch.)

Der kursivierte Text enthält die erlebte Rede, die hier im Präsens steht, da der Grundtypus der erlebten Rede im Russischen die Tempora und Modi des FT benutzt (siehe dazu unten).

Tab. 5: Merkmalschema des Grundtypus der erlebten Rede im Russischen

	1. Thema	2. Wertung	3. Person	4. Tempus/ Modus	5. Zeigsystem	6. Sprachfunktion	7. Lexik	8. Syntax
ET	x	x	x		x		x	x
FT	x	x	x	x	x	x	x	x

Die ausschlaggebenden Anzeichen für erlebte Rede sind hier das präsentische Tempus, das mit dem Präteritum des Erzählers kontrastiert, und die durch emotionale Ausrufe des innerlich aufgewühlten Ich expressiv geprägte Sprachfunktion.

Oft ist in diesem Roman die Opposition der Texte in den Merkmalen so schwach ausgeprägt, dass nur ausdrückliche Verweise des diegetischen Erzählers auf seine ‚jetzige' Haltung bestimmte Worte der Handlungsgegenwart zuordnen und somit als erlebte Rede erkennen lassen. Und nicht selten ist der perspektivische Status von Aussagen des Erzähldiskurses unentscheidbar.

2.5.1.1 Grundytpus und Varianten der erlebten Rede im Deutschen, Englischen und Russischen

Das Deutsche, Englische und Russische kennen zwei grammatisch, nach Tempus und Modus unterschiedene Grundtypen.

Der Grundtypus im Deutschen und Englischen zeichnet sich durch eine Tempusverschiebung gegenüber den im FT gebrauchten Tempora aus (Merkmal 4 ⇒ ET):
1. Das figurale Präsens wird zum narratorialen Präteritum verschoben,
2. das figurale Präteritum zum narratorialen Plusquamperfekt,
3. das explizite Futur in den Konditional.

> Aber am Vormittag *hatte* sie den Baum zu putzen Morgen *war* Weihnachten. (Alice Berend, *Die Bräutigame der Babette Bomberling*)

> He [Peter Walsh] *would be* back from India one of these days, June or July, she forgot which, for his letters *were* awfully dull [...] (Woolf, *Mrs Dalloway*, 5)

Im Deutschen und Englischen ist die erlebte Rede also grammatisch gering vom Erzähltext dissoziiert. Das macht sie schwer identifizierbar.

Im Russischen enthält die erlebte Rede im Grundtypus dagegen die Tempora von FT (Merkmal 4 ⇒ FT). Im Kontext eines Erzähltextes im Präteritum wirkt das Tempus von FT, sofern es nicht figurale Vergangenheit ausdrückt, relativ deutlich markierend. Ein Beispiel wird unten gegeben.

In allen drei Sprachen gibt es eine Variante zum Grundtypus. Im Deutschen und Englischen zeichnet sie sich durch das Präsens als Grundtempus aus, genauer: durch die Verwendung von Tempusformen, die dem FT entsprechen (Merkmal 4 ⇒ FT).

Ein Beispiel für die Präsens-Variante im Deutschen finden wir in Lion Feuchtwangers Roman *Der jüdische Krieg*. Josef Ben Matthias (der später Flavius Josephus heißen wird) ist zum ersten Mal in Rom, kann sich aber schon grob orientieren:

> So viel weiß er: hier vor ihm ist der Rindermarkt, und rechts dort ist die Große Rennbahn, und dort irgendwo, auf dem Palatin und dahinter, wo die vielen kribbelnden Menschen sind, baut der Kaiser sein neues Haus, und links hier durch die Tuskerstraße geht es zum Forum, und Palatin und Forum sind das Herz der Welt. Er hat viel über Rom gelesen, aber es nützt ihm wenig. Der Brand vor drei Monaten hat die Stadt sehr verändert. Er hat gerade die vier Bezirke im Zentrum zerstört, über dreihundert öffentliche Gebäude, an die sechshundert Paläste und Einfamilienhäuser, mehrere tausend Mietshäuser. Es ist ein Wunder, wie viel diese Römer in der kurzen Zeit schon neu gebaut haben. Er mag sie nicht, die Römer, er hasst sie geradezu, aber das muss er ihnen lassen: Organisationstalent haben sie, sie haben ihre Technik. Technik, er denkt das fremde Wort, denkt es

mehrmals, in der fremden Sprache. Er ist nicht dumm, er wird diesen Römern von ihrer Technik etwas abluchsen. (Feuchtwanger, *Der jüdische Krieg*, 7–8)

An anderen Stellen des Romans entspricht die erlebte Rede dem Grundtypus, benutzt also zum Ausdruck der figuralen Gegenwart das Präteritum. Das Tempus der erlebten Rede entspricht in diesem Roman jeweils dem des Erzähltextes, der zwischen epischem Präteritum und inszenierendem Präsens wechselt. In keinem der beiden Fälle ist die erlebte Rede grammatisch vom reinen Text des Erzählers dissoziiert.

Entscheidend für die leichte Identifizierung der erlebten Rede ist also die Differenz zwischen dem allgemeinen Erzähltempus und dem Tempus zum Ausdruck der Gegenwart der Figur.

Für das Englische sei ein Beispiel aus J. M. Coetzees Roman *The Master of Petersburg* betrachtet, der durchweg im Tempussystem des Präsens erzählt wird. Erlebter Rede, die die Gegenwart der Figur ausdrückt, fehlt hier jegliche temporale Markierung. Der ganze Roman liest sich wie die narrative Ausfaltung der Innenwelt seines Helden, Fedor Michajlovič Dostoevskijs:

> He [Dostoevskij] emerges into a crowded ante-room. How long has he been closeted with Maximov? An hour? Longer? The bench is full, there are people lounging against the walls, people in the corridors too, where the smell of fresh paint is stifling. All talk ceases; eyes turn on him without sympathy. So many seeking justice, each with a story to tell! (Coetzee, *The Master of Petersburg*, 48)

Im Russischen enthält eine weit verbreitete Variante der erlebten Rede nicht das Tempus von FT, sondern das epische Präteritum (Merkmal 4 ⇒ ET). In dieser Variante rückt die erlebte Rede näher zum ET und wird dadurch schwerer identifizierbar.

Im folgenden Beispiel aus Dostoevskijs *Doppelgänger* sind Segmente im Grundtypus (unterstrichen) von solchen in der Variante (kursiv) umrahmt. Herr Goljadkin hat die verblüffende Ähnlichkeit seines Gastes mit sich selbst entdeckt:

> *Alles war doch so natürlich! Gab es denn einen Grund, sich so zu grämen, einen solchen Alarm zu schlagen!* Nun ja, es gibt da, es gibt da tatsächlich einen heiklen Umstand, aber auch der ist ja noch kein Unglück; er kann einen Menschen nicht beschmutzen, nicht seine Ambition beflecken und seine Karriere vernichten, wenn der Mensch nichts dafür kann, wenn sich die Natur selbst eingemischt hat. *Außerdem bat der Gast doch um seinen Schutz, der Gast weinte, der Gast klagte das Schicksal an, er machte ja so einen harmlosen Eindruck, ohne Bosheit und Hinterlist, so bemitleidenswert, unbedeutend, und hatte jetzt offensichtlich selbst Gewissensbisse, vielleicht auch in einer andern Beziehung, wegen der seltsamen Ähnlichkeit seines Gesichts mit dem seines Gastgebers.* (Dostoevskij, I, 156)

Für die *figurale* erlebte Rede bietet Dostoevskijs *Doppelgänger* zahllose Belege. Ein Bürokollege hat Herrn Goljadkin, wie diesem scheint, eröffnet, dass der neue Kollege im Amt den gleichen Namen wie er trage, und fragt, ob er nicht ein „Brüderchen" oder ein naher Verwandter von ihm sei:

> Herr Goljadkin erstarrte vor Verwunderung, und seine Zunge versagte ihm zeitweise den Dienst. *So leichthin eine so empörende, noch nie dagewesene Sache zu behandeln, eine in ihrer Art wirklich seltene Sache, eine Sache, die sogar den uninteressiertesten Beobachter verblüffen würde, von einer Familienähnlichkeit zu sprechen, wo es hier wie im Spiegel zu sehen ist!* (Dostoevskij, I, 148)

Der Stil der erlebten Rede (kursiv) scheint in seiner Schriftsprachlichkeit dem Erzählertext zu entsprechen, aber die lexikalisch-semantische Hyperbolik, der rhetorische Aufbau mit einer Klimax sind charakteristisch für den gespreizten, kanzleisprachlichen Stil des Figurentextes, wie er auch in den direkten Reden des Helden zu Tage tritt.

Narratoriale erlebte Rede, in der der Stil (Sprachfunktion, Lexik, Syntax) dem Erzählertext entspricht, ist eine häufige Variante in Goethes *Wahlverwandtschaften*. In folgender Stelle überlegt Charlotte nach Eduards Tod, wie sie mit Ottilie weiter zusammenleben könne:

> Sollten die beiden Frauen zusammenbleiben? Eduards früherer Wille schien es zu gebieten, seine Erklärung, seine Drohung es nötig zu machen; allein wie war es zu verkennen, dass beide Frauen mit allem guten Willen, mit aller Vernunft, mit aller Anstrengung sich in einer peinlichen Lage nebeneinander befanden? Ihre Unterhaltungen waren vermeidend. Manchmal mochte man gern nur etwas halb verstehen, öfters wurde aber doch ein Ausdruck, wo nicht durch den Verstand, wenigstens durch die Empfindung missdeutet. Man fürchtete sich zu verletzen, und gerade die Furcht war am ersten verletzbar und verletzte am ersten. (Goethe, 182)

2.5.1.2 Der erlebte innere Monolog

Auch für den *erlebten inneren Monolog* (*free indirect monologue, nesobstvennoprjamoj monolog*), die Großform der erlebten Rede (die bei McHale genauso wenig wie der direkte innere Monolog als eigener Typus figuriert), sind eine figurale und eine narratoriale Variante zu unterscheiden. Der erlebte innere Monolog kann im Deutschen wie im Russischen entweder im Tempus von FT, also in den präsentischen Tempora Präsens, Perfekt, Futur gehalten sein (Merkmal 4 $\Rightarrow$ FT) oder im epischen Präteritum (Merkmal 4 $\Rightarrow$ ET).

Die figurale Variante finden wir wieder im *Doppelgänger*. Nach der ersten Begegnung mit dem vermeintlichen Doppelgänger setzt sich der am ganzen Körper zitternde Goljadkin auf einen Prellstein am Bürgersteig. Gewisse Aussagen des folgenden Berichts inszenieren unzweifelhaft den Bewusstseinsstrom des Helden, andere mag man dem Erzähler zusprechen, zumindest bleiben sie ambivalent. Zur Unentscheidbarkeit der Zuordnung trägt nicht wenig die Ambivalenz des Präteritums bei, das sowohl die Gegenwart des Helden bezeichnen als auch das Tempus des Erzählers sein kann.

> Aber er hatte ja allen Grund, in eine solche Verwirrung zu geraten. Die Sache war die, dass dieser Unbekannte ihm jetzt irgendwie bekannt vorkam. Das alles hatte noch nichts zu sagen. Aber er hatte diesen Menschen erkannt, er hatte ihn fast völlig erkannt. Er hatte ihn schon oft gesehen, diesen Menschen, irgendwo einmal gesehen, vor sehr kurzer Zeit sogar. Aber wo? War es nicht erst gestern gewesen? Übrigens, auch das war nicht die Hauptsache, dass Herr Goljadkin ihn schon oft gesehen hatte; Besonderes gab es ja an diesem Menschen fast nichts, – besondere Aufmerksamkeit hätte dieser Mensch auf den ersten Blick entschieden bei niemandem erregt. Er war eben ein Mensch wie alle andern, selbstverständlich anständig, wie alle anständigen Menschen, und hatte vielleicht irgendwelche und sogar ziemlich große Werte, – mit einem Wort, er war ein Mensch für sich. Herr Goljadkin empfand nicht einmal Hass oder Feindseligkeit, nicht einmal die geringste Abneigung gegen diesen Menschen, sogar im Gegenteil, so schien es, – und dennoch (und in diesem Umstand lag das Wesentliche), dennoch hätte er für keinen Schatz auf der Welt gewünscht, mit ihm zusammenzutreffen und gar noch so zusammenzutreffen wie jetzt zum Beispiel. (Dostoevskij, I, 141–142)

Eine Schlüsselstelle in Otto Ludwigs Roman *Zwischen Himmel und Erde* (1856) ist die Erkenntnis Christianes, dass die Blume, die sie einst so hingelegt hat, damit der von ihr geliebte Apollonius sie finde, keineswegs von diesem verschmäht und mit „Spott und Hohn unter seinen Kameraden ausgeboten" worden ist, wie sie bis bislang glauben musste. Über den wahren Sachverhalt hat sie Apollonius' neidischer Bruder Fritz getäuscht, mit dem sie dann in ihrer Verzweiflung über die vermeintliche Ablehnung durch Apollonius die Ehe eingegangen ist. Der Prozess dieser Erkenntnis wird im erlebten inneren Monolog dargestellt, den Otto Ludwig als erster in der deutschen Literatur systematisch angewandt hat:

> Die Blume [die Christiane unter den Briefen Apollonius' vorfindet] war von ihr; er [Apollonius] trug sie auf seiner Brust in Sehnsucht, Hoffen und Fürchten, bis sie des Bruders war, deren er dabei gedachte. Dann warf er [Fritz] sie, die Botin des Glücks, dem Geschiedenen nach. Er [Apollonius] war so brav, dass er für Sünde hielt, die arme Blume dem vorzuenthalten, der ihm die Geberin gestohlen. Und an solchem Manne hätte sie hängen dürfen, mit allen Pulsen sich an ihn drängen, ihn mit tausend Armen der Sehnsucht umschlingen zum Nimmerwiederfahrenlassen! Sie hätte es gekonnt, gedurft, gesollt! Es wäre nicht Sünde gewesen, wenn sie es tat; es wäre Sünde gewesen, tat sie es nicht. Und nun wäre es Sünde, weil der sie und ihn betrogen, der sie nun quälte um das, was er zur Sünde gemacht hatte? Der sie zur Sünde zwang; denn er zwang sie, ihn zu hassen; und auch das war Sünde, und durch seine [Fritz'] Schuld. Der sie zwang – er zwang

sie zu mehr, zu Gedanken, die aus der Liebe und dem Hasse, die Gott verbot, ein Recht machen wollten, zu schrecklich klugen, verführerisch flüsternden, wilden, heißen, verbrecherischen Gedanken. Und wies sie diese schaudernd von sich, dann sah sie unabsichtliche Sünde unabwendbar drohen. (Ludwig, 409–410)

Die hier drohende Unklarheit, wer jeweils mit dem *er* gemeint ist, Apollonius oder Fritz, zeigt, dass der Autor mit der Vermittlung von figuralem Bewusstseinsinhalt (in dem das *er* jeweils eindeutig ist, denn die Figur weiß, an wen sie dabei denkt) und narratorialer Präsentation noch gewisse Schwierigkeiten hatte.

Eine interessante Variante der Inszenierung der Innenwelt bietet der erlebte innere Monolog in Lion Feuchtwangers *Jud Süß*. Der Roman ist weithin in figuraler Perspektive geschrieben und verwendet dabei in großem Umfang erlebte Rede, die der Autor meisterhaft beherrscht. In folgendem inneren Monolog räsoniert der Professor Johann Daniel Haarpracht, der „erste Jurist des Landes", über die Juden. Im Mittelteil des Monologs ändert sich die Kommunikationsstruktur. Das *man* des ersten Teils wird durch ein *du* abgelöst, das zwar auch die Semantik des *man* hat, mit der inszenierten Dialogizität aber ungleich intensiver wirkt:

> Dem festen, geraden, sachlichen Mann knäuelten sich die Gedanken. Hier war so schwer fester Boden zu gewinnen; diese Juden und alles, was mit ihnen zusammenhing, waren beunruhigend und voller Rätsel. Sie auszutreiben nützte nichts, man rief sie doch immer wieder zurück; ja selbst das primitive Mittel, sie totzuschlagen, brachte keine Lösung. Das Rätsel quälte doch weiter, hinterher; und dann plötzlich, von wo man sie nie vermutete, tauchten sie neu auf.
>
> Du siehst einen Hausierjuden, er geht herum, wackelnd, hässlich, schmutzig, lauersam, geduckt, hinterhältig, krumm an Seel und Leib, du hast ein ekles Gefühl vor ihm, hütest dich, an seinen dreckigen Kaftan zu streifen; aber auf einmal schlägt in seinem Gesicht eine uralte, weisere Welt das Aug auf und schaut dich mild und verwirrend an, und der lausige Saujud, eben noch zu schlecht, als dass du ihn mit deinem guten Stiefel hättest in den Kot treten mögen, hebt sich wie eine Wolke, schwebt über dir, hoch, lächelnd, unerreichbar weit.
>
> Es war widerwärtig und unbehaglich, zu denken, dass so ein schmutziger Trödeljude sollte aus dem Samen Abrahams sein. Es war ärgerlich und beunruhigend, dass ein Weltweiser wie Benediktus d'Espinosa dem verfluchten Stamme angehörte. Es war, als hätte an diesem Stamm die Natur beispielsmäßig wollen demonstrieren, wie bis zu den Sternen hoch ein Mensch sich heben, wie tief im Schlamm einsinken kann. (Feuchtwanger, *Jud Süß*, 292)

2.5.2 Die erlebte Wahrnehmung

Einen Schritt weiter zum narratorialen Pol befindet sich eine Form, die ich *erlebte Wahrnehmung* nenne (Schmid [1973] 1986, 59–60). Willi Bühlers (1937, 131, 153) Opposition von *erlebter Rede* und *erlebtem Eindruck* (letzterer Begriff ist dem der erlebten Wahrnehmung äquivalent) nimmt Bernhard Fehr (1938) im Englischen als *substitionary speech* und *substitionary perception* auf. Laurel Brinton (1980) nannte diese letztere Form *represented perception*, und Alan Palmer (2004) prägte in Analogie zu *free indirect discourse* den Terminus *free indirect perception*. Bei McHale figuriert diese Form nicht als eigener Typus. Für das Russische schlage ich in Analogie zum Terminus für erlebte Rede den Begriff *nesobstvenno-prjamoe vosprijatie* (d. i. „uneigentlich direkte Wahrnehmung") vor.

In dieser Form gibt der Erzähler die Wahrnehmung der Figur wieder, ohne sie in die Ausdrucksformen der Figur zu kleiden. Erlebte Wahrnehmung liegt bereits vor, wenn nur das Thema für FT spricht und alle andern Merkmale auf ET verweisen oder neutralisiert sind. Häufig verweist in dieser Form allerdings auch die Wertung auf FT.

Erlebte Wahrnehmung wird, auch wenn stilistische Anzeichen für FT fehlen, häufig durch die Einbettung in Segmente erlebter Rede als figural signalisiert. Das ist etwa in folgendem Zitat aus *Mrs Dalloway* der Fall, wo die Wahrnehmungen der Heldin (kursiv) von ihrer inneren Rede (unterstrichen) eingerahmt werden:

> <u>The War was over [...] it was over; thank Heaven – over. It was June. The King and Queen were at the Palace.</u> *And everywhere, though it was still so early, there was a beating, a stirring of galloping ponies, tapping of cricket bats; Lords, Ascot, Ranelagh and all the rest of it; wrapped in the soft mesh of the grey-blue morning air, which, as the day wore on, would unwind them, and set down on their lawns and pitches the bouncing ponies, whose forefeet just struck the ground and up they sprung, the whirling young men, and laughing girls in their transparent muslins who, even now, after dancing all night, were taking their absurd woolly dogs for a run, and even now, at this hour, discreet old dowagers were shooting out in their motor cars on errands of mystery; and the shopkeepers were fidgeting in their windows with their paste and diamonds, their lovely old sea-green brooches in eighteenth-century settings to tempt Americans* <u>(but one must economize, not buy things rashly for Elizabeth), and she, too, loving it as she did with an absurd and faithful passion, being part of it, since her people were courtiers once in the time of the Georges, she, too, was going that very night to kindle and illuminate; to give her party.</u> (*Mrs Dalloway*, 7)

Man kann die hier vorgenommene Delimitierung zwischen erlebter Rede und erlebter Wahrnehmung durchaus anfechten. In den als Wahrnehmung markierten Passagen tauchen ja Wertungen auf, die man der Figur zuordnen kann, so etwa: *absurd woolly dogs* oder *lovely old sea-green brooches*. So würden sich Inseln figuraler Wertung in einer weitgehend neutralen Beschreibung ergeben. Aber insgesamt gibt es in den Passagen erlebter Wahrnehmung nur geringen Ausdruck figuraler Subjektivität.

Erlebte Wahrnehmung kommt überaus häufig im *Doppelgänger* vor, wo sie für die Pseudoobjektivität des Erzählens verantwortlich ist. Sie tritt überall dort auf, wo die Titelfigur, die eine Schimäre des Helden ist, als reale Figur präsentiert wird:

> Der Passant verschwand schnell im Schneesturm. [...] Das war derselbe, ihm schon bekannte Passant, der vor etwa zehn Minuten an ihm vorbeigegangen war und der jetzt plötzlich, völlig unerwartet wieder vor ihm auftauchte ... Der Unbekannte blieb wirklich stehen, etwa zehn Schritte von Herrn Goljadkin entfernt, und so, dass der Schein der in der Nähe stehenden Laterne ganz auf seine Gestalt fiel, blieb stehen, wandte sich zu Herrn Goljadkin um und wartete mit ungeduldigem Gesichtsausdruck darauf, was jener sagen würde. (Dostoevskij, I, 141)

Tab. 6: Merkmalschema der erlebten Wahrnehmung

	1. Thema	2. Wertung	3. Person	4. Tempus/Modus	5. Zeigsystem	6. Sprachfunktion	7. Lexik	8. Syntax
ET		x	x	x	x	x	x	x
FT	x							

Ohne auffällige stilistische Anzeichen für die figurale Wahrnehmung stellt der Erzähler den Doppelgänger so dar, wie er vom pathologisch gestörten Helden wahrgenommen oder – genauer – halluziniert wird. Die scheinbare Objektivität der erlebten Wahrnehmung bewirkt, dass der Leser erst allmählich die wahre Natur des Doppelgängers errät und die psychologische Motivierung der Handlung in dieser Petersburger Erzählung erkennt, die er zunächst unter dem Vorzeichen romantischer Phantastik Hoffmannscher und Gogol'scher Prägung wahrgenommen haben wird.

2.5.3 Das uneigentliche Erzählen

In der Prosa seit Beginn des neunzehnten Jahrhunderts weit verbreitet, aber in den Typologien der Rede- und Gedankendarstellung vernachlässigt ist das *uneigentliche Erzählen*.

Den deutschen Begriff hat Johannes Holthusen (1968) geprägt. In der englischsprachigen Welt hat sich hat sich dafür der scherzhaft von Hugh Kenner (1979) gebrauchte Terminus *Uncle Charles Principle* eingebürgert, der nach einem Satz aus Joyce' *Portrait of the Artist* benannt ist: „Uncle Charles repaired to the outhouse" (vgl. McHale 2014, 819; in seiner Typologie von 1978 berücksichtigt McHale das Verfahren nicht). Der scheinbar narratoriale Ausdruck *repaired* ist hier gefärbt durch den idiosynkratischen Wortgebrauch des dargestellten Helden. In der englischen Übersetzung meiner *Elemente der Narratologie* (Schmid 2010, 166) schlage ich den Begriff *figurally colored narration* vor. In der russischen Literaturwissenschaft, in der das Verfahren, hauptsächlich dank den Arbeiten Natalija Koževnikovas (1971; 1977; 1994) gut erforscht ist, wird es *nesobstvenno-avtorskoe povestvovanie* (d. i. „uneigentliches Autor-Erzählen") genannt.

Das uneigentliche Erzählen ist scheinbar authentische Rede des Erzählers, die in variabler Dichte Bewertungen und Benennungen ohne Markierung aus dem Figurentext übernimmt. Zu unterscheiden sind zwei Modi: Wenn die figural gefärbten Elemente *aktuelle* Bewusstseinsinhalte der Figur reflektieren, kann man mit Spitzer (1922c) von *Ansteckung* sprechen. Wenn die figural gefärbten Elemente *nicht aktuelle, sondern typische* Wertungen und Benennungen des Figurentextes präsentieren, sprechen wir von einer (mehr oder weniger ironischen) *Reproduktion* des FT.

Als Beispiel betrachten wir zunächst jene Stelle aus Dostoevskijs Erzählung *Eine dumme Geschichte* (Skvernyj anekdot; 1865), mit der Valentin Vološinov ([1929] 1993, 148; dt. 1975, 206) seinen Begriff der „Redeinterferenz" demonstriert:

> [...] an einem klaren frostigen Winterabend, es ging übrigens schon auf zwölf zu, saßen drei *außerordentlich ehrenwerte* Herren in einem *komfortablen*, ja sogar prächtig ausgestatteten Raum in einem *schönen* zweistöckigen Haus auf der Petersburger Seite und waren in ein *solides* und *vortreffliches* Gespräch über ein *ungemein interessantes* Thema vertieft. Alle drei Herren hatten es schon zum Generalsrang gebracht. Sie saßen um einen kleinen Tisch, jeder in einem *schönen* Polstersessel, und schlürften während des Gesprächs ruhig und *komfortabel* ihren Champagner. (Dostoevskij, V, 5)

Vološinov bemerkt dazu, dass die „banalen und blassen, nichts sagenden Epitheta", die in seinem Zitat kursiv gesetzt sind, aus dem Bewusstsein der Herren stammten und im Erzähltext ironische und spöttische Akzente erhielten:

> Jedes dieser banalen, blassen, nichts sagenden Epitheta ist eine Arena für die Begegnung und den Kampf zweier Intonationen, zweier Perspektiven, zweier Reden! [...] fast jedes Wort dieser Erzählung gehört hinsichtlich seiner Expression, seines emotionalen Tons, seiner Akzentposition gleichzeitig zu zwei sich überschneidenden Kontexten, zu zwei Reden, zur Rede des Erzählers (die ironisch, spöttisch ist) und zur Rede des Helden (dem der Sinn nicht nach Ironie steht). [...] Wir haben es hier mit dem klassischen Fall eines fast überhaupt nicht untersuchten linguistischen Phänomens zu tun, der *Redeinterferenz*. (Vološinov [1929] 1993, 147–148; dt. 1975, 205–206; Übersetzung revidiert)

Das Zitat illustriert die *Ansteckung* des Erzähltextes am Figurentext. Die Epitheta entsprechen offensichtlich der aktuellen inneren Befindlichkeit der dargestellten Herren. Nicht ein einzelnes Bewusstsein wird mit den Epitheta evoziert, sondern eine kollektive Befindlichkeit und Gruppenmentalität, die man mit Alan Palmers (2010; 2011) Begriff *social mind* bezeichnen könnte.

Ein Extremfall ironischer *Reproduktion* von Begriffen, Attributen, Benennungen und rhetorischen Figuren aus dem Text des Helden ist die Darstellung der Szene aus dem *Doppelgänger*, in der Goljadkin „bei gesundem Verstand, aus freiem Willen und vor allen Zeugen" „auf allerkräftigste und freundschaftlichste Weise" „feierlich die Hand dessen drückt, den er doch seinen Todfeind nennt":

> Aber wie groß waren sein Erstaunen, das Entsetzen und die Wut, wie groß waren der Schreck und die Schande des Herrn Goljadkin senior, als sein Gegner und Todfeind, als der unedle Herr Goljadkin junior, der den Fehler des verfolgten, unschuldigen und von ihm treulos betrogenen Menschen bemerkte, ohne jede Scham, ohne jedes Gefühl, ohne Mitleid und Gewissen plötzlich mit unerträglicher Dreistigkeit und Grobheit seine Hand aus der Hand Herrn Goljadkins senior riss; nicht genug damit, er schüttelte seine Hand, als ob sie durch etwas ganz Ekliges beschmutzt hätte; und damit nicht genug, er spie zur Seite und begleitete dies alles mit einer überaus beleidigenden Geste; und auch damit noch nicht genug, er zog sein Taschentuch heraus und wischte an ihm auf allerunanständigste Weise seine Finger ab, die sich eine Minute in der Hand des Herrn Goljadkin senior befunden hatten. (Dostoevskij, I, 195)

Es ist aufschlussreich, dass der Autor in der ursprünglichen Version (1846) die Phrase des „verfolgten [...] Menschen" mit einem Hinweis auf den figuralen Ursprung des Attributs versehen hatte. Es hieß dort nämlich „des *in seinen eigenen Augen* verfolgten [...] Menschen" (Dostoevskij, I, 403). In der Überarbeitung tilgte Dostoevskij eine Reihe von expliziten Hinweisen auf die figurale Perspektive (vgl. Schmid [1973] 1986, 87–89).

Eine besondere Rolle spielt das uneigentliche Erzählen in der russischen Prosa der Vor-Perestrojka-Periode, also in den Jahren 1960–1980, nachdem es in den vierziger und fünfziger Jahren als „bürgerlich-formalistisches" Verfahren vermieden worden war. Ein Schlüsselwerk für seine Renaissance war Aleksandr Solženicyns Lager-Erzählung *Ein Tag im Leben des Ivan Denisovič* (Odin den' Ivana Denisoviča; 1962):

> Es hatte überhaupt keinen Sinn, sich schon morgens die Filzstiefel nass zu machen. Es gab nichts, was man dann hätte anziehen können, selbst wenn man in die Baracke gelaufen wäre. Verschiedene Anordnungen für das Schuhwerk hatte Šuchov in den acht Lagerjahren erlebt: Mal waren sie den ganzen Winter ganz ohne Stiefel herumgelaufen, mal hatte man diese Schuhe nicht zu Gesicht bekommen, sondern nur Bastschuhe und ČTZ (Schuhzeug aus Gummi, aus Autoreifen). Jetzt hatte es sich mit dem Schuhzeug einigermaßen eingerenkt... (Solženicyn, III, 10)

Dieser Abschnitt ist offensichtlich nicht in erlebter Rede dargeboten. Hier wird nicht eine aktuelle innere Rede oder die Erinnerung des Helden präsentiert, sondern es erklingt die Stimme des Erzählers, der sich bei seinem Überblick über die Geschichte der Beschuhung im Straflager (Merkmal 1 ⇒ ET) dem wertungsmäßigen und sprachlichen Horizont des Helden maximal annähert und einzelne stilistischen Züge von FT reproduziert (Merkmale 2, 7, 8 ⇒ FT).

2.6 Die sechs Schablonen der expliziten Bewusstseinsdarstellung

Die sechs Schablonen der expliziten Bewusstseinsdarstellung sind in folgender Tabelle zusammengestellt:

Tab. 7: Die sechs Schablonen der expliziten Bewusstseinsdarstellung

A. **Markierte Bewusstseinsdarstellung**

1. Direkte innere Rede mit dem direkten inneren Monolog, dem *stream of consciousness* (1. Person) und der direkten figuralen Benennung

2. Indirekte und freie indirekte Darstellung von Wahrnehmungen, Gedanken und Gefühlen

3. Bewusstseinsbericht

B. **Kaschierte Bewusstseinsdarstellung**

4. Erlebte Rede mit dem erlebten inneren Monolog und dem *stream of consciousness* (3. Person)

5. Erlebte Wahrnehmung

6. Uneigentliches Erzählen mit
   (1) Ansteckung am Figurentext und
   (2) Reproduktion des Figurentextes.

Die genannten Schablonen begegnen in den Nationalliteraturen und ihren Epochen in unterschiedlicher Häufigkeit. Vor allem die drei Schablonen der kaschierten Bewusstseinsdarstellung werden systematisch erst seit der Entwicklung der europäischen Bewusstseinskunst am Ende des achtzehnten Jahrhunderts verwendet und erfahren den Höhepunkt ihrer Entwicklung in den europäischen Literaturen des Realismus (Flaubert, Tolstoj, Dostoevskij) und in der Prosa der Moderne (V. Woolf). Die älteste unter ihnen ist zweifellos die erlebte Rede, die systematisch zum ersten Mal in den Romanen Jane Austens verwendet wird. Alle Versuche (z. B. von Verschoor 1959), erlebte Rede schon in mittelalterlichen Texten nachzuweisen (in diesem Fall in der altfranzösischen Literatur) sind mit Vorsicht aufzunehmen. Entweder ist das Konzept der Schablone zu uneindeutig (vgl. Ullmans [1960] Kritik an Verschoor), oder die entsprechenden Stellen lassen sich auf unterschiedliche Weise interpretieren (vgl. Steinberg 1971, 55).

Die mittelhochdeutsche Epik stellt das Denken und Fühlen der Helden in z. T. ausgedehnten direkten inneren Monologen dar, wie weiter unten an *Parzival* und *Tristan* zu zeigen sein wird, aber erlebte Rede ist in ihr nicht nachzuweisen. Für die altfranzösische Epik diagnostiziert Gert Hübner (2003, 149–151;

2010, 139) dagegen das Vorliegen von erlebter Rede, des *style indirect libre*, in Chrétiens de Troyes *Yvain ou Le Chevalier au lion* (etwa 1177–1181; vgl. schon Woledge 1988, 158). Hübner zeigt, wie Hartmann von Aue Bewusstseinsdarstellung, die in Chrétiens *Yvain* im *style indirect libre* gestaltet ist, in seinem *Iwein* (zwischen 1190 und 1205) in indirekter Rede wiedergibt. Das belegt zum einen, dass Hartmann die entsprechenden Stellen als Darstellung des Figurenbewusstseins verstanden hat, und zum andern, dass ihm selbst das Mittel der erlebten Rede nicht zur Verfügung stand.

Monika Fludernik (2011) kommt in ihrer Untersuchung zur Bewusstseinsdarstellung in der mittelenglischen Literatur zu dem Schluss, dass der Parallelismus zwischen den Formen der Rede- und der Gedankenwiedergabe, wie er in der Gegenwart angenommen werde, für das Mittelenglische nicht gelte. Die wichtigste Form der Bewusstseinsdarstellung sei die Beschreibung von Gestik und Körpersprache der Figuren. Dorrit Cohns „psycho-narration" (jene Form, die wir Bewusstseinsbericht nennen) komme im Mittelenglischen häufig vor, bestehe aber aus einzelnen kurzen Sätzen. Fludernik beobachtet in ihrem mittelenglischen Corpus auch einige Fälle von *free indirect thought*. Sie seien freilich keineswegs annähernd so weit verbreitet wie im Altfranzösischen.

Unter den Mitteln der Bewusstseinsdarstellung im Mittelenglischen beschreibt Fludernik (2011, 84–86) eine Form, die sie *empathetic assumption of a protagonist's feelings by the narrator or bard* nennt. Die Existenz einer solchen Form ist allerdings in der einschlägigen Forschung nicht unbeachtet geblieben, wie Fludernik annimmt. Valentin Vološinov hat sie unter dem Namen *ersetzte direkte Rede* ([1929] 1993; dt. 1975, 208, dort „vertretene direkte Rede") an einem Beispiel aus Aleksandr Puškins Versepos *Der Gefangene im Kaukasus* (Kavkazskij plennik; 1822) vorgeführt:

> Auf ihre Speere geneigt blicken die Kosaken auf den dunklen Lauf des Flusses, und an ihnen vorbei, schwarz in der Dämmerung, schwimmt die Waffe des Bösewichts... Woran denkst du, Kosak? Erinnerst du dich der vergangenen Schlachten... *Lebt wohl, freie Dörfer, Vaterhaus, und stiller Don, Krieg und schöne Mädchen!* Am Ufer legt der geheimnisvolle Feind an, ein Pfeil kommt aus seinem Köcher, – fliegt auf – und der Kosak fällt vom blutgetränkten Hügel. (Vološinov [1929] 1993, 150; dt. 1975, 208; Ü. rev.)

Die „ersetzte direkte Rede" (von mir kursiv gesetzt) kommentiert Vološinov wie folgt:

> Hier vertritt der Autor den Helden, sagt an seiner Stelle das, was dieser sagen könnte oder müsste, was zur gegeben Situation passt. Puškin verabschiedet sich für den Kosaken von seiner Heimat (was der Kosak selbst natürlich nicht tun kann). (Vološinov [1929] 1993, 150; dt. 1975, 208; Ü. rev.)

2.7 Die Uneindeutigkeit der Textinterferenz

Die Uneindeutigkeit der Textinterferenz ist seit Beginn der Erforschung der erlebten Rede beschrieben worden. Die frühen deutschen Bezeichnungen des Verfahrens als „verschleierte Rede" (Kalepky 1899; 1913), „verkleidete Rede" (Kalepky 1928), „stellvertretende Darstellung" (Låftman 1929) und ihre Beschreibung als „Versteckspiel, das der Erzähler treibt" (Walzel [1924] 1926, 221) weisen auf seine Uneindeutigkeit.

Die Formen der Textinterferenz sind von dieser Uneindeutigkeit in unterschiedlichem Maße betroffen. In den markierten Typen liegt eine „Verschleierung" der Präsenz des FT natürlich nicht vor. In den Formen der indirekten Darstellung kann freilich der konkrete Anteil des FT uneindeutig erscheinen. Der Leser muss hier entscheiden, welche axiologischen Akzente und stilistischen Tönungen ET und FT zuzuordnen sind. In den Typen der erlebten Rede, in denen das Merkmal Tempus auf FT weist, wird die Identifizierung des FT durch die Differenz zum epischen Präteritum erleichtert. Wenn aber das Merkmal Tempus auf ET verweist, kann es sowohl im präsentischen als auch im präteritalen Kontext schwierig werden, die Präsenz des FT auf Grund des Merkmals Tempus/Modus zu identifizieren. Eine Erschwerung der Zuordnung entsteht in beiden Typen der erlebten Rede, wenn die Opposition von ET und FT neben dem Tempus noch in weiteren Merkmalen neutralisiert ist. Dann kann die erlebte Rede vom ET ununterscheidbar werden. Am wenigsten eindeutig zu identifizieren ist das uneigentliche Erzählen. In vielen Texten, die dieses Verfahren enthalten, erweist es sich als außerordentlich schwierig, wenn nicht unmöglich, in den Interferenzen die Anteile von FT und ET zu scheiden. Ihre Verschmelzung erleichtert indes die Aufgabe, innere Prozesse der Helden wiederzugeben. Die Uneindeutigkeit des sich ständig ändernden Textaufbaus entspricht der Uneindeutigkeit des darzubietenden Seelenlebens. Wo direkte und indirekte Darstellung die schwer zu bestimmenden, noch nicht artikulierten Seelenbewegungen unangemessen eindeutig fixieren, bildet die Uneindeutigkeit der Präsenz des FT im perspektivisch fluktuierenden Erzähldiskurs ein ideales Medium zur Darstellung der inexpliziten und unklaren Regungen des Bewusstseins.

Eine radikal figurale Bewusstseinsdarstellung ohne narratoriale Korrektur mutet Dostoevskijs *Doppelgänger* seinen an romantische Doppelgängerfiguren gewöhnten Lesern zu. Das gesamte Geschehen um den vermeintlichen „Zwilling" und „Usurpator" wird aus der Perspektive eines Helden erzählt, der dem Wahnsinn verfällt. Realität und Schimäre verschwimmen. Textinterferenz kommt hier in allen ihren Spielarten vor, und ihre Uneindeutigkeit ist vom

Autor so konsequent und umsichtig gepflegt worden, dass die Zeitgenossen das zugrunde liegende Verfahren, die systematische Interferenz von ET und FT nicht identifizierten und die Entstehung des Doppelgängers aus dem Bewusstsein des Helden nicht erkannten. Das führte in der Kritik naturgemäß zu heftiger Ablehnung des Werks (zu Einzelheiten Schmid 1973, 92–100).

Die konservative Kritik monierte vor allem die „ärgerliche und langweilende Wiederholung und Periphrasierung ein und derselben Gedanken, ein und derselben Worte, die dem Autor besonders gefallen haben".[30] Man erkannte in den inkriminierten Phrasen nicht den Figurentext und den pathologischen Drang des Helden zur ständigen Repetition.

Symptomatisch für die progressive Kritik der Zeit ist das Urteil des damaligen Literaturpapstes Vissarion Belinskij:

> Der Autor erzählt die Abenteuer seines Helden im eigenen Namen, aber ganz in dessen Sprache und Begriffen. Dies zeigt auf der einen Seite den Überfluss an Humor in seiner Begabung, die gewaltige Fähigkeit, sich sozusagen in die Haut eines andern, ihm völlig fremden Wesens zu versetzen. Aber auf der andern Seite hat eben dies viele Umstände im Roman unklar gemacht. So ist zum Beispiel jeder Leser völlig im Recht, der nicht versteht und nicht errät, dass die Briefe Vachrameevs und Herrn Goljadkins junior Goljadkin senior selbst an sich schreibt, in seiner verwirrten Phantasie [...] Und überhaupt wird nicht jeder Leser sogleich Goljadkins Wahnsinn selbst erraten.[31]

Belinskij umschreibt hier nichts anderes als die kaschierte Bewusstseinsdarstellung, die den Leser in der Unsicherheit über das tatsächlich Geschehende hält. Die durch die figurale Perspektive hervorgerufene Unbestimmtheit der Handlung und die hieraus resultierende Notwendigkeit aktiver Rekonstruktion vermag der Kritiker noch nicht als einen ästhetischen Wert zu schätzen.

In der französischen Literatur spielte eine analoge Rolle Gustave Flaubert, dessen *Madame Bovary* (1857) durch die zu jener Zeit noch ungewohnte figurale Darbietung der sündigen Gedanken der Ehebrecherin die moralische Empörung der Zeitgenossen gegen den vermeintlich im eigenen Namen sprechenden Autor lenkte und einen Gerichtsprozess wegen Verstoßes gegen die guten Sitten auslöste (vgl. LaCapra 1982).

Die Uneindeutigkeit der Textinterferenz kann aufgehoben sein, wenn die kaschierte Bewusstseinsdarstellung von einer markierten Form eingeleitet wird

---

30 So L. V. Brant in der konservativen Tageszeitung *Severnaja pčela* (28.2.1846, zit. nach Dostoevskij, I, 490).
31 V. G. Belinskij, „Peterburgskij sbornik" (1846). In: V. G. B., *Polnoe sobranie sočinenij: V 13 tt.* Moskva 1953–1959. Bd. 9. 565.

oder wenn sie in der Nachbarschaft von Segmenten steht, die eindeutig als figural perspektiviert zu identifizieren sind.

Den Übergang von einer indirekten Darstellung zu erlebter Rede beobachten wir vor dem oben (S. 47) zitierten Ausschnitt aus den *Wahlverwandtschaften*. Die Inquit-Formel „Charlotte fühlte, wie..." dient als Signal für die figurale Zuordnung auch der folgenden (hier kursivierten) Sätze:

> So verfloss einige Zeit, und Charlotte fühlte, wie sehr Haus und Park, Seen, Felsen- und Baumgruppen nur traurige Empfindungen täglich in ihnen beiden erneuerten. *Dass man den Ort verändern müsse, war allzu deutlich, wie es geschehen solle, nicht so leicht zu entscheiden.*
> *Sollten die beiden Frauen zusammenbleiben?* (Goethe, 182)

Der Absatz zwischen den beiden letzten Sätzen räumt freilich die Möglichkeit eines Instanzenwechsels ein. Die Frage nach dem Zusammenbleiben der beiden Frauen könnte durchaus von dem subjektiven Erzähler gestellt sein.

In *Pride and prejudice* ist die erlebte Rede (kursiv) häufig in indirekte Darstellung (unterstrichen) oder Bewusstseinsbericht (doppelt unterstrichen) eingebettet.

> Elizabeth said no more – but her mind could not acquiesce. *The possibility of meeting Mr. Darcy, while viewing the place, instantly occurred. It would be dreadful!* She blushed at the very idea, and thought it would be better to speak openly to her aunt than to run such a risk. *But against this, there were objections*; and she finally resolved that it could be the last resource, if her private enquiries as to the absence of the family, were unfavourable answered. (Austen, *Pride and prejudice*, 163)

Solche Einbettung erleichtert es nicht nur, die Präsenz des Figurentextes im Erzähldiskurs zu erkennen, sondern führt auch zum Eindruck, dass wir uns lesend in einer in der Stimmenführung nur leicht modulierten figuralen Sphäre bewegen.

2.8 Indiziale und symbolische Bewusstseinsdarstellung

Neben den Verfahren der expliziten Bewusstseinsdarstellung können mentale Zustände der Figuren auch implizit, durch indiziale und symbolische Mittel ausgedrückt werden.[32] Das sind die Mittel, die in Epochen, Gattungen oder Poeti-

---

[32] In diesem Zusammenhang ist eine Briefstelle Lev Tolstojs aufschlussreich: „Für mich ist die Hauptsache jenes Seelenleben, das sich in Szenen äußert" (Brief an Čertkov vom 5.5.1899).

ken, die keine explizite Bewusstseinsdarstellung kennen, die einzige Grundlage der Bewusstseinsdarstellung bilden.

Das wichtigste indiziale Zeichen ist das Sprechen und Verhalten der Figuren, das – plausible Motivierung vorausgesetzt – gewisse Rückschlüsse auf ihren Bewusstseinszustand ermöglicht. Zu den indizialen Zeichen gehört auch jene Kategorie, die Monika Fludernik (2011, 75) *Descriptions of Gestures and Other Behaviors Indicative of Emotional States* nennt. Mimik, Gestik und körperliche Reaktionen wie z. B. ein Tobsuchtsanfall oder eine Ohnmacht drücken einen Bewusstseinszustand jedoch in aller Regel nur allgemein aus, verweisen lediglich auf das Faktum einer inneren Erschütterung, eines seelischen Schmerzes u. ä. Die von den Kognitivisten ins Spiel gebrachten Kompetenzen der *theory of mind* oder des *mind reading* erlauben, sofern der Kontext nicht ganz eindeutig ist, keinen Aufschluss über den spezifischen Inhalt der äußerlich kundgegebenen Gemütsbewegung.

Einige Mittel indizialer und symbolischer Darstellung sind spezifisch für den Film und können in der Literatur nicht angewandt werden. Zu ihnen gehört die Musik. Gemütszustände der Protagonisten werden im Film häufig durch bestimmte Stimmungsqualitäten der Musik symbolisch ausgedrückt. Ein Mittel der Bewusstseinsdarstellung ist im Film auch die Stimmungsqualität bestimmter Ansichten der Außenwelt. Wenn eine idyllische Landschaft mit den Augen eines Protagonisten wahrgenommen wird, kann ihre harmonische Qualität als Index für den Gemütszustand des Betrachtenden gedeutet werden. Andererseits können Bilder chaotischer Außenwelt oder hektischer Bewegung entsprechende unharmonische innere Befindlichkeiten der Figuren indizieren oder symbolisieren (ein Regisseur kann natürlich auch gerade mit dem Kontrast zwischen den Stimmungsqualitäten von Außenwelt und Innenwelt operieren). Von indizialer Darstellung kann man sprechen, wenn die Figur Ansichten der Außenwelt fokussiert, die ihrem inneren Zustand entsprechen, von symbolischer, wenn die Figur nicht aktiv wahrnehmend und fokussierend erscheint. Alle Mittel der impliziten Darstellung, gleichgültig, ob sie symbolisch oder indizial eingesetzt werden, sind natürlich auf Interpretation durch den Zuschauer angewiesen.

Indiziale und symbolische Bewusstseinsdarstellung ist allerdings auch in der Literatur möglich. Seit dem Beginn des Bewusstseinsromans bei Jane Austen, vor allem in ihren späten Romanen wie *Persuasion* (vgl. Litz 1965, 150–153), dient die durch ein figurales Medium wahrgenommene Natur als Anzeiger für den Bewusstseinszustand der Figur und auch als Auslöser neuer seelischer Befindlichkeiten.

Im russischen Realismus wird die indiziale und symbolische Funktion des von Figuren Wahrgenommenen, und das heißt ja: aus der kontinuierlichen Wirklichkeit Selektierten, Ausgeschnittenen und Fokussierten, systematisch für die Darstellung von Bewusstseinszuständen benutzt. Betrachten wir zwei Beispiele aus Tolstojs *Anna Karenina*. Als Konstantin Levin vor seinem Besuch bei Kittys Eltern, die er um die Hand der Tochter bitten will, am frühen Morgen durch die leeren Straßen Moskaus geht, sieht er Dinge, „die er nie wieder sehen soll":

> Besonders gerührt war er von den Kindern, die in die Schule gingen, den graublauen Tauben, die vom Dach auf das Trottoir flogen, und den mehlbestäubten Brötchen, die eine unsichtbare Hand in eine Auslage schob. (Tolstoj, *Anna Karenina*, IV, 15; Ü. rev.) [33]

Schulkinder, Tauben und Brötchen bilden ein Paradigma, das Lebensbejahung assoziiert und Levins Erwartung eines künftigen Eheglücks reflektiert.

Ganz anders geartet sind die Wahrnehmungen, die Anna auf dem Weg zum Bahnhof macht, wo sie sich, was sie jetzt noch nicht weiß, vor den Zug werfen wird:

> [...] sie erblickte einen tödlich betrunkenen Fabrikarbeiter mit hin und herschwankendem Kopf, der von einem Polizisten abgeführt wurde. [...] Der da möchte alle in Erstaunen versetzen und ist sehr zufrieden mit sich, dachte sie beim Anblick eines rotbackigen Kommis, der sein Pferd ritt wie ein Kunstreiter. [...] Diese Straßen kenne ich gar nicht. Irgendwelche Berge und überall Häuser, Häuser ... Und in den Häusern überall Menschen, Menschen ... Wie viele es sind, endlos, und alle hassen einander. [...] Ah, eine Bettlerin mit Kind. Sie meint, dass man sie bemitleidet. Sind wir denn nicht alle nur dazu in die Welt geworfen, um einander zu hassen und deshalb uns selbst und die anderen zu quälen?" (*Anna Karenina*, VII, 30; Ü. rev.).

Die Wahrnehmungen sind ostinat in einen ausgedehnten direkten inneren Monolog eingeblendet, so dass sich ein Wechsel von Wahrnehmung und Gedankenschluss ergibt. In dem inneren Monolog stellt sich die Heldin vor, was sie begehrt, um glücklich zu sein (die Scheidung von Karenin, der ihr den Sohn überlässt, die Eheschließung mit Vronskij), und kommt dann schließlich zu dem Schluss, dass sie sich keinen Zustand vorstellen kann, in dem das Leben keine Qual wäre: „Wenn man aber die Wahrheit sieht, was soll man dann machen?" (VII, 31; Ü. rev.). Die negativen Ansichten der umgebenden Wirklichkeit begleiten Annas Wahrnehmungen auch auf dem Bahnhof. Der narratoriale Be-

---

[33] Bezugnahmen auf Stellen des Romans nach der deutschen Übersetzung von Rosemarie Tietze (Tolstoj, *Anna Karenina*) mit Angabe von Teil und Kapitel.

richt folgt in der Auswahl und Bewertung der Gegenständlichkeiten ganz dem Horizont der Heldin (Merkmale 1 [Thema], 2 [Wertung] → ГТ).

> Es ertönte das Glockenzeichen, durch den Saal gingen irgendwelche jungen Männer, hässlich, dummdreist, zwar in Eile, doch achteten sie darauf, welchen Eindruck sie machten. Durch den Saal ging auch Pëtr in seiner Livree und den Gamaschen, mit einem stumpfen, tierischen Gesichtsausdruck, und kam auf sie zu, um sie zum Waggon zu begleiten. Die lärmenden Männer verstummten, als sie auf dem Perron an ihnen vorüberging, und einer flüsterte dem andern etwas über sie zu, natürlich etwas Hässliches. Sie stieg auf das hohe Trittbrett und setzte sich allein in das Abteil, auf ein schmutziges, früher einmal weißes federndes Polster. Die Tasche wippte noch auf den Sprungfedern und kippte um. Vor dem Fenster hob Pëtr mit albernem Lächeln zum Abschied seinen Hut mit der Tresse, der dreiste Schaffner schlug die Tür zu und schloss den Sperrhaken. Eine Dame, hässlich mit Tournüre (Anna zog die Frau in Gedanken aus und war entsetzt über ihre Scheußlichkeit), und ein kleines Mädchen, das unnatürlich lachte, rannten draußen vorbei. (*Anna Karenina*, VII, 31; Ü. rev.)

Auswahl und Wertung der wahrgenommenen Personen und Dinge fungieren hier als indiziale Zeichen für den Gemütszustand der Wahrnehmenden.

In den Zitaten aus *Anna Karenina* sind die Auswahl und Bewertung der Wirklichkeitsausschnitte eindeutig auf die Figur bezogen. Etwas anders verhält es sich mit folgendem Erzähleingang aus Anton Čechovs Erzählung *Der Student* (Student; 1894):

> Das Wetter war anfangs schön, ruhig. Es riefen die Drosseln, und in der Nähe, in den Sümpfen tönte etwas Lebendiges klagend, als ob man in eine leere Flasche bliese. Es flog eine Waldschnepfe vorbei, und der Schuss auf sie ertönte in der Frühlingsluft *fröhlich* schallend. Aber als es im Wald dunkelte, blies *ungelegenerweise* vom Osten ein kalter, *durchdringender* Wind, und alles verstummte. Auf den Pfützen bildeten sich lang gezogene Eisnadeln, und im Wald wurde es *ungemütlich*, *dumpf* und *abweisend*. Es roch nach Winter. (Čechov, *Sočinenija*, VIII, 306)

Es ist zunächst nicht klar, wer das Subjekt der Wahrnehmungen und der Urheber der (im Zitat hier kursiv gesetzten) Wertungen ist. Erst im nächsten Absatz wird der zweiundzwanzig Jahre alte Student der Geistlichen Akademie Ivan Velikopol'skij eingeführt, der am Karfreitag (!) auf der Schnepfenjagd von der abendlichen Frühlingskühle in seinem körperlichen Behagen gestört wird und dann zu negativen Schlussfolgerungen über den Verlauf der Menschheitsgeschichte gelangt. Der zitierte erste Absatz enthält Indizes für ein egozentrisches Subjekt, das einerseits das Leiden der Kreatur ästhetisch wahrnimmt, sich andererseits aber in seinen Körperempfindungen durch die natürliche Abendkühle im Frühling geradezu gekränkt fühlt.

3 Mentale Zustandsveränderungen und Ereignisse

3.1 Narrativität, Zustandsveränderung und Geschichte

Thema unserer Untersuchung ist die Bewusstseinsdarstellung in der Narration. Als definierende Eigenschaft der Narration soll die *Darstellung von Zustandsveränderungen* angenommen werden.[1] Narrativ können insofern auch Gattungen und Medien sein, die nicht zum Bereich der Erzählliteratur gehören, das Drama, die Lyrik, der Film, der Tanz, die Musik und das Bild.[2] Die einzige Bedingung ist, dass sie Veränderungen von Zuständen darstellen.

Narrationen gleich welcher Gattung und gleich welchen Mediums erzählen in jedem Fall *Geschichten*. „Geschichte", ein in der Narratologie unterschiedlich gebrauchter Begriff, für den das *Dictionary of Narratology* von Gerald Prince (1987, 91) fünf Bedeutungen unterscheidet, soll hier den Inhalt einer Erzählung im Gegensatz zu dem sie darstellenden Diskurs bezeichnen.

Wieviel Zustandsveränderungen benötigt eine Geschichte? Die Minimalbedingung einer Geschichte ist, dass mindestens *eine* Veränderung *eines* Zustands dargestellt wird. Edward Morgan Forsters berühmtes Beispiel einer Minimalgeschichte ist noch zu extensiv. Forster ([1927] 1974, 93) hatte das Beispiel geprägt „The king died and then the queen died". Gérard Genette (1983, 15; dt. 1994, 203) unterbot Forster, indem er den zweiten Teil des Beispielsatzes strich und schon den ersten Teil als Minimalgeschichte anerkannte: „The king died".

Damit eine Zustandsveränderung eine Geschichte begründen kann, müssen drei Bedingungen erfüllt sein:

1. eine temporale Struktur mit mindestens zwei Zuständen, einem Ausgangs- und einem Endzustand (*der König lebt – der König ist tot*);
2. eine Äquivalenz von Ausgangs- und Endzustand, d. h. Similarität *und* Kontrast der Zustände (*leben* und *tot sein* bilden eine klassische Äquivalenz);

---

[1] Für eine ausführliche Argumentation und Auseinandersetzung mit dem klassischen Erzählbegriff, der die vermittelnde Erzählinstanz als ausschlaggebendes Merkmal postuliert, vgl. Schmid (2014a, 1–3).

[2] Zusammenfassende Darstellungen zum Erzählen in Drama und Lyrik: Hühn/Sommer 2014; im Film: Kuhn/Schmidt 2014; in der Musik: Wolf 2016; in unterschiedlichen Medien: Ryan (2009) 2014. Vgl. jetzt auch die einschlägigen Beiträge im Band *Erzählen* (Huber und Schmid Hgg. 2017).

3. die beiden Zustände und die sich zwischen ihnen ereignende Veränderung müssen sich auf ein und dasselbe Subjekt des Handelns oder Erleidens beziehen (in Forsters Beispiel ist das der arme König).

Die Veränderung des Zustands und ihre Bedingungen brauchen nicht explizit dargestellt zu sein. Für eine Geschichte ist es hinreichend, wenn die Veränderung *impliziert* ist, etwa durch die Darstellung von zwei miteinander kontrastierenden Zuständen oder – in der piktorialen Narration – durch die Darstellung eines Zustands, der eine bestimmte Veränderung voraussetzt oder notwendig nach sich zieht.

3.2 Äußere und innere Zustandsveränderungen

Ein Zustand, der in einer Geschichte verändert wird, soll verstanden werden als eine Menge von Eigenschaften, die sich auf eine Figur oder die Welt in einer bestimmten Zeit der erzählten Geschichte beziehen. Je nachdem, ob die dargestellten Eigenschaften das Innere der Figur betreffen oder Teile der äußeren Welt, haben wir es mit einem *inneren* oder *äußeren* Zustand zu tun. (Ein Zustand kann natürlich zugleich sowohl durch innere Eigenschaften der Figur als auch durch Eigenschaften der Welt definiert sein.)

Wenn die Zustandsveränderung durch einen *Agenten* herbeigeführt wird, sprechen wir von einer *Handlung*. Wenn sie einem *Patienten* zugefügt wird, handelt es sich um ein *Vorkommnis* (Chatman 1978, 32; Prince 1987, 39).

Handlungen und Vorkommnisse können sich ebenfalls sowohl auf die äußere Welt als auch auf das Innere einer Figur beziehen. Dementsprechend unterscheiden wir *innere* oder *mentale* und *äußere* Zustandsveränderungen. Mit dem Aufstieg des Bewusstseinsromans, der mit den Werken Samuel Richardsons und Jane Austens datiert werden kann, konzentriert sich das Erzählen mehr auf die mentalen Zustandsveränderungen als auf ihre Entsprechungen im Bereich der äußeren Handlungen. Während im traditionellen Abenteuerroman des Typus *Tom Jones* (1749) das Bewusstsein bestenfalls der Motivierung äußerer Handlungen diente, rückte es im jüngeren Bewusstseinsroman in das Zentrum des narrativen Interesses. Vom Beginn des neunzehnten Jahrhunderts an sind die in Romanen der europäischen Literaturen dargestellten Vorgänge im Wesentlichen mentaler Natur.

Das Wiedererkennen, das Aristoteles neben der Peripetie als die für die Tragödie maßgebliche Form des „Umschlags" nennt, ist die dramenspezifische Form jenes allgemeineren Umschlags, den wir als mentale Zustandsveränderung bezeichnen. Auch in andern Gattungen der Narration kann das Wiedererkennen der Figuren die Wende der Handlung bedeuten. Schon im griechischen Roman, vor allem in jenem Typus, den Michail Bachtin den „abenteuerlichen Prüfungsroman" genannt hat ([1937/38] 1986, 237; dt. 2008, 9), spielt das Wiedererkennen – oder Nicht-Wiedererkennen – eine nicht unbedeutende Rolle. Die typischen Helden dieser Gattung sind junge Liebende, die durch äußere Umstände getrennt werden, eine Reihe von Abenteuern bestehen müssen, darunter auch solche, die ihre Treue auf die Probe stellen, und die sich schließlich unter Umständen begegnen, die zunächst das Wiedererkennen erschweren oder verhindern, worauf es zum wechselseitigen Erkennen und zur Vereinigung kommt.

Eine neuzeitliche Kontrafaktur zu diesem Archisujet hat Aleksandr Puškin in seiner Novelle *Der Schneesturm* (1831) geschaffen. Im tosenden Schneesturm trifft der Husar Burmin in einer Dorfkapelle auf eine Braut, deren Bräutigam sich über den minutiös geplanten Maßnahmen der Entführung verspätet hat, lässt sich, nachdem er des hübschen Mädchens ansichtig geworden ist, kurzerhand mit ihr trauen und bricht wieder in den Schneesturm auf. Nach Jahren begegnen sich die Eheleute, ohne sich zu erkennen, und verlieben sich ineinander. Wie groß ist die Überraschung auf beiden Seiten, als sie, im Begriff, dem andern den geheimen Grund für die Unmöglichkeit einer ehelichen Verbindung zu erklären, erkennen, dass sie bereits miteinander verheiratet sind.

Im verbalen Erzählen dominieren freilich andere mentale Zustandsveränderungen als das Wiedererkennen, nämlich das allmähliche Erkennen und Verstehen, die Erleuchtung und das plötzliche Klarsehen. In der russischen Literaturwissenschaft wird diese mentale Bewegung, die bei den großen Realisten Lev Tolstoj und Fëdor Dostoevskij geradezu paradigmatischen Charakter erhielt, *prozrenie* („plötzliches Begreifen") genannt.[3] Auf alle diese Prozesse trifft die oben zitierte Definition des Wiedererkennens durch Aristoteles zu, sie bilden einen „Umschlag aus Unwissenheit in Erkennen".

Dieser Umschlag beschränkt sich allerdings nicht auf kognitive Gehalte. Mit der Veränderung des Wissens kann eine *Umbewertung* von Personen, Handlungen und Sachverhalten einhergehen. Die Umbewertung kann ihrerseits mit dem Wechsel *emotionaler Zustände* und mit der Annahme neuer moralisch-ethischer *Normen* verbunden sein. Weitere Dimensionen der Innenwelt können dabei be-

---

3 Prozrenie ist nach dem vierbändigen Wörterbuch der russischen Sprache (*Slovar' russkogo jazyka v 4-ch tomach*, Moskva 1981) 1. das sehend Werden, 2. die Fähigkeit, in das Wesen einer Sache einzudringen (letztere Bedeutung wird an einem Beispiel aus Tolstojs *Krieg und Frieden* illustriert).

troffen sein. Außerdem sind die mentalen Zustände nicht selten auf Bereiche bezogen, die an die kognitive, axiologische und emotionale Dimension angrenzen und von ihr schwer zu trennen sind, gleichwohl aber als eigenständige Bereiche betrachtet werden müssen. Dazu zählen Absichten, Motivationen, Hoffnungen, Befürchtungen. Mit dem Attribut „mental" sollen alle Facetten eines inneren Zustands bezeichnet werden, kognitive wie emotionale, intentionale wie unwillkürliche, bewusste wie unbewusste.[4]

3.3 Ereignis und Erzählwürdigkeit

In der narratologischen Diskussion der jüngsten Zeit, in der Anregungen des Hauptes der Moskau-Tartu-Schule Jurij Lotman verarbeitet werden, wird *einem* Typus der Zustandsveränderung besondere Beachtung geschenkt, dem Ereignis.[5] Ein *Ereignis* (englisch: *event*, französisch: *événement*, russisch: *sobytie*) ist im Sprachgebrauch aller vier Sprachen ein besonderer, nicht alltäglicher Vorfall. Lotman definiert das Ereignis in Kategorien des Raums und der semantischen Felder. Seine Grunddefinition lautet: „Ein Ereignis im Text ist die Versetzung einer Figur über die Grenze eines semantischen Feldes".[6] Die überschrittene Grenze kann – so ist Lotman zu verstehen – eine topographische sein, aber auch eine pragmatische, ethische, psychologische oder kognitive. Für Lotman entscheidend ist die normative Relevanz der Grenze: „Ein Ereignis ist [...] immer die Verletzung irgendeines Verbotes" (Lotman 1970, 286; dt. 1972, 336).

In der heutigen Narratologie wird das Konzept des Ereignisses etwas weiter gefasst als bei Lotman. Ein Ereignis ist nicht notwendig die Verletzung einer Norm. Es besteht nicht notwendig in der Abweichung von dem in einer gegebe-

---

[4] Zum Umfang des Begriffs *mind* vgl. das Kapitel „The Whole Mind" in Palmer (2004, 87–129). Palmer referiert in diesem Kapitel verschiedene Theorien zu den Komponenten des Bewusstseins und beruft sich vor allem auf Damasio 2000.
[5] Für die Ereignis-Diskussion wirkungsreich waren insbesondere folgende Seiten aus dem Buch *Die Struktur des künstlerischen Textes*: Lotman 1970, 280–296; dt. 1972, 329–347; dt. 1973, 347–367. Lotman beruft sich auf Aleksandr Veselovskij mit seinem Begriff des Motivs als kleinster Einheit eines Sujets, auf Vladimir Propp mit seiner „syntagmatischen Analyse" der Handlung und auf Viktor Šklovskij mit seiner „syntagmatisch-funktionalen Analyse" als Vorbereiter seiner Konzeption von Sujet und Ereignis. Zu diesen Vertretern der russischen „Proto-Narratologie" vgl. die Sammelbände Schmid Hg. 2009a; 2009b.
[6] Zu Lotmans Ereigniskonzept vgl. Titzmann 2003, 3077–3084; Hauschild 2009; Gruber 2014, 74–85.

nen narrativen Welt Gesetzmäßigen, dessen Vollzug die Ordnung dieser Welt aufrechterhält. Die Grenze braucht nicht ein Verbot zu bedeuten. Ein Ereignis kann auch darin bestehen, dass eine Figur eine neue Erkenntnis macht, ein falsches Verständnis revidiert, sich zu neuen Werten bekennt, ihre Lebensweise ändert. In der gegenwärtigen Diskussion wird unter Ereignis eine *erzählenswerte Zustandsveränderung* verstanden.[7]

Ereignisse zeichnen sich im Verständnis der aktuellen Narratologie also durch die Eigenschaft der *tellability* aus. Dieser Begriff bezeichnet nicht die *Erzählbarkeit* einer Geschichte – wie die Wortbildung vermuten lassen könnte –, sondern ihre *Erzählwürdigkeit*. Er wurde von William Labov (1972) für die Analyse von Alltagserzählungen geprägt und hat in der Narratologie weite Verbreitung gefunden (vgl. Ryan 2005; Baroni 2009). Schon in der kleinsten Erzählung wird von einer Unmenge von Veränderungen berichtet, unter ihnen von ganz trivialen. Um die gefürchtete Leserreaktion „So what?" zu vermeiden, wird jeder Erzähler, dem am Interesse seiner Rezipienten gelegen ist, seiner Geschichte *Erzählwürdigkeit* zu verleihen suchen.

Der Begriff der Erzählwürdigkeit wird in den meisten Fällen seiner Verwendung auf die *Diegesis*, die erzählte Geschichte bezogen.[8] Die Erzählwürdigkeit einer Geschichte beruht weder auf der Fülle von Zustandsveränderungen noch auf der Qualität ihrer Präsentation, etwa auf einem schönen oder interessanten Stil oder einer ungewöhnlichen Komposition. Auch Versicherungen des Erzählers, er habe etwas Außerordentliches zu berichten, können seine Geschichte allein nicht erzählwürdig machen (Prince 2008, 24). Für die diegetische Erzählwürdigkeit einer Geschichte entscheidend ist die Ungewöhnlichkeit der in ihr dargebotenen Zustandsveränderung.

Der Begriff der Erzählwürdigkeit kann aber auch auf die *Exegesis* bezogen werden[9], etwa auf eine besondere Weise, in der ein Erzähler seine Geschichte

---

7 Zur aktuellen Theorie des Ereignisses vgl. Schmid 1992, 104–117; 2008a, 22–27; 2014a, 12–30; 2017c; Hühn 2007; 2008; 2009; 2016. Einen Überblick über unterschiedliche Ereignis-Konzepte geben Hühn 2009 und Gruber 2014, 65–148.

8 Unter *Diegesis* (von griech. διήγησις ‚Erzählung') wird die erzählte Geschichte verstanden. Das Adjektiv *diegetisch* bedeutet ‚zur erzählten Geschichte gehörend'. In der Narratologie hat *Diegesis* eine andere Bedeutung als in der antiken Rhetorik. Bei Platon (*Staat* III, 392d) bezeichnet der Begriff die „reine Erzählung des Dichters" im Gegensatz zur „Nachahmung" (Mimesis) der Rede des Helden.

9 Der Begriff der *Exegesis* (von griech. ἐξήγησις ‚Auseinandersetzung', ‚Erklärung') bezeichnet die Ebene des Erzählens und der das Erzählen einer Geschichte begleitenden Kommentare, Erläuterungen, Reflexionen und metanarrativen Bemerkungen des Erzählers.

darbietet. So kann in Skaz-Erzählungen (Schmid 2014c) die Erzählwürdigkeit weniger auf der Geschichte beruhen, die erzählt wird, als auf ihrer Präsentation durch einen unprofessionellen Erzähler, einen Mann aus dem Volke.

In Erzählungen mit hoher Ereignishaftigkeit wird diese in der Regel mit der diegetischen Erzählwürdigkeit zusammenfallen. In Erzählungen mit geringer Ereignishaftigkeit kann die diegetische Erzählwürdigkeit auf dem Fehlen eines Ereignisses beruhen, das der Leser erwartet haben mag. Die Nicht-Erfüllung einer Erwartung ist allerdings selbst kein Ereignis. Erwartete, aber nicht eintretende Ereignisse sind das Phänomen, an dem Ereignishaftigkeit und Erzählwürdigkeit deutlich auseinandertreten.

3.4 Bedingungen des Ereignisses

Jedes Ereignis ist eine Zustandsveränderung, aber nicht jede Zustandsveränderung wird als Ereignis wahrgenommen. Damit eine Zustandsveränderung als Ereignis wahrgenommen werden kann, muss sie bestimmte Bedingungen erfüllen. Für diese Bedingungen müssen wir zwischen äußeren und inneren Ereignissen gewisse Unterschiede beachten.

3.4.1 Faktizität

Die erste Grundbedingung für ein Ereignis ist die *Faktizität* oder *Realität* der Veränderung (Faktizität und Realität natürlich im Rahmen der fiktiven Welt). Gewünschte, imaginierte oder geträumte Veränderungen bilden nach dieser Prämisse kein Ereignis. Das *Entstehen* von Wünschen, Imaginationen oder Träumen kann jedoch eine Veränderung in einer Figur anzeigen und insofern als mentales Ereignis wahrgenommen werden, selbst wenn der Inhalt dieser Wünsche, Imaginationen, Pläne oder Träume völlig illusionär ist.

In der postrealistischen Narration eines Anton Čechov beruht in vielen Werken die Erzählwürdigkeit gerade auf der Unrealisierbarkeit illusionärer Veränderungen. Die Sehnsucht nach einem andern, besseren Leben durchdringt viele von Čechovs Helden, aber in den meisten Fällen wird die Grenze lediglich im Tagtraum, in der Illusion überschritten, und die Veränderung verbleibt im Modus des Optativs.

Kaum eine Erzählung demonstriert den Mangel an Realität so klar wie Čechovs Erzählung *Auf dem Wagen* (Na podvode; 1897). Die Dorfschullehrerin, die in ihrem einspännigen Wagen auf der unwegsamen Straße von der Stadt in ihr Dorf zurückkehrt, vergegenwärtigt ihre beschwerliche, freudlose, einsame

Existenz. Von dem Leben, bevor sie Lehrerin wurde, ist in ihrem Gedächtnis nur „etwas Unbestimmtes, Verschwommenes, wie ein Traum" (Čechov, IX, 335) zurückgeblieben. Die Eltern sind beide früh gestorben. Der Bruder antwortet schon lange nicht mehr auf ihre Briefe. Von ihren früheren Sachen ist nur eine Photographie der Mutter erhalten. Aber das Bild ist von der Feuchtigkeit im Schulgebäude trüb geworden, und jetzt kann man von der Abgebildeten außer den Haaren und den Brauen nichts mehr erkennen. Der Weg der Heimkehrenden wird kurz vor der Ankunft in ihrem Dorf von einer niedergelassenen Bahnschranke versperrt. Die Heldin steht am Bahnübergang und wartet, bis der Zug vorbeigefahren ist. In einem Fenster der ersten Klasse fällt ihr eine Dame auf, in der sie ihre Mutter wiedererkennt. Und zum ersten Mal in den dreizehn Jahren ihrer Existenz als Lehrerin vergegenwärtigt sie mit erstaunlicher Klarheit die Mutter, den Vater, den Bruder, die Moskauer Wohnung, alle Gegenstände bis zur letzten Kleinigkeit, sie hört Klavierspiel, die Stimme des Vaters, und sie hat die Empfindung, dass sie, wie damals, jung und schön sei und im hellen, warmen Zimmer im Kreis ihrer Lieben sitze. Der Bahnschranke hat sich unterdessen in seinem Vierspänner der stattliche, aber ein wenig heruntergekommene, ledige Gutsnachbar genähert, der die Phantasie der einsamen Heldin schon lange beschäftigt. Bei seinem Anblick empfindet die Lehrerin ein nie erlebtes Glück. Und es scheint ihr, als seien Vater und Mutter nie gestorben, sie selbst nie Lehrerin geworden, als sei alles ein langer, schwerer, seltsamer Traum gewesen und als sei sie jetzt aufgewacht. Aus dieser Vorstellung wird sie von den Worten des Kutschers in ihre freudlose Wirklichkeit zurückgerufen. In der Erzählung zeichnen sich zwei Ereignisse ab, der Wiedergewinn der Vergangenheit und damit eines neuen Selbstgefühls und der Eintritt in ein neues glückliches Leben an der Seite des Nachbarn. Beide Veränderungen erweisen sich jedoch als Illusion, hervorgerufen vom Trugbild der im Zug vorbeifahrenden Mutter. Dem neuen Selbstgefühl kommt nicht mehr Faktizität zu als der Verbindung mit dem Nachbarn. Ja, es muss sogar der Realitätsgehalt der Erinnerung bezweifelt werden. Mit den Worten des Kutschers „ist alles plötzlich verschwunden" (Čechov IX, 342). Die Heldin hat zwei Grenzlinien überschritten, die man symbolisch verstehen könnte, sie hat den Fluss durchquert und den Bahnübergang passiert, aber das reale Geschehen reduziert sich auf jene nicht-ereignishafte Veränderung, die die Differenz des ersten und des letzten Satzes der Erzählung anzeigt: morgens um halb neun hat sie mit dem Kutscher die Stadt *verlassen* (335), und schließlich sind sie in ihrem Dorf *angekommen* (342).

Gleichwohl kann das Schmieden illusionärer Pläne Ausdruck einer ereignishaften mentalen Veränderung in den Figuren sein. Das wird deutlich an Čechovs Drama *Die drei Schwestern* (Tri sestry; 1900). Seine Heldinnen, die ein unbefriedigendes Leben in der russischen Provinz führen, wünschen, jede für sich, eine radikale Änderung ihres Lebens. Davon zeugt der von Ihnen wiederholte Ausruf „Nach Moskau, nach Moskau!" Das ist Ausdruck der Sehnsucht nach einem andern Leben, jenem Leben, das die drei Schwestern in der Vergangenheit geführt zu haben glauben, bis der inzwischen verstorbene Vater mit seiner Familie vor elf Jahren die Stadt berufsbedingt verlassen musste. Die *tellability* des Stücks besteht in der Darstellung der Unmöglichkeit, die existentiellen und nicht zuletzt charakterologischen Grenzen zu überschreiten, die die Figuren an die Provinz binden. Obwohl das angestrebte äußere Ereignis, das Verlassen der Provinz und das Leben in Moskau, von keiner der drei Schwestern realisiert werden kann, ist das Entstehen des Wunsches nach Veränderung, die Entwicklung der Sehnsucht nach einem andern Leben eine durchaus reale und faktische Zustandsveränderung.

3.4.2 Resultativität

Die zweite Grundbedingung für ein Ereignis ist *Resultativität*, ein Korrelat der Faktizität. Eine Zustandsveränderung, die als äußeres Ereignis betrachtet werden soll, muss in der narrativen Welt zu einem Abschluss gekommen sein. Das heißt: Veränderungen, die ein äußeres Ereignis bilden, sind nicht inchoativ, d. h. werden nicht nur begonnen, sind nicht konativ, werden nicht nur versucht, sind auch nicht durativ, befinden sich nicht nur im Zustand des Vollzugs, sondern sind resultativ, d. h. gelangen in der jeweiligen narrativen Welt des Textes zu einem gewissen Abschluss.

Für ein inneres Ereignis braucht sich dieser Abschluss nicht in konkreten äußeren Handlungen zu manifestieren. Für ein mentales Ereignis ist es hinreichend, dass eine Revision früherer Auffassungen stattfindet oder eine tiefere Einsicht in bestimmte Umstände gewonnen wird. Bereits das bloße Versuchen oder Beginnen einer äußeren Handlung kann durchaus eine innere Veränderung der Figur, eine neue Auffassung oder Überzeugung anzeigen, auch wenn die entsprechende Handlung selbst gar nicht vollzogen wird. Aber in jedem Fall müssen die mentalen Prozesse ein gewisses Ergebnis erreicht haben, damit ein Ereignis zustande kommt. Ein flüchtiges Wünschen, ein ephemeres Imaginieren oder ein aus dem Augenblick erwachsenes Planen, aus dem keine Entscheidung folgt, kann kaum als mentales Ereignis gelten.

Vielen mentalen Ereignissen Čechovs mangelt es an Resultativität. Ein *prozrenie*, ein ‚plötzliches Klarsehen' bereitet sich vor, es bleibt aber ungewiss, ob es wirklich zu einem Ergebnis gelangt. Häufig beruht diese Ungewissheit darauf, dass die Geschichte früher endet als das Ereignis. Ein Beispiel für mangelnde Resultativität ist *Der Literaturlehrer* (Učitel' slovesnosti; 1894), jene Erzählung, der die Kritiker vorzeitiges Abbrechen vorwarfen (während Lev Tolstoj in ihr ein Beispiel für Čechovs künstlerische Fähigkeit zum *prozrenie* erblickte; vgl. die Zusammenfassung der ersten Rezeption in Čechov, VIII, 510–512). Nikitin, dem Literaturlehrer, hat sich der Traum einer Verbindung mit der geliebten Maša Šelestova auf das glücklichste erfüllt, und er führt nun das überaus behagliche Leben eines Spießers (*Spießer* [Obyvateli] hieß die Erzählung, als 1889 ihr erster Teil erschien). Nikitin muss allerdings erfahren, dass seine erfolgreiche Werbung überhaupt nicht das überraschende Ereignis war, für das er es bisher gehalten hat, sondern eine für alle selbstverständliche Konsequenz seiner regelmäßigen Besuche im Haus der Šelestovs. Diese Einsicht löst in ihm das Verlangen aus, die kleine Welt seines stillen Eheglücks, in der er ein so ruhiges und süßes Leben führt, zu verlassen und in eine andere Welt aufzubrechen, „um selbst irgendwo in einer Fabrik oder in einer großen Werkstatt zu arbeiten, auf einem Katheder zu stehen, Schriften zu verfassen, zu publizieren, Aufsehen zu erregen, sich ganz auszugeben, zu leiden ..." (Čechov, VIII, 330). Wenn Nikitin dann aber am Schluss der Geschichte seinem Tagebuch die Klage über die ihn umgebende Spießigkeit und Banalität anvertraut und die Aufforderung an sich selbst einträgt „Nur fliehen von hier, heute noch fliehen, sonst werde ich verrückt!" (332), so bleibt offen, ob sich sein ganzes *prozrenie* nicht in dieser Tagebucheintragung erschöpft.

3.5 Kriterien für Ereignishaftigkeit

Die beiden genannten Grundbedingungen für ein Ereignis – Realität und Resultativität – werden von zahllosen Zustandsveränderungen in Narrationen erfüllt. Diesen beiden Bedingungen können auch Veränderungen genügen, die in einer narrativen Welt als ganz trivial empfunden werden. Wenn eine Figur ihre Hand hebt, ist die Zustandsveränderung sowohl faktisch als auch resultativ. In der Regel wird diese Veränderung ohne große Konsequenzen bleiben. In bestimmten Kontexten kann das Heben einer Hand aber große Bedeutung gewinnen. Man denke an einen historischen Roman über das alte Rom. Im Colosseum kann die kleinste Bewegung der Hand des Imperators über Menschenleben entscheiden.

Dasselbe Problem stellt sich für mentale Zustandsveränderungen. Wie viele flüchtige Bewusstseinsregungen, momentane Wünsche und emotionale Schwankungen mögen für die Figur eines Romans dargestellt sein. Sie sind allesamt mentale Zustandsveränderungen, man wird ihnen aber keineswegs alle den Rang von Ereignissen zusprechen wollen. Viele von ihnen dienen im Wesentlichen der Konstitution der Figur, erfüllen also eher eine deskriptive Funktion, ohne die auch die knappste Narration nicht auskommt. Selbst bei hochselektiven Erzählkünstlern, wie etwa in der russischen Literatur Aleksandr Puškin, Anton Čechov oder Isaak Babel', die das Innere ihrer Figuren sehr sparsam beschreiben und in ihren Geschichten auf die Explikation bestimmter bedeutsamer Bewusstseinsvorgänge verzichten, wird nicht jede im Erzähltext erwähnte mentale Zustandsveränderung große narrative Bedeutung erlangen.

Die bisherigen Ausführungen lassen uns zu dem Schluss kommen, dass über das Vorliegen eines Ereignisses nicht eine Ja-nein-Entscheidung getroffen werden kann. Wir müssen vielmehr von einer gradationsfähigen Eigenschaft ausgehen, die wir *Ereignishaftigkeit* nennen wollen. Ereignisse können mehr oder weniger ereignishaft sein, und diese Eigenschaft kann hinsichtlich ihrer Parameter unterschiedlich ausfallen.

In früheren Publikationen (zuletzt Schmid 2014a, 14–19) habe ich fünf Merkmale unterschieden, die Zustandsveränderungen mehr oder weniger erfüllen müssen, wenn sie als Ereignisse gelten sollen. Diese Kriterien entscheiden in ihrem Zusammenspiel über den Grad der Ereignishaftigkeit einer Zustandsveränderung. Es ist jetzt zu prüfen, in welchem Maße diese Merkmale, die vor allem für äußere Ereignisse formuliert wurden, auch mentale Ereignisse zu charakterisieren vermögen.

3.5.1 Relevanz

Das erste Kriterium für Ereignishaftigkeit ist die Relevanz der Zustandsveränderung. Triviale, alltägliche Veränderungen bilden kein Ereignis.

Bei der Kategorie der Relevanz stellt sich allerdings sogleich die Frage: relevant für wen? Es ist zu unterscheiden zwischen der Bedeutsamkeit, die eine Veränderung für die fiktiven Instanzen, also Figuren und Erzähler einer Geschichte, hat, und der Relevanz für die Geschichte, die der Autor und der reale Leser dieser Veränderung zuschreiben.

Für die Ebenen der dargestellten fiktiven Welt ist zu unterscheiden zwischen der Diegesis und der Exegesis, also den Ebenen, auf denen entweder die Figuren (einschließlich eines erzählten Ich) bzw. der Erzähler (oder ein erzählendes Ich) über die Bedeutung einer Veränderung urteilen. Auf der Ebene der realen Kommunikationen zwischen Autor und Leser werden weitere Relevanzurteile auftreten, die denen, die die fiktiven Instanzen vertreten, durchaus widersprechen können.

Die Relevanzurteile sind aber nicht nur ebenenspezifisch, sondern auch instanzenbezogen. Auf jeder der unterscheidbaren Ebenen ist eine Divergenz zwischen den ebenenspezifischen Instanzen denkbar: zwischen den Figuren, zwischen dem Erzähler und dem von ihm unterstellten Rezipienten, zwischen (abstraktem) Autor und realem Leser.

Bei den beiden letztgenannten Instanzen ist ein Dissens in der Beurteilung von Veränderungen nicht selten im Fall zeitlich oder kulturell entfernter Texte. So macht Jurij Lotman (1970, 285 f.; dt. 1972, 335 f.; dt. 1973, 354) mit Beispielen aus der altrussischen Nestorchronik darauf aufmerksam, dass in mittelalterlichen, altrussischen Texten der Tod des Helden keineswegs immer ein Ereignis darstellt, sondern nur dann, wenn er mit Ehre oder Unehre verbunden ist. Spätere Leser, die die Normen ihres eigenen Kontextes anlegen, können die Relevanzvorstellungen der Entstehungszeit des Werks durchaus verkennen.

Lotmans Rekurs auf mittelalterliche Texte ist ein Hinweis auf die Kontextgebundenheit von Relevanzvorstellungen. Welche Zustandsveränderung als Ereignis wahrgenommen wird, ist abhängig vom „allgemeinen Weltbild" (Lotman 1970, 284; dt. 1972, 334; dt. 1973, 352).

Im Zusammenhang seiner Ausführungen zur Abhängigkeit des literarischen Ereignisses vom „allgemeinen Weltbild" zitiert Lotman als seinen Gewährsmann Lev Tolstoj, der in seinem gesamten Werk die gesellschaftliche Absprache über Werte und Normen verfremdet und insbesondere in *Krieg und Frieden* die Relevanzvorstellungen der Historiker in Frage stellt. In seiner frühen Erzählung *Luzern* (Ljucern; 1857) gab Tolstoj dem historischen Ereignis eine neue Definition:

> „Am siebten Juli 1857 sang in Luzern vor dem Hotel ‚Schweizer Hof', in dem die reichsten Leute Quartier nehmen, ein armer fahrender Sänger eine halbe Stunde lang Lieder und spielte auf der Gitarre. Ungefähr hundert Menschen hörten ihm zu. Der Sänger wandte sich dreimal mit der Bitte an alle, ihm etwas zu geben. Nicht ein einziger gab ihm etwas, und viele lachten über ihn." [...] Das ist ein Ereignis, das die Historiker unserer Zeit mit feurigen, unauslöschlichen Buchstaben aufschreiben müssen. Dieses Ereignis ist bedeutsamer, ernster und hat tieferen Sinn als die Fakten, die in Zeitungen und Historien festgehalten sind. (Tolstoj, V, 23)

Der Relevanzbegriff ist also relativ: ebenenspezifisch, instanzenbezogen und kontextsensitiv. Besonders gilt das für die Relevanz mentaler Zustandsveränderungen. Ihr Subjekt wird sich in *statu nascendi* einer Sinnesänderung, eines Stimmungswechsels oder einer Einsicht kaum Rechenschaft über ihre Bedeutung ablegen. Momentane mentale Veränderungen, die der Figur zunächst höchst relevant erscheinen mögen, können im nächsten Moment bedeutungslos werden. Und nach außen manifest werden diese Zustandsveränderungen für die übrigen Figuren einer narrativen Welt erst dann, wenn das Subjekt über sie spricht oder schreibt oder wenn sie zu unübersehbaren Veränderungen in seinem Verhalten führen. Sowohl bei expliziter Formulierung als auch bei implizitem Ausdruck wird die Relevanz mentaler Zustandsveränderungen von den Mitbewohnern der jeweiligen narrativen Welt nicht in allen Fällen einzuschätzen sein und auch nicht gleich bewertet werden.

Etwas anders verhält es sich mit dem Erzähler und mit dem ihn fingierenden Autor. Schon in der Auswahl der dargestellten Bewusstseinsakte der Figuren für die Geschichte zeigen die beiden kreativen Instanzen eine Präferenz für gewisse thematische Motive und weisen ihnen damit Relevanz für die Geschichte zu. Sofern ein Autor seine Auswahl gut überlegt und sorgfältig trifft (oder – rezeptionsästhetisch gefasst – sobald die Auswahl vom Leser so erfahren wird), kann in den ausgewählten mentalen Zustandsveränderungen der Figuren eine gewisse Relevanz für die erzählte Geschichte vermutet werden.

Erzähler (und hinter ihnen Autoren) können über die bloße Auswahl hinaus die Relevanz bestimmter mentaler Veränderungen auf besondere Weise signalisieren, abgesehen davon, dass Erzähler natürlich auch ausdrücklich auf ihre Bedeutung hinweisen können. Eine Möglichkeit der indizialen Signalisierung ist die Darstellung bestimmter Ausschnitte der Bewusstseinstätigkeit in besonders hervorgehobenen Formen der Wiedergabe.

In Tolstojs *Krieg und Frieden* werden die Bewusstseinsinhalte der Figuren im Wesentlichen mit narratorialer Gestaltung wiedergegeben. Die dominierenden Wiedergabeschablonen sind die indirekte Gedanken- und Wahrnehmungsdarstellung und der Bewusstseinsbericht. In diesem Kontext ist der direkte innere Monolog besonders markiert. Er ist – im Vergleich zum dominierenden narratorialen, ja, gelegentlich sogar unverkennbar auktorialen Charakter des Erzählens in diesem Roman – relativ figural gehalten und gestaltet jeweils Gedanken einer Figur, in denen sie sich Rechenschaft über ihr Verhalten ablegt, Entschlüsse fasst oder zu Einsichten gelangt.

Für die unterschiedliche Markierung der Relevanz durch die Wiedergabeschablonen ist folgende Situation aus *Krieg und Frieden* ein Beispiel. Andrej Bolkonskij ist in der Schlacht von Austerlitz verwundet worden und wird von Napoleon betrachtet, der die auf dem Schlachtfeld liegenden russischen Gefallenen besichtigt. Diese Szene enthält ein für Andrej Bolkonskij wichtiges Erlebnis, an das er sich im Laufe des Romans mehrfach erinnern wird. Gleichwohl verzichtet der Autor auf eine stark figurale Darbietung und lässt seinen Erzähler die Wahrnehmungen, Empfindungen und Wünsche des Helden im narratorialen Bewusstseinsbericht (im folgenden Zitat von mir unterstrichen) und in der narratorialen indirekten Gedanken- und Wahrnehmungsdarstellung (im Zitat von mir kursiv gesetzt) präsentieren:

> „Voilà une belle mort", sagte Napoleon und blickte auf Bolkonskij. *Fürst Andrej begriff, dass das von ihm gesagt war und dass das Napoleon sagte. Er hörte, wie sie denjenigen mit* sire *anredeten, der diese Worte sagt.* Doch er hörte diese Worte, als hörte er das Surren einer Fliege. Nicht nur interessierte er sich nicht für sie, er nahm sie auch nicht wahr, vergaß sie gleich wieder. Ihm brannte der Kopf; er spürte, dass er Blut verlor, und er sah über sich den fernen, hohen und ewigen Himmel. *Er wusste, dass das Napoleon war – sein Held,* aber in diesem Moment schien ihm Napoleon ein so kleiner, unbedeutender Mensch im Vergleich zu dem, was jetzt zwischen seiner Seele und diesem hohen, unendlichen Himmel mit den über ihn hineilenden Wolken vor sich ging. Es war ihm in diesem Moment völlig gleichgültig, wer auch immer über ihm stand und was er über ihn sagte; *er war nur darüber froh, dass Menschen bei ihm stehengeblieben waren, und wünschte nur, dass diese Menschen ihm helfen und ihn ins Leben zurückbrächten,* das ihm jetzt so wunderschön erschien, weil er es jetzt so anders verstand. [...] *Als Fürst Andrej Napoleon in die Augen sah,* musste er an die Nichtigkeit aller Größe, die Nichtigkeit des Lebens, dessen Bedeutung niemand begreifen konnte, und an die noch größere Nichtigkeit des Todes denken, dessen Sinn niemand unter den Lebenden verstehen und erklären konnte. (Tolstoj, *Krieg und Frieden*, I, 3, 19)[10]

Die unüberhörbar narratoriale Färbung dieser Stelle und ihre unverkennbar interpretierenden Akzente entsprechen dem Umstand, dass die Relativierung des großen Menschen und seines Einflusses auf die Weltgeschichte nicht so sehr eine Intention der Figur Andrej Bolkonskij ist, sondern vor allem das Anliegen des Autors, dessen Geschichtsphilosophie den Roman durchdringt. Insofern kann man hinter der narratorialen Darbietung auch die auktoriale Intention aufspüren. Für Andrej Bolkonskijs Entwicklung ist relevanter die darauf folgende Bewusstseinsdarstellung, die den dritten und letzten Teil des ersten Bandes beschließt. Die Situation ist folgende: Bolkonskij wird, auf dem Schlachtfeld liegend, von Napoleon freundlich angesprochen, antwortet ihm jedoch nicht. Der Kaiser wendet sich ab, ohne eine Antwort abzuwarten. Die Soldaten, die Bolkonskij getragen und ihm das goldene Heiligenbildchen abgenommen haben, das Prinzessin Mar'ja Bolkonskaja ihrem Bruder umgehängt hat, beeilen sich, es ihm wieder zurückzugeben, als sie sehen, wie freundlich der Kaiser mit dem Gefangenen umgeht:

---

10 Die Zitate aus *Krieg und Frieden* folgen der deutschen Übersetzung von Barbara Conrad (Tolstoj, *Krieg und Frieden*) mit Angabe von Buch, Teil und Abschnitt. Zitate aus andern Schriften Tolstojs beziehen sich auf die russische 91-bändige Ausgabe (Tolstoj) mit Angabe von Band und Seitenzahl.

„Wie schön wäre es doch", dachte Fürst Andrej und betrachtete dies Bildchen, das ihm seine Schwester so voller Gefühl und Andacht umgehängt hatte, „wie schön wäre es doch, wenn alles so klar und einfach wäre, wie es Prinzessin Mar'ja vorkommt. Wie schön wäre es zu wissen, wo man Hilfe in diesem Leben suchen muss und was man danach zu erwarten hat, dort, jenseits des Grabes! Wie glücklich und ruhig wäre ich, wenn ich jetzt sagen könnte: Herr, erbarme dich meiner! … Aber wem sage ich das! Ist es die Kraft – die unbestimmbare, unfassbare Kraft, an die ich mich nicht nur nicht wenden kann, sondern die ich nicht einmal in Worte fassen kann –, das große Alles oder Nichts", sagte er zu sich selbst, „oder ist das jener Gott, der hier, auf diesem Talisman, von Prinzessin Mar'ja aufgestickt ist? Nichts, nichts ist gewiss, außer der Nichtigkeit alles dessen, was mir fassbar ist, und der Größe von etwas Unbegreiflichem, aber Allerwichtigstem!" (Tolstoj, *Krieg und Frieden*, I, 3, 19)

Die Schablone des direkten inneren Monologs, die hier in einer relativ figuralen Variante vorliegt, kann in dem weithin narratorialen Kontext als Merkmal für die Relevanz der dargestellten mentalen Motive gelten.

Eine andere Weise, die Relevanz einer mentalen Zustandsveränderung für die erzählte Geschichte zu markieren, finden wir in Thomas Manns *Zauberberg* (1924). Während seines Skiausflugs im Hochgebirge gerät Hans Castorp in einen lebensbedrohlichen Schneesturm, vor dem er sich hinter einem Heuschober zu schützen versucht. Erschöpft schläft er nach dem Genuss einiger Schluck Portwein ein und sieht im Traum mythische Bilder höchster Harmonie und grässliche Szenen atavistischer Menschenfresserei. Halb aus dem Traum erwacht gibt sich Castorp Reflexionen hin, in denen er nicht nur die Lehren seiner Mentoren Settembrini und Naphta relativiert, sondern auch seine Sympathie mit Krankheit und Tod überwindet. Das Fazit seiner ideellen Peripetie ist in einem Satz formuliert, der im Text, als einziger im ganzen Roman, kursiv gesetzt ist: „*Der Mensch soll um der Güte und Liebe willen dem Tode keine Herrschaft einräumen über seine Gedanken*" (Mann, III, 686). Das mentale Ereignis bleibt freilich folgenlos für den Helden. Obwohl er, voll erwacht, zum Schluss kommt: „Mein Traum hat es mir eingegeben, dass ich's für immer weiß" (Mann, III, 686), versteht er an demselben Abend beim Diner in der „hochzivilisierten Atmosphäre des ‚Berghofs'" „was er gedacht […] nicht mehr so recht" (Mann, III, 688). In seiner weiteren „Berghof"-Existenz zeigt er keine Spuren der gewonnenen Erkenntnis. Im Schlussbild sehen wir Castorp als Soldaten an der Westfront, wohin der Traum, wie der Erzähler scheinbar taumelnd ausruft, den Roman verschlagen hat. Während Castorp dem Schneesturm, in den er sich aus freien Stücken, um der Herausforderung willen, begeben hat, mit Mühe entkommen ist, zeigt das finale Kriegsbild des Romans, das mit der Schneeszene einige Äquivalenzen aufweist, den, der die theoretische Faszination am Tode überwunden hat, im Sturm der Geschütze, den er kaum überleben wird. Der kursiv gesetzte Aufruf zum Leben ist zweifellos Ausdruck eines wesentlichen mentalen Umschlags, hat aber viel weniger Konsequenzen für den Helden als, in einem metaleptischen Sprung, für den Autor, der damit seine (vorläufige, bis zum *Doktor Faustus* währende) Abkehr von der verklärenden Assoziierung von Kunst und Krankheit, Geist und Tod ankündigt.

3.5.2 Imprädiktabilität

Das zweite Merkmal für die Ereignishaftigkeit von Veränderungen des äußeren Zustands ist die Imprädiktabilität. Voraussagbare Veränderungen haben eine geringere Ereignishaftigkeit als überraschende. Das gilt im Prinzip auch für mentale Veränderungen.

Ein Beispiel für hohe Imprädiktabilität mentaler Zustandsveränderungen ist Janes Austens *Pride and Prejudice*. Elizabeth Bennet, die zu Beginn der Geschichte, ohne es zu wollen, die abfällige Bemerkung Darcys über ihren Mangel an Reizen gehört hat (s. o., S. 39), kann alles andere erwartet haben, als dass ihr Kritiker in der Zukunft zweimal um ihre Hand bittet und dass sie der zweiten Werbung freudig zustimmt. Auch Darcy wird nicht erwartet haben, dass er sich um des zunächst als reizlos empfundenen Mädchens willen einmal über die Standesunterschiede zwischen ihm und ihrer Familie hinwegsetzen wird. Für die Protagonisten der Handlung ist der Ausgang der Geschichte somit in höchstem Maße imprädiktabel. Der Erzähler freilich setzt schon früh Signale, dass Darcy bald selbst seine Ablehnung in Frage zu stellen beginnt (s. o., die auf S. 39 zitierten Berichte über Elizabeths und Darcys Bewusstseinszustände). Deshalb wird der Leser von der Wendung in den Gefühlen der Protagonisten weniger überrascht sein als diese selbst. Der in der Literatur der Empfindsamkeit geschulte Leser, der nach Richardsons *Pamela, or Virtue Rewarded* (1740) um die möglichen Peripetien der Herzensneigung weiß, wird nicht nur die dezidierte Abneigung Darcys mit Vorbehalt aufnehmen, sondern auch den Verlauf literarischer Aufstiegsgeschichten vor Augen haben, in denen die Liebe große Standesunterschiede überwindet. So treten hier die Erwartungen der Figuren an den Verlauf ihres Lebens und der an der Literatur gebildete *Script* des Lesers unverkennbar auseinander.[11]

---

11 Ein *Script* (Schank und Abelson 1977; vgl. Emmott und Alexander [2009] 2013) ist eine kulturell kodierte Folge von erwarteten Verhaltensweisen für eine bestimmte Situation. Das klassische Beispiel ist das *script* eines Restaurantbesuchs. Die Sequenz der erwarteten Handlungen

Insofern ist die Frage der Imprädiktabilität, genauso wie die der Relevanz, ebenenspezifisch und instanzenbezogen zu stellen. Die Protagonisten orientieren sich in der Regel an der Doxa, dem in ihrer Gesellschaft allgemein für wahr Gehaltenen und dem allgemein Erwarteten.[12] Der Leser wird sich bei starker Einfühlung in die Protagonisten mit ihnen an der Doxa orientieren; in dem Maße aber, wie er das narrative Werk als Kunstgebilde versteht und die in ihm aufgerufenen Scripts erkennt, wird er nicht vorbehaltlos von der Unvorhersehbarkeit des Liebesglücks der beiden Protagonisten von *Pride and Prejudice* sprechen.

Für Ereignisse jeglicher Art können wir feststellen: Eine in der erzählten Welt für alle Protagonisten überraschende, nicht vorhersehbare Zustandsveränderung kann für den geschulten Leser ein durchaus prädiktables Merkmal der Gattung sein. Das gilt grundsätzlich auch für mentale Ereignisse. Nur ist der Einblick in die Innenwelt der von der mentalen Veränderung betroffenen Figur für die übrigen Protagonisten naturgemäß eingeschränkt.

Mentale Umschläge werden sich zumindest ihren Subjekten im Allgemeinen seit einer bestimmten Zeit angekündigt haben, selbst wenn dieser Zeitpunkt vom Subjekt selbst nicht angegeben werden kann. Insofern das Subjekt überhaupt zur Reflexion fähig ist, wird der Umschlag für es selbst weniger überraschend sein als für die Umgebung, für die er erst später manifest wird. Deshalb verlaufen mentale Ereignisse oft weniger dramatisch, in größeren zeitlichen Maßstäben als äußere. Das ist die typische Verlaufsform von Entwicklungsromanen.

Auch wenn Peripetien des äußeren Lebens ausbleiben, kann die allmähliche Reifung von langwierigen inneren Kämpfen begleitet sein. Ein Beispiel ist Dostoevskijs Adoleszenzroman *Der Jüngling*, in dem Arkadij Dolgorukij, der zwanzigjährige Erzähler, der unehelich geboren und ohne Eltern in der Obhut fremder Menschen aufgewachsen ist, als achtzehnjähriges erzähltes Ich um seinen leiblichen Vater oder, genauer, mit sich selbst um das rechte Bild von seinem Vater kämpft. Der Prozess der Versöhnung mit dem Vater gelangt zum Abschluss, wenn die Glieder der „zufälligen" Familie zusammenkommen und der Vater die Mutter heiratet.

---

beginnt mit einem hungrigen Gast, der ein Restaurant betritt, bestellt, isst, bezahlt und das Restaurant verlässt.

12 Griech. δόξα bedeutet u. a. ‚Meinung', ‚Erwartung'. Paradox (παρὰ τὴν δόξαν) ist etwas, das der Erwartung der meisten widerspricht. In diesem Sinne können mentale Ereignisse im wörtlichen Sinne „paradox" sein.

Erst dann ist Arkadij innerlich frei, ein Universitätsstudium aufnehmen. Der Kampf, den Arkadij mit sich austrägt, bildet sich vornehmlich indizial ab, in der Weise seines Erzählens (dazu siehe unten, 3.6.2).

3.5.3 Konsekutivität

Die Ereignishaftigkeit einer Zustandsveränderung steigt in dem Maße, wie die Veränderung Folgen zeitigt. Ein Verzweifeln, das wie im Falle Anna Kareninas oder Emma Bovarys zum Selbstmord führt, ist höchst ereignishaft. Auch die Wendung von idealistischer Träumerei zu realistischen Lebensplänen, wie sie für den deutschen Entwicklungsroman charakteristisch ist, man denke an Ch. M. Wielands *Geschichte des Agathon*, Goethes Roman *Wilhelm Meisters Lehrjahre*, Gottfried Kellers *Grünen Heinrich*, zeigt in ihrer Konsekutivität hohe Ereignishaftigkeit.

Die Folgen eines Umdenkens bleiben in der Regel nicht im Bereich des Mentalen. So lässt sich die Konversion, die in den *Brüdern Karamazov* eine ganze Reihe von Personen erfasst, von außen in ihrem veränderten Verhalten erkennen. Selbst der Gotteskritiker Ivan Karamazov zeigt einen Ansatz zu neuem Denken, wenn er das betrunkene Bäuerlein, das er verächtlich in den Schneehaufen gestoßen hat, auf dem Weg vom Vatermörder Smerdjakov vor dem Erfrieren rettet und schließlich in der Gerichtsverhandlung um den Vatermord die Wahrheit aussagt. Seine Aussage wird vom Gericht allerdings nicht ernst genommen, weil der von seiner Schuld Erschütterte den Eindruck eines nicht zurechnungsfähigen Zeugen macht und Smerdjakov nicht zuletzt durch seinen Selbstmord auf teuflisch raffinierte Weise hintertrieben hat, dass die Wahrheit zutage treten kann. Aber auf seine Weise hat Ivan durchaus an der Kettenreaktion der Konversionen teil, die den Roman durchzieht, und das ist an seinem Verhalten abzulesen.

3.5.4 Irreversibilität

Die Ereignishaftigkeit einer Zustandsveränderung nimmt in dem Maße zu, wie eine Revision des erreichten neuen Zustands unwahrscheinlich ist. Im Fall des Umdenkens, also jenes mentalen Ereignisses, dem das besondere Interesse der russischen Realisten galt, muss eine Einsicht erlangt sein, die jeden Rückfall in frühere Denkweisen ausschließt. Ein Beispiel für irreversible mentale Ereignisse sind die Konversionen, die in einer Art Domino-Effekt, der von Zosimas Bruder

Markel ausgeht, die *Brüder Karamazov* durchziehen. Bei keiner der zum Bewusstsein ihrer Schuld konvertierten Figuren ist eine Rückkehr zur gottlosen und schuldvergessenen Ausgangsposition wahrscheinlich.

Etwas anders steht es um den Sinn- und Gottsucher Konstantin Levin in Tolstojs *Anna Karenina*. Am Schluss des Romans glaubt Levin, endgültig den Sinn des Lebens und die Existenz Gottes erkannt zu haben, im Guten, das im Leben zu verwirklichen in seiner Macht steht (Teil VIII, Kap. 19). Angesichts dessen freilich, dass er in der Diegesis durch allerlei Welterklärungen und Ideologien gegangen ist und sich als äußerst bewegliche Figur erwiesen hat, ist die endgültige, irreversible Sistierung des notorischen Sinnsuchers im Glauben weniger gewiss, als er selbst in diesem sinnerfüllten Moment seiner Geschichte anzunehmen geneigt ist und als der Autor wahrhaben möchte.

3.5.5 Non-Iterativität

Die Veränderung muss nicht nur irreversibel, sondern auch einmalig sein. Veränderungen, die sich wiederholen, haben, selbst wenn dabei eine Rückkehr zu früheren Zuständen nicht stattfindet, nur geringe Ereignishaftigkeit.

Ein Beispiel für iteratives Handeln ist Čechovs Erzählung *Seelchen* (Dušečka; 1898). Die Novelle besteht aus einer Serie von Liebesgeschichten. Olja, genannt „Seelchen", eine unersättliche Psyché, liebt nacheinander: „Vanička" Kukin, den Besitzer des Vergnügungsparkes „Tivoli", „Vasička" Pustovalov, den Verwalter des Holzlagers, „Volodička" Smirnin, den Tierarzt, und schließlich Smirnins Sohn, den Gymnasiasten Saša. Oljas Liebe zeichnet sich jeweils durch vollständige Hingabe an das aktuelle Liebesobjekt und durch Aufgabe ihrer eigenen Welt und der Welt des früheren Liebesobjekts aus. In der Wiederholung zeigt sich das, was bei der ersten Eheschließung noch als Ereignis erschien, die absolute Umstellung der Lebenswerte auf die Welt des Ehemanns, als schwerer seelischer Defekt.[13]

---

13 Für Lev Tolstoj war die Heldin das Musterbild einer Frau, Maksim Gor'kij nannte sie eine „sanftmütige Sklavin". Wenn Lenin dann „sozialdemokratisches Seelchen" als Metapher für politische Charakterlosigkeit benutzte, scheint der vitiöse Aspekt der übergroßen Anpassungsfähigkeit auf. Traditionell ist übersehen worden, dass Seelchens Vampir-Liebe die Männer krank macht, so dass sie bald sterben – wie Kukin und Pustovalov – oder vor der Hingabe flüchten – wie Smirnin und sein Sohn Saša.

Ereigniswidrige Iterationen mentaler Zustandsveränderungen prägen die erzählte Welt auch in vielen andern späten Werken Čechovs. Paradigmatisch wird die Wiederholung in Čechovs letzter Erzählung *Die Braut* (Nevesta; 1903). Dem Wiederholungszwang erliegt schon der Bräutigam Andrej Andreič, dessen Name Iteration anzeigt und der, um nicht sprechen zu müssen, endlos auf der Geige spielt. Die Mutter der Braut, deren Name *Antonina* an den römischen Kaiser Marcus Aurelius Antoninus, Čechovs Lieblingsphilosophen erinnert, der in Russland *Antonin* genannt wurde, ist auf der ständigen Suche nach einer Doktrin, die ihr die Welt erklären kann. Hängt sie zunächst dem Spiritismus und der Homöopathie an, ist sie zum Schluss religiös geworden, beschäftigt sich mit der Philosophie und verkündet, jetzt sei ihr Vieles „klar wie der Tag" geworden (ausführlicher zu der Erzählung vgl. unten, Abschnitt 13.5).

3.6 Diegetische und exegetische mentale Ereignisse

Mentale Ereignisse können im Erzählwerk auf zwei Ebenen erscheinen, als *diegetische Ereignisse* in der erzählten Geschichte (*Diegesis*) und als *exegetische Ereignisse* auf der Ebene des Erzählens und der begleitenden Kommentare, Erläuterungen, Reflexionen und metanarrativen Bemerkungen des Erzählers (*Exegesis*). Während die diegetischen mentalen Ereignisse die Figuren der erzählten Welt betreffen, spielen sich die exegetischen mentalen Ereignisse im Erzähler ab.

3.6.1 Die Figuren als Subjekte diegetischer mentaler Ereignisse

Damit eine Figur ein mentales Ereignis durchlaufen kann, muss sie zwei Bedingungen erfüllen. Sie muss ein Bewusstsein haben und veränderungsfähig sein.

Ein Bewusstsein zu haben bedeutet nicht notwendig, ein menschliches Wesen zu sein. Es gibt in der Literatur zahllose Beispiele für tierische oder sogar gegenständliche Figuren, die durchaus über ein recht entwickeltes Bewusstsein verfügen. Die nicht-menschliche Perspektive, mit der diese Figuren als primäre oder sekundäre Erzähler oder als figurale Reflektoren die Welt der Menschen beleuchten, dient oft der Verfremdung menschlicher Begriffe und Einrichtungen.

Der alte Wallach, der in Lev Tolstojs Erzählung *Der Leinwandmesser* (Cholstomer; 1866) den jüngeren Pferden in seinem Stall von seinen leidvollen Erfahrungen mit den Menschen berichtet, ist ein Prisma der Verfremdung der Menschenwelt und ihrer Kategorien, vor allem des Eigentumsbegriffs. Das Pferd kommt zu der Schlussfolgerung, dass sich die Menschen nicht von Taten, sondern von Worten leiten lassen, dass unter ihnen der am glücklichsten gilt, der zu der größten Zahl von Dingen das Wort *mein* sagen kann, ein Wort, dessen Bedeutung das Pferd erst nach den verschiedensten Erfahrungen mit den Menschen verstanden hat.

Ein extremes Beispiel für eine nicht-menschliche Figur mit einem veränderungsfähigen Bewusstsein ist Mr. Square in Edwin A. Abbotts Novelle *Flatland. A Romance of Many Dimensions* (1884). Mr. Square, Bewohner der zweidimensionalen Welt besucht in einer Art Vision das eindimensionale Linienland, in der die Länge die gesellschaftliche Stellung der Bewohner bestimmt und dessen König die längste Linie ist. Dann reist er in das Punktland, eine Welt ohne Dimensionen, dessen Bewohner sich für das einzige existierende Wesen hält und sich selbst in höchsten Tönen preist. In seiner Flächenwelt erscheint Mr. Square eine Kugel, die ihn nach langem Bemühen von der Existenz einer dreidimensionalen Welt überzeugen kann. Als aber der lernfähige Mr. Square die Möglichkeit einer vierdimensionalen Welt denkt, ist die Kugel verärgert. In sein zweidimensionales Land zurückgekehrt, versucht Mr. Square seine Landsleute von der Existenz höherer Dimensionen zu überzeugen. Vergeblich – die Kreise, die Priester im Flächenland, erklären ihn für wahnsinnig und sperren ihn ein.

In den beiden Fällen hat der diegetische Erzähler als erzählendes und erzähltes Ich nicht nur ein Bewusstsein, sondern ist auch dazu fähig, die Grenzen seines semantischen Feldes zu überschreiten, erweist er sich als „beweglich" wie Jurij Lotman (1970, 294–295; dt. 1972, 345–346; dt. 1973, 365) sagen würde.

Die beiden genannten Bedingungen – Bewusstsein und Beweglichkeit – werden allerdings durch bestimmte Figuren, die durchaus als Menschen präsentiert werden, nicht erfüllt. Das ist in Epochen und Gattungen überall dort der Fall, wo Erzählungen die Figuren stark typisieren, wie in folkloristischen Narrationen, in vielen Erzählungen der mittelalterlichen und geistlichen Literatur und etwa in der Commedia dell'arte.

Etwas anders steht es um die Figuren in der westeuropäischen höfischen Epik. Obwohl die hochmittelalterliche Epik auf stark typisierte Vorbilder der sogenannten Matière de Bretagne, also auf Sagenstoffe vor allem um den legendären König Artus und seinen Hof, zurückgeht, gestaltet sie nicht nur Überschreitungen der gesellschaftlich und religiös gültigen Normen, sondern erhebt die Grenzüberschreiter sogar zu Helden mit starker Individualität und entwickeltem Bewusstsein. Am deutlichsten wird das in den beiden großen Epen des deutschen Mittelalters, Wolframs von Eschenbach *Parzival* und Gottfrieds von Straßburg *Tristan* (beide zwischen 1200 und 1210). Beide Werke verdanken sich stofflich älterer Epik keltischen Ursprungs, überwinden jedoch die Typisierung, die für diese charakteristisch war.

Parzival, der im Wald fern der Gesellschaft aufgewachsene tumbe Tor, wendet die zunächst von der Mutter und dann vom ritterlichen Lehrer Gurnemanz erteilten Lehren und Weisungen („irn sult niht vil gevrâgen") wörtlich und deshalb falsch an, verletzt unterschiedliche Normen, ritterliches Ethos, das Gebot des Mitleids und lehnt sich nach seiner Verfluchung durch die Gralsbotin Cundrie auch gegen Gott auf, den er als untreuen Lehnsherren versteht. Dem mehrfachen Fehlverhalten Parzivals wird die ritterlich vorbildliche Haltung und Handlungsweise Gawans entgegengesetzt, der Held in sechs der sechzehn Bücher des Epos ist. Gleichwohl ist nicht der ideale Ritter Gawan, sondern der immer wieder scheiternde Parzival zum König des Grals bestimmt. Sein Weg zum Gral, reich an *aventiuren*, kann als Weg des Erkennens und Verstehens gedeutet werden. So zeichnet die handlungsreiche Geschichte ein gestuftes mentales Ereignis (ausführlich s. u., Kap. 4).

Tristan verletzt in der schicksalhaften Minne die religiösen und gesellschaftlichen Normen und die Treue zu König Marke von Cornwall, dem er die schöne Isolt von Irland als Braut zugeführt hat. Er verliert auch die *êre*, das Ansehen in der Gesellschaft. In den vor- oder frühhöfischen Vorlagen war die unauslöschliche Minne ausschließlich magisch motiviert, durch den Zaubertrank, den Werber und Braut unwissentlich auf der Schiffsfahrt nach Cornwall zu sich nehmen. Gottfried führt eine realistische, psychologische Motivierung ein: Abweichend von den Vorlagen wird Tristan in Irland zum Erzieher der jungen Isolt, die er in Musik, Sprachen und *moraliteit* (höfischer Sittenlehre) unterweist. So erhält die schicksalhafte Liebe eine persönliche Dimension, bevor sie durch den Liebestrank magisch motiviert wird. Nach einer Reihe von Liebesabenteuern und Täuschungsmanövern wird die Liebe von Marke entdeckt, der die Untreue seiner Gattin lange nicht wahrhaben wollte. Tristan muss den Hof verlassen und findet im Herzogtum Arundel eine andere Isolt, Isolt Weißhand. Wie Gottfried den Konflikt in Tristans Gefühlen zu den beiden Isolden aufzulösen gedachte, bleibt unklar, denn der Text bricht mit der Schilderung des Zwiespalts ab. In den ausgeführten Teilen erscheinen Tristan und Isolde als individuelle, reflexionsfähige Figuren, und die Darstellung ihrer Bewusstseinstätigkeit in inneren Monologen, die zum Teil dialogisiert sind, steht modernen Erzähltechniken nicht nach (ausführlich s. u., Kap. 5).

3.6.2 Der Erzähler als Subjekt exegetischer Ereignisse

Exegetische Ereignisse sind in aller Regel mentaler Natur. Sie manifestieren sich vor allem in axiologischen Peripetien, d. h. unerwarteten Umwertungen der Handlung und ihrer Protagonisten durch den Erzähler oder in plötzlichem Verstehen von Zusammenhängen, die dem Erzähler erst durch das Erzählen klar geworden sind.

Ein Beispiel für hohe exegetische Ereignishaftigkeit ist Dostoevskijs Roman *Der Jüngling*, dessen zwanzigjähriger diegetischer Erzähler sich im Verlauf seines Erzählens unverkennbar entwickelt. Diese Entwicklung kristallisiert sich in der Versöhnung mit dem leiblichen Vater, um dessen Bild der Junge innerlich mit sich kämpft.

Die sich vollziehende Entwicklung macht sich in erster Linie indizial, durch zwei Symptome bemerkbar. Erstens nimmt Arkadij zunehmend Abstand von seiner Idee, ein Rothschild zu werden. Diese Idee hat der Junge, von seinen Eltern vernachlässigt und wegen seiner unehelichen Herkunft von den Mitschülern verachtet, in der Moskauer Adelspension entwickelt. In der erzählten Geschichte spielt die Idee, die zu Beginn der Erinnerungen dominiert, eine immer geringere Rolle. Im Text des erzählenden Ich erscheint sie in der Regel in Anführungszeichen, als direkte figurale Benennung, an der sich die ironische Distanzierung des Erzählers von seinem früheren Ich erweist (Beispiele s. o., S. 30).

Das zweite Symptom ist das Verhältnis zum Adressaten. Zu Beginn seines Erzählens hat Arkadij ein angespanntes Verhältnis zu seinem Leser, den er sich als kritischen Erwachsenen vorstellt, der seine Naivitäten spöttisch belächelt und sich vor allem über seine Idee mokiert, ein Rothschild zu werden. Überall dort, wo Arkadij seine früheren Gedanken und Handlungen darstellt, tritt als eine Funktion des Erzählens die Impression in den Vordergrund. Die Auswahl des Erzählten, die stellenweise euphemistischen Selbstbewertungen sowie gewichtige rhetorische Gesten zeigen an, dass Arkadij das vorgestellte Gegenüber beeindrucken, es von sich und seiner Würde überzeugen möchte. Die Impression enthält Arkadijs Appell an den Leser, ihn, den Halbwüchsigen, ernst zu nehmen und als vollwertig anzuerkennen. Der Wunsch nach Anerkennung ist sowohl in den Passagen deutlich, in denen Arkadij sein ihm peinliches Verhalten zu beschönigen sucht, als auch dort, wo er alle Euphemismen aufgibt und sich als finsteren, menschenscheuen Charakter darstellt.

Der Impression antwortet eine in entgegengesetzter Richtung verlaufende Einwirkung: Arkadij entwirft einen Leser, der sich die ihm nahegelegte Wertung nicht zu eigen macht, Arkadijs geheime Intentionen durchschaut und mit spöttischen Einwänden reagiert. Neben der Impression wird das Erzählen von der

Orientierung an der Position des entworfenen kritischen Adressaten geprägt. Diese Orientierung führt zu dem Aussagetyp, den Michail Bachtin (1929) „Wort mit dem Seitenblick auf ein fremdes Wort" genannt hat.

Die Orientierung, die sich im Allgemeinen nur durch indiziale Zeichen wie Änderung der Argumentationsweise, Wechsel der Sprechhaltung, Wandlungen des Stils kundgibt, kann die Form direkter Anreden annehmen. Das Aufbegehren gegen die eigene Unreife schlägt nicht selten um in einen gereizten Angriff auf den imaginierten Leser. Je stärker sich Arkadij der Kindlichkeit seiner Weltsicht bewusst wird, desto heftiger attackiert er sein Gegenüber: „[...] es begann zwischen ihnen [d. i. Versilov und Arkadijs Mutter] direkt mit dem *Unglück*. (Ich hoffe nur, der Leser wird nicht so tun, als ob er nicht sofort begriffe, was ich damit sagen will)" (Dostoevskij, XIII, 11). „Meine Idee ist – ein Rothschild zu werden. Ich fordere den Leser auf, Ruhe und Ernst zu bewahren (XIII, 66). Zur Verteidigung dieser Idee lässt sich der Erzähler zu Beginn seines Erzählens auf heftige Fehden mit dem Leser ein, dessen erwartete entlarvende Repliken er formuliert und vehement abwehrt. Auf dem Höhepunkt der Darlegung seiner Idee ruft Arkadij erbost aus: „Meine Herrschaften, sollte Ihnen denn schon die geringste Unabhängigkeit im Denken so schwer fallen?" (XIII, 77). Das Erzählen wird zu einem inszenierten Dialog, wenn Arkadij die von ihm erwarteten Reaktionen des Lesers explizit nennt und den Kern der Einwände formuliert:

> Ich habe mir gerade vorgestellt, dass, wenn ich auch nur einen einzigen Leser hätte, er sich sicher über mich totlachen würde, wie über den lächerlichsten Halbwüchsigen, der sich seine dumme Unschuld bewahrt hat und sich unterfängt, über Dinge zu urteilen und zu entscheiden, von denen er keine Ahnung hat. Ja, ich habe wirklich noch keine Ahnung, doch gebe ich das durchaus nicht aus Stolz zu, denn ich weiß, wie dumm eine solche Unerfahrenheit an einem zwanzigjährigen Tölpel ist; nur will ich diesem Herrn sagen, dass er selbst keine Ahnung hat, und das werde ich ihm beweisen. (Dostoevskij, XIII, 10)

> Es tut mir leid, dass ich den Leser sogleich enttäuschen muss, ja, es tut mir leid, aber es freut mich auch. Es soll jedermann wissen, dass keinerlei Gefühl der „Rache" meiner „Idee" zugrunde liegt, nichts Byronisches, weder Flüche noch Klagen eines Waisenkindes, noch Tränen über die uneheliche Geburt, nichts dergleichen, nichts. Mit einem Wort, eine romantische Dame würde, wenn ihr meine Aufzeichnungen in die Hände fielen, sofort die Nase rümpfen. Der ganze Zweck meiner „Idee" ist Einsamkeit.
> – Aber Einsamkeit kann man doch auch so haben, ohne sich damit aufzuplustern, dass man ein Rothschild werden will. Wozu brauchen Sie den Rothschild?
> – Weil ich außer Einsamkeit auch Macht brauche. (Dostoevskij, XIII, 72)

Ist Arkadij bei schamhaften Eingeständnissen an einem Punkt angelangt, der ihm keinen ehrenvollen Rückzug vor den entblößenden Erwiderungen des Gegners mehr offen zu lassen scheint, so rettet er sich kurzerhand mit einem paradoxen Kunstgriff, nämlich damit, dass er die Existenz des angesprochenen Gegenübers leugnet:

> Ich will hier eine Vorbemerkung machen: der Leser wird über die Aufrichtigkeit meiner Beichte vielleicht entsetzt sein und sich naiv fragen: wie kann der Verfasser das alles schreiben, ohne zu erröten. Darauf möchte ich antworten: ich schreibe nicht für den Druck; einen Leser werde ich wahrscheinlich erst in zehn Jahren haben, wenn alles mit der Zeit schon so offenkundig und geklärt sein wird, dass es keinen Grund mehr zum Erröten geben wird. Wenn ich mich in meinen Aufzeichnungen dennoch manchmal an einen Leser wende, so ist das ein bloßes literarisches Verfahren. Mein Leser ist eine Phantasiegestalt. (Dostoevskij, XIII, 72)

Die zitierten Stellen sind frühen Passagen des Romans entnommen. Im Laufe des Erzählens nehmen sowohl die Absicht, den Leser zu beeindrucken und zur Anerkennung zu veranlassen, als auch die Orientierung an seinen vernichtenden Urteilen spürbar ab. Der Erzähler verzichtet zunehmend auf seine gereizten Angriffe auf den Adressaten, dessen kritisches Urteil zu fürchten er immer weniger Anlass hat. Die allmähliche Versöhnung mit dem Vater wird indiziert durch die Versöhnung mit dem Leser (zu Details Schmid 2015).

Es ist Arkadijs erklärtes Bemühen, die Ereignisse, die mit solcher Geschwindigkeit über sein früheres Ich hereingebrochen sind, dass er sich „jetzt" noch darüber wundert, wie er ihnen standgehalten hat, „in strenger Reihenfolge zu beschreiben" (Dostoevskij, XIII, 241). Dabei verzichtet er in der Regel auf die Erläuterung von Zusammenhängen, die ihm erst später bekannt geworden sind. Arkadij teilt seinem Leser über große Partien nur das mit, was er als erzähltes Ich in dem jeweils erzählten Augenblick der Handlungsgegenwart gewusst, gedacht, wahrgenommen, gefühlt und gesprochen hat. Die äußere Welt wird nur insofern beschrieben, wie sie vom erzählten Ich wahrgenommen wurde, als rezipierte Wirklichkeit. Der „Wirbelsturm" der Ereignisse, die auf die detailliert erzählten 12 Tage entfallen, wird mit der für das erzählte Ich maßgebenden Dichte und Eindringlichkeit der Eindrücke wiedergegeben. Arkadij beabsichtigt, die Ereignisse der Handlungsgegenwart mit der „damaligen Charakteristik" (XIII, 25) darzubieten, um den früheren „Eindruck zu rekonstruieren" (XIII, 100). Dies erklärt, warum er wichtige Tatsachen verschweigt, die ihm erst später bekannt geworden sind. Im Nachhinein erweisen sich manche Bewertungen, die aus der zeitlichen Position der Handlungsgegenwart gegeben wurden, als irreführend. Gegen Ende des Romans deckt der Erzähler seine Perspektive auf und korrigiert zum Beispiel die bislang in figuraler Sicht gegebene Bewertung der „Tante" Tat'jana Pavlovna Prutkova:

> Eins möchte ich noch hinzufügen: es tut mir furchtbar leid, dass ich mir im Verlauf dieser Aufzeichnungen oft erlaubt habe, über diesen Menschen respektlos und von oben herab zu sprechen. Aber im Schreiben habe ich mich selbst allzu sehr so vorgestellt, wie ich in jeder der von mir beschriebenen Minuten gewesen bin. (Dostoevskij, XIII, 447).

Ganz offensichtlich ist die Reifung, die Arkadij durch das Erzählen selbst erfährt. Zum Schluss seiner Aufzeichnungen kann er nur mit Distanz das ihm fremd gewordene Erzähler-Ich der ersten Sätze betrachten:

> Nachdem ich die Aufzeichnungen abgeschlossen und die letzte Zeile geschrieben hatte, fühlte ich plötzlich, dass ich mich selbst umerzogen habe, und zwar durch den Prozess des Vergegenwärtigens und Aufzeichnens. Von vielem, was ich geschrieben habe, sage ich mich los, besonders vom Ton einiger Sätze und Seiten, doch ich streiche und korrigiere kein einziges Wort. (Dostoevskij, XIII, 447)

3.7 Rezeptionsereignisse

Man könnte nun fragen, ob nicht auch für den Adressaten des Erzählers, den fiktiven Hörer oder Leser ein mentales Ereignis anzusetzen sei, etwa das Nachvollziehen einer Einsicht, die der Erzähler vermittelt. In der Regel ist der fiktive Adressat allerdings eine reine Projektion des Erzählers und gehört zu dessen Sphäre. Eine Reaktion, die der Erzähler bei seinem Gegenüber auszulösen beabsichtigt, erreicht deshalb keine Alterität, sondern bleibt im Horizont des Erzählers.

Nicht wesentlich anders verhält es sich, wenn der Adressat des Erzählers mit der realen Figur einer übergeordneten Rahmengeschichte zusammenfällt. Als Adressat bleibt diese Figur eine Projektion des Erzählers, als Rezipient gehört sie zur Rahmengeschichte, und ihre Reaktion kann in dieser zu einer ereignishaften Zustandsveränderung werden. Aber das ist dann das Ereignis einer Figur der übergeordneten Geschichte

In ihrer Typologie von Ereignissen unterscheiden Hühn und Schönert (2007, 9–10) und Hühn (2010a, 9–10) neben Ereignissen in der Geschichte und ihrer Präsentation durch den Erzähler auch „Rezeptionsereignisse", die den „intendierten" oder „idealen" Leser als Agenten haben. Bei den Rezeptionsereignissen handelt es sich nach den beiden Autoren um wesentliche mentale Veränderungen, die keine der dargestellten Instanzen, weder der Erzähler noch die Figuren, vollziehen, die aber der Text bzw. der in ihm implizierte Autor als notwendig oder wünschbar signalisiert und die der Leser in seinem Bewusstsein realisieren soll. Ein solches Rezeptionsereignis führt Hühn (2010b) an James Joyce' Erzählung *Grace* aus den *Dubliners* vor. In dieser Erzählung wird das, was der Held und seine Freunde als eine wesentliche geistige Entwicklung betrachten, als Schein und Trug destruiert. Wenn es Anhaltspunkte im Text gibt, die – wie Hühn ausführt – die Aufmerksamkeit des Lesers lenken, dann ist Teil der idealen Rezeption gewiss das Aufdecken des Scheins. Aber dieser rezeptive Prozess ist nicht eher ereignishaft zu nennen als jede Entschlüsselung einer verwickelten Novelle oder einer Kriminalgeschichte. Es ist zu fragen, was damit gewonnen ist, wenn Rezeptionsprozessen, die vom Werk nur sehr unbestimmt prädeterminiert werden können und in Vielem individuell bleiben, die Struktur eines Ereignisses zugesprochen wird. Schon jede Erkenntnis, die sich nicht auf einen ereignisdarstellenden Text bezieht, jede Lösung einer gedanklichen Aufgabe oder eines Rätsels könnte man als ‚Rezeptionsereignis' modellieren.

Drei Ereignistypen unterscheidet auch Carola Gruber (2014), die sich dabei an Genettes (1972) Triade *histoire – narration – récit* orientiert. Neben den „erzählten Ereignissen" und den „Erzählereignissen" (die Schmids [2014a, 14] „diegetischen" und „exegetischen Ereignissen" entsprechen) figurieren bei ihr „Textereignisse". Darunter werden „Abweichungen von einer Ordnung auf Textebene" verstanden, „Textelemente, die im Gegensatz zu einer vom Text [zuvor] etablierten Struktur stehen" (Gruber 2014, 112). Für den zweiten und dritten Typus lässt Gruber (2014, 108) auch den in andern Modellen (Hühn und Schönert 2007, 9) verwendeten Oberbegriff des „Darbietungsereignisses" zu. Für den dritten Typus, das „Textereignis", wird, ähnlich wie für Hühns und Schönerts „Rezeptionsereignis" der Ereignisbegriff freilich unübersehbar metaphorisch überdehnt.

II. Bewusstseinsveränderung in Epen des deutschen Mittelalters

4 Wolframs *Parzival*: Die Überwindung der *hôchvart*

Die Geschichte, die Wolfram von Eschenbach in seinem *Parzival* erzählt, nach der Vorlage von Chrétiens de Troyes *Li Contes del Graal ou Le roman de Perceval* (um 1190), hat zwei Wendepunkte, die den ersten beiden Teilen der Parzival-Handlung entsprechen[1]: (1) die Verurteilung des Ritters vor Artus' Tafelrunde durch die Gralsbotin Cundrie und Parzivals darauf folgende Kampfansage an Gott, (2) Parzivals Erkennen seines *missevarn*, seines Fehlverhaltens.

4.1 Verfluchung und Gotteshass

In der Waldeinöde ist Parzival von seiner Mutter Herzeloyde ohne jedes Wissen von Gott und Welt erzogen worden. Nachdem er im Wald zufällig Rittern begegnet ist, die ihm in ihren prächtigen Panzern wie göttliche Wesen vorgekommen sind, begibt er sich auf den Weg zum Artushof, um selbst Ritter zu werden. Um ihren Sohn von den Verlockungen des Rittertums fernzuhalten, steckt die besorgte Mutter den Jungen in Narrenkleider. Dem Scheidenden gibt Herzeloyde eine Reihe von Mahnungen auf den Weg, deren naiv-wörtliche Befolgung Parzival zum Urheber des Unglücks anderer werden lässt. So stürzt die Befolgung des mütterlichen Rats, stets um die Gunst schöner Frauen zu werben, Jeschute ins Elend. Parzival hatte die Schlafende, auf die er auf seinem Weg gestoßen war, geküsst, im Glauben, damit dem Geheiß der Mutter zu folgen. Ihr Gatte aber argwöhnt Treuebruch der in Wirklichkeit unschuldigen Schönen. Am Artushof angekommen, erschlägt Parzival den roten Ritter Ither, um sich seiner Rüstung zu bemächtigen. Erst sein Oheim Gurnemanz unterweist den tumben Toren in den Tugenden und Techniken des höfischen Rittertums und mahnt den Redseligen, keine überflüssigen Fragen zu stellen. Nach der Befreiung der belagerten Stadt Pelrapeire gewinnt der nun mustergültige Ritter die Hand der schönen Königin Condwiramurs. Er ordnet das Reich und scheidet von seiner jungen Frau vor deren Niederkunft, um seine Mutter zu besuchen. Er weiß nicht, dass Herzeloyde bei seinem Abschied vor Kummer tot zusammengesunken ist. Auf der Suche nach einer Herberge wird er auf eine Burg verwiesen. Es ist die Gralsburg Munsalvæsche, auf der der junge Ritter allerlei wundersame Wirkungen des Grals erlebt, aber versagt, als er, Gurnemanz' Mahnung zum

---

1 Buch III–VI und Buch IX nach der Einteilung durch Karl Lachmann.

Schweigen eingedenk, die von allen erwartete Mitleidsfrage an den siechen Anfortas zu stellen unterlässt Parzival gelangt ein zweites Mal an den Artushof, wo er mit allen Ehrenbezeigungen empfangen wird. Er hat den Gipfel des Artusrittertums erreicht. Auf dem Höhepunkt seiner ritterlichen Existenz wird die festliche Versammlung der Tafelrunde durch das Auftreten der hässlichen Gralsbotin Cundrie gestört. Die Zauberin verflucht Parzival, beklagt sein Schweigen auf der Gralsburg und nennt seine Gegenwart eine Schande für den Artushof. An Parzival gewandt

si sprach „ir tuot mir site buoz,	„Ihr seid schuld, wenn ich die Form
daz ich versage mînen gruoz	verletze, Artus, der maison du roi
Artûse unt [der] messnîe sîn.	den ehrenvollen Gruß versage.
gunêrt sî iwer liehter schîn	Schande über Eure Schönheit,
und iwer manlîchen lide.	Eure männliche Erscheinung!
het ich suone oder vride,	Könnt ich versöhnen, Frieden schließen –
diu wærn iu beidiu tiure.	beides wärt Ihr mir nicht wert!
ich dunke iuch ungehiure,	In Euren Augen bin ich hässlich –
und bin gehiurer doch dann ir.	bin nicht so hässlich wie Ihr selbst!
hêr Parzivâl, wan sagt ir mir	Gebt mir Antwort auf die Frage,
unt bescheidet mich einer mære,	Herr Parzival, warum Ihr nicht
dô der trûrge vischære	den Fischer, als er traurig saß,
saz âne vröude und âne trôst,	ohne Zuversicht und Freude,
war umb irn niht siufzens hât	erlöst habt aus dem tiefen Seufzen.
erlôst? (Wolfram 315, 17–30)[2]	

Mit dem „Fischer" meint Cundrie den schwerkranken Gralskönig Anfortas, der als Fischer Parzival den Weg zur Gralsburg gewiesen hat. Cundries Anklage, die bei Wolfram ungleich schärfer formuliert ist als bei Chrétien (vgl. Nellmann 2013, 618), gipfelt in dem Vorwurf, dass er seine Bestimmung verfehlt und das Erbe des Vaters verspielt habe:

von Anschouwe iwer vater hiez,	Ein Anjou war Euer Vater,
der iu ander erbe liez	hat ein Erbe hinterlassen, dem Eure Taten
denn als ir habt geworben. (317,13–15)	nicht entsprechen.

Die Wirkung der vernichtenden Rede auf Parzival wird im knappen Bewusstseinsbericht mit narratorialer Beschreibung des Charakters des Helden dargestellt:

---

[2] Originaltext und Übersetzung von Dieter Kühn nach Wolfram (s. Literaturverzeichnis. Primärtexte und ihre Siglen).

> Cundrîe la surziere,
> diu unsüeze und doch diu fiere,
> den Wâleis si beswæret hât.
> waz half in küenes herzen rât
> unt wâriu zuht bî manheit?
> und dennoch mêr im was bereit
> scham ob allen sînen siten.
> den rehten valsch het er vermiten:
> wan scham gît prîs ze lône
> und ist doch der sêle krône.
> scham ist ob siten ein güebet uop.
> (319, 1–11)

> Cundrie, la sorcière,
> die Hässliche, zugleich superbe,
> stimmte Parzival sehr traurig.
> Was halfen ihm das tapfres Herz,
> die Hoferziehung, Männlichkeit?
> Und weiter stand ihm zur Verfügung:
> Schamgefühl, sein Tun bestimmend.
> Die wahre Falschheit kennt er nicht.
> Ja, Schamgefühl belohnt mit Ruhm,
> es ist zugleich die Seelenkrone.
> Schamgefühl ist mehr als Sitte: *Tugend*!

Der Erzähler nimmt seinen Helden in Schutz: Parzival besitzt sittliches Empfinden (*schame*). *Valsch*, der Gegenbegriff zu *triuwe*, ist ihm fremd (Nellmann 2013, 620).

Für Parzival gibt es jedoch keinen Trost. Dem Trostspruch der Heidin von Janfuse, die seine Schönheit und Tapferkeit lobt, antwortet er mit einer Mitteilung über seinen mentalen Zustand:

> ine bin doch trûrens niht erlôst
> […]
> ine wil deheiner vröude jehn,
> ine müeze alrêrst den grâl gesehn,
> diu wîle sî kurz oder lanc.
> (329, 18, 25–27)

> Ich bin noch nicht vom Leid befreit
> […]
> Ich will nie wieder Freude zeigen,
> eh ich den Gral erblicke –
> wie lange das auch dauern mag.

Vor der Artusrunde zieht er eine Schlussfolgerung aus seinem Versagen: Wenn ihn die Kritik der Welt trifft, dann müssen die Lehren, denen er folgte, unvollkommen sein. Mit Schmerz über sein Versagen und Bedauern ob des Leidens Anfortas, dem er hätte helfen können, scheidet Parzival aus der Artusrunde. Als er sich von Gawan verabschiedet, bricht es aus ihm heraus:

> der Wâleis sprach „wê waz ist got?
> wær der gewaldec, sölhen spot
> het er uns pêden niht gegebn,
> kunde got mit kreften lebn.
> ich was im diens undertân,
> sît ich genâden mich versan.
> nu wil i'm dienst widersagn:
> hât er haz, den wil ich tragn."
> (332, 1–8)

> Der Waliser: „Ach, was ist *Gott*?!
> Wenn er so allmächtig wäre,
> Seine Macht auch offenbarte,
> hätt er uns die Schmach erspart.
> Seit ich von seiner Gnade weiß,
> bin ich ihm im Dienst ergeben –
> ich künde ihm den Dienst nun auf!
> Hasst er mich, so nehm ich's hin…"

Diese Worte sind zwar in äußerer, an den Artusritter Gawan gerichteter Rede formuliert, haben aber den Charakter eines Soliloquiums.[3]

In der Kampfansage wird Gott wie ein vertragsuntreuer Lehnsherr angesprochen, dem die Gefolgschaft aufgekündigt wird. Parzival artikuliert sein Verhältnis zu Gott in den Kategorien des höfischen Rittertums. Parzivals entschiedene Absage an Gott ist eine der gravierendsten Änderungen Wolframs gegenüber Chrétien (Bumke 1991, 83; Nellmann 2013, 622).

Parzivals Denken und Trachten ist von Anfang an auf das Ziel gerichtet, sich als Ritter zu bewähren, und daraus erwachsen Kummer und Leid für andere (Bumke [1964] 1966, 48–49). Sein Aufbruch zum Rittertum tötet die Mutter, um der Rüstung willen tötet er den roten Ritter, seine junge Frau Condwiramurs verlässt er bald um neuer Rittertaten willen. Auf der Gralsburg versagt er in der Erwartung ritterlicher Heldentaten.

4.2 Das Erkennen: Von der *hôchvart* zur *diemuot*

Nach Parzivals Aufbruch am Ende von Buch VI schildert der Roman in den Büchern VII und VIII die Abenteuer Gawans, in denen Parzival nur im Hintergrund erscheint. Gawan ist ein mustergültiger Artusritter, jedoch nicht zum Gralskönigtum bestimmt. Diese Bestimmung ist auf Grund seiner Herkunft Parzival zugefallen, der ihrer allerdings noch lange nicht würdig ist. Das Buch IX nimmt die Parzival-Handlung wieder auf. Nach vier Jahren des freudlosen Lebens fern von Condwiramurs, im Trotz gegen Gott und auf der vergeblichen Suche nach der Gralsburg trifft Parzival an einem Karfreitag in voller Rüstung auf eine Gruppe von Bußpilgern, die sein Waffentragen an diesem Tag tadeln und ihn an einen heiligen Mann verweisen, von dem er die Vergebung seiner Sünden erlangen könne. Obwohl die Pilger, unter ihnen auch zwei schöne Töchter, die Parzival sehr wohl wahrnimmt, ihn herzlich einladen und ihm Speise anbieten, scheidet er wieder von ihnen. In direktem innerem Monolog spricht er seine Beweggründe aus:

er dâhte „ob ich erwinde,	Er überlegte. „Kehr ich um?
ich gên ungerne in dirre schar.	Ich ging nicht gern zu Fuß mit ihnen.
dise meide sint sô wol gevar,	Diese Mädchen sind so schön,
daz mîn rîten bî in übel stêt,	da sähe es schlecht aus, wenn ich ritte –
sît man und wîp ze fuoz hie gêt.	alle gehen sie zu Fuß.

---

3 Die Frage *wê waz ist got?* erinnert an die Frage, die der junge Parzival der Mutter gestellt hat: *ôwê muoter, waz ist got?* (119, 17).

sich füegt mîn scheiden von in baz,	Besser ist, ich nehm hier Abschied,
sît ich gein dem trage haz,	denn ich empfinde Hass auf ihn,
den si von herzen minnent	den sie von ganzem Herzen lieben,
unt sich helfe dâ versinnent.	von dem sie glauben, dass er hilft.
der hât sîn helfe mir verspart	Die Hilfe hat er mir verweigert,
und mich von sorgen niht bewart"	hat mich vor Leiden nicht beschützt."
(450, 12–22)	

Nach der Begegnung mit den Bußpilgern kommen kummervolle Gedanken in Parzival auf:

sît Herzeloyde diu junge	die junge Herzeloyde
in het ûf gerbet triuwe,	gab ihm als Erbe treue Liebe.
sich huop sîns herzen riuwe. (451, 6–8)	Und so wuchs das Leid in ihm.

Der mittelhochdeutsche Wortlaut *sîns herzen riuwe* ist nicht im Sinne von Reueempfinden zu verstehen, sondern als Empfinden von Leid, das der Erzähler in seinem Bewusstseinsbericht mit Herzeloydens Erbteil erklärt (zu ‚Leid' als der bei Wolfram häufigsten Bedeutung von *riuwe* vgl. Maurer 1950, 322, wo allerdings für die zitierte Stelle nicht ganz überzeugend die Bedeutung ‚Reue' vermutet wird). Wie wenig an Parzivals Reue zu denken ist, erhellt aus der Fortsetzung, in der ein Gedankenbericht einen direkten inneren Monolog einleitet:

alrêrste er dô gedâhte,	Jetzt erst dachte er an ihn,
wer al die werlt volbrâhte,	der diese Welt erschaffen hat,
an sînen schepfære,	an seinen Schöpfer: welche Macht
wie gewaltec der wære.	ihm damit zu Gebote stand.
er sprach „waz ob got helfe pfligt,	Er fragte: „Ob Gott helfen könnte,
diu mînem trûren an gesigt?	meine Schwermut zu besiegen?
wart aber er ie ritter holt,	War er je Rittern wohlgesonnen,
gediente ie ritter sînen solt,	belohnte er je Ritterdienst,
oder mac schilt unde swert	sind für ihn der Schild, das Schwert
sîner helfe sîn sô wert,	und der harte Kampf von Männern
und rehtiu manlîchiu wer,	seiner Hilfe wert, so sei er
daz sîn helfe mich vor sorgen ner,	bereit, in meiner Not zu helfen;
ist hiut sîn helflîcher tac,	ist heut der Tag, an dem er hilft,
sô helfe er, ob er helfen mac."	so helf er – falls er helfen kann."
(451, 9–22)	

Der Ton dieser Argumentation ist nicht frei von Hoffart. Nach wie vor denkt Parzival sein Verhältnis zu Gott in Kategorien des Lehnswesens und verrechnet den ihm nach seiner Meinung zustehenden Lohn mit erwiesenem Dienst. Gottes Allmacht stellt er in direkter innerer Rede anmaßend auf eine Probe:

Er sprach „ist gotes craft sô fier	Er sprach: „Ist Gottes Macht so groß,

daz si beidiu ors unde tier	dass er die Pferde, alle Tiere
und die liut mac wîsen,	und die Menschen lenken kann,
sîn craft wil i'm prîsen.	so preis ich vor ihm seine Macht.
mac gotes kunst die helfe hân,	Kann mir seine Weisheit helfen,
diu wîse mir diz kastelân	so lenke sie den Kastilianer
daz wægest umb die reise mîn:	auf diesem Ritt, so gut es geht –
sô tuot sîn güete helfe schîn:	damit beweist er seine Güte.
nu genc nâch der gotes kür." (452, 1–9)	Lauf zum Ziel, das Gott dir zeigt."

In der Begegnung mit dem Einsiedler Trevrizent, an den ihn die Bußpilger verwiesen haben, tritt Parzival allerdings demütig, als ratsuchender Sünder auf:

dô sprach er „hêr, nu gebt mir rât:	„Herr, ich brauche Rat und Hilfe –
ich bin ein man der sünde hât."	ich bin ein Mann, der sündig ist."
(456, 29–30)	

Die Entwicklung, die Parzival zu dieser neuen, demütigen Haltung geführt hat, wird in der Geschichte nicht erzählt. Friedrich Maurer (1950, 317) hält dem in *kiuschen* und *triuwen* Helden zugute, dass er durch die Begegnungen mit Sigune und dem Bußpilger, „durch das jahrelange Umherirren und den Zustand des Gotteshasses und der Freudlosigkeit" „eindringlich" zu diesem Bekenntnis der Sündhaftigkeit vorbereitet worden sei. Das mag so sein, gleichwohl ist der Übergang von der Hoffart zur Demut nicht nur, „wie es scheint, ganz abrupt" (Maurer), sondern bildet eine empfindliche Lücke in der erzählten Geschichte, die der Rezipient nach der Logik auszufüllen hat, die aus der expliziten Erzählung zu extrapolieren ist.

Von Sünde hatte zu Parzival schon Cundrie gesprochen: *da erwarp iu swîgen sünden zil* („Ihr habt gesündigt, als Ihr schwiegt!"; 316, 23), und der graue Bußpilger hatte Parzival auf Trevrizent verwiesen:

welt ir im riwe künden,	wenn Ihr ihm wahre Reue zeigt,
er scheidet iuch von sünden	vergibt er Euch die Sünden
(448, 25–26)	

Nach seiner Mutter, die ihn vor den Gefahren des Rittertums bewahren wollte, und Gurnemanz, der ihn in die Normen der Ritterwelt einweihte, ist der fromme Einsiedler Trevrizent Parzivals dritter Lehrer. Zunächst muss dieser Lehrer aber die Gottesanklage anhören, die Parzival erneut erhebt:

> ouch trage ich hazzes vil gein gote;
> wand er ist mîner sorgen tote.
> die hât er alze hôhe erhaben:
> mîn vröude ist lebendec begraben.
> kunde gotes craft mit helfe sîn,
> waz ankers wær diu vröude mîn?
> (461, 9–14)

> Ich trage großen Hass auf Gott:
> Er ist der Pate meines Leids;
> er hob es aus der Taufe, allzu hoch.
> Mein Glück: lebendig eingegraben.
> Würde Gottes Macht mir helfen,
> welch ein Anker wär mein Glück!

Trevrizent erklärt dem von Gott Lohn Fordernden, dass Gottes unermessliche Hilfe nicht verdient und nicht erpresst werden könne und dass Gott, der Inbegriff der *triuwe*, nicht treulos handle.

> swer iuch gein im in hazze siht,
> der hât iuch an den witzen kranc.
> (463, 2–3)

> wer Euch sieht, wie Ihr ihn hasst,
> der meint, Ihr wärt nicht bei Verstand.

In langen Gesprächen erklärt Trevrizent die Grundzüge des christlichen Glaubens und das Geheimnis des Grals. Nach seiner Herkunft befragt, offenbart sich Parzival und erinnert den Todschlag an Ither (*den sluoc mîn sündebæriu hant* – „den erschlug hier meine Frevelhand"; 475, 10). Trevrizent eröffnet ihm, dass bei seinem Aufbruch die Mutter gestorben ist, und erzählt von dem Unbekannten, der durch das Unterlassen der naheliegenden Mitleidsfrage das Leiden des Gralskönigs verlängert habe:

> sît im sîn tumpheit daz gebôt
> daz er aldâ niht vrâgte,
> grôzer sælde in dô betrâgte.
> (484, 28–30)

> Es lag an seiner großen Einfalt,
> dass er nicht diese Frage stellte;
> er war zu träge für sein Heil.

Parzival gibt sich als den unbekannten Tumben zu erkennen:

> ir sult mit râtes triwe
> klagen mîne tumpheit.
> der ûf Munsalvæsche reit,
> unt der den rehten kumber sach;
> unt der deheine vrâge sprach,
> daz bin ich unsælec barn:
> sus hân ich, hêrre, missevarn.
> (488, 14–20)

> Ich war noch völlig unerfahren –
> beklagt das, steht mir bitte bei.
> Der zum Mont Sauvage hinaufritt
> und den ganzen Jammer sah,
> dennoch keine Frage stellte,
> das bin *ich*, das Unglückskind.
> Ich habe mich dort falsch verhalten.

Trevrizent rät dem Reumütigen, nicht allzu sehr zu klagen (*du solt in rehten mâzen klagen und klagen lâzen* – „Du solltest dich nur angemessen grämen – dann das Grämen lassen"; 489, 3–4). Er soll aber für *zwuo grôze sünde*, die

Tötung Ithers und den Tod der Mutter, Buße tun und an sein Ende denken. Das Vorenthalten der Mitleidsfrage soll er mit zu den beiden Sünden rechnen: *die sünde lâ bî den andern stên* (501, 5). Beim Abschied erteilt Trevrizent dem reuigen Sünder seine Absolution:

er sprach „gip mir dîn sünde her:	„Gib mir deine Sünden her;
vor gote ich bin dîn sünde wer."	ich bürg vor Gott für deine Buße."
(502, 25–26)	

Damit ist das mentale Ereignis Parzivals im Grunde abgeschlossen. Der Held hat eine Entwicklung von *hôchvart* zu *diemuot* erfahren. So kann Trevrizent konstatieren: *diemüet ie hôchvart überstreit* („Demut überwindet Hoffart"; 473, 4). Die Hoffart aber war Ausdruck der *tumpheit*. Mehr noch als eine ethische Vervollkommnung oder religiöse Konversion ist Parzivals Weg ein Prozess des Erkennens und der Selbsterkenntnis.

Zur Selbsterkenntnis gehört für das Mittelalter das Wissen um die Genealogie und die dynastischen Beziehungen. Parzivals Herkunft, die ihm die Mutter aus Sorge vorenthält, bedeutet die Bestimmung zum Gralskönigtum, das dem Erwählten freilich nicht einfach zufällt, sondern erworben werden muss. Nicht-Bestimmten wie Gawan bleibt der Weg zum Gral verschlossen, mögen sie auch über höchste ritterliche Tugenden verfügen. In dem Maße, wie Parzival seine *hôchvart* überwindet, wird ihm auch Wissen um die Abkunft zuteil. Eine große Rolle spielt dabei seine Cousine Sigune, die ihm nicht nur seinen Namen und seine Familie offenbart (140, 16), sondern ihm auch seine Rechte nennt, die er von den Eltern geerbt hat (Green 1982, 296). Weiteres eröffnet ihm Trevrizent (494, 15 ff.), vor allem dass er der einzige legitime Nachfolger des siechen Gralskönigs ist.[4]

Der Rest des Epos dient dem Verknüpfen der noch unverbundenen Handlungsfäden. In den letzten Büchern erfahren wir vom „inneren Zustand" Parzivals nicht mehr viel, ja seine Entwicklung wird wenig manifest. In den Büchern X–XIII steht Gawan im Mittelpunkt. Im Buch XIV trifft Parzival, der wieder auf den Plan getreten ist, auf Gawan und Gramoflanz, die er beide nach hartem Kampf besiegt. Die Bücher XV und XVI gelten Parzivals Begegnung mit dem unbekannten heidnischen Halbbruder Feirefiz. Der Bruderkampf endet mit dem Zerbrechen von Parzivals Schwert. Die Brüder erkennen einander und ziehen

---

[4] Zur Genealogie als „textstrukturierendem Prinzip" des *Parzival* vgl. Armin Schulz (2012, 280).

gemeinsam zum Artushof. Dort erscheint Cundrie ein zweites Mal und verkündet Parzivals Berufung zum Gralskönig.

du hâst der sêle ruowe erstritten	Du hast dir Seelenfrieden erkämpft,
und des lîbes freude in sorge erbiten	hast in der Sorge Lebensglück erharrt.
(782, 29–30)	

Der moderne Leser wird Schwierigkeiten haben, das mentale Ereignis in Wolframs Epos nachzuvollziehen. Insbesondere Parzivals Sünden und seine Schuld werden in heutiger Sicht Fragen aufwerfen. Die Germanistik hat seit jeher um Antworten auf diese Fragen gerungen. Besonders in der ersten Hälfte des zwanzigsten Jahrhunderts wurde im Fach eine heftige Kontroverse um die Sünden und die Schuld Parzivals geführt (vgl. die Übersicht und die eigene These bei Maurer 1950).

Als Hauptsünde Parzivals wird auch dem neuzeitlichen Leser der proklamierte Gotteshass erscheinen. Der fromme Trevrizent, der ethische Kompass des Werks, verhält sich jedoch merkwürdig nachsichtig zu diesem für das Mittelalter überaus frevelhaften Verhalten. Er betont statt dessen die *zwuo grôze sünde*, den Tod der Mutter und den Totschlag an Ither, zu denen er das Unterlassen der Mitleidsfrage als drittes Fehlverhalten nur hinzurechnet. Dass die Personen, die durch Parzival zu Schaden gekommen sind (Herzeloyde, Sigune, Ither, Anfortas) seine engen Verwandten waren, scheint für Trevrizent die Schuld besonders zu erschweren.

Betrachten wir die drei *grôzen* Sünden und Parzivals Schuld näher. Für den Tod der Mutter kann man Parzival allenfalls wegen seines jugendlichen Ungestüms verantwortlich machen, mit dem er, der die Ritter im Wald wie himmlische Wesen bewundert hat, in die Ritterwelt strebt. Aber das ist allenfalls eine leichte „Sünde".

Aufschlussreich ist ein Vergleich mit Chrétien. Bei Chrétien (V. 6392) klärt der Eremit Perceval darüber auf, dass die Mutter bei seinem Abschied ohnmächtig zu Boden gesunken und vor Gram gestorben ist. Der Tod der Mutter bedeutet für den Eremiten eine Sünde, um die der Sünder nicht weiß (*Uns pechiez dont tu ne sez mot*, V. 6393). Die Sünde besteht nach den Worten des Eremiten im Herzeleid, das der Scheidende der Mutter bereitet hat. Eine ähnliche Schuldzuweisung hat zuvor schon Percevals Cousine, die Vorlage für Wolframs Sigune, ausgesprochen: Percevals Sünde, für die ihn mancher Schlag treffen wird, besteht darin, dass die Mutter aus Gram über ihn gestorben ist (V. 3593–3595). Betrachten wir aber Percevals Aufbruch selbst, so wird deutlich, dass der Scheidende den Zusammenbruch der Mutter durchaus wahrnimmt:

Quant li vallés fu eslongiez	Als der Junge einen Kieselsteinwurf entfernt
Le get d'une pierre menue,	war, da schaut er sich um und sieht seine
si se regarde et voit cheüe	Mutter am Ende der Brücke daliegen. Ohn-
Sa mère al pié del pont arriere,	mächtig lag sie (dort), so als sei sie tot
Et jut pasmee en tel maniere,	umgesunken.
Com s'ele fust cheüe morte.	
(Chrétien, 620–625)	

Dieses erschütternden Anblicks ungeachtet gibt Perceval seinem Pferd die Gerte und reitet fort. Nur der Umstand, dass sich Perceval um die dem Tode nahe Mutter nicht kümmert, erklärt, warum der Eremit sein Verhalten zur Grundsünde erklärt, die das Versagen auf der Gralsburg und alles folgende Ungemach nach sich gezogen hat:

Por le pechié que tu en as	Wegen dieser Sünde war es dir unmöglich,
T'avient que rien n'en demandas	nach Lanze und Gral zu fragen; deswegen
De la lance ne del graal,	wurdest du von mancherlei Übel heimgesucht.
Si t'en sont avenu maint mal	
(Chrétien, 6399–6402)	

Einen solchen Mangel an *erbärmde* kann man Wolframs Parzival nicht vorwerfen. Er hat den Zusammenbruch der Mutter (*dô si ir sun niht langer sach* – „als sie den Sohn nicht länger sah"; 128, 18) gar nicht wahrgenommen und strebt im Weiteren danach, die lebend Geglaubte aufzusuchen. Chrétiens Kausalnexus zwischen dem Tod der Mutter und Percevals Leiden, der in seinem Werk mehrfach aufgerufen wird, entfällt bei Wolfram.

Nicht wesentlich gravierender ist das Fehlverhalten gegenüber Ither, den Parzival um seiner roten Rüstung willen tötet. Joachim Bumke ([1964] 1966, 58) fragt zu Recht: „Ist es Sünde, dass er sich Ithers Rüstung erkämpfen will, die König Artus ihm zugesagt hat?". Wolframs Erzähler betont in der Beschreibung des Kampfes und noch danach immer wieder die *tumpheit* des in der ritterlichen Welt Unerfahrenen. So kommt er zu dem Schluss:

sîn harnasch im verlôs den lîp:	Die Rüstung forderte sein [d. i. Ithers] Leben –
dar umbe was sîn endes wer	dass sie der Tölpel Parzival
des tumben Parzivâles ger. (161, 4–6)	gewollt hat, brachte ihm den Tod.

Auch die „Sünde" auf der Gralsburg muss relativiert werden. Beim Unterlassen der Mitleidsfrage besinnt sich Parzival auf die *zuht* und Gurnemanz' Rat. In direktem inneren Monolog wird seine Motivation ausgedrückt:

durch zuht in vrâgens doch verdrôz. er dâhte „mir riet Gurnamanz mit grôzen triwen âne schranz, ich solte vil gevrâgen niht. [...]" (239, 11–13)	er wahrte Form und fragte nicht. Er dachte „Gournemans empfahl – und meinte es nur gut mit mir –, ich sollte nicht viele Fragen stellen. [...]"

Es ist also nicht Mangel an *erbärmde*, der ihn schweigen lässt, sondern die Furcht des Tumben, wieder einen Fehler zu machen. Es ist die mangelnde Einfühlung in die konkrete Situation, das schematische Festhalten an einer Lehre, die ihm ein Gutmeinender und Wissender mitgegeben hat, das Wörtlichnehmen eines Ratschlags, da er seinem eigenen spontanen Urteil nicht traut. Bumke (2001, 77) spricht von Parzivals „habitueller Wahrnehmungsschwäche"[5] und sieht ihre Ursache in der fragwürdigen überbehütenden Erziehung durch Herzeloyde. Parzival nimmt indes durchaus wahr, vermag aber in der Unsicherheit seines Urteils und im Schematismus seines angelernten Verhaltens nicht angemessen und flexibel auf das Wahrgenommene zu reagieren.

Triuwe und *erbärmde* hat Parzival allenthalben bewiesen (vgl. Maurer 1950, 315–316). Die Unterlassung der Frage bedauert er nach der Aufklärung durch Sigune aufrichtig, und er ist sofort zur Wiedergutmachung bereit: *ich wandel, hân ich iht getân* („Falls ich Böses tat, entgelt ich das", 255, 23). Die Reue bestätigt der Erzähler in seinem Bewusstseinsbericht:

daz er vrâgens was sô laz, do'r bî dem trûrgen wirte saz, daz rou dô grœzlîche den helt ellens rîche. (256, 1–4)	Dass er zu träg zum Fragen war, als er beim Burgherrn saß, der litt – dies bereute er sehr heftig, der Held, dem es an Mut nicht fehlte.

Es ist immer wieder unternommen worden, Parzivals drei Sünden mit Blick auf die zeitgenössische Theologie zu erklären. Einer der prominentesten Versuche ist der von Maurer (1950, 328–330), der auf Augustinus' Scheidung von bewusst und willentlich begangenen Sünden und Sünden von geringerem Gewicht verweist. Letztere, Folgen der Erbsünde, entspringen einem Versagen aus Unwissenheit (*ignorantia*) und Unreife. Mit diesem Versagen aus *ignorantia* wäre Parzivals dreimaliges Fehlverhalten erklärt, wobei Maurer eine Kenntnis der Theologie des Augustinus durch Wolfram nicht voraussetzt. So interpretiert Maurer

---

5 Diese Diagnose entspricht durchaus dem Befund, den Karlheinz Stierle (1993, 147–148) für das Verhalten von Chrétiens Perceval in den Stationen seines Weges erhoben hat. Stierle nennt Percevals ungerührte Reaktion auf das manifeste Sterben der Mutter „Verhaltensstarre" und spricht im Weiteren von Percevals „blinder und starrer Selbstbezogenheit".

(1950, 333) Parzivals unschuldiges Schuldigwerden als die „tragische Situation des Menschen in der Welt, dass auch der bestwillige und lauterste nicht vermeiden kann, zu versagen, andere in Leid zu bringen, selbst in *leit* und *riuwe*, in Entehrung und tiefsten Schmerz zu fallen".

Einen Zusammenhang zwischen Wolframs Konzeption der Selbsterkenntnis, die Parzival erreicht, und der mittelalterlichen Theologie (Bernhard von Clairvaux, Augustinus, Anselm von Canterbury, Archard und Richard von Saint-Victor) stellt Green (1982, 290–291) her. Danach hat die Selbsterkenntnis in der Theologie des zwölften Jahrhunderts drei Aspekte: die Erkenntnis des eigenen Charakters, die Erkenntnis des Ich in Beziehung zur Gesellschaft und zu Gott. Für die Deutung des *Parzival* ist nach Green die Gleichung von Selbsterkenntnis und Demut entscheidend. Parzival gelangt zum Gral, da die Vakanz des Königtums durch Anfortas' Verletzung der *diemuot* (478, 30 ff) entstanden ist, und Trevrizents letzte Worte an Parzival betreffen gerade diese Tugend (*nu kêrt an diemuot iwern sin* – „Nun wendet Euch der Demut zu"; 798, 30). Gleichwohl ist Bumke ([1964] 1966, 58) zuzustimmen, wenn er feststellt, dass es in Wolframs Schuldbegriff einen „unauflöslichen Rest" gebe, der auch mit Hilfe der mittelalterlichen Theologie nicht erklärt werden könne.

Christliche Deutungen, die in den Jahrzehnten nach dem zweiten Weltkrieg forciert vorgebracht wurden, finden ihre Grenze darin, dass die Handlung aus dem selbstverständlichen kirchlichen Rahmen gelöst ist. Auffallend ist die „geringe Bedeutung der Kirche bei der Heilsvermittlung" (Bumke [1964] 1966, 61). Bezeichnend ist auch, dass Wolfram von den Lehren der Mutter und Gurnemanz', die Chrétien nennt, in beiden Fällen die Ermahnung zu regelmäßigem Kirchenbesuch weggelassen hat (Bumke 1991, 67, 69). Und in der Begegnung mit dem Eremiten Trevrizent, der Parzival die Absolution erteilt, aber keineswegs ein Geistlicher ist, sind im Vergleich mit Chrétien „alle kirchlichen Motive sorgfältig getilgt" (Bumke 1991, 98). Die Erscheinungen und Normen der Gralswelt, von denen Trevrizent berichtet, sind in vielen Facetten für den Christen ausgesprochen heterodox, ja häretisch.

Es ist in der Forschung weithin geteilter Konsens, Parzivals Weg als einen Weg von der *tumpheit* zum Erkennen und zur Selbsterkenntnis, als eine „quest for self-knowledge" zu deuten, wie das umfassend Green (1982, 290) unternimmt. Schon Dagmar Hirschberg (1976, 316, 334, 358) spricht von Parzivals Erkenntnisleistung in Buch IX. Der höfische Roman um 1200 hat als typisches

Thema die Suche des Helden nach sich selbst, die von der *tumpheit* zum Wissen in aller Demut führt (Haas 1964, 12; Green 1982, 290).⁶

Von der unbelehrten *hôchvart* zum Wissen, das mit *diemuot* verbunden ist, führt Parzival der Kontakt mit der Wirklichkeit, die Erfahrung, dass die schematische Anwendung angelernter Regeln andere zu Schaden bringen kann. Vor den Artusrittern hat Parzival die Erkenntnis ausgesprochen:

sol ich durch mîner zuht gebot	Wenn mir höfisch edle Haltung
hœren nu der werlte spot,	vor der Welt nur Spott einbringt,
sô mac sîn râten niht sîn ganz;	war seine Lehre unvollkommen.
mir riet der werde Gurnamanz	Mich lehrte der edle Gournemans:
daz ich vrävellîche vrâge mite	ich soll nicht vorlaut Fragen stellen;
und immer gein unfuoge strite	soll die Grobheit stets bekämpfen.

(330, 1–6)

Die erwartete Frage wäre in der gegebenen Situation auf Munsalvæsche freilich keineswegs *vrävellîche* gewesen. Nicht die Lehre war „unvollkommen", wird man den jungen Ritter korrigieren müssen, sondern ihre unsensible Auslegung und schematische Anwendung.

Vor dem Hintergrund dessen, was die Philosophie des zwölften Jahrhunderts (vor allem Hugo von St. Victor) unter Selbsterkenntnis verstand, relativiert Bumke (2001, 100–208) Parzivals Erkenntnisfortschritt. Das Kampfverhalten des Helden und seine Verwandtenkämpfe zeigten, dass er auch nach seiner Wandlung im Zustand der *tumpheit* verharre. Die für ihn charakteristische „Beschränktheit seines Wahrnehmungs- und Erkenntnisvermögens" bleibe bestehen. Allerdings habe seine *tumpheit* zwiespältige Erscheinungsformen. Die Fähigkeit der Vernunft, aus dem Wahrgenommenen richtige Schlüsse zu ziehen, bleibe unterentwickelt. Diese Schwäche werde ausgeglichen durch ein „Leben von innen heraus": „Zum Habitus der *tumpheit* gehört beides: das Muttererbe der Reinheit *(kiusche)* und Liebe *(triuwe)*, das Parzival von innen heraus leben lässt, und das Vatererbe der angeborenen *manheit*, die sich äußerlich in blindem Kämpfen manifestiert" (Bumke 2001, 108).⁷

---

6 Zur Thematik des Wahrnehmens, Erkennens und Verstehens, die bereits bei Chrétien eine wichtige Rolle spielt (Armstrong 1972), vgl. die umfassende Darstellung bei Bumke (2001). Vgl. dort, S. 10–11 mit Anm. 14, auch die Hinweise auf ältere Literatur.

7 Wegweisend in den poetologischen Überlegungen Bumkes (2001, 150) ist das von ihm im Roman beobachtete Gegenspiel von „Handlungsweg" und „Erkenntnisweg", das er mit Hugos von St. Victor Opposition von *ordo temporis* und *ordo cognitionis* in Verbindung bringt.

4.3 Offenheit vs. Determination

Unter dem Aspekt der Ereignishaftigkeit bietet der *Parzival* ein zwiespältiges Bild. Auf der einen Seite ist der Aufstieg des in der Waldeinöde ohne Belehrung über Gott und Welt aufwachsenden Jungen zum Gralskönig eine hochrelevante, folgenreiche, irreversible und nicht wiederholbare Zustandsveränderung. Auf der andern Seite ist der Held durch seine Herkunft für dieses Amt buchstäblich prä-destiniert, und die „Macht des Grals" bewahrt ihn vor dem Untergang. Bezeichnenderweise bekennt der Erzähler vor der Beschreibung des Kampfes mit dem unerkannten heidnischen Halbbruder Feirefiz:

daz si ein ander niht vermiten,	Warum verpassten sie sich nicht,
die dâ umb unschulde striten!	die dort grundlos kämpfen werden?
ich sorge des den ich hân brâht,	Ich hätte Angst um meinen Zögling,
wan daz ich trostes hân gedâht,	dächte ich nicht an die Hilfe,
in süle des grâles kraft ernern.	die ihm die Macht des Grals gewährt;
in sol ouch diu minne wern.	auch die Liebe wird ihn schützen.
den was er beiden diensthaft	Es war sein Dienst für Gral und Liebe
âne wanc mit dienstlicher kraft.	unbeirrbar, rückhaltlos.[8]
(737, 23–30)	

Für Wolframs Denken ist charakteristisch, dass mit dem Gral und der Liebe zwei nicht ganz christliche Schutzmächte und Lehnsherren aufgerufen werden, denen Parzivals Dienst gilt.

Wie die Mächte, auf die sich der Erzähler beruft, auch gedeutet werden mögen, Parzivals Entwicklung fehlt das für Ereignishaftigkeit konstitutive Merkmal der Unvorhersagbarkeit. Dieser Zwiespalt zwischen Offenheit und Determination ist charakteristisch für mittelalterliche Erzählungen, die vom heilsgeschichtlichen Denken des christlichen Glaubens geprägt sind. Teleologisches Denken jeglicher Ideologie lässt keine offene Ereignishaftigkeit zu.[9] Wolframs Epos ist zwar weitgehend auf eine für die Zeit erstaunliche Weise entkirchlicht,

---

[8] Die für die exegetischen Kommentare des Erzählers charakteristischen Verse 25–30 lauten in der Prosaübersetzung von Wolfgang Spiewok: „Ich müsste eigentlich um Parzival in Sorge sein, doch vertraue ich darauf, dass ihn die Macht des Grals und die Liebe bewahren werden; denn beiden hat er unermüdlich mit aller Kraft gedient" (Wolfram von Eschenbach, Parzival. Mittelhochdeutscher Text nach der Ausgabe von Karl Lachmann. Übersetzung und Nachwort von Wolfgang Spiewok. 2 Bde. Stuttgart 2014).
[9] Vgl. dazu meine Ausführungen zur religiös orientierten altrussischen Literatur und zur gleichermaßen heilsgeschichtlich geprägten Literatur des sozialistischen Realismus (Schmid 2017c; 2017d).

jedoch bleibt der Zwiespalt zwischen ereignishafter Offenheit für beliebige Entwicklungen und vorgegebener Determination bestehen.

Dieser Zwiespalt prägt auch die asymmetrische Entwicklung des rationalen und des intuitiven Verhaltens des widersprüchlichen Helden. Einerseits begeht der in der Kindheit unbelehrte Held mit jedem seiner Schritte in die Welt gravierende Fehler, erkennt diese Fehler und bemüht sich, sie wiedergutzumachen. Das gibt der mentalen Reifung einen stufenförmigen Verlauf. Zwischen den Stufen ist allerdings keine kontinuierliche Entwicklung erkennbar. Bumke (2001, 98) spricht zu Recht von einer „bruchstückhaften" Selbsterkenntnis Parzivals.[10] Wie an den Zitaten deutlich wurde, sind die Stufen der Erkenntnis und Reifung in der Regel durch Bewusstseinsdarstellung markiert, die für die Zeit erstaunlich häufig die Form innerer Reden oder Monologe annimmt.

Anderseits ist Parzivals Verhalten von Anfang an, schon in der Waldeinsamkeit beim Vogelfang, wenn er über die getöteten Vögel Tränen vergießt, durch *triuwe* und *erbärmde*, die von der Mutter ererbten Tugenden, gekennzeichnet. Die Konstanz des intuitiven Verhaltens zeigt sich auch im Negativen, in seiner vom Vater geerbten unbedachten *manheit*. In Kampfsituationen zeigt er bis zum Ende unverändert blindes Draufgängertum, ohne auf die ihm gegenüberstehende Person zu achten. Das gilt auch noch für sein Zusammentreffen mit Gawan und Feirefiz in den letzten Büchern des Epos. Insofern steht der Veränderungsfähigkeit seines rationalen Verhaltens die Unveränderlichkeit der intuitiven Verhaltensweisen gegenüber.

Den neuzeitlichen Leser wird vor allem ein Umstand irritieren: Weniger seine Selbsterkenntnis und seine ethische Selbstvervollkommnung prädestinieren Parzival für das Amt des Gralskönigs als die Bewährung der Tugenden *triuwe* und *erbärmde*, die sich aus seiner ererbten *art* ergeben. Dies ist ein Determinismus, mit dem sich die neuzeitliche progressive, antigenetische, sozialaffine Mentalität schwer abfinden kann.

---

10 Bachtin (1937/38, 301; dt. 2008, 79) verweist im Rahmen seines „Chronotopos"-Konzepts auf die diskontinuierliche „Abenteuerzeit" des Ritterromans, attestiert dem *Parzival* freilich „eine stärkere Annäherung an den Zeittyp des abenteuerlichen Alltagsromans".

5 Gottfrieds *Tristan*: Grenzüberschreitungen und Aporien

In Gottfrieds von Straßburg *Tristan* finden zwei Grenzüberschreitungen statt, (1) Tristans Fahrt von Cornwall in das feindliche Irland, wo sich der Held unter dem Einsatz seines Lebens von der Schwester des von ihm getöteten Morold heilen lassen will, und (2) die Verletzung der *êre* gegenüber der Gesellschaft und der *triuwe* zum Onkel und Isoldes Ehemann in der absoluten Tristanminne. Am Ende des überlieferten Textes ist Tristan, zwischen der leidenschaftlichen Liebe zur fernen blonden Isolde und der Bequemlichkeit bei der nahen ungeliebten Isolde Weißhand schwankend, im Begriff, genauer: in der Versuchung, erneut eine Grenze zu überschreiten. Die Stelle, an der der Text abbricht, stellt den Helden in einer Aporie dar.

Es geht in Gottfrieds Erzählung freilich weniger um die faktischen Grenzüberschreitungen selbst als um ihre Motivierung und ihre Begleitung durch mentale Prozesse. Gert Hübner (2003, 317) stellt in seiner gründlichen Untersuchung zur „Fokalisierung" höfischer Romane fest, dass das „erzähltechnische Arrangement" im *Tristan* den Eindruck evoziere, dass die „Innenweltvorgänge" der eigentliche Kern der Geschichte seien.[1] Nach Hübner (319) „[etablieren] die Innenweltpassagen einen Bewertungshorizont für die Außenweltereignisse". So werde der Rezipient dazu gebracht, die erzählte Welt so zu beurteilen, wie sie den Protagonisten entgegentritt.

Gottfrieds Erzähler tendiert nach Hübners Beobachtungen dazu, in seinen Generalisierungen und in der Darstellung der Innenwelt der Figuren, auch in ihren „Soliloquien" (d. i. inneren Monologen), den „Standpunkt" der Figur (gemeint ist die Perspektive der Figur auf der Ebene der Ideologie oder Wertung) „autoritativ zu stützen" (394). Hübner nennt dieses Verfahren in einer Kontamination von Schlüsselkategorien Genettes (1972) und Cohns (1978) „konsonante" „Fokalisierung", und zwar „Fokalisierung der evaluativen Funktion der Stimme" (die die Narratologie wegen ihrer Fixierung auf modernes Erzählen gar nicht vorsehe [117]). Das Verfahren bewirke eine Subjektivierung, „wie man sie sonst

---

[1] Hübner beruft sich auf William Jackson (1971, 215–216), der für den *Tristan* zwei Typen von Erzählpassagen unterscheidet. Im ersten werde die Geschichte schnell und „ohne Interventionen des Autors" (gemeint ist der Erzähler) vorangebracht, im zweiten, weiter verbreiteten Typ werde der Leser mit jenen Kräften bekannt gemacht „which provoke action and, more important, decide the lives of the protagonists".

nur von der synthetischen Form der erlebten Rede kennt" (397), die in der mittelhochdeutschen Dichtersprache im Unterschied zu Chrétien, der schon den *style indirect libre* gebrauche, nicht vorkomme (so Hübner 2003, 199 zur „Fokalisierung" bei Hartmann von Aue).[2] Es ist freilich kritisch zu fragen, ob Hübner die Erschließungskraft seiner analytischen Kategorie „Fokalisierung" (auch wenn er den Begriff wesentlich weiter fasst als Genette) nicht überschätzt, ob die Versform die postulierte „Fokalisierung" in dem angenommenen Maße überhaupt zulässt und ob Hübners Befunde zur evaluativen Perspektivik von den sprachlichen Phänomenen immer zweifelsfrei gedeckt sind.

Nach Hübners Generalthese modelliert das gesamte „narrative Arrangement" eine „Parteinahme für die Liebenden" und dient dazu, eine „identifikatorische Rezeption" zu ermöglichen. Gegen das Handeln und gegen das Scheitern der Liebenden in der äußeren Welt behaupte sich das Recht ihres Liebeserlebens, „indem es zum inneren Recht wird" (396).

5.1 Tantris' Reise nach Irland

Nach dem Zweikampf mit Morold weiß Tristan, dass die Wunde, die ihm der Gegner geschlagen hat, einzig durch dessen Schwester, Irlands weise Königin Isolde, geheilt werden kann. Der Bann, den nach Morolds Tod der König von Irland über alle Menschen aus Cornwall verhängt hat, zwingt Tristan, höchste Gefahr für sein Leben in Kauf zu nehmen, um im Gewand des Spielmanns Tantris Isoldes Heilkunst zuteil zu werden. Die Entscheidung folgt aus der Abwägung zwischen zwei Gefahren, einer Überlegung, die in indirekter Gedankendarstellung gestaltet ist:

wie'z aber möhte gesîn,	Aber wie das gelingen könnte,
des enkunde er niht betrahten.	vermochte er sich nicht vorzustellen.
nu begunde er aber daz ahten,	doch dann überlegte er,
sît ez sîn tôt doch wære,	dass, wenn er ohnehin sterben müsste,
sô wære im alsô mære	es ihm dann gleichviel war,
der lîp gewâget oder tôt	ob er sein Leben riskierte oder stürbe
als disiu tôtlîche nôt. (7 300–305)	oder ob er diese tödliche Krankheit erduldete.

Die listenreich ins Werk gesetzte Heilung im feindlichen Irland gelingt. Tristan kehrt zurück, und seine Geschichte setzt mit ihrer Unerhörtheit König und Volk in höchste Verwunderung:

---

[2] Zu Hübners These der figuralen Subjektivierung trotz starker Erzählerpräsenz vgl. die Rezension von Waltenberger 2006.

des nam s'ouch alle wunder	Das erstaunte sie alle,
und begunden hier under	und sie begannen untereinander,
vil schimpfen und lachen	ausgiebig zu scherzen und zu lachen
michel lahter machen	und sich sehr darüber zu erheitern,
von sîner verte in Îrlant,	wie er nach Irland gefahren war
von sîner vîndinne hant,	und wie die Hand seiner Feindin
wie schône in diu generte,	ihn freundlich heilte
von allem dem geverte,	und was ihm alles
daz er under in begie.	dabei widerfahren war.
si jâhen, sine gevrieschen nie	Sie sagten, sie hätten noch nie erfahren
solhes wunders gemach. (8 237–247)	etwas so Merkwürdiges.

5.2 Der Beginn der Liebe

Die Tristanminne ist eine Grenzüberschreitung, insofern sie eklatant die religiösen und gesellschaftlichen Normen und die Treue zu Tristans Onkel, König Marke von Cornwall, verletzt.[3] Die Beurteilung der Ereignishaftigkeit dieser Grenzüberschreitung hängt allerdings davon ab, wie die Rolle des Liebestranks bewertet wird, den Tristan und die junge Isolde von Irland auf der Überfahrt nach Cornwall unwissentlich zu sich nehmen. Damit hängt die Frage zusammen, ob die Liebe zwischen den Helden erst durch den Zaubertrank ausgelöst wird oder ob sie schon vorher zumindest aufgekeimt ist. Wenn die Tristanminne nur durch den Zauber des Liebestranks ausgelöst wird, sind die Protagonisten Figuren im Spiel einer magischen Macht, und es fehlt ihnen die für ereignishaftes Handeln erforderliche Freiheit der Entscheidung.

Die entscheidende Frage nach dem Beginn der Liebe ist deshalb nicht mit letzter Sicherheit zu beantworten, da die Erzählung dem Protagonisten, wie Hübner (2003, 394) feststellt, „erst mit dem Ausbruch der Liebe eine Innenwelt [gibt]". Tantris in Irland ist eine weitgehend opake Figur. Die Erzählung stellt in den Irlandepisoden nicht dar, wie der Held die Welt erlebt, sondern wie die Welt den Helden erlebt (Hübner 2003, 393; kritisch dazu Armin Schulz 2004, 163). Erst der an der Liebe leidende Tristan wird in seiner Innenwelt dargestellt. Das ent-

---

3 Die bemühten Versuche der wieder christlich gestimmten Nachkriegsgermanistik, die moral- und gesellschaftswidrige Tristanminne als Bild der *unio mystica* religiös zu überhöhen, sozial tolerabel zu machen und die beiden Protagonisten zu „Minneheiligen" (vgl. etwa de Boor [1953] 1964, 138–140) zu erklären, bringen das unerhörte Ereignis um sein Skandalon.

spricht Gottfrieds Orientierung an den *edelen herzen*, die gleichermaßen „Herzensfreude" und „Sehnsuchtsqual" der Minne in sich vereinigen (Gottfried, 45–78).

In der Frage nach dem Beginn der Liebe stehen sich in der Tristanliteratur seit jeher zwei Lager unversöhnlich gegenüber, die Befürworter einer mehr oder weniger bewussten Liebe vor dem Liebestrank (unter ihnen Ranke 1925; Weber 1953) und die Anhänger der These, nach der die Liebe erst durch den Trank ausgelöst wird (Übersicht der Kontroverse bei Herzmann 1976; Weber und Hoffmann 1981, 92–94; Krohn [1980] 2002, 168–172; Tomasek 2007, 200–204). Der Hauptvertreter des zweiten Lagers, Hans Furstner (1957, 34), schließt aus seiner Widerlegung der Argumente der Vorher-Partei, dass Gottfried „alles unterlassen hat, was uns den Eindruck geben könnte, Tristan und Isolde hätten sich schon vor dem Augenblick, da sie den Minnetrank zu sich nahmen, geliebt" (so fast wörtlich noch Christoph Huber [2000] 2013, 82).

Unabhängig von den Argumenten Furstners und des zweiten Lagers können wir folgende Symptome nennen, die gegen eine Vorher-Liebe sprechen:

1. Es gibt in Gottfrieds Text keinen ausdrücklichen Hinweis auf eine vor dem Zaubertrank einsetzende Liebe.
2. Die Königin Isolde lässt den Spielmann Tantris erst nach seinem Hinweis auf die zu Hause auf ihn wartende Ehefrau nach England zurückziehen. Von der jungen Isolde wird kein Zeichen des Bedauerns über die Abreise berichtet.
3. In Tristans Bereitschaft, als Brautwerber des Königs Marke nach Irland zu ziehen, wird keine Erwartung eines Wiedersehens mit der jungen Isolde ausgedrückt. Dies muss gegen Weber (1953, I, 219) eingewandt werden, der hier den „Wunsch des unbewusst Liebenden" sieht, „die einzige Isolde wiederzusehen".
4. Nach der Identifizierung Tantris' als des Mörders ihres Onkels Morold bricht in der jungen Isolde Hass aus.
5. An Bord des Schiffes weist Isolde Tristan, der sie tröstend in die Arme nehmen will („wie ein Gefolgsmann es mit seiner Herrin tun soll"; 11 561) schroff zurück.

Die Argumentation der Skeptiker der Zuneigung vor dem Trank ist allerdings nicht immer konsistent. So moniert Kurt Ruh einerseits, es gehe nicht an, „in psychologischer Deutung eine keimhaft-unbewusste Minne Tristans und Isolds seit ihrer ersten Begegnung nachzuweisen", wie es Ranke, Weber und andere unternähmen, postuliert aber anderseits, „dass Gottfried in den über 10000 Versen, die dem Minnetrank vorangehen, zur Hauptsache nichts anderes getan hat, als die je auf den zukünftigen einzigartigen Partner bezogene Liebesdisposition der Protagonisten aufzubauen" (Ruh 1978, 123).

Auch die Argumente der Vorher-Partei sind keineswegs alle überzeugend. Wiederum unabhängig von den Anwälten dieser Partei kann man aber eine ganze Reihe von starken Symptomen für eine vor dem Zaubertrank aufkeimende besondere emotionale Beziehung der beiden zueinander nennen. Die im Folgenden aufgeführten Symptome werden intertextuell dadurch gestützt, dass im altfranzösischen *Tristan* des Thomas d'Angleterre, auf den sich Gottfried als seine Vorlage beruft (146–166) und dem er tatsächlich weitgehend folgt, Tristan davon spricht, dass zwischen ihm und Isolde schon vor dem Genuss des Minnetranks eine *amur fine e veraie* bestanden habe (Krohn [1980] 2002, 345).

1. Vor dem ersten Zusammentreffen der jungen Isolde und des Spielmanns Tantris macht der Erzähler eine Vorausdeutung, die nur auf die Zeit nach dem Zaubertrank zu beziehen, kein Grund besteht (dies gegen Herzmann 1976, 84):

daz wâre insigel der minne,	Sie war ein wahres Siegelbild der Liebe,
mit dem sîn herze sider wart	mit dem sein Herz seitdem
versigelt unde vor versparrt	versiegelt und verschlossen war
aller der werlt gemeiner	für alle Welt
niuwan ir al einer,	außer für sie allein.
die schœne Îsôt si kam ouch dar	Die schöne Isolde kam auch dorthin,
und nam vil vlîzeclîche war,	und beobachtete aufmerksam,
dâ Tristan harpfende saz. (7 812–819)	wie Tristan die Harfe spielte.

Vor dieser Zuhörerin spielt Tristan die Harfe „besser als jemals zuvor" (7821).

2. Abweichend von den frühhöfischen Versionen des Tristanstoffes, auch von Thomas d'Angleterre, vertraut Königin Isolde dem Spielmann Tantris ihre Tochter als Schülerin an. Die junge Isolde, die schon eine sehr gute Ausbildung in Buchwissen und Saitenspiel hat, wird in ihren musischen Anlagen von Tantris wesentlich gefördert. Daneben unterrichtet er sie in *moraliteit*. Das Mädchen macht in einem halben Jahr solche Fortschritte in Bildung, Kunst und Anstand, „dass ihre Vortrefflichkeit jedermann rühmte" (8 031 – 032). Sollte die Sehnsucht und der Liebesschmerz, die der „Zauber" ihres Gesangs bei allen weckte, nicht auch das Herz ihres Lehrers berührt haben? Und sollte umgekehrt der Erfolg, den die Kunst der Schönen bei den Menschen hatte, sich nicht auch in ihrer Sympathie für den Lehrer niedergeschlagen haben? Gewiss, „die mittelalterliche ‚Psychologie' ist keine moderne ‚Individualpsychologie', sondern eine ‚Rollenpsychologie'" (wie Hugo Kuhn, zit. nach Herzmann 1976, 77, zu bedenken gibt). Aber würde die Verehrung des offensichtlich einfühlsamen und erfolgreichen Lehrers nicht zur

Rolle der gelehrigen Schülerin passen? Wenn man dieser Deutung nicht folgen mag, hat man zu erklären, was Gottfried bewogen haben könnte, gegen die Textüberlieferung die Unterweisung der jungen Isolde durch Tantris einzuführen und sie so überaus erfolgreich werden zu lassen.

3. Nach Cornwall zurückgekehrt, ist Tristan voll des Lobes über die Schönheit und Bildung der jungen Isolde:

der Îsôt under ougen siht,	Wer Isolde anblickt,
dem liutert'z herze unde muot,	dem läutert dies sowohl Herz als auch Geist,
rehte als diu gluot dem golde tuot:	so wie die Glut das Gold.
ez liebet leben und lîp.	Es macht das Leben erfreulich.
mit ir enist kein ander wîp	neben ihr wird keine andere Frau
erleschet noch geswachet,	in ihrem Wert gemindert oder gedemütigt,
als maneger mære machet.	wie mancher vielleicht glauben mag.
ir schœne diu schœnet,	Ihre Schönheit verschönt,
si zieret und crœnet	schmückt und krönt
wîp und wîplîchen namen.	alle Frauen und ihr ganzes Geschlecht.
(8 290–299)	

Ist dieser Hymnus auf die junge Isolde nicht als ein Liebesbeweis zu verstehen (so schon Ranke 1925, 204; Weber 1953, I, 219; dagegen Furstner 1957, 27–28, der hier einen traditionellen Frauenpreis sieht)?

4. Den versteckten Drachenbezwinger Tristan entdeckt als erste die junge Isolde (9 368–376).
5. Der zu Bewusstsein gekommene Drachentöter identifiziert unter den „drei Lichtern", die ihn umgeben (9 452), als erste die junge Isolde: „Îsôt diu liehte sunne" (9 456).
6. In dem von der Drachenzunge geschwächten Ritter erkennt den Spielmann Tantris als einzige die junge Isolde (9 472) (so schon Ranke 1925, 202).
7. Kurvenal, Tristans Vertrauter, der seinen Herren für tot hält, klagt in einer Apostrophe an Isolde:

was dîn schœne und edelkeit	War deine Schönheit, deine Herrlichkeit
ze solhem schaden ûf geleit	zu solchem Unglück angelegt
einer der sæligsten art,	für einen der Vortrefflichsten,
diu ie mit sper versigelt wart,	der sich je mit dem Speer bewährt hat
der dû ze wol geviele? (9 653–657)	und dem du zu gut gefielst?

8. In der Szene im Bad (9 992 ff) betrachtet Isolde den wieder genesenen Spielmann Tantris, der nackt vor ihr steht, mit unverhohlenem Wohlgefallen, und zwar nicht nur als verehrten Lehrer:

swaz maget an manne spehen sol,	Was immer ein Mädchen an einem Mann betrachten soll,
daz geviel ir allez an im wol	
und lobete ez in ir muote.	das alles gefiel ihr gut an ihm,
(10 001–003)	und sie pries es in ihren Gedanken.

9. Isolde wirft Gott in ihren Apostrophen vor, dass dem Spielmann, dem „prächtigen Mann" (10 014), „schweres Unrecht" (10 030) geschehe, da Gott ihm einen „zu seinem Äußeren unpassenden Stand" beschieden habe (10 031–032).
10. Tristans und Isoldes Liebe ist vorgeprägt durch die Liebe zwischen Riwalin und Blanscheflur, Tristans Eltern, die nicht auf einem übernatürlichen Zauber beruhte, obwohl Blanscheflur in ihrem direkten inneren Monolog (982–1 076) für Riwalins Wirkung auf sie eine *zouberlist* (1 003) erwägt. Die Äquivalenz suggeriert auch für die Tristanminne eine Entstehung durch natürlichen „Zauber". In beiden Fällen löst Gottfried die Magie psychologisch auf.

Die Anzeichen, die der Text enthält, lassen also durchaus auf eine vor dem Minnetrank beginnende Zuneigung der beiden Protagonisten füreinander schließen. Das heißt aber noch nicht, dass sich die Protagonisten der in ihnen aufkeimenden Minne bereits bewusst wären. Nach Tomas Tomasek (2006, 470) ist es Gottfrieds Pointe, dass die Liebenden noch unmittelbar vor der Minnetrankszene nichts von ihrem Füreinanderbestimmtsein ahnen, während die Rezipienten längst über die ‚Legitimität' der Verbindung Tristans und Isoldes unter dem Gesichtspunkt der Minne informiert sind.

Wird die These von der früh beginnenden Liebe nicht von Isoldes Hass ausgeschlossen? Ist es andererseits nicht denkbar, Isolde zugleich Liebe und Hass zu unterstellen, Liebe zu Tantris, dem einfühlsamen Lehrer und ansehnlichen Mann – Hass auf Tristan, den Mörder des Onkels? Solcher Schluss stützt sich auf eine psychologische Interpretation der im Text enthaltenen Symptome. Inwieweit ist die psychologische Interpretation des Textes überhaupt zulässig? Projiziert man nicht Darstellungsweisen und Rezeptionsgewohnheiten der neueren Literatur anachronistisch auf das Mittelalter? Die ältere, psychologiefreudige Forschung ist in dieser Frage von der neueren Fachliteratur harsch kritisiert worden, nicht immer aber mit guten Gründen.⁴ Die Befürchtung anachronistischer Psychologisierung zurückweisend, muss man fragen: Sollte man dem Autor des größten Liebesromans des europäischen Mittelalters nicht eine gewisse Einsicht in die Paradoxien der Liebe zugetehalten? Gehört es nicht zu Gottfrieds Bewusstseinskunst, Widersprüche in den Seelen der Helden anzudeuten? Auf keinen Fall wird Isoldes rüde Abweisung der Tröstung Tristans (Punkt 5 der Argumente gegen eine Minne vor dem Trunk) Ausdruck einer grundsätzlichen Ablehnung des Mannes sein, an dessen nacktem Anblick sie sich zuvor im Bad rückhaltlos ergötzt hat (Punkt 9 der Vorher-Argumente).

Wie sehr Gottfried den Winkelzügen der Seele nachzugehen fähig und bereit war, bezeugt seine Darstellung des sich selbst betrügenden Marke, der sieht, aber die für alle offenbaren Zeichen der fremden Liebe nicht erkennen will. Fünfmal wird Marke, der *zwîvelære* (14 010), von Argwohn heimgesucht, fünfmal lässt er sich seinen Verdacht ausreden, bis der willentlich Verkennende endgültig von der *zwîvelbürde* (15 273) befreit wird (Ries 1980, 325). Der Erzähler schließt seine an Markes Verhalten anschließenden Beobachtungen und Verallgemeinerungen über die *herzelôse blintheit* (17 739) mit folgendem Fazit ab:

er was ir alse gerne bî,	Er war so gerne bei ihr,
daz er ez allez übersach,	dass er über alles hinwegsah,
swaz leides ime von ir geschach.	was er durch sie erlitt.
(17 814–816)	

Psychologischer Motivierung dient auch der darauf folgende *huote*-Exkurs (17 817–18 114), der ausführt, wie die Überwachung der Liebenden nur ihre Lust auf das Verbotene reizt:

der gespenstige gelange	Die verführerische Begierde
der tete in alerêrste wê,	quälte sie jetzt erst richtig,
wê unde maneges wirs dan ê.	viel schlimmer als vorher.
(17 838–840)	

Die Widersprüche der Seele hat Gottfried schon im inneren Kampf der zur Rache mit dem Schwert ausholenden Frau dargestellt. In Isoldes Innern kämpfen die beiden „Widersacher" *zorn* und *wîpheit* (10 260) miteinander. Den Zwiespalt in Isoldes Seele expliziert der Erzähler im Bewusstseinsbericht:

---

4 Vgl. für den *Tristan* die Darstellung und ausgewogene Argumentation bei Herzmann 1976; generell zum neuen Interesse am „inneren Menschen", das die höfische Erzählung mit der zeitgenössischen Wissenschaft und Philosophie teilte, am Beispiel des *Parzival*: Bumke 2001.

sus was ir herze in zwei gemuot,	So war ihr Herz zweiträchtig,
ein herze was übel und guot.	teils gut, teils schlecht.
[...]	[...]
si wolte unde enwolte;	Sie wollte und wollte nicht.
si wolte tuon unde lân.	Sie wollte es tun und lassen.
sus lie der zwîvel umbe gân,	So schwankte sie zweifelnd hin und her,
biz doch diu süeze wîpheit	bis ihre sanfte Weiblichkeit
an dem zorne sige gestreit (10 266–275)	schließlich doch den Zorn besiegte

Es stellt sich hier die Frage, was mit der „wîpheit" gemeint ist. Soll nur das weiche Herz der Frau den Ausschlag gegeben haben oder die Tatsache, dass „keine höfische Frau imstande ist, einen Mann zu töten", wie Furstner (1957, 33) argumentiert? Wenn Letzteres zuträfe, wie wäre dann Isoldes grausamer Mordanschlag auf die treue Brangäne (12 732) zu erklären, deren Indiskretion sie fürchtet, und dann die Bedrohung der zum Anschlag auf die Dienerin Gedungenen mit der Todesstrafe (12 888)? Herzmanns (1976, 86) Vorschlag, dem Sieg der „wîpheit" erotisches Interesse zu unterlegen, ist keineswegs weit hergeholt.

Gottfrieds Roman gehört nicht zur sogenannten Spielmannsepik, die mit grellen Handlungseffekten ein weniger gebildetes Publikum zu unterhalten suchte. Gottfried schrieb für die *edelen herzen* (47),

die samet in eime herzen treit	die gleichzeitig in ihrem Herzen tragen:
ir süeze sûr, ir liebez leit,	Ihre süße Bitterkeit, ihr liebes Leid,
ir herzeliep, ir senede nôt,	ihre Herzensfreude und ihre Sehnsuchtsqual,
ir liebez leben, ir leiden tôt,	ihr glückliches Leben, ihren traurigen Tod,
ir lieben tôt, ir leidez leben. (59–63)	ihren glücklichen Tod, ihr trauriges Leben.

Das heißt, er schrieb für ein Publikum, das sich für die Innenwelt der Figuren interessierte und sich – lange vor der Entdeckung des „Unbewussten" – auf die Widersprüche in ihren Herzen, das Paradoxale, ja Oxymorale ihrer Emotionen einen Reim zu machen verstand.

Die Annahme eines frühen erotischen Interesses der Protagonisten füreinander muss die Interpretation der Rolle des Minnetranks beeinflussen. Ob der Trank lediglich die Bewusstwerdung der Liebe oder das Erwachen der Sinnenliebe symbolisiert oder überhaupt überflüssig ist, Möglichkeiten, die in der Fachliteratur diskutiert wurden (kritische Auflistung bei Furstner 1957, 25–26), die Protagonisten sind in jedem Fall seelisch beteiligt und nicht nur wehrlose Objekte einer magischen Kraft. Es ist auch kaum vorstellbar, dass Gottfried sich in seiner *senemære* („Liebesgeschichte", 168), deren Prolog so ausführlich die widersprüchlichen Regungen des Herzens behandelt, allein auf die magische

Gewalt des Minnetranks, eines Relikts aus den ältesten Schichten der Überlieferung des Stoffes, verlassen und das Unwiderstehliche des Zaubers nicht auch in die Herzen und Körper der Protagonisten verlegt hätte. Es ist ja bezeichnend, dass die Wirkung des Tranks, die bei Gottfried zeitlich unbegrenzt ist, während die frühhöfischen Versionen die Wirkung auf vier (Eilhart von Oberge) bzw. drei Jahre (Béroul) begrenzen (vgl. Weber und Hoffmann 1981, 31–57; Tomasek 2007, 265), in den Isolde-Weißhand-Teilen keine Rolle mehr zu spielen scheint. Jedenfalls wird sie nicht unter den Kräften erwähnt, die Tristan von der Verbindung mit der zweiten Isolde abhalten.

5.3 Isoldes innerer Monolog: Leidvolle Entsagung

Das XXX. Buch, in dem der Text abbricht, enthält einen Höhepunkt mittelalterlicher Bewusstseinsdarstellung: vier ausgedehnte innere Monologe, die in direkter Schablone wiedergegeben sind. In ihrem Mittelpunkt steht die *minne* unter den Bedingungen der Trennung, die *triuwe* in ihrer Erprobung durch die Ferne der Liebenden. Sowohl der Monolog der dem davonsegelnden Tristan nachschauenden Isolde als auch die drei Monologe Tristans enthalten Strukturen eines inneren Dialogs: die zu sich sprechende Figur wendet sich entweder in einer Apostrophe an den abwesenden Partner oder spaltet sich in zwei Stimmen auf, die miteinander streiten. Die Innenwelt der Figuren wird somit zweistellig: dem sprechenden Ich steht das angesprochene Du und/oder ein bestreitendes *alter ego* gegenüber. Die Einführung der Zweistelligkeit dient der Analyse. So analytisch wie Gottfried hat kein deutscher Dichter des zwölften Jahrhunderts die Widersprüche des Gefühlslebens seziert.

Nach der Entdeckung der ehebrecherischen Liebe muss Tristan Markes Hof verlassen. Die erzwungene Trennung ist ein höchst ereignishaftes Vorkommnis, die denkbar größte Katastrophe, deren Opfer die beiden Grenzüberschreiter werden können, die bislang die mannigfachen Gefahren ihrer Entdeckung und Bestrafung mit List und Trug abwenden konnten.

Tristan verlässt „sîn lîp, sîn ander leben, Îsôt" („sein Selbst, sein zweites Leben, Isolde", 18 358), der Bitte der Geliebten folgend (18 334), mit seinem Leben das Ihre zu bewahren (18 431).

Isolde blickt gefasst, weil Tristan lebt, dem Schiff nach, dass ihn davonträgt, und spricht in innerer Apostrophe (18 491–600) den flüchtenden Geliebten an. Der bewusstseinunmittelbare Monolog („ir herze wider sich selben sprach", 18 490) geht in verschiedene Richtungen und trägt den inneren Kampf zwischen Gefühl und Vernunft aus. Zunächst beklagt Isolde die eilige Entfernung des

Geliebten, um dann die unauflösbare Verschmelzung ihrer beider Seelen und Körper zu beschwören:

„ôwî ôwî, mîn hêr Tristan,	„Oh weh, Herr Tristan!
nu clebet iu mîn herze allez an,	Mein ganzes Herz hängt an Euch,
nu ziehent iu mîn ougen nâch	meine Augen ziehen mit Euch mit;
und ist iu von mir harte gâch.	und Ihr eilt so schnell von mir fort!
wie gâhet ir alsus von mir? [...]	Warum verlasst Ihr mich so eilig? [...]
unser lîp und unser leben	Unser Selbst und unser Leben sind
diu sint sô sêre in ein geweben,	so fest ineinander verwoben,
sô gar verstricket und in,	so völlig miteinander verknüpft,
daz ir mîn leben vüeret hin	dass Ihr mein Leben mit Euch wegführt
und lâzet mir daz iuwer hie.	und mir das Eure hier zurücklasst.
zwei leben diu enwurden nie	Noch nie wurden zwei Leben
alsus gemischet under ein.	so fest miteinander verbunden.
wir zwei wir tragen under uns zwein	Wir tragen beide gemeinsam
tôt unde leben ein ander an.	Tod und Leben füreinander.
wan user enwederez enkan	Denn keiner von uns kann
ze rehte sterben noch geleben,	recht sterben oder leben,
ezn müeze ime daz ander geben.	wenn der andere es ihm nicht ermöglicht.
(18 597–600)	

An den Abwesenden die ungeduldige Frage richtend, wie sie Leib und Leben behalten soll, ruft sie sich sogleich wieder zur Vernunft, wobei sie die Sprechsituation wechselt, von der Apostrophe zur Selbstanrede und dann zur darstellenden metonymischen Rede übergeht:

nu lêret an! wes swîget ir?	Nun fangt an zu lehren! Warum schweigt Ihr?
uns wære guoter lêre nôt.	Wir brauchen dringend guten Rat.
waz rede ich sinnelôse Îsôt?	Was rede ich unverständige Isolde da?
Tristandes zunge und mîn sin	Tristans Zunge und mein Verstand
diu varnt dort mit einander hin.	fahren dort gemeinsam fort.
(18 524–528)	

Hin- und hergerissen fragt die innerlich Aufgewühlte nach dem Ort ihrer Existenz. Soweit das die Versform überhaupt festzustellen erlaubt, ist die innere Rede figural gestaltet.

wâ mag ich mich nu vinden?	Wo kann ich mich nun finden?
wâ mac ich mich nu suochen, wâ?	Wo kann ich mich nun suchen, wo?
nu bin ich hie und bin ouch dâ	Jetzt bin ich hier und dort
und enbin doch weder dâ noch hie.	und bin trotzdem weder dort noch hier.
wer wart ouch sus verirret ie?	Wer war jemals so verwirrt?
wer wart ie sus zerteilet mê?	Wer war jemals so zerrissen?
(18 532–18 537)	

Sie segelt dort mit Tristan und sitzt hier bei Marke. In ihr kämpfen Tod und Leben. Sie würde mit Freuden sterben, wenn sie dürfte, wenn er, von dem ihr Leben abhängt, sie ließe. Die innere Rede neigt wieder zur Anklage:

er lât mich hie und vert er hin	Er lässt mich hier zurück und fährt davon
und weiz wol, daz ich âne in bin	und weiß genau, dass ich ohne ihn
reht innerthalp des herzen tôt. (18 551–553)	tief in meinem Herzen tot bin.

Und wieder besinnt sich die Klagende, ruft sich zur Vernunft: der Schmerz ist aufgeteilt auf beide, ja, sie gesteht Tristan sogar den größeren Schmerz zu:

Weiz got diz rede ich âne nôt.	Gott weiß, dass ich dies grundlos sage.
mîn leit ist doch gemeine,	Mein Kummer ist geteilt,
ine trage ez niht al eine.	ich trage ihn nicht allein.
ez ist sîn alse vil sô mîn,	Es ist seiner so gut wie meiner
und wæne es ist noch mêre sîn.	und vielleicht sogar noch mehr.
sîn jâmer und sîn pîne	Sein Jammer und sein Schmerz
diust grœzer dan diu mîne. (18 554–560)	sind größer als meiner.

In neuer Wendung macht sie für sich größeres Recht auf Trauern und Klagen geltend, denn ihr Leben hängt von ihm ab. Andererseits macht sie sich sogleich klar, dass sein Tod bei ihr liegt.

Am Ende ihres wechselvollen dialogisierten Monologs gelangt Isolde zur Position vollkommener Empathie und vorbehaltlos uneigennütziger Liebe: Wenn Tristan länger bei ihr bliebe, gäbe es für ihn keine Rettung. Sie vermisst ihn zwar qualvoll, aber ihr ist lieber, dass er bei voller Gesundheit weit weg von ihr ist, als dass sie in seiner Nähe in dauernder Furcht um ihn schwebte. Ihre Haltung formuliert Isolde in einer generalisierenden Erkenntnis:

wan weizgot swer ze sînem vromen	Denn, weiß Gott, wer seinen Nutzen
mit sînes vriundes schaden wil komen,	mit dem Nachteil des Freundes erkauft,
der treit im cleine minne.	der liebt ihn nicht.
swaz schaden ich sîn gewinne,	welchen Nachteil es mir auch einbringt,
ich wil Tristandes vriundîn	ich will Tristans Liebste sein,
gern âne sînen schaden sîn.	ohne dass es ihm schadet.
daz ime sîn dinc ze liebe ergê,	Wenn er nur glücklich wird,
ine ruoche und ist mir iemer wê.	ist es mir gleichgültig, wenn ich auf ewig leide.
ich wil mich gerne twingen	Mit Freuden will ich mich zwingen
an allen mînen dingen,	in allem, was ich tue,
daz ich mîn unde sîn entwese,	ihn und mich selbst zu entbehren,
durch daz er mir und ime genese. (18 589–600)	damit er mir und sich selbst erhalten bleibe.

5.4 Paradoxien in Tristans Gefühlen

Anders als Isolde reagiert Tristan auf die Trennung. Er unterdrückt seine *swære* (seinen „Seelenkummer", 18 718), indem er sich in Schlachten wirft. So verhilft er Kædin von Arundel zu einem Sieg über die Feinde des Landes. Kædins Schwester, die schöne „Isolde mit den weißen Händen" (*Îsôt as blanschemains*, 18 709) erinnert Tristan lebhaft an die blonde Isolde und erneuert seinen Herzenskummer. Wann immer er sie ansieht, merkt man ihm seine Herzensqual an. Im Bewusstseinsbericht enthüllt der Erzähler die komplizierte Paradoxie der Tristan nun beherrschenden Gefühle:

doch liebete er den smerzen	Trotzdem liebte er diese Qualen,
und truog im ineclîchen muot.	und er war ihnen sehr zugetan.
er dûhte in süeze unde guot.	Sie schienen ihm angenehm und gut.
er minnete diz ungemach	Er liebte diesen Schmerz,
durch daz, wan er si gerne sach.	weil er sie gerne sah.
so sach er sî gerne umbe daz:	Er sah sie deshalb gerne,
im tete diu triure verre baz,	weil der Kummer,
die er nach der blunden hæte,	den er um die blonde Isolde empfand,
dan im ander vröude tæte.	ihm angenehmer war als jede andere Freude.
Îsôt was sîn liep und sîn leit,	Isolde war seine Freude und sein Schmerz,
jâ, Îsôt, sîn beworrenheit.	Ja, Isolde, seine Verwirrung,
diu tete im wol, diu tete im wê.	tat ihm wohl und weh.
sô ime Îsôt sîn herze ie mê	Je mehr die eine Isolde ihm sein Herz
in dem namen Îsôte brach,	im Namen der andern brach,
sô er Îsôte ie gerner sach.	desto lieber sah er sie.
(18 978–992)	

Die geliebten Qualen, der gute Schmerz, der angenehme Kummer, das sind Oxymora, die Tristans paradoxe Empfindungen beschreiben, Gefühle, die der Prolog als Wesensmerkmal der *edelen herzen* genannt hat.

Tristan sucht also die Gegenwart der Isolde mit der weißen Hand, weil sie ihm die abwesende Geliebte und den Schmerz seiner Sehnsucht nach ihr gegenwärtig macht. So zumindest lautet die Logik, mit der Tristan sein neues Begehren vor sich rechtfertigt.

5.5 Tristans erster innerer Monolog: Namensrealismus

Die Gleichheit der Namen der beiden Frauen bringt Tristan in tiefe Verwirrung. Sein erster innerer Monolog formuliert die Verunsicherung über die Identität der Isoldes, die der „Wahrheit und Täuschung" (18 997) verwechselnde und verwirrende Name bedingt:

> mîn ouge, daz Îsôte siht,
> daz selbe ensiht Îsôte niht.
> mir ist Îsôt verre und ist mir bî.
> ich vürhte, ich aber g'îsôtet sî
> zem anderen mâle. (19 003–007)

> Mein Auge, das Isolde sieht,
> sieht Isolde nicht.
> Isolde ist mir fern und doch nah.
> Ich fürchte, ich bin durch Isolde verzaubert
> zum zweiten Male

Das von Gottfried kühn gebildete Partizip *g'îsôtet* (wörtlich „geisoldet") lässt eine ambivalente Deutung zu: Isolde Weißhand verzaubert Tristan so sehr, wie es Isolde von Irland getan hat, oder Tristan möchte so sehr von ihr verzaubert sein, wie er es von der irischen Isolde war. Das bedeutet aber auch: der Zauber der ersten Liebe beruhte weniger auf dem Minnetrank als auf der Person.

Tristan wendet sich in diesem Monolog gleichsam an einen Dritten, dem er seine Gemütslage, die große Verwirrung, darlegt:

> nu bin ich komen, dâ Îsôt ist,
> und enbin Îsôte niender bî,
> swie nâhen ich Îsôte sî. (19 021–023)

> Nun bin ich, wo Isolde ist,
> und doch bin ich nicht bei Isolde,
> wie nahe ich auch bei Isolde bin.

Tristan macht sich zwar noch bewusst, dass die Isolde, die er täglich sieht, nicht die blonde ist, die ihn lieblich quält, aber er beschwichtigt sich mit einem Selbstbetrug. In der Blütezeit der Hochscholastik, die vom philosophischen Nominalismus geprägt war, hängt er einem Realismus des Namens an. Er schreibt dem Namen, der ihn so oft beglückt hat, eine Essenz zu, ja nimmt den Namen für die Person.

> swaz aber mîn ouge iemer gesiht,
> daz mit ir namen versigelt ist,
> dem allem sol ich alle vrist
> liebe und holdez herze tragen,
> dem lieben namen genâde sagen,
> der mir sô dicke hât gegeben
> wunne und wunneclîchez leben.
> (19 034–040)

> Aber was mein Auge stets erblickt
> und das Siegel ihres Namens trägt,
> dem will ich auf ewig
> herzlich zugetan sein.
> Dem geliebten Namen will ich danken,
> der mir so oft geschenkt hat
> Freude und glückliches Leben.

Über die Brücke des sophistischen Namensrealismus kann Tristan von der abwesenden Isolde zur anwesenden übergehen, die Ersetzung der blonden Isolde durch Isolde Weißhand in seinem Herzen rechtfertigen.

5.6 Tristans Streben nach einer Zweckliebe

Der Anblick der zweiten Isolde, die die in Tristans Herzen glimmende Glut neu entflammt, bringt die Gedanken ab von Kampf und Ritterschaft und lässt sie nur noch um Liebe und Vergnügen kreisen. Jedoch spricht der Erzähler für Tristans Verhältnis zu Isolde Weißhand nicht von bestehender oder aufkeimender, sondern nur von angestrebter Liebe, von einer Zweckliebe, die die *senebürde*, d. h. die drückende Last der wahren Liebe zu der fernen Isolde, verringern soll:

er besazte sîne trahte,	Er strebte danach,
er wolte liebe und lieben wân	Liebe und Hoffnung auf Liebe
wider di maget Îsôte hân,	für dieses Mädchen Isolde zu empfinden.
sîn gemüete gerne twingen	Seine Gefühle wollte er gerne zwingen,
z'ir liebe ûf den gedingen,	sie zu lieben in der Hoffnung,
ob ime sîn senebürde	dass ihm die Last seiner Liebesqual
mit ir iht ringer würde. (19 056–062)	von ihr verringert würde.

Um seinem Ziel näher zu kommen, setzt Tristan sehr bewusst das Mittel des Augenspiels ein: *er üebete an ir dicke sîn innecliche blicke* („Sehr oft warf er ihr schmachtende Blicke zu", 19 063–064). Offenbarte in der Beziehung zur blonden Isolde der Blick in mannigfachen Situationen das wahre Gefühl des Herzens, so dient der schmachtende Blick nun der „Irreführung" (Ries 1980, 330) und der Verführung ohne Liebe.

Isolde Weißhand, die sein Lob bei Hof und im Land geneigt gemacht hat, ist für seine Blicke, auch die „zufälligen" (*durch âventiure*, 19 078), überaus aufgeschlossen, und so beginnt er darüber nachzusinnen, auf welche Weise er *al sîn herzeswære* („seinen ganzen Herzenskummer", 19 083) zum Schweigen bringen könne. Er bemüht sich darum, sie von früh bis spät zu sehen. Diese Intention wird von ihrem Bruder Kædin, der aus politischen Gründen eine Verbindung der Schwester mit dem Retter seines Landes gerne sähe, nach Kräften gefördert. Isolde Weißhand ist nun doppelt motiviert und setzt das gesamte Waffenarsenal der Frau ein, *rede und gebærde und allez daz, daz die gedanke stricket* („Rede und Gebärde und alles, was die Gedanken bestrickt", 19 106–107). Die vielseitigen Maßnahmen führen zum Erfolg. Tristan entflammt, er hört und sieht die neue Isolde lieber, als er es beabsichtigt hat. Und so kommt es zum gemeinsamen Schwur von *liebe und geselleschaft* („Liebe und Freundschaft", 19 121).

5.7 Tristans zweiter innerer Monolog: Selbstanklage

Die neue, bewusst herbeigeführte Liebe kann die alte jedoch nicht verdrängen. Tristan grübelt über seinen *erbesmerzen* (seinen „alten Kummer", 19 127), denkt an die vielfältigen Schmerzen, die die andere Isolde um seinetwillen erlitten hat und wie sie trotzdem standhaft geblieben ist. Es bedrückt ihn, dass er außer seiner blonden Königin, des „Schlüssels seiner Minne", jemals eine andere Frau in sein Herz schließen konnte und überhaupt auf den Gedanken einer Zweckliebe gekommen ist.

Der Erzähler wechselt vom Bewusstseinsbericht, in dem er Tristans Grübeln wiedergegeben hat, zum inneren Monolog, in dem Tristan seine Selbstanklage äußert:

ich ungetriuwer, waz tuon ich?	Ich Treuloser, was tue ich?
ich weiz doch wârez alse den tôt:	Ich weiß ganz sicher:
Mîn herze und mîn leben Îsôt,	Mein Herz und mein Leben, Isolde,
an der ich hân g'unsinnet,	an der ich so sinnverwirrt gehandelt habe,
diu enmeinet noch enminnet	sie schätzt und liebt
niht dinges ûf der erden	nichts auf der Welt,
noch enklân ir niht gewerden	und nichts kann ihr jemals
liep wan ich al eine	so lieb sein wie ich allein.
und minne ich und meine	Ich dagegen liebe und begehre
ein leben, des si niht bestât.	ein Leben, das mit ihr unvergleichlich ist.
[...]	[...]
ich minne zwô Îsolde	Ich liebe zwei Isolden,
und hân die beide holde	bin ihnen beiden zugetan,
und ist mîn ander leben, Îsolt,	und doch ist mein anderes Leben, Isolde,
niwan einem Tristande holt.	nur *einem* Tristan zugetan

(19 142–158)

So kommt Tristan von seinen Absichten ab, eine Ersatzliebe zu entfachen. Er unterdrückt das Verlangen nach Isolde Weißhand, zeigt ihr aber gleichwohl zärtliche Gebärden, die sie als Liebesbeweise aufnimmt. In Wirklichkeit aber hat dem Helden, wie der Erzähler versichert, „Isolde Isolde innerlich weggenommen" (19 176–177). Tristan kehrt in seinem Herzen wieder zu seiner *erbeminne* zurück, und er empfindet wieder den alten Schmerz, von dem er sich mit Hilfe der zweiten Isolde befreien wollte.

5.8 Tristans zwîvelnôt

Seiner *hôfscheit* verpflichtet, bemüht sich Tristan, dem Mädchen, dessen Liebesqualen er bemerkt, Freude zu bereiten und ihr die Zeit zu vertreiben: mit *schoeniu mære* (19 188), durch Singen und bisweilen auch durch Musizieren. Tristans Künste beeindrucken die zweite Isolde nicht weniger als die erste, die in Irland seine Schülerin war. Die Verführungskraft der Musik, die für die irländische Situation nicht ausdrücklich erwähnt wurde, wird in der Situation von Arundel manifest. Isolde Weißhand „freute sich aus ganzem Herzen über ihn" (*was sîn ouch von herzen vrô*, 19 225). Die Freude des Mädchens, ihres Bruders und des ganzen Hofs beruht freilich auf einem falschen Verständnis des von Tristan inbrünstig vorgetragenen doppeldeutigen Refrains *Îsôt ma drûe, Îsôt m'amie, en vûs ma mort, en vûs ma vie!* (19 213–214 und 19 409–410). Die nicht gemeinte Isolde versteht sich Tristan allerdings so liebenswert darzustellen, dass sie ihn wieder entflammt und er abermals beginnt, in seiner Liebe zu schwanken.

er zwîvelte an Îsolde,	Er war sich nicht sicher über Isolde,
ob er wolde oder enwolde;	ob er wollte oder nicht.
och tete ez ime entriuwen nôt,	Zudem bedrängte es ihn sehr,
dô sîz im alsô suoze bôt.	dass sie so überaus freundlich zu ihm war.
er dahte dicke wider sich:	Oft dachte er bei sich:
„weder wil ich oder enwil ich?	„Will ich oder will ich nicht?
Ich wæne nein, ich wæne jâ."	Ich glaube ja, ich glaube nein."
(19 249–256)	

Tristans *stæte* („Standhaftigkeit") bringt ihn jedoch wieder zur blonden Isolde zurück. Seine Liebe zu ihr bereitet ihm Schmerz und Kummer, sichtbare Emotionen, die alle, mitsamt dem Mädchen von Arundel auf Isolde Weißhand beziehen. So verbringen die beiden die Zeit hin mit verschiedenem Leid: *ir minne unde ir meine die wâren ungemeine* („Ihre Liebe und ihr Sehnen waren unvereinbar", 19 301–302).

Wieder beweist Tristan seine *höfscheit* (19 334), indem er die bedauerte Liebende *mit gebærden und mit mæren* (19 337) in ihrem Leiden zu trösten sucht. Damit entflammt er aber nur um so mehr das Herz des Mädchens, das, von der Liebe besiegt, ihm so oft ihre Gebärden, Reden und Blicke so innig und süß zuwendet, dass er zum dritten Mal in *zwîvelnôt* („die Qual der Unentschlossenheit", 19 352) stürzt. Der Erzähler, der Zustände der Seele gern mit Schiffahrtsmetaphern illustriert (vgl. 8105; dazu Krohn [1980] 2002, 145), vergleicht Tristans Gemütsverfassung mit dem Schlingern und Schwanken eines Schiffes und weckt Verständnis für die Labilität seines Helden in einer Generalisierung:

Und was dâ cleine wunder an.	Das war nicht verwunderlich.
wan weizgot diu lust, diu den man	Denn, weiß Gott, das Vergnügen, das dem Mann
alle stunde und alle zît	unentwegt und immer
lachende under ougen lît,	lachend vor Augen liegt,

> diu blendet ougen unde sin,
> diu ziuhet ie daz herze hin.
> (19 249–256)

> das blendet Augen und Verstand
> und zieht stets das Herz an.

Der empathische Erzähler schließt eine Lehre für die Liebenden an, die zugleich der Rechtfertigung Tristans dient: man erträgt viel leichter „fernes Leid um ferne Liebe, als wenn man in der Nähe liebt und dabei ohne nahe Liebe ist" (19 365–368); ein Mann kann „zärtliche Liebe besser aus der Ferne entbehren und begehren als aus der Nähe begehren und entbehren" (19 370–372). Tristan aber leidet an doppeltem Ungemach:

> er gerte verrer minne
> und leit durch die grôz ungemach,
> die er weder enhôrte noch ensach,
> und enhabete sich der nâhen,
> die sîn ougen dicke sâhen.
> (19 376–380)

> Er sehnte sich nach ferner Liebe
> und erlitt großen Kummer um die,
> die er weder hörte noch sah,
> und er enthielt sich der nahen,
> die seine Augen oft erblickten.

Tristan sehnt sich nach der blonden Isolde aus Irland und meidet Isolde mit den weißen Händen. Gottfried lässt seinen Erzähler Tristans innere Situation durch Spiele mit den Homonymen ausdrücken:

> er qual nâch jener starke
> und zôch sich hie von dirre.
> sus was er beide irre,
> er wolde unde enwolde
> Îsolde und Îsolde. (19 389–390)

> Er litt heftige Qualen um jene
> und zog sich von dieser zurück.
> So wurde er an beiden irre,
> Er wollte und wollte zugleich auch nicht
> Isolde und Isolde

Isolde Weißhand aber verfolgt den, der sie flieht. Der Erzähler verdeutlicht in narratorialem Kommentar die Schuld Tristans am Verhalten der zweiten Isolde: *daz was des schult: si was betrogen* („Es war seine Schuld: sie war betrogen"; 19 397). Betrogen ist Isolde Weißhand durch Tristans doppeldeutigen Gebrauch der Augen und Zunge. Von allen Täuschungen aber, denen Tristan die aufrichtig Liebende aussetzt, ist die fatalste sein ambivalenter und von dem Mädchen nur misszuverstehender (im Text wiederholter) französischer Refrain auf „Isolde", die ihm Tod und Leben bedeutet. Denn, Tristans Worte auf sich beziehend, folgt das Mädchen dem sie Fliehenden, bis sie ihn im vierten „Anlauf" (*trit*) „einholt" (*erzôch*) und ihn für sich zurückgewinnt.

5.9 Tristans dritter innerer Monolog: Kasuistische Rechtfertigung

Mit Tristans drittem inneren Monolog, der sich über 124 Verse erstreckt (19 424–548), bricht Gottfrieds Text ab. Tristan sucht in ihm eine Rechtfertigung seiner Neigung, dem Angenehmeren zu folgen. Die Liebe zur blonden Isolde raubt ihm Leben und Vernunft. Wenn sie jemals gelindert werden soll, muss das durch eine neue Liebe geschehen. Er hat oft gelesen, dass eine Liebe der andern ihre Macht raubt. Auch der mächtige Rhein verliert seine Gewalt, wenn man Nebenarme von ihm ableitet. Ähnliches gilt für das Feuer, dessen Kraft man durch Zerteilung mindern kann (mit diesen Räsonnements folgt Tristan Ovids *Heilmitteln gegen die Liebe* [Remedia Amoris, 444 ff.; vgl. Krohn [1980] 2002, 267–268]].

al ist dem, der dâ minnet.	So geht es auch dem Liebenden.
der hât dem ein geleiches spil.	Er kann ein ähnliches Spiel treiben.
er mag als ofte und alse vil	Er kann so oft und so sehr
sîn gemüete zegiezen	seine Gefühle ableiten
mit einzelen vliezen,	in einzelne Abflüsse,
sînen muot sô manegen enden	seine Empfindungen in so viele Richtungen
zeteilen und zesenden,	zerstreuen und zerteilen,
biz daz sîn dâ lützel wirt,	bis davon wenig übrigbleibt,
daz er mæzlîchen schaden birt.	dass es ihm nicht mehr schadet.
als mag ez ouch mir wol ergân,	So kann es mir wohl auch ergehen.
will ich zeteilen und zelân	Wenn ich aufteile und ableite
mîne minne und mîne meine	meine Liebe und meine Sehnsucht
an maneger danne eine.	an mehr als nur eine Frau.
(19 448–460)	

Der Vergleich mit dem Fluss wird abgelöst von dem Gedanken, dass die Treue und Liebe zur blonden Isolde ihm nicht nützen können, dass er an ihr sein Leben vergeudet. Isolde und er führen ein zu unterschiedliches Leben. Zu seiner Entlastung konstruiert Tristan in einer Apostrophe an die ferne Isolde eine Differenz, in der er ihr Untreue unterstellt:

nu bin ich trûric, ir sît vrô.	Jetzt bin ich traurig, und Ihr seid froh.
sich senent mîne sinne	Meine Sinne sehnen sich
nâch iuwerre minne	nach Eurer Liebe,
und iuwer sinne senent sich,	und Eure Sinne sehnen sich,
ich wæne, mæzlîch umbe mich.	wie ich vermute, nicht nach mir.
die vröude, die ich durch iuch verbir,	Das Glück, dem ich um Euretwillen entsage,
owî owî, die trîbet ir	o weh, das habt Ihr,
als ofte als iu gevellet. (19 484–492)	so oft Ihr wollt.

Tristans Unterstellung, die eklatant nicht nur dem widerspricht, was wir als Gedanken Isoldes bei der Trennung vornommen haben, sondern auch seinem eigenen Preis von Isoldes Stetigkeit, lässt ihn ehrenrührige und abwegige Gegensätze konstruieren: sie ist verheiratet, sie ist mit Marke zu Hause und stets zusammen, während er in der Fremde einsam ist. Er kann sein Herz nicht von ihr lösen, sie aber sehnt sich nicht nach ihm, kann gut ohne ihn auskommen, sie liebt ihn nicht so sehr, dass sie nach ihm gefragt hätte. Sogleich aber meldet sich die zweite Stimme, und er weist sich selbst zurecht:

si mich besande? â waz red ich?	Sie nach mir fragen? Ach, was rede ich da?
nu wâ besande si mich	Wo sollte sie nach mir fragen,
und wie bevünde sî mîn leben?	wie etwas über mein Leben erfahren?
(19 509–511)	

Wiederum schlägt das Pendel seines inneren Dialogs in die andere Richtung, und es meldet sich die erste Stimme: Wenn jemand damit anfinge, ihn zu suchen, würde er fündig. Isolde sollte inzwischen ganz Cornwall und England, Frankreich und die Normandie ausgeforscht haben, wenn ihr etwas an ihm läge. Aber er bedeutet ihr nichts. Er indes meidet um ihretwillen alle Frauen und muss trotzdem auch sie selbst entbehren. Das sind die letzten Worte des überlieferten Textes.

5.10 Nicht realisierte Ereignisse

In der altgermanistischen Forschung sind höchst unterschiedliche Spekulationen über die wahrscheinliche Fortsetzung der Geschichte angestellt worden (vgl. Dietz 1974, 223–226; Tomasek 2007, 225–227). Schon die Intention des letzten Monologs, die den Ansatz für eine Fortsetzung bilden muss, wird nicht einhellig interpretiert. Für die meisten Interpreten versucht Tristan hier, die endgültige Hinwendung zu Isolde Weißhand vor sich zu legitimieren. Das entspräche dem weiteren Verlauf der Handlung in der französischen Vorlage von Thomas d'Angleterre, wo Tristan Isolde Weißhand heiratet. Indes darf nicht übersehen werden, dass Tristan in seinen Monologen einen inneren Kampf austrägt, nicht zwischen zwei geliebten Isoldes, sondern zwischen der nach wie vor leidenschaftlichen, aber entbehrungsvollen Liebe zur fernen, unerreichbaren Isolde und der Verlockung der Bequemlichkeit, die die nahe Isolde bietet. Von Liebe zur Weißhändigen ist nicht die Rede. Es erklingen in Tristans Monologen wieder zwei Stimmen: eine unterstellt der blonden Isolde jene bequeme Lebenseinrichtung, deren Versuchung sich Tristan selbst ausgesetzt sieht, die andere anerkennt Isoldes kompromisslose Konsequenz in der Liebe. Wie dieser Kampf endet, ist bei

Gottfried nicht entschieden. Der letzte Monolog, der zweifellos stärker als die früheren der Rechtfertigung pragmatischen Verhaltens dient, enthält noch zu viele Gegenargumente, als dass man die Entscheidung für Isolde Weißhand – entgegen der Auffassung der meisten altgermanistischen Experten – schon als gefallen betrachten dürfte. Das gewichtigste Argument gegen die Verbindung mit der zweiten Isolde ist bis zum letzten Wort Tristans Bekenntnis, dass er die ferne Isolde „mehr als Leib und Seele liebt und verehrt" (19 542–543). Wir sehen hier Tristan im Zustand der Aporie. Und aporetisch ist auch die Position des Autors.

Viele Experten nehmen an, dass Gottfried durch Krankheit, Tod oder äußere Umstände daran gehindert wurde, den Text nach der Vorlage weiter auszuführen. Es ist indes auch eine ganz andere Erklärung zu erwägen: Gottfried erkannte, dass die Thomas-Lösung, nämlich die Heirat mit Isolde Weißhand, Ethos und Design seines *senemære* bedrohte (vgl. schon Schwietering 1932, 186; Krohn [1980] 2002, 270–271). Nicht nur die Eheschließung mit Isolde Weißhand, auch die praktischen Vorschläge aus Ovids *Remedia Amoris*, die Tristan in den Sinn kommen, desavouieren das hohe Lob der *minne* in der sogenannten „Minnebußpredigt" (12 183–357) und die Ankündigung des Prologs:

ich wil [...] wol bemæren	Ich will [...] in rechter Weise berichten
von edelen senedæren,	von vornehmen Liebenden,
die reiner sene wol tâten schîn:	an denen sich vollkommene Leidenschaft bewies:
ein senedære und ein senedærîn,	
ein man ein wîp, ein wîp ein man,	ein Liebender, eine Liebende,
Tristan Isolt, Isolt Tristan.	ein Mann, eine Frau, eine Frau, ein Mann,
(121–130)	Tristan, Isolde, Isolde, Tristan.

Mit *reiner sene* („vollkommener Leidenschaft"), die der Erzähler ankündigt, ist die pragmatische Lösung, die Thomas d'Angleterre vorgibt und mit der Tristan liebäugelt, schwer zu vereinbaren. Dies mag der Grund dafür sein, dass Gottfried sein Werk nicht vollendete. Die von einigen Forschern vertretene These freilich, Gottfried habe ein Fragment intendiert und das Werk so, wie es ist, als abgeschlossen betrachtet, ist wohl anachronistisch. Das Fragment figuriert im Mittelalter nicht als Gattung (Weber und Hoffmann 1981, 98; Huber [2000] 2013, 148).

Es wird kein Zufall sein, dass der Text just in jenem Moment abbricht, da der Autor sich entscheiden muss, welche Entscheidung sein Held trifft. Die ethische Aporie des Helden wird zur künstlerischen Aporie des Autors. Tristan ist gezwungen, eine Entscheidung zu treffen. Er hat zwei Optionen zu handeln. Jede wäre höchst ereignishaft. Er könnte gemäß der Geschichte des Thomas d'Angleterre die weißhändige Isolde heiraten. Damit verriete er seine Liebe zur blonden Isolde und träte aus dem Feld der *edelen herzen*, die nach der „süßen Bitterkeit", dem „lieben Leid", nach „Herzensfreude und Sehnsuchtsqual" streben, in das

Feld der bequem Eingerichteten über. Dass Gottfried seinen Helden zum moralischen Tiefpunkt des dritten Monologs absinken ließ, könnte als Symptom dafür gewertet werden, dass er ursprünglich beabsichtigte, Thomas' Geschichte zu folgen, und dafür eine Motivierung in Tristans Verfassung zu schaffen suchte. Anders als bei Thomas und den deutschen Fortsetzern Ulrich von Türheim und Heinrich von Freiberg hätte solche Regression bei Gottfried, der den Helden psychologisch vertieft und die Handlung in eine Philosophie der Minne einbettet, allerdings weitreichende, verheerende Folgen. Das konnte und musste Gottfried verstanden haben. Die andere Möglichkeit bestünde für Tristan darin, auf die von allen erwartete Eheschließung zu verzichten und den Hof von Karke und das Land Arundel zu verlassen. Diese auf der Figurenebene plausible Konsequenz aber hätte einen für das Mittelalter nicht akzeptablen Verstoß gegen die Vorlage bedeutet.

Gegen das Argument, dass die Heirat mit Isolde Weißhand die ethische und ästhetische Schlüssigkeit des Werks bedroht hätte, könnte man einwenden, dass bei Thomas dieser Schritt mit einem entscheidenden Vorbehalt verbunden war, der diese Bedrohung auch für Gottfrieds Roman gemindert hätte: eine Krankheit vortäuschend, unterlässt es Thomas' Tristan, die Ehe zu vollziehen. In Thomas' Text gesteht Isolde Weißhand ihrem Bruder Kædin bei einem Ausritt, dass das Wasser, das aus einer Pfütze an ihren Schenkel gespritzt ist, weiter vorgedrungen sei als je die Hand eines Mannes (zitiert bei Tomasek 2007, 252).

Gleichwohl konnte Gottfried davor zurückgeschreckt sein, die bei Thomas vorgegebene Handlungslinie nachzuzeichnen, da sie das Ethos der Tristanminne verletzte. Schon Julius Schwietering (1932, 186) argumentierte: selbst wenn Gottfried seinen Helden die Ehe asketisch führen lasse, so bedeute doch das Zustandekommen dieser Ehe für die innere Handlung einen tiefen Fall, der kaum zu überwinden sei. Die Berufung auf die „innere Folgerichtigkeit von Gottfrieds alles andere als konformistischem Text" hält Christoph Huber ([2000] 2013, 148–149) jedoch für ein schwaches Argument: es sei kaum vorstellbar, dass Gottfried beim Beginn seines Romans noch nicht gewusst habe, „wie er mit dem Ende des Stoffes zurechtkommen würde". Es ist aber keineswegs auszuschließen, dass Gottfried, der gegenüber Thomas die Psychologie des Helden vertiefte und die Philosophie der Minne entwickelte, womit er die *edelen herzen* anzusprechen suchte, als er bei der Weißhand-Episode anlangte, den Handlungsverlauf der Vorlage mit dem Ethos seines Werks nicht mehr vereinbaren konnte. So viel Sorge um innere Schlüssigkeit ist bei aller Vorsicht vor anachronistischen Projektionen auch dem mittelalterlichen Ependichter zuzutrauen.

Angesichts der beschriebenen Aporie könnte Gottfried keine Möglichkeit gesehen haben, sein Werk fortzusetzen. So bricht der Versroman ab in der Erwartung eines für die Protagonisten hochrelevanten Ereignisses, eines Ereignisses, das zu gestalten vermutlich die künstlerische Logik des zu zwei Dritteln fertigen Werks verhinderte.

III. Mentale Ereignisse in der englischen Literatur des 18. und 19. Jahrhunderts

6 Die Wendungen des Gefühls in Samuel Richardsons Briefromanen

6.1 *Pamela, or Virtue Rewarded*

In den europäischen Literaturen beginnt die psychologische Narration mit dem englischen empfindsamen Brief- und Briefwechselroman. Für beide Gattungen hat die wirkmächtigsten Muster Samuel Richardson geschaffen.[1]

Die erste Gattung war repräsentiert in *Pamela or, Virtue Rewarded. In a Series of Familiar Letters from a Beautiful Young Damsel to Her Parents. Now first Published in order to cultivate the Principles of Virtue and Religion in the Minds of the Youth of both Sexes* (1740). In den Briefen erzählt ihre unerhörte Geschichte das fünfzehnjährige Dienstmädchen Pamela Andrews, das allen Verführungsversuchen ihres adeligen Herrn Squire B. mit Einfallsreichtum und dem rechtzeitigen Einsatz von Ohnmachtsanfällen widersteht. Sie wird von dem sie mit allen Mitteln bedrängenden Herrn entführt und in die Gewalt einer brutalen Aufseherin gegeben. Da sie dort keine Briefe mehr schreiben kann, vertraut sie ihre seelische Not dem Tagebuch an. Sie verlöre, beteuert sie immer wieder, lieber ihr Leben als ihre Unschuld. Als ihre Aufzeichnungen Mr. B. in die Hände fallen, führen die in ihnen aufscheinende Reinheit der Seele und die unverhohlene Bekundung von Sympathie für ihren Herrn trotz aller seiner Nachstellungen zu einer Konversion des gewissenlosen Verführers, der zu einem aufrichtig Liebenden wird und dem standhaften Mädchen in allen Ehren die Ehe anbietet. Pamela, die sich ihrer heimlichen Neigung zu ihrem Entführer bewusst geworden ist, nimmt schließlich in aller Ehrbarkeit seinen Heiratsantrag an und steigt so in die höhere Gesellschaft auf.

Die empfindsame Aufstiegsgeschichte wurde sofort populär. Aber zugleich ließen sich bald Stimmen vernehmen, die der tugendhaften Schönen Berechnung und Heuchelei vorwarfen. Schon kurz nach dem Erscheinen des Romans erschienen Parodien, darunter Henry Fieldings *Apology for the Life of Mrs.*

---

[1] Zum Beginn des Romans „im vollen Sinne" und der Darstellung des Seelenlebens bei Richardson vgl. die noch lesenswerte Abhandlung von Willi Bühler (1937, 38–48). Während Bühler Daniel Defoe in die Tradition der „historisch-erzählenden Erbauungsliteratur" stellt, sieht er Richardson stärker an der „protestantisch-puritanischen" Tradition der „moralisch-didaktischen Erbauungsliteratur" orientiert, „mit einer wärmeren Gefühlsnote, wie sie sich in den Andachts- und Erbauungsbüchern um 1700 findet" (W. Bühler 1937, 39).

Shamela Andrews (1741) und *Joseph Andrews* (1742), die die Moral der berechnenden Heldin verspotteten.

Die frühen Parodien sind ein Symptom dafür, dass Charakter, Intentionen und Handlungsweise der Heldin im Text nicht widerspruchsfrei im Sinne der Autorintention gestaltet sind. Trotz Richardsons festen Vorsatzes und seiner ausgefeilten Strategie, die Reaktionen des Lesers in eine bestimmte Richtung zu lenken, führt die Lektüre des Romans, wie Hans-Peter Mai (1986, 136) konstatiert, „bis heute und immer wieder zu gegensätzlichen Interpretationen". Als eine extreme Interpretation referiert Mai die von William B. Stein (1972), der den Roman als ein spielerisches, hochironisches Werk betrachtet und in Pamela eine „gerissene Intrigantin" sieht, die ihrem Opfer Mr. B eine „Fiktion aus lauter literarischen Phrasen und Klischees liefere, auf die er und eine Menge Leser – hereingefallen seien" (Mai 1986, 139).

Trotz seiner nicht unumstrittenen und vielleicht auch nicht ganz unzweideutigen moralischen Botschaft hatte der bald ins Französische, Deutsche und Italienische übersetzte Roman eine ungeheure Wirkung auf die sich in Europa entwickelnde Literatur der Empfindsamkeit. Noch im fernen Russland können wir das Echo registrieren, allerdings nicht ohne ironische Brechung. In Aleksandr Puškins Novelle *Fräulein Bäuerin* (Baryšnja krest'janka; 1831) ist *Pamela* die Lieblingslektüre der auf einem russischen Landgut beschäftigten englischen Gouvernante Miss Jackson, die den empfindsamen Roman zweimal im Jahr liest, und es ist nicht auszuschließen, dass das vierzigjährige „affektierte Fräulein" mit der zu dick aufgetragenen weißen Schminke insgeheim jenen Aufstiegstraum träumt, den man der tugendhaften Heldin Richardsons nachgesagt hat. Aber der verwitwete Herr des Landguts macht trotz seines englischen Spleens und obwohl er seiner braunhäutigen Tochter rät, ruhig auch ein wenig weiße Schminke aufzulegen, keinerlei Anstalten, Miss Jackson nachzustellen. Vielleicht ist das der Hauptgrund für die Unzufriedenheit des englischen Fräuleins mit dem „barbarischen Russland".

6.1.1 Monoperspektivismus und Introspektion

Richardsons Roman besteht, zumindest in seinem ersten Band, der Pamelas Bedrängnis darstellt, fast ausschließlich aus den Briefen des armen Mädchens, die entweder über geheime Boten den Eltern zugestellt werden oder nach der strikten Überwachung der Entführten in ihr geheimes Tagebuch eingehen, um so eines Tages den Weg zu den Eltern zu finden. Einzelne Antwortbriefe der Eltern, die sich in den Anfangspartien des Romans finden, machen ihn noch nicht zu einem

Briefwechselroman. Die Eltern drücken vor allem ihre Sorge um die bedrängte Tochter aus und ermahnen zu moralischer Standhaftigkeit: „resolve to lose your life sooner than your virtue"[2]. Solcher Mahnungen bedarf das moralisch rigorose Mädchen indes gar nicht. In ihrem 3. Brief versichert sie dem Vater:

> [...] that which gives me most trouble is, that you seem to mistrust the honesty of your child. No, my dear father and mother, be assur'd, that, by God's grace, I never will do any thing that shall bring your grey hairs with sorrow to the grave. I will die a thousand deaths, rather than be dishonest any way. (15)

Die Eltern vertreten trotz ihrer Mahnung zur Tugend keine eigene Sinnposition und fungieren lediglich als Adressaten der Briefe. Pamelas Briefe sind im Grunde Tagebucheintragungen, in denen die Eltern eine passive Rolle spielen (vgl. Picard 1971, 39). In ihren Briefen zitiert Pamela zuweilen Briefe von Mr. B. oder dritten Personen, die sie wörtlich abschreibt. In der ostinaten Thematisierung des Schreibens und Lesens (auch Wiederlesens) und in den Reflexionen der Schreiberin und Leserin der Briefe gewinnt der Roman metapoetische Dimension.

Die Zitierung fremder Briefe ist so als exakt fingiert, dass die perspektivische Vermittlung durch Pamela verloren geht. Eine besondere Rolle spielen die Reden anderer Figuren, deren ausführliche Darstellung in der direkten und indirekten Schablone mit der Perspektive der sie erinnernden Briefschreiberin in erheblichen Konflikt gerät. Die Verletzung der Perspektive wird manifest, wenn der Erzähler, der hier als Editor fungiert, das Wort ergreift, um bestimmte Sachverhalte klarzustellen und einen Pamela nicht bekannten Brief einzufügen. Diese nichtdiegetische Erzählinstanz rechtfertigt ihre Eingriffe mit der Sorge um den Zusammenhang der Geschehnisse: „A few words more will be necessary to make the sequel better understood" (86).

Gleichwohl ist Pamela, die diegetische Erzählerin ihrer Geschichte, die einzige Trägerin der Erzählperspektive (zur Monoperspektivität des Erzählens vgl. Mengel 1997, 73). Mit der monologischen Form, die unmittelbares Erleben und reflektierte Selbstbeobachtung in einer Instanz verbindet, erklärt Picard (1971, 40) das widersprüchliche Erscheinungsbild der Heldin, auf die bei aller Bescheidenheit „ein seltsames Licht perfid-naiver Eitelkeit" fällt.

Der geringe zeitliche Abstand zwischen Erleben und Erzählen bedingt, dass der Unterschied zwischen der figuralen Perspektive, der Sichtweise der erzählten Pamela, und der narratorialen Perspektive, der Sicht der in den Briefen erzählenden Heldin, gering ausgeprägt ist. Bei dramatischen Entwicklungen dominiert

---

[2] Richardson, *Pamela*, 13. Nach dieser Ausgabe alle Zitate aus dem Werk mit Angabe nur der Seitenzahl.

allerdings klar die figurale Perspektive: die Briefschreiberin zeichnet die Ereignisse im Stundentakt auf und gibt das Wahrgenommene, Gefühlte und Gedachte in synchronischer Erzählung (*writing to the moment*) unmittelbar so wieder, wie es in ihrem Bewusstsein aufscheint.³ So bildet sich im diegetischen Erzählen eine Art direkter innerer Monolog, der naturgemäß eine weitere Bedrohung der Brieffiktion bedeutet:

> Five o'clock is come,
> And no young ladies!—So that I fancy—But hold! I hear their coach, I believe. I'll step to the window.—I won't go down to them, I am resolv'd—
> Good sirs! good sirs! What will become of me! Here is my master come in his fine chariot!—Indeed he is! What shall I do? Where shall I hide myself?—Oh! what shall I do! Pray for me! But oh! you'll not see this!—Now, good heaven preserve me! if it be thy blessed will! Seven o'clock.
> Tho' I dread to see him, yet do I wonder I have not. To be sure something is resolved against me, and he stays to hear all her stories. I can hardly write; yet, as I can do nothing else, I know not how to forbear!—Yet I cannot hold my pen—How crooked and trembling the lines!—I must leave off, till I can get quieter fingers!—Why should the guiltless tremble so, when the guilty can possess their minds in peace! (182)

Das synchronische, im Grunde fiktionssprengende Erzählen ermöglicht eine Introspektion, die in ihrer Unmittelbarkeit moderne Bewusstseinsdarstellung vorwegnimmt. Zur Präsentation des Seelenlebens in der Form des synchronischen Erzählens äußert sich Richardson im Vorwort zu *Clarissa*:

> All the letters are written while the hearts of the writers must be supposed to be wholly engaged in their subjects (the events at the time generally dubious): so that they abound not only in critical situations, but with what may be called instantaneous descriptions and reflections (proper to be brought home to the breast of the youthful reader;) as also with affecting conversations; many of them written in the dialogue or dramatic way.
> "Much more lively and affecting," says one of the principal character, "must be the style of those who write in the height of a present distress; the mind tortured by the pangs of uncertainty (the events then hidden in the womb of fate;) than the dry, narrative, unanimated style of a person relating difficulties and danger surmounted, can be; the relater perfectly at ease; and if himself unmoved by his own story, not likely greatly to affect the reader." (Richardson, Clarissa, Online: http://www.gutenberg.org/files/9296/9296-h/9296-h.htm)

---

[3] Im Vorwort zu seinem Roman *Sir Charles Grandison* (1753) schreibt Samuel Richardson von „familiar letters, *written*, as it were, *to the moment*, while the heart is agitated by hopes and fears, on events undecided" (https://ebooks.adelaide.edu.au/r/richardson/samuel/grandison/preface1.html. Gesehen am 7.7.2016. Hervorhebung von mir – W. Sch.).

Pamelas innere Monologe, die sie in ihren Aufzeichnungen wörtlich fixiert, nehmen zuweilen dialogischen Charakter an. So schließt der erste Band des Romans mit einem ausgedehnten dialogisierten inneren Monolog, in dem Pamela ihre Zweifel über Squire B.s Aufrichtigkeit ausdrückt:

> What shall I do, what steps take, if all this be designing—O the perplexities of these cruel doubtings!—To be sure, if he be false, as I may call it, I have gone too far, much too far!—I am ready, on the apprehension of this, to bite my forward tongue, (or rather to beat my more forward heart, that dictated to that poor machine) for what I have said. But sure, at least, he must be sincere for the *time!*—He could not be such a practised dissembler!—If he could, O how desperately wicked is the heart of man!—And where could he learn all these barbarous arts?—If so, it must be native surely to the sex!—But, silent be my rash censurings; be hushed, ye stormy tumults of my disturbed mind! for have I not a father who is a man?—A man who knows no guile! who would do no wrong!—who would not deceive or oppress, to gain a kingdom!—How then can I think it is native to the sex? And I must also hope my good lady's son cannot be the *worst* of men!—If he is, hard the lot of the excellent woman that bore him!—But much harder the hap of your poor *Pamela*, who has fallen into such hands!—But yet I will trust in God, and hope the best: and so lay down my tired pen for this time. (219)

Der dialogische Umgang mit sich selbst führt in der Briefschreiberin zu einer Spaltung in zwei Instanzen. Noch nachdem Mr. B. an Pamela geschrieben hat „I find I cannot live a day without you [...] I must be *Yours, and only yours.*" (250–251) und die auf dem Weg zu ihren Eltern befindliche flehentlich aufgefordert hat, zu seinem Haus zurückzukehren, wird Pamela von schweren Zweifeln an B's Beständigkeit überfallen. In folgender Stelle wendet sich ihr Verstand an das Herz in einer großen Apostrophe:

> O my exulting heart! how it throbs in my bosom, as if it would reproach me for so lately upbraiding it for giving way to the love of so dear a gentleman!—But take care thou art not too credulous neither, O fond believer! Things that we wish, are apt to gain a too ready credence with us. This sham-marriage is not yet cleared up; Mrs. Jewkes, the vile Mrs. Jewkes! may yet instigate the mind of this master: His pride of heart, and pride of condition, may again take place; and a man that could, in so little a space, first love me, then hate me, then banish me his house, and send me away disgracefully; and now send for me again, in such affectionate terms; may still waver, may still deceive thee. Therefore will I not acquit thee yet, O credulous, fluttering, throbbing mischief! that art so ready to believe what thou wishest: And I charge thee to keep better guard than thou hast lately done, and lead me not to follow too implicitly thy flattering and desirable impulses. Thus foolishly dialogued I with my heart; and yet, all the time, this heart is Pamela. (251)

6.1.2 Squire B.s Konversion

Die für alle Beteiligten unerwartete Wendung der Geschichte Pamelas wirft zwei Fragen auf. Was hat den adeligen Verführer dazu bewogen, dem Dienstmädchen die Ehe anzubieten, was in der damaligen Standesgesellschaft ein unerhörtes Vorgehen war? Wie konnte die verfolgte Unschuld nach all den fintenreichen und grausamen Bedrängnissen, denen der Aristokrat sie ausgesetzt hatte, seinen Antrag mit vollem Herzen annehmen? Wir fragen also nicht nach der unstandesgemäßen Eheschließung als einem Ereignis in der sozialen Welt des Romans (dazu Watt 1957, 135–172; Hühn 2010c), sondern nach den mentalen Umschwüngen, die das finale Glück ermöglichen.

Squire B.s Motive können in der monoperspektivischen Darbietung nur auf zwei Weisen dargestellt werden, durch Pamelas Beobachtung seines Verhaltens und durch ihre Wiedergabe seiner mündlichen und schriftlichen Äußerungen. Die Beobachtung des Verhaltens und die Wiedergabe der Reden stehen natürlich unter dem Vorbehalt ihrer adäquaten Wahrnehmung und richtigen Erinnerung.

Pamela beobachtet Mr. B. aufmerksam und registriert jedes Zeichen dafür, dass ihre Worte und Briefe bei ihm Rührung auslösen, die Tugend der Empfindsamkeit. Solche Zeichen beobachtet sie an B. vor allem dann, wenn sie eine ihrer zahlreichen zugleich anklagenden und unterwürfigen Reden an ihn gerichtet hat:

> Indeed, sir, said I, it is impossible I should be ungrateful to your honour, or disobedient, or deserve the names of boldface or insolent, which you call me, but when your commands are contrary to that first duty, which shall ever be the principle of my life!
> He seem'd to be moved, and rose up, and walked into the great chamber two or three turns, leaving me on my knees; and I threw my apron over my face, and laid my head on a chair, and cry'd as if my heart would break, having no power to stir. (31)

Pamela notiert auch, wie andere Personen Mr. B.s Gerührtheit über ihre Worte und ihr demütiges Verhalten bezeugen: „She [Mrs. Jervis] said, he [Mr. B.] seem'd mov'd at what I said, and at my falling on my knees to him, and my prayer for him, at my going away" (38). Auch nach der eindringlichen Fürsprache dritter Personen für sie vermerkt Pamela in ihren Aufzeichnungen Spuren von Mr. B.s Rührung: „My master himself, harden'd wretch as he was, seem'd a little moved, and took his handkerchief out of his pocket, and walk'd to the window [...]" (74). Pamela vermerkt gewissenhaft, wenn B. selbst davon spricht, dass er von ihren Worten gerührt sei: „And tho' I am not pleased with all you said yesterday, while I was in the closet, yet you have mov'd me more to admire you than before" (84) –„Why, my dear, said he, I was much moved, you may be sure, when I came to reflect" (484). Schließlich beobachtet Pamela Rührung sogar an der brutalen

Aufseherin Mrs. Jewkes: „Mrs. Jewkes came up to me again, and found me bathed in tears. She seemed, as I thought, to be moved to some compassion" (165).

Pamelas Augenmerk auf die Rührung der Urheber und Zeugen ihres Leidens zeigt, dass der Vorwurf der Kritiker, das in seiner Moral unerschütterliche Mädchen handle berechnend und erzwinge mit ihrer Tugend Heirat und gesellschaftlichen Aufstieg, nicht so weit hergeholt ist.

Bevor Pamela Mr. B. ihre Aufzeichnungen übergibt, erklärt sie die Weise, wie er reagieren werde, zu einem für sie relevanten Zeichen:

> Sir, said I, I have wonder'd you should be so desirous to see my bold stuff; and for that very reason, I have thought it a very *good* or a very bad *sign*. What, said he, is your *good* sign?— That it may not have an unkind effect upon your temper, at last, in my favour, when you see me so sincere. Your *bad* sign? Why, that if you can read my reflections and observations upon your treatment of me, with tranquillity, and not be mov'd, it is a sign of a very cruel and determin'd heart. (239)

Wenn Pamela mit Wohlgefallen beobachtet, wie Mr. B. gerührt auf ihre Aufzeichnungen reagiert, setzt sie sich dem Verdacht aus, dass sie diese Wirkung beim Verfassen durchaus im Auge gehabt haben könnte:

> He was very serious at my reflections, on what God had enabled me to escape. And when he came to my reasonings, about throwing myself into the water, he said, walk gently before; and seem'd so mov'd, that he turn'd away his face from me; and I bless'd this good sign, and began not so much to repent at his seeing this mournful part of my story. (240–241)

In einem Roman, dessen Autor auf religiöse Erbauung abzielte, muss Berechnung natürlich als explizites Motiv der Heldin ausscheiden. Wenn sich aber die in ihrem Glück Angekommene auf die wunderbaren Wege der Vorsehung beruft, bringt die folgende Erwähnung der Aufzeichnungen das intendierende und tätige Subjekt ins Spiel und lässt die Vorsehung weniger selbsttätig erscheinen:

> What a happy creature, my dear mother, is your Pamela! [...] see the wonderful ways of Providence! The very things that I most dreaded his seeing or knowing, the contents of my papers, have, as I hope, satisfy'd all his scruples, and been a means to promote my happiness. (309)

Der Wendepunkt der Geschichte ist erreicht, wenn Mr. B. seine Gefangene freigelassen hat und ihre Briefe an die Eltern liest. Der Umschwung ereignet sich in Stufen, die in Mr. B.s Briefen fixiert sind. In einem ersten Brief, den er der Scheidenden mitgibt, offenbart er, dass sie gefährlicher für ihn gewesen sei als er für sie, denn „I was just upon resolving to defy all the censures of the world, and to make you my wife" (247). In einem zweiten Brief, der der zu den Eltern Reisenden von einem reitenden Boten übergeben wird, bereut Mr. B., dass er sie zum Schutz seiner Ruhe hat reisen lassen. Er hat in ihrem Tagebuch so viel großzügige Sorge um ihn entdeckt und das Bekenntnis, dass sie ihn all seiner schlechten Behandlung ungeachtet nicht hassen könne. Er bittet sie, die Reise zu den Eltern nicht fortzusetzen und zu ihm zurückzukehren: „for I find I cannot live a day without you" (250). Pamela folgt dieser Bitte trotz der noch bestehenden Zweifel an B.s Beständigkeit.

6.1.3 Pamelas Erkennen ihrer Liebe

Bereits in ihren ersten Briefen hinterlässt Pamela, ihr selbst unbewusst, Zeichen ihrer Sympathie für Mr. B. So erwähnt sie im ersten Brief, der voll des Lobes über seine *goodness* ist, mit auffälligem Nachdruck, dass Mr. B. nach dem Tod seiner Mutter sie vor allen Dienern des Hauses an der Hand genommen und ihr eigenhändig reichlichen Lohn gegeben habe. Das Lob weckt den Argwohn und die Befürchtungen der Eltern, die sich beeilen, in ihrem Antwortbrief die Tochter vor der Nettigkeit des neuen Herrn zu warnen. In den folgenden Briefen streicht Pamela B.s Großmut heraus und seine Entschlossenheit, sie als Dienstmädchen zu behalten, obwohl seine Schwester der Ansicht ist, sie sei für das Haus eines Junggesellen zu hübsch.

Ein deutliches Symptom für B.s Anziehungskraft ist Pamelas mangelnde Entschlossenheit, das Haus der B.s zu verlassen. Nachdem B. im Sommerhäuschen über sie mit Umarmungen und Küssen hergefallen ist, hält sie ihm den Abstand vor Augen, der zwischen ihnen besteht, trocknet ihre Tränen, um ihn vor andern nicht bloßzustellen, und überlegt ihre Optionen:

> [...] after I had dry'd my eyes, I went in, and began to ruminate with myself what I had best to do. Sometimes I thought I would leave the house, and go to the next town, and wait an opportunity to get to you; but then I was at a loss to resolve whether to take away the things he had given me or no, and how to take them away: Sometimes I thought to leave them behind me, and only go with the cloaths on my back, but then I had two miles and a half, and a by-way, to go to the town; and being pretty well dress'd, I might come to some harm, almost as bad as what I would run away from; and then may-be, thought I, it will be reported, I have stolen something, and so was forc'd to run away; and to carry a bad name back with me to my dear parents, would be a sad thing indeed!—O how I wish'd for my grey russet again, and my poor honest dress, with which you fitted me out, (and hard enough too it was for you to do it!) for going to this place, when I was not twelve years old, in my good lady's days! Sometimes I thought of telling Mrs. Jervis, and taking her advice, and only feared his command, to be secret; for, thought I, he may be ashamed of his actions, and

never attempt the like again: And as poor Mrs. Jervis depended upon him, thro' misfortunes, that had attended her, I thought it would be a sad thing to bring his displeasure upon her for my sake. (24–25)

Von dem ob ihres Widerstands verärgerten Mr. B. nach Hause zu ihren Eltern geschickt, findet Pamela mannigfache Gründe, ihren Aufbruch hinauszuschieben. Eines ihrer Motive ist, dass sie die Weste, die sie für B. näht, fertigstellen will. Sie sei damit, ihrer schönsten Arbeit, von früh bis spät beschäftigt, schreibt sie den Eltern, denn sie wolle so bald wie möglich bei ihnen sein. Noch in der Folgezeit wird Pamela allerlei Gründe finden, die Reise zu den Eltern nicht anzutreten.

Von der gutmeinenden Mrs. Jervis wird Pamela über die Paradoxien der Liebeswerbung aufgeklärt: „I begin to [believe what Mrs. Jervis told me, that] think he likes me, and can't help it; and yet strives to conquer it; and so finds no way but to be cross to me" (54).[4] Gleichwohl zeigt sich Pamela Mr. B. in ihrer einfachen Aufmachung als Dorfmädchen, womit sie bei ihm äußerstes Entzücken auslöst und ihre Bedrängnis verschärft. So kann auch die scharfsichtige Mrs. Jervis konstatieren: „you owe some of the danger to the lovely appearance you made" (62). Pamela wünscht nun zwar diese Kleider ins Feuer, aber der Skeptiker ihrer Unschuld wird in der bäuerlichen Kostümierung wieder einen Akt der Verführung sehen. Dies umso mehr, als das empfindsame Erzählen in der Nachfolge Richardsons der Tracht des Bauernmädchens ein besonderes Verführungspotential für den jungen Adeligen mit dem *faible* für das *genre paysan* attestiert. Man denke nur an Puškins *Fräulein Bäuerin*, die Erzählung, in der die Gutsbesitzerstochter das bis dahin uneinnehmbare Herz ihres stolzen Nachbarn in ländlicher Verkleidung als analphabetische Bäuerin erobert.[5]

In den folgenden Aufzeichnungen äußert Pamela immer häufiger die Befürchtung, dass ihr Herz dem ungestümen Ansturm von B.s Werben nicht gewachsen sein könnte. Aber sie ist entschlossen „to set all [her] wits at work" (113).

Obwohl sie sich wünscht, ihren Bedränger für seine Untaten zu hassen, muss Pamela bei einem Blick in ihr Herz feststellen, dass sie dazu nicht in der Lage ist: „What is the matter, with all his ill usage of me, that I cannot hate him?" (179). Pamela reflektiert immer häufiger die Paradoxie ihrer Zuneigung, die sie nun auch vor sich selbst nicht mehr verbergen kann:

---

[4] In Klammern die vom Project Gutenberg im Internet zur Verfügung gestellte Version (www.gutenberg.org/browse/authors/r#a1959); in der hier zitierten Version der Oxford's Worlds Classics verfügt Pamela selbst über die Einsicht in die Psychologie der Liebe.

[5] Zu dieser Erzählung und der langen Reihe ihrer westeuropäischen Prätexte vgl. Schmid (1992, 274–283).

> I look'd after him, out of the window, and he was charmingly dress'd: To be sure, he is a handsome fine gentleman!—What pity his heart is not as good as his appearance! Why can't I hate him?—But don't be uneasy, if you should see this; for it is impossible I should love him; for his vices all *ugly him over*, as I may say. (196)

Nach B.s erstem Brief, der Pamela auf der Reise zu den Eltern übergeben wird, ist sie tief bewegt. Zum ersten Mal nennt sie vor den Eltern ihr Gefühl für Mr. B. Liebe:

> This letter, when I expected some new plot, has affected me more than any thing of that sort could have done. For here is plainly his great value for me confess'd, and his rigorous behaviour accounted for in such a manner, as tortures me much. [...] *now* with so much openness, so much affection, nay, so much honour too, (which was all I had before doubted, and kept me on the reserve) I am quite overcome. This was a happiness, however, I had no reason to expect. But, to be sure, I must own to you, that I shall never be able to think of any body in the world but him!—Presumption! you will say; and so it is: But love is not a voluntier thing: —*Love*, did I say!—But, come, I hope not!—At least it is not, I hope, gone so far as to make me *very* uneasy: For I know not how it came, nor when it began; but creep, creep it has, like a thief upon me; and before I knew what was the matter, it look'd like love. (248)

In einem Resümee ihrer Geschichte, das sie den Eltern nach dem Wiederlesen ihrer Aufzeichnungen gibt, erwähnt sie „my free acknowledgments to you, that I found, unknown to myself, I had begun to love him, and could not help it" (280).

In seiner Mitte, in der Ausgabe der Oxford's Worlds Classics auf Seite 250, hätte der Roman der *virtue rewarded* zuende sein können, aber der Autor ließ es sich nicht nehmen, weitere Verwicklungen, die für das mentale Ereignis nicht bedeutungsvoll sind, einzuführen und lösen zu lassen. In seinem zweiten Teil ändert der Roman sein Genre: er wird zum Briefwechselroman. Die verheiratete Heldin richtet ihre Briefe nun an verschiedene Personen der Gesellschaft und empfängt von ihnen Briefe. Für die beiden Helden ist in der Mitte des Romans jedoch die entscheidende Konversion erreicht. Squire B. ist angesichts der bewegenden Aufzeichnungen seiner Gefangenen zur zerknirschten Reue gelangt und bietet dem Dienstmädchen, das Urteil der Welt missachtend, die Ehe an. Und Pamela hat sich trotz aller Verdrängungen zum Eingeständnis dessen durchgerungen, was der aufmerksame Leser ihren Reaktionen schon lange ablesen konnte, dass sie ihren Verfolger und Entführer aufrichtig liebt.

Die beiden Konversionen sind miteinander verknüpft: Mr. B's Reue und sein Heiratsantrag sind nicht denkbar ohne die in den Briefen Pamelas trotz aller Bedrängnisse aufscheinenden Bekundungen der Sympathie für ihren Herren.

6.2 *Clarissa, or The History of a Young Lady*

In Richardsons zweitem, mit über 1500 Seiten überaus umfangreichem Roman *Clarissa, or The History of a Young Lady* (1747–1748)[6], weist sich der Autor im Untertitel als *Editor of Pamela* aus.[7] *Clarissa* korrigiert einige Schwächen des Erstlingswerks. Statt eines monoperspektivischen Briefromans legt Richardson einen Briefwechselroman vor, an dem, abgesehen von Nebenfiguren, vier Hauptgestalten beteiligt sind: Clarissa, die schöne und intelligente junge Frau aus bürgerlichem Haus, Robert Lovelace, ein attraktiver, geistreicher, rhetorisch brillanter, bei Frauen überaus erfolgreicher aristokratischer Libertin, Anna Howe, Clarissas Freundin, und John Belford, Lovelaces Freund.

6.2.1 Multiperspektivismus

Der gesamte Roman zerfällt in zwei doppelt angelegte „Korrespondenzbahnen" (Picard 1971, 46), die die Briefe zwischen den weiblichen und den männlichen Schreibern umfassen. Die weiblichen und männlichen Stränge sind in den verschiedenen Teilen des Romans unterschiedlich stark entwickelt. Zunächst dominiert die Korrespondenz zwischen Clarissa und Miss Howe, wird dann verdrängt durch den männlichen Strang, um schließlich wieder in den Vordergrund zu treten. Von den insgesamt 537 Briefen des Romans sind nur ganze sechs zwischen den beiden Hauptpersonen, also über die Korrespondenzstränge hinweg gewechselt. Indem der Autor die Korrespondenzen weitgehend parallel führt und den Schreibern keinen Einblick in die Briefe der Gegenseite erlaubt, ermöglicht er dem Leser die privilegierte Position des Überblicks und schafft ein „Erkenntnisgefälle" zwischen Leser und Figuren (Picard 1971, 48).

Die Briefwechselform bietet die technische Möglichkeit, die Helden sowohl durch sich selbst als auch durch ihre Korrespondenten beschreiben zu lassen, während Pamela die Äußerungen, die sie über sich gehört hat, selbst aufzeichnen musste. Dies verlieh ihrem Monolog den von manchen Kritikern angemerkten Zwiespalt zwischen Bescheidenheit und Eitelkeit

---

[6] Zitiert wird mit Angabe von Brief und Seitenzahl nach der Ausgabe: Richardson, *Clarissa*.
[7] Der gesamte Untertitel lautet: *Comprehending the Most Important Concerns of Private Life. And Particularly Showing the Distresses that May Attend the Misconduct Both of Parents and Children, in Relation to Marriage. Published by the Editor of Pamela.*

Die vier Briefschreiber vertreten unterschiedliche Perspektiven, nehmen gegensätzliche Wertungsstandpunkte ein und haben ihre eigenen Stile. Unterschiedliche Wertungspositionen bestehen auch zwischen den beiden Protagonisten Clarissa und Lovelace einerseits und ihren Vertrauten Anna Howe und John Belford anderseits. Ihre Divergenz in wichtigen ethischen Fragen führt zu einem axiologischen Multiperspektivismus.

Im Mittelpunkt des Romans stehen die Briefe Clarissas und Lovelaces. Während Clarissas Briefe naturgemäß um Fragen der Ethik, die Umerziehung des Mannes kreisen und dann ihre von allen Seiten bedrängte Lage darlegen, brilliert der gewissenlose Libertin mit schamlosen Geständnissen zu seinem Charakter, den ihn beherrschenden Leidenschaften und den von ihm gesponnenen Intrigen. Die Wollust der Intrige, der Triumph der Überwindung einer Klugen und Wachsamen, geben ihm das Hochgefühl des erfinderisch planenden Geistes. Für seine zynische Brillanz ist folgende Stelle aus einem Brief an Belford ein Beispiel:

> What, as I have often contemplated, is the enjoyment of the finest woman in the world, to the contrivance, the bustle, the surprises, and at last the happy conclusion of a well-laid plot?—The charming *roundabouts*, to come the *nearest way home*—the doubts; the apprehensions; the heartachings, the meditated triumphs—These are the joys that make the blessing dear—For all the rest, what is it?—What but to find an angel in imagination dwindled down to a woman in fact?—But to my dream— (Letter 271, 920)

Mit der Minderung des in *Pamela* gravierenden sozialen Abstands zwischen den Hauptgestalten ändert sich das Problem. Es geht in *Clarissa* nicht mehr um sozialen Aufstieg, sondern um den Konflikt zwischen der Pflicht vor der Familie und dem Recht auf Liebe, letztlich aber um den Kampf der jungen Frau um Selbstbestimmung. Clarissa lehnt den von ihrer Familie ausgewählten Bräutigam vehement ab und sieht, heftig von den Ihren bedrängt, keine andere Rettung, als sich von Lovelace entführen zu lassen. Trotz eines gewissen Misstrauens, das sie dem von ihr keineswegs idealisierten Libertin entgegenbringt, ist sie ihm insgeheim zugetan. Obwohl Lovelace beteuert, sie zu lieben, und ihr die Ehe verspricht, will sie sich ihm erst nach der Hochzeit hingeben, wenn sie den sittenlosen jungen Mann erzogen hat. Den Mann auf die Pfade der Tugend und der Ehre zurückzuleiten ist, wie sie Anna schreibt, ihre heimliche Freude. Lovelace ist freilich darauf aus, sie um jeden Preis noch vor der Hochzeit zu besitzen. Es geht ihm um den Sieg in einem vermeintlichen Wettkampf: „shall it be said, that I, a master of arts in love, shall be overmatched by so unpractised a novice?" (Letter 131, 472).

Als der notorische Frauenverführer erkennt, dass er sein Ziel nicht mit den probaten Mitteln seiner Liebeskünste erreichen kann, greift er zu einer abscheulichen List, die nicht nur seine Brutalität offenbart, sondern auch zeigt, wie sehr er sich im Objekt seiner Liebe geirrt hat. Er lässt der geliebten Frau Rauschmittel verabreichen und vergewaltigt die ihrer Sinne und ihres Willens Beraubte in der Hoffnung, später ihre Vergebung zu finden. Die Missbrauchte weist seinen Antrag zurück. Das Entsetzen über die Schändung wirft sie in schwere Krankheit und lässt sie langsam dahin siechen. Erst nach ihrem Tod kann ihre unbeugsame Familie ihr eigenes Unrecht und Clarissas Tugend erkennen. Lovelace, der sich auf Reisen begibt, wird von einem Vertrauten Clarissas im Duell getötet.

Die Bewusstseinsdarstellung erreicht in diesem Roman einen frühen Höhepunkt in der Geschichte des europäischen Erzählens. Die Berichte und Bekenntnisse der Briefschreiber enthüllen in bislang nicht gekannter Unmittelbarkeit ihr Seelenleben und ihre Sinnpositionen. Dabei sind die faktischen Mitteilungen nur gering. Die Briefe entfalten, ausgehend von äußeren Anlässen, Überlegungen zur eigenen Situation und zur Situation des Gegenübers, Abwägungen zwischen verschiedenen Handlungsmöglichkeiten, das Durchspielen von Optionen, aber auch Offenbarungen der seelischen Befindlichkeit. Von besonderem Interesse sind die Briefe, in denen Lovelace die Abgründe seiner Seele aufdeckt. In der folgenden Stelle offenbart er seinem Freund die ihn quälenden Widersprüche:

> Do not despise me, Jack, for my inconsistency—in no two letters perhaps agreeing with myself—Who expects consistency in men of our character?—But I am mad with love—fired by revenge—puzzled with my own devices—My inventions are my curse—my pride my punishment—drawn five or six ways at once—Can *she* possibly be so unhappy as *I*? (Letter 216, 694)

6.2.2 Innere Dialogisierung

Die innere Dialogisierung, die Richardson schon in Pamelas Soliloquien erprobt hat, bezieht nun auch die besprochene Figur und den Adressaten ein, deren imaginäre Repliken der Schreiber vorwegnimmt und beantwortet. Ein Beispiel enthält folgender Brief Lovelaces an Belford, in dem der Verführer der imaginär präsenten Clarissa seine „Künste" ankündigt und mit dem ebenfalls imaginär intervenierenden Rezipienten des Briefs ein Streitgespräch führt:

> Oh my best-beloved fair one, repine not thou at the arts by which thou suspectest thy fruitless vigilance has been over-watched. Take care that thou provokest not new ones, that may be still more worthy of thee. If once thy emperor decrees thy fall, thou shalt greatly fall. Thou shalt have cause, if that come to pass, which may come to pass (for why wouldst thou put off marriage to so long a day as till thou hadst reason to be convinced of my reformation, dearest?) [...]

> Thou wilt not dare, methinks I hear thee say, to attempt to reduce such a goddess as this, to a standard unworthy of her excellencies. It is impossible, Lovelace, that thou shouldst intend to break through oaths and protestations so solemn.
> That I did *not* intend it, is certain. That I *do* intend it, I cannot (my heart, my reverence for her, will not let me) say. But knowest thou not my aversion to the state of shackles?—And is she not IN MY POWER?
> And wilt thou, Lovelace, abuse that power which—
> Which what, puppy?—which I obtained not by her own consent, but against it.
> But which thou never hadst obtained, had she not esteemed thee above all men.
>
> (Letter 99, 401)

In dem inszenierten Dialog, der auf die Apostrophe an die abwesende Clarissa folgt, unterstellt der Briefschreiber dem imaginären Partner Einwände, die natürlich aus seinem eigenen Bewusstsein stammen und in seinem Horizont bleiben. Es handelt sich hier um die Kategorie der „vorweggenommenen fremden Replik", die für Michail Bachtin (1929, 81–101), der sie am Beispiel Dostoevskijs aufzeigt, zu den Formen der „inneren Dialogisierung" im „zweistimmigen Wort" gehört. Die im Brief inszenierte innere Dialogisierung ist eine jener Techniken der direkten Bewusstseinsdarstellung, mit denen Richardson eine neuere Entwicklung der Erzählliteratur einleitet.

Die Apostrophe an die imaginär anwesende Clarissa und der inszenierte Dialog mit dem imaginär replizierenden Belford markieren eine Schlüsselstelle des Romans. In den beiden Diskursen präsentiert der Autor über Lovelaces indirekte Selbstoffenbarung ein schonungsloses Bild von der zynischen Brutalität des Helden und seiner narzisstischen Freude an ihr.

6.2.3 Textinterferenz

Für die Geschichte der bewusstseinsdarstellenden Techniken ist relevant, dass *Clarissa* bereits Formen der Textinterferenz, auch in der Gestalt der erlebten Rede enthält.[8] Letztere erscheint vor allem in Brief 2 (an die Freundin Anna Howe), in dem *Clarissa* von den Begegnungen ihrer älteren Schwester Arabella mit Lovelace berichtet. Die Situation ist angespannt: die Schwester erwartet von Lovelace einen Antrag, ist sich ihrer Attraktivität aber nicht sicher. Die Wiedergabe der Reden Arabellas (bzw. ihrer Aktivierung in Clarissas Erinnerung) erfolgt durchweg in erlebter Rede, die mehr oder weniger manifest ist (hier markiert durch doppelte bzw. einfache Unterstreichung). In den figuralen Anteilen ist eine leichte

---

[8] Zur erlebten Rede in *Clarissa* vgl. Karpf 1933, 247; W. Bühler 1937, 44–48.

Distanzierung Clarissas von den Wertungen Arabellas zu erkennen, zuweilen aber auch eine offen ironische Akzentuierung.

> My sister made me a visit there the day after Mr Lovelace had been introduced, and seemed highly pleased with the gentleman. His birth, his fortune in possession, a clear 2000 [L a year], as Lord M. had assured my uncle; presumptive heir to that nobleman's large estate; his great expectations from Lady Sarah Sadleir and Lady Betty Lawrence who, with his uncle, interested themselves very warmly (he being the last of his line) to see him married.
> "So handsome a man!— O her beloved Clary!" (for then she was ready to love me dearly, from the overflowings of her good humour on his account!) "He was but *too* handsome a man for *her*!—Were she but as amiable as *somebody*, there would be a probability of *holding* his affections!—For he was wild, she heard; *very* wild, very gay; loved intrigue. But he was young; a man of sense; would see his error, could she but have patience with his faults, if his faults were not cured by marriage!" (Letter 2, 42)

Die erlebte Rede ist im ersten Absatz vor allem durch die Erwähnung der sozialen Vorzüge des erstrebten Bewerbers bereits recht deutlich auf den Wertungshorizont des Figurentextes (der Rede Arabellas) abgestellt. Clarissa hätte Lovelaces Vorzüge anders ausgewählt, benannt und akzentuiert. Die emotionalen Ausrufe, die den zweiten Absatz einleiten, verstärken die figurale Färbung des Berichts, vor allem in den Merkmalen der Wertung und Lexik. Spätestens hier wird auch der weniger aufmerksame Leser erlebte Rede diagnostizieren.

Es handelt sich hier wiederum um eine Schlüsselstelle des Romans. Clarissa beschreibt ihrer Freundin Arabellas Begeisterung über die erwartete Werbung Lovelaces. Mit den ironischen Akzenten, die sie in der Wiedergabe setzt, geht sie auch auf Distanz zu Arabellas Erwartung, dass der wilde junge Mann seine Fehler, wenn sie schon nicht durch die Heirat geheilt würden, dank ihrer Geduld einsehen werde. Just der Illusion, dass es ihr vor der Heirat gelingen könne, den Wüstling zu bessern, wird dann auch Clarissa selbst anheimfallen. So enthält bereits beim ersten Auftreten Lovelaces auf der Bühne der Erzählung Arabellas illusionäre Hoffnung und Clarissas nüchterne Distanz zu ihr eine Vorausdeutung auf Clarissas tragisches Ende. Clarissa wird als mögliches Objekt von Lovelaces *affections* von niemandem anders als der auf die schönere Schwester eifersüchtigen Arabella ins Spiel gebracht: "He was but *too* handsome a man for *her*!—Were she but as amiable as *somebody*, there would be a probability of *holding* his affections!"

Die erlebte Rede wird zweistimmig, offen ironisch, wenn Clarissa die Erklärung der Schwester dafür anführt, dass Lovelace auch bei seinem zweiten Besuch keinen Antrag gemacht hat:

> [...] my sister found out a reason, much to Mr. Lovelace's advantage, for his not improving the opportunity that was given him.—It was bashfulness, truly, in him. (Bashfulness in Mr.

Lovelace, my dear!)—Indeed, gay and lively as he is, he has not the look of an *impudent* man. But I fancy it is many, many years ago, since he was bashful. (Letter 2, 42)

Lovelace macht Arabella tatsächlichen einen Antrag, allerdings nur halbherzig und bewusst in einer Situation, die einen Erfolg nicht begünstigt. Arabella bescheidet den Antrag – zur insgeheimen Zufriedenheit des Bewerbers – negativ, in der Hoffnung, dass der Antrag bald mit mehr Feuer erneuert werde.

Wenn Clarissa ihrer Freundin Anna von der Absage berichtet, entwickelt sich innerhalb der direkten Rede der Schwester, die – wie in dem oben angeführten Zitat – in Anführungszeichen steht, wiederum eine klassische erlebte Rede. Ihr Aufkommen in einer direkten Rede kann als Modell für die Entstehung dieser hybriden Schablone gelten. Die erlebte Rede in Anführungszeichen zeigt hier die Stellung der figuralen Rede zwischen wörtlicher Zitierung und einem Erzählen über sie. Dabei haben wir hier wieder die komplexe Situation, dass die erlebte Rede nicht Arabellas Worte selbst wiedergibt, sondern ihre Rekonstruktion im Bewusstsein der sie erinnernden und im Brief mitteilenden Clarissa.

> My sister was not wanting to herself on this occasion, but made a virtue of necessity; and the man was quite another man with her. "A vain creature! Too well knowing his advantages; yet those not what she had conceived them to be!—Cool and warm by fits and starts; an ague-like lover. A steady man, a man of virtue, a man of morals was worth a thousand of such gay flutterers. Her sister Clary might think it worth her while perhaps to try to engage such a man; she had patience; she was mistress of persuasion; and indeed, to do the girl justice, had *something* of a person. But as for *her*, she would not have a man of whose heart she could not be sure for one moment; no, not for the world; and most sincerely glad was she that she had rejected him." (Letter 3, 45)

Wiederum ist die erlebte Rede ganz auf den Werte- und Sprachhorizont der Schwester abgestellt. Aber welch neue, negative Position nimmt Arabella zu Lovelace ein, nach ihrer Absage, auf die keine Erneuerung des Antrags erfolgt ist. Allerdings sei notiert: Für den nun zum *gay flutterer* umbewerteten Bewerber scheint ihr wiederum Clarissa mit ihrer Geduld, Überzeugungskraft und Persönlichkeit die geeignete Partnerin zu sein.

Willi Bühler (1937, 48) erkennt die erlebte Rede bei Richardson, für deren Vorkommen er zahlreiche Beispiele anführt, dennoch nur als „zufällige" Erscheinung an, die noch nicht „die Rolle eines ausgearbeiteten Kunstmittels" spielt. Die Auswertung bereits der zitierten Stellen muss dagegen zu dem Schluss kommen, dass Richardson das Verfahren durchaus als Mittel der Bewusstseinsdarstellung in bestimmten Schlüsselsituationen des seelischen Geschehens seiner Figuren einsetzt. Und seine Verwendung erfolgt nicht ohne Virtuosität. Man bedenke die mehrfache perspektivische Brechung: die diegetische („Ich-") Erzählerin beschreibt ihrer Freundin das ihr Erinnerliche von den verbalen Reaktionen ihrer Schwester, in denen sie selbst, die Erzählerin, die Rolle der beneideten Rivalin spielt.

6.2.4 Seelische Entwicklungen

Auch unter dem Aspekt des mentalen Ereignisses erscheint *Clarissa* als ein Gegenstück zu *Pamela*. Der moralischen Geschichte von der Reue und inneren Umkehr des Wüstlings und der entdeckten Liebe der Tugendhaften stellt Richardson eine Erzählung entgegen, in der sich keine mentalen Umschwünge zu ereignen scheinen (wenn man von Arabellas enttäuschter Abwendung von Lovelace absieht). Bei näherem Hinsehen wird man freilich gewisse seelische Entwicklungen erkennen.

Lovelaces Untat, die Schändung Clarissas, verdankt sich nicht einem Umschwung, sondern ist die geradlinige Fortsetzung der gewissenlosen Reden und Handlungen des zynischen Frauenverführers, der nicht liebt, sondern um jeden Preis besitzen will. Obwohl seine Liebe zu Clarissa, wie er wahrnimmt, ins Grenzenlose steigt, verfolgt er besessen die Idee, ihre Tugendhaftigkeit zu zerstören. Lovelace fällt nach Clarissas Tod allerdings in eine tiefe Krise, die mit Anflügen von Reue und Gefühlen des Verlustes einhergeht („my loss in her is the greatest of any man's"; Letter 535, 1481). Der Wüstling macht für seinen verdorbenen Charakter nun die Erziehung durch seine Mutter verantwortlich, die von ihm keine Beherrschung verlangt habe, und er klagt seine Erzieher an, die ihm Widerspruch und Enttäuschung erspart hätten (Letter 512). Als die letzten Worte des im Duell tödlich Getroffenen berichtet ein Zeuge das mit Inbrunst hervorgebrachte *Blessed* und die drei deutlich ausgesprochenen Worte *Let this expiate* (Letter 537, 1488). Für eine tiefgehende, nachhaltige ethische Wende, die Lovelace vollzogen haben könnte, gibt es jedoch keine Anzeichen, und die Wende käme auch zu spät, um in der Geschichte Folgen zu zeitigen.

Clarissas Sterben ist nicht einfach eine psycho-physiologische Folge ihrer Entehrung, sondern ist auch ein bewusster Willensakt (Mengel 1997, 89). Mit diesem intentionalen Akt, der ein mentales Ereignis ist, entsagt sie der Welt. Richardson hat die Tugendhafte zu einer Heiligengestalt überhöht, die ihr Ende freudig als Vereinigung mit dem himmlischen Bräutigam erwartet. In einem ihrer letzten Briefe schreibt Clarissa:

> As for me, never bride was so ready as I am. My wedding garments are bought--and though not fine or gawdy to the sight, though not adorned with jewels, and set off with gold and

> silver (for I have no beholders' eyes to wish to glitter in), yet will they be the easiest, the *happiest* suit, that ever bridal maiden wore—for they are such as carry with them a security against all those anxieties, pains, and perturbations, which sometimes succeed to the most promising outsettings. [...] Oh hasten, good God, if it be thy blessed will, the happy moment that I am to be decked out in his all-quieting garb! (Letter 465, 1339)

Somit wird die lebende Figur, die durchaus Ihre Schwächen hat und in ihrer Beziehung zu dem Verführer zwischen moralischer Distanzierung und insgeheimer Sympathie gespalten ist, zu einer unwirklich-idealen Gestalt, die sich von ihren Familienmitgliedern (in den Briefen 488–492) als im Tode glückliche Tochter und Schwester verabschiedet und sogar ihrem Verderber, den sie nicht mehr liebt, in christlicher Haltung verzeiht. Mit der radikalen Wandlung der Figur geht eine generische Verschiebung einher: die Liebes- und Verführungsgeschichte wird zur Vita einer Märtyrerin.[9]

Clarissas Reaktion auf die Entehrung und der Übergang vom Entsetzen zum Todeswillen werden nicht mehr Gegenstand der Selbstbeobachtung in den Briefen. In seiner didaktisch-moralischen Intention ersetzt der puritanisch gestimmte Autor die Analyse der individuellen Seelenbewegung der Verratenen und Geschändeten mit typischen Seelenmotiven aus Märtyrerviten.

Mit den angedeuteten, aber nicht im Detail ausgestalteten mentalen Ereignissen der beiden Helden ist die Form des Briefwechselromans an seine Grenze gekommen. Da die Gattung auf jene Beobachtung und sprachlich realisierbare Darstellung verwiesen blieb, die die Briefschreiber aus sich heraus leisten konnten und die sie dem jeweiligen Adressaten eröffnen wollten, mussten ganze Dimensionen des Bewusstseins ungestaltet bleiben.

Als ein Beispiel für die Grenzen der Bewusstseinsanalyse in der Briefform kann der 146. Brief dienen. Clarissa schüttet ihrer Freundin Anna Howe ihr Herz darüber aus, dass ihr Vater – wie ihr die Schwester in einem Brief mitteilt – sie wegen ihrer Ablehnung des von der Familie für sie als Bräutigam auserkorenen Mr. Solmes und wegen ihrer Flucht mit Lovelace verflucht hat:

> O my best, my only friend! Now indeed is my heart broken!— It has received a blow it never will recover! Think not of corresponding with a wretch who now seems absolutely devoted! How can it be otherwise, if a parent's curses have the weight I always attributed to them and have heard so many instances of their being followed by! [...]
> I am in the depth of vapourish despondency. I can only repeat: shun, fly, correspond not with a wretch so devoted as Your Clarissa Harlowe

---

[9] Nicht unpassend lässt Ian McEwan die Heldin seines Romans *Atonement* (New York, NY. 2001, S. 103) von Clarissas „death-fixated virtue" sprechen.

Die Verfluchte unternimmt keinen Versuch, die Motive des harten Vaters zu ergründen oder die Befindlichkeit ihrer zwischen Pflicht und Neigung zerrissenen Seele zu erforschen. Statt dessen entlädt sie ihren Schmerz in einer emotional-rhetorischen Exklamation, der es nicht an Theatralik fehlt. Die impressive Ausrichtung auf die angesprochene Adressatin, die der Briefkommunikation entspricht, verhindert die radikale analytische Rückwendung auf das eigene Ich.

Mit der Darstellung des Unbewussten und Halbbewussten war das diegetische („Ich-)Erzählen und die auf Mitteilung an einen äußeren Adressaten angelegte Auto-Introspektion überfordert. Auf den reinen Figurentext und seine sprachliche Fixierung angewiesen, konnte der Brief das der Figur noch Unklare und Unbewusste nicht ausdrücken. Für den Ausdruck des Ahnungsvollen, Schwankenden und Unbestimmten des Seelenlebens bedurfte es eines anderen Erzählmodus. Ein solcher bot sich im nichtdiegetischen („Er"-) Erzähler an, der in hybriden, Figurentext und Erzählertext mischenden Modi ein mehr oder weniger konkretisationsbedürftiges Bild der tieferen, nicht eindeutig fixierbaren Bewegungen des Bewusstseins seiner Figuren präsentierte. Einen solchen Modus realisieren in den europäischen Literaturen zum ersten Mal die Romane Jane Austens, die die wesentlichen Seelenereignisse der Protagonisten in der figuralen Perspektive nichtdiegetischer Erzähler präsentieren.

7 Erkennen in Jane Austens Romanen

Für die historische Entwicklung des neuen Modus – des figural perspektivierenden nichtdiegetischen Erzählers – ist ein Faktum höchst aufschlussreich: Jane Austen entwarf ihre ersten Werke ursprünglich noch als Briefromane und arbeitete sie nach einigen Jahren zu „Er"-Romanen um. Ihr erster veröffentlichter Roman im neuen Modus, *Sense and Sensibility*, geht auf einen bereits vor 1797 geschriebenen Briefroman *Elinor and Marianne* zurück, den die Autorin zweimal umschrieb, bevor sie ihn 1811 in der nichtdiegetischen Form unter dem Pseudonym „a lady" auf eigene Kosten (wie alle späteren Werke) zum Druck gab. *Pride and Prejudice* (1813) entstand aus einem nicht erhaltenen Werk der Jahre 1796 und 1797, das den Titel *First Impressions* trug und, wie erschlossen werden kann (Southam 2001, 58–59), ebenfalls ein Briefroman war.

Die exzellent belesene und seit frühester Jugend schreibende Autorin hatte also erkannt, dass sich ihre Intentionen im neuen Modus des nichtdiegetischen Erzählens besser als im Briefroman realisieren ließen. Diese Intentionen bestanden nicht in erster Linie in der Darstellung der Klassengegensätze und der Differenz der Geschlechterrollen, auf die sich die thematisch-ideologiekritisch ausgerichtete Forschung konzentriert. Austen ging es vor allem um die Darstellung des inneren Menschen unter den Bedingungen seiner Veränderung.

Ian Watt (1957, 295–296) konstatiert in seiner Neigung zu großen Bögen für Austens Werk die Versöhnung der gegensätzlichen Traditionen Richardsons und Fieldings. Folgt man diesem Befund, könnte man sagen, dass in der Poetik der Autorin das distanzierte, leicht ironische nichtdiegetische Erzählen Henry Fieldings und die Seelenexploration der Figuren in Richardsons Briefromanen eine Verbindung eingingen. Wie auch immer man Austens Entwicklung zu beschreiben sucht, das Ergebnis war der figural perspektivierte nichtdiegetische Bewusstseinsroman. Dieser Typus sollte in der englischen Erzählliteratur des neunzehnten und zwanzigsten Jahrhunderts bis zur Moderne (Henry James, James Joyce, Virginia Woolf) eine dominierende Rolle spielen.

Es ist zu einem Topos der Literaturgeschichtsschreibung geworden, den Beginn systematischer Bewusstseinsdarstellung in der europäischen Erzählliteratur mit Janes Austens Romanen zu datieren. Und man betrachtet die Autorin als die erste Meisterin der erlebten Rede, der für den figural perspektivierten nichtdiegetischen Roman charakteristischen Schablone. Die Texte zeigen allerdings, dass die Bewusstseinsdarstellung bei Austen sich keineswegs nur der kaschierten Form bedient, also der erlebten Rede und erlebten Wahrnehmung. Im gesamten Œuvre der Autorin bleiben die klassischen Schablonen der markierten Darstellung wie direkte Rede, indirekte Darstellung und vor allem der Bewusstseinsbericht durchaus weit verbreitet. Die Dialogpartien ihrer Romane haben einen so großen Anteil am Erzähltext und sind für die Darstellung von Handlung und Motivation so aussagekräftig, dass man die Autorin als „master-dramatist— with a perfect ear, a perfect sense of timing, a shrewd instinct for climax and anticlimax" (Wright 1953, 72) bezeichnet hat.

Den Handlungskern der in den Romanen Jane Austens erzählten Geschichten bilden mentale Ereignisse. Vom ersten bis zum letzten ihrer sechs großen Romane stehen innere Umschwünge der durchweg weiblichen Zentralfiguren, die die Bewertung ihrer Mitmenschen und die emotionale Haltung zu ihnen betreffen.[1] Mit der Umwertung ist immer auch eine Überwindung von Illusionen verbunden, die von Klischees der literarischen Empfindsamkeit oder – im Fall von *Northanger Abbey* – der „Gotischen" Literatur genährt wurden. Revision bisheriger trügerischer Vorstellungen von Menschen, ihren Charakteren und Handlungsweisen ist ein durchgehender Zug der mentalen Ereignisse in Austens Romanen.[2] Nach ihrer Korrektur falscher Einschätzung der um sie werbenden Männer, werden die Protagonistinnen auch frei für die Wahl des richtigen Ehepartners.

Die Revision von Irrtümern und Illusionen ist eine Handlungskonstante in den sechs Romanen, die Austens Poetik mit der Mentalität der Aufklärung verbindet.

---

[1] *Mansfield Park* (1814) bildet hier eine gewisse Ausnahme. Die Heldin Fanny Price erlebt keinen mentalen Umschwung. Sie ist von Anfang an in ihren Gefühlen sicher und fungiert für den Leser und einige der Figuren als der moralische Kompass in einer von fragwürdigen Normen geprägten Welt. Mentale Ereignisse erleben die beiden männlichen Hauptfiguren, der Vater der Familie Bertram, Sir Thomas, der sich am Ende eingestehen muss, dass er sich in seinen Kindern getäuscht und die aufgenommene Nichte Fanny nicht in ihrem wahren Wert erkannt hat. Stärker noch ist der Umschwung in Edmund Bertram, der am Ende erkennen muss, dass seine vermeintliche Liebe zu Mary Crawford nichts als ein Produkt seiner Einbildung war und der nach langen Phasen der emotionalen Blindheit zum wahren Sehen und zur Verbindung mit Fanny Price gelangt.

[2] In Austens letztem vollendetem Roman *Persuasion* (1818, postum erschienen) geht es um das Erkennen der gebliebenen Zuneigung von Kapitän Wentworth, dessen Antrag Anne Elliot vor acht Jahren abgelehnt hat, der fatalen „Überredung" (daher der Titel) einer vermeintlich lebensklugen Vertrauten nachgebend. Das mentale Ereignis ist in *Persuasion* das Wiederaufblühen der mit 27 Jahren schon resignierenden ‚alten Jungfer' zur Liebe und zum Leben, eine die übliche Entwicklung umkehrende Wandlung von *prudence* zu *romance*, „the natural sequel of an unnatural beginning" (Austen, *Persuasion*, 21).

7.1 *Sense and Sensibility*

7.1.1 Symmetrien

„Verstand" und „Gefühl", die beiden Titelbegriffe des Romans, charakterisieren zwar die beiden Heldinnen, die rational-beherrschte Elinor und die emotional-impulsive Marianne, legen sie aber nicht auf ihre definitiven Handlungsrollen fest, wie manche Kritiker postulieren: „Elinor is always a person of sense, and Marianne always a person of sensibility" (so Howell 1901, 71). Beiden Schwestern Dashwood gelingt es, nachdem sie eine von ihrer Charakterdisposition begünstigte Krise überstanden haben, ihre ursprüngliche einseitige Lebenseinstellung zu überwinden und zu einer neuen, hybriden und deshalb reiferen Haltung zu gelangen. Der relevante, unerwartete und nicht des Rückfalls verdächtige Umschwung in der Lebenseinstellung der Schwestern hat den Charakter eines Ereignisses.

Dem binären Titel und dem Gegensatz der beiden Schwestern entsprechend entfalten sich die Ereignisse in der Form von Äquivalenzen oder – wie Janet Todd (2006, 49) formuliert – „in duplicating and shadowing". Obwohl *Sense and Sensibility* die „crude antitheses" der Vorstufen noch nicht ganz überwunden hat (Litz 1965, 73)[3] und auf deutlichen Symmetrien aufgebaut ist (Wright 1953, 89), sollte der Leser die ihm angebotenen Similaritäten und Kontraste mit Vorsicht aufnehmen. Der Aufbau in drei Bänden entspricht zwar den drei Phasen der Entwicklung der Heldinnen, aber diese Entwicklung ist keineswegs so schematisch-symmetrisch, wie die Komposition suggeriert und manche Kritiker sehen wollen.

Es vereinfacht deshalb, wer zwischen den Heldinnen nur den statischen Gegensatz sieht: „Marianne represents Sensibility while Elinor stands for Sense" (so noch Litz 1965, 74). Auch eine gegensätzliche Entwicklung, ein Bäumchen-wechsel-dich-Spiel, wie sie etwa Andrew Wrights These vorsieht, „Elinor and Marianne virtually interchange their positions" (1953, 86), findet in dem Roman nicht statt. Die Entwicklungen der Schwestern bilden nicht einen Chiasmus in dem Sinne, dass dort, wo *sense* war, nun *sensibility* herrscht und umgekehrt. Solch radikale Veränderungen liefen auf eine Umwandlung der Charaktere hinaus, die zu postulieren man nicht einmal der frühen Jane Austen, der bereits nüchtern-realistischen Beobachterin der Menschen, unterstellen kann. Die neue

---

[3] Zur Antithese als charakteristischer Figur der Prosa des achtzehnten Jahrhunderts seit Locke vgl. Tanner ([1969] 2003, 356–357).

Haltung, zu der die Heldinnen jeweils gelangen, ist gemischt und steht nicht einfach im polaren Gegensatz zu ihrer ursprünglichen Position und zu der der Schwester.[4]

Marianne, die jüngere der beiden Schwestern, wird Opfer des Liebesverrats durch den charmanten, aber leichtsinnigen Willoughby. In der Folge ihrer leidenschaftlichen Passion in schwere Krankheit gefallen[5] und dem Tod knapp entronnen, ist sie nun imstande, das Geschehene nicht nur mit Emotion, sondern auch mit Verstand zu bewerten. Von ihrer hyperromantischen, durch sentimentale Literatur genährten Weltsicht geheilt, erkennt sie jetzt, dass ihre *sensibilities* kurzsichtig waren und dass sie mit dem unmoralischen Willoughby (einer Replik auf Richardsons Lovelace) nicht glücklich geworden wäre. Der Familie verkündet sie ihre Absichten für die Zukunft: „I have laid down my plan, and if I am capable of adhering to it—my feelings shall be governed and my temper improved. They shall no longer worry others, nor torture myself" (323).[6]

Die gewandelte Marianne wird jetzt fähig, die Werbung des schweigsamen Colonels Brandon wertzuschätzen, und lernt mit der Zeit, den zurückhaltenden Bewerber, der sich mit der ihm eigenen Uneigennützigkeit schon lange um sie bemüht hat, aufrichtig zu lieben: „Marianne could never love by halves; and her whole heart became, in time, as much devoted to her husband, as it had once been to Willoughby" (352).

Mariannes neu gewonnener *sense* schließt allerdings die alte *sensibility* nicht völlig aus. Willoughby geht ihr auch in ihrem neuen Glück nicht ganz aus dem Sinn. So ergibt sich eine neue, völlig unerwartete Symmetrie, eine Äquivalenz mit Brandon, der in seinem Eheglück eine geheime Nostalgie nach seiner ersten romantischen Liebe bewahrt (Todd 2006, 58–59).

Auch mit der ernsten Schwester verbindet Marianne eine überraschende Ähnlichkeit, die über die von manchem Kritiker monierte schematische Symmetrie hinausgeht. Elinor fällt gegen Ende der Geschichte, als sie an der Möglichkeit einer Verbindung mit dem insgeheim schon lange geliebten Edward Ferrars verzweifeln muss, das Glück einer unerwarteten ehelichen Verbindung mit dem Geliebten zu, den sie durch ein altes Versprechen anderweitig gebunden glaubte.

---

[4] Wenn man wie Robert Liddell (1963, 31) Marianne als Hauptheldin und ihre *sentimental education* als *main plot* des Romans betrachtet, blendet man die binäre Anlage des Romans aus.
[5] Zu deren psychosomatischem Charakter vgl. Tanner ([1969] 2003, 360–361; 1986, 75–102, Kap. „Secrecy and Sickness").
[6] Jane Austen, *Sense and Sensibility*. Nach dieser Ausgabe alle Zitate aus dem Roman mit Angabe nur der Seitenzahl.

Bevor das Hemmnis beseitigt ist und dem Glück der beiden Liebenden nichts mehr im Wege steht, wird die selbstbeherrschte junge Frau durch die oppositionelle Charakterdisposition versucht, durch die ihr ursprünglich nicht im Übermaß eigene *sensibility*. Die Verlockung geht just von dem jungen Mann aus, der Marianne den Kopf verdreht hatte (Todd 2006, 55–56).

Willoughby kommt in kalter und stürmischer Nacht bei heulendem Wind und gegen die Fenster schlagendem Regen (Umständen, die seine romantische Sphäre zu bilden scheinen) in einer vierspännigen Kutsche vor das Haus gefahren, in dem Marianne, von deren schwerer Erkrankung er gehört hat, bewusstlos im Fieberwahn darniederliegt. Ihn empfängt Elinor mit dem Ausdruck des Entsetzens. Willoughby überredet die anfangs Widerstrebende, die Rechtfertigung für sein Verhalten gegenüber Marianne anzuhören, nicht etwa sein Schuldbekenntnis und seine Reue. Der nach gesprochener Selbstverteidigung unverzüglich in den nächtlichen Sturm Aufbrechende lässt eine Elinor zurück „too much oppressed by a crowd of ideas, widely differing in themselves, but of which sadness was the general result, to think even of her sister" (311).

Die durch Willoughbys Worte wider Erwarten tief Berührte resümiert vor sich die Wirkung des Verführers auf sie, die der Erzähler im leicht figural gefärbten Bewusstseinsbericht wiedergibt:

> Willoughby, he, whom only half an hour ago she had abhorred as the most worthless of men, Willoughby, in spite of all his faults, excited a degree of commiseration for the sufferings produced by them, which made her think of him as now separated for ever from her family, with a tenderness, a regret, rather in proportion, as she soon acknowledged within herself—to his wishes than to his merits. She felt that his influence over her mind was heightened by circumstances which ought not in reason to have weight; by that person of uncommon attraction, that open, affectionate, and lively manner which it was no merit to possess; and by that still ardent love for Marianne, which it was not even innocent to indulge. But she felt that it was so, long, long before she could feel his influence less. (311)

Von der noch in derselben Nacht angereisten Mutter am Krankenbett der Schwester abgelöst, kann Elinor nach der schlaflosen Nacht und der nervlichen Anspannung keine Ruhe finden: „Willoughby, 'poor Willoughby', as she now allowed herself to call him, was constantly in her thoughts; she would not but have heard his vindication for the world, and now blamed, now acquitted herself for having judged him so harshly before" (312). Auch die selbstbeherrschte rationale Elinor hat ihre *sensibility*, der die Stimme des Verstandes widersprechen muss.⁷

Die beiden Haltungen, die die antithetischen Titelbegriffe bezeichnen, sind also weder den beiden Schwestern als ihre festen Charakterrollen zuzuordnen, noch wird ihre chiastische Umkehrung dem Werk gerecht. Die ursprüngliche Symmetrie beibehaltend, ist das Design des Romans wesentlich komplexer geworden, komplexer auch als die konventionellen, mit fixen Antithesen operierenden Romane, die Austen vorfand, als sie an der Vorstufe mit dem Titel *Elinor and Marianne* arbeitete, z. B. Maria Edgeworths *Letters of Julia and Caroline* (1795; vgl. Litz 1965, 74–78). Insofern muss auch die Kritik relativiert werden, dass Austen in *Sense and Sensibility* die schematische Antithetik des achtzehnten Jahrhunderts nicht ganz vermieden oder zumindest in Thematik, Komposition und Sprache keinen überzeugenden Weg gefunden habe, die Stereotypik des konventionellen Erzählens zu überwinden, weshalb das Werk vom Publikum zu Recht als das am wenigsten interessante der großen Romane empfunden werde (so Litz 1965, 72–83; die Kritik des vermeintlichen Schematismus relativierte dann Tony Tanner [1969] 2003, 356–357).

---

7 Die nächtliche Szene zwischen Willoughby und Elinor wird in den wenigsten Deutungen des Romans berücksichtigt (Janet Todd 2006 ist eine Ausnahme). Dagegen ist für Robert Garis (1968, 66), der den Roman sehr kritisch bewertet, die Versuchung Elinors durch Willoughby die einzige glaubwürdige Szene in „this truly perverse novel". Der Autorin gelinge es, den Lernprozess ihrer Protagonisten und den angestrebten „deep change of mind and heart" nur dann glaubwürdig darzustellen, wenn sie die lernende Figur und den Lernprozess direkt betrachte und den Rest der Handlung aus dieser Perspektive, durch das Prisma dieser Erfahrung darstelle. – Bezeichnend für die Unterschätzung der irritierenden Szene ist, dass sie auch in Verfilmungen übergangen oder um ihre Pointe gebracht wird. Ersteres ist in dem sonst guten Kinofilm aus dem Jahr 1995 von Regisseur Ang Lee nach dem Drehbuch von Emma Thompson mit Emma Thompson und Kate Winslet in den Hauptrollen der Fall: die Szene ist hier völlig ausgespart. In der breit angelegten BBC-Miniserie von 2008 in drei Teilen von insgesamt 175 Minuten mit Hattie Morahan und Charity Wakefield, Regie John Alexander, ist die Begegnung von Willoughby und Elinor zwar enthalten, aber das Drehbuch weicht vom Roman in zwei entscheidenden Zügen ab: 1) Willoughby entschuldigt sich und bittet um Verzeihung; 2) von Willoughby geht keine erkennbare Wirkung auf Elinor aus. Von erotischer Anziehung gibt es keine Spur. Damit hat die Szene im Grunde ihre Funktion verloren.

7.1.2 Narratoriale und figurale Präsentation des Bewusstseins

Die Perspektive in diesem nahezu geometrisch gebauten Roman (Tanner [1969] 2003, 357) ist asymmetrisch. Marianne wird selten von innen beschrieben, sondern fast durchweg durch Elinors Wahrnehmung und ihre mentalen Prozesse gefiltert (W. Müller 1977, 90; Stanzel 1979, 174; Todd 2006, 53). Elinor tritt, wie schon Willi Bühler beobachtet hat, „nicht so sehr durch Handlungen als durch ihre Reflexionen" hervor. In erlebter Rede gestaltet, bilden ihre Reflexionen „Haltepunkte in der Handlung, an denen das Geschehen eine betrachtende Beleuchtung erfährt" (W. Bühler 1937, 147).

Allerdings hat die erlebte Rede in diesem frühen Roman der ersten Meisterin dieser Schablone noch nicht die Verbreitung und Elaboriertheit wie in ihren reiferen Werken (W. Müller 1977; 1984; Todd 2006, 53). Die Bewusstseinsdarstellung geschieht weitgehend noch narratorial, in jenem ironisch-distanzierten Ton, der auch für die Texte der Erzähler in Austens späteren Romanen charakteristisch ist. Die wechselnde, mal narratoriale, mal figurale Perspektive von *Sense and Sensibility* in seinem berühmten „Typenkreis" der „Erzählsituationen" und Romanformen unterzubringen hätte Franz Stanzel (1979) einige Mühe.

Im Folgenden werden zwei Motivketten betrachtet, in denen die mentalen Reaktionen Elinors auf Entdeckungen gestaltet werden, die für sie größte Bedeutung haben. Die erste wird von jenen Stellen gebildet, in denen Elinor erfährt, dass der von ihr geliebte Edward Ferrars verlobt ist. Die zweite Kette bilden die Momente, in denen ihr eröffnet wird, dass Edward frei ist.

7.1.3 Elinors Umschlag von Unglück in Glück

In Kapitel 22, dem letzten des Bandes I, muss Elinor von Lucy Steel erfahren, dass diese in einer näheren Beziehung zu Edward Ferrars steht:

> What felt Elinor at that moment? Astonishment, that would have been as painful as it was strong, had not an immediate disbelief of the assertion attended it. She turned towards Lucy in silent amazement, unable to divine the reason or object of such a declaration; and though her complexion varied, she stood firm in incredulity, and felt in no danger of an hysterical fit, or a swoon. (124)

Elinors Erstaunen, ihr Zweifel und ihre Festigkeit werden vom deutlich profilierten Erzähler, der eine Frage seines Lesers antizipiert hat, in einem Bewusstseinsbericht gestaltet, der rein narratorial ist, also keinerlei Spuren der Ansteckung am Figurentext enthält.

Die von Lucy Steel präsentierten überzeugenden Beweisstücke für ihre formelle Verlobung mit Edward erschüttern allerdings Elinors Contenance:

> [...] for a few moments, she was almost overcome—her heart sunk within her, and she could hardly stand; but exertion was indispensably necessary; and she struggled so resolutely against the oppression of her feelings, that her success was speedy, and for the time complete. (128–129)

Wiederum präsentiert der Erzähler den Kampf ihrer Selbstbeherrschung mit der überwältigenden Emotion in narratorialer Perspektive, mit reinem Bewusstseinsbericht. Nur der Aufruf *but exertion was indispensably necessary* klingt in der in ihm ausgedrückten Wertung ein wenig nach figuralem Ursprung.

Das Gespräch endet damit, dass die triumphierende Verlobte den Ring erwähnt, in den sie eine Haarlocke von sich hat fassen lassen und den Edward ständig trage. Elinor habe den Ring vielleicht gesehen: „'I did' said Elinor, with a composure of voice, under which was concealed an emotion and distress beyond any thing she had ever felt before. She was mortified, shocked, confounded" (129). Noch immer also kann Elinor ihre übergroße Emotion verbergen und der Erzähler ihre Innenwelt narratorial, in treffenden, ultimativen Ausdrücken darbieten.

Diese erste Motivkette wird in Kapitel 48 wiederaufgenommen. Der Diener der Dashwoods erwähnt vor der Mutter und den Schwestern, dass Mr. Ferrars geheiratet habe. Marianne sieht, wie Elinor erbleicht, und erleidet einen hysterischen Anfall. Auch die Mutter blickt auf die ältere Tochter und erkennt, wie sehr sie unter der Nachricht leidet. Der Diener hat in einer Kutsche die „Miss Steele von früher" gesehen, und in der Kutsche saß auch, zurückgelehnt, Mr. Ferrars, aber er habe nichts gesagt. Miss Steele heiße jetzt Mrs. Ferrars. Mrs. Dashwood versteht jetzt, dass es ein Fehler gewesen war, sich auf Elinors eigene Darstellung ihrer Erlebnisse zu verlassen, sie versteht, dass die Tochter ihren Schmerz absichtlich heruntergespielt hat, um die Mutter zu schonen. Mrs. Dashwood fürchtet, dass sie in der Konzentration auf Marianne zu ihrer älteren Tochter ungerecht, unaufmerksam, ja herzlos gewesen ist, dass sie über Mariannes sichtbarem, eindringlichem Kummer vergessen hat, dass Elinor beinah ebenso sehr leidet, „certainly with less self-provocation, and greater fortitude" (331).

Die zweite Motivkette, die es zu betrachten gilt, ist der sich an Elinor ereignende Umschlag vom stillen Leiden in das Glück der Liebe. Sie geschieht im 48. Kapitel (von insgesamt 50 Kapiteln).

Das Kapitel beginnt mit Elinors Reflexionen. Sie gesteht sich ein, dass sie solange Edward unverheiratet war, unbewusst die Hoffnung gehegt hat, dass irgendetwas seine Heirat mit Lucy verhindern werde. Auf den narratorialen Bewusstseinsbericht, in dem dieses Eingeständnis dargeboten wird, folgt eine Präsentation, die zwischen verschiedenen Modi wechselt: Bewusstseinsbericht (im folgenden Zitat einfach unterstrichen), indirekte Bewusstseinsdarstellung (doppelt unterstrichen), erlebte Rede (geschlängelt unterstrichen), erlebte Wahrnehmung (punktiert unterstrichen), direkte innere Rede (gestrichelt).

> Elinor now found the difference between the expectation of an unpleasant event, however certain the mind may be told to consider it, and certainty itself. [...]
> But he was now married; and she condemned her heart for the lurking flattery, which so much heightened the pain of the intelligence.
>   That he should be married soon, before (as she imagined) he could be in orders, and consequently before he could be in possession of the living, surprised her a little at first. But she soon saw how likely it was that Lucy, in her self-provident care, in her haste to secure him, should overlook every thing but the risk of delay. They were married, married in town, and now hastening down to her uncle's. What had Edward felt on being within four miles from Barton, on seeing her mother's servant, on hearing Lucy's message! (332)

Elinor rechnet damit, dass einer ihrer Londoner Bekannten sie über die Eheschließung Edwards informieren werde. Aber Tag für Tag vergeht, ohne dass eine solche Nachricht eintrifft. „Though uncertain that any one were to blame, she found fault with every absent friend. They were all thoughtless or indolent" (333). Auf Elinors ungeduldige Frage nach Colonel Brandon, von dem sie sich genaue Information über Edward Ferrars verspricht, antwortet Mrs. Dashwood, dass sie Brandon geschrieben habe und dass er jede Minute zur Tür hereinkommen müsse.

> This was gaining something, something to look forward to. Colonel Brandon *must* have some information to give.
>   Scarcely had she so determined it, when the figure of a man on horseback drew her eyes to the window. He stopped at their gate. It was a gentleman, it was Colonel Brandon himself. Now she could hear more; and she trembled in expectation of it. But—it was *not* Colonel Brandon—neither his air—nor his height. Were it possible, she must say it must be Edward. She looked again. He had just dismounted;—she could not be mistaken,—it *was* Edward. She moved away and sat down. „He comes from Mr. Pratt's purposely to see us. I *will* be calm, I *will* be mistress of myself." (333)

Die drei Frauen schauen einander an und warten schweigend auf den Eintritt ihres Besuchers. Edwards Gesicht ist nicht gerade glücklich, nicht einmal in Elinors Augen. Auf die Begrüßung durch Mrs. Dashwood errötet er und stammelt Unverständliches. Elinor, die ihre Sprache wiedergefunden hat, beginnt vom Wetter zu reden. Die dann eintretende peinliche Pause wird von Mrs. Dashwood beendet, die sich für verpflichtet hält, zu fragen, ob es Mrs. Ferrars gut gehe. Auf Edwards überstürzte Bestätigung folgt wieder eine Pause.

Der darauf folgende Dialog gestaltet die Metabolé im aristotelischen Sinne, den „Umschlag aus Unwissenheit in Erkennen". Was in diesem Dialog wie Missverstehen oder Begriffsstutzigkeit der Beteiligten aussieht, ist in Wirklichkeit die vorsichtige, zögernde Annäherung an eine insgeheim immer noch erhoffte, möglicherweise aber auch tief verstörende Wahrheit:

> Elinor resolving to exert herself, though fearing the sound of her own voice, now said,
> "Is Mrs. Ferrars at Longstaple?"
> "At Longstaple!—he replied, with an air of surprise—"No, my mother is in town."
> "I meant," said Elinor, taking up some work from the table, "to inquire after Mrs. *Edward* Ferrars."
> She dared not look up;—but her mother and Marianne both turned their eyes on him. He coloured, seemed perplexed, looked doubtingly, and after some hesitation, said,
> "Perhaps you mean—my brother—you mean Mrs.—Mrs. *Robert* Ferrars."
> "Mrs. Robert Ferrars!"—was repeated by Marianne and her mother in an accent of the utmost amazement;—and though Elinor could not speak, even *her* eyes were fixed on him with the same impatient wonder. He rose from his seat, and walked to the window, apparently from not knowing what to do; took up a pair of scissors that lay there, and while spoiling both them and their sheath by cutting the latter to pieces as he spoke, said, in a hurried voice,
> "Perhaps you do not know—you may not have heard that my brother is lately married to—to the youngest—to Miss Lucy Steele."
> His words were echoed with unspeakable astonishment by all but Elinor, who sat with her head leaning over her work, in a state of such agitation as made her hardly know where she was.
> "Yes," said he, "they were married last week, and are now at Dawlish." (334–335)

In diesem Dialog, der den *plot point* der Geschichte bildet, wird Bewusstsein nicht nur explizit, sondern auch und besonders implizit dargestellt. Im Abschnitt 2.8 wurden für den impliziten Modus die indiziale und die symbolische Darstellung unterschieden. Beide sind hier aktiv. Indizial wird der innere Zustand der Protagonisten durch ihr Sprechverhalten ausgedrückt, so durch die indirekte Frage nach dem Befinden von „Mrs. Ferrars" und durch die Frage nach dem Aufenthaltsort der mit diesem Namen nicht eindeutig identifizierten Person. Indizial ist auch die Furcht Elinors, Edward anzusehen, und natürlich auch ihre Furcht vor der direkten, zielführenden Frage. Vielsagende Bedeutung erhält, dass Elinor, als sie die präzisierende Frage nach „Mrs. *Edward* Ferrars" stellt, ihre Handarbeit vom Tisch aufnimmt und damit einen Grund findet, den Befragten nicht anzusehen. Indizial ist Edwards Verhalten, das hier in der Wahrnehmung der – trotz seiner bereits vorentscheidenden Antwort – ungläubigen und ungeduldigen

Heldin dargestellt wird. Ein in die Augen fallendes Symptom für Edwards inneren Zustand, das Elinor erkennen muss, ist, dass er beim Sprechen mit der Schere, die er zufällig vorfindet, ein Etui in Stücke zerschneidet. Diese Handlung ist indizial, sie zeigt Edwards seelische Anspannung an. Sie hat aber auch symbolische Bedeutung, die Elinor verstehen wird: Edward zerschneidet mit dem Etui die ihn bislang fesselnden Bande seines unüberlegt gegebenen Eheversprechens an Lucy Steele und befreit sich damit auch von den Fesseln der ihn verpflichtenden Konvention. Damit ist der Höhepunkt der Peripetie für Elinor erreicht.

Auf die bloße Anagnorisis, das Erkennen der wahren Verhältnisse, reagiert Elinor, bezeichnenderweise ohne dass Edward einen Heiratsantrag auch nur angedeutet hätte, mit einem Ausbruch von Glücksgefühlen: „Elinor could sit it no longer. She almost ran out of the room, and as soon as the door was closed, burst into tears of joy, which at first she thought would never cease" (335).

Edward, der daraufhin in tiefes Grübeln verfallen ist, verlässt das Haus und geht auf das Dorf zu. Der ironische Erzähler räsoniert:

> His errand at Barton, in fact, was a simple one. It was only to ask Elinor to marry him;—and considering that he was not altogether inexperienced in such a question, it might be strange that he should feel so uncomfortable in the present case as he really did, so much in need of encouragement and fresh air. (336)

Nachdem er ausführlich Edwards Glücksgefühle und seine dankbare Heiterkeit dargestellt hat, wendet sich der Erzähler wieder Elinor zu:

> But Elinor—how are *her* feelings to be described? [...] she was oppressed, she was overcome by her own felicity; and happily disposed as is the human mind to be easily familiarized with any change for the better, it required several hours to give sedateness to her spirits, or any degree of tranquillity to her heart. (338)

‚Sich zu beherrschen' („to be mistress of [her]self") ist Elinor bis zu Edwards Erklärung gelungen, aber nun bricht die Emotion, die sie so lange gezügelt und unterdrückt hat, aus ihr heraus. Ihre Entwicklung verläuft aber keineswegs von *sense* zu *sensibility*. Emotionen hatte sie schon von Anfang an, aber sie beherrschte und kontrollierte sie. Nun lässt sie die Gefühle, die sie sich zu zeigen nicht gestattet hat, auch nach außen erkennbar werden.

Elinors Glücksgefühle werden mit einer recht nüchternen narratorialen Mitteilung konstatiert, vom Erzähler benannt (*joy, felicity*). Aber wir erhalten keinen Einblick in Elinors Bewusstsein. Wir finden hier nicht die figurale Inszenierung des aufwallenden Gefühls, die man hätte erwarten können. Jane Austen ist auch in den späteren Werken sparsam in der Darstellung der finalen Glücksgefühle ihrer in der Partnergewinnung erfolgreichen Heldinnen.[8]

Neben der fehlenden figuralen Inszenierung des finalen Glücks beobachtet man an *Sense and Sensibility* eine weitere Eigenart von Austens Bewusstseinsdarstellung: Die Wandlung der Figuren wird nicht als allmählicher Prozess dargestellt. Man hat konstatiert, dass Mariannes tiefgreifende Wandlung am Schluss des Romans „abrupt" erfolgt (W. Müller 1977, 92). Für beide Schwestern und auch für die Heldinnen der späteren Romane gilt, dass der Umschlag im Bewusstsein nicht eigentlich prozessual gestaltet wird. Aber das ist keineswegs unnatürlich oder schwach motiviert. Die Metabolé ist ein plötzlicher Umschwung, der sich angesichts der erdrückenden Macht des Faktischen ereignet. Es gibt ein Zuvor und ein Danach, aber der ungestaltete Moment der Metabolé ergibt sich aus dem nicht mehr versöhnbaren Auseinanderklaffen von Konzept und Wirklichkeit. Die Mikrostruktur dieses Moments mit seinen gegeneinander gerichteten Seelenregungen bleibt in Austens Romanen ungestaltet.

Bei aller Symmetrie des Werks und der strukturellen Ähnlichkeit in der Entwicklung seiner Heldinnen sind die Asymmetrien in der Ereignishaftigkeit nicht zu übersehen. Marianne ist im narratologischen Sinne die Agentin ihres

---

[8] Gegen Wolfgang Müller (1977, 98), der Austens letzten Roman *Persuasion*, dem er das Fehlen von Ironie attestiert, von dieser Aussparung der Glücksdarstellung ausnimmt, sei angemerkt, dass auch in diesem weithin figural perspektivierten und – zugegeben – insgesamt weniger ironisch geschriebenen Werk das Glück nicht eigentlich dargestellt wird. Als Anne, die Heldin des Romans, im Konzert des 20. Kapitels aus unübersehbaren Symptomen den Schluss gezogen hat, dass Kapitän Wentworth, dem sie vor acht Jahren einen Korb gegeben hat, sie immer noch liebt, ist sie „struck, gratified, confused, and beginning to breathe very quick, and feel an hundred things in a moment" (Jane Austen, *Persuasion*, 135). Das Glücksgefühl, das sie überkommt, zeigt sich nur in ihrem Verhalten zu den andern Besuchern des Konzerts und wird dann lediglich im narratorial dargebotenen negativen Komparativ bezeichnet: „She was divided from Captain Wentworth. Their interesting, almost too interesting conversation must be broken up for a time, but slight was the penance compared with the happiness which brought it on! She had learnt, in the last ten minutes, more […] of all his feelings than she dared to think of; and she gave herself up to the demands of the party, to the needful civilities of the moment, with exquisite, though agitated sensations. She was in good humour with all. She had received ideas which disposed her to be courteous and kind to all, and to pity every one, as being less happy than herself" (136–137). Aus der unübersehbaren Änderung in Wentworths Verhalten zieht Anne einen Schluss: „She could not contemplate the change as implying less.—He must love her" (137). Kurz darauf stellt der Erzähler Annes Gedanken in einem rein narratorialen Bewusstseinsbericht dar, der kaum unironisch genannt werden kann: „Prettier musings of high-wrought love and eternal constancy, could never have passed along the streets of Bath, than Anne was sporting with from Camden Place to Westgate Buildings. It was almost enough to spread purification and perfume all the way" (142).

Schicksals, d. h. sie betreibt nach dem Scheitern ihres Lebenskonzepts und der Einsicht in dessen Falschheit aktiv eine Änderung ihrer Einstellung. Elinor ist in der Veränderung ihrer Lebensumstände eher passiv; sie ist – wiederum im narratologischen Sinne – die Patientin ihres Schicksals. Die Zustandsveränderung, der Umschlag von Unglück in Glück, wird ihr zugefügt. Das bislang vom Verstand kontrollierte Gefühl bricht aus ihr heraus.

7.1.4 Der prosaische Schluss

Sense and Sensibility enthält ein Finale, das charakteristisch ist für Austens Romane. Die beiden Heldinnen überschreiten eine Grenze, aber was auf sie jenseits der Grenze wartet, ist nicht die Erfüllung von Wunschträumen oder eine Belohnung, wie sie das moralisierende achtzehnte Jahrhundert verstanden hat. ‚Belohnt' und ‚bestraft' wird der Mensch mit sich selbst, durch seinen Charakter, mit dem er die Prosa des Lebens zu bestehen hat.[9]

Die Skepsis der realistischen Autorin gegenüber der traditionellen Verteilung von Glück und Unglück nach moralischem Verdienst erhellt aus den ironischen Bemerkungen, die der Erzähler im Schlusskapitel zu Lucy Steeles Erfolgen macht:

> The whole of Lucy's behaviour in the affair, and the prosperity which crowned it, therefore, may be held forth as a most encouraging instance of what an earnest, an unceasing attention to self-interest, however its progress may be apparently obstructed, will do in securing every advantage of fortune, with no other sacrifice than that of time and conscience. (349–350)

Das Glück ihres für alle unerwarteten Ehegatten Robert Ferrars hält sich in engen prosaischen Grenzen: „He was proud of his conquest, proud of tricking Edward, and very proud of marrying privately without his mother's consent" (350).

Das neue Leben Mariannes, die von allen Figuren die einschneidensten Veränderungen ihrer Konzepte und Perspektiven erlitten hat, beleuchtet der ironische Erzähler im Schlusskapitel in überaus prosaischem Licht:

---

9 Lloyd W. Brown (1969, 1582) konstatiert an Austens Schlüssen „marked self-consciousness, her deliberate emphasis on the artifices and the transparent inevitability of her ‚happy' endings, together with the suspension of related moral judgments". Nach seinen Beobachtungen ergeben sich bei der realistischen Autorin Glück und Unglück aus den Charakteren und nicht aus der Anwendung einer abstrakten „poetischen Gerechtigkeit".

> Marianne Dashwood was born to an extraordinary fate. She was born to discover the falsehood of her own opinions, and to counteract, by her conduct, her most favourite maxims. She was born to overcome an affection formed so late in life as at seventeen, and with no sentiment superior to strong esteem and lively friendship, voluntarily to give her hand to another!—and *that* other, a man who had suffered no less than herself under the event of a former attachment, whom, two years before, she had considered too old to be married,—and who still sought the constitutional safeguard of a flannel waistcoat!
>
> But so it was. Instead of falling a sacrifice to an irresistible passion, as once she had fondly flattered herself with expecting, instead of remaining even for ever with her mother, and finding her only pleasures in retirement and study, as afterwards in her more calm and sober judgment she had determined on,—she found herself at nineteen, submitting to new attachments, entering on new duties, placed in a new home, a wife, the mistress of a family, and the patroness of a village. (352)

Marianne hat keinen Grund, sich über ihr Schicksal zu beklagen. Unter den gegebenen Umständen gestaltet sich die unvermeidliche Prosa des Lebens für sie auf günstigste Weise.

7.2 Pride and Prejudice

7.2.1 Symmetrische Veränderungen

Der zweite veröffentlichte Roman Jane Austens *Pride and Prejudice* wurde nicht nur das populärste Werk der Autorin, sondern auch einer der meistgelesenen Romane der Weltliteratur. Die Autorin rückte allerdings in einem Brief an ihre Schwester Cassandra vom Februar 1813 von *Pride and Prejudice* ab: „the work is rather too light, and bright, and sparkling" (zit. nach Austen-Leigh 1870, 134).

Der wiederum binäre Titel verleitet zu einem ebenso distributiven Verständnis der Titelbegriffe, wie es *Sense and Sensibility* nahelegte. Vor einer Überinterpretation des Titels warnte Robert Fox (1962), der wirtschaftliche Aspekte ins Spiel brachte. Nach dem Erfolg von *Sense and Sensibility* habe ein ähnlich antithetischer und alliterativer Titel einen guten Absatz versprochen.[10] Entscheidend für die Titelgebung des neuen Romans dürfte freilich gewesen sein, dass sich Austen mit ihren binären und antithetischen Titeln in die Tradition des moralistischen Romans des späten achtzehnten Jahrhunderts stellte, in dem gegensätz-

---

10 Im Übrigen kann Fox' Vorschlag, den Hauptgegensatz zwischen den Protagonisten nicht in *pride* und *prejudice*, sondern in *pride* und *vanity* zu sehen, die er ganz konventionell den Protagonisten distributiv zuordnet, kaum überzeugen.

liche Bewusstseinshaltungen durch oppositive Figuren, üblicherweise Schwestern oder enge Freunde mit radikal unterschiedlichen Temperamenten in Szene gesetzt wurden (vgl. Litz 1965, 73–77).

Es geht in *Pride and Prejudice* um die Korrektur von *First Impressions*, wie das Werk in seiner ersten Fassung, vermutlich als Briefroman, hieß.[11] Diese Korrektur bedeutet wiederum die ereignishafte Veränderung von Charakterhaltungen, aber die zu überwindenden Schwächen sind erneut nicht einfach auf die beiden Protagonisten aufzuteilen, wie das die meisten Interpretationen vorsehen. Es verkennt die erzählte Geschichte, wer versteht, dass Fitzwilliam Darcy nur seinen Stolz und Elizabeth Bennet nur ihr Vorurteil überwinde. Im Laufe der Geschichte werden beide Protagonisten mit beiden Schwächen verbunden, entweder im Vorwurf anderer oder in der Selbstbezichtigung.

Darcy ist stolz auf seine gesellschaftliche Stellung, Elizabeth auf ihre Scharfsicht, und sie gesteht im Gespräch der Mädchen über den Stolz (Kap. 5): „I could easily forgive *his* pride, if he had not mortified *mine*" (12).[12] Elizabeth ist überzeugt davon, dass Darcy in der Ablehnung ihrer Familie von der „schlimmsten Sorte des Stolzes" getrieben werde (Kap. 33), und Darcy versteht bei seiner ersten Werbung, dass er mit dem Äußern seiner Bedenken angesichts ihrer nicht standesgemäßen Familie, Elizabeths „Stolz" verletzt hat (Kap. 34).

Der Vorwurf des Stolzes geht an die Adresse Darcys besonders nachdrücklich von Wickham aus: „Every body is disgusted with his pride" (53) „almost all his actions may be traced to pride;—and pride has often been his best friend" (55), aber Wickhams Zeugnis wird durch die Entlarvung seiner Person durch Darcy nicht unwesentlich entwertet. Allerdings ist *pride* auch für andere Figuren ein auf Darcy zutreffendes Etikett, ja, es ist das allgemeine Vorurteil der Gesellschaft gegen ihn. Mrs. Reynolds, die Haushälterin des Herrenhauses von Pemberley, hat freilich ein anderes Urteil: „Some people call him proud; but I am sure I never saw any thing of it. To my fancy, it is only because he does not rattle away like other young men" (166).

Elizabeth wird bei der Lektüre von Darcys Brief (Kap. 36) „a strong prejudice against every thing he might say" attestiert (138), und sie selbst beschuldigt sich

---

[11] Den 1797 konzipierten Titel musste Austen 1800 wegen des Erscheinens des vierbändigen Romans *First Impressions, or the Portrait* (1801) von Margaret Wrench Holford aufgeben. Der neue Titel wird, wie schon oft angemerkt bemerkt wurde (vgl. Litz 1965, 100–101,190) von Fanny Burneys äußerst erfolgreichem *novel of manners Cecilia* (1782) angeregt sein, in dessen Schluss eine Figur die Moral des Ganzen dreimal mit der Formel *Pride and Prejudice* zusammenfasst.
[12] Jane Austen, *Pride and Prejudice*. Nach dieser Ausgabe alle Zitate aus dem Roman mit Angabe nur der Seitenzahl.

des Vorurteils in der Einschätzung sowohl Darcys als auch Wickhams (141). Letztlich erweist sich auch Darcy im Vorurteil gegen Elizabeth befangen, das sich vor allem auf ihre Familie bezieht.

Das zentrale mentale Ereignis des Romans ist, wie man resümieren kann, eine doppelte, symmetrische Veränderung in der Geisteshaltung beider Protagonisten. Beide Helden überwinden die ihr Denken und Fühlen bestimmenden Haltungen Stolz *und* Vorurteil. Die Veränderung der Geisteshaltung führt auch zu einer Veränderung des sozialen Verhaltens, sie ist in den beiden Protagonisten mit einer entsprechenden Entwicklung in der gegenseitigen Einschätzung und Bewertung verbunden. Die Überwindung der eigenen Schwächen, die starke soziale Implikationen haben, geschieht durch die emotionale Annahme des andern, der zunächst sozial und erotisch negativ bewertet wurde. So hat die mentale Zustandsveränderung in beiden Protagonisten eine soziale und eine erotische Seite.

7.2.2 Erzählperspektive und Bewusstseinsdarstellung

Der langwierige Prozess des Umdenkens und ‚Umfühlens' wird narratorial und figural dargestellt. Wenn die Darstellung figural perspektiviert ist, dann folgt sie ausschließlich Elizabeths Perspektive, und zwar in allen Parametern, die man für die Perspektive unterscheiden kann, der perzeptiven, ideologischen, räumlichen, zeitlichen und sprachlichen Perspektive (Schmid 2014a, 122–127). Die Perspektive der Heldin dominiert allerdings noch keineswegs so konsequent, wie man das aus den späteren Romanen der Autorin oder gar dem modernistischen Erzählen Henry Jamesscher Prägung kennt und wie viele Interpreten suggerieren. Es bleibt im Erzählbericht ein nicht unerheblicher Anteil an narratorialer Selektion und Bewertung. Die narratoriale Führung zeigt sich auch darin, dass das Bewusstsein der im Zentrum stehenden Heldin zwar häufig in direkter innerer und erlebter Rede dargestellt wird, aber in erheblichem Maße auch in indirekter Bewusstseinsdarstellung und im Bewusstseinsbericht, durchaus auch in wichtigen Situationen der Handlung.

Elizabeths Erkenntnisse, die im Laufe der Geschichte ihr Bewusstsein verändern, werden nicht selten narratorial wiedergegeben. So etwa auch ihre Einsicht in die frühere Fehleinschätzung Wickhams, eine Erkenntnis, die eine entscheidende Bedeutung für ihr Verhältnis zu Darcy und ihre emotionale Entwicklung hat:

> She perfectly remembered every thing that had passed in conversation between Wickham and herself, in their first evening at Mr. Philips's. Many of his expressions were still fresh in

her memory. She was *now* struck with the impropriety of such communications to a stranger, and wondered it had escaped her before. She saw the indelicacy of putting himself forward as he had done, and the inconsistency of his professions with his conduct. (140)

Die Schlussfolgerung, die Elizabeth aus der Umbewertung der erinnerten Situationen und Haltungen zieht, ist allerdings in erlebter Rede wiedergegeben: „How differently did every thing now appear in which he [scil. Wickham] was concerned!" (140). Ihre Scham ist im Bewusstseinsbericht präsentiert, der zunächst narratorialen Charakter hat, dann aber in figural gefärbte Selbstbezichtigungen mündet (geschlängelt unterstrichen): „She grew absolutely ashamed of herself.— Of neither Darcy nor Wickham could she think, without feeling that she had been blind, partial, prejudiced, absurd" (141).

Darauf folgt ein direkter innerer Monolog, der als Schlüsselstelle in Elizabeths mentaler Peripetie weiter unten (S. 173) betrachtet wird.

In Darcys Bewusstsein hat der Erzähler Innensicht, er benutzt aber konsequent nicht die Perspektive dieser Figur (Introspektion in das Innere einer Figur und die Übernahme ihrer perzeptiven Perspektive sind, wie oft sie in Perspektivtheorien auch vermengt werden, zwei durchaus verschiedene Verfahren). Mit erlebter Rede und vergleichbaren Formen wird Darcys Innenwelt nie wiedergegeben. Seine mentale Befindlichkeit wird, abgesehen von den indizialen und symbolischen Zeichen, die sein Handeln und Sprechen enthält, durch narratorialen Bewusstseinsbericht dargestellt. Das führt häufig zur sogenannten „dramatischen Ironie", die darin besteht, dass der Leser mehr über eine Figur informiert wird als ihr Gegenspieler. Im vorliegenden Fall heißt das, dass der durch Bewusstseinsbericht informierte Leser mehr als Elizabeth weiß von dem, was in Darcy vorgeht. Ein Beispiel enthält die oben (S. 40) zitierte Stelle: der Erzähler erwähnt, dass Elizabeth, die ganz auf Mr. Bingleys Bemühung um ihre Schwester Jane konzentriert ist, „nicht im entferntesten der Verdacht kam", dass sie selbst zum Gegenstand eines gewissen Interesses in den Augen seines Freundes Mr. Darcy wurde (15). Ein ähnlicher Fall ,dramatischer Ironie' liegt vor, wenn der Erzähler berichtet, dass Darcy den von der Bewegung in frischer Luft strahlenden Teint Elizabeths bewundert und sich dabei fragt, ob der Anlass, der Besuch der in Bingleys Haus erkrankten Jane, rechtfertige, dass Elizabeth im strömenden Regen ganz allein drei Meilen nach Netherfield zu Fuß gegangen ist: „Mr. Darcy [...] was divided between admiration of the brilliancy which exercise had given to her [Elizabeth's] complexion, and doubt as to the occasion's justifying her coming so far alone" (22).

Da Elizabeth zu den inneren Vorgängen Darcys keinen Zugang hat, kann sie sein wachsendes Interesse an ihr nicht bemerken oder, wenn es durch äußere Anzeichen erkennbar wird, nicht richtig deuten:

> [...] Elizabeth could not help observing as she turned over some music books that lay on the instrument, how frequently Mr. Darcy's eyes were fixed on her. She hardly knew how to suppose that she could be an object of admiration to so great a man; and yet that he should look at her because he disliked her, was still more strange. She could only imagine however at last, that she drew his notice because there was a something about her more wrong and reprehensible, according to his ideas of right, than in any other person present. The supposition did not pain her. She liked him too little to care for his approbation. (34)

Deshalb kann die Darstellung dessen, was in Darcy vorgeht und was Elizabeth nicht wahrnimmt, nur narratorial erfolgen. Mit den beiden letzten Sätzen der soeben zitierten Passage gerät der Erzähler allerdings in das Fahrwasser des Figurentextes. Wir haben hier ein Beispiel für uneigentliches Erzählen, also scheinbar authentische Rede des Erzählers, die Bewertungen und Benennungen ohne Markierung aus dem Figurentext übernimmt. Dass Elizabeths Mutmaßung ihr nicht weh getan habe, da sie sich überhaupt nicht um Darcys Anerkennung kümmere, würde der zuverlässige Erzähler aus eigener Warte schwerlich behaupten. Dazu ist Elizabeth zu sehr mit Darcys Blicken und ihrer Deutung beschäftigt

7.2.3 Darcys und Elizabeths Veränderung

Ausgangspunkt für die Veränderungen beider Helden ist Darcys fatales Urteil über Elizabeth bei seinem ersten Treffen mit ihr auf dem Ball. Zu seinem Freund Bingley, der ihn zum Tanz mit der hübschen Elizabeth überreden will, qualifiziert er die junge Frau, so dass diese es hören kann, als „annehmbar", aber „nicht schön genug, um [ihn] zu reizen" (siehe Zitat oben, S. 40).

Darcys Veränderung wird, abgesehen von einzelnen narratorialen Informationen, über Elizabeths Wahrnehmung präsentiert. Und diese Wahrnehmung ist eingeschränkt, beschränkt auf die Kontakte mit ihm und die Berichte von seinem Verhalten. Der Leser wird allerdings in narratorialem Bewusstseinsbericht schon früh (Kap. 6) darüber informiert, dass sich Darcy für das selbstbewusste Mädchen, das er als „torable" qualifiziert hat, zu interessieren beginnt, ohne dass Elizabeth dieses Interesse wahrnimmt. Bereits in Kapitel 10 nennt der Erzähler Darcy durch Elizabeth *bewitched* wie durch keine andere Frau bisher. Darcy hätte sich, so berichtet der Erzähler, „ein wenig gefährdet" gesehen, wenn ihre Familie gesellschaftlich nicht so weit unter ihm gestanden hätte (35). In Kapitel 11 wehrt sich Darcy gegen das wachsende Gefühl: „He began to feel the danger of paying Elizabeth too much attention" (39), und bei Elizabeths Besuch der in Netherfield erkrankten Schwester beschließt er, darauf zu achten, dass ihm kein Zeichen seiner Bewunderung für die kluge und kecke junge Frau mehr entschlüpft, die ihn, wie er registriert, mehr anzieht, als ihm lieb ist (Kap. 12). An dem Tanz, zu dem Darcy Elizabeth auf dem Ball überrumpelt, findet er mehr Vergnügen als Elizabeth: „in Darcy's breast there was a tolerable powerful feeling towards her" (Kap. 18; 65). Zu den äußeren Anzeichen von Darcys Interesse an Elizabeth gehören seine häufigen Besuche im Pfarrhaus von Hunsford in der Zeit, in der er dort Elizabeth zu Besuch bei ihrer Freundin Charlotte weiß. Aber den Mangel an Lebendigkeit in seiner Konversation kann selbst Charlotte nicht mit Verliebtheit, die sie bei ihm vermutet, in Einklang bringen (Kap. 32).

Für Elizabeth wird Darcys Umwertung ihrer Person erst mit seinem für sie überraschenden Liebesgeständnis und dem Heiratsantrag manifest: „In vain have I struggled. It will not do. My feelings will not be repressed. You must allow me to tell you how ardently I admire and love you" (128–129). Das Mädchen ist natürlich geschmeichelt, wird aber ungehalten, als er – fest mit einer Annahme rechnend – zu verstehen gibt, dass er für die überwundene Ablehnung ihrer Familie ein besonderes Verdienst erworben zu haben glaubt. Ihre scharfe Kritik seines Hochmuts und seines Dünkels und ihre schroffe Absage („I had not known you a month before I felt that you were the last man in the world whom I could ever be prevailed on to marry"; 132) lassen eine weitere Entwicklung ihrer Beziehung wenig aussichtsreich erscheinen.

Ein wieder unerwarteter Wendepunkt – genau in der Mitte des Romans – ist mit Darcys Brief verbunden (Kap. 35), in dem der um seinen Ruf besorgte Held, ohne eine erneute Werbung auszusprechen, anderseits aber auch ohne seine Vorbehalte gegen ihre Familie zurückzunehmen, einige Missverständnisse über sein Handeln und seine Beweggründe auszuräumen sucht. (Die starke Wirkung dieses Briefs auf Elizabeth wird weiter unten bei der Skizzierung ihres Ereignisses behandelt.)

Die emotionale Peripetie ereignet sich für Elizabeth, als sie bei der Besichtigung von Darcys Herrensitz Pemberley zu ihrem Entsetzen dem abwesend geglaubten Hausherrn begegnet (Kap. 43). Sie ist auf das Höchste über Darcys verändertes Verhalten verwundert:

> She blushed again and again over the perverseness of the meeting. And his behaviour, so strikingly altered,—what could it mean? That he should even speak to her was amazing!— but to speak with such civility, to enquire after her family! Never in her life had she seen his manners so little dignified, never had he spoken with such gentleness as on this unexpected meeting. (168–169)

Bei der Vorstellung von Darcys Veränderung ist der Leser bis auf das Wenige, das der Erzähler ihm direkt zu wissen gibt, auf Elizabeths Wahrnehmung und Reflexion angewiesen. Auf folgende Weise rätselt die Heldin über Darcys emotionale Befindlichkeit:

> She longed to know what at that moment was passing in his mind; in what manner he thought of her, and whether, in defiance of every thing, she was still dear to him. Perhaps he had been civil, only because he felt himself at ease; yet there had been *that* in his voice, which was not like ease. Whether he had felt more of pain or of pleasure in seeing her, she could not tell, but he certainly had not seen her with composure. (169)

Elizabeth fragt sich verwundert, was Darcys Veränderung ausgelöst haben mag: „Why is he so altered? From what can it proceed? It cannot be for *me*, it cannot be for *my* sake that his manners are thus softened. My reproofs at Hunsford could not work such a change as this. It is impossible that he should still love me" (171).

Mit Darcys grundlegend verändertem Verhalten in Pemberley ist seine Verwandlung im Grunde abgeschlossen. Er hat Elizabeth seine Zuneigung bekundet, seinen Hochmut überwunden und ist mit ihren Verwandten überaus freundlich umgegangen. Die einzelnen Phasen seiner Umwertung bleiben verborgen, insofern nicht narratorial dargestellt oder von Elizabeth wahrgenommen. Aus dem Bericht ihrer Tante Mrs. Gardiner wird deutlich, dass Darcy die Wiederannäherung von Elizabeths Schwester Jane und seinem Freund Bingley betrieben und mit erheblichem finanziellem Aufwand dafür gesorgt hat, dass Wickham die von ihm entführte Lydia, Elizabeths jüngere Schwester, heiratet. Ja, Darcy hat sogar selbst an der Hochzeit teilgenommen. Nachdem Elizabeth von seinen Wohltaten, die er vor allen zu verbergen sucht, erfahren hat und nun erkennt, wie er in der Akzeptanz ihrer Familie über seinen Schatten gesprungen ist, gibt sie ihm bei seinem unerwarteten Besuch in Longbourn „immediately, but not very fluently" zu verstehen, dass sich ihre Gefühle seit ihrer Ablehnung seines Antrags gründlich geändert haben und dass sie jetzt seine Beteuerungen mit Dankbarkeit und Freude vernimmt (246).

Darcys Reaktion auf diese Erklärung, die nichts Geringeres ist als die Annahme seines zweiten Heiratsantrags, wird mit narratorialer und leicht ironischer Distanz mitgeteilt: „The happiness which this reply produced, was such as he had probably never felt before; and he expressed himself on the occasion as sensibly and as warmly as a man violently in love can be supposed to do" (246). Die narratorial distanzierte Gestaltung des Jaworts und der Reaktion darauf bestätigt den Eindruck, den schon der Schluss von *Sense and Sensibility* vermittelt, dass Jane Austen zurückhaltend ist bei der Darstellung des finalen Glücks ihrer heiratenden Helden.

Elizabeths Ereignis, ihre Umwertung Darcys und ihre Überwindung von Stolz und Voreingenommenheit, ist differenzierter dargestellt, vollzieht sich über eine Reihe von Stationen.

Eine dieser Stationen bilden Elizabeths Reflexionen nach Darcys überraschendem Heiratsantrag und ihrer Ablehnung. Wie oft bei Austen geht der narratoriale Bewusstseinsbericht in erlebte Rede über:

> Her astonishment, as she reflected on what had passed, was increased by every review of it. That she should receive an offer of marriage from Mr. Darcy! that he should have been in love with her for so many months! so much in love as to wish to marry her in spite of all the objections which had made him prevent his friend's marrying her sister, and which must appear at least with equal force in his own case, was almost incredible! it was gratifying to have inspired unconsciously so strong an affection. But his pride, his abominable pride, his shameless avowal of what he had done with respect to Jane [...] soon overcame the pity which the consideration of his attachment had for a moment excited. (132)

Nach Darcys Brief, in dem er sein Handeln gegen Jane und Wickham erklärt, überfällt Elizabeth tiefe Scham über ihren Stolz auf ihr Urteilsvermögen und ihr Vorurteil gegenüber Darcy. Ihre Überlegungen sind in einem direkten inneren Monolog gestaltet, der an Expressivität und emotionaler Färbung im Roman nicht seinesgleichen hat, gleichwohl in seiner Begrifflichkeit, seiner thematischen Systematik und syntaktischen Ordnung deutliche narratoriale Spuren behält:

> "How despicably have I acted!" she cried.—"I, who have prided myself on my discernment!—I, who have valued myself on my abilities! who have often disdained the generous candour of my sister, and gratified my vanity, in useless or blameable distrust.—How humiliating is this discovery!—Yet, how just a humiliation!—Had I been in love, I could not have been more wretchedly blind. But vanity, not love, has been my folly.—Pleased with the preference of one, and offended by the neglect of the other, on the very beginning of our acquaintance, I have courted prepossession and ignorance, and driven reason away, where either were concerned. Till this moment, I never knew myself." (141)

In immer neuen Lektüren verarbeitet Elizabeth Darcys Brief (Kap. 36–37), bis sie ihn fast auswendig kann. Wenn sie daran denkt, wie er seinen Antrag gemacht hat, ist sie immer noch empört, aber wenn sie daran denkt, wie ungerecht sie ihn verurteilt hat, kehrt sich ihr Zorn gegen sie selbst, und er tut ihr leid in seiner Enttäuschung. Seine Liebe ruft in ihr Dankbarkeit hervor, seine Stellung in der Gesellschaft Hochachtung, aber sie kann ihn nicht akzeptieren, und sie bereut ihre Ablehnung keine Sekunde lang.

Die entscheidende Station ihrer Entwicklung ist die unerwartete Begegnung mit Darcy in Pemberley (Kap. 43). Schon vor der Besichtigung von Pemberley

House und dem unerwarteten Zusammentreffen mit dem Hausherren ist Elizabeth harmonisch gestimmt, auf ein mögliches Glück eingestimmt. Das bewirkt ihre Wahrnehmung der Natur um Darcys Herrensitz.[13] Sie überträgt die in der Gestaltung der Natur wahrgenommene Harmonie unwillkürlich auf den Besitzer[14] und lässt zum ersten Mal den Gedanken einer Verbindung mit Darcy zu: „Elizabeth was delighted. She had never seen a place for which nature had done more, or where natural beauty had been so little counteracted by an awkward taste. [...] at that moment she felt, that to be mistress of Pemberley might be something!" (163). Beim Gang durch das Haus bewundert Elizabeth die reiche, aber geschmackvolle Ausstattung, die weder prunkhaft noch übertrieben vornehm ist.

> "And of this place," thought she, "I might have been mistress! With these rooms I might now have been familiarly acquainted! Instead of viewing them as a stranger, I might have rejoiced in them as my own, and welcomed to them as visitors my uncle and aunt.—But no,"—recollecting herself,—"that could never be: my uncle and aunt would have been lost to me: I should not have been allowed to invite them."
> This was a lucky recollection—it saved her from something like regret. (164)

Elizabeths Vorurteile werden weiter erschüttert, wenn die Hausdame die Menschenfreundlichkeit und Herzensgüte ihres Herren lobt. Elizabeth weiß das Lob einer klugen Bediensteten zu schätzen, und wenn sie vor dem Bild steht, aus dem Darcy auf sie herabblickt, denkt sie mit mehr Dankbarkeit an sein Interesse für sie, als dieses jemals in ihr geweckt hat: „she remembered its warmth, and softened its impropriety of expression" (167).

Es kommt zu der Begegnung mit dem Hausherren, die sie so sehr zu vermeiden gesucht hat. Sie ist über alle Maßen erstaunt über Darcys Veränderung, sein liebenswürdiges Verhalten, seine Nachfrage nach der Familie, das völlige Fehlen von Hochmut (siehe das Zitat S. 171).

In den verbleibenden Kapiteln retardieren noch einige Komplikationen und Klärungen das volle Erscheinen der in Pemberley auf beiden Seiten zu Tage getretenen Veränderungen. Aber der entscheidende Umschwung im mentalen Ereignis beider Protagonisten ist in Pemberley eingetreten. Am Ende der Geschichte, als sich die Liebenden erklärt haben und die Familie eingeweiht ist

---

13 Zur erlebten Wahrnehmung der Natur und des Gutshauses von Pemberley vgl. W. Bühler (1937, 155–158: „Erlebter Eindruck").
14 Zur Rolle der Natur, die sich in Austens Romanen verändert, vgl. Litz (1965, 150–153). Während in den frühen Romanen die Natur wie ein Kunstwerk wahrgenommen wird (als Beispiel führt Litz Elizabeth Bennet in Pemberley an), dient sie in den späteren Romanen, vor allem in *Persuasion*, der Bewusstseinsdarstellung: „landscape is a structure of feeling which can express, and also modify, the minds of those who view it" (Litz 1965, 153).

(Kap. 59), gibt Elizabeth auf Janes Frage nach dem Beginn ihrer Liebe eine scherzhafte Antwort: „It has been coming on so gradually, that I hardly know when it began. But I believe I must date it from my first seeing his beautiful grounds at Pemberley" (252).

7.2.4 Zwei Ebenen des Bewusstseins

Elizabeths scheinbar scherzhafte Antwort ist durchaus ernsthaft zu verstehen, insofern Darcy erst in Pemberley seine neugewonnene Haltung zeigen kann: Liebenswürdigkeit, Überwindung seines Stolzes, Fähigkeit zur Selbstkritik, Respekt für Elizabeths Familie. Aber schon lange vorher wird dem aufmerksamen Leser nicht entgangen sein, dass Elizabeth sich mehr, als ihr selbst lieb ist, für den Mann interessiert, dessen Urteil sie so schwer gekränkt hat. Aus indizialen und symbolischen Zeichen kann man auf einen inneren Kampf in Elizabeth schließen. Einerseits will die selbstbewusste junge Frau zu verstehen geben, dass sie Darcy ablehnt. Das zeigt ihre Verschlossenheit in den Begegnungen mit ihm und ihr räumliches Abrücken von ihm. Von Mr. Wickham nach ihrer Bekanntschaft mit Darcy befragt (Kap. 16), beteuert sie, dass sie ihn mehr, als ihr angenehm sei, kenne und ihn „very disagreeable" finde (53). Auf dem Ball in Netherfield reagiert Elizabeth mit ostentativer Unhöflichkeit gegen Darcy, den sie für Wickhams Abwesenheit verantwortlich macht (Kap. 18). Darcys höfliche Fragen kann sie kaum noch mit der gebotenen Wohlerzogenheit beantworten:

> Attention, forbearance, patience with Darcy, was injury to Wickham. She was resolved against any sort of conversation with him, and turned away with a degree of ill humour, which she could not wholly surmount even in speaking to Mr. Bingley, whose blind partiality provoked her. (61)

Zu Charlotte Lucas, die die von Darcy zum Tanzen aufgeforderte Elizabeth tröstet, sie werde ihn bestimmt sehr nett finden (Kap. 18), äußert die Widerstrebende: „Heaven forbid!—*That* would be the greatest misfortune of all!—To find a man agreeable whom one is determined to hate!—Do not wish me such an evil" (62). Und selbst der Erzähler attestiert ihr in Kapitel 34 einen „deeply-rooted dislike" (129) für Darcy.

Elizabeth ist nicht eitel, sie bespiegelt sich nicht selbst, aber der klugen, sensiblen und aufmerksamen jungen Frau kann nicht so lange entgehen, dass sie Darcy trotz seines anfänglichen Verdikts über sie durchaus gut gefällt.

Kann man schon aus dem ostentativ-negativen Verhalten schließen, dass Elizabeth Darcys Präsenz, Sprechen und Verhalten mit gespannter Aufmerksamkeit zur Kenntnis nimmt und sich geradezu zu seiner Ablehnung überreden muss, wird man weitere Anzeichen ihrer geheimen Sympathie für den früheren Verächter ihrer Schönheit erkennen.

Bei Lady Catherine De Bourgh (Kap. 31) beobachtet Elizabeth sehr aufmerksam, wie herzlich Darcy in das Lob seiner Cousine Miss De Bourgh einstimmt, die mit ihm in Verbindung gebracht wird, aber die Beobachterin ist weder jetzt noch zu einem andern Zeitpunkt genötigt, irgendein Anzeichen von Liebe festzustellen. Muss das Suchen nach Anzeichen fremder Liebe nicht als Zeichen eigenen Interesses gewertet werden?

Elizabeth versteht oft, was Darcy meint, während andere seine Intention nicht verstehen. Das spricht für deutliche Empathie, die auch als Ausdruck von Sympathie gedeutet werden kann. In einer Diskussion in Netherfield (Kap. 9), an der auch Mrs. Bennet teilnimmt, sieht sich Elizabeth gezwungen, ihre Mutter auf ihr Missverständnis des von Darcy Gesagten hinzuweisen: „'Indeed, Mama, you are mistaken,' said Elizabeth, blushing for her mother. 'You quite mistook Mr. Darcy. [...]'" (29). Diese Korrektur der Mutter zugunsten der Intention Darcys kann man auch als symbolisch betrachten und von der konkreten Situation auf die Makrostruktur der Handlung übertragen.

Anzeichen einer besonderen Beziehung zu Darcy ist auch Elizabeths Scheu, vor andern seinen Namen zu erwähnen, so im Gespräch mit Wickham (Kap. 16). Ein weiteres Zeichen muss darin gesehen werden, dass Elizabeth, die selbstbewusst ihre Meinungen äußert, sich gerne mit Darcy streitet. Diesem Streit haftet immer etwas Spielerisches an.

Vor dem manifesten Liebesfall kann man also eine gewisse Widersprüchlichkeit in Elizabeths Verhalten gegenüber Darcy erkennen. Oder man kann in ihrem Bewusstsein zwei Ebenen unterscheiden, Wille und Neigung oder voluntatives und unwillkürliches oder rationales und emotionales Bewusstsein. Mit gewissen historischen Vorbehalten kann man auch die Freudsche Dichotomie von Bewusstem und Unbewusstem auf Austens Bewusstseinsdarstellung anwenden.

Pride and Prejudice wäre dann ein früher Fall der für die weitere Entwicklung der Erzählliteratur maßgebenden systematischen Differenzierung von zwei Ebenen des Bewusstseins. Schon in *Sense and Sensibility* hat Austen die Kluft zwischen diesen Ebenen angedeutet. Man denke nur an die erotischen Phantasien, die die nüchterne, rationale Elinor nach der nächtlichen Heimsuchung durch den Verführer Willoughby (siehe S. 158) entwickelt.

7.3 Emma

7.3.1 Irrtümer und Revisionen

Emma (1815) entfaltet eine gestufte Reihe von mentalen Ereignissen in einer Kaskade von Erkenntnisakten, die mehr oder weniger fatale Irrtümer aufheben. Diese Ereignisse vollziehen sich alle im Bewusstsein der Titelheldin Emma Woodhouse, einer schönen und intelligenten, von ihren Freunden geschätzten Frau von einundzwanzig Jahren mit gesellschaftlicher Stellung und Vermögen.

Über ihre Heldin schreibt die Autorin, als sie mit dem Roman beginnt: „I am going to take a heroine whom no one but myself will much like" (zit. nach Austen-Leigh 1870, 204). Die Befürchtung der Autorin gründet offensichtlich darauf, dass sie ihre Heldin neben vielen sympathischen Eigenschaften mit einem Zug ausstatten wird, der wenig attraktiv wirkt: der Neigung zur Selbsttäuschung, zur Selbstüberschätzung, zur Herrschsucht. Die Irrtümer, denen Emma auf Grund ihrer Unbescheidenheit und Voreiligkeit erliegt, betreffen die Einschätzung einiger ihrer Mitmenschen und – nicht zuletzt – ihrer selbst. Emma irrt in dem wichtigsten aller Merkmale in der Welt der Romane Austens, nämlich darin, ob zwei Menschen für einander bestimmt sind. Emma, die stolz darauf ist, die Ehe ihrer ehemaligen Gouvernante Miss Taylor vermittelt zu haben (welches Verdienst George Knightley relativiert, ihr Schwager und älterer Vertrauter), betätigt sich als unermüdliche Ehestifterin. Ihr Hauptopfer ist Harriet Smith, ein siebzehnjähriges elternloses Mädchen. Emma redet ihr zunächst den Bauern Robert Martin aus, einen tüchtigen und zuverlässigen Mann, der Harriet einen Antrag gemacht hat, und suggeriert ihr dann, dass der Pfarrer Mr. Elton sich um sie bemühe. Es erweist sich jedoch, dass Elton an Harriet überhaupt nicht interessiert ist und ein Auge auf Emma selbst geworfen hat, was ihr entgangen ist. Emmas fehlender Instinkt verhindert, dass sie die lange Zeit geheim gehaltene Beziehung zwischen Frank Churchill und Jane Fairfax erkennt. Statt dessen sieht sie die beiden in anderen Beziehungen, ja betrachtet sich zeitweise selbst als Ziel der Werbung Churchills. Der Flirt mit Emma dient Churchill jedoch nur der Kaschierung seiner Verlobung mit Jane. Als Mr. Knightley aus reiner Fürsorglichkeit auf dem Ball mit der sitzengebliebenen Harriet tanzt, dichtet die tief getroffene Heldin ihm Bemühungen um das hübsche, aber etwas harmlose Mädchen an. Größte Blindheit beweist Emma für ihre eigene Beziehung zu Knightley, der sie von Kindheit an kennt und verehrt, auch wenn er, moralischer Kompass in der Handlungswelt und scharfsichtiger Beobachter der Menschen, sie immer wieder korrigiert. Sie kann trotz der Hinweise der empathischen Mrs. Weston, ihrer ehemaligen Gouvernante, lange nicht erkennen, dass der kluge und rücksichtsvolle

Freund sie aufrichtig liebt und dass er für sie der einzige Mann ist, den sie heiraten kann.

Die Korrektur der zum Teil komischen Irrtümer erfolgt durch die Konfrontation mit der Wirklichkeit, die entweder durch die Faktizität der realen Beziehungen oder durch die verbale Kommunikation der Figuren manifest wird. Herbert Rauter (1969, 29) bringt das auf die aristotelische Formel: „Die unerträglichen Spannungen zwischen Wirklichkeit und Irrtum bereiten die Anagnorisis vor".

Die Geschichte endet mit dem für Austens Romane selbstverständlichen allseitigen *Happy ending*. Robert Martin macht Harriet einen zweiten Antrag, und so werden die beiden, deren Verbindung Emma nach ihrer Wandlung freudig akzeptieren kann, im Reigen der Hochzeiten das erste Paar. Frank Churchill heiratet Jane Fairfax. Und George Knightleys spontaner Antrag wird zu seiner großen Überraschung von Emma spontan angenommen, der notorischen Ehestifterin, die immer wieder erklärt hat, sie selbst werde nie heiraten.

Wie in den früheren Romanen verzichtet Austen auf eine figurale Inszenierung der Glücksgefühle. Es bleibt dem Erzähler überlassen, mit nüchternen Worten Knightleys und Emmas glückliche Befindlichkeit zu benennen.

> Within half an hour, he had passed from a thoroughly distressed state of mind, to something so like perfect happiness, that it could bear no other name.
>
> *Her* change was equal.—This one half-hour had given to each the same precious certainty of being beloved, had cleared from each the same degree of ignorance, jealousy, or distrust. (350–351)[15]

Das „vollkommene Glück", von dem der Erzähler spricht, offensichtlich von den Figuren angesteckt, ist freilich, wie sich Emma klarmacht, nicht ohne „Beimischung" (*alloy*) zu haben (352); das ist für sie die Sorge um den Vater, der die Tochter nicht verlieren will, und die Sorge um Harriet, die sich Hoffnungen auf Knightley gemacht hat.

---

[15] Jane Austen, *Emma*. Nach dieser Ausgabe alle Zitate aus dem Roman mit Angabe nur der Seitenzahl.

7.3.2 Die Perspektive

Konsequenter als in den früheren Romanen Austens wird in *Emma* in allen unterscheidbaren Parametern aus der Perspektive der Heldin erzählt.[16] Der Roman gilt als der erste Höhepunkt der Verwendung der erlebten Rede in der europäischen Literaturgeschichte. Im Vergleich zu Austens früheren Romanen ist aber auch der Anteil der direkten Rede und des Dialogs ausgeweitet. Die Dialoge nehmen mehr als 50% des Gesamttextes ein (W. Bühler 1937). Der Roman enthält ausgedehnte Dialogrepliken, z. B. die endlosen Auslassungen der nervtötend weitschweifigen Miss Bates und des Schmeichlers Frank Churchill, die mehr der Figurencharakterisierung als der Handlungsführung dienen.

In figuralen Schablonen wird das Bewusstsein nicht nur der Titelheldin dargestellt. In Kapitel 41 dominiert die Perspektive George Knightleys mit der Darstellung seiner Wahrnehmungen und Bewusstseinsregungen in erlebter Wahrnehmung bzw. erlebter Rede. Das ist damit motiviert, dass in diesem Kapitel Mr. Knightley Gelegenheit erhält, seine noch unklaren Verdachtsmomente gegen Frank Churchill und seine Vermutungen über eine geheime Verbindung mit Jane Fairfax für sich zu artikulieren. Im Bewusstsein der unsensiblen Emma wären solche Ahnungen an dieser Stelle der Handlung nicht begründet.

Obwohl Knightley, den wir „moralischen Kompass" der Romanwelt genannt haben und der die Rolle des Räsoneurs spielt, die Menschen um sich durchschaut und Emma entsprechend belehrt und zurechtweist, ist er in einem wichtigen Punkt blind: er kann Emmas geheime Zuneigung zu ihm nicht erkennen und ist eifersüchtig auf Churchill, weshalb er nach London flieht. Diese Eifersucht ist nicht ganz verständlich, ist es doch der hellsichtige Knightley, der als einziger das Geheimnis um Churchill und Jane Fairfax ahnt.

Passagen, in denen andere Figuren als Reflektoren und Medien erlebter Rede zu dienen scheinen, erweisen sich als Darstellungen der Wahrnehmung fremder Rede durch Emma. Ein Beispiel ist die von Emma reflektierte Rede der neuen Pfarrersfrau, der anstrengend-ambitiösen Mrs. Elton:

> No invitation came amiss to her. Her Bath habits made evening-parties perfectly natural to her, and Maple Grove had given her a taste for dinners. She was a little shocked at the want

---

16 Wie es der Autorin gelingt, die Sympathie des Lesers für ihre Heldin trotz der unbezweifelbar unsympathischen Züge ihres Handelns zu wecken und zu erhalten, war für Wayne C. Booth ([1961] 1983, 243–266) eine zentrale Frage. Er sieht die „Lösung des Problems", das sich Austen stellte, in der gewählten Perspektive: „By showing most of the story through Emma's eyes, the author insures that we shall travel with Emma rather than stand against her" (245). Tatsächlich scheint schon die bloße Innensicht in literarische Helden Sympathie mit ihnen zu wecken.

> of two drawing rooms, at the poor attempt at rout-cakes, and there being no ice in the Highbury card parties. Mrs. Bates, Mrs. Perry, Mrs. Goddard and others, were a good deal behind hand in knowledge of the world, but *she* would soon shew them how every thing ought to be arranged. (232)

Man wird *Emma* aber nicht einen figuralen (oder – nach Stanzel – „personalen") Roman nennen können, denn das narratoriale Moment ist in ihm immer noch stark präsent. Der Erzähler scheut sich nicht, kommentierend in die Bewusstseinsdarstellung einzugreifen: „And [Emma] leaned back in the corner, to indulge her murmurs, or to reason them away; probably a little of both—such being the commonest process of a not ill-disposed mind" (150). Der Erzähler kann Emmas Verhalten durchaus mit eigenen Wertungen beschreiben. So nennt er die Heldin, die unfähig ist, Mr. Elton unvoreingenommen zuzuhören oder ihn mit klarem Blick zu sehen (Kap. 13), „too eager and busy in her own previous conceptions and views" (88). Die Distanz des Erzählers wird etwa deutlich, wenn das Bildungsprogramm beschrieben wird, das Emma mit Harriet durchzuführen beabsichtigt und das sich letztlich in der Sammlung von Rätseln erschöpft (Kap. 9).

Narratoriale Ironie blitzt immer wieder auf, wenn der Erzähler kommentarlos Meinungen und Auffassungen Emmas wiedergibt. Als ihr Schwager Emma darauf aufmerksam macht, dass Mr. Elton sich offensichtlich um sie bemüht, ist sie höchlich amüsiert:

> [...] amusing herself in the consideration of the blunders which often arise from a partial knowledge of circumstances, of the mistakes which people of high pretensions to judgment are for ever falling into; and not very well pleased with her brother for imagining her blind and ignorant, and in want of counsel. (90)

Der Leser, der Knightleys erhebliche Vorbehalte gegen Frank Churchill erfasst hat, wird in der scheinbar neutralen Mitteilung über Emmas Einklang mit dem opportunistischen Schmeichler narratoriale Ironie heraushören: „He [Churchill] *perfectly* agreed with her [Emma]: and after walking together *so long*, and thinking *so much alike*, Emma felt herself *so well* acquainted with him, that she could hardly believe it to be only their second meeting" (163). In den von mir kursiv gesetzten Adverbien klingt die Stimme des Erzählers durch, der die Wertungen der Figuren ironisch outriert.

7.3.3 Rätselmotive und Rätselstrukturen

Da der Leser weitgehend auf die Perspektive der die Wirklichkeit missdeutenden Heldin angewiesen ist und ihm die Sichtweise und die wahren Beweggründe anderer Figuren nicht eröffnet werden, stellt ihm der Erzähltext eine Reihe von Rätseln und führt ihn in die Irre. So wird der Erzähler, insofern er die Irrtümer der Heldin nicht explizit korrigiert, durchaus zu einem „unzuverlässigen" Erzähler. In der von ihm erzählten Geschichte hinterlässt die Autorin allerdings hinreichende Anzeichen, die den aufmerksamen Leser die wahren Verhältnisse, über die sich Emma so gründlich täuscht, mehr oder weniger deutlich erraten lassen.

Rätsel spielen auch in der erzählten Welt eine für die Bewusstseinsdarstellung indiziale und symbolische Rolle. Emma liebt es, Worträtsel zu lösen, und sie ist besonders stark darin. Sie hilft auch Harriet, eine Sammlung von Rätseln anzulegen und sie mit ihrem „Einfallsreichtum, ihrem Gedächtnis und Geschmack" zu verbessern und zu verschönern (Kap. 9). In Kapitel 41 schlägt Frank Churchill in der Anwesenheit der Hauptprotagonisten vor, Worträtsel zu lösen. Emma ist von dem Vorschlag angetan. Churchill legt Jane Fairfax ein Worträtsel vor, dessen Lösung *blunder* eine Anspielung enthält, die Jane erröten lässt. Knightley, der, argwöhnisch gegenüber Churchill, ihn und Jane aufmerksam beobachtet, versteht den Hintersinn nicht, vermutet aber, wie der Erzähler in erlebter Rede mitteilt, dass Churchill mit dem Worträtsel sein eigenes tieferes Versteckspiel codiert:

> Mr. Knightley connected [the word *blunder*] with the dream; but how it could all be, was beyond his comprehension. How the delicacy, the discretion of his favourite could have been so lain asleep! He feared there must be some decided involvement. Disingenuousness and double-dealing seemed to meet him at every turn. These letters were but the vehicle for gallantry and trick. It was a child's play, chosen to conceal a deeper game on Frank Churchill's part. (282)

Während Emma ahnungslos bleibt und ihr die zweite Ebene von Churchills Spiel entgeht, beobachtet der hellsichtige Knightley, wie Churchill mit dem Kinderspiel die Wirklichkeit chiffriert und am Nichtverstehen der Mitspieler sein Vergnügen hat.

Das solchermaßen aktualisierte Rätsel, das Churchill zur Verrätselung seiner wahren Beziehung zu Jane Fairfax benutzt, kann auf der auktorialen Ebene als metapoetische Anspielung verstanden werden: Das Rätsel, Motiv der erzählten Welt, bildet auch die Struktur des Erzählens. Die Autorin fordert einen Leser, der ihren Text und seine verrätselte Handlung so aufmerksam liest, wie der (meistens) hellsichtige Knightley das Verhalten seiner Mitspieler wahrnimmt.

Dem Geheimnisvollen im Roman steht die dramatische Ironie entgegen. Dramatische Ironie setzt Einsicht des Lesers in das den Protagonisten Verborgene voraus. Wie Wayne Booth ([1961] 1983, 255) konstatiert: Je länger wir im Zweifel über Frank Churchill sind, desto schwächer wird unser Gefühl für den ironischen

Kontrast zwischen Emmas Vorstellungen und der Wahrheit. Umgekehrt wird unser Vergnügen über Emmas zahllose Fehldeutungen seines Verhaltens umso größer, je früher wir Churchills geheimen *plot* durchschauen.

7.3.4 Schablonen der Bewusstseinsdarstellung

In *einer* Passage des Romans (Kap. 32) werden Emmas Bewusstseinsregungen in direktem inneren Monolog dargestellt. Es geht hier um ihre Empörung über die dümmlich-anmaßende Pfarrersfrau Mrs. Elton. In diesem Fall entspricht ihre Wertung der impliziten Werteskala des Werks (oder des abstrakten Autors bzw. der abstrakten Autorin), und es findet kein Irrtum statt. Der recht lange Monolog wird hier in seinem ersten Teil zitiert:

> "Insufferable woman!" was her immediate exclamation. "Worse than I had supposed. Absolutely insufferable! Knightley!—I could not have believed it. Knightley!—never seen him in her life before, and call him Knightley!—and discover that he is a gentleman! A little upstart, vulgar being, with her Mr. E., and her *caro sposo*, and her resources, and all her airs of pert pretension and underbred finery. Actually to discover that Mr. Knightley is a gentleman! [...] (223)

Im Wesentlichen geschieht die Bewusstseinsdarstellung in *Emma* jedoch über kaschierte Schablonen, in erster Linie über die erlebte Rede. Oft wird der figurale Ursprung ihrer Inhalte durch vorausgehenden oder nachfolgenden Bewusstseinsbericht oder indirekte Darstellung von Wahrnehmungen, Gedanken und Gefühlen angezeigt. Wenn solche kontextuellen Anzeichen fehlen und die erlebte Rede nicht in einer deutlich figuralen Variante gestaltet ist, mit Exklamationen, syntaktischen Formen der gesprochenen Sprache und einer Lexik, die für die Figur charakteristisch ist, wofür im Weiteren Beispiele gegeben werden, nähert sie sich dem uneigentlichen Erzählen. So ist etwa die Vorgeschichte von Miss Hawkins, der späteren Pfarrersfrau gestaltet (Kap. 22). Es ist schwer zu entscheiden, wo der Erzähler, angesteckt an einzelnen Benennungen und Wertungen des Figurentextes, den familiären Hintergrund von Miss Hawkins beschreibt und wo sich Emma in innerer Rede die ihr bekanntgewordenen Fakten vor Augen hält:

> *What* she [scil. Miss Hawkins] was, must be uncertain; but *who* she was, might be found out; and setting aside the 10,000 l. it did not appear that she was at all Harriet's superior. She brought no name, no blood, no alliance. Miss Hawkins was the youngest of the two daughters of a Bristol—merchant, of course, he must be called; but, as the whole of the profits of his mercantile life appeared so very moderate, it was not unfair to guess the

> dignity of his line of trade had been very moderate also. Part of every winter she had been used to spend in Bath; but Bristol was her home, the very heart of Bristol; for though the father and mother had died some years ago, an uncle remained—in the law line—nothing more distinctly honourable was hazarded of him, than that he was in the law line; and with him the daughter had lived. (146)

Diese Ambivalenz ist, wie oben in Kap. 2.8 ausgeführt wurde, ein Grundzug der nicht markierten Typen der Textinterferenz. Im Gegensatz zum Erzählen in der Moderne, wo die Uneindeutigkeit oft gepflegt wird und elaboriert ist, geht es Jane Austen nicht so sehr um den Effekt der Ambivalenz.

7.3.5 Emmas Revisionen

Das mentale Ereignis in *Emma* manifestiert sich in den vielfachen Revisionen, denen Emma ihre Konzepte, Vorstellungen und Ziele zu unterwerfen gezwungen ist, gezwungen durch den anders nicht aufhebbaren Konflikt mit der Wirklichkeit.

Die erste Revision erweist sich als erforderlich, wenn Mr. Elton Emma zu ihrer Verblüffung einen Antrag macht und heftig in Abrede stellt, jemals an Harriet interessiert gewesen zu sein. Bereits die Mittellosigkeit des Mädchens habe nur den Gedanken an eine solch unstandesgemäße Hochzeit völlig ausgeschlossen (mit diesem von ihm vermuteten Beweggrund Eltons hatte schon Knightley vergeblich versucht, Emma von ihrer Heiratsstiftung abzuhalten).

> It was a wretched business indeed!—Such an overthrow of every thing she had been wishing for!—Such a development of every thing most unwelcome!—Such a blow for Harriet!—That was the worst of all. Every part of it brought pain and humiliation, of some sort or other; but, compared with the evil to Harriet, all was light; and she would gladly have submitted to feel yet more mistaken—more in error—more disgraced by mis-judgment, than she actually was, could the effects of her blunders have been confined to herself. (107)

Der Figurentext macht sich hier in der expressiven Sprachfunktion und der Folge von Ausrufen geltend, so dass die erlebte Rede leicht zu identifizieren ist. Wie auch an weiteren Beispielen deutlich wird, werden emotionale Spitzen in erlebter Rede wiedergegeben. Da die indirekte Darstellung und der Bewusstseinsbericht die Emotionalität dämpfen würden, käme als Alternative lediglich der direkte innere Monolog in Frage. Diese Schablone wird von Austen allerdings wenig verwendet, vermutlich deshalb, weil die nicht markierten Schablonen einen fließenden Übergang vom Erzählbericht zur Bewusstseinsdarstellung ermöglichen.

Emmas tiefe Enttäuschung lässt sie nicht darüber hinwegsehen, dass sie sich selbst auf die Idee einer Verbindung von Elton und Harriet versteift und die Wirklichkeit danach zurechtgebogen hat. Und dennoch gibt sie die Schuld Eltons angeblich uneindeutigem Verhalten:

> How she could have been so deceived!—He protested that he had never thought seriously of Harriet—never! She looked back as well as she could; but it was all confusion. She had taken up the idea, she supposed, and made every thing bend to it. His manners, however, must have been unmarked, wavering, dubious, or she could not have been so misled. (107)

In Emmas kritischer Selbstfrage wird Eltons Behauptung mit seiner eigenen Intonation (—*never!*) aufgegriffen und reflektiert. In ihrer Erinnerung, in der ihr alles durcheinander gerät, verteilt sie die Schuld an dem Irrtum auf sich und Elton. In einem nächsten Schritt aber kann Emma die Verantwortung ganz auf sich nehmen und einen guten Vorsatz fassen:

> The first error and the worst lay at her door. It was foolish, it was wrong, to take so active a part in bringing any two people together. It was adventuring too far, assuming too much, making light of what ought to be serious, a trick of what ought to be simple. She was quite concerned and ashamed, and resolved to do such things no more. [...] She went to bed at last with nothing settled but the conviction of her having blundered most dreadfully. (109–110)

Am nächsten Morgen kommen Emma jedoch tröstliche Gedanken, die ihre Zerknirschung ein wenig mildern:

> It was a great consolation that Mr. Elton should not be really in love with her, or so particularly amiable as to make it shocking to disappoint him—that Harriet's nature should not be of that superior sort in which the feelings are most acute and retentive—and that there could be no necessity for any body's knowing what had passed except the three principals, and especially for her father's being given a moment's uneasiness about it. (110)

Noch allerdings lastet auf Emmas Gewissen, dass sie Harriet von Robert Martin abgeraten hat. Aber selbstgerecht glaubt sie, ihre Entscheidung mit Martins niederer sozialer Position rechtfertigen zu können, und verweigert sich ausdrücklich der Reue. Wie bereits in der soeben zitierten Reflexion erleidet Emmas Entwicklung zur Einsicht einen Rückschlag.

> Emma could not but picture it all, and feel how justly they [scil. the Martins] might resent, how naturally Harriet must suffer. It was a bad business. She would have given a great deal, or endured a great deal, to have had the Martins in a higher rank of life. They were so deserving, that a *little* higher should have been enough: but as it was, how could she have done otherwise?—Impossible!—She could not repent. They must be separated; but there was a

> great deal of pain in the process—so much to herself at this time, that she soon felt the necessity of a little consolation [...] (149–150)

Eine Idee zu neuer Ehestiftung kommt Emma, nachdem Frank Churchill Harriet vor dem Überfall durch die Zigeuner gerettet hat, aber sie gibt vor sich selbst vor, der Versuchung zu widerstehen:

> It was a very extraordinary thing! Nothing of the sort had ever occurred before to any young ladies in the place, within her memory; no rencontre, no alarm of the kind;—and now it had happened to the very person, and at the very hour, when the other very person was chancing to pass by to rescue her!—It certainly was very extraordinary!—And knowing, as she did, the favourable state of mind of each at this period, it struck her the more. He was wishing to get the better of his attachment to herself, she just recovering from her mania for Mr. Elton. It seemed as if every thing united to promise the most interesting consequences. It was not possible that the occurrence should not be strongly recommending each to the other. [...] Every thing was to take its natural course, however, neither impelled nor assisted. She would not stir a step, nor drop a hint. No, she had had enough of interference. There could be no harm in a scheme, a mere passive scheme. It was no more than a wish. Beyond it she would on no account proceed. (271–272)

Emma diskutiert hier in der Schablone der erlebten Rede gleichsam mit ihrer eigenen kritischen Stimme, vor der sie sich verteidigt und ihre Haltung rechtfertigt. Diese Stimme wird nicht personifiziert, aber es liegt nahe, als imaginären Adressaten, den ihre zweite Stimme vertritt, ihren kritischen Mentor Knightley zu betrachten.

Als Knightley sie nach dem unglücklichen Ausflug nach Box Hill auf ihr verletzendes Verhalten gegenüber Miss Bates anspricht (Kap. 43), wendet sich Emma ab und bleibt stumm. Sie ist bewegt, wie der Erzähler konstatiert, von „anger against herself, mortification, and deep concern" (305) und kann kein Wort hervorbringen. Die zunächst narratoriale Präsentation ihrer Gefühle und Gedanken geht in Selbstvorwürfe über, die in erlebter Rede gestaltet sind.

> Never had she felt so agitated, mortified, grieved, at any circumstance in her life. She was most forcibly struck. The truth of this representation there was no denying. She felt it at her heart. How could she have been so brutal, so cruel to Miss Bates! How could she have exposed herself to such ill opinion in any one she valued! And how suffer him to leave her without saying one word of gratitude, of concurrence, of common kindness! (305)

Wie weit sich Emma bis jetzt gewandelt hat, erhellt daraus, dass sie ihr Verhalten nicht nur bitter bereut, sondern sich am nächsten Vormittag zu den Bates begibt, um ihre Taktlosigkeit wiedergutzumachen.

Nachdem auch der zweite Versuch, eine Ehe für Harriet zu stiften, dieses Mal mit Frank Churchill, gescheitert ist, empfindet Emma Reue und Ärger. Obwohl sich Churchill schäbig benommen hat, ärgert sie sich vor allem über sich selbst:

> Poor Harriet! to be a second time the dupe of her misconceptions and flattery. Mr. Knightley had spoken prophetically, when he once said, 'Emma, you have been no friend to Harriet Smith.'—She was afraid she had done her nothing but disservice. [...] she felt completely guilty of having encouraged what she might have repressed. She might have prevented the indulgence and increase of such sentiments. Her influence would have been enough. And now she was very conscious that she ought to have prevented them.—She felt that she had been risking her friend's happiness on most insufficient grounds. Common sense would have directed her to tell Harriet, that she must not allow herself to think of him, and that there were five hundred chances to one against his ever caring for her.—'But, with common sense,' she added, 'I am afraid I have had little to do.' (326)

Die Erkenntnis ihrer Liebe zu Knightley kommt Emma erst, als ihr Harriet ihre eigene Zuneigung zu ihm gesteht und beteuert, Knightley erwidere ihre Gefühle. Ein paar Minuten genügen, wie der Erzähler versichert, um Emma ihre eigenen Gefühle erkennen zu lassen („for making her acquainted with her own heart"; 331). Das Fortschreiten des Prozesses wird noch vom Erzähler artikuliert: „A mind like her's, once opening to suspicion, made rapid progress. She touched—she admitted—she acknowledged the whole truth" (331). Der Umstand, der das Erkennen auslöst, wird in erlebter Rede dargestellt: „Why was it so much worse that Harriet should be in love with Mr. Knightley, than with Frank Churchill? Why was the evil so dreadfully increased by Harriet's having some hope of a return?" (331).

Das Ergebnis des Erkenntnisprozesses wird dagegen wieder in einem Modus präsentiert, der eher der indirekten Darstellung als der erlebten Rede entspricht: „It darted through her, with the speed of an arrow, that Mr. Knightley must marry no one but herself!" (331). Für Emmas Egozentrik ist bezeichnend, dass diese Einsicht durch Eifersucht ausgelöst wird und dass als Aktant in dem gemeinsamen Akt des Heiratens Knightley benannt und mit einer Obligation belastet (*must*) wird. Man beachte, dass die Autorin die entscheidende Anagnorisis mit einem nicht gerade sympathischen Beweggrund motiviert. Noch in dieser späten Phase der Wandlung Emmas nimmt die Autorin damit eine Wendung der Sympathie des Lesers gegen ihre Heldin in Kauf.

In der Situation ereignet sich in Emma jedoch ein letzter Umschwung, aristotelisch formuliert: die Anagnorisis ihrer Hamartia, das Erkennen ihres falschen Handelns. Ein Bewusstseinsbericht (im folgenden Zitat einfach unterstrichen) leitet über zu der Inszenierung ihrer Selbstanklage in erlebter Rede (geschlängelt unterstrichen):

> Her own conduct, as well as her own heart, was before her in the same few minutes. She saw it all with a clearness which had never blessed her before. How improperly had she been acting by Harriet! How inconsiderate, how indelicate, how irrational, how unfeeling had been her conduct! What blindness, what madness, had led her on! (331)

In dem fortgesetzten Gespräch mit Harriet befindet sich die von dem Verlust Knightleys bedrohte Emma, wie narratorial konstatiert wird, in einem Zustand der Verwirrung, den eine solche Selbsterkenntnis und ein Durcheinander plötzlicher und verwirrender Gefühle hervorbringen musste. In der Nacht kommt sie nicht zur Ruhe und beklagt ihre Blindheit von Herz und Verstand, wobei die emotionalen Spitzen ihrer Soliloquien in erlebter Rede wiedergegeben sind:

> Every moment had brought a fresh surprise; and every surprise must be matter of humiliation to her.—How to understand it all! How to understand the deceptions she had been thus practising on herself, and living under!—The blunders, the blindness of her own head and heart! (334)

Ihr eigenes Herz gründlich zu verstehen, ist nun ihr erstes Bemühen. Sie fragt sich, seit wann Knightley ihr so lieb gewesen ist wie jetzt, da sie sich ihrer Gefühle so sicher ist. Sie begreift nun, dass sie sich selbst betrogen hat, dass sie ihr Herz nicht kannte, dass sie sich aus Frank Churchill nie etwas gemacht hat. Sie macht sich schwere Vorwürfe, die vom konkreten Fall zu ihrem allgemeinen Verhalten reichen:

> With insufferable vanity had she believed herself in the secret of everybody's feelings; with unpardonable arrogance proposed to arrange everybody's destiny. She was proved to have been universally mistaken; and she had not quite done nothing—for she had done mischief. She had brought evil on Harriet, on herself, and she too much feared, on Mr. Knightley. (335)

Aber wiederum ist sie versucht, sich selbst zu entlasten: Sie überlegt, woher Harriet die „Anmaßung" (*presumption*) nimmt, sich als die Erwählte Knightleys zu betrachten, bevor er es tatsächlich bestätigt. Und wiederum pariert sie die Versuchung mit einer Selbstanklage:

> Alas! was not that her own doing too? Who had been at pains to give Harriet notions of self-consequence but herself?—Who but herself had taught her, that she was to elevate herself if possible, and that her claims were great to a high worldly establishment?—If Harriet, from being humble, were grown vain, it was her doing too. (336)

Der Roman zwischen Emma und Knightley findet sein gutes Ende, wenn Knightley bei strömendem Regen aus London zurückreitet, nachdem er die erleichternde Nachricht von Churchills Verbindung mit Jane Fairfax erhalten hat und von seiner Eifersucht auf Churchill kuriert ist. Das 49. Kapitel endet mit einer Passage im Plusquamperfekt, die die qualvoll unsicheren letzten Tage Knightleys vor der wechselseitigen Erklärung beschreibt. Es bleibt hierbei offen, ob wiederum Knightley direkt das Medium ist oder ob die erlebte Rede die Wahrnehmung seines Berichts durch Emma wiedergibt:

> He had ridden home through the rain; and had walked up directly after dinner, to see how this sweetest and best of all creatures, faultless in spite of all her faults, bore the discovery.
> He had found her agitated and low.—Frank Churchill was a villain.— He heard her declare that she had never loved him. Frank Churchill's character was not desperate.—She was his own Emma, by hand and word, when they returned into the house [...] (351)

Es ist Booth ([1961] 1983, 260) gewiss Recht zu geben, wenn er die *rightness* der Verbindung von Emma und Knightley betont, „as a conclusion to all the comic wrongness that has gone before". Es fragt sich aber, ob Emmas Vermählung wirklich als „Folge" (*result*) ihrer „notwendigen Wandlung" (*necessary reform*) betrachtet werden kann, wie Booth suggeriert. Emmas Heirat ist nicht eine Belohnung für ihre Wandlung, sondern deren letzte und wichtigste Manifestation. Emmas Wandlung vollzieht sich in ihr selbst und ist von außen kaum zu erkennen. Sie hat Knightley schon immer geliebt, aber ihre inneren Umschwünge können sich ihm kaum mitgeteilt haben. Dass Emma zum Beispiel auf seine Vorhaltungen über ihre Taktlosigkeit gegenüber Miss Bates mit bittern Gefühlen der Reue und Selbstanklage reagiert (siehe Zitat S. 185), kann er, wie ausdrücklich aus narratorialer Warte gesagt wird, nicht wahrnehmen: „He had misinterpreted the feelings which had kept her face averted, and her tongue motionless" (305). Emmas Liebe zu Knightley ist ihr selbst zwar *nach* einigen mentalen Umschwüngen bewusst geworden, aber dieses Bewusstwerden verdankt sich keineswegs nur neu gewonnenen Tugenden, sondern vor allem, wie die realistische Autorin zeigt, der prosaischen Eifersucht auf Harriet.

IV. Nicht erzählte und nicht eintretende Ereignisse in der Literatur des 19. Jahrhunderts

8 Psychologia in absentia: Aleksandr Puškins Belkin-Erzählungen

8.1 Auf dem Weg zum psychologischen Roman

Um die Mitte der 1820er Jahre „stieg" der russische Dichter Aleksandr Sergeevič Puškin zur Prosa „hinab". So ließ er seine literarische Entwicklung durch Ivan Sergeevič Belkin nennen, den fiktiven Autor der parodistischen *Geschichte des Dorfes Gorjuchino* (Istorija sela Gorjuchina; Fragment, geschrieben 1830), sein ironisches Autoporträt (ausführlich zu diesem „Abstieg" Schmid 1991, 13–35; 2005). Im Versroman *Eugen Onegin* (Evgenij Onegin; 1825–1831) bestätigt Puškin im 6. Kapitel, das er im Jahre 1826 schreibt: „Die Jahre machen zur rauen Prosa geneigt" (Kap. VI, Str. 43, V. 5).

Zeugnisse des Wegs von der Poesie zur Prosa sind Fragmente, in denen man das Projekt eines psychologischen Romans erkennen kann. In Russland war diese Gattung noch nicht präsent. Aber Puškin war mit der westeuropäischen Erzählprosa gut vertraut. Er rezipierte Werke der deutschen, englischen und italienischen Literatur, auch die Poesie, über russische Übersetzungen oder – meist mediokre – französische Prosaparaphrasen. Puškin, dessen Englischkenntnisse begrenzt waren – wie seine misslungenen Versuche einer Übersetzung aus Byron und Wordsworth (ins Französische!) belegen –, las sogar Shakespeare und Sterne, Richardson, Scott und Byron, auf die er sich so oft bezog, in französischen Prosaübersetzungen (vgl. Nabokov [1964] 1975, II, 158–163). Französisch war die Kultur-, Brief- und Salonsprache seiner Zeit, die Puškin schon früh so exzellent beherrschte, dass er im Lyzeum von Carskoe Selo den Spitznamen „Franzose" erhielt.

Welche westeuropäischen Romanautoren in Russland besonders populär waren, erhellt aus einigen Versen des *Eugen Onegin*. Kap. II, Strophe 29 nennt Tat'janas Lektüre:

> Früh war'n Romane ihr Vergnügen;
> Nur ihrer war sie wirklich froh;
> Und sie verliebt' sich in die Lügen
> Von Richardson und von Rousseau.[1]

---

[1] Deutsche Übersetzungen aus *Eugen Onegin* nach: Alexander Puschkin, *Jewgenij Onegin. Roman in Versen*. Deutsch von Rolf-Dietrich Keil. Gießen 1980.

Tat'janas Mutter hat zum Kummer des Ehemanns ähnliche Vorlieben, auch wenn sie Lovelace und Grandison nur vom Hörensagen kennt:

> Und seine Frau war selber schon
> Verrückt gemacht von Richardson
> (*Eugen Onegin*, Kap. II, Str. 29).

Puškin kannte offensichtlich nicht die Romane Janes Austens, obwohl sie in der Zeit, als Puškin sich auf den Weg zur Prosa machte, alle binnen kurzer Zeit nach den Originalausgaben in französischen Übersetzungen vorlagen.

Das Muster, das Puškin für seine eigenen Versuche vorschwebte, waren weder Richardsons Briefromane noch Rousseaus *Julie ou la Nouvelle Héloïse*, obwohl er die Helden ersterer in seinen Werken oft erwähnte und zum Briefroman des letzteren im *Schneesturm* eine deutliche Kontrafaktur schuf. Puškin orientierte sich am Roman *Adolphe. Anecdote trouvée dans les papiers d'un inconnu*. Dieser 1806 geschriebene, aber erst 1816 veröffentlichte Roman des Schweizer Schriftstellers, Politikers und Staatstheoretikers Henri-Benjamin Constant de Rebecque war in Russland so populär, dass er in zwei Übersetzungen vorlag.[2] Die erste war 1818 erschienen und stammte von N. A. Polevoj, die zweite wurde von Puškins Freund Pëtr Vjazemskij angefertigt und erschien 1831 mit einem Vorwort, an dem Puškin beteiligt war. In der Januarnummer 1830 der von Puškin herausgegebenen *Literaturzeitung* (Literaturnaja gazeta) war folgende nicht gezeichnete, aber von Puškin stammende Notiz mit einem Zitat aus dem *Eugen Onegin* abgedruckt:

> Fürst Vjazemskij hat den prächtigen Roman Benjamin Constants übersetzt und wird ihn bald drucken. *Adolphe* gehört zu jenen zwei oder drei Romanen
>
> In denen spiegelt sich die Zeit,
> Und worin auch der Mensch von heut
> Recht wahr gemalt ist nach dem Leben
> Mit seiner Seele Unmoral,
> Die, eigensüchtig, dürr und kahl,
> Phantasmen maßlos sich ergeben,
> Mit seinem aufgebrachten Geist,
> Der sich in leerem Tun verschleißt.
> [*Eugen Onegin*, Kap. VII, Str. 22]
>
> Benjamin Constant hat als erster jenen Charakter in Szene gesetzt, der dann dank des Genius Lord Byrons bekannt wurde. Mit Ungeduld erwarten wir das Erscheinen dieses

---

[2] Der Roman ist auch in Deutschland noch aktuell. In den letzten sechzig Jahren wurde er mehrfach und zwar in verschiedenen Übersetzungen verlegt: 1956, 1965, 1985.

Buches. Es wird interessant sein zu sehen, wie die erfahrene und lebendige Feder Fürst Vjazemskijs die Schwierigkeiten der metaphysischen, immer harmonischen, weltläufigen, oft inspirierten Sprache meistert. (Puškin, XI, 87)

Adolphe gilt als der erste *roman d'analyse*, der erste psychologische Roman der französischen Literatur, als „Vater des psychologischen Romans" (Achmatova [1936] 1977, 99; Ginzburg [1971] 1977, 276).

Puškin interessierte sich in Constants Roman für den am *ennui*, am *mal du siècle* leidenden Titelhelden, der ein Vorfahr der romantischen Dandys wurde. Adolphe hat Ellénore, die Lebensgefährtin eines Grafen und Mutter zweier Kinder, erfolgreich dazu überredet, alle Bindungen aufzugeben, auf ihre gesellschaftliche Stellung zu verzichten und ihm zu folgen, und dann, in seiner Liebe erkaltet, schwankt er in selbstquälerischer Unentschlossenheit zwischen der sozialen Treue zu der Frau, die ihm alles geopfert hat, und der Trennung von der ihm lästig werdenden Geliebten.

Besonders war Puškin an der Darstellung des Seelenlebens interessiert. Anna Achmatova ([1936] 1977, 98–99) zufolge, der russischen Dichterin, die auch eine exzellente Puškin-Forscherin war, hat Constant in *Adolphe* als erster die Spaltung der menschlichen Seele, das Verhältnis von Bewusstem und Unbewusstem, die Rolle unterdrückter Gefühle gezeigt und die wahren Beweggründe menschlicher Handlungen bloßgelegt. Man kann Puškins drei Prosafragmente *Der Mohr Peters des Großen* (Arap Petra Velikogo; 1827), *Im Landhaus *** trafen die Gäste ein* (Gosti s"ezžalis' na dače; 1828–1829), *An der Ecke eines kleinen Platzes* (Na uglu malen'koj ploščadi; 1830) als Versuche auf dem Weg zur psychologischen Prosa à la Constant betrachten. Anna Achmatova (1936) hat in allen drei Bruchstücken eindeutige Reminiszenzen an *Adolphe* nachgewiesen.

Das dritte der drei Fragmente *An der Ecke eines kleinen Platzes* greift unverkennbar das Hauptmotiv von *Adolphe* auf, die Seelenqual eines erfolgreichen, aber nicht mehr liebenden Verführers. Puškins Dandy ist aber weniger feinfühlig und rücksichtsvoll als Constants Held. Das drei Druckseiten umfassende Fragment enthält zwei Szenen. In der ersten sehen wir Valerian Volodskij und seine Geliebte Zinaida, die um seinetwillen ihrem Ehemann die Ehe aufgekündigt hat. Sie befinden sich in einem angespannten Dialog in Zinaidas Salon. Valerian zieht es in die Gesellschaft, in der er sich mit Zinaida nicht zeigen kann. Zinaida versucht, ihn zurückzuhalten und lockt ihn vergeblich mit einer Champagnermahlzeit, die sie bestellt hat. Sie leidet darunter, dass er zu ihr kommt, als wäre es eine Pflicht, nicht aber aus der „Eingebung des Herzens": „Du langweilst dich mit mir". Valerian hört nicht mehr zu und stürzt aus dem Zimmer „wie ein ausgelassener Schüler aus dem Klassenzimmer". Zinaida tritt ans Fenster, schaut, wie er davonfährt, sagt laut zu sich „Nein, er liebt mich nicht" (165)[3] und setzt sich an den Schreibtisch.

Die zweite Szene blendet zurück und beginnt mit einem Bericht über die Gedanken des von Zinaida verlassenen Ehemanns:

> ** hatte sich der Untreue seiner Frau bald vergewissert. Das verdross ihn ungemein. Er wusste nicht, wozu er sich entschließen sollte: so zu tun, als habe er nichts bemerkt, erschien ihm dumm; zu spotten über sein so gewöhnliches Unglück – verächtlich; ernstlich böse zu werden – mit zu viel Geräusch verbunden; sich zu beklagen mit der Miene des zutiefst gekränkten Gefühls – zu komisch. Zum Glück kam ihm seine Frau zu Hilfe. (166)[4]

Als sich Zinaida in Valerian Volodskij verliebte, „verspürte sie Ekel vor ihrem Mann, wie er allein Frauen eigen und nur ihnen begreiflich ist" (166). Sie erklärt dem Ehemann, sie liebe Volodskij, wolle sich scheiden lassen, zieht noch am selben Tag vom Englischen Quai nach Kolomna (ein ärmeres Stadtviertel, in dem Puškin selbst lebte) und benachrichtigt mit einem kurzen Brief Volodskij, „der nichts dergleichen erwartet" (166).

Der Rest des Textes führt mit Gedankenbericht, erlebter Rede und uneigentlichem Erzählen in die Reaktion des unangenehm überraschten Verführers ein:

> Er war verzweifelt. Nie hätte er gedacht, sich solche Zügel aufzuerlegen. Er konnte Langeweile nicht leiden, fürchtete jegliche Verpflichtung, und über alles schätzte er seine selbstverliebte Unabhängigkeit. Doch alles war zu Ende. Zinaida blieb ihm am Halse. Er stellte sich dankbar und bereitete sich auf die Verdrießlichkeiten eines Liebesverhältnisses vor wie auf eine amtliche Tätigkeit oder wie auf die langweilige Pflicht, die monatlichen Abrechnungen seines Haushofmeisters zu überprüfen ... (166–167)

8.2 Die „nackte" Prosa

Die drei Prosafragmente waren Versuche, die Puškin bald aufgab. Warum blieb er mit seinen Experimenten unzufrieden? Das Fragment war für ihn ja keine

---

[3] Die fiktionale Kurzprosa Puškins wird nach der hervorragend von Peter Urban übersetzten Ausgabe (Puškin, *Erzählungen*) nur mit Angabe der Seitenzahl zitiert.

[4] Diese Überlegungen alludieren, wie Anna Achmatova ([1936] 1977, 114) gezeigt hat, auf Honoré de Balzacs im Russland heftig rezipierte und diskutierte *Physiologie du mariage* (1829). Puškins Held übernimmt die Ratschläge des französischen Eheexperten nicht ohne Korrektur. Balzacs gehörnter Ehemann war zu dem Schluss gekommen: „feindre d'ignorer tout est d'un homme d'esprit" (*Physiologie du mariage, ou Méditations de philosophie éclectique sur le bonheur et le malheur conjugal, publiées par un jeune célibataire*. In: *La Comédie humaine*, hg. von P.-G. Castex. Paris 1980. Bd. 11. 908–1205. Hier: 1123).

Gattung, sondern ein Misserfolg. Gewiss zu Recht nennt Paul Debreczeny (1983, 49) unter den Gründen für das Scheitern des psychologischen Romans „the great speed of narration". Der allwissende, intelligente Erzähler enthülle zu schnell die komplexe Psyche seiner Helden. Ein einziger Satz („** hatte sich der Untreue seiner Frau bald vergewissert") fasse eine Erfahrung zusammen, die in mehreren Kapiteln hätte wachsen müssen, wie es dann bei Tolstoj in *Anna Karenina* mit Karenins allmählicher Erkenntnis der Liebe seiner Frau zu Vronskij geschehe.

Zu Unrecht aber charakterisiert Debreczeny (1983, 45) den Übergang von den Fragmenten zu den *Erzählungen des verstorbenen Ivan Petrovič Belkin* (Povesti pokojnogo Ivana Petroviča Belkina; 1831) als Abstieg: „In fiction, Pushkin began with the complex, and then [...] he descended to the simple." Die Entwicklung zum ersten abgeschlossenen Prosawerk ist vielmehr zu beschreiben als der *Weg von der Explikation zur Implikation*, als Abwendung von der ausdrücklichen Seelendarstellung à la Constant hin zur Gestaltung einer implikativen Psychologie, zu einer, wie ich sie nennen möchte, *Psychologia in absentia*.

Wie nun ist Bewusstsein in den auf den ersten Blick rein anekdotischen, a-psychologischen Texten des Belkin-Zyklus impliziert? Und inwiefern nähert sich die in ihnen verwirklichte Psychopoetik den Verfahren realistischer Bewusstseinskunst?

Die erzählte Geschichte ist jeweils hochselektiv gegenüber dem in ihr implizierten Geschehen. Von den Momenten des zu erzählenden Geschehens sind immer nur sehr wenige ausgewählt, und diese sind nur mit wenigen Eigenschaften ausgestattet. Die Reduktion des Geschehens auf relativ wenige geschichtenbildende Momente ist ein notwendiger Akt jeglichen Erzählens. Aber die Selektivität der *Erzählungen Belkins* ist von besonderer Art, denn sie betrifft gerade Momente höchster Relevanz. So werden in den fünf Erzählungen des Zyklus die zentralen Handlungsmotivationen der Helden nicht expliziert. Warum schießt Sil'vio nicht auf den Grafen, warum erschießt er ihn nicht? (*Der Schuss*; Vystrel)? Ist es nur Zufall oder Fügung der Vorsehung, dass sich die ineinander verlieben, die, ohne es zu wissen, bereits miteinander verheiratet sind (*Der Schneesturm*)? Warum lädt der Titelheld im *Sargmacher* (Grobovščik) zu seinem Einzugsfest die „orthodoxen Toten" ein, und warum lässt er, aus dem Cauchemar erwacht, offensichtlich zum ersten Mal die Töchter, mit denen er sonst herumschimpft, zum gemeinsamen Teetrinken rufen? Warum schließlich macht Aleksej der gelehrigen Akulina einen Heiratsantrag, obwohl er sich der unüberbrückbaren sozialen Kluft bewusst sein muss, die zwischen ihm, dem Gutsbesitzerssohn, und dem armen Bauernmädchen besteht (*Fräulein Bäuerin*)? Zu solchen Fragen, die auf die Beweggründe der Personen und damit auf die

Kausalität ihrer Geschichte abzielen, provoziert auch die, wie es zunächst scheinen mag, am wenigsten rätselhafte der fünf Erzählungen, nämlich der *Stationsaufseher* (Stancionnyj smotritel'). Warum hat Dunja auf der ganzen Fahrt von der Poststation in die Stadt geweint, obwohl sie, wie der Kutscher bezeugt, allem Anschein nach „aus eigener Lust" (101) mit Minskij nach Petersburg gefahren ist? Warum folgt Samson Vyrin nicht seinem biblischen Vorbild und bleibt nicht, wie der Vater des Gleichnisses, zu Hause, auf die Rückkehr der ‚verlorenen Tochter' vertrauend? Und warum gibt der als guter Hirte nach Petersburg geeilte Aufseher mit einem Mal alle Versuche auf, sein „verirrtes Schäfchen" nach Hause zurückzuführen? Und schließlich – warum trinkt er sich zu Tode?

Lücken treten also vor allem an den inneren Befindlichkeiten und Handlungsmotiven auf. Das hat der junge Tolstoj, der gerade seinen Erstlingsroman *Kindheit* (Detstvo; 1852) veröffentlich hatte und an *Knabenjahre* (Otročestvo; 1854) arbeitete, in einem Tagebucheintrag von 1853 bedauert:

> Ich habe die Hauptmannstochter gelesen und muss – o weh! – gestehen, dass Puškins Prosa jetzt schon veraltet ist, nicht im Stil, sondern in der Darbietungsweise. Heutzutage ersetzt zu Recht in der neuen Richtung das Interesse an den Einzelheiten des Gefühls das Interesse an den Ereignissen selbst. Die Erzählungen Puškins sind irgendwie nackt.[5]

Tolstoj revidierte seine frühe Bewertung der Prosa Puškins schon in den 1870er Jahren gründlich und erklärte im hohen Alter den Belkin-Zyklus („Wie ist das alles schön, die Erzählungen Belkins") und *Pique Dame* (Pikovaja dama; 1834; „Das ist ein chef d'œuvre") zum Besten aus Puškins dichterischem Schaffen.[6]

Die Autorvarianten der *Erzählungen Belkins* zeigen, dass Puškin beim Übergang zur Druckfassung Ansätze zu direkter Bewusstseinsdarstellung durch symptomatische Szenen ersetzt hat. Das lässt sich an einem Motiv aus dem *Stationsaufseher* zeigen. Es geht in dieser Geschichte um die vom Titelhelden als Entführung wahrgenommene Flucht der Tochter mit dem durchreisenden Husaren Minskij von der Poststation nach Petersburg. Vyrin, der Vater, macht sich auf den Weg in die Stadt, um sein „verlorenes Schäfchen" zurückzuführen. Er handelt dabei im Einklang mit Lukas 15, V. 3–7, und Matthäus 18, V. 12–14, wo der Besitzer dem „verlorenen Schaf" nachgeht, bedenkt aber nicht, dass im biblischen Nachbargleichnis vom verlorenen Sohn (Lk 15, 11–32), dessen Bilder

---

[5] Eintragung vom 1. November 1853 (Tolstoj, XLVI, 187–188).
[6] Vgl. die Aufzeichnungen Nikolaj Gusevs (1973, 176), des persönlichen Sekretärs Tolstojs vom 8.6.1908 und Aleksandr Gol'denvejzers (1959, 221), des bekannten Pianisten und Komponisten, vom 5.7.1908.

seine bescheidene Hütte zieren, der Vater zu Hause bleibt. Vyrin spricht in Petersburg bei dem ‚Entführer' vor und bittet ihn um die Rückgabe der Tochter. Nachdem ihm der junge Mann Geld zugesteckt hat, findet sich der Vater unversehens auf der Straße wieder. An dieser Stelle war ursprünglich ein Satz geplant, der in zwei grammatischen Varianten konzipiert war und in der Er-Form, die für den Bericht Vyrins schließlich gewählt wurde, wie folgt lautete: „Lange überlegte er, überlegte und gestand sich schließlich in seinem Innersten ein, dass der junge Mann recht hatte" (Puškin, VIII, 652–653). Der vor die Tür gesetzte Vater gibt also dem Entführer Recht. Das ist im Rahmen dieser Geschichte ein wesentliches mentales Ereignis. Minskij aber hat sich nicht nur zu seiner Schuld bekannt und Vyrin um Verzeihung gebeten, sondern auch versichert, er werde Dunja nie verlassen, ja sein Ehrenwort darauf gegeben, dass sie glücklich sein werde; er hat den Vater schließlich gefragt, wozu er die Tochter brauche, und ihm vorgehalten, sie liebe ihn, Minskij, und sei ihren früheren Lebensverhältnissen entfremdet, weder er, der Vater, noch sie selbst würden je vergessen können, was geschehen sei.

Puškin strich dann den oben zitierten Satz in seinen beiden Varianten und machte am Textrand ein Einfügezeichen. Die Lücke füllte er erst, nachdem er den *Stationsaufseher* und auch die zweite Redaktion des Vorworts zum ganzen Zyklus abgeschlossen hatte. Unter den Text des Vorworts schrieb er, mit ausdrücklichem Verweis auf die in der Erzählung entstandene Lücke, jene berühmte Szene mit den Geldscheinen, die wir aus der Druckfassung kennen: Vyrin steht lange regungslos auf der Straße und bemerkt schließlich in seinem Ärmelumschlag zusammengefaltetes Papier. Er nimmt es heraus und blättert einige zerknitterte Fünf- und Zehnrubelscheine auf. Ihm treten Tränen in die Augen, „Tränen der Empörung!" (102). Er knüllt die Papierchen zusammen, wirft sie zu Boden, tritt mit dem Absatz darauf herum und geht weiter. Nach ein paar Schritten bleibt er stehen, überlegt und kehrt um, doch die Scheine sind nicht mehr da. Puškin hat hier also eine ironische Kontrafaktur zum dritten der in Lukas 15 erzählten Gleichnisse von den verlorenen Dingen eingefügt, dem Gleichnis von der verlorenen Drachme.

Die eindeutige Benennung eines Gedankenschlusses ist durch eine vieldeutige Episode ersetzt worden. Die Szene veranschaulicht einen inneren Kampf Vyrins, zeigt auch den Sieg einer Überlegung über ein Gefühl, lässt jedoch keine sicheren Rückschlüsse auf den Inhalt der Gedanken und Beweggründe zu. Ist Vyrins Rückkehr das szenische Äquivalent des Eingeständnisses in der ursprünglichen Version? Will Vyrin also das Geld wieder aufheben, weil er einsieht, dass Minskij Recht hat? Oder illustriert die Szene nur, dass er seinen Stolz verloren und sich selbst aufgegeben hat?

Die Emotion, die Vyrin Tränen in die Augen treibt, ist mit der „Empörung", als welche sie der Text auffällig emphatisch identifiziert, möglicherweise nicht ganz zuverlässig benannt. Man hat nämlich die Perspektive zu beachten. Die Szene ist Teil von Vyrins Erzählung, die in ihren mittleren Passagen in einer Form wiedergegeben ist, die man als *erlebten Bericht* bezeichnen kann. Vyrins Erzählung wird nicht nur von der Subjektsphäre des sentimentalen Reiseschriftstellers überlagert, der als Erzähler fungiert, sondern erfährt auch noch eine Akzentuierung durch eine übergeordnete allwissende und allgegenwärtige Erzählinstanz. Die doppelte Neutralisierung von Vyrins Subjektivität lässt diesen Mittelteil wie eine objektive Narration aussehen. In diesem an Textinterferenzen reichen Abschnitt ist der perspektivische Status des emphatischen Nachsatzes „Tränen der Empörung!" kaum zu entscheiden. Er kann die authentische Qualifizierung sein, die die objektive Erzählinstanz der Emotion gibt, oder der Interpretation des subjektiven, in seinem geistigen Horizont begrenzten sentimentalen Erzählers entstammen, der den Helden gleichsam von einem Außensichtstandort beobachtet, oder aber auch den Wertungshorizont des Helden selbst repräsentieren, und zwar den Horizont weniger des *erzählten* als des – mit einer gewissen Tendenz – *erzählenden* Helden.

Der Vergleich der beiden Fassungen zeigt nicht nur, wie konsequent Puškin es vermieden hat, die inneren Motive seines Helden explizit, eindeutig und authentisch darzustellen, sondern auch, dass er, gleichsam als Kompensation für das Ausgesparte, Signale einer grundsätzlichen psychologischen Motiviertheit gesetzt hat, die zum Ausfüllen der Lücken auffordern. Wer einigermaßen plausibel die Frage beantworten will, warum sich Vyrin am Ende der Geschichte zu Tode trinkt, muss zuvor zumindest darauf aufmerksam geworden sein, dass die besprochene Szene eine Reihe von Beweggründen offenlässt, die der Konkretisierung bedürfen: Waren es wirklich Tränen der Empörung, die Vyrin in die Augen getreten sind? Wenn dem so war, was hat ihn empört? Welche Überlegung hat ihn umgestimmt? Wer sich aber *gegen* das angebotene Motiv der Empörung entscheidet, wird noch mehr Mühe haben, zu rekonstruieren, was in dem Vater vorgegangen sein mag.

Die meisten Interpretation leiden darunter, dass sie die thematische Konsistenz der expliziten Geschichten überschätzen und mit unreflektierten Konjekturen die nicht identifizierten Lücken schließen. Dass sich dann die Sinnerwartung auf das schönste durch den gefundenen Sinn bestätigt sieht, braucht nicht zu verwundern. Schon wer sich anschickt, die Geschichten nachzuerzählen, ist immer wieder versucht, das Unbestimmte zu konkretisieren und dabei lediglich die eigene Sinnvorgabe oder den eigenen Sinnwunsch einzulösen.[7]

Gleichwohl verließ sich Puškin auf seinen Leser. Zur Entdeckung des Menschen als eines komplizierten und widersprüchlichen psychischen Wesens, die sich in der Literatur seiner Zeit vollzog, hat er vor allem dadurch beigetragen, dass er, skeptisch gegenüber der ausdrücklichen Darstellung und direkten Benennung, die komplexen Psychogramme seiner Helden aus der gesamten Konstruktion des Werks extrapolieren ließ. So kann man die *Erzählungen Belkins* mit einem gewissen Recht als den Beginn der russischen Bewusstseinskunst bezeichnen, als Kunst freilich einer *Psychologia in absentia*.[8]

8.3 Drei diegetische Verfahren

Die *Erzählungen Belkins* suggerieren zwar bestimmte Motive für die Handlungen der Helden. Doch entstammen die suggerierten Motive durchweg dem Repertoire konventioneller Sujets, die – wie es zunächst scheint – von den erzählten Geschichten wiederholt werden. Die der Literatur entlehnten Beweggründe, die etwa im *Stationsaufseher* der Held, der Erzähler und der Autor anbieten – der erste, um vor sich selbst und der Welt seine wahren Motive zu verbergen, der zweite, um seine empfindsame Weltwahrnehmung und seine sentimentalistischen Handlungserwartungen zu bestätigen, und der Autor, um konventionelle Wirklichkeitsdeutungen spielerisch *ad absurdum* zu führen –, diese Motive erwiesen sich letztlich als nicht geeignet, die Kausalität der erzählten Geschichte schlüssig zu begründen. Sollte der Stationsaufseher etwa wirklich am Kummer über das ihm unausweichlich erscheinende Unglück seiner Tochter zugrunde gegangen sein?

---

[7] In diesem Zusammenhang ist bezeichnend, dass Tolstoj Anfang der 1860er Jahre während seiner Schulversuche in Jasnaja Poljana die Erfahrung machte, dass die Schüler den *Sargmacher* nicht nacherzählen konnten. Tolstoj verzichtete dann ganz auf Puškin, dessen Erzählungen ihm – wie er in seinem Bericht notiert – „früher, in vorläufiger Einschätzung, in höchstem Maße richtig gebaut, einfach erschienen waren". Die Schüler irritierte unter anderem die *nedoskazannost'*, um Tolstojs Begriff zu gebrauchen, d. h. der Mangel an expliziter Ausführung aller Motive (Tolstoj, VIII, 59).

[8] Die avantgardistische Form eines nicht erzählten, aber aus den Handlungsumständen zu erschließenden mentalen Ereignisses, des Übergangs vom Nicht-Sehen-Wollen des Todes zum Sehen, zur Epiphanie des Todes, gestaltet der russische Autor Isaak Babel' in seiner Erzählung *Die Überschreitung des Zbruč* (Perechod čerez Zbruč; 1924) aus dem Zyklus *Die Reiterarmee* (Konarmija; 1926; dt. Ausgabe: Babel, *Taubenschlag*, 197–199). Vgl. dazu Schmid 1992, 135–154.

Die *Erzählungen Belkins* erfordern eine aktive Rezeption, die die im Text entweder gar nicht oder nicht zuverlässig genannten Handlungsgründe rekonstruiert, nahegelegte konventionelle Motivierungen zurückweist, die Lücken der Geschichte ausfüllt und die relevanten Unbestimmtheitsstellen konkretisiert. Die Ausfüllung des Offengelassenen und die Konkretisation des Unbestimmten, die schon in jeder Nacherzählung mehr oder weniger bewusst vorgenommen wird, kann sich auf bestimmte Hinweise stützen, die der Text in seiner Faktur enthält. Als Signale dienen dabei vor allem drei *diegetische* (d. h. die Bildung der Geschichte betreffende) Verfahren, die bei aller thematischen Verschiedenheit der fünf Erzählungen ihre Konstruktion auf ähnliche Weise prägen.

Ein solches Verfahren ist, erstens, die *paradigmatische Strukturierung* der Geschichte, die Bildung intratextueller Äquivalenz thematischer Einheiten, der Parallelismus von Situationen, die Wiederholung, Spiegelung und Variation von Kernmotiven.[9] Die thematische oder formale Äquivalenz der Motive prädeterminiert nicht eine bestimmte Interpretation, sondern ist für den Leser lediglich ein Signal, die äquivalenten Figuren, Situationen und Handlungen zu vergleichen und sowohl Ähnlichkeiten als auch Kontraste zu beachten. Auf diese Weise kann er Anregungen für die Konkretisation des unbestimmt Gelassenen, insbesondere für die Rekonstruktion der nicht explizierten Bewusstseinshandlungen gewinnen.

Ein zweites Verfahren, das der Konkretisation Anregungen gibt, ist die *Allusion auf fremde Texte*. Die *Erzählungen Belkins* entfalten ein wahres Feuerwerk der Intertextualität. Puškin spielt auf Texte unterschiedlicher Kulturen an, auf antike, westeuropäische, amerikanische und russische. Und er macht dabei keine Unterschiede im literarischen Rang. Neben Petrarca und Shakespeare stehen russische Epigonen wie W. Karlhof und A. Pogorel'skij-Perovskij. Puškins Intertextualität ist in der älteren Forschung auf die Parodie sentimentalistischer und romantischer Sujets reduziert und als Mittel der Durchsetzung des Realismus betrachtet worden. Gegen die Überschätzung der parodistischen Destruktion setzt sich seit den 1970er Jahren allmählich die Einsicht in die positive, sinngenerierende Rolle der vergegenwärtigten Prätexte durch. So vertrat Vadim Vacu-

---

9 Als erster hat die Verfahren der „Spiegelung und Variation" in den *Erzählungen Belkins* systematisch Viktor Vinogradov (1934, 171–199; 1941, 438–479), untersucht. In der funktionalen Analyse wegweisend ist Jan van der Eng (1968), der in jeder der fünf Erzählungen die dreifache Wiederholung eines Kernmotivs und die Opposition zweier stark kontrastierender Teile erkennt. Diesen Verfahren weist van der Eng drei Funktionen zu: die Vertiefung des psychologischen Profils der Helden, die Verschärfung des Moments der anekdotischen Überraschung und die Verstärkung des komischen Effekts.

ro (1981) die Auffassung, die *Erzählungen Belkins* tendierten weniger zur Destruktion konventioneller Sujets als zu ihrer Wiedererweckung und zur Aktivierung der in ihnen enthaltenen Sinnmöglichkeiten. Von dieser neuen Konzeption ausgehend, formulierte Vladimir Markovič (1989) die Idee, dass der Zyklus seine für die „Klassik" charakteristische Sinnkomplexität aus der „aktiven Wechselwirkung mit der heterogenen belletristischen Umgebung" beziehe.

Für die Intertextualität der *Erzählungen Belkins* kann man zwei Grundfunktionen unterscheiden. Die erste besteht in der *Kontrafaktur* zu bekannten Sujets, denen die Handlung bis zu einem gewissen Moment folgt, um dann einen völlig andern Verlauf zu nehmen. Die Kontrafaktur deckt die Ungereimtheiten des Prätextes auf und drückt auch eine metapoetische Kritik am Weltmodell des Vorgängerwerks aus, aber anders als in der bloßen Parodie wird hier konstruktiv ein neues, differenzierteres Bild von Charakteren und Handlungen entworfen. So wird Karamzins sentimentalem Sujet vom Untergang eines Mädchens aus niederem Stande (*Die arme Liza*), das in der Literatur der Zeit zur Schablone erstarrt war, die sozial untypische, aber psychologisch höchst plausibel motivierte Geschichte vom Aufstieg der schönen und kecken Tochter des Stationsaufsehers entgegengesetzt. Puškin hat für diesen Umgang mit den Prätexten das Rezept vorgegeben, wenn in seinem unvollendeten *Roman in Briefen* (Roman v pis'mach; 1829) die literaturbegeisterte Liza das „Sticken neuer Muster auf einem alten Gewebe" (27; Ü. rev.) als eine Aufgabe des Literaten bezeichnet.

Die zweite Grundfunktion intertextueller Anspielung besteht in der *Konkretisation* der erzählten Geschichte durch die Prätexte. Für diese Funktion müssen wir zwei Modi unterscheiden. Im ersten Modus kommt die Konkretisation *ex negatione* zustande, durch die *Abweisung* suggerierter Analogien, genauer: durch die narrative Widerlegung falscher Äquivalentsetzungen, die Erzähler und Helden vornehmen. Die Helden und auch die diegetischen Erzähler erscheinen sämtlich als Leser, und sie neigen dazu, angelesene Schemata in ihrer eigenen Existenz zu verwirklichen oder im Leben anderer realisiert zu sehen. Im zweiten Modus wird die lückenhafte Geschichte durch die Expansion der Äquivalenz *komplettiert*. Das betrifft vor allem die unscheinbaren Allusionen, deren Prätexte in der Geschichte keinerlei narrative Rolle spielen, weder dem Erzähler als Erklärungsmodell vorschweben noch von den Helden existentialisiert oder zur Durchsetzung ihrer Interessen benutzt werden. Hierzu gehören etwa die expliziten Vergleiche einzelner Handlungsdetails mit entsprechenden Zügen in fremden Werken, aber auch die vielen Allusionen, die die Mottos der Novellen, die Namen von Protagonisten oder verdeckte Zitate signalisieren, ohne dass die Prätexte im Horizont der dargestellten Welt erschienen. Die expandierte Äquivalenz, die tentativ auf nicht besonders markierte Motive der beiden Texte ausgedehnt wird, ergibt immer wieder überraschende, komische Befunde und kann sogar für die in der Geschichte nicht ausgeführten inneren Motive der Helden höchst plausible Ausfüllungen bereithalten. Der Prätext soll hier also nicht in seiner Differenz zum Sujet des Textes erkannt und als untaugliches, irreführendes Erklärungsschema abgewiesen, sondern als Spender möglicher Motivationen benutzt werden.

Ein drittes Verfahren, das die Konkretisation der in manchem unbestimmten Geschichte anregt, ist die *Entfaltung* und *Realisierung* phraseologischer Wendungen, semantischer Figuren (Antithesen, Paradoxa, Oxymora), Tropen (Metaphern, Metonymien) und parömischer Redeklischees (Sprichwörter und Redensarten). Diese Mikrotexte sind in den Erzählungen auf unterschiedliche Weise präsent, entweder in ausdrücklicher Zitation oder anagrammatisch verborgen in einzelnen Wortmotiven, sprechenden Namen (z. B. Vyrin, abgeleitet von ,vyr' oder ,vir' ‚Wasserstrudel', ‚Wirbel') oder in Szenen wie Sil'vios Fliegenschießen. Die Realisierung besteht im quasi-primitiven Wörtlichnehmen der in der Fiktion in einem figürlichen Sinne gemeinten Wendung oder Parömie. Die Entfaltung verwandelt die im buchstäblichen Sinne verstandenen Verbalmotive oder die an Details der Geschichte aufscheinenden semantischen Figuren (der blinde Auf-Seher; der gnadenlose Rächer, der nur Fliegen etwas zuleide tut) zu ganzen Sujets. In bestimmten Fällen aber ist es nicht die eigentliche Bedeutung von Wortmotiven, die zur Sujetlogik expandiert, sondern ein innerfiktional überhaupt nicht aktualisierter übertragener Sinn. Explizit oder implizit gegebene Sprichwörter, die eine Voraussage enthalten, bewahrheiten sich in einem von ihren Benutzern gar nicht gemeinten und für sie selbst ganz überraschenden Sinn.

Der Rekurs auf die drei diegetischen Verfahren ist mit einer Aktivierung der indizialen und symbolischen Bewusstseinsdarstellung verbunden. Sie fordert die hermeneutische Tätigkeit des Lesers heraus und begründet die Vielfalt der Interpretationen, die die Belkin-Erzählungen und in ihnen vor allem die Handlungsmotive der Helden gefunden haben.

8.4 Der *Schneesturm* und der „coup de foudre"

Auf die selbstgestellte Frage, wessen Prosa in Russland die beste sei, antwortet Puškin: „die Prosa Karamzins, aber das ist noch kein großes Lob"[10]. Aus Puškins Warte zeichnet sich die Prosa Nikolaj Karamzins, jenes sentimentalistischen Autors, der als erster in Russland das Herz, die Seele, das Gefühl für darstellungswürdig hielt, durch frappierenden Mangel an „Gedanken" aus. Damit meinte Puškin nicht fehlende Philosophie, sondern die Inkonsistenz der erzählten Geschichten.[11] Karamzins empfindsamer Erzählung *Natal'ja, die Bojarentochter* (Natal'ja, bojarskaja doč'; 1792), einer Liebes- und Entführungsgeschichte aus dem alten Russland, setzte Puškin im *Schneesturm* eine elaborierte Kontrafaktur entgegen. Obwohl sich Karamzin auf das Diktum eines Psychologen beruft, wonach die Beschreibung der täglichen Verrichtungen eines Menschen die getreueste Darstellung seines Herzens ist (Karamzin, 59), folgt er selbst einer ganz andern Methode. Anstatt das Innere am Äußeren aufscheinen zu lassen, bringt er die Seelenregungen der unschuldigen Schönen jeweils auf einen sentimentalen Begriff. So empfindet Natal'ja „in ihrem Herzen" oder „in ihrer Seele" einmal „eine tiefe Freude" und ein anderes Mal „eine gewisse Trauer, eine gewisse Sehnsucht". Die Heldin versteht nicht – wie der allwissende Erzähler einräumt – ihre eigenen „Herzensregungen", begreift nicht, was sie wünscht, wonach sie sich sehnt, dafür weiß der Erzähler den „Mangel in ihrer Seele" umso genauer mit seinem empfindsamen Vokabular zu bezeichnen.

Die implizite Kritik Puškins sei an einem einzigen Motiv angedeutet. Die vom Frühlingstun der Täubchen inspirierte Natal'ja erblickt in der Kirche einen Unbekannten, in den sie sich augenblicklich verliebt. Als ob er ein Defizit an Psychologie spürte, legt der Erzähler seinem Leser die kritische Frage in den Mund: „In einer Minute? [...] Nachdem sie ihn zum ersten Mal gesehen und von ihm noch kein Wort vernommen hat?" (Karamzin, 66). Aber der Narrator berichtet nichts als die Wahrheit und warnt vor dem Zweifel an der „Kraft der wechselseitigen Anziehung, die zwei Herzen empfinden, die füreinander geschaffen sind" (Karamzin, 66–67).

Hier setzt Puškins Kontrafaktur ein. Sein *Schneesturm* ist eine psychologische Variation zur Liebe auf den ersten Blick, einem Axiom der empfindsamen

---

[10] In dem Fragment, das die Herausgeber *Über die Prosa* (O proze; 1822) genannt haben (Puškin, XI, 18–19. Hier: 19).
[11] In dem Text *Über die Prosa* hatte Puškin definiert: „Genauigkeit und Kürze, das sind die ersten Tugenden der Prosa. Sie fordert Gedanken und nochmals Gedanken; ohne diese sind glänzende Ausdrücke zu nichts nutze. Verse sind eine andere Sache [...]" (Puškin, XI, 19).

Liebeslehre des französischen achtzehnten Jahrhunderts. Nicht dass Puškin das Theorem destruierte, nein, er gibt ihm nur eine psychologische Begründung. Die zentrale Parömie der Geschichte „Dem Beschiedenen [d. i. dem vom Schicksal beschiedenen Bräutigam] entkommt man auch zu Pferde nicht" (73; Ü. rev.), von den Eltern Mar'ja Gavrilovnas auf den armen Fähnrich Vladimir gemünzt, bewahrheitet sich in der Dorfkirche. Vladimir, der vom Schneesturm in die Irre geführte Entführer, kommt zur Trauung zu spät, weil er, pedantisch wie er ist, zu viele Vorbereitungen getroffen hat. Inzwischen ist Burmin (dessen Name *burja*, den ‚Sturm', enthält), im Schneesturm zufällig an der Dorfkirche vorbeigefahren und ist von den Zeugen, die ihn für den Bräutigam halten, in die Kirche geführt worden. Die Gunst des Zufalls nutzend, tritt er mit der Braut, die ihm als „nicht übel" erscheint, vor den Traualtar. Später wird er in übermäßiger Selbstbezichtigung, die – wie ihre französischen Prätexte belegen – nicht frei ist von raffiniertem Eroberungskalkül, diesen Schritt als „unbegreifliche, unverzeihliche Windigkeit" (80; Ü. rev.) bezeichnen. Als sie des fatalen Irrtums gewahr wird, ruft die Braut aus: „Oje, das ist nicht er! Das ist nicht er!" (80) und fällt in Ohnmacht. Die soeben getrauten Eheleute scheinen nicht gerade von augenblicklicher Liebe getroffen zu sein. Burmin setzt seinen Weg durch den nächtlichen Schneesturm fort, und seine frisch angetraute Frau legt sich, nach Hause zurückgekehrt, krank ins Bett und befindet sich wochenlang am Rande des Grabes. Dennoch hat der flüchtige Blick, den Mar'ja Gavrilovna und Burmin in der schlecht erleuchteten Kirche aufeinander geworfen haben, eine schicksalhafte Liebe entfacht. Das wird vom Autor auf vielfältige Weise angedeutet, in einem wahren Feuerwerk intratextueller Korrespondenzen, Allusionen und ausgefalteter Wortmotive. Das kann hier im Einzelnen nicht ausgeführt werden (vgl. Schmid 1991, 221–259). Es mag der Hinweis genügen, dass sich der Autor indirekt auch in die Polemik zwischen Rousseau und Richardson über die Möglichkeit der Liebe auf den ersten Blick einmischt. In der *Nouvelle Héloïse*, die an anderer Stelle des *Schneesturms* ausdrücklich aufgerufen wird, lässt Rousseau seine Helden von der Prädestination ihrer Liebe und dem alles entscheidenden *coup de foudre* schreiben. In einer Fußnote polemisiert Rousseau mit Samuel Richardson, der ganz zu Unrecht spotte über Zuneigungen, die gleich beim ersten Anblick entstehen und auf *conformités indéfinissables* gegründet sind. Womit aber begründet Puškin die Liebe auf den ersten Blick und die Überzeugung der Liebenden, dass sie „füreinander geschaffen" seien, wie Karamzin (67), Rousseau folgend, formulierte.

Die im Text nicht explizierte Motivierung wird, wie so oft in den *Erzählungen Belkins*, durch eine Allusion suggeriert. Das zentrale Sprichwort der Novelle spielt auf ein Vaudeville Nikolaj Chmel'nickijs an, das in den 1820er Jahren in beiden Hauptstädten häufig gespielt wurde. In *Dem Beschiedenen entkommt man auch zu Pferde nicht*, oder *Kein Unglück ohne Glück* (Suženogo konëm ne ob"edeš', ili Net chuda bez dobra) erweist sich als der vom Schicksal Beschiedene nicht der sich wie immer verspätende Bräutigam, der „allerlangweiligste und allerschlaffeste junge Mann", sondern ein zufällig vorbeireisender, im Kriege verwundeter Husarenoffizier, der in Abwesenheit der Herren im Schloss der Braut alles auf den Kopf gestellt hat. Die Braut, das „allerlebendigste und überaus fröhliche Mädchen", ist, als sie zu Hause eintrifft, über den hübschen *Bretteur* alles andere als erbost und stellt fest, dass sie keinen andern als diesen Frechling heiraten wird, den sie anstelle des verspäteten Bräutigams vorgefunden hat.

Wir beobachten hier eine für Puškin typische Paradoxie der Intertextualität. Indem Puškin Motive des Vaudeville, einer apsychologischen Gattung, vergegenwärtigt, gibt er seinen Figuren psychologisches Profil. Es scheint nämlich die Frechheit, die ‚Windigkeit' zu sein, die Burmin für Mar'ja Gavrilovna anziehend macht, und die Erzählung erweist im Weiteren, dass die für die schicksalhafte Verbindung erforderliche *conformité indéfinissable* der Liebenden gerade auf ihrer *beider Windigkeit* beruht.

Die Bewusstseinslage von Karamzins Natal'ja war einsinnig, ihre ausdrücklich biologisch motivierte Liebesbereitschaft ausschließlich und vorbehaltlos auf das einmal fixierte Objekt gerichtet. Für Puškins Mar'ja Gavrilovna dagegen müssen wir sehr widersprüchliche, unter anderem auch recht prosaische Seelenregungen konjizieren und – unter dem Anschein obligatorischer Verliebtheit – eine durchaus paradoxe Zuneigung, die freilich auf das Individuum und nicht nur auf die Gattung abzielt. Neben aller Empörung gegen Burmin, den falschen Bräutigam, der sie zum freudlosen Leben einer jungfräulichen Witwe verurteilt hat, wird die junge Frau auch andere Gefühle hegen: unbezähmbare Neugier auf den geheimnisvollen Frechling, Sympathie, vielleicht uneingestandene, für den dreisten Usurpator und geheime Sehnsucht nach dem verwegenen Eroberer, der sie im Übrigen vor der Ehe mit dem nicht nur phantasie-, sondern auch mittellosen Vladimir bewahrt hat. Nur so jedenfalls ist zu erklären, dass sich Mar'ja Gavrilovna nach Vladimirs Tod den Anschein einer untröstlich trauernden und gedenkenden Artemisia gibt. Kaschiert sie mit der zur Schau getragenen Trauer um Vladimir, den sie in Wirklichkeit nie geliebt hat, nicht die verzehrende Sehnsucht nach dem ‚windigen' Ehemann?

Es soll hier nicht das komplexe Psychogramm der Heldin, in das auch recht frivole und grausame Regungen eingehen, aus den vielfältigen Allusionen, so auf Rousseau, Petrarca und Pietro Aretino, nachgezeichnet werden.

Es geht um die grundsätzliche Differenz zu Karamzins Personenkonstitution und die poetologische Kritik an den apsychologischen Figuren der sentimentalistischen Erzählung.

Eine ähnliche Differenz zeigt sich zwischen dem von Natal'ja verlassenen Vater und Samson Vyrin aus der Stationsaufsehernovelle, die eine weitere Kontrafaktur zur Erzählung von der Bojarentochter bildet. Karamzins besorgter Bojar Matvej erwägt für einen Moment, ein Bösewicht könne die unschuldige Tochter verführt haben und werde sie verlassen und ins Unglück stürzen. Dann aber verwirft er diese Befürchtung sogleich, denn er weiß: seine Tochter kann keinen Bösewicht lieben. Warum aber hat sie sich nicht dem Vater offenbart? Wer der Geliebte auch gewesen wäre, er hätte ihn als Sohn umarmt. Vielleicht aber, so sagt sich der Vater, hat er die Strafe Gottes verdient. Er will sich ihr jedenfalls ohne Murren unterwerfen. Und er bittet seinen Gott, der Tochter in jedem Land ein barmherziger Vater zu sein. Mag er selbst auch im Kummer sterben, die Tochter soll glücklich werden. Wenn sie doch wenigstens eine Stunde vor seinem Tode zurückkäme. Aber wie es Gott gefällt. Inzwischen wird er, das Waisenkind im Alter, ein Vater für die Unglücklichen und mit Kummer Beladenen sein. Karamzins idealer Held führt uns vor Augen, welche Gedanken und Beweggründe wahrer, uneigennütziger Vaterliebe entspringen. Puškin glaubte indes nicht an solche Seelenidylle. Nicht nur, dass sich Samson Vyrin der Tugend der Tochter weit weniger sicher ist. Er selbst verrät in seinem Schmerz ganz unväterliche Beweggründe. So etwa, wenn er der Tochter, die er sich nicht anders als in der Stadt in Sünde lebend vorstellen kann, das Grab wünscht. Und es spricht für sich, dass er sich nicht auf das Gleichnis vom verlorenen Sohn verlässt, dessen Illustrationen seine Stube schmücken, sondern, sich innerlich auf das Johanneische Bild des guten Hirten berufend, selbst auf den Weg nach Petersburg macht. Die Konfrontation mit Minskij, dem Wolf, und Dunja, dem verirrten Schäfchen, erweist den guten Hirten aber in Wahrheit als den biblischen Dieb und Räuber. Und aus Vyrins Verhalten können wir schließen, dass ihn nicht das befürchtete *Unglück* der Tochter umbringt, sondern ihr *Glück*, dessen Zeuge der „arme Aufseher" in Petersburg werden musste.

Puškins Kontrafakturen implizieren folgende Kritik an Karamzins Psychologie, die in den Begriffen des Fragments *Über die Prosa* formuliert seien: Karamzins Material sind nicht „Gedanken", für Puškin die „erste Tugend" der Prosa, sondern „glänzende Ausdrücke", die in die Hemisphäre der Poesie gehören. In der Tat besteht Karamzins Bewusstseinskunst nicht in der *Inszenierung* oder gar der *Exploration*, sondern lediglich in der *Benennung* diskreter Seelenzustände, die jeweils zu einer einzigen emotionalen Lage homogenisiert sind. Statt Bewusstseinsdarstellung bietet Karamzin eher Fingerübungen im Wortschatz der neuen Innerlichkeit. Und die Darstellung der empfindenden, Tränen vergießenden Helden dient weniger der präzisen Referenz als der Impression, dem Eindruck auf gleichgesinnte Herzen.

8.5 Die Bewegung des Lesens und das Bild der Psyche

Der anspielungsreiche Text der Belkin-Erzählungen erfordert einen sensiblen Leser, der in ‚poetischer Lektüre'[12] dem starken Sog dieser hochnarrativen Prosa zum Finale widerstrebt und sich ‚zu Fuß' durch den Text bewegt[13], vor- und rückwärts geht, bei einzelnen Motiven verweilt, ihr Allusionspotential wahrnimmt, in die Tiefe der Prätexte hinabsteigt, aber auch wieder zum Text zurückkehrt und die im Intertext gewonnenen Sinnpotentiale probeweise auf die auslösenden Motive des Textes und ihre Umgebung überträgt. Dabei ist der Leser aufgerufen, seine Konkretisation der Helden und ihrer Motive für andere Möglichkeiten offen zu halten und verführerischer Vereindeutigung zu widerstehen. Wichtiger als die Produktion eines bestimmten Sinnresultats ist das Durchspielen verschiedener Möglichkeiten der Konkretisation. Jede neue Äquivalenz, die im Text aufscheint, jede neue verbale Figur, die entdeckt werden kann, jeder neue Prätext, auf den der Text sinnvoll zu beziehen ist, wird die Konkretisation in Bewegung bringen. Auf die kategoriale Unbestimmtheit der von Puškin erzählten Geschichten kann nur eine Konkretisation adäquat antworten, die die Unabschließbarkeit des Sinngebungsprozesses und die Möglichkeit unterschiedlicher Interpretationen akzeptiert.

Puškins Text öffnet freilich nicht einer hermeneutischen Beliebigkeit Tür und Tor. Das Spektrum sinnvoller Leseweisen bleibt begrenzt, und bestimmte Lektüren werden unmissverständlich abgewiesen. Die Akzeptanz von Deutungen bemisst sich danach, wie vollständig sie den Text zur Kenntnis nehmen und in welchem Maße sie imstande sind, die gesamte Geschichte und nicht nur einzelne Motive zu erklären. Um die Kohärenz der Geschichte und die Integration aller Motive besorgt zu sein, scheint aber besonders bei Texten angezeigt zu sein, die – wie der *Stationsaufseher* oder der *Schuss* – zu verkürzenden, voluntaristischen Sinnzugriffen geradezu einladen und im Verlauf ihrer Rezeptionsgeschichte immer wieder in den Dienst moralischer Belehrung und ideologischer Indoktrination genommen worden sind.

---

12 Zum Versuch einer poetischen Lektüre der *Erzählungen Belkins* siehe Schmid 1991; erweiterte russ. Ausgabe: Schmid 2013a. Dt. Kurzfassung: Schmid 2017a.
13 Vgl. schon Geršenzons (1923) Forderung des „langsamen Lesens".

Aus dem Scheitern der expliziten Psychologie folgerte Puškin, dass sich das Indefinite des Seelenlebens der direkten Benennung und dem analytischen Zugriff entzieht. Der Unschärfe und der Mehrstimmigkeit der Psyche kam er nun mit einem Darstellungsmodus entgegen, der der Ausfüllung des Unbestimmten einen gewissen Spielraum ließ. So wird in seiner Prosapoetik der unbestimmte, in vielem konkretisationsbedürftige Text ein Abbild der unbestimmbaren, widersprüchlichen, beweglichen Psyche. Mehr noch: die poetischen Verfahren, die durch ihre Verkettungen den expliziten Motiven bestimmte Sinnpotentiale aufprägen, sind selbst Modelle für das, was sie konkretisieren helfen. Die assoziative Verknüpfung von Motiven gegen allen sachlichen, temporal-kausalen Zusammenhang, die Vergegenwärtigung ähnlicher Geschichten aus dem Repertoire archetypischer Sujets und schließlich die magische Ausfaltung von Wort, Figur und Spruch, das sind Vorgänge, die die Poesie mit dem Bewusstsein und dem Unbewussten teilt. Mit der perspektivierenden Narration interferierend, bietet die der Psyche strukturhomologe Wortkunst hochkomplexe Möglichkeiten indirekter Darstellung des Menschen und seiner schwer fassbaren Innenwelt.

Die absente Psychologie, die vom Leser auf diese Weise in die Präsenz gebracht wird, hat nichts mehr mit der Charakterologie des achtzehnten Jahrhunderts gemein. Sie trägt bereits jene Züge, die die Bewusstseinskunst des Realismus aufgedeckt hat: Vielstimmigkeit, Widersprüchlichkeit und Unentscheidbarkeit. Die Person ist nicht mehr der geschlossene, grundsätzlich fixierbare Charakter, wie ihn die Literatur bislang gezeichnet hat. Liza aus *Fräulein Bäuerin* ist nicht einfach, wie noch die Heldin Marivaux' im *Jeu de l'amour et du hazard*, ein verkleidetes Fräulein; sie ist Fräulein *und* Bäuerin zugleich, eben, wie der Titel sagt, *Fräulein Bäuerin*. Gewiss, in dieser Vaudeville-Novelle ist unter allen Werken des Zyklus der Mensch noch am meisten Charakter und am wenigsten Bewusstsein. Aber Psychologie kommt doch schon ins Spiel, wenn der Text auf mannigfache Weise andeutet, dass Aleksej der Bäuerin seine Hand nicht so sehr deshalb anbietet, weil er ein *faible* für das *genre paysan* hat oder schicksalhaft in die Tochter des Dorfschmieds verliebt ist (er scheint der rustikalen Schönen ja schon ein bisschen müde zu sein). Die verblüffende Gelehrigkeit und der Geist des Bauernmädchens erleichtern es ihm zwar, die Standesgrenzen kühn zu überschreiten, aber sein Antrag ist vor allem motiviert durch den Trotz gegen den unerbittlichen Vater, dem er, nicht minder halsstarrig, Paroli bietet. Nicht zufällig sieht Aleksej erst nach dem Zusammenstoß mit dem Vater, „zum ersten Mal klar" (131), dass er leidenschaftlich in das Bauernmädchen verliebt ist.

Die realistische Psychologie inszeniert die *Taktik* und die *Strategie* des Bewusstseins. Von Dostoevskijs Psychen kennen wir die raffiniertesten Manöver. In der Psychologie der Belkin-Erzählungen gibt es allenthalben Täuschung und Selbstbetrug. Mit literarischen Attitüden verbergen die Helden vor sich und andern ihre eigentlichen Beweggründe, die überaus prosaisch sind. So kaschiert der Aufseher Samson Vyrin vor andern, aber auch vor sich selbst die Gekränktheit des Verlassenen mit der biblischen Sorge des guten Hirten um sein verirrtes Schäfchen. Sil'vio spielt, auch vor sich, die Rolle des romantischen Rächers, um über die Harmlosigkeit seines Wesens hinwegzutäuschen, die im Fliegenschießen symbolischen Ausdruck findet. Mar'ja Gavrilovna täuscht Trauer um Vladimir vor, um ihre Sehnsucht nach dem ‚windigen' Gatten zu verbergen.

Neben solcher *Hierarchie* der Motivationen gibt es auch eine unentscheidbare *Bipolarität* der Bewusstseinsregungen. Ein und dasselbe Motiv, kann, vor dem Hintergrund mehrerer Prätexte wahrgenommen, sehr unterschiedliche Beweggründe suggerieren. Mar'ja Gavrilovna zieht sich in ihr Mausoleum für Vladimir zurück und macht keinem ihrer zahllosen Freier auch nur die geringste Hoffnung. Anderseits aber weckt der Kontext gewisse Zweifel an der Unnahbarkeit dieser russischen Artemisia. Da ist zum einen das zweideutige Lob des freigiebigen Lohns, den die russischen Frauen den aus dem Napoleonischen Krieg heimkehrenden Offizieren erweisen, und auf dem Lande, wo Mar'ja wohnt, ist die Begeisterung noch größer als in den Städten. Zweideutig ist aber auch der intertextuelle Sinn der Worte *Se amor non è, que dunque*, mit denen der Erzähler Mar'jas aufrichtige Zuneigung zu dem verwundeten Offizier, dem unerkannten Ehemann, charakterisiert. Die Worte lassen sich zunächst als Zitat aus Petrarcas *Canzoniere* identifizieren. So verstanden, assoziieren sie die schicksalhafte Liebe zu der unerreichbar angebeteten Madonna Laura. Man kann die Zeile aber auch als *zitiertes Zitat* betrachten und in ihr eine Anspielung auf Pietro Aretinos *Ragionamenti* sehen. Dort wird die besagte Zeile von den Kavalieren gesungen, die mit einem „Taschen-Petrarca" in der Hand am Haus der Kurtisane Nanna vorbeireiten. Wer die Anspielung auf Aretino realisiert, wird die Äquivalenz der Kontexte wahrnehmen und gar nicht umhinkönnen, die unerbittliche Mar'ja mit der raffinierten Nanna zu vergleichen, die Unnahbarkeit nur vortäuscht, um das Interesse der Kavaliere zu entfachen. Die Taktik der Kurtisane zeitigt großen Erfolg, und Nanna kann mit Genugtuung feststellen, dass so, wie Spatzen in ständig wachsender Zahl sich um einen Kornboden versammeln, Liebhaber um ihr Haus schwärmen, „die den Schnabel in ihren Kornboden stecken wollen" (Aretino, 94).

Welches Profil für Mar'ja Gavrilovna der Leser aus dem Dreieck der heterogenen Prototypen, der jungfräulichen Witwe Artemisia, der unerreichbaren Madonna Laura und der berechnenden Nanna, auch bilden mag, das Wesen von

Puškins Heldin wird in einer gewissen Unklarheit und Widersprüchlichkeit verbleiben. Die drei Prototypen bilden eine Triade, zwischen deren Figuren der Leser schwanken wird, sie bezeichnen aber auch die Extreme, die die Seelendimension der Heldin abstecken.

Die *Erzählungen Belkins* markieren den Punkt, wo zum ersten Mal in der russischen Erzählprosa das *Unbewusste* als Sujetfaktor auftritt. Schon das redensartliche Sprechen ist vom Unbewussten motiviert. Das wird am deutlichsten an Vyrins Worten von seinen Hochwohlgeboren, die kein Wolf seien und Dunja schon nicht fressen werden. Wie in dieser unfreiwilligen Prophezeiung der späteren Lösung vermischen sich Seelenreflex und Sujetantizipation auch in andern parömischen Mikrotexten und ebenso in den Träumen. Mar'ja Gavrilovna träumt, dass sie, zur geheimen Trauung aufbrechend, vom Vater in ein dunkles Verlies geworfen wird. Ein anderes Mal sieht sie ihren Bräutigam tödlich verwundet im Gras liegen. Beide Motive drücken mit onirischer Transposition unbewusste Ängste und Hoffnungen aus: die Angst vor der Ehe mit dem phantasielosen Vladimir, die dem aufgeweckten Mädchen wie ein dunkles Verlies erscheinen muss, und die Hoffnung, dem ungeliebten Bräutigam noch zu entgehen. Zugleich aber antizipieren beide Motive in der Symbolsprache des Traums den Verlauf der Burmin-Geschichte: die grausame Handlungsweise des Vaters, der in der Wirklichkeit der Geschichte überaus weichherzig ist, nimmt den grausamen Scherz des Husaren vorweg, der seine Ehefrau in das dunkle Verlies der Einsamkeit werfen wird, und Burmin wird sich auch als sterbender Bräutigam erweisen, da er, nach der Trauung sogleich verschwindend, seine Frau zur jungfräulichen Witwe macht. Psychischer Reflex und Sujetantizipation sind ganz unterschiedliche Funktionen, aber in Puškins poetischem Weltmodell scheinen die unbewussten Hoffnungen und Befürchtungen eine magische Wirkung auf das künftige Geschehen zu haben.

Eine erstaunliche Vorahnung dessen, was ihm bevorsteht, beweist Adrijan Prochorov im *Sargmacher*. Diese Novelle, die im Thema prosaischste und in der Konstruktion poetischste des gesamten Zyklus, mit der ausgeprägtesten figuralen Perspektivierung, enthält das einzige explizite psychologische Motiv: die letzten Habseligkeiten in sein neues Haus transportierend, wundert sich Adrijan Prochorov darüber, „dass in seinem Herzen keine Freude ist" (81). Diese Freudlosigkeit weist eine Allusion auf Pogorel'skijs *Mohnkuchenverkäuferin aus Lafertovo* (Lafertovskaja makovnica; 1825), einen von Puškin geliebten Text, als Vorahnung gespenstischer Ereignisse aus. In der Tat wird der Sargmacher in dem neuen Haus, das die gelbe Farbe der Toten hat, in die Unterwelt absteigen, in das Reich der Skelette. Dieser Abstieg im Traum, eingeleitet vom Wachmann Jurko, einem Moskauer Hermes Psychopompos, ist nichts anderes als der Abstieg in das am Tag verdrängte Unbewusste. Unangenehme Erlebnisse warten hier auf Prochorov: die Konfrontation mit der Schuld, die er als unehrlicher Handwerker auf sich geladen hat, die Begegnung mit der Absurdität, zu der sein Denken das wahre Paradoxon seiner Sargmacherexistenz verkehrt hat, und die Einsicht, wie es ihm erginge, wenn sich seine absurde Orthodoxie bewahrheitete, der Glaube, dass die Toten leben – in den Häusern leben, die er, der Sargmacher, für sie anfertigt.

Ein psychologisches Meisterwerk ist *Pique Dame* (Pikovaja dama; 1834). In ihr erreicht Puškin das dritte Stadium seiner Psychopoetik: explizite und implizite Psychologie sind hier verknüpft. Nicht wenige Deutungen unterlegen der Novelle sogar tiefpsychologische Motive, ja ein regelrechtes Ödipusprogramm. Dabei darf man freilich nicht übersehen, dass hier dem Unbewussten als Motivierungsfaktor Grenzen gesetzt sind. Eine rein psychologische Deutung, die die Phantastik außer Acht lässt, verarmt das Werk. Wie man weiß, endet Germanns Farospiel mit einem Fiasko. Aber es versagt nicht das Kartengeheimnis der Gräfin. Die Drei, die Sieben und das As fallen tatsächlich. Es ist der gierige, berechnende Germann, der versagt. In einer Freudschen Fehlhandlung zieht er statt des As die Dame, die damit seine schändliche Behandlung des weiblichen Geschlechts rächt. Germanns Untergang ist psychogen, eine Selbstbestrafung, aber es hat auch eine phantastische Macht mitgespielt, die dafür sorgt, dass die erwarteten drei ‚sicheren' Karten tatsächlich fallen (vgl. Schmid 1997a).

8.6 Glück und mentale Beweglichkeit

In den *Erzählungen Belkins* realisiert Puškin eine kleine Philosophie des Schicksals, des Zufalls und des Glücks. Die diegetische Ausfaltung der parömischen Mikrotexte wie Sprichwörter, Redensarten Redeklischees und semantische Figuren vermittelt den Eindruck, als würde die erzählte Geschichte nicht ausschließlich durch das Handeln der Figuren bestimmt, sondern auch durch eine abstrakte Konstruktionslogik gelenkt, die sich auf der lebensweltlichen Ebene der Fiktion als Schicksal abbildet, als eine geheime Macht, die dem Wort der Figur, seine magische Kraft entfesselnd, hinter ihrem Rücken zu einer unerwarteten Wahrheit verhilft. Dieses Schicksal erweist sich in Puškins narrativer Welt nicht als blind oder launisch, sondern durchaus als weise und gerecht. Die ‚Vorsehung' (*providenie*) kann dem Menschen die günstige ‚Gelegenheit' (*slučaj*) bieten, seine Ziele zu erreichen. Der Mensch muss nur den ‚rechten Augenblick' (*mig*) erkennen und die Gelegenheit beim Schopfe packen. Insofern ist er verantwortlich für sein Geschick. Das Schicksal belohnt und bestraft nicht nach gängigen moralischen Vorstellungen. Tugenden sind in Puškins Welt Beherztheit, Beweglichkeit, Sinn für den Kairos und das in ihm mögliche und erforderliche Handeln. Diese Tugenden beweisen die Glückspilze der Belkin-Erzählungen: der Graf, Burmin, Mar'ja Gavrilovna, Dunja Vyrina, Elizaveta Muromskaja. Regelmäßig geahndet, oft mit dem Tode bestraft werden dagegen: Unbeweglichkeit, Inertia, Schematismus. Der Starre ihres Denkens fallen die Pechvögel zum Opfer: Sil'vio, Vyrin, Vladimir.

Schemata aber lauern allenthalben, am meisten in der Literatur. Puškins autoreflexive Ironie zielt auf das Schematische der Literatur, auf die ihr unausweichlich innewohnende Fixierung des beweglichen Lebens, auf die Wiederholung der Wahrheit. Die Literatur ist die Doxa. Die Wahrheit aber, die unwiederholbare, unvorsehbare, ist para-doxal, existiert nur außerhalb des Schemas.

Gegenüber seinen literarischen Prätexten relativiert Puškin sowohl das Glück der Glückspilze als auch das Unglück der Pechvögel. Bei Karamzin waren die Figuren entweder uneingeschränkt glücklich oder sterbensunglücklich. Puškin mischt die inneren Befindlichkeiten. Dunjas Glück ist erkauft, notwendig erkauft mit dem Leid des Vaters. Dass die junge Frau davon weiß und dass sie darunter leidet, bezeugen ihre Tränen, die sie nach dem Bericht des Kutschers auf der ganzen Fahrt nach Petersburg vergossen hat. Und dass Dunja die Station so spät besucht, erst nach dem Tode des Vaters (von dem sie nicht wissen kann), ist wohl damit zu erklären, dass die zartfühlende Frau auf den geliebten Vater Rücksicht nimmt, dem ihr Glück, wie sie weiß, sein Leid keineswegs lindert.

Das Unglück der Pechvögel beruht auch nicht auf widrigen Wendungen des Schicksals, sondern darauf, dass sie in ihrem vermeintlichen Unglück nicht zu erkennen vermögen, wie gut es das Schicksal mit ihnen gemeint hat. Der pedantische, phantasielose Möchte-gern-Entführer Vladimir geht unter, weil er nicht erkennen kann, dass der Schneesturm ihn vor einer unglücklichen Ehe mit der aufgeweckten, beweglichen Mar'ja Gavrilovna bewahrt hat. Und Samson Vyrin trinkt sich zu Tode, weil er sich nicht eingestehen kann, dass sein aufgewecktes Töchterchen, das mit hochgestellten Herrschaften so geschickt umzugehen weiß, in der Stadt sein Glück gemacht hat, das es auf der ländlichen Poststation nicht hätte finden können. Die ‚Blindheit' des Auf-‚Sehers' ist ein Beispiel für das, was das Schicksal in Puškins Welt am schärfsten bestraft. Die unbeirrte Orientierung an festen Schemata, seien sie gebildet nach biblischen Gleichnissen, literarischen Texten oder volkstümlichen Redeklischees, bereitet ihren Verwendern den Untergang. Die Handlung des *Schneesturms*, dessen Helden zum Erreichen ihrer Liebesziele literarische Rollen spielen, ohne sie zu existentialisieren, lehrt: Das Schicksal belohnt die Leicht-Sinnigkeit.

9 Das nicht eintretende Ereignis in Otto Ludwigs *Zwischen Himmel und Erde*

9.1 Der Vorenthalt des Ereignisses und die Erzählwürdigkeit

Otto Ludwigs Roman *Zwischen Himmel und Erde* (1856) ist für das Thema dieses Buches in zweifacher Hinsicht relevant.

Das Werk gilt als der erste Bewusstseinsroman der deutschen Literatur.[1] Schablonen der Bewusstseinsdarstellung, die wie die erlebte Rede den Figurentext verschleiern, kamen in den Romanen von Christoph Martin Wieland gelegentlich vor und begegnen in Goethes *Wahlverwandtschaften*, wie wir gesehen haben, in ihrer narratorialen Variante durchaus häufig. Erst Otto Ludwigs Roman aber kann als erster Höhepunkt einer systematischen Verwendung kaschierter Bewusstseinsdarstellung in der deutschen Literatur gelten.[2]

Der zweite Aspekt: Der Held des Romans, der ‚engelgleiche' Apollonius Nettenmair, verzichtet darauf, eine von allen erwartete Entscheidung zu treffen, nämlich die geliebte und ihn liebende Christiane zu heiraten, die durch den Tod seines Bruders Fritz Witwe geworden ist. Der Vater hat ihn, der raffinierten Überredung des frivolen und gewissenlosen Bruders folgend, der bei Christiane freie Bahn erstrebte, auf Wanderschaft geschickt. In Apollonius' Abwesenheit hat ihn Fritz bei seiner Braut systematisch verleumdet und Christiane selbst geheiratet. Nachdem Fritz aus Hass, Neid und Eifersucht bei ihrer gemeinsamen Dachdeckerarbeit auf dem Kirchturm einen Mordversuch an Apollonius unternommen hat, wirft sich Christiane, die bislang Fritz eine treue Ehefrau gewesen ist, in die Arme Apollonius', den sie immer noch liebt. Bei einem zweiten Mordanschlag auf dem Kirchturmdach, den Fritz unternimmt, stürzt er im verzweifelten Kampf der Brüder selbst in den Tod. Der Weg wäre nun für die beiden Liebenden frei. Doch der skrupulöse „Hypochondrist", wie ihn der Autor in einem

---

1 Edo Reents (2013) nennt Ludwig mit Blick auf *Zwischen Himmel und Erde* den „Urvater des psychologischen Romans und Deutschlands ersten modernen Prosaautor".

2 In der Literatur zu dem Roman gibt es eine Reihe von Hinweisen zu den Techniken der Bewusstseinsdarstellung, so etwa bei Brinkmann ([1957] 1977, 166) und Lillyman (1967, 146–160; 1977). Aber der Ertrag dieser Arbeiten ist gering, da in ihnen die Techniken der Bewusstseinsdarstellung auf die erlebte Rede und den „inneren Monolog" beschränkt und die beiden Schablonen entweder als identisch betrachtet (so bei Brinkmann) oder unzureichend differenziert werden (so bei Lillyman). Zur Uneindeutigkeit der Perspektive stellt schon Stuart P. Atkins (1939, 352) fest: „it is sometimes difficult to decide whether one is reading narrative or the thoughts of a character".

Paratext mehrfach nennt³, der sich am Tode des Bruders zu Unrecht schuldig fühlt, verzichtet auf die Ehe mit der geliebten Frau und flüchtet sich in eine resignative Haltung der Entsagung und aufopferungsvollen Fürsorge für Christianes Kinder.

Der ereignislogische Stellenwert dieser Entscheidung mag ambivalent erscheinen. Der Verzicht könnte als wahres Ereignis betrachtet werden, da er als Paradoxon der Doxa der Umgebung entgegenzustehen scheint, die angesichts aller Umstände die Eheschließung erwartet. Die Leute können auch dreißig Jahre nach dem Unglück Apollonius' Verzicht nicht verstehen:

> Die Nachbarn wundern sich, dass der Herr Nettenmair die Schwägerin nicht geheiratet. Es ist nun dreißig Jahre her, daß ihr Mann, Herrn Nettenmairs älterer Bruder, bei einer Reparatur am Kirchendache zu Sankt Georg verunglückte. Damals glaubte man allgemein, er werde des Bruders Witwe heiraten. Sein damals noch lebender Vater wünschte das sogar und der Sohn selbst schien nicht abgeneigt. Man weiß nicht, was ihn abhielt. Aber es geschah nicht, wennschon Herr Nettenmair sich des Familienwesens seines Bruders und der Kinder desselben väterlich annahm, auch sich sonst nicht verheiratete, soviel gute Partien sich ihm auch anboten. Damals schon begann das eigene Zusammenleben.
>
> Es ist natürlich, dass die guten Leute sich wundern; sie wissen nicht, was damals in vier Seelen vorging; und wüssten sie es, sie wunderten sich vielleicht nur noch mehr. (335)

Nicht nur die Leute und der Vater halten eine Heirat für „natürlich", ja für „notwendig". Auch Christiane selbst hegt bei aller Ergebung in Apollonius' Willen entsprechende geheime „Wünsche und Hoffnungen" (498).

Für den Helden aber ist die gefasste Entscheidung kein Ereignis, da sie mit großer Konsequenz aus seinen strengen Prinzipien und seinem bisherigen ethischen Verhalten folgt und nur seine Festigkeit in moralischen Dingen beweist.

Otto Ludwigs Roman ist ein Beispiel für das Auseinanderklaffen von Erzählwürdigkeit und Ereignis. Apollonius kann die Grenze zu einer realisti-

---

3 „Im Apollonius ist die Scheu vor Belastung seines zu zarten Gewissens – ähnlich wie bei manchen Frommen die Angst vor dem Zweifel – zur Leidenschaft geworden, die seinen Verstand verdunkelt. Meine Absicht war, das typische Schicksal eines Menschen darzustellen, der zuviel Gewissen hat, das zeigt neben seiner Zeichnung der Gegensatz seines Bruders, der das typische Schicksal des Menschen, der zu wenig Gewissen hat, versinnlichen soll. Dann die Wechselwirkung, wie der zu gewissenhaft angelegte den andern immer schlimmer macht, dieser jenen immer ängstlicher macht. Es ist des Allzugewissenhaften, des gebornen sittlichen Hypochondristen – und solcher Menschen sind mir genug vorgekommen, um sie als eine Gattung zu betrachten – typisches Schicksal, da er gewissermaßen den Katzenjammer hat von den Räuschen, die sich andre trinken" (Ludwig, 692–693. Nach dieser Ausgabe im Folgenden alle Zitate aus Ludwigs Werken mit Angabe nur der Seitenzahl).

schen Sicht seines teuflischen Bruders nicht überschreiten und findet nach dem Tod des Bruders, der zweimal nach seinem Leben getrachtet hat, nicht die Kraft, seine strikten Prinzipien, sein übergroßes Verantwortungsgefühl dem Urteil der Vernunft auszusetzen. Wenn er aus selbstanklägerischen moralischen Beweggründen der Liebe zur Witwe seines Bruders entsagt, die ihn selbst inniglich liebt, und wenn er sich der Eheschließung entzieht, die für alle das Natürlichste der Welt wäre, findet eine erwartete Grenzüberschreitung nicht statt. In diesem Fall handelte es sich um ein mentales Ereignis, wenn Apollonius seinen rigiden Moralismus relativierte, seine unbegründete Selbstanklage aufgäbe, eine realistische Einschätzung des Vorgefallenen gewönne und der Neigung seines Herzens folgte. Die Erzählwürdigkeit der Geschichte beruht hier im Wesentlichen auf dem Vorenthalt eines Ereignisses, dem Nicht-Überschreiten einer mentalen Grenze, auf der Entscheidung des Helden, die geliebte Frau nicht zu heiraten.

9.2 Wertungsdifferenzen

Der ethische Wert der Entscheidung gegen die naheliegende und von allen erwartete Eheschließung ist in der Rezeption sehr unterschiedlich beurteilt worden. Das zeitgenössische Publikum war mit Apollonius' Entsagung nicht zufrieden. Paul Heyse, der die Entscheidung des Autors nachdrücklich gutheißt, berichtet ihm im Brief vom 3.12.1856 von der Meinung der Leser, vor allem der weiblichen:

> Ein Gefühl, das unsern Frauen bei aller herrlichen Größe des Werkes, die sie nicht genug anstaunen konnten, zu schaffen machte und wahrscheinlich teilen sie es mit den meisten ihres Geschlechts – hatte mich nicht von fern angewandelt. Dass der Held Ihrer Geschichte sein Geschick zu erfüllen hat und eine absolute menschliche ideale Entwicklung des Verhältnisses über die Grenzen seiner Natur hinausgegangen sein würde, war mir außer Zweifel. (Zit. nach Lillyman 1977, 751)

Bezeichnenderweise spricht Heyse von den ‚Grenzen der Natur', die Ludwigs Held mit einer ‚menschlichen idealen Entwicklung' überschritten hätte. Damit bestätigt er in seinen Begriffen, dass hier ein Ereignis nicht vorliegt und nicht vorliegen kann. Die Auffassung von Heyses Frauen bringt der Literarhistoriker Julian Schmidt im Jahr 1857 dagegen auf eine nahezu naturgesetzliche Formel, nach der „die Form der Entsagung gegen alle Analogien der menschlichen Natur verstößt" (zit. nach Lillyman 1977, 751–752).

Es gab auch Versuche, vor allem im Geiste der deutschen 1970er Jahre, Otto Ludwig und seinem Programm des „poetischen Realismus" politische Abstinenz und die Idealisierung gesellschaftlicher Verhältnisse vorzuwerfen.[4] Kritiker des Autors, seines Programms und seines Werks können natürlich auf den idyllisierenden Schluss des Romans verweisen:

> Die Rosen an den hochstämmigen Bäumchen duften, ein Grasmückchen sitzt auf dem Busche unter dem alten Birnbaum und singt; ein heimliches Regen zieht durch das ganze Gärtchen, und selbst der starkstielige Buchsbaum um die gezirkelten Beete bewegt seine dunkeln Blätter. Der alte Herr [Apollonius] sieht sinnend nach dem Turmdach von Sankt Georg; das schöne Matronengesicht [Christianes] lauscht durch das Bohnengeländer nach ihm hin. Die Glocken rufen es, das Grasmückchen singt es, die Rosen duften es, das leise Regen durch das Gärtchen flüstert es, die schönen greisen Gesichter sagen es, auf dem Turmdach von Sankt Georg kannst du es lesen: Von Glück und Unglück reden die Menschen, das der Himmel ihnen bringe! Was die Menschen Glück und Unglück nennen, ist nur der rohe Stoff dazu; am Menschen liegt's, wozu er ihn formt. Nicht der Himmel bringt das Glück; der Mensch bereitet sich sein Glück und spannt seinen Himmel selber in der eigenen Brust. Der Mensch soll nicht sorgen, dass er in den Himmel, sondern dass der Himmel in ihn komme. Wer ihn nicht in sich selber trägt, der sucht ihn vergebens im ganzen All. Lass dich vom Verstande leiten, aber verletze nicht die heilige Schranke des Gefühls. Kehre dich nicht tadelnd von der Welt, wie sie ist; suche ihr gerecht zu werden, dann wirst du dir gerecht. Und in diesem Sinne sei dein Wandel:
> Zwischen Himmel und Erde! (531–532)

Diese Beschreibung suggeriert ein ungetrübtes Altersglück der beiden Protagonisten, das sie sich selbst bereitet haben, im Ausgleich von Verstand und Gefühl, in der erfolgreichen Suche nach dem ‚Himmel in ihnen'.

Nach den kritischen Einwänden, die der Erzähler direkt oder indirekt gegen Apollonius erhoben hat, fällt es schwer, „die beiden Figuren als Exempel eines erfüllten Lebens und souveräner Sittlichkeit zu verstehen oder gar bei Apollonius den Ausgleich von Verstand und Gefühl vollzogen zu sehen" (Schönert 1980, 166).

In unversöhnbarem Widerspruch zum idyllischen Bild und der Lehre, mit der Erzähler den Roman schließt, steht nicht nur die Handlung selbst und der Charakter Apollonius'; auch die kritische Stellungnahme des Autors zur Forderung eines idealen Helden, wie sie von Zeitgenossen erhoben worden war, ist

---

[4] Diesem Vorwurf begegnet William Lillyman (1977, 750–753) im Nachwort zu seiner Ausgabe der *Romane und Romanstudien* mit dem Verweis auf einzelne Stellen der *Romanstudien*, Ludwigs Gedicht 1848 und die von seinem Biographen Adolf Stern berichtete Kritik an der „unnatürlichen" Scheidung des Schönen vom Wahren und Guten, die Ludwig an den Klassikern und Romantikern beklagte.

mit der finalen Idylle nicht zu vereinbaren. In der folgenden Notiz skizziert der ironische Autor ein Finale, wie es sich seine Kritiker gewünscht hätten:

> Zuletzt musste Apollonius der lieben Sentimentalität wegen aus seinem Charakter fallen, der beschränkte Hypochonder musste zu einem absolut menschlich sittlichen Ideal werden. Der Alte dazu. Die Leute heirateten sich. Apollonius bekam auch keinen Rückfall in seine Hypochondrie, sondern die Ehe war die glücklichste, der Alte selbst – die andere Seite des Hypochonderschicksals, nämlich die sich ergibt, wenn die Hypochondrie gar kein Gegengewicht mehr in äußerer Tätigkeit findet – wurde noch eine gemütliche Seele und schaukelte in Gemütlichkeit zerfließend die junge Hypochondristenbrut. Recht; die Weiber unter Damen und Herrn wären befriedigt gewesen, aber – nun ja, ich selbst hätte mich geschämt in tiefster Seele. (Zit. nach Lillyman 1977, 751)

Nicht nur der kommentierende Autor der Paratexte widerspricht seinem Roman, sein fiktionaler Text selbst enthält einen Widerspruch: auf der einen Seite erscheint der Verzicht auf die geliebte Frau als Ausdruck der zwanghaften Prinzipienstrenge eines „Hypochondristen", auf der andern Seite tendiert der Text bzw. der aus ihm zu rekonstruierende abstrakte Autor dazu, die Entsagung als Handlung „selbstverantwortlicher Sittlichkeit" poetisch zu verklären (vgl. Schönert 1980, 167).

Es sollen hier die Fragen nach dem ethischen Wert der Entscheidung des Helden und nach möglichen Inkonsequenzen des Autors sowie nach der Wirklichkeitsnähe des sogenannten „poetischen Realismus", für den der Roman als Schlüsselwerk figuriert, nicht erneut aufgeworfen werden. Es wird im Folgenden statt dessen betrachtet, mit welchen Mitteln der Roman das gestaltet, „was damals in vier Seelen vorging".

9.3 Das Psychogramm der Dinge

Bevor Apollonius Nettenmair als alter Mann die Szene des Romans betritt, werden Grundzüge seines Charakters in der merkwürdig ausführlich beschriebenen Konstellation von Gärtchen, Wohnhaus und Schieferschuppen indizial und symbolisch ausgedrückt.[5] Es sind Hermetik und Verschlossenheit, die von der

---

[5] Eine detaillierte Analyse der räumlichen Strukturen des Handlungsorts gibt Richard Brinkmann ([1957] 1977 152–161), der auch erwähnt (153), leider ohne Referenz, dass Ludwig eine „technisch vollständige Skizze des Anwesens" entworfen habe. Eine solche Skizze hat auf jeden Fall Stuart P. Atkins (1941, 310) angefertigt, eine ältere Zeichnung eines Paul Pachaly (o. J.) korrigierend. Die zeichnerischen Bemühungen der Interpreten belegen, welch große Be-

Konfiguration der Gebäude und ihrer inneren Anordnung indiziert und symbolisiert werden. Ja, die Gebäude sind anthropomorph beschrieben, sowohl metonymisch als auch metaphorisch und scheinen mit einer Seele ausgestattet zu sein:

> Jenseits des Gässchens steht ein hohes Haus, das in vornehmer Abgeschlossenheit das enge keines Blickes würdigt. Es hat nur für das Treiben der Hauptstraße offene Augen; und sieht man die geschlossenen nach dem Gässchen zu genauer an, so findet man bald die Ursache ihres ewigen Schlafes; sie sind nur Scheinwerk, nur auf die äußere Wand gemalt. (331)

Es bleibt hier offen, wessen Charakter die Gebäude kundgeben, den eines Vorfahren, der das Ganze errichtet hat, den einer Familie, die architektonische Änderungen vorgenommen hat, oder den Charakter dessen, der seit dreißig Jahren Herr der Baulichkeiten ist, Apollonius Nettenmair. Eindeutig ist aber, dass das „Gärtchen", das nicht zufällig das erste Nomen des Textes ist und als erster ‚Agent' der Geschichte erwähnt wird, Apollonius Nettenmair kundgibt. Das Gärtchen entwirft ein Psychogramm des Helden:

> Die äußerste Sauberkeit lächelt dem Beschauer aus dem verstecktesten Winkel entgegen. Im Gärtchen ist sie fast zu ängstlich, um lächeln zu können. Das Gärtchen scheint nicht mit Hacke und Besen gereinigt, sondern gebürstet. Dazu haben die kleinen Beetchen, die so scharf von dem gelben Kies der Wege abstechen, das Ansehen, als wären sie nicht mit der Schnur, als wären sie mit Lineal und Zirkel auf den Boden hingezeichnet, die Buchsbaumeinfassung, als würde sie von Tag zu Tag von dem akkuratesten Barbier der Stadt mit Kamm und Schermesser bedient. Und doch ist der blaue Rock, den man täglich zweimal in das Gärtchen treten sehen kann, wenn man auf der Emporlaube steht, und zwar einen Tag wie den andern zu derselben Minute, noch sauberer gehalten als das Gärtchen. (332)

In Kategorien heutiger Psychologie formuliert, drückt das Gärtchen zwanghafte Genauigkeit und Sauberkeit aus. Wenn der alte Apollonius, metonymisch durch den blauen Rock vertreten und den weißen Schurz darüber, „zwischen den hochstämmigen Rosen [hingeht], die sich die Haltung des alten Herrn zum Muster genommen zu haben scheinen, so ist ein Schritt wie der andere, keiner greift weiter aus oder fällt aus der Gleichmäßigkeit des Taktes" (332–333). Hier gibt es keinen Zweifel über die Urheberschaft der Ordnung und den Bezug der indizialen Zeichen. Der Erzähler verdeutlicht, dass das Gärtchen Apollonius' „Schöpfung" ist und dass „er [Apollonius] äußerlich nur das nachgetan, wozu

---

deutung man den indizialen und symbolischen Gehalten der räumlichen Konstellation beimisst.

die Natur in ihm selbst das Muster geschaffen" (333). Wenn der Erzähler über dieses „Muster" seine Mutmaßungen anstellt, fügt er den Zügen der skrupulösen Genauigkeit allerdings auch einen liebenswürdigen Zug bei:

> Als die Natur ihn bildete, musste ihr Antlitz denselben Ausdruck von Gewissenhaftigkeit getragen haben, den das Gesicht des alten Herrn zeigt und der in seiner Stärke als Eigensinn erscheinen musste, war ihm nicht ein Zug von liebender Milde beigemischt, ja fast von Schwärmerei. (333)

Die Verbindung von Strenge und Milde erscheint in Apollonius, wenn er das väterliche Dachdeckergeschäft, das unter der Leitung seines unsoliden und pflichtvergessenen Bruders zugrunde zu gehen droht, durch seine tatkräftige Intervention rettet und dabei dem Bruder einige Sparmaßnahmen abnötigt: „Apollonius war unerbittlich, so mild er seine Gründe dem Bruder vortrug" (417).

Als der junge Apollonius vor einunddreißig Jahren nach sechs Jahren Abwesenheit in die Vaterstadt zurückkehrte und schon im dichten Wald die Glocken des Heimatorts hörte, traten ihm Tränen der Rührung aus den Augen, und er überließ sich Gedanken über den Zusammenhang von Fremde und Träumen und Heimat und Wachsein. Und in diesem entscheidenden Moment beobachtet der Erzähler an dem jungen Apollonius eine scheinbar beiläufige Handlung, die gleichwohl gut zu dem von Gebäuden und Gärtchen gezeichneten Psychogramm des alten Apollonius passt:

> Es könnte auffallen, wie er bei alledem in diesem Augenblicke der Aufregung seines ganzen Innern den Spinnenfaden nicht übersah, den die grüßende Luft von der Heimat her gegen seinen Rockkragen wehte, und dass er die Tränen vorsichtig abtrocknete, damit sie nicht auf das Halstuch fallen möchten, und mit der eigensinnigsten Ausdauer erst die letzten, kleinsten Reste des Silberfadens entfernte, ehe er sich mit ganzer Seele seinem Heimatsgefühle überließ. (337)

Die unscheinbaren, aber vom Erzähler genau registrierten, in ihrem emotionalen Kontext auffälligen Handlungen drücken die Präferenzen in Apollonius' „Seele" aus. Die Emotion, hier: das „Heimatsgefühl", hat sich den Prinzipien Ordnung und Sauberkeit unterzuordnen. Die Beobachtung des Erzählers an dieser Stelle ist auch kompositorisch gut motiviert. Die auf Reinheit des Körpers zielenden und mit „eigensinnigster Ausdauer" bis zum letzten Fädchen vollzogenen Mikro-Handlungen des eigentlich zu Tränen gerührten Heimkehrenden nehmen seine spätere Makro-Entscheidung vorweg. So wie er hier das aufwallende „Heimatsgefühl" zugunsten von sauberem Rockkragen und Halstuch zurückhält, so wird er sein zweifellos starkes Gefühl für die geliebte Christiane seinem skrupulösen und eigensinnigen Ordnungs- und Sauberkeitsprinzip unterordnen.

Mit narratorialer Introspektion in die Tiefe der Seele seines Helden liefert der Erzähler geradezu eine – *avant la lettre* – ‚psychologische' Diagnose der Reinigungshandlung:

> Aber auch sein Hängen an der Heimat war ja zum Teile nur ein Ausfluss jenes eigensinnigen Sauberkeitsbedürfnisses, das alles Fremde, das ihm anfliegen wollte, als Verunreinigung ansah; und wiederum entsprang jenes Bedürfnis aus der Gemütswärme, mit der er alles umfasste, was in näherem Bezuge zu seiner Persönlichkeit stand. Das Kleid auf seinem Leibe war ihm ein Stück Heimat, von dem er alles Fremde abhalten musste.

Ein heutiger Psychologe würde das „eigensinnige Sauberkeitsbedürfnis" als Zwangsstörung und die Abwehr alles Fremden in welcher Gestalt auch immer – und sei es in der Form eines Fädchens – als Ausdruck einer autistisch-narzisstischen Persönlichkeitsstörung deuten. Und in letzterer könnte ein Grund dafür gesehen werden, dass Apollonius, in seiner „eigensinnigen Gewissenhaftigkeit" (419) befangen, zur Empathie nicht fähig ist, die Alterität des Fremden nicht akzeptieren und die Grenze seines Ego zum andern Menschen nicht überschreiten kann. Das Eingekapseltsein in seiner Welt könnte auch erklären, dass er nicht sicher zu erkennen vermag, dass Christiane, die er beim Tanz mit klopfendem Herzen beobachtet, niemanden anders als ihn meint, wenn sie in der Pause, tief errötend, eine Blume auf die Bank in seiner Nähe legt. Apollonius durchschaut auch den Bruder nicht, der vorgibt, für ihn zu werben, ihn in Wirklichkeit aber vor Christiane schlechtmacht und der jungen Frau einredet, Apollonius lehne sie ab. Der Mangel an Empathie und die Abwehr der Alterität hindern Apollonius daran, die Gedanken des Bruders zu erraten und seine bösen Absichten zu durchschauen.

Apollonius leidet an einer eklatanten Unfähigkeit zu dem, was der heutige Kognitivismus (Zunshine 2006; Palmer 2007) als *mind reading* oder *theory of mind* bezeichnet (vgl. oben, S. 2). Was wie übergroße Schüchternheit und gutmütige Arglosigkeit erscheinen mag, erweist sich in psychologischer Perspektive als die Unfähigkeit des hermetisch Abgepkapselten, die Grenze des eigenen Ichs nach außen zu überschreiten.[6]

Fritz dagegen ist fähig zum *mind reading*: „Er las, was sie fühlte, von ihrem Antlitz" (399–400). Bei all seiner Verdorbenheit ist er sensibel für das Fremde,

---

[6] Dieser Befund lässt sich vereinbaren mit der Diagnose William Lillymans (1967, 34–39), der zwei Motive für die Handlung des Romans verantwortlich erklärt: *misunderstanding and isolation*.

er spürt mit dem scharfen Auge der Eifersucht, des Argwohns und des Hasses die feinsten Regungen im Gegenüber auf, vor allem die Sympathie, die seine Frau und seine Kinder Apollonius entgegenbringen, und er sieht, da sein Erkennen auch auf sich selbst gerichtet ist, von vorneherein die Katastrophe voraus:

> Ihm entging nichts, was seinem Zorne und seinem Hasse einen Vorwand entgegenbringen konnte. Er sah die Haare seiner Knaben in Schrauben gedreht, wie sie Apollonius trug; er sah die Ähnlichkeit mit Apollonius in den Zügen der Frau und der Kinder entstehen und wachsen; er hatte ein Auge für alles, was seines Weibes Verehrung für den Bruder, was ihr bewusstes, selbst was ihr unbewusstes Sich-Hineinbilden in des Verhassten eigenste Eigenheit ausplauderte. (421)

Das positive Gegenbild zum skrupulösen Apollonius ist der Vetter in Köln, zu dem der Vater den Jungen auf Wanderschaft geschickt hat. Der Kölner Vetter unterweist seine Gehilfen, indem er sie um ihren Rat fragt und ihnen auf diese indirekte Weise einen „Reichtum von Lebensregeln und Grundsätzen" gibt. „Gewissenhaftigkeit, Eigensinn in der Arbeit und Sauberkeit des Leibes und der Seele" durchaus hochhaltend, lässt der Vetter es indes nicht „an Winken und Beispielen fehlen, wie auch diese Tugenden an Übermaß kranken könnten" (347). Das wäre eine gute Lehre für Apollonius, wenn er sie denn verstünde und annähme.

In der Kölner Ferne erreicht Apollonius die Nachricht des Bruders, alle seine Versuche, Christianes Härte gegen ihn, Apollonius, zu mildern, seien vergeblich gewesen und er selbst habe, nachdem sie ihre gegenseitige Liebe entdeckt hätten, Christiane geheiratet. Apollonius „begreift unter Schmerzen" (348) seinen Irrtum und glaubt nun, dass es Fritz war, dem Christianes hinterlassene Blume in Wirklichkeit gegolten hat. Der nach sechs Jahren Heimkehrende und von der Höhe auf die Stadt Niederblickende will nun der immer noch geliebten Frau, um deren willen er die Mädchen in Köln nicht beachtet hat, nichts als ein Bruder sein und ihr zeigen, dass er ihren – vermeintlichen – Widerwillen nicht verdiene. Im Bericht von Apollonius' Rückblick auf die sechs Jahre versichert uns der Erzähler, dass Apollonius in der Ferne „aus einem blöden, träumerischen Knaben zum Manne geworden" ist (352).

9.4 Explizite Bewusstseinsdarstellung

Das Etikett des ersten Bewusstseinsromans der deutschen Literatur lässt einen – in Stanzels (1979) Kategorien – „personalen" Roman erwarten, also einen Erzähltext, in dem die Stimme des Erzählers durch die einer Reflektorfigur ersetzt oder verdrängt wird. Keineswegs aber dominiert in Ludwigs Roman eine figurale Perspektive, die die Präsenz des Erzählers vergessen machte. Im Roman *Zwischen Himmel und Erde* lässt sich der Erzähler bei aller tiefreichenden Introspektion in die Seelen der Figuren und trotz dichter figuraler Perspektivierung nicht verdrängen. Neben der Figuralität ist die Narratorialität stark entwickelt.

Immer wieder unterbricht der Erzähler seinen Bericht mit emphatischen Ausrufen oder rhetorischen Fragen, die den Horizont der Figuren überschreiten oder ihnen thematisch nicht zugeordnet werden können:

> Ob die Veränderung, die mit unserm Wanderer in der Fremde vorgegangen, seinen Bruder ebenso erfreuen wird, als die Nachbarn? (357)

> Wie konnte er wissen, dass er damit die Schuld wachsen machte in seiner Rechnung beim Bruder. (384)

> Wie manches Tun zeigt ungeboren schon der Mutter Seele sein Bild vorher! Wird eine Zeit kommen, wo des alten Herrn Gedanke Wirklichkeit wird? (385)

> Diese vier Menschen, in all' ihrer Verschiedenheit in einen Lebensknoten geknüpft, den eine Schuld versehrt! Welch Schicksal werden sie vereint sich spinnen, die Leute in dem Haus mit den grünen Laden? (385)

Zu den in diesen Ausrufen und Fragen angesprochenen Themen entfaltet der Erzähler gelegentlich Generalisierungen:

> Die Natur der Schuld ist, dass sie nicht allein ihren Urheber in neue Schuld verstrickt. Sie hat eine Zaubergewalt, alle, die um ihn stehen, in ihren gärenden Kreis zu ziehen, und zu reifen in ihm, was schlimm ist, zu neuer Schuld. Wohl dem, der sich dieser Zauberkraft im unbefleckten Innern erwehrt. Wird er den Schuldigen selbst nicht retten, so kann er den übrigen ein Engel sein. (385)

Der Erzähler tritt auch mit narratorialen Analysen dessen auf, was in den Figuren, von diesen unverstanden, vorgeht. In den beiden folgenden Beispielen deckt er die Motive Fritzens auf, die diesem selbst verborgen bleiben:

> Dann war ihm [d. i. Fritz] Apollonius der Träumer und er selbst war der, der die Welt kannte. Im andern Augenblick vielleicht sah er wieder den Arglistigen im Bruder und fand es wohltuend, sich dagegen als den Arglosen zu bemitleiden, dem jener Schlingen lege, um nur den Bruder hassen zu dürfen, der ihn hasse. Ihm fehlte das Klarheitsbedürfnis Apollonius', das diesem den Widerspruch gezeigt und den erkannten zu tilgen gezwungen hätte. Vielleicht hatte er ein Gefühl von dem Widerspruch und unterdrückte es absichtlich. So setzte sein Schuldbewusstsein den Hass als wirklich voraus, den es verdient zu haben sich vorwerfen musste. (379)

> Er [Fritz] wusste nicht, oder wollte nicht wissen, welchen Zauber eine geschlossene Persönlichkeit ausübt, obgleich er selbst widerwillig sie anerkennen musste, und noch weniger, dass diese ihm fehlte und der Bruder sie besaß. (381)

Expressive Färbung, die man zunächst dem Figurentext zuschreiben möchte, erweist sich nicht selten als narratorial, gelegentlich auch, wie im folgenden Zitat, als narratoriale Outrierung figuralen Ausdrucks, hier der „jovialen" Ausdrucksweise Fritz Nettenmairs:

> Seine Stiefel knarrten wieder: da ist er Ja! und: nun wird's famos! läuteten seine Petschafte den alten Triumph. Die Stiefel übertönten, was ihm sein Verstand von den notwendigen Folgen seiner Verschwendung, von seinem Rückgange in der allgemeinen Achtung vorhielt. (413)

Mit Emphase rechtfertigt der Erzähler nach Fritzens Beerdigung die Hoffnungen Christianes, die nun als Witwe „mehr ein bräutlich Mädchen oder eine mädchenhafte Braut [erschien]": „Und sollte sie nicht? Wusste sie nicht, dass er sie liebte? liebte sie ihn nicht? Musste sie nicht das Necken dritter darauf bringen, fiel es ihr auch selbst nicht ein, dass ihre Liebe nun eine erlaubte war?" (498).

Die ständige Präsenz des subjektiven Erzählertextes erschwert die Identifizierbarkeit der Textinterferenz. In Werken, in denen ein Erzähler sich nur schwach kundgibt und sich auf objektiven Bericht beschränkt, ist jede subjektive Wertung, jede emphatische Färbung des Erzählens, jede expressive Sprachfunktion ein Symptom für die geheime Präsenz des Figurentextes.[7] In Ludwigs Roman fällt die Sprachfunktion als diskriminatorisches Merkmal des Figurentextes aus, weil auch der Erzähler emphatisch und expressiv sprechen kann. Da die Opposition der beiden Texte auch in den Merkmalen *Lexik* und *Syntax* neutralisiert ist, bleibt der Leser zur Identifizierung der Textinterferenz im Wesentlichen auf die Merkmale *Thema* und *Wertung* angewiesen. Und in diesen beiden Merkmalen ist die Zuordnung von Segmenten des Erzählberichts zu Figurentext und Erzählertext in besonderem Maße von der Interpretation abhängig, d. h. nicht zuletzt davon, welches Bild der Leser sich bisher von den Instanzen gemacht hat.

Ein Beispiel für expressive Feststellungen und emphatische Exklamationen, die man zunächst für figural halten könnte, die sich aber dann, interpretiert im Kontext, als narratorial erweisen, ist die Beschreibung der Schwierigkeiten des nach sechs Jahren zurückgekehrten Apollonius:

---

[7] Von diesem objektiven Typus des Erzählertextes, der eine auschließlich „darstellende Sprachfunktion" (im Sinne Karl Bühlers 1934) hat, geht Lubomír Doležel (1958; 1960; 1973) bei seinem Operieren mit distinktiven Merkmalen aus. Jegliche Subjektivität wird von Doležel als ein „Stilmittel" betrachtet, das dem Erzählertext seine Grundeigenschaft nimmt, nämlich die Objektivität. Eine ähnliche Idealisierung finden wir bei Elena Paducěva (1996, 336–337). Zur Kritik der beiden Positionen: Schmid 2014a, 166–167.

> Aber was zwischen ihm und dem Bruder stand, war ein anderes, ein ganz anderes, als er meinte. Und dass er es nicht kannte, machte es nur gefährlicher. Es war ein Argwohn, aus dem Bewusstsein einer Schuld geboren. Was er tat, die vermeinten Hindernisse aus dem Weg zu räumen, musste das wirklich nur wachsen machen.
> Wäre er nicht zurückgekommen! hätte er dem Vater nicht gehorcht! wäre er draußen geblieben in der Fremde! (378)

Im Verlauf des Erzählens nimmt die Narratorialität deutlich ab. Beispiele für rein narratoriale Emphase und Expressivität finden sich besonders in den frühen Partien des Textes. Auf diese Weise entsteht der Eindruck, dass mit der zunehmend dramatischer werdenden Handlung der Leser immer tiefer in die Innenwelt der Figuren hineingezogen wird.

Hierbei ist freilich noch ein anderes Charakteristikum des Erzählens zu erwähnen. Die Bewusstseinsdarstellung bedient sich in diesem Roman keineswegs ausschließlich der kaschierten Formen, d. h. der erlebten Rede, des erlebten inneren Monologs und der erlebten Wahrnehmung. Überaus stark vertreten sind die markierten Schablonen des Bewusstseinsberichts und der indirekten Darstellung. Somit bleibt das Erzählen, auch wo es sich ganz auf die Innenwelt der Figuren konzentriert, in der „Hand" des Erzählers.

In Texten der Moderne entsteht gelegentlich der Eindruck, dass die Erzählfunktion ganz auf die Figuren übergegangen wäre, die als Reflektoren fungieren. Das führt dann, vor allem in univokalistischen Interpretationen (siehe dazu oben, Abschnitt 2.3), zu dem Trugschluss, dass der Erzähler ‚von der Bühne' ginge oder seine Funktionen an die Figuren abgegeben hätte (so etwa bei Doležel 1973, 7). Dieser Eindruck der Abdankung des Erzählers und der Autonomie der Figuren entsteht in Ludwigs Roman nie.

Auch wenn narratoriale Emphasen, rhetorische Fragen und Kommentare im Text zunehmend zurücktreten, bleibt der Erzähler präsent. Und sei es auch nur dadurch, dass er kaschierte Formen der Bewusstseinsdarstellung mit markierten wechseln lässt. Dieser Wechsel geschieht in so hoher Frequenz und in so geringen Abständen, dass der Leser besonders gefordert ist, jeden Halbsatz auf die sich in ihm ausdrückende Instanz abzuhorchen. Anschaulich beschreibt Richard Brinkmann ([1957] 1977, 197) das „Schwanken" der Perspektive und „Schillern" der Sätze zwischen objektivem Urteil des Erzählers und erlebter Rede einer Figur, das den Leser zwingt, „blitzschnell" von einer Sicht zur andern „umzuschalten": „Der Leser muss [...] recht Acht geben, dass er beim Vorstellen dessen, was die Sätze besagen, im richtigen Geleise läuft" (199).

Das richtige ‚Geleis' für etwa folgende Stelle zu finden, ist nicht leicht. Man kann sie mit dem gleichen Recht als Analyse des tief blickenden Erzählers auffassen wie als Selbstanalyse Fritzens, der in Augenblicken der Klarheit sich selbst und sein Verhalten scharf erkennen und gnadenlos sezieren kann:

> Hätte er sie früher so geliebt, wie jetzt, ihre tiefste Seele hätte sich ihm vielleicht geöffnet, sie hätte auch ihn geliebt. Sie haben Jahre zusammengelebt, sind nebeneinander gegangen, ihre Seelen wussten nichts voneinander. Dem Leibe nach Gattin und Mutter, ist ihre Seele ein Mädchen geblieben. Er hat die tieferen Bedürfnisse ihres Herzens nicht geweckt, er kannte sie nicht; er hätte sie nicht befriedigen können. Er erkennt sie erst, wie sie sich einem Fremden zuwenden. Er fühlt erst, was er besaß, ohne es zu haben, nun es einem andern gehört. (397–398)

Für die Überlieferung von Ludwigs Text ist noch ein besonderes Problem zu erwähnen. Die in der kritischen Literatur als kanonisch betrachtete Ausgabe der *Sämtlichen Werke* Otto Ludwigs, die Paul Merker in 6 Bänden 1912–1922 veranstaltet hat, enthält für den Roman *Zwischen Himmel und Erde* (in Bd. 3) gegenüber den zu Lebzeiten veröffentlichten Ausgaben einige durch den Herausgeber stillschweigend eingeführte signifikante Abweichungen in der Interpunktion (vgl. Lillyman 1967, 171–180). Einem erheblichen Missverständnis der Intentionen des Autors entspringt Merkers Bestreben, Ludwigs bewusste Verwischung der Grenzen zwischen den Gedanken der Figuren und dem Erzähltext durch Anführungszeichen um erstere aufzuheben, also die kaschierte Bewusstseinsdarstellung in eine markierte zu verwandeln.[8] Fatal hat sich diese vermeintliche Vereindeutigung des Textes bei Interpreten ausgewirkt, die die Merker-Ausgabe stilanalytischen Arbeiten zugrundegelegt haben. Das mag mit ein Grund dafür sein, dass die komplexe Bewusstseinsdarstellung Ludwigs in der Forschung bislang noch wenig Aufmerksamkeit gefunden hat.

9.5 „Was damals in vier Seelen vorging"

Die figurale Perspektivierung und auch die Textinterferenzen nehmen zu mit der dramatischen Zuspitzung der Handlung nach dem durch Fritz verschuldeten Tod seiner kleinen Tochter Anna. Apollonius erkennt das Wiederauflodern seiner erkaltet geglaubten Liebe zu Christiane; Christiane, die sich durch Apollonius aufgrund der Intrige ihres Ehemannes abgelehnt glaubte, muss sich ebenso ihre Liebe zu Apollonius eingestehen. Fritz, der ein gutes Sensorium für die Gefühle der andern hat, spürt das Anwachsen ihrer Emotionen und seine

---

[8] Eine in Merkers Ausgabe falsche „Verdeutlichung" anderer Art, aber gleicher Intention, nämlich die ‚Verbesserung' der syntaktischen Struktur der Sätze des Erzählberichts notiert Brinkmann ([1957] 1977, 198).

aussichtslose Position. Eine Umkehr scheint ihm kurzfristig möglich, aber er verwirklicht gleichwohl den Mordplan, den das Schicksal ihm präsentiert.

Der Erzähler erklärt zu Beginn, die Leute wüssten nicht, „was damals in vier Seelen vorging" (335). Die Rede von vier Seelen ist indes zu modifizieren. Der alte Vater, der aus Furcht vor Autoritätsverlust an der Kommunikation der Jungen nicht teilnimmt, tritt nur reduziert als Träger von Bewusstsein auf. Sein Denken kreist ausschließlich um seine Autorität und die Ehre der Familie. Der die Mordtat ahnende Blinde steigt sogar zu Fritz auf das Kirchturmdach, um ihn zu bewegen, sich selbst vom Dach zu stürzen und dadurch die befürchtete Schande abzuwenden:

> Er [Fritz] muss es tun, denn getan muss es sein. Sonst zeigen die Menschen mit den Fingern auf die Kinder: Die sind's, deren Vater seinen Bruder erschlug und auf dem Hochgericht oder im Zuchthause starb. Und wo es längst vergessen ist, da dürfen sie sich nur zeigen, da wird es wieder wach; da deuten die Menschen wieder mit den Fingern und wenden mit Schaudern sich von ihnen ab. (466)

Christiane spielt in dem Seelendrama nur eine passive Rolle. In ihrer Entwicklung sind zwei Momente von Bedeutung. Sie wundert sich über den Zurückgekehrten, der sich anders verhält, als nach Fritzens Warnungen erwartet werden musste. In ihrer eigenen Ablehnung wird sie wankend. Hier beginnt der allmähliche Prozess einer Umwertung, die den Charakter eines mentalen Ereignisses erhalten wird. Der innere Umschwung wird nach narratorialer Vorbereitung in ganz figural gehaltener erlebter Rede eingeleitet:

> Wie ein Blitz und mit freudigem Lichte zuckte es dazwischen [...] Ihr wird gesagt: du hassest ihn; du hast ihn beleidigt und du willst ihn kränken, und sie hat geglaubt, er hasse sie, er will sie kränken. Und hat er sie nicht gekränkt? Sie blickt in lang vergangene Zeit zurück, wo er sie beleidigte. Sie hat ihm schon lang nicht mehr darum gezürnt, sie hat nur neue Beleidigung gefürchtet. Kann sie jetzt noch darum zürnen, wo er ein so anderer ist; wo sie selbst weiß, er beleidigt sie nicht; wo die Leute sagen, und sein trauriger Blick: sie beleidige ihn? Und wie sie zurücksinnt [...] ist das nicht dasselbe Gesicht, das ihr jetzt nachsieht, wenn sie geht, so ehrlich, so mild in seiner Wehmut? ist es nicht dasselbe eigene Mitleid, das jetzt auf Tritt und Schritt mit ihr geht, und sie nicht lässt, wie damals? Dann wich sie ihm aus, und sah ihn nicht mehr an, denn er war falsch. Falsch! Ist er es wieder? Ist er es noch? (391)

Als Christiane unfreiwillig ein Gespräch der beiden Brüder anhört, gelangt sie zur Erkenntnis dessen, was ihr dank der Intrigen ihres Ehemannes bislang verborgen geblieben ist. In ihrer mentalen Entwicklung ist diese Anagnorisis der Moment des Umschlags, der aristotelischen Metabolé:

> Was von Offenheit und Wahrheit in ihr lag, war gegen ihren Gatten empört. Nicht die Leute hatten ihn belogen; er war selber falsch. Er hatte sie belogen und Apollonius belogen, und sie hatte irrend Apollonius gekränkt. Apollonius, der so brav war, dass er nicht über die Anne spotten hören konnte, hatte auch ihrer nie gespottet. Alles war Lüge gewesen von Anfang an. Ihr Gatte verfolgte Apollonius, weil er falsch war, und Apollonius brav. Ihr innerstes Herz wandte sich von dem Verfolger ab, und dem Verfolgten zu. Aus dem Aufruhr all ihrer Gefühle stieg ein neues heiliges siegend auf, und sie gab sich ihm in der vollen Unbefangenheit der Unschuld hin. Sie kannte es nicht. Dass sie es nie kennenlernte! Sobald sie es kennenlernt, wird es Sünde. (399)

Die Stelle zeigt, wie der Erzähler auch in der Präsentation der innersten Regungen der Figuren präsent bleibt und sich auf Schritt und Tritt interpretierend ‚einmischt'. So kann die Rede von der Abwendung „ihres innersten Herzens", vom Aufsteigen eines neuen, heiligen Gefühls und der Hingabe „in der vollen Unbefangenheit der Unschuld" nicht auf den Text der „unschuldigen" Figur zurückgeführt werden. Hier ‚sieht' und ‚spricht' unbestritten der Erzähler. Aber auf wen geht der emphatische Schluss zurück „Dass sie es nie kennenlernte! Sobald sie es kennenlernt, wird es Sünde"? Es ist hier wohl auch der Erzähler, der spricht, aber der Begriff der *Sünde* stammt aus Apollonius' Text. Das Gespräch der Brüder, das Christiane angehört hat, endete mit Apollonius' Urteil, er hätte, wenn er in Anne (einem Mädchen, das Fritz ihm einreden will) falsche Gefühle geweckt hätte, das für eine *Sünde* gehalten. Diese *Sünde* geht nun den Weg aus Apollonius' Rede über Christianes Wahrnehmung in den Bericht des Erzählers.

Im Gang der Katastrophe gibt es retardierende Momente. Das sind die in erlebter Rede wiedergegebenen Bewusstseinsregungen Fritzens, die den Leser auf eine Umkehr hoffen lassen. Motive dazu findet Fritz in Apollonius' beginnender Ahnung um seine Intrige:

> Der Bruder [d. i. Fritz] las in seinem [Apollonius'] Gesichte Schrecken über ein aufdämmerndes Licht, Unwille und Schmerz über Verkennung. Und es war alles so wahr, was er sah, dass selbst er es glauben musste. Er verstummte vor den Gedanken, die wie Blitze ihm durch das Hirn schlugen. So war's doch noch zu verhindern gewesen! noch aufzuhalten, was kommen musste! Und wieder war er selbst – aber Apollonius – das sah er trotz seiner Verwirrung – zweifelte noch und konnte nicht glauben. So war sein Wahnsinn wohl noch gutzumachen, so war es vielleicht noch zu verhindern, so war noch aufzuhalten, was kommen musste, und wenn auch nur für heut und morgen noch. Aber wie? wenn er einen wilden Scherz daraus machte? Dergleichen Scherze fielen an ihm nicht auf, und Apollonius war ihm ja schon wieder der Träumer geworden, der alles glaubte, was man ihm sagte. Und er selber wieder einer, der das Leben kennt, der mit Träumern umzugehen weiß. Er musste es wenigstens versuchen. Aber schnell, ehe Apollonius die Fremdheit des Gedankens überwunden, mit dem er kämpfte. (426)

Das kurz aufkommende Bewusstsein seiner Schuld an Ännchens Tod münzt Fritz für sich um in eine Anklage Christianes, die – so will er es sehen – sein Versöhnungsangebot nicht annehmen wollte und so seine Umkehr vereitelte (der Gedankenbericht geht wieder in erlebte Rede über):

> Es wurde immer dunkler und schwüler in Fritz Nettenmairs Brust und Hirn. Er hatte umkehren wollen auf dem Wege, in dessen Mitte ihn das Bild des toten Ännchens und die Klarheit, die es über die zurückgelegte Strecke goss, geschreckt. Er wäre umgekehrt, nahm die Frau die gebotene Hand an. Er meinte es wenigstens. Aber sie hatte ihn zurückgewiesen, ihm ein Antlitz voll Abscheu und Verachtung gezeigt; er hatte gesehen, sie nannte ihn in ihrem Herzen den Mörder des Kindes [...] Ein Wort von ihr konnte den Schlag verhüten; sie sprach es nicht. O es ist klar, sonnenklar: sie reizte ihn absichtlich durch ihr Schweigen zu der wilden Tat. [...] vor ihr hatte er gelegen, wie ein Wurm, vor ihr, die vor ihm hätte liegen sollen. Und sie hatte ihn noch zurückgestoßen, mit Verachtung zurückgestoßen! Sooft er an den Augenblick dachte, machte er sie verantwortlich für alles, was noch kommen konnte. (442–443)

Apollonius kommt nach dem ersten Mordanschlag seines Bruders in größte Entscheidungsqualen. Christiane ist an seine Brust gestürzt und hat ihn, alle Scheu vergessend, leidenschaftlich umarmt aus Freude darüber, dass er den befürchteten Anschlag seines Bruders überlebt hat. Die Unschuldige ahnt nicht, was ihre unbekümmerte Hingabe „in dem Manne aufregen muss" (479).

> Gehört das Weib dem, der sie ihm gestohlen, der sie misshandelt, den sie hasst? Oder ihm, dem sie schändlich gestohlen worden ist, der sie liebt, den sie liebt? [...] Das Gefühl, er will etwas tun und er ist sich nicht klar, was es ist, wohin es führen kann; eine ferne Erinnerung, dass er ein Wort gegeben hat, das er brechen wird – er lässt sich fortreißen [...] Er rang schon lange unter den berauschenden Tönen nach etwas, bevor er wusste, dass er rang und dass dies Etwas die Klarheit war, das Grundbedürfnis seiner Natur. Und nun kam sie [scil. die Klarheit] ihm und sagte: „das Wort, das du gegeben hast, ist, die Ehre des Hauses aufrechtzuerhalten, und was du tun willst, muss sie zernichten." Er war der Mann und musste für sich und sie einstehen. Die Klarheit brandmarkte den Verrat, den er mit einem Drucke, mit einem Blicke, an dem rührenden unbedingten Vertrauen üben würde, das aus des Weibes Hingebung sprach, mit aller Schmach, die sie fand. (480)

In Apollonius' Seele kämpfen zwei Gefühle, die Liebe zur Frau und die Pflicht, die vom Vater geerbte „Sorge um die Ehre des Hauses". Apollonius ringt mit sich, der Frau nicht zu zeigen, was in ihm vorgeht; „aber in seinem Innern war der Kampf selbst nicht ausgekämpft" (481).

Auf dem Kirchturmdach steht Apollonius in der Schicksalsnacht vor einer andern Entscheidung, nämlich sich selbst oder den Bruder zu retten. Fritz fordert die Entscheidung höhnisch heraus. In Gedanken an die Seinen erinnert sich Apollonius wieder an das Wort, das er gegeben hat. „Er ist der einzige Halt der Seinen; er muss leben" (493). So lässt er den Bruder, der ihn mit Schwung in die Tiefe mitzunehmen droht, an sich vorbeilaufen und in den Tod stürzen. In der Folge quält ihn die Vorstellung, er hätte den wahnsinnigen Bruder retten können, wenn seine Seele nicht den „sündhaften Traum" (505) – das ist die Verbindung mit Christiane – geträumt hätte. Aber in seinen Überlegungen kann er keine Möglichkeit finden, die es erlaubt hätte, unter Bewahrung des eigenen Lebens den Todessüchtigen aufzuhalten oder aufzufangen. Gleichwohl empfindet er eine schwere Schuld. Der empathische Erzähler folgt ihm in erlebter Rede gleichsam in seiner Selbstbeschuldigung:

> Er wälzte nicht seine Schuld ab von sich auf den Bruder; er hob mit liebender Hand die Schuld des Bruders herüber auf sich. Denn immer klarer wird es ihm, dass er den Bruder noch zuletzt vor dem Sturze retten konnte. Er hätte die Wege, die es gab, damals finden müssen, wenn sein Herz und Kopf nicht voll gewesen wäre von den wilden verbotenen Wünschen [...] (505–506)

Apollonius kann sich jetzt mit gutem Recht sagen, dass seine Wünsche nach dem Tod des Bruders keine „unerlaubten" mehr sind, „Aber dass sie es einmal gewesen, warf seinen Schatten herüber auf das vorwurfsfreie Jetzt. Seine Liebe, ihr Besitz, schien ihm wie beschmutzt" (506). Eine mögliche Schuld empfindet er als eine wirkliche und als die seine.

Nachdem der alte Vater mit Machtwort die Heirat angeordnet hat, klafft die Entzweiung in Apollonius immer weiter auf: „Wollte er dem Glücke entsagen, dann wich das Gespenst der Schuld, aber das Glück streckte immer verlockendere Arme nach ihm aus" (508). Er ist hin- und her gerissen zwischen dem Gefühl der Schuld, die er in absurder Argumentation begründet, und der Verheißung der Liebe:

> Nimmt er des Bruders Weib, die frei wurde durch den Sturz, so hat er ihn hinabgestürzt. Hat er den Lohn der Tat, so hat er auch die Tat. Nimmt er sie, wird das Gefühl ihn nicht lassen: er wird unglücklich sein, und sie mit unglücklich machen. Um ihret- und seinetwillen muss er sie lassen. Und will er das, dann erkennt er, wie haltlos diese Schlüsse sind vor den klaren Augen des Geistes, und will er wiederum das Glück ergreifen, so schwebt das dunkle Schuldgefühl von neuem wie ein eisiger Reif über seine Blume, und der Geist vermag nichts gegen seine vernichtende Gewalt. (508–509)

Nach seiner heldenhaften Rettungstat im nächtlichen Feuer auf dem Kirchturmdach weiß er, es lastet keine Schuld mehr auf ihm, er hat seine Pflicht getan. Und diese Nacht hat ihm auch die „Lust" wieder gebracht. Das ist aber nicht die Lust in der Liebe, sondern eine ethische Befindlichkeit: „Mit Freudigkeit erinnerte er sich jetzt wieder an das Wort, das er sich gegeben. Menschen wie Apollonius ist's der höchste Segen einer braven Tat, dass sie sich gestärkt fühlen zu neuem braven Tun" (520). So findet Apollonius sein Glück in der Entsagung, und er weiß sich damit in innigster Harmonie mit Christiane, die in den Nächten seiner Krankheit unsichtbar um ihn ist: „In diesen Nächten bezwang die heilige Liebe die irdische in ihr; aus dem Schmerz der getäuschten süßen Wünsche, die ihn besitzen wollten, stieg sein Bild wieder in die unnahbare Glorie hinauf, in der sie ihn sonst gesehen. (529)

9.6 Ludwigs Bewusstseins- und Ereignispoetik

Das Bild, das Ludwigs Erzähler von Apollonius zeichnet, ist nicht ohne Widersprüche. Während der Held anfangs durch die indizialen Zeichen mit den Zügen einer Persönlichkeitsstörung ausgestattet wird, wachsen ihm mit laufender Handlung Merkmale psychischer Gesundheit und Ausgeglichenheit zu. Nach dem ersten Mordanschlag des Bruders und Apollonius' Verzicht auf Christiane attestiert ihm der Erzähler eine „gleichgewichtige, wohlgeordnete Seele" (485). Von der anfangs betonten Zwanghaftigkeit seines Denkens und Handelns bleiben nur lebensfreundliche Geradlinigkeit und „Klarheit" (480) übrig. Für eine solche positive Entwicklung fehlt freilich die Motivierung.

Man kann zur Motivierung weitere Fragen stellen. Warum ist Apollonius, der seinen Höhenschwindel und die ihn auslösenden hypochondrischen Schuldgefühle in der heroischen Rettungstat am brennenden Kirchturmdach überwindet, als er sein Leben für die Stadt riskiert, danach nicht fähig, Christiane zu heiraten? Das Hindernis für das Eheglück war doch das Gefühl seiner Schuld. Oder hat sich Apollonius' „Sauberkeitsbedürfnis" jetzt verselbständigt, ist es reine Form ohne Inhalt geworden? Dann wäre er zur Zwanghaftigkeit seiner Prinzipienstrenge zurückgekehrt oder hätte sie in Wirklichkeit nie überwunden. Das entspricht, wenn man den paratextuellen Äußerungen des Autors folgt, am ehesten seiner Konzeption.

Woher aber kommen die sakralen Motive des Schlusses, „der höchste Segen", die „heilige Liebe", die „unnahbare Glorie"? Das „eigene", d. h. keusche „Zusammenleben" (335), das die ein „bräutlich Mädchen" gebliebene Christiane und der ‚jungfräulich' gebliebene Held führen, verwirklicht christliche, paulinische Tugenden. Die Handlung hat ihre dramatischen Höhepunkte zwar auf dem Kirchturmdach; die Kirche wurde indes eher aus der fachlichen Perspektive des Schieferdeckers betrachtet. Von den religiösen Anliegen der Kirche blieb die Handlung unberührt.

Es ist auch zu fragen, ob der überaus harmonische, religiös gefärbte Schluss mit dem idyllischen Finalbild (das oben S. 216 zitiert wurde) tatsächlich die Intentionen des Autors verwirklicht. Ludwig, der sich von seinen Lesern und Kritikern missverstanden fühlt, äußert sich im Konzept eines Briefes aus dem Jahr 1857, wahrscheinlich an den Literarhistoriker Julian Schmidt, ausführlich zu seinen Absichten:

> Ich hätte eher den Vorwurf des Materialismus gefürchtet als den der Asketik. Ich habe die Schicksale beider Enden der Menschheit ge[treulich] dargestellt, das des Frivolen und das des Ängstlichen; das Ideale liegt unsichtbar in der Mitte, selten wird es vorkommen [...]. Und wenn dieses eine rechte im Leben vorkäme, in der Poesie kann man den vollkommenen Charakter nicht brauchen. (688)

> Heiratete er die Christiane, so würde die Hypochondrie wiederkehren und ihn unfähig machen, sein Wort zu halten, und er wäre doppelt verloren, weil er auch, die auf ihn ankern, mit scheitern machte. Die Kraft, die ihm die gute Tat gibt, ist keine, die einen absolut neuen Menschen aus ihm machte – eine solche Wirkung ist in poetischen Arbeiten nichts als ein Taschenspielerstreich des Dichters und selber eine unsittliche Handlung – sie gibt ihm bloß die Kraft, den Entschluss zu fassen, der für ihn, wie er einmal ist, der rettende wird, nämlich – die Christiane nicht zu heiraten. (692)

Otto Ludwigs Roman weist unübersehbare Unklarheiten in der Motivierung auf. Das mag darauf zurückzuführen sein, dass sich Ludwig, der sich als Dramatiker sah und seiner Prosaproduktion wenig Bedeutung beimaß, seinen Roman zügig herunterschrieb, während er an seinen – insgesamt erfolglosen – Theaterstücken endlos herummodelte.

Gleichwohl ist *Zwischen Himmel und Erde* ein exzellenter Roman, der uns in die unterschiedlichsten Bewusstseinslagen führt, in die Untiefen des Ressentiments und die Enge von Zwangsvorstellungen. Er inszeniert heftige Entscheidungskämpfe in den Seelen der Helden, die auf Selbsterkenntnis gerichtete Reflexion und zeigt die Entwicklung und Verweigerung mentaler Ereignisse.

Nach Ludwigs poetologischen Überzeugungen ist die „psychologische Entwickelung der Charaktere" eigentlich der Stoff für das Drama.[9] In einem Brief an Berthold Auerbach, den Autor der *Schwarzwälder Dorfgeschichten*, der ihm geraten hatte, von seinen dramatischen Versuchen abzulassen und sich ganz dem Roman zuzuwenden, schreibt er im Jahr 1861:

> Ebenso, lieber Auerbach, geht mir's mit der erzählenden Form. Je weniger spezifisches Talent dafür ich besitze, desto genauer es damit zu nehmen wäre ich genötigt, erhielte ich mich nicht halb absichtlich in einem gewissen Leichtsinn in Bezug darauf. [...] ich bin lächerlich fremd in der Welt geworden, und namentlich fehlt mir es überall am Modell des Gehabens der Stände, ihrer Sprache, Gewohnheit, Sitten, Moden. Ich muss mir das alles

---

9 Nach Lillyman (1967, 32–33) ist diese Zuordnung auf den Einfluss Shakespeares zurückzuführen, der, wie Ludwig in einer Erörterung zu *King Lear* ausführt, „des Menschen Inneres" darstellt.

> selbst zubereiten [...] das führt mich dahin, ein eigentlich dramatisches Element, die psychologische Entwickelung der Charaktere und zwar psychologischer Typen in die erzählende Gattung einzuschwärzen. Das geht nicht, ohne Verletzung der Kunstform [...] (Zit. nach Lillyman 1967, 32)

In seiner Notiz „Für einen künftigen Volksroman" schreibt er:

> Ich werde mir meine Arbeit sehr erleichtern, wenn ich mich gewöhne, den Schwerpunkt der novellistischen Darstellung nicht mehr in die Charaktere und ihre Entwicklung zu legen, was denn überhaupt mehr der dramatischen Poesie zukommt. Die Begebenheit muss die Hauptsache werden. (670)

Was hier als Alternative erscheint, Entwicklung der Charaktere oder Darstellung von Begebenheiten, ist in *Zwischen Himmel und Erde* in den dramatischen mentalen Ereignissen unterschiedlicher Charaktere tatsächlich zusammengeführt.[10]

---

10 Zu Ludwigs Konzept der „Begebenheit" vgl. Albert Meyer (1957, 151–154); allgemein zu Ludwigs „realistischem Erzählmodell" vgl. jetzt Grüne 2017.

10 Eine nicht ereignisfähige Welt in Jan Nerudas *Kleinseitner Geschichten*

10.1 Erkenntnisprozesse

Auf besondere Weise stellt sich das Problem der Ereignishaftigkeit in den *Kleinseitner Geschichten* (Povídky malostranské; 1877) des tschechischen Journalisten und Schriftstellers Jan Neruda (1834–1891).[1] In diesem Erzählzyklus, der in der Regel als ein Kaleidoskop milieubeschreibender Skizzen rezipiert wird, scheint die Deskription (die Gestaltung statischer oder iterativer Motive) die Narration zu überwiegen. Der Autor hat selbst unterstrichen, wie wichtig ihm das „Erzählen ohne jede Handlung, ohne jede Intrige" gewesen sei. Von den typologisch unterschiedlichen Erzählungen des Zyklus schätzte er, wie er sich einmal äußerte, besonders jene, in denen die Handlung auf ein Minimum reduziert war. So schrieb er über den Mikrozyklus *Aus dem Tagebuch eines Konzipienten* (Figurky; 1877), „dass hier nur die Personen oder Figuren die Hauptsache sind und sein sollen". Alles übrige solle untergeordnet, nebensächlich bleiben, und die ausführliche Beschreibung dieser Menschen solle das Hauptziel bilden (zit. nach Vodička [1951] 1969, 184).

Bei näherem Hinsehen zeigt sich freilich das scheinbar nur genremalende Mosaik deskriptiver Charakterskizzen auch narrativ strukturiert. Einen ersten Hinweis darauf verdanken wir Felix Vodičkas Aufsatz zum „Erkennen der Wirklichkeit in den *Kleinseitner Geschichten*". In dieser Studie aus dem Jahr 1951 mit ihrer sehr zeit- und ideologiegebundenen Fragestellung verfolgt Vodička zunächst das Ziel, Nerudas Darstellung der Klassenstruktur städtischer Wirklichkeit zu demonstrieren. Daneben verweist der Aufsatz aber auch auf die latente narrative Grundlage der scheinbar rein skizzenhaften Erzählungen:

> Gewiss haben die Kleinseitner Geschichten wenig Intrigen, in ihnen entwickelt sich keine Handlung, und der Autor registriert im Wesentlichen nur, aber was die Erkenntnis der Wirklichkeit betrifft, verläuft in allen Erzählungen ein *Erkenntnisprozess*, in dem uns der Autor von der äußeren Ansicht der Wirklichkeit, von der Beobachtung einzelner Begebenheiten und Ereignisse zur Enthüllung und Bewusstwerdung der Wirklichkeit führt. (Vodička [1951] 1969, 184)

---

[1] Die Kleinseite (tschech. *Malá strana*) ist der unterhalb der Burg am linken Moldau-Ufer gelegene Stadtteil Prags. Er bildete bis 1784 eine rechtlich eigenständige Stadt, die einen deutlich andern Charakter hatte als die am rechten Moldau-Ufer gelegene Prager Altstadt. – Für dieses Kapitel greife ich auf Ergebnisse meines in tschechischer Sprache erschienenen Aufsatzes Schmid 1994b zurück.

Vodička spricht hier – möglicherweise in zeitbedingtem äsopischem Gestus – nur vom Leser als dem Subjekt des Erkenntnisprozesses. Aus seinen Beispielen wird jedoch deutlich, dass ein Erkennen auch in der erzählten Welt selbst verläuft. Damit bringt Vodička eine Sujetstruktur ins Spiel. Stärkstes Profil gibt der Forscher der Ereignishaftigkeit in seiner Nacherzählung der Novelle *Der Wassermann* (Hastrman; 1876):

> Den Wassermann, d. h. den Herrn Rybař [dt. ‚Fischer' – W. Sch.] zeichnet Neruda zunächst als Figur, deren ganze Physiognomie, deren sicheres Auftreten dem Bewusstsein entspringt, dass er der Besitzer von Edelsteinen ist. Sobald er aber erfährt, dass seine Edelsteine wertlos sind, verliert Herr Rybař seine Sicherheit, ändert sich auch in seinem Äußeren, und erst die Erkenntnis, dass er von seiner Familie und seinen Bekannten nicht aufgrund seines Besitzes, sondern einfach als Mensch geschätzt wird, gibt ihm die Beziehung zum Leben zurück. (Vodička [1951] 1969, 184)

Häufiger freilich kann die Erkenntnis der Wirklichkeit, die Aufdeckung der Illusion, von den Protagonisten gerade nicht vollzogen werden. Das gilt sowohl für die Geschichten aus der Kindheit des Erzählers: *Die St.-Wenzels-Messe* (Svatováclavská mše; 1876), *Wie es kam, dass Österreich am 20. August 1849 um halb ein Uhr mittags nicht zerstört wurde* (Jak to přišlo, že dne 20. srpna roku 1849, o půl jedné s poledne, Rakousko nebylo rozbořeno) als auch für einige Erwachsenengeschichten: *Doktor Weltverderber* (Doktor Kazisvět; 1876), *Zu den heurigen Allerseelen geschrieben* (Psáno o letošních Dušičkách; 1876). Wenn die Protagonisten die Differenz von Wirklichkeit und Illusion in der Handlungsgegenwart nicht begreifen, erscheint das Ereignis im Modus der Privation. Das nicht vollzogene Erkennen, die Vorenthaltung des Ereignisses ist für die Welt von Nerudas Kleinseite gewiss repräsentativer als Erkenntnisfähigkeit und Ereignishaftigkeit.

Das Erkennen der Wirklichkeit wird vom Autor in einer metapoetischen Schlusspointe des Zyklus ironisch akzentuiert. Die Erkenntnishandlung betrifft hier den diegetischen Erzähler (den sogenannten ‚Ich-Erzähler'). Der Advokaturkonzipient Krumlovský, dessen „idyllische" Aufzeichnungen den abschließenden Mikrozyklus *Aus dem Tagebuch eines Konzipienten* bilden, muss erkennen, dass die Kleinseite überhaupt nicht jener „poetische", „ruhige" Ort ist, den er erwartet hat. Seine Erwartung aber hat sich in der Lektüre der vorangegangenen Erzählungen gebildet, die er als Idyllen missversteht. Die Differenz zwischen seiner Erwartung und der Wirklichkeit lastet der enttäuschte Tagebuchschreiber dem Autor als dem vermeintlichen Urheber der Täuschung an: „Der Neruda soll mir nur noch einmal mit einer Kleinseitner Geschichte kommen!"

(Neruda, 278).² Mit der Reaktion dieses inkompetenten Lesers, der überdeutlich sein Defizit an Poesiebegeisterung bekundet („ich achte geschriebene Poesie für nichts, mir ist Poesie, die das Leben selbst dichtet, hundertmal lieber"; 204)³, hat Neruda das befürchtete Echo jener seiner Zeitgenossen vorweggenommen, die sich noch ganz am idyllischen Kode der tschechischen Literatur der Biedermeierepoche orientierten.⁴ In der Tat scheint Krumlovskýs selektive, die Intention des Zyklus verkehrende Lektüre manche spätere Rezeption zu antizipieren.

10.2 *Wie sich Herr Vorel sein Meerschaumpfeifchen anrauchte*

Die ganz und gar unidyllische Welt der Kleinseite ist also weniger von Ereignishaftigkeit als von ihrer Privation geprägt, und ihre Bewohner tendieren weniger zum Überschreiten mentaler Grenzen als zum Verharren auf dem gewohnten Terrain. Ereignet sich trotz dieser Inertia irgendwo eine Grenzüberschreitung, wird sie gnadenlos geahndet. Exemplarisch für die Ereignisunwilligkeit der sich abgrenzenden Welt der Kleinseite ist die Novelle *Wie sich Herr Vorel sein Meerschaumpfeifchen anrauchte* (Jak si nakouřil pan Vorel pěnovku; 1876).

Der Titel nennt ein Ereignis, das Einrauchen der Meerschaumpfeife. Nach den Kategorien der konventionellen Erzählung ist das ein Nicht-Ereignis. Es fehlt ihm die Relevanz. So muss der Titel den Eindruck erwecken, als bereite er auf eine ereignislose Idylle vor. Pfeiferauchen ist ja tatsächlich eine für die Idyllik charakteristische Handlung, die Behaglichkeit anzeigt und die Gemeinschaft fördert.⁵ Aber in der Welt dieser Erzählung umschreibt die triviale Handlung des Einrauchens der Pfeife tatsächlich ein Ereignis, das zu einer Katastrophe führt.

Kurz das Sujet: Herr Vorel, ein Fremder vom Lande, zieht in die Spornergasse (Ostruhová ulice) auf der Kleinseite und eröffnet dort „am 16. Februar 1840 und noch etwas" einen „Krämerladen". Dies ist im Grunde das Hauptereignis der Novelle, die initiale und basale „Intrige". In den Kategorien Lotmans

---

2 Nach dieser Ausgabe alle Zitate aus dem Zyklus mit Angabe nur der Seitenzahl.
3 Wenige Zeilen vorher hat der Erzähler beteuert: „Ich bin nicht aus auf gewürzte Restaurationsküche, mir sind Sterz, Hirseauflauf und Betternudeln hundertmal lieber als alle Karbonaden" (204).
4 Zu den idyllisierenden Tendenzen der tschechischen nachromantischen Kultur und Nerudas anti-idyllischer Poetik vgl. Sedmidubský 1988.
5 Vgl. dazu Sedmidubský (1988, 425–426), wo auf das Motiv des Pfeifenrauchens in J. H. Voß' *Luise* und Božena Němcovás Erzählung *Die Großmutter* (Babička; 1855) verwiesen wird.

kann man hier von einer Grenzüberschreitung im buchstäblichsten, lokalen Sinne sprechen. Aber eine solche Handlung kann kaum mehr als erzählenswertes Ereignis gelten denn das Einrauchen einer Meerschaumpfeife. Zweimal also scheint der Autor die Ereigniserwartung zu täuschen. Indes nimmt er nur einen Innensichtstandpunkt ein. Was, von außen betrachtet, eine nicht-ereignishafte Handlung ist, erscheint in der Innenperspektive als skandalöse Störung der Weltordnung. Der Erzähler antizipiert sogar den möglichen Zweifel an der Relevanz des Geschehens, thematisiert die Differenz von Außen- und Innensicht und erläutert dem ahnungslosen Außenstehenden, wie ereignishaft die – von außen gesehen – alltägliche Veränderung im Kontext der beschriebenen Mikrowelt ist:

> Mancher rasch Urteilende mag meinen, die Eröffnung eines neuen Krämerladens sei keineswegs ein wer weiß wie besonderes Ereignis. Aber dem könnte ich nur sagen: „Du Ahnungsloser!" oder ich würde überhaupt nur mit den Schultern zucken und nichts sagen. Wenn damals einer vom Lande an die zwanzig Jahre nicht mehr in Prag gewesen und dann durch das Strahover Tor bis zur Spornergasse gekommen wäre, hätte er den Kaufmann an demselben Eck gefunden wie vor zwanzig Jahren, den Bäcker unter demselben Aushängeschild und den Krämer im selben Haus. Damals hatte alles seinen festen Platz, und einen Krämerladen so mir nichts, dir nichts dort einzurichten, wo vorher zum Beispiel ein anderer Laden gewesen war, war eine so alberne Sache, dass sie niemandem auch nur eingefallen wäre. Der Laden vererbte sich vom Vater auf den Sohn, und ging er je auf einen Zugezogenen aus Prag oder vom Lande über, schauten die Einheimischen den nicht besonders schief an, denn er hatte sich irgendwie ihrer gewohnten Ordnung unterstellt und verwirrte sie nicht durch Neuerungen. (146; Ü. rev.)

In die unbewegliche, statische Welt der Spornergasse ist ein fremdes Element eingedrungen. Aber nicht eigentlich die Fremdheit ist es, die das Unerhörte dieser Grenzüberschreitung ausmacht. Als störend, ja feindlich wird Vorel aufgrund seiner Aktivität und Beweglichkeit empfunden. Das Skandalon ist die Beunruhigung der gewohnten Ordnung durch Neuerungen.

Die Provokation, die Vorels Überschreiten der Grenze für die Bewohner des unbeweglichen Mikrokosmos der Spornergasse bedeutet, wird durch eine bautechnische Maßnahme verschärft:

> Aber dieser Herr Vorel war nicht nur ein vollkommen fremder Mensch, sondern richtete sich auch seinen Krämerladen im Hause „Zum grünen Engel" ein, wo seit unvordenklicher Zeit kein Laden gewesen war, und ließ deswegen auch die Wand der Wohnung des Erdgeschosses in die Straße hinaus durchbrechen. Dort war immer nur ein gewölbtes Fenster gewesen, und dahinter war vom Morgen bis zum Abend Frau Staňková vor ihrem Gebetbuch mit einem grünen Schirm über den Augen gesessen, und jeder, der vorüberging, hatte sie sehen können. (147; Ü. rev.)

Nach Sprache und Mentalität ein Bewohner der Straße – wie es zunächst scheinen mag –, in Wirklichkeit aber wohl eher eine ironische Instanz, die die Sprech- und Denkweise der erzählten Welt in Verfahren der Textinterferenz reproduziert, teilt der Erzähler also scheinbar die Empörung und das Unverständnis der Kleinseitner. Auch die Überflüssigkeit eines weiteren Ladens in der Straße wird mit dem fremden Wort der Bewohner kommentiert. In der erlebten Rede entsprechen Wertung und Sprachfunktion ganz dem Horizont der Kleinseitner: „Das alte verwitwete Frauchen hatten sie vor einem Vierteljahr auf den Friedhof von Košíř gefahren und jetzt – wozu dieser Laden? In der Spornergasse war doch schon ein Laden, zwar ganz unten, wozu also ein zweiter?" (147; Ü. rev.).

Auf der andern Seite kann sich der Erzähler auch in Vorel versetzen und seine möglichen Motive erwägen:

> Vielleicht hatte Herr Vorel gedacht: Es wird schon gehen! Vielleicht auch hatte er selbstgefällig gemeint, er sei doch ein junger, hübscher Bursche mit rundem Gesicht, träumerischen blauen Augen, schlank wie eine Jungfrau, dazu ledig – die Köchinnen würden schon kommen. (147)

Solche Überlegungen erfahren freilich sogleich eine Widerlegung in erlebter Rede, in der Sprache und der Logik der Kleinseitner: „Doch das sind recht komische Sachen!" (147). (Wir werden weiter unten sehen, dass Vorels Äußeres, zumindest wie es in seiner Selbsteinschätzung erscheint, in der Geschichte eine nicht unwesentliche Rolle spielt.)

Das gewölbte Fenster, durch das die alte Staňková, vor ihrem Gebetbuch sitzend, wie ein Schaufensterpuppe zu sehen war, wird durch eine Tür ersetzt. Diese Tür, die in der Erzählung mehrfach angesprochen wird, macht die Grenze zwischen Innen und Außen durchlässig und hebt potentiell die topologische Isolation von Bekannt und Fremd in dieser hermetisch geschlossenen Welt auf. Das Skandalöse an Vorels baulicher Maßnahme ist gerade, dass er die das Haus begrenzende Mauer durchbricht und die Passage, den Austausch zwischen Innen und Außen ermöglicht. Damit rührt er im kleinen Maßstab buchstäblich an die Grundfesten der Kleinseite, die durch Mauern von der Außenwelt abgegrenzt und nur im Norden und im Süden durch zwei, stark befestigte Tore mit ihr verbunden ist. Diese Tore spielen in dem Zyklus eine wichtige Rolle, sind sie doch, als die Orte der Passage, auch die Stellen verstärkter Ereignishaftigkeit. Wo die Beweglichkeit der Außenwelt auf die Unbeweglichkeit der Binnenwelt stößt, muss es zum Konflikt kommen.

Das wird am deutlichsten in *Doktor Weltverderber*. Nicht zufällig ereignet sich der makabre Zwischenfall auf der Beerdigung des Herrn Schepeler, das

Herunterfallen des Sargdeckels, am Oujezder Tor, wo der Sarg wegen der Enge des Durchlasses vom Paradeleichenwagen abgeladen werden muss, und nicht von ungefähr kehrt Dr. Heribert, der den wahren Zustand des Scheintoten erkennt und ihn rettet, von einem Spaziergang außerhalb der Stadtmauern durch das Tor, den Durchlass zur ereignishaften Welt, in die Kleinseite zurück. Mit seiner Erkenntnis und seiner Rettungshandlung stört der Arzt die allgemeine Ordnung, ruft die Polizei auf den Plan und wird für die Kleinseitner zum „Doktor Weltverderber".

Wenn Herr Vorel also die Mauer des Hauses durchbricht und eine Passage zwischen Innen und Außen schafft, verstößt er gegen ein Grundgesetz des Mikrokosmos der Kleinseite, das Abgeschlossenheit und Vermeidung des Ereignishaften lautet.

Durch die Tür von Vorels Laden treten am Tag der Eröffnung allerdings keine Kunden. Die Nachbarn und Nachbarinnen, die vorübergehen, schauen zwar in den vor Sauberkeit und Neuheit glänzenden Laden hinein, und manch einer macht auch einen Schritt zurück, um noch einmal zu schauen, aber in den Laden tritt niemand. Davon gibt es, wie es scheinen könnte, zwei Ausnahmen: den Bettler Vojtíšek und das Fräulein Poldýnka.

Vojtíšek kommt indes nicht als Kunde. Er wird sich wohl auch nicht aus eigenem Antrieb dem Laden genähert haben, sondern scheint eher von Vorels Blick ermuntert worden zu sein. Jedenfalls schließt Vorel das aus der Annäherung des Bettlers: „Es scheint, dass der, den ich scharf ansehe, in den Laden hereinkommen muss. Wird schon gehen!" (150). Vorel gibt dem Bettler, der, kaum angeblickt, schon auf der Schwelle steht, einen Kreuzer und fordert ihn auf, jeden Mittwoch vorbeizukommen. Und so holt sich Vojtíšek jeden Mittwoch den Kreuzer ab, den ihm der neue Krämer in der guten Laune des Beginns versprochen hat. Die Schwelle des Ladens wird er dabei so wenig überschreiten, wie er es beim ersten Mal getan hat.

Poldýnka aber führt ihr Einkaufsgang nur einmal in den neuen Laden. Genau genommen, überschreitet auch sie nicht die Schwelle. Betrachten wir die räumlichen Bewegungen. Es heißt im Text: „Das Fräulein kam mit dem Körbchen im Arm bis zum Laden. Es schaute am Laden empor, als ob es sich über etwas wunderte, dann stolperte es über die Stufe und stand schon in der Tür. Es trat nicht ganz herein" (149; Ü. rev.).

Poldýnka bleibt also auf der Schwelle stehen. Vorel grüßt höflich und fragt das Fräulein nach seinen Wünschen. Dabei tritt er zwei Schritte zurück, offensichtlich um das Fräulein zu ermuntern, ganz einzutreten, und legt seine Meerschaumpfeife, aus der er tüchtige Züge genommen hat, auf den Ladentisch. Poldýnka folgt seiner Einladung indes nicht, sondern wendet sich, ihren Wunsch nennend, „halb aus dem Laden heraus" (149).

Warum tritt Poldýnka nicht ganz ein? Und warum wird Vorel nach ihrem Besuch konsequent von allen geschnitten? Nach einer Woche hat Vorel Einnahmen von nicht einmal zwei Gulden. Und so geht es weiter. Von den Nachbarn kam niemand, und nur selten verirrte sich ein Auswärtiger in den Laden.

In der Geschichte wird der Boykott mit dem Tabakrauch in Vorels Laden begründet. Um sechs Uhr am 16. Februar hat Vorel seinen Laden eröffnet, und um acht Uhr hat er sich seine neue Meerschaumpfeife angezündet. Poldýnka berichtet dann der Frau Rätin Kdojeková, dass Vorel im Laden so viel Rauch habe, dass alles wie geräuchert sei. Und als am Abend sich alle Nachbarn erzählen, dass es im Laden des Neuen nach Tabak rieche, dass das Mehl wie gebrannt, die Graupen geräuchert seien und als man Herrn Vorel nicht mehr anders als „geselchten Greißler" (159) nennt, ist sein Schicksal besiegelt.

Der einzige Trost des Herrn Vorel ist seine Meerschaumpfeife, und dieses Trostes bedarf der Arme immer mehr. Es kommt zu einem Austausch der Lebensenergie: „Die Wangen Herrn Vorels wurden bleich, die Stirn wurde faltig, aber die Meerschaumpfeife wurde von Tag zu Tag röter und glänzte vor Wohlbehagen" (159; Ü. rev.).

Der Boykott führt zum Bankrott, und dem erzwungenen Auszug kommt Herr Vorel dadurch zuvor, dass er sich erhängt. Der Laden soll wieder in eine Wohnung umgewandelt werden. Das heißt auch: die Tür wird wieder zugemauert.

Der eigentliche Grund des Untergangs ist natürlich nicht der Tabakrauch. Denn boykottiert wurde Vorel, schon bevor er sich – nach zwei Stunden vergeblichen Wartens auf Kunden – um acht Uhr im Laden die neue Pfeife anzündete. Sein Rauchen war nicht Ursache, sondern Folge des Boykotts. Und dieser entspringt der Ereignisfeindlichkeit der Kleinseitner und ihrer Unwilligkeit, nur die geringste Veränderung zu dulden. Ausgelöst aber wurde die Katastrophe durch das Gerede des Fräulein Poldi, der einzigen Kundin, die Vorel je bedienen konnte. Was aber hat Fräulein Poldi zu ihrem boshaften Klatsch veranlasst? Vorel hat sie doch freundlichst bedient, hat den Grieß großzügig abgemessen und ist ihr mit äußerster Ehrerbietung entgegengetreten: „Sie werden, gnädiges Fräulein, sehr zufrieden zu sein geruhen." Und auf Poldis knappe Frage nach dem Preis („Das macht?") antwortete er leutselig: „Vier Kreuzer. – So! Küß ergebenst die Hand. Der erste Anfang durch ein hübsches Fräulein – das wird mir Glück bringen" (149). Wie aber reagiert Poldi auf die Freundlichkeiten? „Fräulein Poldi schaute ihn kalt und mit großen Augen an. So ein hergelaufener Krämer! Der könnte froh sein, wenn ihn das rothaarige Seifensieder-Ännchen nähme, und der erlaubt sich... Sie rauschte ohne Antwort hinaus" (149; Ü. rev.). Die seltsame, unmotiviert scheinende Reaktion des Fräuleins führt zurück zu einem ganz andern Motiv, das in der Erzählung zweimal vorher profiliert wurde, dem Thema von Heiraten und Ledigsein.

Poldi, das schon etwas über zwanzig Lenze zählende „rundliche Dämchen, nicht groß, aber mit kräftigen Armen und Hüften" ist in der Nachbarschaft bereits Objekt des Geredes:

> Man hatte von ihr schon mindestens viermal gesagt, dass sie sich verheiraten werde, und ihre hellen Augen hatten jenen Ausdruck der Gleichgültigkeit, eigentlich der Resignation, der sich in den Augen aller jener Dämchen einnistet, bei denen das Häubchen schon etwas zu lange auf sich warten lässt. (148)

Die Unzufriedenheit und das zu vermutende mangelnde Selbstbewusstsein der Sitzengebliebenen scheinen sich auch ihrem Gang mitzuteilen. Er ist „etwas watschelnd" und hat noch ein besonderes Merkmal, das der Erzähler recht genau beschreibt: „In bestimmten Zeitabständen stolperte Fräulein Poldi nämlich und griff dabei jedes Mal nach ihrem Rock, als ob sie darauf getreten wäre" (148–149). Den Erzähler erinnert Poldis regelmäßig stolpernder Gang an ein langes episches Gedicht, „das jedes Mal nach der gleichen Anzahl von Versen in einheitliche Strophen zerlegt wird" (149). Der Leser aber wird im wenig anmutigen Gang der scheinbar gleichgültigen, aber vom Gerede tief gedemütigten jungen Frau die Züge der Resignation und der – aus Furcht vor Ablehnung – präventiven Abweisung erkennen, im regelmäßigen Griff zum Rock aber vielleicht auch unbewusste, verborgene Signale verzweifelter Verführung.

10.3 Ledige und Fast-Verheiratete

Die Motive des Heiratens und Ledigseins sind in der Geschichte vorher schon in Verbindung mit einer andern Person aufgetreten. „Gestern", also am Tag vor dem Beginn der Geschichte hat Herr Jarmárka, der Postbeamte, seine Silberhochzeit gefeiert. Er ist freilich ein alter Junggeselle. Seine Braut ist am Tag vor der Hochzeit gestorben. In ewiger Treue der Toten verbunden und nie wieder auf den Gedanken einer Heirat gekommen, feiert er den fünfundzwanzigsten Jahrestag der fast vollzogenen Eheschließung. Offensichtlich gedenkt er des Fast-Ereignisses jedes Jahr. Denn in seinem Namen *Jarmárka* (,Jahrmarkt') trägt er die Bezeichnung des jährlich begangenen Festes. Und in seinem Gedenken verdrängt die Freude über das gute Ereignis, das fast stattgefunden hätte, den Schmerz über das traurige Ereignis, das wirklich eingetreten ist, nämlich den Tod der Braut. Und so spendiert er den Gästen des Gelben Häuschens drei

Flaschen Melníker Wein. Aus den Zeitangaben geht hervor, dass Jarmárka bereits am 15. Februar, also drei Tage vor dem Jubiläumstag, der der 18. Februar ist, den Wein ausgibt. Wenn er nicht tatsächlich eher das Verscheiden der Braut als die (Fast)Hochzeit feiert, ist diese Vorwegnahme nur so zu erklären, dass sich seine Feier über mehrere Tage erstreckt. Wie dem auch sei, am rituell-festlichen Gedenken des nur beinahe Gewesenen, an der Streichung des tatsächlichen Geschehens und an der menschlich merkwürdigen Verkehrung von Freude und Trauer können die Kleinseitner Nachbarn, die Vorels mögliche Motive als „recht komische Sachen" empfanden, „überhaupt nichts Seltsames" (148; Ü. rev.) sehen.

Die über ihr Ledigsein verbitterte Jungfer Poldi ist mit dem fröhlich feiernden Fast-Witwer und Silberhochzeiter durch die Äquivalenz der Motive verbunden. Ja, die Ehelosigkeit zeigt sich überhaupt als ein generelles Merkmal in der Welt dieser Erzählung. Jedenfalls sind die drei Personen, die näher vorgestellt werden, Poldi, Jarmárka und Vorel, allesamt ledig. Und auch Herr Vojtíšek, der in der Geschichte eine gewisse Rolle spielt, ist ein notorisch Eheloser. Aus der ihm gewidmeten Erzählung *Sie stürzte den Bettler ins Elend* (Přivedla žebráka na mizinu; 1975) wissen wir, wie entschieden er der Werbung der Bettlerin „Millionenweib" widersteht, die sogar mit einem Stück Federbett lockt: „Lieber nehm ich Arsen" (108; Ü. rev.). Diese harsche Abfuhr ist angesichts der mangelnden Anmut der Werberin gut zu verstehen, aber sie zeigt uns Vojtíšek immerhin als Gegenstand einer Werbung und gestaltet wiederum das Motiv der nicht zustande gekommenen Eheschließung. Dieses Motiv bildet dann auch das Thema der Erzählung *Zu den heurigen Allerseelen geschrieben*. Gewiss, der Erzähler suggeriert, dass die doppelte Werbung von Cibulka und Rechner um das Fräulein Máry nichts anderes als ein böser Scherz der beiden „Hallodris" ist. Aber die Genasführte kommt mit ihrer verwitweten Freundin, mit der sie sich über alle Aspekte der Werbung austauscht, gar nicht auf einen solchen Gedanken, und nachdem die beiden Tunichtgute sehr bald und in kurzer Folge verschieden sind, schmückt Máry jedes Jahr zu Allerseelen beide Gräber und überlässt, um keinen der beiden Beinahe-Ehemänner auch nur im geringsten zu bevorzugen, einem kleinen Mädchen die Wahl des Grabes, zu dem sie zuerst tritt. An ihrem Allerseelenritual sind gewisse Übereinstimmungen mit den absurden Hochzeitstagen des Herrn Jarmárka nicht zu übersehen.

Überhaupt spielen in dem Erzählungsband das Verfehlen des Eheglücks, die misslungene Werbung und, als ihre Kehrseite, die erzwungene oder missverstandene Ehezusage eine wichtige Rolle. Das Personal für diese Motive sind sitzengebliebene Töchter, umworbene Junggesellen und verkuppelnde Mütter.

Die Reihe der nicht zustande gekommenen Hochzeiten wird bereits im Mikrozyklus *Eine Woche in einem stillen Hause* (Týden v tichém domě; 1867) eröffnet. Matylda Ebrová hat zum soundsovielten Mal das Monogramm für einen andern Bräutigam in die Wäsche gestickt und wieder aufgetrennt, und vielleicht wird sie, wie Marie Baurová maliziös bemerkt, „ewig auftrennen" (Kap. 3). Tatsächlich gelingt es der neidischen Marie, die niemals irgendwelche Bekanntschaften gehabt hat, der Freundin den nicht gerade attraktiven Heiratskandidaten Kořínek auszuspannen.

„Doktor" Josef Lokouta, der Frau Ebrová als Bräutigam für Matylda immer noch lieber wäre als Kořínek, plant bereits die Einzelheiten der Hochzeit mit Josefinka (Kap. 4), ohne dass die Auserkorene, die im Begriff steht, Herrn Bavorák zu ehelichen, auch nur im Geringsten von den geheimen Absichten Loukotas wüsste. Eine invertierte Variante dieses Motivs ist die missverstandene Heiratsabsicht, die der unglückliche Loukota äußert. Frau Lakmusová, die Zimmerwirtin des Heiratswilligen, macht sich den Mangel an Widerstand, den der das Missverständnis allmählich Erkennende leistet, zielstrebig zunutze. Dazu wird sie ja auch von einem unangenehmen Umstand gezwungen: der Verlobte ihrer Tochter Klára hat sich von der Armen abgewandt und eine Witwe geheiratet. Und so wird Frau Lakmusová für den Untermieter, der bei der Nachricht von Josefinkas Hochzeit halb ohnmächtig wird und, seiner Sinne beraubt, in das auf Josefinka gemünzte Heiratsgesuch Kláras Namen einträgt, tatsächlich eine „unverhoffte Schwiegermutter" (Kap. 5 und 9).

Eine ganz andere Geschichte von Werbung und Eheschließung findet sich in der „halbamtlichen Idylle" *Über einige Haustiere* des angehenden Schriftstellers Václav Bavor (Kap. 11). Dass sich Helena Veleb und Andreas Dílec schließlich ehelichen, scheint auf den ersten Blick nur der Unterordnung des Gefühls unter praktische Gesichtspunkte zu entspringen. Die Jungen der beiden spielen schön zusammen, und auch wirtschaftlich ergänzen sich die Gastwirtin und der Hausbesitzer auf das Schönste. Aber hinter dem doppelten Gerichtsstreit um die störenden Hühner und Schweine, mit dem die späteren Eheleute einander überziehen, können wir bereits versteckte Formen der Werbung erkennen. Just dieser Novelle von der Macht der Liebe hat sich der zuerst von Josefinka tief enttäuschte und dann zur Ehe mit Klára überrumpelte Lokouta – der Empfehlung ihres Autors entsprechend – als Schlafpulver bedient. Man wird verstehen, dass sich der Bräutigam wider Willen am nächsten Morgen, als er seine neue Lage erkennt, in größtem seelischen Katzenjammer befindet.

In dem an Motiven mehr oder weniger gelingender Eheschließung reichen Kontext ist noch einmal die merkwürdige Reaktion des Fräuleins Poldýnka näher zu betrachten: „So ein hergelaufener Krämer! Der könnte froh sein, wenn ihn das rothaarige Seifensieder-Ännchen nähme, und er erlaubt sich..." Die resignierte Jungfer interpretiert, offensichtlich ganz gefangen in ihrem um das Heiraten kreisenden Denken, die lediglich geschäftliche Höflichkeit des Krämers als erotische Werbung. In dem Pfeifenraucher sieht die regelmäßig nach ihrem Rock greifende Jungfer nicht so sehr den Krämer, sondern den Mann. Reagiert sie auf die vermeintlichen Werbungsworte so boshaft, weil sie, immer noch nicht unter der Haube, gar nicht mehr an ein Eheglück zu denken wagt und in paradoxer oder trotziger Reaktion potentielle Kandidaten eher abschreckt als anlockt? Oder sollte die ganze Boshaftigkeit der Sitzengebliebenen von der offensichtlichen Absichtslosigkeit des ledigen Neubürgers der Kleinen Seite herrühren? Diese Absichtslosigkeit hat ja etwa Ärgerliches an sich. Vorel scheint nämlich von durchaus angenehmem Äußeren und nicht besitzlos zu sein. Jedenfalls hat er sich – wie wir uns erinnern – in seiner selbstgefälligen Betrachtung ausgerechnet, ansehnlich und ledig, wie er sei, werde er schon die Köchinnen anlocken.

Poldis Mutter scheint gegenüber dem Fremden nicht die Abneigung der Nachbarn zu teilen. Immerhin schickt sie die Tochter, für das Neue offensichtlich durchaus aufgeschlossen, in Vorels Laden: „Du, Poldi, hörst [deutsch im Original], den Grieß kauf da bei dem Neuen, man kann's mal versuchen". Was aber genau zu versuchen ist, die Ware oder ihr Verkäufer, das überlässt die Erzählung der Hellhörigkeit des Lesers. Und der Leser hat auch zu entscheiden, ob Poldis Mutter tatsächlich dem Fremden so unvoreingenommen, ja mit Neugier auf das Neue begegnet, wie es zunächst den Anschein hat, oder ob sie nur in der Verzweiflung der Mutter keine Möglichkeit auslassen möchte, die Tochter unter die Haube zu bringen. Vielleicht ist es ja auch nur der Unwillen über die Absicht der Mutter, die Poldi so boshaft auf des Krämers Freundlichkeit reagieren lässt. Auf jeden Fall aber muss der Fremde für etwas leiden, für das er nicht die geringste Verantwortung trägt. Poldis boshaftes Gerede über den „geselchten Greißler" hat etwas von einer Rache des Geschlechts. Dieses Motiv taucht – wie wir sehen werden – in einer andern Erzählung des Bandes explizit wieder auf.

10.4 Unbestimmtheiten und Äquivalenzen

Die Uneindeutigkeit der Motivierung ist charakteristisch für das Erzählen in den *Kleinseitner Geschichten*. Gerade die entscheidenden Handlungszusammenhänge sind häufig in einer mehr oder weniger offenkundigen Unbestimmtheit belassen. Für die Geschichte sind aus dem Geschehen oft jene Geschehensmomente nicht gewählt worden, die den Kausalnexus herstellen und die Handlungsentscheidungen der Figuren erklären. Der Erzähler versagt sich in der Regel jegliche Explikation der narrativen Kausalität. In einer Reihe von Fällen zieht er sich ganz als sinngebende Instanz zurück und überlässt es seinem Leser, die explizierten Motive zu einer Sinnlinie zu verknüpfen.

So bleibt etwa der Schluss der Geschichte *Eine Woche in einem stillen Hause* recht änigmatisch. Václav Bavor, der kritische Geist und angehende Dichter, geht nicht etwa mit Márinka spazieren, wie der sich zum Spaziergang mit Frau Lakmusová anschickende Lokouta vermutet, sondern mit der Familie des Hausherrn, und das ist nicht anders zu verstehen, als dass der Sohn der reich gewordenen Hökerin und Bedienerin Bavorová sich um Matylda, die recht einfältige und träge Tochter des finanziell ruinierten Hausherrn bemüht. Was aber hat Bavor vor, wenn er den ob seiner Wahl verdutzten Lokouta mit den Worten beruhigt: „Aber, aber, Herr Doktor, ich weiß, was ich tue. Ich räche jetzt nur unser Geschlecht. Tun Sie nicht dasselbe, Herr Doktor?" (90).

Ähnlich rätselhaft schließen die *Abendlichen Plaudereien* (Večerní šplechty; 1875). Jákl ist übermütiger Stimmung, denn er schickt sich an zu heiraten. Seine Situation scheint freilich nicht ganz eindeutig zu sein: „Ich bin verliebt – das heißt: ich war's. Ich soll heiraten – aber wiederum auch nicht – ich weiß nicht recht, wie ich das geschwind sagen soll" (126). Die Ambivalenz wird erst verständlich, als er vom Besuch seines Freundes erzählt. Aus dem Munde des Freundes, eines Mediziners am Krankenhaus, hat Jákl erfahren müssen, dass seine Braut Lizinka, die überstürzt weggefahren ist, angeblich zu einer kranken Tante, in Wirklichkeit aber in der Entbindungsstation einen Jungen zur Welt gebracht hat. Was aber hat es damit auf sich, dass sich als erster nach dem Befinden von Mutter und Kind der alte Hauptmann Vítek erkundigt hat, der bislang eher mit Lizinkas Schwester Marie in Verbindung zu bringen war? Und ist in diesem Zusammenhang der Umstand von Bedeutung, dass Jákl gestern beinahe ertrunken wäre?

In andern Fällen suggeriert der Erzähler eine bestimmte Konkretisierung des Unbestimmten, ohne sie freilich zu explizieren. In der Geschichte *Zu den heurigen Allerseelen geschrieben* ist dem Erzähler sehr daran gelegen, die Werbungsbriefe Cibulkas und Rechners als schlechten Scherz darzustellen, den nur das Fräulein Máry und ihre verwitwete Freundin nicht duchschauen. Und in *Sie stürzte den Bettler ins Elend* steht für den Erzähler, der sich anschickt, von einem „traurigen Ereignis" zu berichten, unbezweifelbar fest, dass Vojtíšek ins „Elend" die Verleumdung durch das „Millionenweib" gestürzt hat. In beiden Fällen wird der Leser den suggerierten Motivationen zunächst durchaus folgen. Bei näherem Hinsehen wird er freilich gewisse Ansatzpunkte für andere Ausfüllungen der Unbestimmtheitsstellen entdecken, und er kann sozusagen hinter dem Rücken des Erzählers auf der Grundlage der expliziten Motive eine andere Geschichte als die des Erzählers rekonstruieren. Das soll nicht heißen, dass der Erzähler unzuverlässig erzählte oder den Leser in die Irre führte. Es soll nur so viel gesagt werden, dass die begrenzte Perspektive dieses „Chronisten der Kleinseite" grundsätzlich die Möglichkeit anderer Erklärungen für das nicht Explizierte, die Möglichkeit anderer Ausfüllungen für die Unbestimmtheitsstellen als die von ihm selbst suggerierten offenhält.

Auch in der Erzählung vom Pfeifenraucher Vorel sind Unbestimmtheitsstellen auszufüllen. Was hat Poldis Ärger hervorgerufen und damit Vorels Untergang verursacht? Der Erzähler profiliert mit seiner Überschrift das Motiv des Rauchens und rechtfertigt damit Poldis Klage über den verräucherten, also nicht betretbaren Laden. Durchschaut er überhaupt den geheimen Zusammenhang der Motive, den seine Geschichte bildet, die Äquivalenz zwischen Jarmárka und Poldi (und den übrigen Ledigen), die Kausalbeziehung zwischen der Verbitterung der Sitzengebliebenen und ihrer bösartigen Reaktion auf die nur geschäftsmäßige Freundlichkeit des neuen Krämers, einer Reaktion, der etwas von einer ‚Rache des Geschlechts' anhaftet?

Welche Rolle aber spielt für das tragische Ereignis der Novelle die Meerschaumpfeife und ihr Rauch? Die neue Pfeife zeigt Vorel zum ersten Mal bei der Silberhochzeitsfeier des Junggesellen Jarmárka. Sie ist für ihn ein Mittel, die Nachbarn zu seiner Aufnahme zu bewegen, und in der Erzählung fungiert sie als Symbol der ersehnten Nachbarschaftlichkeit: „Und doch hatte er heute ein funkelnagelneues Meerschaumpfeifchen, ein mit Silber beschlagenes, und er hatte es sich nur darum angeschafft, um wie ein Nachbar auszusehen" (148). Trotz aller Bemühungen des Neubürgers ignoriert die Festgemeinde den Eindringling und schließt ihn auch vom Genuss des Mělníker Weins aus.

Es ist in dieser Novelle mit ihrem dichten Netz der Bezüge nicht ohne Belang, dass die Meerschaumpfeife mit jenem Metall beschlagen ist, das der Hochzeitsfeier des Junggesellen den Namen gibt. Vorel wird von Herrn Jarmárkas merkwürdigem Jubiläum kaum im Voraus gewusst haben, aber dennoch stellt sich eine unübersehbare Motiväquivalenz zwischen der mit Silber beschlagenen Pfeife und der Silberhochzeit her, eine Äquivalenz, die insofern besonders wahrnehmbar ist, als die Silber-Motive im Text nur wenige Sätze voneinander entfernt sind. Diese Äquivalenz unterstreicht ein weiteres Mal, wie sehr der Neubewohner der Malá strana bemüht ist, sich den Nachbarn annehmlich zu machen.

Vorels ingrimmiges Paffen, das ihm nach Poldis boshaftem Klatsch den Untergang bereitet, ist somit zu verstehen als Ersatzhandlung, als Ausdruck seines vergeblichen Wunsches um Aufnahme in die ihm verweigerte Gemeinschaft. Vor dem Hintergrund dieser Symbolik erhält die Reaktion der Polizisten besondere Konturen:

> Die Polizisten der Spornergasse schauten giftig in den Laden auf diesen unermüdlichen Raucher – wenn er, mit der Pfeife im Mund, wenigstens einmal über die Schwelle auf die Straße getreten wäre! Besonders einer von ihnen, der kleine Herr Novák, hätte ich weiß nicht was dafür gegeben, wenn er ihm die brennende Pfeife aus dem Mund hätte schlagen können. (150)

Die Schwelle jener Tür, die das hermetisch abschließende Bogenfenster ersetzt, wird für Vorel zu einem Schutz. Dass er, der zuerst verdrießlich und dann verzweifelt seinen Laden vollraucht, mit der Pfeife nicht über die Schwelle tritt, bewahrt ihn zumindest vor der Schikane durch die Obrigkeit. Erst nach seinem grausigen Tod erfährt die mit Silber beschlagene Meerschaumpfeife, das Symbol der erstrebten Nachbarschaftlichkeit, die Schätzung der Kleinseitner, genauer: der Obrigkeit. Der Polizeikommissar der Kleinseite, Herr Uhmühl, findet in der Tasche des Verstorbenen die Pfeife, hält sie ans Licht und ruft aus: „Eine so schön angerauchte Meerschaumpfeife hab ich noch nie gesehen, da, schauen Sie her!" (151; Ü. rev.).

Mit dem Lob der gut eingerauchten Pfeife endet die Erzählung, die in ihren letzten Worten auf den Titel anspielt. Ihr Inhalt, ihr Ereignis war die gescheiterte Grenzüberschreitung. Ein Ereignis, das für die Malá strana Unerhörtes hat stattgefunden: das Überschreiten der Grenze von Außen nach Innen. Dieses Ereignis wurde durch ein zweites Ereignis annulliert: der Boykott der unbeweglichen Bürger und Poldis Hetzrede führen zum Untergang des beweglichen Helden. Der alte Zustand wird wiederhergestellt. Die Öffnung in der Mauer, die Innen und Außen verband, wird wieder zugemauert. Es triumphieren die Unbeweglichkeit und die Grenze. Die Welt der Spornergasse ist nicht ereignisfähig und nicht ereigniswillig. Sie wird beherrscht von dem sich nicht Ereignenden, den nicht gelingenden Verbindungen zwischen den Menschen und der Wiederkehr des Gleichen, Herrn Jarmárkas seltsamen Beinahe-Hochzeitstagen und Márys groteskem Allerseelenritual an den Gräbern der beiden vermeintlichen Fast-Bräutigame.

Die Geschichte vom tragischen Scheitern des verzweifelten Pfeifenrauchers kann man auch als metapoetische Novelle lesen, als Erzählung, die die Bedingungen der Möglichkeit von Ereignissen zum Thema hat. Ihr Erzählwürdiges ist das Nicht-zustande-Kommen des Ereignisses. Nach Vorels Freitod und der Beseitigung aller der von ihm eingeführten Neuerungen bleibt als einziges positives Resultat der Veränderungsversuche eine gut angerauchte Meerschaumpfeife zurück.

V. Ereignisoptimismus im russischen Realismus

11 Fëdor Dostoevskij

11.1 *Der Doppelgänger*

11.1.1 Figurale Weltwahrnehmung und „Polyphonie"

Das Werk, das in Russland den Durchbruch des Erzählens mit dominant figuraler Perspektive bedeutete und das in der europäischen Erzählkunst als das erste Exempel eines den Leser irritierenden extremen Gebrauchs erlebter Rede und erlebten inneren Monologs figuriert, war Fëdor Dostoevskijs Kurzroman *Der Doppelgänger* (vgl. die oben, in 2.4–2.8 zitierten Beispiele).[1] Den sinnfälligsten Ausdruck findet die neue Textgestaltung des *Doppelgängers* darin, dass bis zum Schluss dieser Erzählung vom fortschreitenden Wahnsinn des Petersburger Kanzleibeamten Jakov Petrovič Goljadkin offenbleibt, in welchem Sinn die ganz unwahrscheinlichen *Abenteuer des Herrn Goljadkin* (Priključenija gospodina Goljadkina; so der Untertitel in der Version von 1846) aufzufassen sind. Die Unklarheit der Handlung resultiert aus der fast unentwirrbaren Interferenz von Erzählertext und Figurentext. Der Erzähler bietet das von seinem kranken Helden Wahrgenommene als objektives Geschehen dar, ohne deutlich zu machen, wo er die erzählte Welt nach der subjektiven Logik und kranken Wahrnehmung des Helden präsentiert. Dass das Auftreten von „Herrn Goljadkin junior", des dreisten Doppelgängers von „Goljadkin senior", nicht einer autonomen phantastischen Welt Eigenrecht gibt, wie die Zeitgenossen in der Inertia der romantischen Tradition annehmen mussten[2], sondern lediglich das Produkt des subjektiven Wahns eines kranken Gehirns ist, wird nirgendwo im Text ausgesprochen, kann vielmehr nur aus einzelnen Anzeichen (Logik der Situation, Sprache, Denkweise und psycho-physische Reaktionen des Helden) geschlossen werden.

Die Bewusstseinsspaltung ist keine Krankheit, die den Helden zufällig wie ein unverdientes Unglück trifft, sondern erwächst aus einem charakterlichen Defekt. Der ehrgeizige und hierarchiebewusste Beamte möchte mehr sein, als er ist und zu sein vermag. Der Doppelgänger verkörpert jene Eigenschaften, die Goljadkin gerne besäße: Durchsetzungskraft, schmeichelndes Wesen und Erfolg

---

[1] Für eine detaillierte Analyse der Textinterferenzen im *Doppelgänger* und der von ihnen hervorgerufenen Irritationen der zeitgenössischen Leser vgl. Schmid ([1973] 1986, 90–148).
[2] Zu Dostoevskijs Überwindung romantischer Doppelgängerei insbesondere bei E. T. A. Hoffmann vgl. Reber 1964.

bei den Vorgesetzten. Zu Goljadkins Wahn gehört auch, dass ihn die schöne Tochter des Vorgesetzten in einem Brief anfleht, sie zu entführen, eine angesichts der unscheinbaren Erscheinung des Helden wirklichkeitsferne Vorstellung.

In psychologischer Interpretation hat man in dem Roman eine Darstellung der Schizophrenie *avant la lettre* gesehen. In sozialer Interpretation wurde eher betont, dass der Doppelgänger als Verkörperung von Goljadkins geheimen Wünschen den Karrierismus und die Verdrängungsmentalität der hypertrophen Beamtenwelt St. Petersburgs und des von ihm regierten Systems repräsentiert. In der sowjetischen Literaturwissenschaft ist diese Interpretationsfigur *ad nauseam* variiert worden. Danach entlarvt der ambitiöse, karrieristische, boshafte Charakter des Herrn Goljadkin junior die – wie formuliert wird – ‚inhumane Gesellschaftsordnung'.³

Am Beispiel des *Doppelgängers* führt Michail Bachtin seine bekannte These von der „Polyphonie" der Romane Dostoevskijs ein. Er zeigt das Phänomen nicht an den Romanen, sondern an Erzählungen und Kurzromanen (*povesti*). In ihnen ist, wie er konzediert, die Polyphonie allerdings nur im Ansatz vorhanden, und zwar in der „dialogischen Wendung des Erzählberichts (*rasskaz*) an den Helden" (Bachtin [1929] 2000, 119). Eine solche dialogische Wendung konstatiert Bachtin am *Doppelgänger*. Ein Beispiel findet er in folgendem Zitat:

> Da wartet er nun, meine Herrschaften, mucksmäuschenstill und wartet geschlagene zweieinhalb Stunden. Weshalb sollte er auch nicht warten? Hat doch selbst Villèle [ein französischer Politiker – *W. Sch.*] abgewartet. „Was soll hier der Villèle!" dachte Herr Goljadkin, „was hat das mit Villèle zu tun? Wie wenn ich jetzt da einfach mal ... reingehen würde?... Ach, du Figurant, du verdammter! [...]". (Dostoevskij, I, 132)

Bachtin erklärt die Struktur dieser Stelle auf folgende Weise:

> Die Worte Goljadkins scheinen den Erzählbericht fortzusetzen und antworten ihm im inneren Dialog. [...] Das sind wirklich auseinanderfallende Repliken von Goljadkins innerem Dialog mit sich selbst: eine Replik ist in den Erzählbericht eingegangen, die andere bei Goljadkin geblieben. (Bachtin [1929] 2000, 118)

Der Eindruck des Dialogs wird zunächst metaphorisch vermittelt, aber mit einem Vorbehalt (*scheinen*). Die darauf folgende Beschreibung ist durchaus genau und adäquat. Ein wenig später gibt Bachtin der richtigen Beobachtung

---

3 Vgl. den Überblick über die verschiedenen Richtungen in der Interpretation des *Doppelgängers*: Schmid ([1973] 1986, 89–92).

jedoch eine metaphorische Formulierung, offensichtlich im Bestreben, die gefundene Struktur der gesuchten Polyphonie anzupassen:

> In Goljadkins Ohren klingt unaufhörlich die provozierende und spöttische Stimme des Erzählers und die Stimme des Doppelgängers. Der Erzähler schreit ihm [d. i. Goljadkin] seine eigenen Worte und Gedanken ins Ohr, aber in einem andern hoffnungslos fremden, hoffnungslos verurteilenden und verspottenden Ton. (Bachtin [1929] 2000, 120)

Die vermeintliche „dialogische Wendung des Erzählberichts an den Helden" kann und muss man hier freilich auf eine andere Weise erklären, die die erste von Bachtin gegebene durchaus richtige Beschreibung präzisiert. Der Eindruck eines Dialogs zwischen dem Erzählbericht oder dem Erzähler und dem Helden entsteht einzig und allein durch den Wechsel der Schablonen, in denen die innere Rede des Helden dargestellt ist. Sie zerfällt in die Repliken zweier Stimmen. Während die erste Stimme in der Schablone der erlebten Rede wiedergegeben ist, wird Goljadkins zweite Stimme in direkter Rede dargestellt. Die erlebte Rede ist nur formal Rede des Erzählers, gibt aber in Wirklichkeit Inhalte des Bewusstseins der Figur wieder. Die „verspottende" Stimme, die der Held hört und auf die er sogar reagiert, ist nichts anderes als die Stimme seines *alter ego*. Folglich hört der Held nur jenen Spott, der von ihm selbst ausgeht. Die zweifellos bestehende Ironie des Erzählers ist ihm nicht zugänglich. Nicht gegen den Erzähler protestiert er, sondern gegen seine erste Stimme. Der Erzähler aber, der sich nicht an den Helden wendet, sondern an seinen (fiktiven) Leser, lässt dem Helden nicht die geringste Chance. Mit gnadenloser Ironie entlarvt er den negativen Helden und unterdrückt dabei dessen *Ich-für-sich-selbst*. Von einer „Vollwertigkeit und Selbständigkeit der Position des Helden", die Bachtin ([1929] 2000, 126) postuliert, kann nicht im Geringsten die Rede sein. Der Held ist vielmehr passives, wehrloses Objekt des entlarvenden monologischen Wortes des Erzählers. Dialogisch ist hier nur das Wort des Helden, das an das *alter ego* gerichtet ist. Die scheinbare dialogische Zugewandtheit des Erzählberichts an das Wort des Helden erweist sich als Übergang von einer Schablone der Darstellung des Figurentextes zu einer andern.

11.1.2 Goljadkins Erkenntnis

Für das Thema dieses Buches ist *Der Doppelgänger* insofern relevant, als er ein mentales Ereignis gestaltet. Das ist Goljadkins Einsicht in seine psychische Erkrankung. Die Einsicht kommt zwar spät, ist aber unbezweifelbar ein Ereignis. Der Held hat sich immerhin die gesamte Handlung hindurch mit allerlei abwegigen Erklärungen gegen diese Einsicht und gegen seine vermeintlichen Feinde gewehrt, von denen Goljadkin junior der schlimmste ist. Für den Zeitpunkt des Erkennens oder Wahrhabenwollens hat Dostoevskij bei seiner Überarbeitung des Romans im Jahr 1866 eine entscheidende Veränderung vorgenommen. Sie betrifft auch den Leser, dessen Erkenntnisprozess mit dem des Helden nun synchron verläuft.

In der endgültigen Fassung gelangt der Leser erst ganz zum Schluss des Romans zur Sicherheit über die bewusstseinsabhängige Existenz des Phantastischen.[4] Bei der Überarbeitung streicht der Autor Sätze des ersten Kapitels der Erstfassung, in denen der Erzähler Goljadkins Hang zu Phantastereien ausdrücklich hervorhebt:

> Wir wollen hier beiläufig eine kleine Besonderheit des Herrn Goljadkin vermerken. Es handelt sich darum, dass er es sehr liebte, manchmal gewisse poetische Überlegungen bezüglich seiner selbst anzustellen, dass er es liebte, sich zuweilen zum Helden eines höchst verwickelten Romans zu ernennen, sich in Gedanken in verschiedene Intrigen und Schwierigkeiten zu verstricken, um sich schließlich – alle Hindernisse beseitigend, die Schwierigkeiten meisternd und seinen Feinden großmütig verzeihend – aller Unannehmlichkeiten mit Ehre zu entledigen. (*Der Doppelgänger*, 1. Fassung 1846; Dostoevskij, I, 335)

Hat sich der Leser, solchermaßen gewarnt, auf Goljadkins Neigung zum Irrealen eingestellt, muss es ihm leichter fallen, die Phantastik des Erzählten auf das Bewusstsein des Helden zurückzuführen. Eine solche Verdeutlichung lag aber offensichtlich gar nicht in Dostoevskijs Interesse. Deshalb strich er diesen – übrigens schon in der Benennungsweise Goljadkins gehaltenen – Einschub des Erzählers wie auch alle expliziten Hinweise auf figurale Perspektive. Andererseits konkretisierte der Autor in der zweiten Fassung die Anzeichen für Goljadkins Geisteskrankheit am Schluss der Erzählung.

In der Fassung von 1846 verrät nur die Beteiligung des deutschen „Doktors der Medizin und Chirurgie" Krest'jan Ivanovič Rutenšpic (Rutenspitz) an der ‚Entführung' Goljadkins, dass es mit dem Zustand des Helden eine klinische Bewandtnis haben könnte. Beim Auftreten des Arztes heißt es:

---

[4] Dostoevskij, der die romantische Phantastik von ‚außen' nach ‚innen', d. h. aus der äußeren Realität in die Psychologie des Helden verlegte, erkannte das Phantastische nicht als seinsautonom, sondern nur als Produkt wahnhafter Vorstellungen an. Das bezeugt sein Kommentar zu Puškins *Pique Dame*, einer von ihm bewunderten Erzählung, deren Ontologie zwischen realistischer Psychologie und phantastischer Realität unsistierbar schwankt: „Das Phantastische muss sich so eng mit dem Realen berühren, dass Sie ihm *fast* vertrauen müssen" (Dostoevskij, XXX, 192). Die Betonung liegt bei Dostoevskij auf *fast*.

> Hier geschah etwas ganz Unerwartetes ... Die Türen zum Saal öffneten sich geräuschvoll, und auf der Schwelle erschien ein Mensch, dessen Anblick allein Herrn Goljadkin zu Eis erstarren ließ. Seine Füße wuchsen am Boden fest. Ein Schrei erstarb in seiner beengten Brust, übrigens hatte Herr Goljadkin alles im Voraus gewusst und schon lange etwas Ähnliches geahnt. (*Der Doppelgänger*, 1. Fassung 1846; Dostoevskij, I, 430)

Ein Vergleich der letzten Worte der Erzählung in den beiden Fassungen zeigt, dass es Dostoevskij darauf angekommen ist, bei der Überarbeitung einerseits den an der soeben zitierten Stelle noch unausgesprochenen Inhalt der Vorahnungen zu verdeutlichen und andererseits die Artikulation einer Vorahnung ganz an das Ende der Geschichte zu setzen.

Die erste Fassung schließt mit den wirren Assoziationen Goljadkins:

> „Man darf der Flasche nicht feind sein!", zuckte es durch Herrn Goljadkins Kopf ... Übrigens dachte er schon nichts mehr. Langsam, bebend schloss er die Augen. Erstarrt wartete er auf etwas Furchtbares, wartete ... hörte schon, fühlte und schließlich ...
> Aber hier, meine Herrschaften, endet die Geschichte der Abenteuer des Herrn Goljadkin. (*Der Doppelgänger*, 1. Fassung 1846; Dostoevskij, I, 431)

Statt dessen endet die zweite Fassung mit einer Bewusstseinsdarstellung, in der Goljadkin bekundet, dass die Einweisung in die psychiatrische Anstalt für ihn nicht mehr überraschend ist:

> „Sie bekommen vom Staat Wohnung, mit Brennholz, Licht und Bedienung, wessen Sie gar nicht wert sind [im Russischen mit deutscher Einfärbung – *W. Sch.*]", ertönte streng und furchtbar, wie ein Urteil, die Antwort Krest'jan Ivanovičs.
> Unser Held schrie auf und griff sich an den Kopf. *O weh! Das hatte er schon lange geahnt!* (*Der Doppelgänger*, 2. Fassung 1866; Dostoevskij, I, 229)

Anstatt mit einer narratorialen Leserapostrophe endet der Roman in der zweiten Fassung mit einer erlebten Rede (von mir kursiv gesetzt), in der der Held das Erkennen seiner Situation ausdrückt.

Dieses Erkennen ist zweifellos ein Ereignis, hat aber nach den oben eingeführten Kriterien eine geringe Ereignishaftigkeit, da der mentalen Entwicklung die Konsekutivität fehlt. Dafür ist etwas anderes bemerkenswert: Wie schon oben angedeutet, führt der Autor in der zweiten Fassung die Erkenntnisprozesse von Held und Leser synchron. Der Leser erhält erst dann Gewissheit über den Status des Doppelgängers, wenn der Held selbst erkennt, welche Bewandtnis es mit Herrn Goljadkin junior hat.

11.2 Raskol'nikovs „Auferstehung" in *Schuld und Sühne*

Fëdor Dostoevskijs erster großer Roman *Schuld und Sühne* (Prestuplenie i nakazanie; 1866)[5] ist einem großen mentalen Ereignis gewidmet. Der Student Rodion Romanovič Raskol'nikov, der sein Jura-Studium aus Geldmangel abgebrochen hat, plant schon einen Monat, die alte Pfandleiherin Alëna Ivanovna umzubringen. Er führt die Tat aus, handelt dabei aber nicht so, wie er es geplant hat, sondern überhastet und kopflos. Opfer des Mordes wird auch die unerwartet auftretende schwachsinnige und schwangere Halbschwester der Wucherin, Lizaveta. Der feinsinnige Intellektuelle Raskol'nikov tötet die „einfältige", nicht einmal die Arme zur Abwehr erhebende Lizaveta mit dem Beil wie schon ihre Halbschwester auf allerbrutalste Weise: „Der Schlag traf sie genau auf den Schädel, mit der Beilschneide, und spaltete augenblicklich den ganzen oberen Teil der Stirn, fast bis zum Scheitel" (105). Die unumschränkte Herrschaft über

---

5 Der Werktitel wird in einigen deutschen Versionen (Alexander Eliasberg 1921, Gregor Jarcho 1924, Swetlana Geier 1994) auch mit der wörtlichen Übersetzung *Verbrechen und Strafe* wiedergegeben. Horst-Jürgen Gerigk (2016) verweist darauf, dass beide Übersetzungen ihre sachliche Berechtigung haben. *Verbrechen und Strafe* sei zentriert im Strafgesetz, *Schuld und Sühne* zentriert im „Gewissen" Raskol'nikovs. Im Kontext dieses Buches würde ich vorziehen zu sagen: im Bewusstsein. Den angeführten Zitaten liegt, dem allgemeinen Trend entgegen, *nicht* die allseits hochgelobte Übersetzung von Swetlana Geier (Zürich 1994) zugrunde. Einer der ärgerlichsten Mängel dieser überschätzten Version ist die Wiedergabe einiger neutraler Begriffe durch solche mit religiöser Färbung (vgl. Ebbinghaus 2013). Wo es heißen müsste „Lizaveta war so einfältig und verschüchtert" (Dostoevskij, VI, 65), wird übersetzt: „so einfältig war diese unglückliche Lizaveta, so *gottergeben*, so [...] eingeschüchtert". Ausdrücke, die im Original ‚Bedauern' ausdrücken, werden christlich mit ‚Erbarmen' übersetzt. Statt ‚es ereignete sich' steht pseudobiblisch ‚es begab sich' (Ebbinghaus 2013, 98–99). Die Verchristlichung des Romantextes ist besonders fatal bei einem Autor, dessen westliche wie östliche Interpreten in der Mehrzahl ohnehin zu einer christlichen Deutung tendieren und dabei das spannungsreiche Verhältnis des Autors zum Glauben unzulässig vereindeutigen und versimpeln. – Die Zitate sind der Übersetzung von Margit und Rolf Bräuer (Fjodor Dostojewski, *Schuld und Sühne*, Berlin 2008 [1. Aufl. 1994]) entnommen und werden mit Angabe nur der Seitenzahl angeführt. Auch diese Version ist nicht in allen Entscheidungen ideal. In einigen Fällen habe ich die Übersetzung der zitierten Stellen revidiert [Ü. rev.]. – Die erste Übersetzung des gesamten Romans erfolgte in deutscher Sprache durch Wilhelm Henkel im Jahr 1882. Nachdem sie zögerlichen Absatz fand, schickte sie der Übersetzer an führende Autoren und Kritiker. Seitdem wurde der Roman zum festen Bestandteil des literarischen Lebens in Deutschland und wurde in der Version von Henkel noch fünfmal aufgelegt. Bis 1917 folgten noch vier verschiedene Übersetzungen. Bis heute gibt es etwa 20 verschiedene deutsche Übersetzungen. Ins Chinesische (Mandarin) gibt es übrigens 26 Übersetzungen, wie mir im Pekinger Dostoevskij-Zentrum erklärt wurde.

Verstand und Willen, die sich Raskol'nikov vor der Tat selbst attestiert, beweist er in der Tat keineswegs, aber die Umstände bedingen, dass keine auf ihn verweisenden Spuren zurückbleiben, und zu seinem Glück gibt es keine Zeugen. So gelingt ihm zufällig ein perfektes Verbrechen. Raskol'nikov verlässt den Tatort mit Ekel. Er empfindet nicht die erhoffte Befriedigung und kommt nicht zur Ruhe. Von Gewissensbissen gequält, erkrankt er und wird von Kälteschauer und Fieber geschüttelt.[6] Der scharfsinnige Untersuchungsrichter Porfirij Petrovič verdächtigt ihn intuitiv der Tat, kann sie aber nicht beweisen. Unter dem Einfluss Sonja Marmeladovas, eines jungen Mädchens, das sich prostituiert, um die Familie zu ernähren, stellt sich Raskol'nikov aus freien Stücken der Polizei. Die Handlung nimmt insgesamt fünfzehn Tage ein, von denen nur neun ausführlich beschrieben werden. Der Epilog zeigt den Helden in einem sibirischen Arbeitslager, wohin ihn Sonja begleitet hat. Dort erst erlebt er seine innere Umkehr, die mit Auferstehungsmetaphern beschrieben wird.

11.2.1 Die Motivation

„Why did Raskolnikov kill? The motivation is extremely muddled." So urteilte Vladimir Nabokov (1981a, 75), ein überscharfer, aber ungerechter Kritiker Dostoevskijs und besonders seines ersten großen Romans. Die Frage ist richtig gestellt, aber die Antwort ist für einen Nabokov – vielleicht aufgrund eines neidvollen Ressentiments – zu schlicht geraten. Die Motivation ist nicht „verworren", wie Nabokov wahrnimmt, der das zugrundeliegende Verfahren nicht recht erkennen will, sondern vielgestaltig und komplex, so komplex wie das bei Dostoevskij dargestellte Bewusstsein, in dem gegensätzliche Regungen miteinander streiten.

Der Autor entfaltet zu Beginn des Romans, vor der Darstellung der Mordtat, eine Reihe von Episoden, die mögliche Motivationen des Helden suggerieren, nicht aber fixieren. Der Erzähler versagt sich jeden Hinweis darauf, welches der möglichen Motive das leitende ist, und auch in Raskol'nikovs innerer Rede wird zunächst nicht deutlich, welcher Impuls ihn tatsächlich zur Tat bewegt.

Am ersten der fünfzehn Tage begibt sich Raskol'nikov, nachdem er noch einmal die Wucherin aufgesucht hat, „um einen *Versuch* seines Vorhabens zu

---

6 Zu der Verbindung von psychischer Belastung und somatischer Erkrankung ist Dostoevskij Horst-Jürgen Gerigk (2013, 77) zufolge von Schillers Dissertation *Versuch über den Zusammenhang der tierischen Natur des Menschen mit seiner geistigen* (1780) inspiriert worden.

machen" (8), zum ersten Mal in seinem Leben in eine Schenke. Er hat seit dem Weg zu der Alten das Empfinden eines „unendlichen Widerwillens" (13; Ü. rev.). Auf der Flucht vor seiner „Herzensschwere" (13; Ü. rev.) geht er wie ein Betrunkener über den Trottoir und steigt gedankenverloren die Treppe zu einer Schenke hinab. In der Schenke hat er eine Begegnung mit Semën Marmeladov, einem heruntergekommenen, dem Alkohol verfallenen Titularrat, der ihm von seiner Familie und vom Edelmut seiner Tochter Sonja erzählt, die sich für die notleidende Familie, die der Trunkenbold nicht ernähren kann, prostituiert. Raskol'nikov hinterlässt bei der Familie, zu der er Marmeladov begleitet, einige Münzen, sein letztes Geld. Die Begegnung mit Marmeladov und dem Elend seiner Familie suggeriert für den Mord an der reichen Wucherin sozial-humanitäre Motive.

Die zweite Geschichte einer sich opfernden jungen Frau enthält der Brief der Mutter aus der Provinz. Die Mutter berichtet, dass Raskol'nikovs Schwester Avdot'ja, genannt Dunja, ihre Stelle als Gouvernante wegen der Nachstellungen ihres Arbeitgebers Svidrigajlov kündigen musste und nun im Begriff ist, den Hofrat Pëtr Lužin zu ehelichen. Die Verbindung mit dem wohlhabenden Mann, den die Mutter vorsichtig als „etwas schroff" (51) beschreibt, werde die finanziellen Umstände der Familie so verbessern, dass Rodja sein Studium fortsetzen könne. Raskol'nikov ist über Dunjas Opfer empört und lehnt es entschieden ab. In seinem ausgedehnten inneren Monolog (54–60) wendet er sich in emphatischer Apostrophe an Mutter und Schwester: „Nein, Mamachen, nein, Dunja, ihr macht mir nichts vor!" (54). Er erklärt den beiden imaginären Adressatinnen, dass auf Dunja nichts anderes wartet als Sonja Marmeladovas Los, und er stellt damit bereits zu diesem Zeitpunkt eine Äquivalenz zwischen den beiden Frauen her, die im Weiteren bedeutsam wird. Da Mutter und Schwester die Marmeladovs nicht kennen können und die Apostrophe nicht kommuniziert wird, handelt es sich hier um ein reines Soliloquium:

> „[...] O ihr geliebten und ungerechten Herzen! Sei's drum: Dafür nehmen wir, wenn es sein muss, sogar Sonečkas Los in Kauf! Sonečka, Sonečka Marmeladova, diese ewige Sonečka, solange die Welt besteht! Könnt ihr beide das Opfer, dieses Opfer, auch bis ins Letzte ermessen? [...] Wissen Sie auch, Dunečka, dass Sonečkas Los in keiner Weise schlimmer ist als das an der Seite von Herrn Lužin? [...]" (59)

Mit Emphase weist Raskol'nikov das Opfer von Mutter und Schwester zurück.[7]

---

[7] Die Zurückweisung der Wohltat weist voraus auf Ivan Karamazov, der seinem Schöpfer das Eintrittsbillet in die finale Weltharmonie zurückgibt, für die das Leiden der unschuldigen Kin-

„[...] Ich will Euer Opfer nicht, Dunečka, ich will es nicht, Mamachen! Es darf nicht geschehen, solange ich lebe, darf es nicht geschehen, niemals! Ich nehme Euer Opfer nicht an! [...]" (59–60; Ü. rev.)

Die imaginäre Ansprache von Mutter und Schwester wandelt sich zum inneren Dialog, in dem sich Raskol'nikov in höhnischem Ton selbst kritische Fragen stellt:[8]

> Plötzlich kam er zu sich und hielt inne.
> „Es darf nicht geschehen? Und was tust du, damit es nicht geschieht? Es verbieten? Welches Recht hast du dazu? Was kannst du ihnen deinerseits versprechen, um ein solches Recht zu haben? Dass du ihnen dein ganzes Schicksal, deine ganze Zukunft widmest, *sobald du das Studium beendet und eine Anstellung gefunden hast?* Das haben wir bereits gehört, das ist *Zukunftsmusik*, aber was ist jetzt? Hier muss man sofort etwas tun, verstehst du? Aber was machst du jetzt? Du nimmst sie aus. [...] Womit wirst du sie vor den Svidrigajlovs [...] beschützen, du künftiger Millionär und Zeus, der über ihr Schicksal bestimmt? In zehn Jahren? Aber in zehn kann deine Mutter vom Tücherstricken erblindet sein, oder vielleicht vom Weinen; vom vielen Fasten siecht sie dahin; und die Schwester? Überleg doch, was mit deiner Schwester in zehn Jahren sein kann oder während dieser zehn Jahre! Hast du es erraten?" (63)

Der Brief der Mutter und Raskol'nikovs Reaktion suggerieren als mögliches Mordmotiv die finanzielle Besserstellung der verarmten Familie und die Rettung Dunjas vor dem ungeliebten Mann.

Das manifeste Elend Sonjas und das künftige Unglück Dunjas wird Raskol'nikov in einer weiteren Episode vor Augen geführt, in der Begegnung mit dem betrunkenen, nachlässig gekleideten jungen Mädchen, das auf dem Boulevard von einem Freier erwartet wird. Raskol'nikov ist erschüttert. Dostoevskij zieht also alle Register, um den Leser dazu zu animieren, dem Helden humanitäre Motive zu unterstellen.

Auf dem Weg nach Hause erschöpft in einem Gebüsch eingeschlafen, hat Raskol'nikov den Traum vom Pferdchen, das von seinem betrunkenen Besitzer

---

der als „Dünger" dient. So wenig wie Ivan Karamazov will Raskol'nikov ein Glück annehmen, das auf dem Leiden anderer gründet. Ivans Argumentation (Dostoevskij, XIV, 223–224) stimmt wortwörtlich mit den Motiven überein, die Dostoevskij in seiner berühmten Rede aus Anlass der Einweihung des Puškin-Denkmals in Moskau (8.6.1880) Tat'janas finalem Verzicht auf Onegin unterstellt (Dostoevskij, XXVI, 142). Zu dem Vergleich: Schmid (1996, 36–37; 1998a, 185–186).
8 Diesen Monolog zitiert Michail Bachtin ([1929] 2000, 265) als Beispiel für das Phänomen, das er „innere Dialogisierung" nennt.

aus Freude am Quälen und Mordlust erschlagen wird. In dem Traum ist Raskol'nikov ein kleiner Junge, der den Kopf des toten Pferdes umarmt und das Tier auf die Augen und Lippen küsst. Der Traum führt dem Helden vor, was es heißt, ein lebendiges, fühlendes Wesen zu töten. Entsetzt erwacht Raskol'nikov:

> „Mein Gott", rief er, „werde ich denn wirklich und wahrhaftig ein Beil nehmen, auf ihren Kopf einschlagen, ihr den Schädel zertrümmern [...] Ich wusste doch, dass ich das nicht fertigbringe, also warum habe ich mich bis jetzt damit herumgequält? Denn erst gestern, als ich hinging, diesen ... *Versuch* zu machen, erst gestern habe ich deutlich begriffen, dass ich es nicht über mich bringe ... [...] Ich habe doch gestern, als ich die Treppe hinunterging, selbst gesagt, dass das gemein, abscheulich und niederträchtig ist, jaja, niederträchtig ... der bloße Gedanke daran hat *in wachem Zustand* in mir Übelkeit erregt und Entsetzen hervorgerufen ... [...] Und mag auch an allen meinen Berechnungen nicht der geringste Zweifel sein, mag alles, was ich in diesem Monat beschlossen habe, klar sein wie der helle Tag und richtig wie die Arithmetik. Großer Gott, ich kann mich trotzdem nicht dazu durchringen! Ich bringe es nicht fertig, ich bringe es einfach nicht fertig! [...] Warum, warum nur habe ich es bis jetzt ..." (79)

Es kämpfen in Raskol'nikov zwei Regungen miteinander, ein auf Berechnung und „Arithmetik" gegründeter rationaler Beschluss und der Horror vor der konkreten Ausführung. In seinem Traum muss Raskol'nikov sich auch als den blutrünstigen und mordlustigen Täter erkannt haben.

Neben der ‚Arithmetik', die die finanzielle Rettung der Familien und die ethische Rettung der jungen Frauen verheißt, scheint Raskol'nikov noch von einer ganz anders gearteten Motivation zur Tat geleitet zu sein. Man kann sie die mythische Motivation nennen. Der Held ist, so heißt es, „in letzter Zeit abergläubisch geworden" (83). Er neigt dazu, Zufällen besondere Bedeutung beizumessen, in ihnen „etwas Sonderbares und Geheimnisvolles zu sehen, das Ergebnis besonderer Einflüsse und Konstellationen" (83). Das Fatum scheint sich einzumischen, wenn er in der Schenke hört, wie ein ihm unbekannter Student von einer, seiner Pfandleiherin erzählt:

> Schon das allein erschien Raskol'nikov merkwürdig: Er kommt gerade von dort, und hier sprechen sie ausgerechnet von ihr. Sicherlich war das ein Zufall, aber er konnte sich jetzt eines äußerst eigentümlichen Eindrucks nicht erwehren, und als wollte ihm jemand einen Gefallen tun, erzählte der Student plötzlich seinem Kameraden verschiedene Einzelheiten über diese Alëna Ivanovna. (84)

Als der Student im Spaß ausruft, er könne diese Alte ermorden und ausrauben, ohne die leisesten Gewissensbisse, zuckt Raskol'nikov zusammen: „Wie seltsam das war!" (86). Raskol'nikov denkt offensichtlich wieder an eine Fügung des Schicksals. Wenn der Student seine „Arithmetik" des Schadens und Nutzens darlegt, präsentiert er, ohne es zu wissen, Raskol'nikov ein sozial-utilitaristisches Mordmotiv, das auf das Schönste mit dessen Sorge um Sonja und Dunja harmoniert:

> „[...] Auf der einen Seite ein dummes, nutzloses, nichtswürdiges, böses, krankes altes Weib, das keinem Menschen nützt, sondern vielmehr allen schadet [...] Auf der anderen Seite junge Menschen von unverbrauchter Kraft, die ohne Unterstützung sinnlos zugrunde gehen, und das zu Tausenden und überall. [...] Schlag sie tot und nimm ihr Geld, um dich dann mit dessen Hilfe dem Dienst an der gesamten Menschheit und dem Gemeinwohl zu widmen: Meinst du nicht, dass ein einziges, winzig kleines Verbrechen durch Tausende guter Taten aufgewogen wird? Für ein einziges Leben werden Tausende Leben vor Fäulnis und Verwesung gerettet. Ein einziger Tod für hundert Leben – das ist Arithmetik! Und was bedeutet schon, gemessen an der Allgemeinheit, das Leben dieses schwindsüchtigen, dummen und bösen alten Weibes? Nicht mehr als das Leben einer Laus oder einer Küchenschabe, ja und nicht einmal das ist es wert, weil die Alte überdies noch Schaden anrichtet [...]". (86–87)

Auf Raskol'nikov macht diese abstrakte Rede, in der es dem Studenten, wie er beteuert, letztlich nur um „Gerechtigkeit" geht und aus der er für sich selbst natürlich keine Konsequenzen zieht, tiefen Eindruck. In erlebter Rede werden seine Gedanken an die Lenkung durch eine geheimnisvolle Schicksalsmacht, an „Vorbestimmung" und einen „Fingerzeig" artikuliert:

> [...] weshalb musste er gerade jetzt Zeuge eines solchen Gesprächs und solcher Gedanken werden, da in seinem eigenen Kopf gerade eben ... *genau die gleichen Gedanken* aufgetaucht waren? Und warum musste er gerade jetzt, als er von der Alten kam, wo der Keim zu diesem Gedanken gelegt wurde, ein Gespräch über die Alte mit anhören? (87)

Auf fatale Weise verknüpft sich für Raskol'nikov das sozial-utilitaristische Argument des Studenten zur Arithmetik von Schaden und Nutzen mit der ihm anschaulich gewordenen sozialen und ethischen Not von Sonja und Dunja und dem Eindruck der schicksalhaften Prädetermination der Mordtat.

Angesichts des verblüffenden Zufalls, dass der fremde Student das ausspricht, was in Raskol'nikov gerade an Gedanken gärt, kann der Verdacht aufkommen, dass der Student gar kein reales Wesen, sondern eine Schimäre ist, eine Projektion dessen nach außen, was Raskol'nikov in seinem Innern ausbrütet.

Der innere Konflikt führt zu einer Spaltung in Handeln und Denken, die bereits im Namen des Helden angekündigt ist: Der Name *Raskol'nikov* geht zurück auf russ. *raskol* ‚Spaltung'. Während die Hand bereits das Tatwerkzeug besorgt, ist der Kopf zur Tat noch nicht bereit, ja, weist sie mit Abscheu von sich. Das wird durch eine eigentümliche Erläuterung verdeutlicht, wenn der Erzähler berichtet, dass Raskol'nikov intensive Mordvorbereitungen trifft und sich für das Beil als Werkzeug entschieden hat, zugleich aber von der Ausführung noch unendlich weit entfernt ist:

> Wir wollen bei dieser Gelegenheit auf eine Besonderheit sämtlicher Entscheidungen hinwiesen, die er in dieser Sache bereits getroffen hatte. Sie hatten eine merkwürdige Eigenschaft: Je endgültiger sie wurden, desto abscheulicher und absurder erschienen sie zugleich in seinen Augen. Ungeachtet seines quälenden inneren Kampfes konnte er in dieser ganzen Zeit niemals, nicht für einen einzigen Augenblick, an die Durchführbarkeit seines Plans glauben.
>
> Und wenn es wirklich einmal so weit sein sollte, dass er alles bis zum letzten i-Tüpfelchen geklärt und endgültig beschlossen hätte und keinerlei Zweifel mehr bestünden – dann würde er wahrscheinlich alles als unsinnig, ungeheuerlich und unmöglich verwerfen. (92)

Der perspektivische Status dieses letzten Absatzes ist durchaus unklar. Handelt es sich weiterhin um narratorialen Bewusstseinsbericht, oder ist die Perspektive inzwischen zum figuralen Pol geglitten und in erlebter Rede realisiert?

Der Zwiespalt zwischen Hand und Kopf erweist sich als der Kampf zwischen zwei Stimmen in Raskol'nikovs Bewusstsein. Die eine Stimme, das Gewissen, wehrt sich mit Abscheu gegen das Gedachte, die andere Stimme, der Verstand, folgt der ‚Arithmetik' und unterwirft sich der mechanischen Kraft der vermeintlich schicksalhaften Vorbestimmung.[9] Die tatbejahende Stimme treibt zur Aktion, während die Stimme des Gewissens die Tat hinausschiebt und gegen die definitiven Aktionen der Hand paradoxerweise „immer weniger an seine endgültigen Entscheidungen glaubt" (99).[10]

Seinen Besuch bei der Alten erklärt Raskol'nikov vor sich zu einer „Probe", die er nur „probiert" hat. Aber er hat „es" vom ersten Augenblick an „nicht ausgehalten" und ist, wütend auf sich selbst, davongelaufen. Die ganze Analyse „vom moralischen Standpunkt der Frage her" hat er abgeschlossen: „Seine Kasuistik war scharf und geschliffen wie ein Rasiermesser, und er fand in sich

---

9 Raskol'nikovs Kampf mit seinem Gewissen wird in der Literatur zu dem Roman ausgiebig behandelt; vgl. zuletzt Daniel Schümann 2014, 12–13, und die dort angegebene Literatur.

10 Mit anderer charakterologischer Einbettung und auf anderer gedanklicher Höhe gestaltet Dostoevskij hier wieder die Bewusstseinspaltung, die er im *Doppelgänger* in scheinbar äußerer Handlung, mit scheinbar romantischer Ontologie inszeniert hat. Mit wiederum anderer thematischer Motivierung erscheint die Bewusstseinsspaltung in Ivan Karamazov im Dialog mit Smerdjakov, einer Wechselrede, die Bachtin ([1929] 2000, 163–166) als den Gipfel von Dostoevskijs Kunst der Dialogführung analysiert hat: Mit einer seiner beiden inneren Stimmen verweigert Ivan die Zustimmung zum Vatermord, mit der andern Stimme signalisiert er, dass der Mord gegen seinen Willen geschehen möge.

selbst keine vernünftigen Einwände mehr" (93; Ü. rev.). Die immer noch nicht zur Ruhe kommende Suche nach Einwänden gegen die Tat wird sistiert durch die innerlich wirksame Berufung auf die schicksalhafte Macht, die ihn in die Tat hineinzwingt:

> Der letzte Tag nun, der so unvermutet hereingebrochen war und alles mit einem Schlag entschied, ließ ihn fast völlig mechanisch handeln: Als nehme ihn jemand bei der Hand und ziehe ihn hinter sich her, unwiderstehlich, blindlings, mit übernatürlicher Kraft, ohne Widerrede. Als sei er mit dem Rockzipfel in das Rad einer Maschine geraten, das ihn nun immer weiter hineinriss. (93)

Als es schließlich zur Tat kommt, sieht sich Raskol'nikov als Werkzeug der Vorsehung. Bezeichnend ist die auf das Schicksal anspielende Wendung *als die Stunde schlug*: „Als die Stunde schlug, geschah alles ganz anders, wie zufällig, sogar fast unerwartet" (94). Gemordet hat sozusagen das Schicksal. Und das Schicksal hat ihm auch schon das Beil offeriert, das ihm, nachdem die unerwartete Anwesenheit der Bedienerin die Entfernung des Beils aus der Küche vereitelt hatte, aus der Kammer des Hausknechts „entgegenblitzte" (95; Ü. rev.). Mit dem russischen Sprichwort „Wenn nicht mit dem Verstand, dann eben mit dem Teufel!" (Не рассудок, так бес!; 96) quittiert der Täter, sich „ermutigt" fühlend, den glücklichen Zufall.

Hunderte Seiten weiter, in der Mitte des Romans wird eine ganz neue Motivation präsentiert, und zwar in der Form eines Artikels, den Raskol'nikov vor einem halben Jahr geschrieben hat und der ohne sein Wissen veröffentlicht wurde.[11] Diesen Artikel mit dem Titel *Über das Verbrechen* hat der Untersuchungsrichter Porfirij Petrovič gelesen[12], und er hat aus den Initialen, mit denen der Artikel gezeichnet war, mit Hilfe des Redakteurs der Zeitschrift die Spur zu Raskol'nikov verfolgt. In dem Artikel hatte Raskol'nikov nach seiner Erinnerung den psychologischen Zustand des Verbrechers während des Verlauf der gesamten Tat untersucht.[13] Porfirij Petrovič interessiert sich jedoch weniger für die als

---

11 Das Motiv des Verfassens von Abhandlungen weist wiederum auf Ivan Karamazov voraus, der seine jeweilige philosophische und gesellschaftsrechtliche Position in insgesamt vier Texten niederlegt, von denen der prominenteste das *Poem vom Großinquisitor* ist.
12 Zu möglichen Prätexten, dem in viele Sprachen übersetzten Buch von Cesare Beccaria *Dei delitti e delle pene* (1764; russ. *O prestuplenijach i nakazanijach*, 1803) und Thomas de Quinceys *On Murder Considered as One of the Fine Arts* (1827), vgl. die Kommentare in Dostoevskij, VII, 380.
13 Das entspricht der Beschreibung der Handlung, wie sie Dostoevskij im September 1865 an den Verleger des *Russischen Boten* schickte. Es gehe in dem Roman, für den noch ein diegeti-

„originell" empfundene These, dass die Ausführung des Verbrechens immer von einer Krankheit begleitet sei – was im Falle Raskol'nikovs durchaus bestätigt wird – als für den Gedanken, dass es auf der Welt „außergewöhnliche" Menschen gebe, die das volle Recht haben, jedes Verbrechen zu begehen, als ob für sie das Gesetz nicht geschrieben wäre.[14]

Raskol'nikov versteht die Falle Porfirij Petrovičs sofort, lächelt über die absichtliche Entstellung seiner Idee und lässt sich dazu herausfordern, sie ausführlich darzulegen und auf Fragen zu antworten. Wenn seine These so gelautet hätte, wie Porfirij Petrovič sie wiedergegeben habe, wäre die Schrift von der Zensur nicht durchgelassen worden. Er habe lediglich ‚angedeutet', dass „außergewöhnliche" Menschen das Recht haben, gewisse Hindernisse zu überschreiten, und zwar einzig und allein in dem Fall, dass die Verwirklichung einer Idee, die vielleicht die ganze Menschheit retten könnte, es erforderte. Wenn die Entdeckungen von Kepler oder Newton den Menschen auf keine andere Weise bekannt gemacht hätten werden können als durch das Opfer von einem oder zehn oder hundert Menschen, die die Entdeckung behindert hätten, dann hätte Newton das Recht gehabt, ja wäre sogar verpflichtet gewesen, diese zehn oder hundert Menschen zu beseitigen, um seine Entdeckung der gesamten Menschheit bekannt zu machen. (Man erinnert sich an die „Arithmetik" des Studenten in der Schenke, die den Tod der Wucherin mit dem geretteten Leben von Tausenden rechtfertigt.) Weiterhin habe er, Raskol'nikov, den Gedanken entwickelt, dass zum Beispiel alle Gesetzgeber und Menschenführer, angefangen von den ältesten, den Lykurgs, Solons, Mohammeds, Napoleons usw. ausnahmslos Verbrecher waren, allein dadurch, dass sie, indem sie ein neues Gesetz erließen, dadurch ein althergebrachtes, von der Gesellschaft heilig verehrtes Gesetz verletzten und natürlich auch vor dem Blutvergießen nicht zurückschreckten, wenn denn dieses Blut, manchmal auch völlig unschuldiges, ihnen helfen konnte. Daraus sei zu folgern, dass alle auch nur ein bisschen von den Gleisen des Gewöhnlichen abweichenden Menschen, das heißt alle, die auch nur im Geringsten dazu fähig sind, etwas Neues zu sagen, ihrer Natur nach unbedingt

---

scher Erzähler vorgesehen war, um einen „psychologischen Rechenschaftsbericht über ein Verbrechen" (vgl. Belov 1979, 11–13).

14 Konstantin Baršt (2017) hat dazu zwei Thesen vorgetragen: 1) der Inhalt des Aufsatzes ist nicht identisch mit dem im Gespräch mit dem Untersuchungsrichter erörterten Thema der zwei Arten von Menschen; 2) das im Aufsatz tatsächlich abgehandelte Thema der Auswahl des rechten Lebenswegs ist von einem Essay des Petersburger Feuilletonisten und Kritiker Viktor Burenin beeinflusst.

Verbrecher sein müssen.[15] Der ganze Gedanke sei, so fährt Raskol'nikov fort, keineswegs neu und sei schon tausendmal gedruckt worden. Ihm sei aber seine Hauptidee wichtig. Die bestehe darin, dass es zwei Arten von Menschen gebe, eine niedere der gewöhnlichen Menschen, das „Material", das nur der Fortpflanzung diene, und die ganz wenigen Menschen im eigentlichen Sinne, d. h. jene, die die Gabe oder das Talent haben, in ihrer Sphäre ein „neues Wort" zu sprechen.

Diese Theorie des „Übermenschen", wie Nietzsche sie dann gefasst hat, ist die Grundmotivation für Raskol'nikovs Handeln. Das Motiv ist also nicht soziales Mitleid, sozial-utilitaristisches Denken und mythischer Schicksalszwang, sondern die Idee des Übermenschentums. Raskol'nikov ist Ideologe und lebt aus einer Idee. Ihre Entstehung liegt einige Monate zurück, und Raskol'nikov beruft sich innerlich mehrfach auf sie, ohne sie zu artikulieren. Der Leser erfährt erst jetzt, in der Mitte des Romans, worin diese mehrfach angedeutete Idee besteht und was Raskol'nikov eigentlich zum Mord bewegt hat. Die andern Motive, die der Autor suggeriert hat, fallen nicht weg, sondern dienen dem Helden in ihrer Menschenfreundlichkeit zur Kaschierung der menschenfeindlichen Hauptmotivation.[16] Raskol'nikov muss zudem von schicksalhafter Förderung

---

15 Im Russischen wird diese These dadurch gestützt, dass das auch im Romantitel erscheinende Wort für ‚Verbrechen' *prestuplenie* wörtlich ‚Überschreitung' bedeutet. Auch Jurij Lotmans (1970) Begriff des Ereignisses als des „Überschreitens einer Verbotsgrenze" (s.o., Kap. 3.3) bewegt sich in der Nähe der Kategorie des Verbrechens. In *Schuld und Sühne* erscheinen die Verben *perestupit'* und *perešagnut'* (‚überschreiten') mehrfach in der Bedeutung ‚eine Verbotsgrenze überschreiten'.

16 Die Motivation des Helden erfuhr in der Entstehungsgeschichte des Romans einige Wandlungen. In einem ersten Exposé für den Verleger Michail Katkov war der Mord mit der „einfachen Arithmetik" begründet. Der arme Student beschloss, die „dumme, taube, kranke und geldgierige Alte" zu töten und zu berauben, um sich, seine Schwester und Mutter zu retten und danach ein „ehrlicher, von humanem Pflichtgefühl gegen den Staat erfüllter Mensch" zu werden, „womit das Verbrechen natürlich schon ‚wiedergutgemacht wird', wenn man überhaupt den Mord an der Alten, die selbst nicht weiß, wozu sie auf der Welt lebt und die vielleicht einen Monat später gestorben wäre, ein Verbrechen nennen kann" (Dostoevskij, VII, 310–311). In einer zweiten Version, die Dostoevskij beginnt, nachdem er die frühen Entwürfe verbrannt hat (vgl. Brief vom 18.2.1866, Dostoevskij, XXVII, 150) tauchte ein philanthropisches Motiv auf: „Ich nehme die Macht, ich gewinne an Stärke […] nicht um des Schlechten willen, sondern um Glück zu bringen". Raskol'nikov betet: „Herr! Wenn der Anschlag auf die blinde, stumpfe, niemandem nötige Alte eine Sünde ist, […] so klage mich an. Ich bin streng über mich zu Gericht gesessen, nicht Eitelkeit …" (Belov 1979, 18). Erst in der dritten Phase wurde die Idee des „außergewöhnlichen Menschen" und der Scheidung der Menschheit in „Herrscher" und „zitternde Kreaturen" formuliert.

seiner Unternehmung ausgehen, da er den Studenten in der Schenke seine Idee aussprechen hört, wenn er gerade von seiner „Probe" bei der Wucherin zurückkehrt.[17]

Schon jetzt, da er seine Theorie darlegt, hat Raskol'nikov natürlich begriffen, dass er nicht zu den „außergewöhnlichen" Menschen gehört. Seine Krankheit zeigt ihm, dass er dem von ihm für sich selbst reklamierten Übermenschentum nicht gewachsen ist, dass das Gewissen stärker als die Theorie war.

Der Primat des Gewissens über die Theorie ist ein zentrales Ideologem Dostoevskijs, das in dem frühen Roman in aller Unverbrämtheit hervortritt. Später, in den *Brüdern Karamazov*, wird es in komplexerer Gestalt wiederauftauchen, in der Opposition des russisch fühlenden Saufbruders und Raufbolds Dimitrij Karamazov, der das Herz auf dem rechten Fleck hat, und dem auf westliche Weise „euklidisch" klügelnden und mit Gott hadernden, menschlich kalten Essayschreiber Ivan Karamazov, der dem halbidiotischen Smerdjakov den subliminalen Auftrag zum Vatermord gibt und dann an seinen Gewissensqualen fast zugrunde geht. Gottseidank ist sich der Autor in diesem letzten Roman seiner christlichen Position nicht mehr so sicher und lässt – wie noch zu zeigen sein wird – für den werkimmanenten abstrakten Autor ein unübersehbares Schwanken zwischen „Pro und contra" zu.

---

17 Unter vier Gründen für Raskol'nikovs Untat nennt Gerigk (2013, 71–72) 1) auch den „Unmut über die allseits herrschende Macht des Geldes, die im praktizierten Wucherzins der hässlichen Pfandleiherin ihre greifbare Gestalt hat" und 2) „die schwelende und uneingestandene Lust am Bösen um seiner selbst willen, die sich hinter rationalen Vorwänden versteckt". Keine der beiden Erklärungen ist stichhaltig. Raskol'nikov ist kein Kapitalismuskritiker. Gerigk nähert sich soziologistischen Deutungen, zu denen er sonst gebührenden Abstand hält, wenn er den gewagten, leicht kalauernden Vergleich zieht: „Der erfolgreich praktizierte Wucherzins ist für die Betroffenen genauso niederschmetternd wie Raskol'nikovs Beil für die Wucherin". Dass der Täter das Böse um seinetwillen will, trifft auf Smerdjakov zu, den teuflisch raffinierten Mörder in den *Brüdern Karamazov*, nicht aber auf Raskol'nikov. Smerdjakov achtet sorgfältig auf jedes noch so geringe Detail in der Durchführung der Tat und handelt kaltblütig und überlegt. Der von einer Idee getriebene Täter Raskol'nikov dagegen kümmert sich nicht um Details, besorgt das Mordwerkzeug erst in letzter Minute und handelt kopflos, weshalb er auch nur wertlose Gegenstände mitnimmt. Raskol'nikov strebt weder nach sozialer Rache noch nach dem „Bösen", sondern unternimmt einen Versuch, seine „Idee" zu realisieren. Sie ist der Keim der Mordtat. Die angebotenen Motivationen entsprechen eher der gesellschaftlichen Doxa und der literarischen Konvention und leuchteten dem Publikum seiner Zeit am meisten ein.

11.2.2 Perspektive und Bewusstseinsdarstellung

Schuld und Sühne ist der erste russische Bewusstseinsroman (wenn man den kürzeren *Doppelgänger* außer Acht lässt). In keinem andern Werk der russischen Literatur ist die Handlung so ausschließlich in das Bewusstsein des Helden verlegt wie in Dostoevskijs erstem großen Roman. Das macht sich bereits im Aufbau der Handlung geltend. Wie Maximilian Braun (1976, 136) gezeigt hat, ist die „Reihenfolge der erzählten Ereignisse" „dem internen psychologischen Prozess angepasst". Die figurale Wahrnehmung der Außenwelt hat Horst-Jürgen Gerigk (2013, 66–67) so beschrieben: „Dostojewskij [lässt] die Außenwelt immer nur als herausgelegte Innenwelt Raskolnikows ins Spiel kommen".[18] Diese richtigen Beschreibungen sollten freilich nicht zu dem Schluss verführen, es handelte sich hier um einen Roman, den Stanzel (1979) als „personalen Roman" bezeichnen würde. Zu stark ist dafür das narratoriale Element. Das wird von manchen Forschern damit erklärt, dass Dostoevskij ursprünglich einen diegetischen Erzähler (Ich-Erzähler) vorsah, den Mörder, der seine Beichte in der Form eines Tagebuchs schreibt (Dostoevskij, VII, 312–316). Stehen gebliebene Spuren einer früheren Entscheidung anzunehmen, ist freilich kein Kompliment für einen Autor, zumal für einen, der, wie die erhaltenen Notizbücher zeigen, Fragen der Perspektive und Erzählsituation ausführlich reflektierte und sich der entsprechenden technischen Konsequenzen und Wirkungen auf den Leser sehr bewusst war. In seinem ersten Exposé für den Verleger des *Russischen Boten*, in dem der Roman dann in Folgen erschien, beschreibt der Autor das Profil und

---

18 Die erzählte Welt des Romans ist so tief in den Horizont Raskol'nikovs eingetaucht, dass Gerigk (2013, 91–101) die gesamte Romanhandlung ab Raskol'nikovs – vermeintlichem (!) – Erwachen unmittelbar vor der Tat zu seinem Traum erklärt. Das Geschehen des Romans gehorche – so Gerigk – dem „Kunstgriff des ‚delegierten Phantasierens'"; dazu vgl. Gerigk ([2006] 2013, 41–56). Raskol'nikovs Traum, den der Autor für ihn phantasiert (Gerigk 2013, 94), hat narzisstischen Charakter, denn immerhin lässt er die ganze Welt, d. h. alle wichtigen Protagonisten des Romans, den Untersuchungsrichter eingeschlossen, über vier Treppen bis ganz unter das Dach in Raskol'nikovs enge Dachkammer pilgern. Gerigks originelle und durchaus nicht abwegige Hypothese hat ein gewichtiges Argument für sich und stößt auf zwei Schwierigkeiten. Erstens pro: Phänomene wie die Begegnung mit dem fremden Studenten, der Raskol'nikovs geheimste Ideen laut expliziert und vom Helden als Schicksalsbote aufgefasst wird, scheinen nicht reale, sondern Projektionen zu sein. Zweitens contra: es fehlen auch nur die geringsten narratorialen Hinweise bei ansonsten durchaus ausgeprägter Präsenz des Erzählers. Und drittens, ebenfalls contra: Gerigks Lektüre widerspricht der spontanen Intuition des Lesers – und das ist ein Argument, das nicht auf die leichte Schulter zu nehmen ist. Dostoevskij schrieb nicht für Literaturwissenschaftler.

die Kompetenz seines ursprünglich diegetischen Narrators auf folgende Weise: „In allen diesen sechs Kapiteln [die fertiggestellt waren – W. Sch.] muss er [der Erzähler] schreiben, sprechen und sich teilweise dem Leser so präsentieren, als ob er nicht ganz bei Verstand wäre" (Dostoevskij, VII, 315).

Der Wechsel zum nichtdiegetischen Erzähler (Er-Erzähler) ist nicht zuletzt dadurch erforderlich geworden, dass der Mörder sein Bewusstsein nicht so kompetent darstellen konnte oder auch wollte wie ein objektiver Narrator. Außerdem mussten Sehen, Wissen und Erinnern des diegetischen Erzählers notwendig begrenzt sein, und Dostoevskij achtete immer streng auf die Einhaltung der Motivierung. Er schrieb keineswegs im wilden oder heiligen Furor, wie es eine Legende will. Die erhaltenen Notizbücher zum *Jüngling* belegen, wie sorgfältig er erzähltechnische Aspekte bedachte und seine Entscheidungen immer wieder revidierte, wenn die Ergebnisse seiner kritischen Prüfung nicht standhielten. Der Bericht des diegetischen Erzählers enthält zahlreiche Verweise auf mangelndes Wissen und Erinnern, lässt stellenweise aber auch den Unwillen erkennen, alles zu erzählen: „Weiter werde ich nicht erzählen. Die einzige Empfindung war – Wahnsinn" (Dostoevskij, VII, 313).

In der Druckfassung fiel die Aufgabe, die Bewusstseinszustände des Helden zu beschreiben, einem nichtdiegetischen Erzähler zu, den der Autor in seinen Notizheften als „unsichtbares, aber allwissendes Wesen" beschrieb. Dieser Erzähler meldet sich allerdings auf Schritt und Tritt auch im eigenen Namen mit Erläuterungen, Wertungen und Kommentaren zu Wort. Kurze Meta-Kommentare („wie schon gesagt"; 15; „Wir wollen bei dieser Gelegenheit bemerken ..."; 92, Ü. rev.) sind noch die geringsten narratorialen Eingriffe. Der Erzähler liebt Generalisierungen:

> Es gibt Begegnungen, sogar mit völlig fremden Menschen, für die man sich auf den ersten Blick interessiert, unversehens, urplötzlich, noch ehe man ein Wort gewechselt hat. (15–16)

> In einem krankhaften Zustand zeichnen sich die Träume oft durch ungewöhnliche Schärfe und Klarheit aus und ähneln der Wirklichkeit außerordentlich. Das Traumbild selbst ist mitunter höchst phantastisch, aber die Umstände und der Ablauf des Geschehens sind dermaßen wahrscheinlich und besitzen so feine, überraschende, aber mit der Gesamtheit des Bildes künstlerisch übereinstimmende Details, wie sie sich der Träumende in wachem Zustand nicht ausdenken könnte, selbst wenn er ein Künstler wie Puškin oder Turgenev wäre. Solche Träume, krankhafte Träume, bleiben immer lange im Gedächtnis haften und hinterlassen einen starken Eindruck auf den zerrütteten und ohnehin bereits erregten Organismus des Menschen. (72)

Vor allem in den frühen Teilen des Romans tendiert der Erzähler zu lebensweltlichen Kommentaren, so etwa in seinem Räsonnement über die Trinker und ihre Redseligkeit, wenn er den Auftritt Marmeladovs vorbereitet:

> [Marmeladovs] Vorliebe, sich schwülstig auszudrücken, ging offensichtlich auf die Gewohnheit zurück, sich häufig mit allen möglichen Fremden in der Kneipe zu unterhalten. Diese Gewohnheit wird bei manchen Trinkern zum Bedürfnis, vor allem wenn sie zu Hause unter dem Pantoffel stehen und nichts zu sagen haben. Daher suchen sie sich bei ihren Trinkkumpanen gleichsam zu rechtfertigen und möglichst sogar Respekt zu erwecken. (18)

Die Auslassungen des Erzählers über die Frauen, ihre Eifersucht und ihr Altern bringen in den düsteren Roman ein wenig Heiterkeit:

> Übrigens hatte er [d. i. Razumichin] die Wahrheit gesagt, als er vorhin auf der Treppe in seinem Rausch damit herausgeplatzt war, Raskol'nikovs exzentrische Wirtin, Praskov'ja Pavlovna, wäre seinetwegen nicht nur auf Avdot'ja Romanovna, sondern vielleicht sogar auch auf Pul'cherija Aleksandrovna eifersüchtig. Obwohl nämlich Pul'cherija Aleksandrovna schon dreiundvierzig Jahre alt war, hatte ihr Gesicht doch noch Spuren der einstigen Schönheit bewahrt, und außerdem wirkte sie wesentlich jünger, als sie war, was fast immer bei Frauen der Fall ist, die sich bis ins Alter die Klarheit des Geistes, die Frische der Empfindungen und die ehrliche, reine Glut des Herzens bewahrt haben. In Klammern sei bemerkt, dass die Bewahrung all dieser Eigenschaften das einzige Mittel ist, seine Schönheit auch im Alter nicht zu verlieren. (263; Ü. rev.)

Solche Kommentare, die den Erzähler und seine manchmal biedere Denkweise in den Fokus rücken, sorgen in den Romanen Dostoevskij nicht selten für komische Akzente und bewirken gerade in düsteren Kontexten eine Auflockerung der Stimmung.[19]

Narratoriale Züge enthalten auch manche Beschreibungen, die vom räumlichen Standpunkt einer Figur, aber nicht mit ihrer ideologischen, wertungsmäßigen und sprachlichen Perspektive gemacht werden.[20] Folgende Beschreibung des von Raskol'nikov betrachteten „Bräutigams" Lužin verweist eher auf den Erzähler als auswählende und wertende Instanz als auf Raskol'nikov:

> Und wirklich fiel an der allgemeinen Erscheinung von Pëtr Petrovič etwas Besonderes auf, etwas, das die Bezeichnung „Bräutigam", mit der ihn Raskol'nikov so ungeniert tituliert

---

19 Am Beispiel der *Brüder Karamazov*: Schmid 1982.
20 Zur Divergenz der Perspektivphänomene auf den Ebenen ihrer Manifestation vgl. Uspenskij 1970; 1975; Schmid 1971; 2014a, 122–127.

hatte, gleichsam zu rechtfertigen schien. Erstens sah man, und zwar nur zu deutlich, dass
Pëtr Petrovič die wenigen Tage in der Hauptstadt eifrig genutzt hatte, um sich in Erwartung der Braut schnellstens herauszuputzen und zu verschönern, was durchaus harmlos
und erlaubt ist. Sogar dass er sich dieser erfreulichen Veränderung zum Besseren bewusst
war, und vielleicht sogar etwas zu selbstgefällig bewusst war, konnte man in einem solchen Fall entschuldigen, denn schließlich hatte Pëtr Petrovič nun einmal den Status eines
Bräutigams. Sein gesamter Aufzug war frisch vom Schneider, und alles war *tadellos*, es sei
denn, dass alles zu neu war und zu deutlich eine bestimmte Absicht verriet. Sogar der
hochelegante, neue runde Hut zeugte von dieser Absicht: Pëtr Petrovič behandelte ihn allzu respektvoll und hielt ihn allzu vorsichtig in der Hand. Auch *die wunderschönen, fliederfarbenen echten Jouvinhandschuhe* bezeugten das gleiche, und sei es allein deswegen,
dass er sie nicht anzog, sondern nur zum Paradieren in der Hand hielt. Pëtr Petrovičs Kleidung war überwiegend *in hellen, jugendlichen Farben gehalten*. Er trug *ein hübsches hellbraunes Sommerjackett, helle leichte Hosen, eine Weste in der gleichen Farbe, dazu ein
nagelneues feines Hemd und eine ganz zarte Batistkrawatte mit rosaroten Streifen*, und *was
das Schönste war: Alles stand Pëtr Petrovič auch vortrefflich*. Seinem recht frischen und
wirklich schönen Gesicht sah man ohnehin die fünfundvierzig Jahre nicht an. Der dunkle
Backenbart rahmte es in Form von zwei Koteletten *vorteilhaft* ein und verdichtete sich um
das glänzende, *sorgfältig rasierte Kinn überaus wohlgefällig*. Sogar die kaum merklich angegrauten, vom Friseur frisierten und gekräuselten Haare hatten nichts Komisches oder
irgendwie Albernes an sich, wie es sonst bei gekräuselten Haaren immer zu sein pflegt,
weil sie dem Gesicht unweigerlich Ähnlichkeit mit einem Deutschen verleihen, der vor
den Traualtar tritt. Wenn an dieser durchaus *beeindruckenden und würdevollen Physiognomie* wirklich etwas Unangenehmes und Abstoßendes war, so hatte das schon andere
Gründe. (187–188)

Die Auswahl der Details und ihre Bewertung und Benennung passen überhaupt
nicht zu der Stimmungslage und dem Wertungshorizont Raskol'nikovs, aber sie
sind auch nicht ungebrochen narratorial. In manchen deskriptiven Details und
ihren impliziten Wertungen realisiert sich die selbstgefällige Autoperspektive
Lužins (durch Kursive von mir hervorgehoben – W. Sch.). Wir haben hier mit jenem Typus der kaschierten Bewusstseinsdarstellung zu tun, der oben (2.5.3) als
uneigentliches Erzählen beschrieben wurde: der scheinbar authentischen Rede
des Erzählers, die in variabler Dichte Bewertungen und Benennungen ohne
Markierung aus dem Figurentext übernimmt. Von den beiden oben unterschiedenen Spielarten des uneigentlichen Erzählens handelt es sich hier um die *Ansteckung* des Erzählers am Figurentext, denn die Konzentration auf die Details
der Kleidung und ihre Bewertung spiegeln die aktuelle innere Situation des
„Bräutigams" und seine Selbstsicht.

Natürlich spielen in dem Roman die klassischen Verfahren der Bewusstseinsdarstellung eine große Rolle: direkte innere Rede, direkter innerer Monolog, erlebte Rede und erlebter innerer Monolog. Diese Schablonen werden im
Folgenden an einer Reihe von thematisch interessierenden Beispielen demon-

striert. Aber der narratoriale Bewusstseinsbericht ist in seiner Bedeutung nicht zu unterschätzen. Oft leitet er eine Passage ein, deren Quintessenz oder Konklusion dann in direkter innerer oder erlebter Rede wiedergegeben wird. Nicht selten aber werden die ausschlaggebenden Seelenregungen und Handlungsmotive des Helden im narratorialen Bewusstseinsbericht oder in indirekter Darstellung präsentiert.

Von erheblicher Bedeutung ist in diesem Bewusstseinsroman die indiziale und symbolische Darstellung der Seelenregungen. Zeichenträger sind im Grunde alle Tat-, Sprech- und Denkhandlungen des Helden. Dazu gehören auch die vielsagenden Träume (vgl. Shaw 1973). Alle diese Handlungen zeigen – durchaus gegen die Intention ihres Urhebers – seine Bewusstseinslagen indizial und manchmal auch symbolisch an.

Für die Darstellung der Innenwelt seines Helden verwendet Dostoevskij auch ein Verfahren, das er in den späteren Romanen weiter entwickeln wird: die Aufdeckung geheimer Motive und Absichten durch andere Figuren, in ihrer direkten dialogischen Rede. Solche ‚Entlarver' sind dem Helden, den sie charakterisieren, nicht unbedingt freundschaftlich zugetan und brauchen auch keine positiven Figuren zu sein. Die auktoriale Wahrheit durch charakterlich diskreditierte Figuren aussprechen zu lassen, ist ein Lieblingsverfahren Dostoevskijs, das er auch schon in den philosophischen Partien der *Aufzeichnungen aus dem Kellerloch* anwandte. In *Schuld und Sühne* spielen die Rolle der ‚Entlarver' der scharfsinnige, aber höchst unsympathische Untersuchungsrichter Porfirij Petrovič und der amoralische Zyniker Svidrigajlov. Diese ‚Quer-Entlarvung' ist einer der Gründe für die konstitutive Rolle des Dialogs in Dostoevskijs Romanen, eine Rolle allerdings, die Theaterregisseure zu dem Fehlschluss verleiten, die Romane eigneten sich besonders gut für Inszenierungen auf der Bühne.

Raskol'nikov ist übrigens nicht die einzige Figur, in die der Erzähler Introspektion hat und die ‚von innen' dargestellt wird, was bei Dostoevskij immer ein gewisses Privileg ist. Dieses Privileg besitzen auch Raskol'nikovs Freund und Dunjas späterer Bräutigam Razumichin, Raskol'nikovs Mutter Pul'cherija Aleksandrovna und Sonja Marmeladova, aber auch die negativen Figuren Svidrigajlov und Lužin.

Schon vor dem Mord, zu dem die Hand dem Kopf vorauseilt, aber vor allem danach befindet sich Raskol'nikov in einer schweren Gemütslage und in wechselnden Krankheitszuständen bis hin zur tagelangen Bewusstlosigkeit. Das sind – zumindest nach den Intentionen des Autors – die psycho-physischen Manifestationen des schlechten Gewissens. Im gesamten zweiten Teil stand der Autor vor der schwierigen Aufgabe, die rasch wechselnden Bewusstseinszustände seines Helden differenziert und mit entsprechenden symptomhaltigen Details darzustellen, ohne die Handlungsspannung allzu sehr zu mindern. Nicht immer ist ihm das in diesem Teil völlig gelungen. Der schnelle Wechsel von psycho-physischen Ausnahmezuständen wirkt in seiner iterativen Dramatik ein wenig ermüdend. In den späteren Romanen ist Dostoevskij mit der Seelendramatik seiner schuldbewussten Helden ökonomischer umgegangen, was etwa an den Verstimmungen Ivan Karamazovs nach dem Vatermord zu zeigen wäre.

Im zweiten Teil von *Schuld und Sühne* wird die Darstellung des Inneren im Wesentlichen dem narratorialen Bewusstseinsbericht übertragen. Hier ein Beispiel für diese Technik, das auch den Hang des Erzählers zu superlativischen Ausdrücken zeigt:

> Er ging, am ganzen Leibe zitternd vor wilder, hysterischer Erregung, in der ein gut Teil überschwänglicher Befriedigung steckte. Ansonsten war er finster und furchtbar müde. Das Gesicht war verzerrt, wie nach einem Anfall. Die Erschöpfung nahm rasch zu. Seine Kräfte pflegten jetzt schlagartig zu erwachen und beim ersten Anstoß, bei der ersten aufreizenden Empfindung, zurückzukehren, sich aber ebenso schnell abzuschwächen, in dem Maße, wie der Anreiz nachließ. (213–214)

11.2.3 Der Umschlag

Der Umschlag vom Verbrechen zur Sühne vollzieht sich in vielen kleinen Schritten und nicht ohne Rückfälle. Im Grunde beginnt die Metabolé schon mit der Tat, die Raskol'nikov so unüberlegt ausführt, dass der Gedanke naheliegt, er nehme es in Kauf, entdeckt zu werden oder – er wolle sogar entdeckt werden. Für die Bewusstseinshaltung Raskol'nikovs im zweiten Teil, der den Zustand nach der Tat enthält, sind zwei auf den ersten Blick gegensätzliche Tendenzen charakteristisch.

Zum einen beobachtet Raskol'nikov sich selbst und wundert sich über seine Nachlässigkeit im Umgang mit den Spuren des Verbrechens. Von der Tat in sein sargähnliches Zimmer zurückgekehrt, hat er vergessen, die Tür zu verschließen und hat sich einfach so, wie er war, im Mantel und mit dem Hut auf dem Kopf, auf das Sofa fallen lassen. „Wenn jemand gekomen wäre, was hätte der wohl gedacht?" (115) Am nächsten Morgen untersucht er hastig jedes Kleidungsstück auf Blutspuren und wiederholt die Untersuchung, da er sich selbst nicht traut, dreimal. „Aber es war scheint's nichts zu sehen, keinerlei Spuren; nur unten, am Saum der Hosenbeine, die ganz ausgefranst waren, klebte an diesen Fransen dickes, geronnenes Blut" (116; Ü. rev.). Er erinnert sich mit einem Mal, dass das geraubte Gut noch immer in seinen Taschen steckt: „Er war noch nicht einmal auf die Idee gekommen, es herauszunehmen und zu verstecken! Nicht einmal als er eben seine Kleidungsstücke untersuchte, hatte er daran gedacht! Wie war das möglich?" (116) Er stopft die Sachen in ein Loch unter der Tapete:

> Alles ist weg, auch der Geldbeutel! dachte er erfreut, erhob sich und stierte in die Zimmerecke, wo die zerrissene Tapete jetzt noch weiter auseinanderklaffte. Plötzlich zuckte er entsetzt zusammen: „Mein Gott", flüsterte er verzweifelt, „was ist nur mit mir los? Soll das etwa versteckt sein? Ist das vielleicht ein Versteck?" (116)

Schlagartig erinnert er sich an die Schlinge unter der Achsel des Mantels, in der er die Axt getragen hat: „Ja, tatsächlich, tatsächlich: Ich habe ja die Schlaufe unter der Achsel noch gar nicht entfernt! Ich hab's vergessen, so etwas Wichtiges einfach vergessen! Ein solches Beweisstück!" (117). Der Verlust von Gedächtnis und Verstand quält ihn: „Was, fängt es vielleicht schon an, ist das vielleicht schon die Strafe?" (117).

Raskol'nikov spaltet sich in zwei Ichs, in ein Ich, das handelt, und ein zweites Ich, das dabei beobachtet und räsoniert. Das zweite Ich kann sogar über das erste lachen, freilich zwanghaft, höhnisch lachen. Von der Vorladung ins Polizeirevier erschreckt, will Raskol'nikov schon zum Gebet niederknien, muss aber selbst lachen, „nicht über das Beten, sondern über sich" (120). Er will sich anziehen, macht sich bewusst, dass der Socken voller Blut sein muss, reißt ihn vom Fuß und zieht ihn wieder an, da er keinen Ersatz hat „und wieder muss[te] er lachen" (121).

> Das ist alles nur Einbildung, alles nur relativ, reine Formsache, dachte er flüchtig, den Bruchteil eines Gedankens, während er am ganzen Leibe zitterte – na bitte, ich hab sie doch angezogen. Am Ende hab ich sie doch angezogen. Aber dem Lachen folgte augenblicklich Verzweiflung. Nein, das übersteigt meine Kraft, dachte er. Seine Beine schlotterten. (121)

Verunsichert über das richtige Versteck des Geraubten, nimmt er es aus dem Loch hinter der Tapete und versteckt es unter einem großen Stein an einem Haus. Ihn überkommt große Freude:

> Die Spuren sind beseitigt! Und wer, wer wohl würde auf die Idee kommen, unter diesem Stein zu suchen? Er liegt da vielleicht schon, seit man das Haus gebaut hat, und wird noch einmal so lange dort liegen. Und wenn man die Sachen auch fände: Wer würde auf mich verfallen? Alles ist vorbei! Es gibt keine Beweise! Und er lachte. (141)

Die unecht-euphorische Stimmung hält jedoch nicht lange an. Eine neue, völlig unerwartete und höchst einfache Erkenntnis bringt ihn auf einmal aus der Fassung, und er stellt in einem inneren Dialog drängende Fragen an sich selbst:

> Wenn du diese ganze Sache wirklich bewusst und nicht aus Verrücktheit gemacht hast, wenn du wirklich ein bestimmtes und festes Ziel hattest, warum hast du dann bis jetzt noch nicht einmal in den Geldbeutel geschaut und nachgesehen, was du erbeutet hast, wofür du all die Qualen auf dich genommen und eine so gemeine, abscheulich, niedrige Tat bewusst begangen hast? Denn du wolltest ihn, den Geldbeutel, zusammen mit all den anderen Sachen, die du dir auch noch nicht angeschaut hast, doch eben noch ins Wasser werfen ... Wie kommt das nur?" (142)

Scheint Raskol'nikov in diesen Passagen bemüht, die Spuren der Tat zu verwischen, wird er immer wieder von dem nur scheinbar gegenläufigen Gedanken heimgesucht, sich zu stellen. Schon auf dem Polizeirevier, in das er wegen einer ganz andern, harmlosen Sache vorgeladen ist, überkommt ihn das Bedürfnis des Geständnisses:

> Plötzlich kam ihm ein sonderbarer Gedanke: sofort aufzustehen, auf Nikodim Fomič zuzutreten und ihm alles von gestern zu erzählen, alles bis auf die kleinste Einzelheit, dann mit ihnen in seine Kammer zu gehen und ihnen all die Sachen in der Zimmerecke, in dem Loch, hinter der Tapete, zu zeigen. Dieser Wunsch war so stark, dass er sich schon von seinem Platz erhob, um ihm nachzukommen. „Soll ich nicht lieber einen Augenblick überlegen?" schoss es ihm durch den Kopf. „Nein, lieber nicht denken und alles von den Schultern abladen!" (134–135)

Ein zweites Mal überkommt ihn das Bedürfnis nach einem Geständnis in der Schenke. Gegenüber Zametov macht er Andeutungen und verrät in hypothetischer Form sogar das Versteck. Sein Gegenüber hält ihn für wahnsinnig.

> Wie neulich der Riegel an der Tür hin- und hersprang, so zuckte jetzt das schreckliche Wort auf seinen Lippen: Jeden Augenblick würde es sich losreißen, jeden Augenblick würde er es loslassen, jeden Augenblick es aussprechen!
> „Und was, wenn ich die Alte und Lizaveta getötet habe?" sagte er plötzlich und – kam zur Besinnung. (212–213)

Beide Aktivitäten, der nachlässige Umgang mit den Spuren und das Aussprechen der Wahrheit, haben einen gemeinsamen Kern, den Wunsch, sich von der schrecklichen Tat zu befreien. Und das Desinteresse am Geraubten zeigt, dass es Raskol'nikov nicht um Bereicherung, aber auch nicht um die Verwirklichung sozial-philanthropischer Pläne oder die Rettung der verlorenen Frauen gegangen ist.

Nach der Tat ist Raskol'nikov erfüllt von Ekel, Abscheu, Hass gegen alles, was ihm begegnet. Auch die engsten Freunde behandelt er mit schroffer Ablehnung. Sie führen das auf seine prekäre gesundheitliche Situation zurück, in der Fieberanfälle und Bewusstlosigkeiten einander abwechseln. Die grundlegende Befindlichkeit Raskol'nikovs ist jedoch die Wut. Wut auf was? Ganz gewiss nicht „auf die bestehende Welt, die vom Wucherzins beherrscht wird und sich hier und jetzt nicht ändern lässt", wie seltsamerweise gerade der gegenüber geläufigen sozialphilologischen Erklärungen sonst skeptische Horst-Jürgen Gerigk (2013, 84) antwortet. Gerigk realisiert damit eine vom Autor für den fortschrittlich gestimmten Leser seiner Zeit als Versuchung angelegte Motivation. Dostoevskij hat in der Wucherin ein Objekt der Gewalttat gewählt, das für die Vertreter des in der Zeit populären Sozial-Utilitarismus am plausibelsten war.

Raskol'nikovs Wut ist gegen ihn selbst gerichtet. In zwei Hinsichten. Einerseits ist er erbost gegen sich, weil er sich zu einer „so gemeinen, abscheulichen Tat" erniedrigt hat, deren konkrete körperliche Folgen, gespaltene Schädel und Lachen von Blut, ihn mit Schrecken und Ekel erfüllen. Anderseits kann er sich nicht verzeihen, dass er sich der Tat nicht gewachsen gezeigt und sich nicht kaltblütig als „außergewöhnlicher Mensch", indifferent gegen Gewissensbisse erwiesen hat.[21] Er begreift, dass er mit dem Mord die angestrebte Grenzüberschreitung nicht vollzogen hat:

> Ich habe nicht einen Menschen getötet, ich habe ein Prinzip getötet! Das Prinzip habe ich zwar getötet, aber über die Grenze geschritten bin ich nicht [переступить-то не переступил], ich bin auf dieser Seite geblieben ... [...] Ach, eine ästhetische Laus bin ich. (352–353; Ü. rev.)

Die darauf im direkten inneren Monolog folgende Variation des Laus-Motivs enthält nicht nur eine Selbstanklage, sondern ergeht sich lustvoll – mit der virtuosen Rhetorik des Kellerlochmenschen – in masochistischer Selbstentblößung:

> Ja, ich bin wirklich eine Laus, fuhr er fort und klammerte sich mit hämischer Freude an diesen Gedanken, wühlte darin herum, spielte mit ihm und amüsierte sich darüber – schon allein deswegen, weil ich erstens jetzt darüber sinniere, dass ich eine Laus bin, zweitens, weil ich einen ganzen Monat lang die allgütige Vorsehung belästigt habe, indem ich sie zum Zeugen dafür anrief, dass ich die Tat sozusagen nicht aus Lust und Eigennutz begehe, sondern dabei ein großartiges und edles Ziel verfolge – hahaha! Und weil ich drittens bei der Ausführung größtmögliche Gerechtigkeit zugrunde legen, Gewicht

---

[21] Dieses Motiv versteht sehr gut der amoralische Svidrigajlov, der Avdot'ja Romanovna mit dem ihm eigenen Zynismus die Motive des Bruders erklärt: „Er hat sehr darunter gelitten und leidet auch jetzt unter dem Gedanken, dass er zwar die Theorie aufzustellen vermochte, aber nicht in der Lage ist, ohne Bedenken über die Grenze hinwegzuschreiten [перешагнуть], und dass er also auch kein genialer Mensch ist. Nun, für einen jungen Mann mit Ehrgeiz ist das schon demütigend, und in unserem Zeitalter besonders ..." (631; Ü. rev.).

und Maß und die Arithmetik beachten wollte: Von allen Läusen habe ich die allernutzloseste ausgewählt, und nachdem ich sie getötet hatte, wollte ich nur so viel nehmen, wie ich für den ersten Schritt brauchte, nicht mehr und nicht weniger (das übrige sollte, laut Testament, einem Kloster zufallen, hahaha!)... Und schließlich und endlich bin ich deswegen eine Laus, setzte er zähneknirschend hinzu, weil ich selbst vielleicht noch abscheulicher und ekelhafter bin als die getötete Laus und schon im Voraus *geahnt* habe, dass ich mir das erst sagen würde, *nachdem* ich sie getötet hätte! Gibt es vielleicht etwas Grauenvolleres als das? O welche Gemeinheit, welche Niedertracht! (353-354)

In dieser Enthüllung, die – wie viele Beichten und Selbstanklagen Dostoevskijscher Helden – auch einen eitlen, selbstgefälligen Zug hat, steigt der Held vom ‚außergewöhnlichen Menschen' zur ekeligsten tierischen Kreatur ab.

Ein Höhepunkt des Romans sind die „Katz-und-Maus-Spiele" (435) zwischen Raskol'nikov und Porfirij Petrovič. Der Untersuchungsrichter ahnt die ganze Wahrheit, aber er hat keine Beweise. Er versucht Raskol'nikov mit Psychologie zu fangen. Aber Raskol'nikov weiß: Porfirij Petrovič hat keinerlei Fakten in der Hand, nur seine Psychologie, und die ist eine „zweischneidige Angelegenheit" (о двух концах; 457), „Alles hat zwei Seiten" (Все о двух концах; 458–459).[22] Und er kann die provokativen Vorstöße seines Duellgegners mehr oder weniger elegant parieren.[23] Festzuhalten ist: die Seelenduelle mit dem Untersuchungsrichter fördern nicht die Annäherung an die Wahrheit, führen nicht zu einem Umschwung in Raskol'nikov, obwohl Porfirij Petrovič ihm mit mancher Frage „wie mit dem Beilrücken einen Schlag mitten auf den Scheitel" versetzt (444–445), mit welchen Worten er selbst Raskol'nikovs Mordtat auf sein Fragen an-

---

22 Die binaristische Formel von der Sache, die zwei Seiten hat, ist ein prominentes Motiv in den *Brüdern Karamazov* und tritt dort in verschiedenen Varianten auf: der Verteidiger bezeichnet die Psychologie als „Stock mit zwei Enden" (палка о двух концах; Dostoevskij, XIV, 154), der Ankläger bemüht die Redensart von der „Rückseite der Medaille" (оборотная сторона медали; XV, 129), der Erzähler charakterisiert das Starzentum als „zweischneidiges Schwert" (обоюдоострое орудие; XIV, 27). Den Hauptgedanken von Ivans kirchenrechtlichem Traktat, der den Beifall sowohl der Klerikalen als auch der Atheisten erhält, nennt der kluge Bibliothekar des Klosters eine „zweischneidige Idee" (идея о двух концах; XIV, 56).

23 Eine kleine metapoetische Volte des Autors ist anzumerken. Porfirij Petrovič bezeichnet die Arbeit des Untersuchungsrichters als „eine Art freie Kunst" und hält „tiefsinnig psychologische Verfahren" für nutzlos, wenn sie durch die „Form" allzu sehr eingeengt werden. Das Verfahren, das der Untersuchungsrichter bei Raskol'nikov anwendet, ist das der „Bloßlegung des Verfahrens", wie es die russischen Formalisten genannt haben. Das von Porfirij Petrovič bloßgelegte eigene Verfahren bleibt gleichwohl wirksam. In den *Brüdern Karamazov* benutzen sowohl der Ankläger als auch der Verteidiger den Begriff des „Romans", um die Methode der Gegenseite zu diskreditieren.

wendet. Die Verhöre haben eine paradoxe Wirkung: sie reizen Raskol'nikov bis zur Weißglut und provozieren ihn, der mit dem Gedanken gespielt hat, sich zu stellen, nur dazu, die Wahrheit zurückzuhalten. Hier kommt Dostoevskijs auch in den *Brüdern Karamazov* ausgedrückte Überzeugung zur Geltung, dass die weltliche Gerichtsbarkeit (auch und gerade nach der von Alexander II 1864 durchgeführten Reform) die Wahrheit nicht zutage fördern und Gerechtigkeit nicht üben kann.

11.2.4 Geständnis und „Auferstehung"

Wenn der Mörder Raskol'nikov vor der Prostituierten Sonja Marmeladova sein Geständnis ablegt, in einem für beide Seiten qualvollen Prozess, erklärt er die Gründe für seine Tat in mehreren falschen Anläufen. Dabei wiederholt und expliziert er die vom Autor für den Leser angelegten Versuchungen. Die erste Erklärung lautet, er habe getötet „ganz einfach, um zu rauben" (529). Sonja ist über diese für sie unglaubwürdige Erklärung verärgert und vermutet, er sei hungrig gewesen und habe seiner Mutter helfen wollen. Nein, dementiert er, wenn er getötet hätte, weil er hungrig gewesen wäre, müsste er jetzt glücklich sein (532). In einem zweiten Anlauf präsentiert er seine Napoleon-Idee: „Es war doch in Wirklichkeit so! Also: Ich wollte ein Napoleon werden, deshalb habe ich getötet. [...] Und so gab auch ich die Bedenken auf und ... brachte sie um ..., nach dem Beispiel dieser Autorität ... Genauso ist es gewesen" (532). Nach neuerlichem Dementi („Das ist ja alles Unsinn, nur leeres Geschwätz! 533) bringt er die notleidende Mutter und die beleidigte Schwester ins Spiel, deren Leben er erleichtern wollte. Aber auch diese Erklärung kann Sonja nicht überzeugen. So bringt er seine zynische Variante vor, die den Mord verschwinden lässt: „Ich habe doch nur eine Laus getötet, Sonja, eine nutzlose, widerliche, schädliche Laus" (534). Auf Sonjas Protest konzediert er: „schon die ganze Zeit rede ich dummes Zeug ... Das stimmt alles nicht; du hast recht. Das hat alles ganz, ganz, ganz andere Gründe!" (534). In einem neuen Anlauf, „als hätte ihn ein plötzlicher Umschwung der Gedanken (внезапный поворот мыслей) erfasst", flüchtet er sich in pejorative Selbststilisierung: „[...] das stimmt nicht! Es ist besser ... du nimmst an (ja, das ist wirklich besser!), du nimmst an, dass ich eitel, neidisch ... bösartig, niederträchtig und rachsüchtig bin, na ... und dass ich meinetwegen auch noch zum Irrsinn neige" (534). Angesichts der so nicht zu überwindenden Skepsis seiner Zuhörerin steigert sich Raskol'nikov in einen „düsteren Begeisterungsrausch", und wie im Fieber spricht er seine wahren Motive aus:

> Nicht um meiner Mutter zu helfen, habe ich getötet – Unsinn! Nicht um Mittel und Macht zu bekommen und ein Wohltäter der Menschheit zu werden, habe ich getötet. Unsinn! Ich habe einfach nur getötet; für mich habe ich getötet, für mich ganz allein. [...] Und es ging mir in erster Linie nicht ums Geld, Sonja, als ich tötete; es ging mir nicht so sehr ums Geld als um etwas anderes ... Jetzt weiß ich das alles ... [...] Ich wollte etwas anderes wissen, etwas anderes drängte mich zur Tat. Ich musste damals wissen, und zwar möglichst schnell: Bin ich eine Laus, wie alle, oder ein Mensch? Bin ich fähig die Grenze zu überschreiten oder nicht? [смогу ли я переступить или не смогу!] Wage ich es, mich zu bücken und mir die Macht zu nehmen, oder nicht? Bin ich eine zitternde Kreatur, oder habe ich *das Recht* ... (538; Ü. rev.)

Was veranlasst Raskol'nikov, sich für Sonja zu öffnen, ihr ein gemeinsames Leben vorzuschlagen. Es sind nicht ihre weiblichen Reize, die ihn anziehen. In seiner Wahrnehmung der jungen Frau bei ihrer früheren Begegnung hat Erotik keine erkennbare Rolle gespielt.

> Mit einem neuen, sonderbaren, fast schmerzhaften Gefühl blickte er in dieses bleiche, magere und unregelmäßige eckige Gesichtchen, in diese sanften blauen Augen, die in solch einem Feuer, in solch herber, kraftvoller Leidenschaft entbrennen konnten, auf diesen kleinen Körper, der noch vor Empörung und Zorn bebte, und das alles kam ihm immer seltsamer, fast unmöglich vor. Sie ist eine Gottesnärrin, eine Gottesnärrin! (415)

Nun, in der zweiten Begegnung, ruft ihr Mitleiden in ihm ein „Gefühl hervor, das wie eine Woge in sein Herz strömt" (528). Und dieses ihm unbekannte Gefühl strömt abermals wie eine Woge in sein Herz und stimmt ihn weich.

In der früheren Begegnung mit Sonja hat Raskol'nikov begriffen, was ihr das Vorlesen aus dem Neuen Testament über die Auferstehung des Lazarus, zu dem er sie schroff und gereizt aufgefordert hat, für sie bedeutete. Er begriff, dass sie damit ihr Innerstes preisgab, und er erkannte, dass es sie zwar bedrückte und sie sich schrecklich davor fürchtete, ihm aus diesem Buch vorzulesen, dass sie es aber zugleich „qualvoll wünschte" (417).[24] Er sieht in ihr eher als die Frau die Märtyrerin, als die sie schon der Vater vorgestellt hat. Und dass er vor ihr niederkniet und ihr die Füße küsst, erklärt er mit den Worten, er habe sich nicht vor *ihr* verneigt, „sondern vor dem ganzen menschlichen Leiden" (412). Er will mit ihr zusammen gehen, weil sie beide „verdammt" (420) sind. Und er sieht

---

[24] Unter den Interpreten, die Raskol'nikovs Wandlung als Konversion zum christlichen Glauben verstehen, betont Schümann (2014) die Rolle des Hörens und Zuhörens: „listening as a pathway to faith". Den entscheidenden Moment der Konversion erblickt Schümann in der Szene, in der Raskol'nikov der von Sonja aus dem Johannesevangelium vorgelesenen Geschichte von der Auferstehung des Lazarus zuhört.

ihre Gemeinsamkeit darin, dass sie beide Grenzüberschreiter sind: „Hast du nicht das gleiche getan? Auch du hast eine Grenze überschritten ... hast es vermocht, sie zu überschreiten" (421).

Vom Geständnis, das er vor Sonja ablegt, ist Raskol'nikovs Weg zu seiner „Auferstehung" und „Wiedergeburt" noch lang und wendungsreich. Die Entwicklung zu Reue und Sühne wird durch mehrere Rückfälle retardiert. So schreit er seine Schwester, die ihn damit tröstet, dass er sein Verbrechen schon halb gesühnt habe, wenn er das Leiden auf sich nehme, rasend vor Wut an:

> Mein Verbrechen? Was denn für ein Verbrechen [...] Dass ich eine widerwärtige, schädliche Laus getötet habe, eine alte Wucherin, die kein Mensch braucht, für deren Ermordung einem vierzig Sünden vergeben werden, die den Armen das Blut ausgesaugt hat – ist das ein Verbrechen? Ich sehe das nicht so und denke nicht daran, es zu sühnen. (666)

Vor der Schwester fällt er auch wieder in die Pose des „Wohltäters der Menschheit" (666) zurück und beschuldigt sich selbst nur der „Ungeschicklichkeit" (667). Von Reue ist er weiter denn je entfernt:

> [...] ich begreife absolut nicht, warum es ehrenhafter sein soll, die Menschen durch Bomben oder durch eine regelrechte Belagerung umzubringen? Die Angst vor der ästhetischen Form ist das erste Anzeichen von Schwäche! Niemals, niemals ist mir das deutlicher bewusst geworden als jetzt, und weniger denn je sehe ich ein, dass es ein Verbrechen ist! Niemals war ich sicherer und überzeugter als jetzt, niemals! (667)

Zur Besinnung kommt er erst bei dem zufälligen Blick auf Dunjas Augen, in denen er „qualvolles Leid um seinetwillen" (667) liest. Die Erfahrung der mitleidenden Empathie ist es auch, die ihn wieder zu Sonja führt. Es ist weniger ihr christlicher Glaube oder das Kreuzchen, das sie ihm umhängt, die ihn zum Geständnis vor der Polizei bewegen, wie fromme Interpreten gerne postulieren, als vielmehr ihr Leiden in Liebe zu ihm. Das muss er sich eingestehen – und sei es auch in zynischer Verzerrung, wie der direkte innere Monolog zeigt:

> Aber warum, aus welchem Grunde bin ich eben zu ihr gegangen? Ich habe gesagt, ich sei zu einem bestimmten Zweck zu ihr gekommen, aber zu was für einem Zweck? Überhaupt zu gar keinem! Ihr zu sagen, dass ich *hingehe*; und warum? Wozu war das nötig? Liebe ich sie vielleicht? Wohl kaum. Ich habe sie doch eben von mir gejagt wie einen Hund. Brauchte ich denn wirklich das Kreuz von ihr? Oh, wie tief bin ich gesunken! Nein – ihre Tränen habe ich gebraucht, ich musste ihr Entsetzen sehen, ich musste sehen, wie ihr das Herz weh tut und wie sie leidet! (674)

Bevor er „hingeht" und sich der Polizei stellt, vollzieht er sein öffentliches Geständnis „vor dem Volk" auf dem Heumarkt, das Sonja von ihm gefordert hat.

Raskol'nikovs Impuls zu dieser überraschenden Handlung, die den eigentlichen Umschlag in seiner Entwicklung bezeichnet, wird ganz narratorial dargeboten:

> Die ausweglose Seelenschwere und der Schrecken dieser ganzen Zeit, vor allem aber der letzten Stunden, hatte ihn schon so zermürbt, dass er sich der Möglichkeit dieses ihn ganz erfassenden, neuen, reinen, vollen Gefühls überließ. Wie ein Anfall war es plötzlich über ihn gekommen: Als Funke war es in seiner Seele aufgeflammt und hatte ihn plötzlich wie ein Feuer mit Haut und Haaren erfasst. Sein Innerstes zerschmolz, und Tränen strömten ihm aus den Augen. Wie er stand, so stürzte er zu Boden ... (675–676; Ü. rev.)

Mit „Funken" und „Flammen" leistet Dostoevskij seinen Tribut an die mittelalterlich-mystischen Bilder christlicher Bekehrung.

Obwohl Raskol'nikov jetzt die Grenze vom intellektuellen Hochmut zur volksgläubigen Demut ganz im Sinne seines Autors überschritten hat und gleichmütig, wie ein Märtyrer, in christologischer Pose, den Spott des ihn umringenden realen Volkes über sich ergehen lässt, ohne aufzubrausen, ist er noch nicht am Ende seines Weges angelangt.

Nach geraffter Darstellung von Verhör, Prozess und mildem Urteil sehen wir ihn im Epilog anderthalb Jahre später im sibirischen Straflager. Er scheint wieder in frühere Haltungen zurückgefallen zu sein, kapselt sich von allen ab, von den Mitgefangenen, aber auch von Sonja, die ihn begleitet hat und zu der er gleichwohl recht unfreundlich ist. Er wird krank, „erkrankt an seinem verletzten Stolz" (696), findet an sich keine Schuld, bedauert nur ein „einfaches Missgeschick" (696), das jedem passieren konnte. Er schämt sich, weil er, „dem Urteilsspruch eines blinden Schicksals folgend", sich einem „unsinnigen" Gerichtsurteil beugen musste (696), bereut sein Verbrechen nicht und fragt sich, inwiefern seine Idee dümmer als andere Ideen und Theorien war, die in der Welt herumschwirren. Ohne Vorurteile betrachtet, ist seine Idee durchaus nicht so sonderbar. Sein Verbrechen besteht in seinen Augen nur darin, dass er es nicht durchgehalten und sich freiwillig gestellt hat.

Unter Qualen fragt sich Raskol'nikov, warum er sich, am Fluss stehend, nicht umgebracht hat. In diese Überlegungen schaltet sich der Erzähler ein, der bislang in erlebter Rede für den Helden gesprochen hat und der nun die damals aufgekommene, aber nicht begriffene Ahnung autoritativ benennt: Raskol'nikov hat, am Fluss stehend, vielleicht schon geahnt, dass in seinen Überzeugungen eine tiefe Lüge steckte: „Er begriff nicht, dass diese Ahnung möglicherweise der Vorbote einer künftigen Umwälzung in seinem Leben war, der Vorbote seiner künftigen Auferstehung [воскресение], einer künftigen neuen Lebensauffassung" (698). In dieser sehr indirekten Darstellungsweise, in der narratorialen Benennung des vom Helden nicht Begriffenen gelangt der Schlüsselbegriff der „Auferstehung" in den Romantext.

Es ist wieder Sonja, die Raskol'nikov den Weg weist, aber es ist nicht ihr „radikales Christentum", das Raskol'nikov rettet, wie Maximilian Braun (1976, 137) meint – und mit ihm eine ganze Phalanx christlicher Interpreten. Raskol'nikovs Herz öffnen Sonjas unverdrossener Lebensmut und die unerschütterliche Treue zu ihm:

> Wie es geschah, wusste er selbst nicht, aber plötzlich packte ihn etwas und zwang ihn, sich ihr zu Füßen zu werfen. Er weinte und umschlang ihre Knie. Im ersten Augenblick erschrak sie schrecklich, und ihr Gesicht wurde totenbleich. Sie sprang auf und starrte ihn zitternd an. Doch im selben Moment begriff sie alles. In ihren Augen leuchtete unendliches Glück auf; sie begriff und zweifelte nicht mehr im Geringsten daran, dass er sie liebte, grenzenlos liebte, und dass endlich der Augenblick gekommen war ... [...] Auf diesen kranken und bleichen Gesichtern strahlte bereits die Morgenröte einer neuen Zukunft, einer Auferstehung zu neuem Leben. Die Liebe hatte sie auferweckt, das Herz des einen barg unversiegbare Lebensquellen für das Herz des anderen. (704)

Es ist beachtenswert, dass in diesem weithin figural perspektivierten Roman die „Morgenröte einer neuen Zukunft" nicht im Bewusstsein der Protagonisten aufscheint, sondern vom autoritativen Wort des Erzählers angekündigt wird.

Der Epilog schließt mit der Ankündigung einer „neuen Geschichte", der Geschichte von der allmählichen „Erneuerung" (обновление) eines Menschen, einer Geschichte seiner allmählichen „Wiedergeburt" (перерождение; 706). Mit dieser Verheißung hat die literarische Geschichte der Ereignishaftigkeit ihren Höhepunkt erreicht.

11.3 Die Kettenreaktion der Konversionen in den *Brüdern Karamazov*

11.3.1 Das Unwahrscheinliche

Obwohl der Staatsanwalt im Prozess Dmitrij Karamazovs den Charakter des Angeklagten völlig durchschaut und den Mord scharfsinnig rekonstruiert, irrt er im Grundsätzlichen. Dmitrijs wahre Beschreibung des tatsächlichen Tathergangs nennt er „absurd und unwahrscheinlich" (XV, 142)[25], und die Motive, die der vermeintliche Täter für seinen Verzicht auf den Mord angibt, scheinen dem

---

25 Alle Zitate in eigener Übersetzung nach der russischen Ausgabe „Dostoevskij" mit Angabe des Bandes in römischen und der Seitenzahl in arabischen Ziffern.

Staatsanwalt „unnatürlich" (XV, 143). Der Irrtum des Staatsanwalts besteht darin, dass er in seiner Rekonstruktion der Doxa folgt, dem zu Erwartenden, dem, was man gemeinhin für wahr und wahrscheinlich hält[26], und dass er nicht mit der Möglichkeit des Paradoxons, d. h. des Unerwarteten, Außergewöhnlichen, der Verletzung der Norm rechnet. Durch die Wahrscheinlichkeit des Normativen verführt, lässt er ganz die Möglichkeit dessen außer Acht, was die Narratologie ein *Ereignis* nennt.

Ein Ereignis ist Dmitrijs Verhalten, sein Verzicht auf den geplanten Vatermord unmittelbar vor seiner Ausführung, ja tatsächlich. Dmitrij hatte, wie er bei der Vernehmung berichtet, beim Anblick des Vaters den Hass in sich auflodern spüren, den als Mordwerkzeug mitgebrachten Mörserstößel aus der Tasche gerissen und... (in seinem dramatischen Bericht hält er inne und wiederholt damit im Erzählen das Innehalten in der Geschichte). Dem Aussagenden ist klar, dass Staatsanwalt und Untersuchungsrichter die Geschichte in ihrem eigenen, einem doxalen Sinne fortsetzen, und er hält ihnen diese doxale Geschichte vor: „Und dann erschlug ich ihn ... traf ihn am Scheitel und schlug ihm den Schädel ein ... So war es doch Ihrer Meinung nach, nicht wahr?" (XIV, 425).

Dmitrijs eigene, wahre Geschichte ist jedoch eine andere, sie ist paradoxal: er schlug nicht zu, sondern lief vom Fenster weg in den Garten. Dmitrij weiß nicht zu sagen, was ihn davon abhielt zuzuschlagen. Er vermutet das Einwirken geheimer Kräfte und sieht seine Seele im Kampf mit dem Bösen: „Waren es jemandes Tränen, war es ein Gebet meiner Mutter zu Gott, oder hat mich in diesem Moment ein lichter Geist geküsst – ich weiß es nicht, aber der Teufel war besiegt" (XIV, 425–426).[27] Dmitrij weiß auch, dass seine wahre Aussage für seine Zuhörer nach ihren doxalen Maßstäben nichts Anderes sein kann als eine „Dichtung, noch dazu in Versen" (Поэма! В стихах! XIV, 426). Der Leser kann aber aus der ideellen Anlage des Romans Folgendes schließen: das Ereignis des unerwarteten – auch und vor allem für den Helden selbst unerwarteten – Verzichts auf den Vatermord wurde durch einen für den Staatsanwalt ‚unnatürlichen' Faktor hervorgerufen, den man in der Sprache des Romans die ‚Stimme des Gewissens' nennen muss.

---

26 Horst-Jürgen Gerigk (1968) weist darauf hin, dass die Wahrheit von Dostoevskij durch die objektiv falsche Aussage des an sich glaubwürdigen Zeugen Grigorij „unannehmbar" gemacht wurde.
27 Unzutreffend ist Maximilian Brauns (1976, 233) Auffassung, dass Dmitrij „nur durch einen Zufall" daran gehindert wurde, den Mord zu begehen.

Man könnte versucht sein, Dmitrijs Nicht-Töten als Minus-Handlung (in Analogie zu Jurij Lotmans [1970] Begriff des ‚Minus-Verfahrens') zu bezeichnen. Indes wäre dieser Begriff nicht ganz gerechtfertigt, denn Dmitrij handelt ja durchaus, nur auf einer andern Ebene, indem er durch sein Nicht-Töten „den Teufel niederringt". Im Mittelpunkt dieses Kapitels steht deshalb nicht der vollzogene Mord, der – wie sich im Roman erst spät herausstellt – von Smerdjakov mit Ivans unbewusster Zustimmung begangene Mord am Vater, sondern der von Dmitrij nicht begangene Mord, der als erfolgreicher Kampf mit dem Teufel ein wahres mentales Ereignis darstellt.

Die *Brüder Karamazov* sind in der russischen Literatur ein Höhepunkt mentaler Ereignishaftigkeit. Die Ereignishaftigkeit findet hier ihre maximale Realisierung in der Kettenreaktion der religiösen Konversionen.[28] Die Kettenreaktion geht von der für alle unerwarteten Umkehr des sterbenden Markel aus und erreicht, vermittelt über Zinovij-Zosima, der sich vom Vorbild des Bruders beeinflussen lässt, Aleša, Grušen'ka, Dmitrij und sogar Ivan und ist noch in der Wandlung des theoretisierenden Schülers Kolja Krasotkin vom Möchtegern-Sozialisten zum liebenswürdigen Anführer der Kinder spürbar.

Die Ereignisse der Konversion sind in Dostoevskijs Welt irreversibel und konsekutiv. Dostoevskij modelliert das mentale Ereignis als dynamisches und synergetisches Phänomen, dessen Ausbreitung auf dem Einfluss durch Vorbilder beruht und das sich im Zusammenwirken seiner Träger vollzieht.

11.3.2 Der Erzähler und die Bewusstseinsdarstellung

Dostoevskij hat in seinem letzten Roman einen inkonsequenten Erzähler eingesetzt. Er operiert im Grunde mit dem undeklarierten Schwanken zwischen zwei sehr unterschiedlichen Narratorinstanzen. Am häufigsten erscheint der Erzähler als allgegenwärtige, allwissende, in die tiefsten Seelengründe der Figuren blickende unpersönliche Instanz, die ihre Existenz über lange Strecken ganz

---

28 Diese Kette steht mit einer andern Sequenz in enger Verbindung, die von den Prozessen der Selbsterkenntnis der drei Brüder Aleksej, Dmitrij und Ivan gebildet wird. Auf diesen Aspekt richtet sich Gerigk (2013, 246–247), der die Einsicht der drei Brüder in ihre jeweilige Teilhabe am Vatermord wie folgt rekonstruiert: „Aleksej sieht, was er *versäumt* hat; Ivan sieht, was er *gefördert* hat; Dmitrij sieht, was er *ausgelöst* hat". Die Prozesse der Einsicht und Selbsterkenntnis verlaufen allerdings verdeckt, bleiben im implizierten Geschehen und bilden nicht den Vordergrund der erzählten Geschichte.

vergessen lässt. In bestimmten wichtigen Passagen jedoch, so zum Beispiel im – natürlich fiktionalen – „Vorwort des Verfassers" tritt der Erzähler als in seinem Wissen begrenzter Chronist auf, der mit großer Mühe, aber auch äußerster Sorgfalt die Geschehnisse rekonstruiert, die sich vor dreizehn Jahren in seinem Heimatort Skotoprigonevsk (auf Deutsch etwa „Viehhausen") zugetragen haben. Als Chronist erzählt er mit narratorialer Perspektive und natürlich ohne Introspektion in das Bewusstsein der Figuren. Dieser Chronist zeichnet sich durch die Tendenz zu umständlicher Beschreibung, zur Registrierung auch der geringsten Details, zu wertenden, vor allem den Figuren geltenden Kommentaren, zu abstrakten Generalisierungen, zum Räsonieren, zu Aphorismen und Sentenzen aus (vgl. Vetlovskaja 1967; 1977; Meijer 1971, 21). Obwohl es sich bei dem Chronisten um einen durchaus ‚zuverlässigen' Erzähler handelt, kann man nicht umhin festzustellen, dass sein geistiger Horizont und seine schriftstellerischen Fähigkeiten nicht ganz den Anforderungen entsprechen, die die ernste Thematik des Romans an ihn stellt.

Die begrenzte Kompetenz des Chronisten und die teilweise Inadäquatheit seines Textes machen sich auf unterschiedliche Weise bemerkbar.

(1) Der Chronist macht ab und zu sprachliche Fehler wie zum Beispiel in der Morphologie, aber auch in der Syntax, wo er zu Satzbrüchen, Anakoluthen neigt.

(2) Seine Rede enthält stilistische Ungeschicklichkeiten. Gelegentlich gebraucht er unpassende Ausdrücke. Sein Wortgebrauch schwankt zwischen heterogenen lexikalischen Schichten. Gelegentlich vorkommender grober Umgangssprache des Stadtbewohners steht hohe Lexik mit archaischer Färbung gegenüber. Die Sätze des Erzählers verletzen die Norm stilistischer Leichtigkeit, der Klarheit, des harmonischen Baus und der semantischen Eindeutigkeit.[29] Sie sind oft überflüssig kompliziert und enthalten einen

---

29 Zu den grammatischen, syntaktischen und stilistischen Mängeln vgl. Vetlovskaja 1967; 1977. Diskussionsbedürftig erscheint allerdings die von Vetlovskaja vorgenommene funktionale Interpretation. Vetlovskaja (1967, 67) führt alle genannten Mängel auf das Bestreben des Autors zurück, der Rede des Erzählers eine emotionale Einwirkung auf den Leser zu verleihen, um ihn zu bestimmten Überzeugungen zu bringen. Diese Schlussfolgerung gründet auf der den Thesen Michail Bachtins entgegengesetzten und offensichtlich von Jakov Zundelovič (1963) beeinflussten Prämisse, wonach die *Brüder Karamazov* ein Werk der „philosophisch-publizistischen Gattung" sind und das „gesamte Gewebe der Geschehnisse völlig der philosophischen und publizistischen Konzeption des Autors untergeordnet ist, die direkt im Roman ausgedrückt wird, um den Leser von ihr zu überzeugen, und die deshalb entschieden keine anderen Deutungen der dargestellten Figuren und Ereignisse zulässt als die des Autors".

Überschuss an präzisierenden Adjektiven, Adverbien und metasprachlichen Erläuterungen (vgl. Meijer 1960, 20), was das Verständnis des Lesers nicht erleichtert.

(3) Stilfehler wie der Gebrauch unpassender Metaphern und Vergleiche führen zu Alogismen, zu unfreiwilliger Komik. Außerdem wird das Erzählen schon leicht alogisch dadurch, dass der Erzähler nicht die volle Kontrolle über den Informationsfluss hat und dass er nicht hinreichend berücksichtigt, mit welchen Fakten der Leser bereits vertraut ist.

Die begrenzte Erzählkompetenz des Chronisten berührt freilich nur die Form der Darbietung, nicht den Inhalt. Er ist kein unzuverlässiger Erzähler. Allerdings sind seine selbstkritischen Bemerkungen zu seinem Erzählen nicht immer für bare Münze zu nehmen. So etwa, wenn er seine Beschreibung der russischen Starzen mit dem Vorbehalt einleitet: „ich fühle mich auf diesem Weg nicht ganz kompetent und sicher" (XIV, 26). Die folgende Beschreibung ist jedoch kompetent und zuverlässig und widerspricht der Warnung. Eine ähnliche falsche Vorwarnung beobachten wir im Beginn des 12. Buches (*Ein Justizirrtum*):

> Ich will vorausschicken, und ich sage das mit allem Nachdruck: ich sehe mich bei weitem nicht imstande, alles das wiederzugeben, was sich im Gericht abgespielt hat, und das nicht nur nicht in der gebührenden Vollständigkeit, sondern auch nicht in der gebührenden Reihenfolge. (XV, 89)

Dieser Vorwarnung widerspricht die dann folgende vollständige und streng geordnete Präsentation. Indem der Autor den Inhalt metanarrativer Kommentare kompromittieren lässt, unterstreicht er die grundsätzliche Richtigkeit des diegetisch Mitgeteilten. Die Inadäquatheit des Erzählens kontrastiert mit der Richtigkeit des Erzählten. Die am stärksten bemerkbare Schwäche des Erzählers ist die unfreiwillige Komik mancher Bemerkungen. So beginnt der Chronist den Bericht über Ivans Cauchemar mit den Worten: „Ich bin kein Doktor, indessen fühle ich, dass die Minute gekommen ist, da es entschieden unumgänglich wird, dem Leser wenigstens etwas von der Eigenart der Krankheit Ivan Fëdorovičs zu erklären" (XV, 69). Nachdem der Erzähler als allwissende Instanz Ivans feinste Seelenregungen dargestellt und nun im Leser eine gespannte Erwartung von irgendetwas Geheimnisvollem, Schrecklichem geweckt hat, muss das naive Bekenntnis „Ich bin kein Doktor" komisch wirken. Die Komik hebt allerdings die in diesem Kapitel herrschende unheimliche Stimmung keineswegs auf. Für die *Brüder Karamazov* ist die Gestaltqualität der Dissonanz charakteristisch. Dissonanz besteht auf verschiedenen Ebenen, zwischen dem Erzählten und dem Erzählen, aber auch zwischen Humor und Ernst, zwischen dem Komischen und dem Unheimlichen (vgl. Schmid 1982).

Die Entscheidung für einen Erzähler, der in bestimmten Passagen mit seiner Schwatzhaftigkeit merkmalhaft wird, und der Umstand, dass er sich nicht auf einen einzigen Helden und eine Reflektorfigur konzentriert, bedingt naturgemäß ein Zurücktreten der kaschierten Formen der Bewusstseinsdarstellung. Es dominieren die markierten Formen, der Bewusstseinsbericht und die direkte äußere oder innere Rede. Eine besondere Rolle spielt der äußere Dialog, in dem die Handlung vorangetrieben, das Bewusstsein der Protagonisten indizial dargestellt und die Denkweise der Figuren kundgegeben wird.

Es gibt im Roman drei Höhepunkte angespannter Wechselrede, in denen Dostoevskij seine brillante Kunst des Dialogs und der Psychologie entfaltet. Der erste dieser Höhepunkte findet sich im fünften Buch, das *Pro und Contra* überschrieben ist. Es geht hier um das Gespräch zwischen den Brüdern Ivan und Alëša, die sich bislang noch nicht recht kennengelernt haben und im Gasthaus gemeinsam speisen. Im Verlauf dieses Treffens (im Kapitel *Die Auflehnung*) legt Ivan vor dem Klosternovizen Alëša, auf dessen Reaktion er höchst gespannt ist, seine Gotteskritik dar und trägt ihm (im Kapitel *Der Großinquisitor*) sein „Poem" von Jesu Rückkehr auf die Erde zu Zeiten der spanischen Inquisition vor. Dann sind im elften Buch, das Ivan gewidmet ist, von höchster Bedeutung einerseits die drei Besuche Ivans bei Smerdjakov, in denen Ivan dem halbidiotischen Lakeien die subliminale, aber vom Gegenüber wohlverstandene Zustimmung zum Vatermord gibt, und andererseits Ivans Gespräch mit dem Teufel in seinem Cauchemar. Dieses Teufelsgespräch (auf das dann Thomas Mann in seinem *Doktor Faustus* rekurrierte) ist, erzähltechnisch betrachtet, ein dialogisch inszenierter innerer Monolog (zum Inhaltlichen siehe unten)

11.3.3 Markel und die Bedingungen der Konversion

Die Kettenreaktion der Konversionen geht, wie erwähnt, von der geistigen Wiedergeburt des sterbenden Markel aus. Der ältere Bruders Zosimas wird als reizbarer, schweigsamer junger Mann eingeführt, der in der Schule gut lernt, aber Abstand zu seinen Kameraden hält. Mit siebzehn Jahren begegnet er einem in die Stadt verbannten Freidenker, und unter seinem Einfluss beginnt er die Existenz Gottes zu leugnen, weigert er sich, die Fasten einzuhalten und verspottet die Kirche. An schnell verlaufender Tuberkulose erkrankt, befindet er sich am Rande des Todes. Und in dieser Situation ist er zur Überraschung aller bereit, sich auf das Abendmahl vorzubereiten, um, wie er sagt, die Mutter „zu erfreuen und zu beruhigen" (XIV, 261). Darauf vollzieht sich in ihm eine seltsame Wandlung. Er lässt nun zu, dass die alte Kinderfrau auch in seinem Zimmer die Lampe vor dem Heiligenbild anzündet: „Du betest zu Gott, wenn du die Lampe anzündest, und ich bete, indem ich mich über dich freue. Wir beten also zu ein und demselben Gott" (XIV, 262). (In Parenthese sei hier angemerkt: Für die Theologie des Romans ist bezeichnend: Markels Gebet besteht in der Freude über den Menschen. Wir beobachten hier die für Dostoevskijs positive Figuren charakteristische Immanentisierung der Transzendenz, die besonders deutlich an Zosima hervortritt.) Diese und ähnliche Worte Markels kommen allen „seltsam" vor.

Der Sterbende macht in der Folge eine Reihe von Aussagen, die sich in der ideellen Anlage des Romans als zentral erweisen sollen. Eine dieser Aussagen drückt die emphatische Annahme des Diesseits aus: „Das Leben ist ein Paradies, und alle sind wir im Paradies und wollen das doch nicht wahrhaben, wenn wir es aber erkennen wollten, wäre morgen schon auf der ganzen Welt das Paradies" (XIV, 262). Dann betreffen Markels Worte die Anerkenntnis der Schuld eines jeden vor allen und an allem und das Bekenntnis, er, Markel, trage größere Schuld als alle andern vor allen und an allem. Das dritte Thema gilt dem Lobpreis von Gottes herrlicher Welt. Die Vögel beobachtend, beginnt Markel mit ihnen zu sprechen: „Ihr Gottes Vögelchen, ihr frohen Vögelchen, verzeiht auch ihr mir, da ich auch vor euch gesündigt habe" (XIV, 263). Das konnte, wie der berichtende Zosima hervorhebt, schon niemand mehr verstehen. Und schließlich bekennt Markel vor der Schöpfung seine Schuld: „Es war ein solcher Ruhm Gottes um mich herum: die Vögelchen, die Bäume, die Wiesen, der Himmel, nur ich lebte in Schande, entehrte alles, und die Schönheit und den Ruhm bemerkte ich gar nicht" (XIV, 263).

Markels Wandlung ist ein vollgültiges Ereignis im emphatischen Sinne. Es findet eine alle überraschende radikale und tiefgreifende geistige und seelische Wandlung des Helden statt, die sich zwar in dem nur noch kurze Zeit währenden Leben des jungen Mannes in ihrer Nachhaltigkeit nicht erweisen kann, aber höchste Konsekutivität dadurch gewinnt, dass sie innere Umschwünge in andern Personen nach sich zieht.

Im Weiteren sind an Markels Wandlung drei Fragen zu stellen:
(1) Welche Umstände und Faktoren bedingen die neue Denkweise des Helden?
(2) Auf welche Weise manifestiert sich das mentale Ereignis, und welche Erscheinungen begleiten es?
(3) Welche Folgen im Denken und Handeln zieht das Ereignis nach sich? Wie zeigt sich die veränderte Denkweise im Leben des Helden?

1. Die erste Frage betrifft die Motivierung des Ereignisses. Markels seltsame Worte, die alle verwundern, werden von der Mutter, die über sie auch nur den Kopf schütteln kann, mit seiner Krankheit erklärt. Und der deutsche Arzt Eisenschmidt diagnostiziert „Geistesverwirrung". Aber diese realistische Motivierung erweist sich im Kontext des ganzen Romans als von ‚Dostoevskij Pro' nicht intendiert. (Mit ‚Dostoevskij Pro' ist hier jener Teil des im Werk verkörperten abstrakten Autors gemeint, der mit der Intention der Theodizee[30] und der Forderung des intuitiven Glaubens verbunden werden kann. Diesem ‚Dostoevskij Pro' ist ein ebenfalls im Werk greifbarer ‚Dostoevskij Contra' entgegenzusetzen, der, Träger des Zweifels und der Gottesanklage, am ehesten mit der Position Ivan Karamazovs zu identifizieren ist [ausführlich: Schmid 1996]).

Das Geflecht der Handlungen und Motive macht deutlich: ‚Dostoevskij Pro' fordert von seinem Leser, dass er die von Mutter und Arzt vermuteten physiologischen Gründe nicht annehme und ihnen eine religiöse Motivierung entgegensetze.

In diesem Zusammenhang ist zu beachten, dass die Geschichte Markels in der Vita Zosimas erzählt wird, die Aleša nach den Worten seines Lehrmeisters zusammengestellt hat. Für die Hagiographie sind Bekehrungen und Konversionen konstitutiv.[31] Die Gesetze der hagiographischen Gattung machen sich natürlich auch in der Motivierung der inneren Umkehr Markels geltend. Dostoevskij weist durch die hagiographische Einbettung auf einen transzendenten Grund für den tiefgreifenden Wandel seines Helden, ohne dieser Erklärung freilich die Möglichkeit einer realistischen, psychologischen Motivierung zu opfern.

Ambivalenz der Motivationen ist charakteristisch für die narrative Welt dieses Romans. Vergessen wir nicht, dass Markels Wandel nicht von einem transzendenten Impuls ausgelöst wurde, einer Vision, einem Traumgesicht, einer präepileptischen Aura, die einen Umschwung in der Heiligenvita nicht selten begründen, sondern von einem – wie es zunächst scheint – ganz diesseitigen Beweggrund. Markel bereitet sich auf das Abendmahl vor, um, wie er sagt, der Mutter eine Freude zu bereiten und sie zu beruhigen. So werden als Voraussetzungen für das mentale Ereignis Empathie, Gewissensbisse und die Liebe zur

---

[30] Zur Theodizee, der Rechtfertigung Gottes angesichts des in der Welt existierenden Leidens, als der Intention des Autors vgl. Schmid 1996; 2012.
[31] Für Dostoevskijs Orientierung an der Hagiographie ist bezeichnend, dass Zosima in seinen Ausführungen zu den besonders lesenswerten Geschichten der Heiligen Schrift nachdrücklich auf die Wandlung des Saulus zum Paulus in der Apostelgeschichte verweist („das unbedingt, unbedingt!"; XIV, 267), den Prototypen der Konversionsgeschichten.

Mutter erkennbar. Diese drei Faktoren erweisen sich auch in andern seelischen Wandlungen als die auslösenden Beweggründe. In Dostoevskijs Weltmodell sind sie freilich keine rein weltimmanenten Faktoren, denn sie vermitteln zwischen Diesseits und Jenseits. Die Stimme des Gewissens und die Liebe stellen in Dostoevskijs Welt die Verbindung zwischen dem Menschen und der Transzendenz her.

2. Die zweite Frage bezieht sich darauf, wie und mit welchen Begleiterscheinungen sich das mentale Ereignis realisiert. Markels Wandel, der durch die Stimme des Gewissens und die Liebe zur Mutter ausgelöst wird, manifestiert sich in seiner Liebe zu den Menschen und zu Gottes Schöpfung. Zur großen Verwunderung seiner Familie wendet sich Markel, den alle nur als ungesellig, abweisend und schroff kennen, mit einem Mal den Menschen zu und offenbart eine für alle unerklärliche innere Freude. Er freut sich an den Vögelchen und bekennt vor ihnen seine Schuld. In dieser – wiederum für die Hagiographie charakteristischen – Freude zeichnen sich bereits die ideellen Konturen des ganzen Romans ab: Die Liebe zu den Menschen ist untrennbar mit der Annahme von Gottes Welt verbunden und mit dem Bekenntnis der eigenen Schuld.

3. Die dritte der oben gestellten Fragen betrifft die Konsekutivität der Konversion Markels. Markel erweist sich als das im Epigraph des Romans erwähnte Weizenkorn, das, wenn es stirbt, reiche Frucht trägt. Die Annahme der Welt und das Lob des göttlichen Ruhms werden in der Folge zur Botschaft Zosimas, der dem Buch Hiob folgend und in ähnlichen Bildern die Vollkommenheit von Gottes Schöpfung preist.

Schon im Buch Hiob, das als wichtiger Subtext mehr oder weniger manifest immer wieder aufgerufen wird, nimmt die Theodizee die Form der Kosmodizee an. Der Klage des geschlagenen Menschen begegnet die Gottesrede aus dem Sturmwind. Diese Rede gibt aber im Grunde keine Antwort auf Hiobs Klage. Vielmehr rühmt sich der Weltenschöpfer seiner demiurgischen Kompetenz und preist die Vollkommenheit seiner Schöpfung, die er mit der Wohlorganisiertheit von Rotwild, Wildesel, Vogel Strauß, Nilpferd und Krokodil anschaulich vor Augen führt. Dieser biblische Preis der Schöpfung hat im Roman ein Äquivalent. Von der Schönheit der Gotteswelt angerührt, bricht der junge Zosima in ein Lob der von Gott geschaffenen Teleologie aus:

> Jedes Gräschen, jedes Käferchen, die Ameise, das goldene Bienchen, sie alle kennen erstaunlich gut ihren Weg, obwohl sie doch keinen Verstand haben, und sie bezeugen das göttliche Geheimnis, erfüllen es ohne Unterlass selbst. [...] Wahrlich, [...] alles ist gut und herrlich, denn alles ist Wahrheit. Schau [...] auf das Pferd, das große Tier, das dem Menschen nahesteht, oder auf den Ochsen, den düsteren und nachdenklichen, der ihn

> ernährt und für ihn arbeitet [...] alles ist vollkommen, alles außer dem Menschen ist frei von Sünde, und mit ihnen ist Christus noch eher als mit uns. (XIV, 267–268)

Die franziskanische Liebe zu den Vögeln verbindet die sterbenden Jungen Markel und Iljuša. Letzterer trägt seinem Vater auf: „Papachen, wenn sie mein Grab zuschütten, zerkrümel eine Brotkruste darüber, damit die Spätzchen herbeifliegen, ich höre dann, dass sie gekommen sind, und ich werde froh sein, dass ich nicht alleine da liege" (XV, 192).

Das Bekenntnis der persönlichen Schuld, die Annahme eigener Verantwortung für alle und für alles, die Freude an der Natur und nicht zuletzt die Liebe zu den Vögelchen werden die verbindenden Elemente der den Roman durchziehenden Kette der Konversionen.

11.3.4 Von Zosima zu Dmitrij

Das zweite Glied in der Kette der Konversionen ist Zinovij-Zosima. Die Verwandlung des stolzen und eitlen Offiziers Zinovij vollzieht sich unmittelbar vor einem Duell, das er provoziert hat. Sich in der Morgendämmerung erhebend, erblickt Zinovij die aufgehende Sonne, „warm und schön", und hört die zwitschernden Vögel. Die reine Natur lässt ihn in seiner Seele etwas „Schändliches und Niedriges" empfinden (XIV, 270). Und er versteht mit einem Mal den Grund seiner Bedrücktheit. Es ist nicht das bevorstehende Duell, die Furcht vor dem möglichen Tode, sondern die Erinnerung daran, wie er am Vorabend seinen treuen Diener aus voller Kraft ins Gesicht geschlagen hat:

> Welch ein Verbrechen! Es war, als ob eine spitze Nadel mein Herz durchbohrte. Ich stehe wie von Sinnen da, und die liebe Sonne scheint, die Blättchen an den Bäumen freuen sich und glänzen vom Tau, und die Vögelchen, die Vögelchen preisen Gott ... Ich bedeckte mein Gesicht mit den Händen, warf mich aufs Bett und brach in Schluchzen aus. Und da erinnerte ich mich an meinen Bruder Markel und an seine Worte vor seinem Tode. (XIV, 270)

Als im Duell die Reihe an Zinovij ist, seinen Schuss abzugeben, verzichtet er auf ihn und preist vor den Anwesenden die Schönheit der Natur:

> Meine Herren, schauen Sie auf die Gaben Gottes ringsum: den klaren Himmel, die reine Luft, das zarte Gras, die Vögelchen, die wunderschöne und sündlose Natur, und wir, wir allein sind gottlos und dumm und verstehen nicht, dass das Leben ein Paradies ist, denn wenn wir das nur verstehen wollten, bräche sofort das Paradies in all seiner Schönheit an, und wir würden uns umarmen und in Tränen der Freude ausbrechen ... (XIV, 272)

Auch in Zinovijs Konversion beobachten wir eine Koinzidenz der Wahrnehmung von Gottes herrlicher Natur und des Erklingens der Stimme des Gewissens. Auch in diesem Fall führt die Wahrnehmung der Natur zur Vision eines irdischen Paradieses. Es handelt sich hier wie bei Markels Tod um eine Schlüsselstelle des Romans, der die Theodizee über die Kosmodizee betreibt, d. h. die Existenz und Gerechtigkeit Gottes mit der Schönheit seiner Schöpfung zu erweisen sucht.

Markels Lehre, dass das Leben ein Paradies sei und dass jeder Mensch für alle und für alles Verantwortung trage, macht sich auch der „geheimnisvolle Besucher" zu eigen, von dem in Zosimas Vita berichtet wird. Dieser Mörder aus Eifersucht entschließt sich unter dem Eindruck von Zinovijs Verhalten, sein Verbrechen einzugestehen. Er durchläuft freilich noch eine weitere Wandlung: Nachdem er Zinovij seine Schuld an dem Mord gestanden hat, kommt er noch einmal zu ihm, dieses Mal mit der Absicht, ihn zu töten, aus Hass und aus dem Wunsch, sich an ihm für alles zu rächen – wie er später gesteht –, aber er führt seinen Plan nicht aus. Auf dem Totenlager bekennt der geheimnisvolle Besucher, er habe die Tat nicht aus Angst vor Strafe unterlassen, sondern aus einem andern Grund: „Mein Gott besiegte den Teufel in meinem Herzen" (XIV, 283). Wie später in Dmitrijs Verzicht auf den Mord am Vater wird das Nicht-Ausführen der geplanten Tat als ein mentales Ereignis betrachtet, und das ist im Kontext des Romans ein Handeln auf der metaphysischen Ebene, ein siegreicher Kampf mit dem Teufel.

Nicht der blasse Alëša oder der pantheistische Starec Zosima ist die geheime Zentralfigur des Romans, sondern Ivan Karamazov, der gegen Gott und seine finale Harmonie revoltierende Intellektuelle. Im Dialog mit Smerdjakov lehnt er den Vatermord ab, gibt aber subliminal seine Zustimmung, was der raffinierte Lakai sehr wohl versteht. Die Qual des Gewissens löst in Ivan ein Nervenfieber aus, das mit Halluzinationen verbunden ist. In seinem Cauchemar, einem der Höhepunkte des Romans, diskutiert er mit dem spießigen Teufel, der im Grunde mit den Engelsscharen Hosianna rufen möchte, aber aus einem ihm unbekannten vorzeitlichen Beschluss zum „Verneinen" bestimmt ist (XV, 77). Ivan versteht, dass dieser Diabolus nichts anderes ist als eine Verkörperung seiner selbst, allerdings nur einer seiner Seiten, „seiner Gedanken und Gefühle, nur der widerlichsten und dümmsten" (XV, 72). Gleichwohl bringt ihn sein halluziniertes Gegenüber, das ihm seine eigenen früheren und dann abgelegten Argumente und seine von ihm als Schüler ausgedachte Anekdote *Eine Quadrillion Kilometer* und das im Vorjahr gedichtete „Poem" von der *Geologischen Umwälzung* höhnisch vorhält, so zur Weißglut, dass er sein Teeglas nach ihm wirft. Der Teufel erinnert an Martin

Luther, der mit dem Tintenfass nach ihm geworfen hat, und höhnt: „Hält mich selbst für einen Traum und wirft mit Gläsern nach dem Traum!" (XV, 84). Hier erfährt Dostoevskijs innerer, d. h. in einem einzigen Bewusstsein ausgetragener Dialog, seine äußerste Zuspitzung. Ivans Teufelsgespräch ist interessant und amüsant. In den Worten des Teufels spielt der Autor mit unzähligen literarischen Allusionen (sogar auf Lev Tolstoj) und bringt umstrittene Positionen aus der ideologischen Diskussion seiner Zeit zur Sprache.

Der dem Werk eingezeichnete Gegensinn, die Stimme von ‚Dostoevskij Contra', artikuliert sich am deutlichsten in Ivans „Auflehnung" und in seinem „Poem" vom Großinquisitor, in jenen Kapiteln also, „deren Atheismus", wie sich der Autor gegenüber dem Kritiker Kavelin rühmte, „an Stärke alles in Europa Ausgedrückte übersteigt" (XXVII, 86).

Die geläufige und auch in zahllosen Abhandlungen zu dem Roman manifestierte Rezeption von Ivans Auflehnung muss in zwei entscheidenden Punkten korrigiert werden:

(1) Ivan ist nicht Atheist, er *leugnet* nicht Gottes Existenz, sondern *zweifelt* an ihr. Zwischen Pro und Contra schwankend, nimmt er in jedem Kapitel eine andere Position ein. Wenn er aber die Existenz Gottes annimmt, stellt er Gottes Gerechtigkeit und Barmherzigkeit in Frage und die Vollkommenheit seiner Schöpfung.[32]

(2) Keineswegs postuliert Ivan das berüchtigte *Alles ist erlaubt*. Dieses Diktum, auf das sich alle berufen, viele Interpreten eingeschlossen, ist bei ihm Teil eines Konditionalsatzes: *Wenn es keine Unsterblichkeit der Seele gibt, dann ist alles erlaubt.*[33]

---

[32] Das war für den Autor eine Verschärfung der Gottesgegnerschaft. Den zahlreichen Interpreten, die Ivans Annahme der Existenz Gottes („Nicht Gott ist es, den ich nicht anerkenne [...], die von ihm geschaffene Welt [...] erkenne ich nicht an"; XIV, 214) für die Taktik eines unaufrichtigen Verführers halten, sei Dostoevskijs Brief an K. N. Pobedonoscev (ab 1880 Ober-Prokurator der Heiligen Synode Russlands) vom 19.5.1879 (als das Kapitel bereits zum Druck abgesandt war) zu bedenken gegeben. Er habe die aktuelle, stärkere Variante der Gotteslästerung dargestellt, schreibt Dostoevskij, die nicht in der Negierung von Gottes Existenz, sondern in der Negierung seiner Schöpfung, der Gotteswelt und ihres Sinns bestehe (XXX/1, 66–67).

[33] Die Konditionalität des *Alles ist erlaubt* geht eindeutig aus Miusovs Wiedergabe von Ivans Ideen (XIV, 64–65) hervor und wird von ihrem Urheber bekräftigt, vgl. Ivans lakonische Formel: „Es gibt keine Tugend, wenn es keine Unsterblichkeit gibt" (XIV, 65). Sogar Smerdjakov bestätigt die Konditionalität von Ivans Ausspruch: nach dem Mord hält er Ivan vor, er, Ivan, habe ihn gelehrt, wenn es keinen unendlichen Gott gebe, gebe es auch keine Tugend, ja man brauche sie dann überhaupt nicht (XV, 67). In der Literatur zu den *Brüdern Karamazov* ist die verfälschende Verkürzung des Konditionalsatzes gang und gäbe. Auch Maximilian Braun

Ivans Argument im Kapitel *Die Auflehnung* ist nun, dass die Leiden der Welt, vor allem die Leiden der unschuldigen Kinder ein zu hoher Preis für die am Weltenende eintretende göttliche Harmonie seien. Er akzeptiert diese Harmonie nicht, für die das Leiden der Kinder als „Dünger", „Stallmist" dient, und erlaubt sich, dem Schöpfer seine Eintrittskarte zurückzugeben. Aus Liebe zur Menschheit lehnt er die mit dem Leiden der unschuldigen Kinder erkaufte finale Harmonie ab.

Liebe zur Menschheit ist auch das Argument des Großinquisitors. Gott hat den Menschen zu schwach geschaffen, als dass er mit gutem Recht eine freie, nicht durch Wunder, Geheimnis und Autorität erleichterte Entscheidung für sich fordern dürfte. Aus Liebe zu den schwachen Menschen organisieren die wenigen Starken das Glück der Masse, indem sie ihr die ungebührlich schwere Last der freien Entscheidung abnehmen. Den Fluch der Erkenntnis von Gut und Böse auf sich nehmend, opfern die Wenigen ihr ewiges Glück dem irdischen Glück der Vielen, für die das Jenseits, wenn es ein solches gibt, ohnehin nicht vorgesehen ist.

Wenn wir nun Ivans Auflehnung mit der Klagerede des Großinquisitors zusammennehmen und sie über den expliziten Wortlaut fortschreiben, dann ergibt sich etwa folgende Gotteskritik des abstrakten Autors ‚Dostoevskij Contra': Gott hat den Menschen die Freiheit der Entscheidung gegeben, sie mit dieser Freiheit aber überfordert, weil er die Menschen mit dem euklidischen Verstand zu schwach ausgestattet hat; wenn Gott gleichwohl ein Bekenntnis zu sich verlangt, so geschieht das aus unchristlichen Motiven, aus bloßer Eigenliebe, aus Eitelkeit.

Man hat in den beiden Kapiteln Dostoevskijs Plädoyer für die unbedingte Freiheit der Glaubensentscheidung gesehen. So wie er für das Verbrechen nur die freie und autonome Entscheidung des Täters gelten lässt und systematisch alle relativierenden Umstände ausschließt, so lehnt er jegliche Vernunftgründe für die Glaubensentscheidung ab. Der Wert der Freiheit fordert, dass die Entscheidung für Gott durch das für den euklidischen Verstand Widersinnige erschwert werde. Von allen Widersinnigkeiten wählt Dostoevskij in Ivans Gottesanklage die für ihn selbst am schwersten erträgliche, das Leiden der unschuldigen Kinder.

(1976, 257) operiert mit dem verkürzten *Alles ist erlaubt*. Unverständlich, dass sogar Swetlana Geier, die den ganzen Roman übersetzt hat, in ihrem Artikel für *Kindlers Literatur Lexikon* (Sonderausgabe in 12 Bden, 1970) diesen den Sinn des Werks verfälschenden Fehler begeht.

Indes ist auch der Gotteskritiker Ivan fähig zur inneren Wandlung. Auch er hört die Stimme des Gewissens und kann sich an der Natur erfreuen. Von der Kraft des Gewissens zeugt schon die Rettung des erfrierenden Bäuerchens, das der gereizte Ivan in den Schnee gestoßen hat, dabei in Kauf nehmend, dass es erfriert. Aber es gibt ein noch stärkeres Anzeichen für die Intervention des Gewissens. In Ivans Bewusstseinsspaltung inszeniert der Autor – ähnlich wie in *Schuld und Sühne* – den Aufruhr des Gewissens gegen die Theorie. Alëša (der moralische Kompass des gesamten Romans und Sprachrohr von ‚Dostoevskij Pro') ist imstande, Ivans Krankheit zu diagnostizieren: „Die Qualen eines stolzen Entschlusses, ein tiefes Gewissen!" (XV, 89). Insofern eröffnet Ivans beginnender Wahnsinn die Möglichkeit der inneren Umkehr.

Das zweite Motiv, die Freude an der Natur, manifestiert sich, wenn auch nur in der Schwundstufe, in Ivans Bekenntnis vor Alëša, dass er die „klebrigen im Frühling aus Knospen aufbrechenden Blättchen", den „blauen Himmel" liebe (XIV, 210). Es handelt sich bei den „aus Knospen aufbrechenden klebrigen Blättchen" freilich um eine Reminiszenz an Puškins Gedicht *Noch wehen die kalten Winde* (Eščë dujut cholodnye vetry; 1828). Ivans Naturliebe wird – abgesehen von der Partialität des Gegenstands – auch durch seine Literarizität ein wenig relativiert. Aber so ist Ivan eben: er liebt die Natur in ihrer literarischen Darstellung. Ivan führt dann aus, bei dieser Liebe gehe es nicht um den Verstand, nicht um Logik, sondern hier liebe man mit dem ganzen Inneren. Und wenn Alëša bekräftigt, man müsse das Leben mehr lieben als den Sinn des Lebens, hört ihm Ivan leicht amüsiert („Du hast ja schon angefangen mich zu retten" [XIV, 210]), aber durchaus aufgeschlossen zu.

Allerdings kann nicht die Rede davon sein, das Ivan eine „Wandlung vom Atheisten zum gläubigen Christen" (Gerigk 2013, 262) durchmache. Beide angenommenen Zustände sind unzutreffend bezeichnet. Wie schon oben dargelegt, ist Ivan keineswegs Atheist, sondern von allen Figuren des Romans am meisten an der Transzendenz und am Leben nach dem Tode interessiert, und ein „gläubiger Christ" ist er noch nicht dadurch geworden, dass sich in ihm die Stimme des Gewissens meldet. Ivans Wandlung ist im Roman erst in ihrem Beginn begriffen, sie scheint möglich zu sein, aber ihre Resultativität bleibt durchaus fraglich. Für Ivans geistliches Schicksal prognostiziert der hellsichtige, mit auktorialer Wahrheitskompetenz ausgestattete Alëša[34] zwei mögliche Ausgänge:

---

34 Für Vladimir Nabokov, einen kritischen Leser Dostoevskijs, bringt Alëša „mit seiner unangenehm salbungsvollen Art" „selbst in die ausgezeichnete Erzählung" um den sterbenden Iljuša „einen kalten Hauch hinein". Den Essay über die *Brüder Karamazov* beschließt die nicht un-

„Entweder wird er im Licht der Wahrheit auferstehen oder ... im Hass zugrunde gehen, indem er sich an sich selbst und an allen dafür rächt, dass er dem gedient hat, woran er nicht glaubt" (XV, 89).

Kolja Krasotkin, der vierzehnjährige Bewunderer Ivans, zeigt einige Übereinstimmungen mit seinem Vorbild. Aus Geltungssucht und Eigenliebe begeht der frühreife Sozialist schlimme Streiche. So spielt er dem schwerkranken Il'juša übel mit. Von seinem Gewissen geplagt, versucht er den Schaden wiedergutzumachen und wird in der Folge ein glühender Anhänger Alëšas.

In der Begegnung Alëšas mit Grušen'ka, im Zusammentreffen der beiden – wie es zunächst den Anschein hat – axiologischen Antagonisten der Romanwelt, vollzieht sich eine zweifache, wechselseitige Verwandlung. Alëša, der nach Zosimas Tod bereit ist, sich gegen seinen Gott aufzulehnen, geht mit Rakitin, dem gottlosen Seminaristen, zu der stadtbekannten Sünderin, in der Erwartung, „eine böse Seele" zu finden, aber er findet, wie er dann konstatiert, eine „aufrichtige Schwester", eine „liebende Seele", die seine eigene Seele wiederaufrichtet (XIV, 318). Sobald die Verführerin, die schon lange beabsichtigt hat, den reinen Jüngling zu „vernaschen", von Alëšas Kummer erfährt, springt sie von seinen Knien auf, auf denen sie sich niedergelassen hat.

Grušen'ka, die mit Rachegedanken ihren polnischen Verführer erwartet, bekennt, dass Alëša ihr „das Herz umgedreht hat" (XIV, 323). Indem sie Alëša, den reinen Jüngling, „verschont", gibt sie ihm ein „Zwiebelchen", d. h. vollbringt sie jene Tat der Barmherzigkeit und Liebe, die, sei sie auch noch so unbedeutend, nach der von ihr erzählten Legende auch dem schlimmsten Sünder das Himmelreich öffnet. Und indem Alëša sie nicht verachtet, sondern achtungsvoll behandelt, gibt er ihr seinerseits „ein Zwiebelchen, ein ganz kleines Zwiebelchen" (XIV, 323).

Rakitin, der die wechselseitige Konversion mit Ingrimm beobachtet, spottet: „Sieh mal einer an, die beiden sind toll geworden! [...] wie Verrückte, als ob ich in ein Irrenhaus geraten wäre. Sie haben sich gegenseitig regelrecht in Gefühlsduselei versetzt, gleich fangen sie noch zu weinen an" (XIV, 318). Alëša verwindet seinen Kummer und wird bereit zum „Kana in Galiläa". Die rachsüchtige Grušen'ka aber ist bereit, ihrem Verderber zu verzeihen, und wird fähig zur

---

berechtigte Klage. „Sobald wir uns [...] Alëša nähern, geraten wir in ein [...] vollständig unbelebtes Element. Dämmrige Pfade führen den Leser in eine düstere Welt kalter Argumentation, aus der der Geist der Kunst geflohen ist" (Nabokov 1981b, 199).

selbstlosen Liebe zu Dmitrij und zu einem gemeinsamen Leben mit ihm, wohin ihn auch das Urteil des Gerichts verbannen möge.

Rakitin, der – wie auch andere negative Figuren des Romans (der alte Karamazov, sogar Smerdjakov und nicht zuletzt der Teufel in Ivans Cauchemar) – zutreffende Bemerkungen machen darf, trifft auch dieses Mal mit seinen höhnischen Fragen durchaus die Wahrheit: „Nun, hast du die Sünderin bekehrt? Die Buhlerin auf den Weg der Wahrheit geführt? Die sieben Teufel ausgetrieben, ja?" (XIV, 324).

Ivans Argument der leidenden Kinder wird von seinen Kritikern unter den Literaturwissenschaftlern als vorgeschoben betrachtet, als ob es Ivan gar nicht um die Kinder ginge, als ob der Theoretiker am Menschen und seinem Leiden nicht interessiert wäre.[35] Und man verweist darauf, dass Ivans leidenden Kindern, von ihm als Argument missbraucht, im Roman andere Kindermotive entgegengesetzt seien, die mustergültige christliche Haltungen im Angesicht des Leidens demonstrieren.[36] Grigorij, der Diener des alten Karamazov, hadert nach dem Tod seines einzigen Kindes nicht mit dem Herrgott, sondern widmet sich der Lektüre religiöser Texte und findet besondere Erbauung im Buch Hiob. Das Leiden und der Tod des kleinen Il'juša sind für den frommen Alëša und die zwölf Jungen, die ihn zur Beerdigung begleiten, nicht der geringste Anlass zum Glaubenszweifel.

---

[35] Zu diesen Kritikern gehört auch Igor' Vinogradov (1996), der im Versuch einer Widerlegung meines Aufsatzes zu Dostoevskijs Selbstvergewaltigung [*nadryv*] (1996) zum Schluss kommt, dass die *Brüder Karamazov* „der christlichste Roman der Weltliteratur" seien. Dieses Urteil steht in der Tradition der in der postkommunistischen Zeit in Russland wiedererstarkten christlichen Deutung der Werke Dostoevskijs, deren Inspirator Vladimir N. Zacharov ist, Professor an der Universität Petrozavodsk, Herausgeber der Werke Dostoevskijs in der vorrevolutionären Orthographie und zur Zeit Präsident der Internationalen Dostoevskij-Gesellschaft. Zacharov hat für Dostoevskijs Romane den Begriff des „christlichen Realismus" geprägt (vgl. Terras [1981] 2002, x).

[36] Der Tod der Kinder, ein im Roman rekurrentes Motiv (offensichtlich ein Reflex auf den Tod von Dostoevskijs dreijährigem Sohn Aleksej 1878), wird im Übrigen durch ihre Privilegierung im Jenseits wiedergutgemacht. Den Schmerz der untröstlichen Mutter, der ihr dreijähriger Aleksej, das letzte verbliebene ihrer vier Kinder, gestorben ist, mildert Zosima mit der Auskunft eines alten Heiligen, derzufolge die früh Verstorbenen im Himmel die „allerdreistesten" seien. Gott habe ihnen das geschenkte Leben so früh wieder genommen, so argumentierten sie, dass er sie dafür in den Engelsrang versetzen müsse. Das gewähre der Herr den „dreist" Bittenden und Bettelnden auch unverzüglich. Und so solle die Mutter wissen, dass ihr Kind jetzt wahrscheinlich vor dem Thron des Herrn stehe und sich freue und fröhlich sei (XIV, 46).

Im ideologischen Design des Romans ist Ivans theoretischem Argument vor allem das praktische Handeln Dmitrijs entgegengesetzt oder – genauer – sein im Traum gefasster Vorsatz zum Handeln. Grušen'ka hat in der Vernehmung vor Gericht, nachdem Dmitrij angehört worden ist, eine ihn aufrichtende Aussage gemacht. Während das Gericht das Protokoll redigiert, ist der übermüdete Dmitrij auf einer Truhe eingeschlafen. Er hat einen „seltsamen" Traum, der, wie der Erzähler anmerkt, „irgendwie gar nicht zum Ort und zur Zeit passt[e]" (XIV, 456): Er fährt mit einem Bauern auf dessen Bauernwagen durch die winterliche Steppe. In einem Dorf, an dem sie vorbeifahren, sind die Hütten schwarz, die Hälfte ist abgebrannt. Vor der Einfahrt ins Dorf haben sich die Bauernweiber aufgestellt. Alle sind sie mager und abgezehrt, und sie haben merkwürdig braune Gesichter. Eine trägt auf dem Arm ein weinendes Kind, und ihre Brüste müssen, wie Dmitrij annimmt, ganz ausgetrocknet sein, können keinen Tropfen Milch mehr abgeben. Und das Kind weint und weint und streckt seine Ärmchen aus, nackte Ärmchen mit Fäustchen, die vor Kälte ganz blau sind. „Warum weinen sie", fragt Dmitrij den Kutscher. „Das Kindilein weint" (XIV, 456). Dmitrij wundert sich darüber, dass der Kutscher auf seine Art, auf die Art der Bauern „Kindilein" und nicht „Kind" sagt. Und es gefällt ihm, dass der Bauer „Kindilein" sagt, es liegt mehr Mitleid darin. Er stellt weitere Fragen und reagiert abwehrend auf die nüchternen Antworten:

> „Nein, nein", ruft Mitja, als ob er immer noch nicht verstünde, „sag mir, warum stehen hier die abgebrannten Mütter, warum sind die Leute arm, warum ist das Kindilein arm, warum ist die Steppe nackt, warum umarmen sie sich nicht, küssen sie sich nicht, warum singen sie nicht fröhliche Lieder, warum sind sie so schwarz geworden von ihrem schwarzen Elend, warum stillen sie das Kindilein nicht?" (XIV, 456)

Die Antwort auf diese Fragen erwächst Dmitrij aus seinem Inneren. Wir sind hier an einer ideologischen Schlüsselstelle des Romans angelangt. Das von westlichen Philosophien genährte Theoretisieren Ivans wird hier – in der Intention von ‚Dostoevskij Pro' – von dem aus dem Gefühl erwachsenden Aufruf Dmitrijs an sich selbst zum Handeln übertrumpft.

> Und er fühlt bei sich, dass er, wenn er auch töricht und ohne Vernunft fragt, unbedingt genau so fragen möchte und dass man genau so auch fragen muss. Und er fühlt auch, dass sich in seinem Herzen eine von ihm nie erfahrene Rührung erhebt, dass er weinen möchte, dass er für alle etwas tun möchte, damit das Kindilein nicht mehr weine, damit auch die schwarze ausgemergelte Mutter des Kindileins nicht mehr weine, damit von dieser Minute an überhaupt niemand mehr Tränen vergieße und damit das sofort, in diesem Augenblick geschehe, ohne Aufschub und ohne Rücksicht auf irgendetwas, und er wünscht das mit der ganzen karamazovschen Maßlosigkeit. (XIV, 456–457)

Für die weitgehend markierte Bewusstseinsdarstellung in diesem Roman ist bezeichnend, dass Dmitrijs aufwallende Gefühle in der syntaktisch disziplinierten, narratorialen indirekten Darstellung wiedergegeben werden.

Für den Roman ist auch charakteristisch, dass der emotionale Höhepunkt des Traums, der Dmitrijs weiteres Leben bestimmen wird, von der projizierten fremden direkten Rede zur Bewusstseinsdarstellung übergeht, um in einer erlebten Rede zu enden:

> „Und ich bin bei dir, jetzt verlasse ich dich nie mehr, das ganze Leben lang gehe ich mit dir", ertönen neben ihm die lieben, sein Innerstes berührenden Worte Grušen'kas. Und da entbrannte sein ganzes Herz [загорелось все сердце его] und strebte einem Licht entgegen, und er will, leben, leben, und er will gehen und sich auf einen Weg machen, zu dem neuen rufenden Licht, nur schneller, schneller, jetzt, sofort! (XIV, 457)

Die Metapher vom entbrennenden Herzen und das Bild des Lichtes, dem das brennende Herz entgegenstrebt, weisen mit ihrem stark religiösen Einschlag[37] auf die nun bei Dmitrij einsetzende Wendung in seiner Lebensweise. Die Voraussetzung für diesen Umschlag sind einerseits das Mitleiden mit den schwarzen Müttern und den verhungernden Kindern und anderseits Grušen'kas Worte der liebenden Solidarität.

Dmitrijs Konversion geschieht nicht unvorbereitet. Im Laufe der Geschichte hat er mehrfach Anzeichen seiner Fähigkeit zu Mitleid und Liebe gegeben. Im Kapitel *Die Beichte eines heißen Herzens. In Gedichten* gesteht er seinem Bruder Alëša, dass er ihn allein auf der ganzen Welt liebe (XIV, 96). Bevor er in demselben Kapitel Schillers *Ode an die Freude* zitiert, bricht er in ein Lob der Natur aus: „Besingen wir lieber die Natur! Sieh, wieviel Sonne hier ist, der Himmel so rein, so hell und hoch, die Blätter sind alle noch grün" (XIV, 97). Zwei weitere Symptome seiner Konversionsbereitschaft: Seinen erfolgreichen Versuch der Erpressung von Katerina Ivanovna nutzt er nicht aus und lässt sie mit seinem Geld einfach gehen. Als er von der vermeintlichen Wiedervereinigung Grušen'kas mit ihrem alten Geliebten erfährt, will er ihrem Glück nicht im Wege stehen, sondern es sogar mit ihr und seinem scheinbar erfolgreicheren Rivalen feiern.

---

[37] Das brennende Herz erinnert an die Emmaus-Begegnung bei Lk, 24, 32: „не горело ли в нас сердце наше?" – „Brannte nicht unser Herz in uns?".

11.3.5 Ereignishaftigkeit und Philosophie

Der Kette der Konversionen liegt als verbindendes Element die Überzeugung zugrunde, dass jeder vor allen und an allem schuldig ist. Ihr steht im Roman eine andere Kette gegenüber, deren Prinzip in der Formel *Alles ist erlaubt* ausgedrückt wird. Diese Formel ist, wie oben ausgeführt wurde, in Ivan Aussagen Teil eines Konditionalsatzes: *Wenn es keine Unsterblichkeit der Seele gibt, dann ist alles erlaubt.* In der Weitergabe (nicht nur zwischen den Figuren des Romans, sondern auch zwischen dessen Interpreten) geht der Vorbehalt dieses im religiösen Horizont des Romans durchaus sinnvollen und theologisch unanfechtbaren Satzes freilich verloren, und es kommt die seinen Sinn pervertierende Formel *Alles ist erlaubt* heraus. Ivan selbst, wie er in der Handlungsgegenwart auftritt, wäre diese Verkürzung nicht in den Sinn gekommen, ist er doch die einzige Figur des Romans, dem an der Transzendenz gelegen ist. Er leugnet Gottes Existenz nicht, sondern fordert von ihm Gerechtigkeit und Rücksichtnahme auf die schwache menschliche Natur.

Auch in den Übeltaten des Romans beobachten wir hohe Ereignishaftigkeit. Der Verbrecher begeht in Dostoevskijs Welt das Verbrechen ja bewusst und absichtsvoll, in voller Freiheit der Entscheidung, die durch nichts relativiert wird, weder durch Erbanlagen noch durch das Milieu noch durch psychophysische Unzurechnungsfähigkeit.

Auch in den negativen Handlungsweisen gibt es eine Kettenreaktion: Von den aufrührerischen und von vielen als gotteslästerlich aufgefassten Ideen Ivans ausgehend, verbindet diese Kette Rakitin, Smerdjakov und den Großinquisitor. Man muss dabei nur bedenken, dass Ivan im Laufe der erzählten Geschichte bzw. in der Vorgeschichte vier unterschiedliche Texte formuliert (die kirchenrechtliche Abhandlung, das mündlich vorgetragene *Poem vom Großinquisitor*, *Die geologische Umwälzung* und *Eine Quadrillion Kilometer*). In ihnen äußert er sehr unterschiedliche Ideen. Im Gegensatz zu seinen Adepten, die sich auf eine einzige Position festlegen, ist Ivan eine bewegliche Figur und schwankt zwischen extremen ideellen Polen.

In welcher Beziehung steht die Möglichkeit tiefgreifender Ereignisse zu der Philosophie und Theologie dieses letzten Romans Dostoevskijs? Die Bedingung für das positive Ereignis ist nach der Botschaft, die ‚Dostoevskij Pro' dem Roman unterlegt, der Glaube an die Unsterblichkeit der Seele. Der Roman soll illustrieren, dass der Mensch seine charakterologischen und ethischen Grenzen durchaus überwinden kann, allerdings nur dann, wenn er an die Unsterblichkeit der Seele glaubt. Der Glaube bringt einen neuen Menschen hervor. Das Gewissen und die Liebe sind nach der Idee des Romans die Fäden, die den Menschen mit der Transzendenz verbinden. Deshalb sind die Stimme des Gewissens und die Liebe unfehlbare, absolute Wegweiser. Alle Versuche, die Ethik auf irdischen, nicht-religiösen Prinzipien aufzubauen, sind nach der Überzeugung des Publizisten Dostoevskij Pro zum Scheitern verurteilt, da der Mensch für sich ohne Glauben an die Ewigkeit nicht die Kraft zur Brüderlichkeit besitzt. Sogar Ivan äußert die Überzeugung, dass es die Liebe auf der Erde nicht aus einem Gesetz der Natur heraus gebe, sondern einzig und allein, weil die Menschen an die Unsterblichkeit glaubten (XIV, 64). Die Möglichkeit einer Tugend ohne Glauben an die Unsterblichkeit der Seele verteidigt im Roman lediglich der amoralische Priesterzögling Rakitin.

Auf der andern Seite gibt die maximalistische Ereignishaftigkeit diesem Vermächtnis-Roman unter theologischem Aspekt eine gewisse immanentistische Färbung. Nicht zufällig zeichnet Zosima ein utopisches Bild des Diesseits, in dem sich die Verbrechen „auf ein unwahrscheinlich kleines Maß" (XIV, 61) verringern. Das klingt nach utopischem Sozialismus. Und es ist nicht zufällig, dass die Konversionsereignisse in dem Roman von der heterodoxen Überzeugung ihrer Träger begleitet werden, dass das „Leben ein Paradies" sei.

Man sollte in diesem Zusammenhang auch nicht übersehen, dass die Geistes- und Seelenhaltungen, die ‚Dostoevskij Pro' propagiert, letztlich nicht so sehr auf die Transzendenz gerichtet sind als vielmehr auf das Diesseits. Die Liebe zu Gottes Schöpfung und der Preis ihrer Schönheit, wie sie vor allem Zosima bekundet, tragen in diesem Roman Züge eines franziskanischen Immanentismus, ja sogar eines Pantheismus, der die Opposition von Diesseits und Jenseits letztlich aufhebt. Im neugewonnen Glauben des sterbenden Markel figuriert Gott nicht so sehr als transzendentes Wesen, sondern er existiert im Guten, in der Liebe und in der Schönheit, in denen er sich zeigt.

Wir befinden uns hier am Ursprung der großen Zwiespältigkeit des letzten Romans Dostoevskijs: Das mentale Ereignis setzt den Glauben an die Transzendenz voraus. Und die Transzendenz muss sich für Dostoevskij schon in dieser Welt manifestieren. Wenn Dmitrij in seinem Traum vom „Kindilein" „für alle etwas tun möchte, damit das Kindilein nicht mehr weine" (XIV, 457), so ist diese Entscheidung für das praktische Handeln in der Ideenkonstellation des Romans den gotteslästerlichen Schlussfolgerungen entgegengesetzt, die der Theoretiker Ivan aus dem Leiden der Kinder zieht. Dmitrijs Entscheidung erwächst aber ebenso wie die erstaunliche Wandlung Markels, Zinovijs und der anderen Figuren aus nichts anderem als dem menschlichen Mitleid und der Liebe zu den Menschen. Wenn das Ereignis allein auf der Grundlage von Gefühl, Intuition, Gewissen und Liebe möglich ist, so ist die Transzendenz entweder nicht erforderlich oder figuriert lediglich als abstrakter Garant der Richtigkeit dieser Seelenregungen.

Dostoevskij strebte nach dem Gleichgewicht von Religion und Ethik, nach der Kompatibilität der transzendenten und der realistischen Motivierung. In der Suche nach diesem Gleichgewicht postulierte er die Möglichkeit maximalistischer Ereignishaftigkeit, die, um Bilder aus dem Roman aufzugreifen, „eine zweischneidige Sache", „ein Stock mit zwei Enden" bleibt.

So sehr sich Dostoevskij auch bemühte, die Hagiographie mit dem Realismus zu versöhnen, eine realistische Vita zu schreiben und damit einen Realismus „im höheren Sinne" zu verwirklichen, bleibt in seinem Roman der Zwiespalt zwischen der transzendenten und immanenten Begründung der Konversionen unübersehbar. Diese Unentschiedenheit entspricht der Spaltung des abstrakten Autors in den mit aller Gewalt, im *nadryv*[38], glauben wollenden ‚Dostoevskij Pro', für den im Roman Zosima und Alëša sprechen, und dem im „Schmelzfeuer von Zweifeln" gequälten ‚Dostoevskij Contra', dessen Argumente und Vorbehalte Ivan artikuliert.[39]

---

38 *Nadryv*, von den Wörterbüchern erläutert als die „Verhebung", die „Überanstrengung", ist eine psycho-ethische Grundsituation in der Welt Dostoevskijs, eine überspannte sittliche Haltung, die einer eigentlichen Neigung widerspricht, eine Form pseudo-idealistischer Selbstverleugnung. Der Begriff wird sehr unterschiedlich übersetzt. Im angelsächsischen Bereich werden die Termini *rupture* (so etwa Terras [1981] 2002, 82) oder *laceration* (in der weitverbreiteten Übersetzung von Constance Garnett, 1912, von Ralph E. Matlaw 1976 gründlich revidiert) verwendet. Die bei Piper verlegte populäre Übersetzung von E. K. Rahsin (d. i. Elisabeth Kaerrick) hat für *nadryv* „wunde Stellen". Swetlana Geier gibt in den Anmerkungen zu ihrer deutschen Übersetzung (Fjodor Dostojewskij, *Die Brüder Karamasow*, 1. Aufl. Zürich 2003, Frankfurt a. M. 2010, S. 1215–1219) einen kleinen Abriss zu Bedeutung und Geschichte des Begriffs und lässt ihn im Romantext unübersetzt, „da die deutsche Sprache kein Äquivalent für den russischen Ausdruck bietet" (2010, 1218). An den meisten Stellen ist Dostoevskijs Begriff *nadryv* am besten mit *Selbstvergewaltigung* wiederzugeben. Diese Übersetzung passt gut zu Dostoevskijs erster Verwendung des Begriffs in den *Dämonen* (Besy; 1873), wo Šatov seinem früheren Idol Stavrogin vorhält, er heirate die schwachsinnige Marija Lebjadkina aus seelischer Lüsternheit, aus dem Motiv des *nadryv*. In den *Brüdern Karamazov* wird die Selbstvergewaltigung paradigmatisch. Das vierte Buch, das dieses Wort als Überschrift trägt, zeigt eine ganze Serie von *nadryvy*, weltliche und geistliche, „im Salon", „in der Hütte" „und an der frischen Luft", wie die drei letzten Kapitel des Buches heißen.

39 In den Entwürfen für das nicht mehr ausgeführte *Tagebuch eines Schriftstellers* (Dnevnik pisatelja; Februar 1881) beteuert Dostoevskij, dass er nicht wie ein kleiner Junge an Christus glaube, dass sein Hosianna „durch ein großes Schmelzfeuer von Zweifeln" gegangen sei, wie sich im Roman der Teufel ausdrücke (XXVII, 86; die entsprechende Stelle im Roman: XV, 77).

Des *nadryv* verdächtig ist ja auch die oft zitierte Stelle aus dem Brief an Frau Fonvizina von 1854: „Wenn mir jemand bewiese, dass Christus außerhalb der Wahrheit ist, und wenn es wirklich so wäre, dass die Wahrheit außerhalb Christus ist, so würde ich lieber mit Christus bleiben als mit der Wahrheit" (XXVIII/1, 176). In demselben Brief hat sich Dostoevskij zuvor als „Kind des Jahrhunderts, als Kind des Unglaubens und des Zweifels" bezeichnet und bekannt, der „Durst nach dem Glauben" koste ihn schreckliche Qualen, aber er sei in seiner Seele umso stärker, je mehr Gegenargumente er habe.

Zum Schluss dieses Kapitels sei eine biographische Spekulation erlaubt: Sollte dem Autor, der mit äußerstem psychologischen Feinsinn an verschiedenen Figuren seines Romans und hinter allerlei Idealismen Selbstvergewaltigung aufspürt und mit großer Plausibilität ihre seelischen Mechanismen bloßlegt, diese Haltung selbst fremd sein? Können wir *nadryv* nicht auch als die Formel verstehen, der sich der ganze Roman als Theodizee verdankt? Kann man in der konsequent katechetischen Logik der erzählten Geschichte nicht eine Selbstvergewaltigung ihres Autors sehen, der, in Wahrheit Ivan nahestehend, seinen eigenen Zweifel und seine eigene Gottesanklage unterdrückt, die Kraft der Vernunft leugnet und mit aller Gewalt einen intuitiven Glauben propagiert, zu dem er vielleicht selbst nicht fähig war? Hat nicht Dostoevskijs metaphysischer Glaube selbst jenes Gewollte, Gewalttätige, das der Autor der Auflehnung Ivans unterschiebt, und ist er nicht unendlich weit entfernt von jener utopisch-heiteren Glaubensgewissheit, die den franziskanischen Pantheismus des Starec Zosima kennzeichnet? Meine Vermutung ist, dass Dostoevskij, der an einer Reihe von Figuren seines Romans *nadryv* diagnostiziert, in seinem unbedingten Willen zum Glauben selbst *nadryv* begeht.

12. Lev Tolstoj

12.1 Dostoevskij und/oder Tolstoj

Das Werk des Grafen Lev Tolstoj, der, abgesehen von zwei Reisen nach Westeuropa, sein von 1828 bis 1910 währendes Leben auf dem Gut der früh verstorbenen Eltern Jasnaja Poljana und in Moskau verbrachte und sich nach frühem Kontakt mit den Petersburger literarischen Salons vom Kulturbetrieb der beiden Hauptstädte fernhielt, hat seine geistigen Quellen im westeuropäischen achtzehnten Jahrhundert, im Ethizismus der Aufklärung, im Antikonventionalismus Rousseaus und im deskriptiven Sentimentalismus Sternescher Prägung.[1] Zum Kanon der Väter, zur romantischen Poetik des frühen neunzehnten Jahrhunderts, verhielt sich der Erbe der Großväter kritisch: „Tolstoj begann als Liquidator der romantischen Poetik" (Eichenbaum [1920] 1965, 143).

Tolstojs Gesamtwerk ist geprägt von der Spannung zwischen Ethik und Ästhetik. Das Schwanken zwischen den beiden Funktionen erklärt einerseits die wiederkehrenden „Krisen" auf seinem Lebensweg, die jeweils eine Abkehr von der Literatur und eine Hinwendung zu nützlicher Tätigkeit, pädagogischer Theorie und moralisch-religiös erbaulichem Schrifttum einleiten, anderseits aber auch immer wieder die Rückkehr zu angespanntester künstlerischer Arbeit erlauben. Den Widerspruch in Tolstojs Verhältnis zur Kunst beschrieb Thomas Mann, der nicht anstand, den Moralismus des „großen Dichters des Russenlandes" eine „Riesenötlpelei" zu nennen: „Dieser wunderliche Heilige nahm es mit der Kunst desto genauer, je weniger er an sie glaubte" (Mann, IX, 632). Die Spannung zwischen Ästhetik und Ethik wird auch im Aufbau der literarischen Werke selbst manifest, in der Folge von minuziös detaillierender Deskription und moralischer Generalisierung, im Gegenspiel von Erzählung und philosophischer Reflexion, im Widerstreit von Beobachtung und Didaktik.

Von der ersten Tagebuchskizze *Geschichte des gestrigen Tages* (Istorija včerašnego dnja; 1851) bis zur letzten, unvollendet gebliebenen Erzählung *Hadschi Murat* (Chadži Murat; 1896–1904) pflegt Tolstoj die künstlerische Methode der „Verfremdung" (ostranenie; Terminus von Viktor Šklovskij 1917). Die verfremdeten „Sachen" können Insignien sein wie das Banner („ein Stock mit einem Fetzen Stoff"), Symbole wie die Hostie, kulturelle Institutionen wie die Oper, das Gericht, die Kirche oder abstrakte Begriffe wie Tapferkeit oder der Eigentumsbe-

---

[1] Zur Verbindung Tolstojs mit der Literatur der europäischen Empfindsamkeit vgl. Ėjchenbaum 1922 und Rothe (Ms.).

griff. Immer appelliert das Verfahren, das durch den Blick des Nicht-Eingeweihten motiviert ist, zu einer Re-Vision der Konvention, die als widernatürlich und lebensfeindlich erscheint.

Tolstojs Antikonventionalismus erweist sich insbesondere an den Leitthemen, die sein Werk durchziehen. Zu ihnen gehören Liebe und Ehe, die vom frühen *Familienglück* (Semejnoe sčast'e; 1859) über die ihr fatales Ende voraussehende – und sogar selbst konstruierende – Ehebrecherin Anna Karenina im gleichnamigen Roman (1878) bis hin zur düsteren *Kreutzersonate* (Krejcerova sonata; 1891) mit zunehmend rigoroser Verurteilung der Geschlechterliebe behandelt werden.

Nach *Kindheit* (Detstvo; 1852), dem ersten Teil der autobiographischen Trilogie, in dem er die verfremdende Beobachtung und Selbstbeobachtung und die generalisierende Reflexion erprobte, gab Tolstoj in den Kaukasus-Erzählungen (1852–1853) und in den Sevastopoler Skizzen (1855–1856) eine von allen literarischen Konventionen befreite Darstellung der „Wahrheit" des Krieges.[2] Verfremdende Schlachtenbeschreibungen, die mit dem Blick des Zivilisten motiviert sind, nehmen großen Raum in der historischen Epopöe *Krieg und Frieden* (1868–1969) ein, und im späten *Hadschi Murat* kehrte Tolstoj zum Kaukasus-Krieg zurück.

Vom Tod der Mutter in *Kindheit* über die Parabel *Drei Tode* (Tri smerti; 1856), die eindringlichen Darstellungen des Sterbens Andrej Bolkonskijs in *Krieg und Frieden* und Nikolaj Levins in *Anna Karenina* bis hin zum Tod des Ivan Il'ič (Smert' Ivana Il'iča; 1886) beschäftigte Tolstoj das Thema des Todes, den er als Aufhebung aller Wahrheiten, allen Sinnes fürchtete und dem er zugleich einen Sinn abzuringen suchte.[3]

Das gleichzeitige Leben und Schaffen der beiden großen Erzählkünstler Dostoevskij und Tolstoj, die einander nie begegnet sind und die auch nie einen Brief gewechselt haben, hat immer wieder zu Vergleichen und Gegenüberstellungen unter dem Vorzeichen großer Gegenüberstellungen wie „Seele und Körper" oder „Geist und Fleisch" provoziert.[4] Ungeachtet aller Gegensätze, die zwischen den beiden großen Figuren des russischen Realismus bestehen, verbindet

---

[2] Die Kriegsskizze *Sevastopol' im Mai* (Sevastopol' v mae; 1855) endet mit dem emphatischen auktorialen Bekenntnis zur Wahrheit: „Der Held meiner Erzählung, den ich mit allen Kräften meiner Seele liebe, den ich in seiner ganzen Schönheit wiederzugeben suchte und der immer schön war, schön ist und schön bleiben wird, ist die Wahrheit" (Tolstoj, IV, 59).
[3] Maksim Gor'kij (Gorki, XIII, 47) überliefert in seinen Erinnerungen folgende Aussage Tolstojs: „Hat der Mensch einmal gelernt zu denken, so mag er denken, was er will, er denkt nur an den Tod. Was gibt es für Wahrheiten, wenn doch der Tod sein muss?"
[4] Vgl. http://www.dostojewski.eu/12_GEFAEHRTEN_oben/Tolstoi.html (gesehen 24.9.2016).

sie ein für das Thema dieses Buchs entscheidender Zug. Das ist der Glaube an die Ereignisfähigkeit der Welt und die Veränderbarkeit des Menschen. In ihren Werken erscheint der Mensch als zum Überschreiten seiner charakterlichen und moralischen Grenzen fähig. Das ist ein Menschenbild, dem die postrealistische Moderne, wie sie etwa von Anton Čechov verkörpert wird, überaus skeptisch begegnet. Eine zweite große Gemeinsamkeit der beiden Antagonisten kann man darin erblicken, dass sie, die allgemeingültige Antworten auf die großen Fragen der Existenz zu geben trachten, sich in ihrer Erzählkunst ungeachtet aller scheinbarer auktorialer Entschiedenheit letztlich als Zweifelnde und Suchende zeigen.

Die beiden großen Schriftsteller gelten gemeinhin als Philosophen und Psychologen. Idee und Bewusstsein, die beiden Hauptthemen des russischen Realismus, werden von ihnen auf unterschiedliche Weise gestaltet. Tolstoj ist der Psychologe der alltäglichen Situation, Dostoevskij der Psychologe der Grenzsituation. Tolstoj gestaltet die Psychologie des Charakters, Dostoevskij die Psychologie der Idee. Bei Tolstoj hat das Bewusstsein eine zeitliche Struktur, entwickelt sich prozessual in einer Folge unterschiedlicher Befindlichkeiten, unter dem Einfluss der jeweiligen äußeren Situation und unter dem Eindruck wechselnder Ideen. Bei Dostoevskij hat das Bewusstsein eine räumliche Struktur, in der gegensätzliche Regungen und widerstreitende Sinnpositionen zugleich wirksam sind.[5] Während Tolstoj die „Dialektik der Seele" erforscht, erkundet Dostoevskij die „Dialogizität der Idee". Bei Dostoevskij ist das Primäre und Identitätsstiftende die Idee, die, nicht bedingt durch äußere Einflüsse, von den Helden Besitz ergreift und sich von Held zu Held fortpflanzt, wie das an der Kettenreaktion der Konversionen in den *Brüdern Karamazov* zu beobachten ist. Bei Tolstoj ist das Primäre und Identitätsstiftende die Persönlichkeit, die sich in der Lebenserfahrung bildet und dabei unterschiedliche Ideen annehmen und wieder ablegen kann.[6]

---

[5] Zum Gegensatz zwischen Dostoevskijs räumlicher und Tolstojs zeitlicher Konzipierung des Bewusstseins vgl. Caryl Emersons ([1984] 1989) Rekonstruktion von Michail Bachtins Modellierung der Opposition zwischen den beiden Autoren.
[6] Eine knappe, aber exzellente Beschreibung von „Tolstojs Kunst" findet sich in Stender-Petersens *Geschichte der russischen Literatur* ([1957] 1974, 378–401).

12.2 *Krieg und Frieden*

In der großen „Epopöe", wie Tolstojs Roman *Krieg und Frieden* oft genannt wird[7], finden sich zwei zentrale in vieler Hinsicht oppositiv einander zugeordnete männliche Charaktere: der kühl distanzierte und intellektuell-rationale aristokratische Fürst Andrej Bolkonskij und der unehelich geborene, aber zum Erbe eines großen Vermögens und zum Träger des Grafentitels aufgestiegene, gutmütige, warmherzige und etwas labile Pierre Bezuchov. In dreifacher Hinsicht stehen die beiden charakterlichen Antagonisten in einer besonderen Beziehung zueinander: (1) sie sind gute Freunde und werden als solche schon in der ersten Szene des Romans eingeführt, (2) sie werden nacheinander Partner von Nataša Rostova, der weiblichen Zentralfigur des Romans, (3) und sie sind bewegliche Helden, vertreten beide und als einzige Figuren des personenreichen Romans den Typus des Tolstojschen Sinnsuchers.

12.2.1 Andrej Bolkonskij

Ein persönlicher Brief des Autors zeigt, dass die Figur Andrej Bolkonskijs erst im Prozess des Schreibens entwickelt wurde, und zwar als Reaktion auf die Anforderung durch die Sujetkonstruktion. Auf die Frage von L. I. Volkonskaja, einer Verwandten, wer Andrej Bolkonskij sei, antwortet Tolstoj am 3.5.1865:

> Ich beeile mich, für Sie das Unmögliche zu tun, nämlich auf Ihre Frage zu antworten. Andrej Bolkonskij ist niemand, wie jede Figur eines Romanautors [...] Ich will mich aber bemühen zu sagen, wer mein Andrej ist. In der Schlacht bei Austerlitz, die noch beschrieben wird aber mit der ich den Roman begann, brauchte ich das Motiv, dass ein glänzender junger Mann getötet wird; im weiteren Verlauf des Romans brauchte ich nur den alten Bolkonskij und seine Tochter. Da es aber ungeschickt ist, eine Figur zu beschreiben, die mit dem Roman überhaupt nicht verbunden ist, beschloss ich, den glänzenden jungen Mann zum Sohn des alten Bolkonskij zu machen. Dann begann er mich zu interessieren, es fand sich für ihn eine weitere Rolle im Roman, und ich begnadigte ihn, indem ich ihn statt des Todes nur schwer verwundete. Das, liebe Fürstin, ist also meine völlig der Wahrheit entsprechende, wenn damit vielleicht auch unklare Erklärung, wer Bolkonskij ist. (Tolstoj, LXI, 80)

Vor der Schlacht bei Austerlitz gibt sich Bolkonskij Rechenschaft über seinen Ehrgeiz. Morgen soll sein „Toulon" sein, die Schlacht, in der er, wie Napoleon in

---

[7] Zum Problem der Gattung von *Krieg und Frieden* und ihrer unterschiedlichen Bezeichnungen vgl. Holdheim (1978, 89 passim); Zelinsky (2007a, 188–192).

der Bataille bei der südfranzösischen Stadt, seine Fähigkeiten in einer ersten Probe beweist. In dem inneren Monolog, der zwischen dem direkten und erlebten Modus wechselt, meldet sich auch eine zweite Stimme. Vor ihr rechtfertigt sich Andrej für seine Ruhmsucht, und er gelangt zu einem Eingeständnis, das ein tiefgreifendes mentales Ereignis bedeutet:

> „Morgen wird vielleicht alles für mich zu Ende sein, wird es alle diese Erinnerungen nicht mehr geben, werden alle diese Erinnerungen für mich keinerlei Sinn mehr haben. Morgen vielleicht, ja, bestimmt morgen, das fühle ich, werde ich endlich zum ersten Mal all das zeigen können, was ich zu tun vermag." Und im Geiste schwebte ihm die Schlacht vor, wie sie verlorenging [...] Und dann der glückliche Augenblick, dieses Toulon, auf das er so lange gewartet hatte, endlich bietet es sich ihm. Standhaft und deutlich wird er seine Auffassung Kutuzov und Weyrother und den Kaisern sagen. Alle sind verblüfft über die Richtigkeit seiner Überlegung, doch keiner nimmt es auf sich, sie umzusetzen, und nun übernimmt er ein Regiment, eine Division, stellt die Bedingung, dass sich niemand mehr in seine Anordnungen einmischt, führt seine Division an den entscheidenden Punkt und erringt allein den Sieg. Aber der Tod und die Leiden? sagt eine andere Stimme. Doch Fürst Andrej gibt dieser Stimme keine Antwort und setzt seine Erfolge fort. Die Disposition für die nächste Schlacht wird von ihm allein gemacht. Er trägt zwar den Titel des Dejourierenden in Kutuzovs Armee, macht aber alles allein. Die nächste Schlacht wird von ihm allein gewonnen. Kutuzov wird abgelöst, ernannt wird er ... Und dann? fragt wieder die andere Stimme, und dann, wenn du nicht zehnmal vorher schon verwundet, getötet oder getäuscht wirst, nun, und dann was? – „Nun, und dann ..." antwortet Fürst Andrej sich selbst, „ich weiß nicht, was dann wird, will und kann es auch nicht wissen; aber wenn ich das will, den Ruhm will, den Menschen bekannt sein will, von ihnen geliebt sein will, dann kann ich doch nichts dafür, dass ich das will, allein das will ... allein dafür lebe. Ja, allein dafür! Niemals werde ich das jemandem sagen, aber mein Gott! was soll ich denn machen, wenn ich nichts liebe als nur den Ruhm, die Liebe der Menschen? Tod, Wunden, den Verlust der Familie, das alles fürchte ich nicht. Und wie teuer, wie lieb mir auch viele Menschen sind – mein Vater, meine Schwester, meine Frau – diejenigen, die mir am teuersten sind – und wie schrecklich und unnatürlich das auch scheinen mag, ich würde sie alle auf der Stelle opfern für den einen Moment des Ruhms, des Triumphs über die Menschen, die Liebe von Menschen, die ich nicht kenne und kennen werde, für die Liebe ebendieser Menschen." (I, 3, 12)

In der Schlacht bei Austerlitz wird Bolkonskij verletzt, ohne dass er das sofort wahrhaben will. Dem auf dem Rücken Liegenden, der nicht mehr das Schlachtgeschehen verfolgen kann, ist eine neue Ansicht und damit eine neue Einsicht bereitet, die eine weitere Stufe in seinem mentalen Ereignis bildet:

> Über ihm war nichts mehr außer dem Himmel, dem hohen Himmel, einem nicht klaren, aber dennoch unermesslich hohen, mit ruhig über ihn hingleitenden grauen Wolken. „Wie still, ruhig und feierlich ist es doch, überhaupt nicht so, wie es war, als ich lief" dachte Fürst Andrei, „nicht so, als wir liefen, schrien und kämpften [...] überhaupt nicht so gleitet die Wolke über diesen hohen, unendlichen Himmel. Wie konnte ich denn früher

diesen hohen Himmel nicht sehen? Und wie glücklich bin ich, dass ich ihn endlich erkannt habe. Ja! alles ist eitel, ist Trug, außer diesem unendlichen Himmel. Nichts, außer ihm ist da nichts. Aber nicht einmal das ist, nichts ist außer Stille, Ruhe. Gott sei Dank!" (I, 3, 16)

Die nächste Stufe in Bolkonskijs Entwicklung bildet die oben (S. 75) zitierte Reaktion auf die Begegnung mit Napoleon, seinem ehemaligen Heros. Andrej erkennt die Nichtigkeit aller Größe und sogar die Nichtigkeit des Todes, dessen Sinn niemand verstehen kann. Und als man ihm das Heiligenbildchen wieder umhängt, dass ihm seine Schwester Mar'ja mitgegeben hat, kommt er in seinem direkten inneren Monolog (der oben, auf S. 76 zitiert ist) zu dem Schluss, das nichts gewiss ist außer der Nichtigkeit all dessen, was er verstehen kann, und der Größe des Allerwichtigsten, das er nicht versteht.

Von besonderer Bedeutung für Bolkonskijs Entwicklung ist eine der recht seltenen Begegnungen mit Bezuchov, das Gespräch auf der Fähre. Pierre spricht dem älteren und in vielem überlegenen Freund vom Sinn des Lebens:

„Wenn es Gott gibt und wenn es ein zukünftiges Leben gibt, dann gibt es auch Wahrheit, Tugend; und das höchste Glück des Menschen besteht darin, dass er danach strebt, sie zu erreichen. Man muss leben, muss lieben, muss glauben [...] dass wir nicht bloß jetzt auf diesem Fleckchen Erde leben, sondern ewig dort, in allem" (er wies auf den Himmel) „gelebt haben und leben werden." (II, 2, 12)[8]

Andrej reagiert, seiner Art gemäß, skeptisch („Ja, wenn es nur so wäre!"), blickt aber zum Himmel, auf den ihn Pierre gewiesen hat und sieht zum ersten Mal nach Austerlitz wieder den „hohen ewigen Himmel", den er gesehen hat, als er auf dem Schlachtfeld lag. Seine mentale Reaktion wird in narratorialem Modus dargestellt:

[...] und etwas vor langer Zeit Eingeschlafenes, etwas Besseres, das in ihm war; erwachte plötzlich freudig und jung in seiner Seele. Dieses Gefühl verschwand, sobald Fürst Andrej wieder in die gewohnten Lebensumstände eintauchte, doch er wusste, dass dieses Gefühl, das er nicht zu entfalten vermocht hatte, in ihm lebte. Das Wiedersehen mit Pierre war für Fürst Andrej eine Epoche, mit der zwar äußerlich noch dasselbe Leben weiterlief, aber in seiner inneren Welt hatte ein neues Leben begonnen. (II, 2, 12)

Das Gespräch auf der Fähre bildet zusammen mit zwei Eindrücken ein Schlüsselmoment in Andrejs Entwicklung. Der erste dieser Eindrücke ist die zweimalige Begegnung mit der alten Eiche (II, 3, 1 und II, 3, 3). Zunächst weckt der unge-

---

[8] Bezuchov argumentiert hier ähnlich wie Ivan Karamazov, der eine weltliche Ethik vom Glauben an die Unsterblichkeit der Seele abhängig macht (vgl. oben Abschnitt 11.3.4).

füge, finstere Baum mit seinen knorrigen Armen „beruhigende und hoffnungslose" (II, 3, 1) Gedanken in Andrej. Bei der zweiten Begegnung hat die alte Eiche neue Triebe hervorgebracht, und Andrej überkommt ein „Frühlingsgefühl der Freude und Erneuerung" (II, 3, 3). Der zweite Eindruck ist Natašas nächtliches Geplauder mit Sonja, dessen unfreiwilliger und unbemerkter Zuhörer Andrej wird (II, 3, 2). Das von der mondhellen Nacht begeisterte Mädchen bezaubert Andrej mit ihrem Wunsch, in den Himmel zu fliegen. In Erinnerung an den hohen Himmel von Austerlitz, das Gespräch mit Pierre auf der Fähre und das Mädchen, das in den Himmel fliegen wollte, fasst Andrej einen Beschluss:

> „Nein, das Leben ist mit einunddreißig noch nicht zu Ende", entschied Fürst Andrej plötzlich endgültig, ein für allemal. „Es genügt nicht, dass ich all das weiß, was in mir ist, es müssen auch die anderen wissen: Pierre und dieses Mädchen, das in den Himmel fliegen wollte, sie alle müssen mich kennen, damit mein Leben nicht nur für mich allein verläuft, damit sie nicht so leben wie dieses Mädchen, unabhängig von meinem Leben, damit sich mein Leben in allen spiegelt und alle mit mir zusammenleben!" (II, 3, 3)

Andrejs Entscheidung für das Leben ist von jener Egozentrik getragen, derer er sich in seinem oben (S. 305) zitierten Eingeständnis der Ruhmsucht bekannt hat.

Sein Petersburger Leben der letzten vier Monate resümierend, in denen er für den persönlichen Staatssekretär des Zaren Michail Speranskij ein Militärstatut ausgearbeitet und an vielen Sitzungen teilgenommen hat, anderseits im Dorf Reformen für die Bauern entworfen hat, kommt Bolkonskij zu einem ernüchternden Schluss: „er musste sich wundern, wie er sich so lange mit einer so unnützen Arbeit hatte abgeben können" (II, 3, 18).

Kurze Zeit später hält Andrej um Natašas Hand an. Sein Vater verlangt die Aufschiebung der Heirat um ein Jahr. In dieser Zeit gibt Nataša, der Anatole Kuragin den Kopf verdreht hat, dessen Entführungsplan nach, und nach dem Scheitern des Plans sagt sie Bolkonskij ab.

Vor der Schlacht bei Borodino, an der er als Kommandeur eines Regiments teilnimmt, stellt sich Bolkonskij die Möglichkeit des Todes zum ersten Mal nicht in seiner Wirkung auf andere, sondern in Bezug auf sich selbst dar:

> Und von der Höhe dieser Vorstellung zeigte sich ihm alles, was ihn vorher gequält und beschäftigt hatte, auf einmal in einem kalten weißen Licht, ohne Schatten, ohne Perspektive, ohne Unterschied der Umrisse. Sein ganzes Leben kam ihm vor wie eine Laterna magica, in die er lange durch die Glasscheibe und bei künstlicher Beleuchtung geblickt hatte. Jetzt sah er auf einmal, ohne die Glasscheibe, bei hellem Tageslicht, diese schlechtgemalten Bilder. „Jaja, da sind sie, diese verlogenen Bilder, die mich so erregt und bezaubert und gequält haben", sagte er sich, als er in seiner Vorstellung die wichtigsten Bilder der Laterna magica seines Lebens durchging, die er jetzt bei diesem kalten weißen Tages-

licht ansah – dem klaren Gedanken an den Tod. „Da sind sie, diese plump gemalten Figuren, die sich mir als etwas Wunderschönes und Geheimnisvolles dargestellt haben. Der Ruhm, das Wohl der Gesellschaft, die Liebe zu einer Frau, selbst das Vaterland – wie großartig kamen mir diese Bilder vor, von welch tiefem Sinn schienen sie mir erfüllt! Und all das ist so einfach, blass und grob beim kalten weißen Licht jenes Morgens, der, das fühle ich, für mich anhebt" (III, 2, 24)

Illusionslos ruft sich Andrej auch seine Gefühle für Nataša ins Bewusstsein: „Was für ein dummer Junge!" (III, 2, 24) Bei dem Gedanken daran, dass Napoleon das Leben und Werk des Vaters, von dem er nichts wusste, wie einen Splitter vom Weg gestoßen hat, fällt ihm ein, dass seine Schwester das alles als eine von oben geschickte Prüfung betrachtet:

> Wozu denn eine Prüfung, wenn er nicht mehr da ist, da sein wird? Niemals mehr da sein wird! Er ist nicht mehr da! Für wen dann diese Prüfung? Das Vaterland, der Untergang Moskaus! Und morgen tötet man mich [...] und dann kommen die Franzosen, packen mich bei Kopf und Beinen und schleudern mich in die Grube, damit ich ihnen nicht in die Nase stinke, und neue Lebensbedingungen werden sich herausbilden, die auch wieder zur Gewohnheit für die anderen werden, und ich werde nichts davon erfahren, mich gibt es dann nicht mehr. (III, 2, 24)

In der Schlacht wird Bolkonskij tatsächlich von einer kreiselnden Granate schwer verwundet. Obwohl von dem Adjutanten gewarnt, hat er sich aus Stolz nicht auf den Boden geworfen. Er begreift, dass das sein Tod ist, und in diesem Augenblick denkt er an seine Liebe zum Leben. Und auf dem Verbandplatz denkt er: „da war etwas in diesem Leben, was ich nicht verstanden habe und immer noch nicht verstehe" (III, 2, 36). Auf dem Nachbartisch erkennt er in einem Offizier, dem man ein Bein abnimmt, Anatole Kuragin, und er wird von Mitleid und Liebe zu seinem einstigen Rivalen erfüllt. Nach dem Leiden, das er ausgestanden hat, überkommt Andrej eine tiefe Rührung, und er bricht in zärtliche, liebevolle Tränen aus „über die Menschen, über sich und über ihre und seine Verirrungen":

> Mitleiden, die Liebe zu den Brüdern, den Liebenden, die Liebe zu denen, die uns hassen, die Liebe zu den Feinden, ja, die Liebe, die Gott auf Erden verkündet hat und die mich Prinzessin Mar'ja lehrte und die ich nicht verstand; das ist es, weshalb es mir leid war um das Leben, das ist es, was mir noch geblieben wäre, hätte ich weiterleben können. Aber jetzt ist es zu spät. Ich weiß es! (III, 2, 37)

Andrej, der schwer verwundet im Tross der Rostovs Moskau verlassen hat, erlebt eine geistige Wende. Es kommt ihm in den Sinn, dass er jetzt ein neues Glück hat und dass dieses Glück etwas mit dem Evangelium zu tun hat.

> „Ja, ein neues Glück hat sich mir offenbart, ein Glück, das dem Menschen nicht genommen werden kann", dachte er, als er so in der halbdunklen stillen Stube lag und mit fiebrigen, weitgeöffneten Augen vor sich hin starrte. „Ein Glück, das außerhalb aller materiellen Kräfte, aller materiellen äußeren Einflüsse auf den Menschen liegt, ein Glück nur der Seele, das Glück der Liebe! [...] „Ja, die Liebe [...], aber nicht die Liebe um etwas willen, zu einem Zweck oder aus irgendeinem Grund, sondern die Liebe, die ich zum ersten Mal verspürte, als ich im Sterben lag und meinen Feind erblickte und ihn dennoch liebgewann. [...] Deinen Nächsten lieben, deine Feinde lieben. Alles lieben – Gott in all seinen Erscheinungsformen lieben. Einen teuren Menschen lieben kann man mit menschlicher Liebe; doch einen Feind kann man nur mit göttlicher Liebe lieben. Das ist es, weshalb ich solche Freude verspürte, als ich empfand, dass ich diesen Menschen liebe. Was wohl aus ihm geworden ist? Ob er noch lebt ... Liebt man mit menschlicher Liebe, dann kann diese Liebe in Hass übergehen; die göttliche Liebe aber kann sich nicht verändern. Nichts, nicht einmal der Tod, nichts kann sie zerstören. Sie ist das Wesen der Seele. Wie viele Menschen habe ich gehasst in meinem Leben. Und habe von allen Menschen keinen mehr geliebt und mehr gehasst als sie." Lebhaft stellte er sich Nataša vor, nicht so, wie er sie sich früher vorgestellt hatte, in ihrem ganzen Liebreiz, der ihn so beglückt hatte; vielmehr stellte er sich zum ersten Mal ihre Seele vor. Und verstand ihr Gefühl, ihre Leiden, ihre Scham, ihre Reue. Jetzt erkannte er zum ersten Mal die ganze Grausamkeit seiner Absage, sah die Grausamkeit seines Bruchs mit ihr. „Wenn es mir doch möglich wäre, sie nur einmal noch zu sehen. Einmal in diese Augen zu blicken, zu sagen ..." (III, 3, 32)

Durch seine Fieberhalluzinationen hindurch erblickt Andrej tatsächlich das bleiche Gesicht und die glänzenden Augen der realen Nataša, die nächstens heimlich an sein Lager geschlichen ist. Andrej begreift, dass das die lebendige, wirkliche Nataša ist, und erklärt ihr seine Liebe. Von dem Tag an weicht Nataša nicht mehr von ihm.

Der Sterbende zieht sich indes innerlich immer mehr vom Leben zurück. Sein Blick auf die ihm am nächsten stehenden Menschen, Nataša und Mar'ja, wird vom Erzähler als „kalt und streng", „fast feindselig" (IV, 1, 15) beschrieben. Er entfremdet sich von allem in dieser Welt:

> Er konnte sichtlich nur mit Mühe alles Lebendige verstehen; doch zugleich spürte man, dass er nicht deshalb das Lebendige nicht verstand, weil er die Fähigkeit zu verstehen verloren hätte, sondern weil er etwas anderes verstand, etwas, was die Lebenden nicht verstanden und nicht verstehen konnten und was ihn vollständig absorbierte. (IV, 1,15)

Aus der Position des Beobachters begibt sich der Erzähler in das Innere des Sterbenden, der mit großer Selbstüberwindung versucht, ins Leben zurückzukehren und sich auf den Standpunkt der ihm Nahestehenden zu versetzen:

> „Die Vögel unterm Himmel säen nicht und ernten nicht, und unser himmlischer Vater nährt sie doch", sagte er sich und wollte eigentlich dasselbe der Prinzessin sagen. „Aber nein, sie werden es auf ihre Weise verstehen, werden es nicht verstehen! Sie können es

nicht verstehen, dass alle diese Gefühle, die ihnen so teuer sind, alle diese Gedanken; die ihnen so wichtig scheinen, dass sie – *unnötig* sind. Wir können einander nicht verstehen!", und er blieb stumm. (IV, 1, 15)

Es wäre voreilig, in dem Bibelzitat eine Bekehrung des sterbenden Skeptikers zum Glauben zu sehen. Eine christliche Botschaft hätten die beiden Frauen wohl verstanden, „auf ihre Weise" verstanden. Den Lebenden nicht mitteilbar ist jedoch die Grenzerfahrung, in der die Sorge ihren Sinn verliert, eine Erfahrung, die allen Sinn aufhebt: „Er empfand bewusst seine Entfremdung von allem Irdischen und eine freudige und seltsame Leichtigkeit des Seins" (IV, 1, 16).

Die Entfernung vom Leben ist für Andrej mit der Überwindung der Angst vor dem Tode und mit der Entfaltung einer „ewigen, freien, von diesem Leben unabhängigen Liebe" (IV, 1, 16) verbunden. Es ist diese nicht auf eine Person gerichtete, abstrakte All-Liebe, die er schon im Zeltlazarett von Borodino empfunden hat, als er den schwerverwundeten Anatole Kuragin auf der Nachbarbahre erblickte, und die ihn wieder in seinen Fieberschauern im Tross der Rostovs überkommt (vgl. oben S. 308 die Zitate aus III, 2, 37 und III, 3, 37).

Unter den Interpreten ist die Entwicklung Andrejs durchaus umstritten. Hans Rothe (Ms.) sieht Andrejs „rationale Natur" durch Nataša überwunden, die in ihm Gefühle weckt. Käte Hamburger ([1950] 1963, 65) hat dagegen schon recht überzeugend geltend gemacht, dass „gerade der Versuch eines Durchbruchs zum Menschlichen" das „Wesen dieses Mannes enthüllt, dessen Schicksal sich nach dem ihm innewohnenden Gesetz erfüllen muss". Und dieses Gesetz ist ein Mangel an Empathie und mangelndes Verstehen der Gefühle anderer, was ihn die Liebe Natašas verlieren ließ. Käte Hamburger (118) zeigt auch überzeugend auf, wie Tolstojs sehr abstrakte Idee der Liebe sich nicht auf konkrete Menschen bezieht, sondern letztlich nur den Sinn hat, die Todesfurcht zu überwinden. Es ist diese vom Autor postulierte All-Liebe, die Andrej Bolkonskij in der Erwartung des Todes erfüllt und mit der der Autor selbst seine eigene Furcht vor dem Tode zu überwinden sucht.

12.2.2 Die Passage in den Tod

Tolstoj ist ein großer Darsteller des Todes.[9] Schon der Vierundzwanzigjährige trägt in sein Tagebuch Gedanken über den Tod als eine natürliche „Veränderung" ein. In *Knabenjahre* beschreibt er die den Helden angesichts des aufgebahrten Leichnams der Großmutter bedrückende Furcht vor dem Tode. In der kleinen Trilogie *Drei Tode* vergleicht er den Tod eines Baumes, eines Bauern und einer adligen Gutsherrin. Am würdigsten und schönsten stirbt der Baum, „schön, weil er nicht lügt, sich nicht ziert, nichts fürchtet noch bedauert", wie der Autor in einem Brief aus der Entstehungszeit schreibt (zit. nach Wedel 1973a, 9564). Das Sterben der Adeligen ist unwürdig und in seiner Verlogenheit hässlich. „Das Christentum, wie sie es versteht, vermag für sie die Frage von Leben und Tod nicht zu lösen" (aus dem o. a. Brief, zit. nach Wedel 1973a, 9564). Tolstojs Natürlichkeitsideologie, nach der die „Natur" die angemessene Religion ist, legt die paradoxe Schlussfolgerung nahe, dass der Baum das Ideal des Menschen ist. Von der christlichen Botschaft, dass der Tod die Schwelle zu einem neuen, ewigen Leben bildet, gibt es hier keine Spur.

Von seiner vitalistischen Relativierung des Todes als einer bloßen Veränderung des Zustandes im Kreislauf der Natur rückt Tolstoj ab, nachdem er das qualvolle Sterben seines Bruders Nikolaj erlebt hat (das er dann in *Anna Karenina* in der Beschreibung von Konstantin Levins Bruder Nikolaj künstlerisch umsetzt). Zeugnis der Erschütterung seines Natürlichkeitsdenkens ist ein Brief an Afanasij Fet vom 17. Oktober 1860. In ihm kündigt sich eine neue Konzeption des Todes an: der Tod wird begriffen als Überschreitung einer Grenze ins entsetzliche Nichts:

> Nichts im Leben hat auf mich einen solchen Eindruck gemacht. Er [d. i. der Bruder Nikolaj] hatte Recht, als er sagte, dass es Schlimmeres als den Tod nicht gibt. […] Wozu soll man sich sorgen und bemühen, wenn von dem, was Nikolaj Nikolaevič Tolstoj war, für ihn nichts übrig geblieben ist. […] Wenige Minuten vor dem Tode schlummerte er ein und erwachte plötzlich und flüsterte mit Entsetzen „Was ist das?" Das heißt, er hat den Tod gesehen, dieses Verschlingen seiner selbst ins Nichts. (Tolstoj, 60, 357)

Von nun an zeichnen sich Tolstojs Todesdarstellungen dadurch aus, dass die Passage in den Tod aus der Perspektive des Sterbenden erzählt wird.

Am eindringlichsten wird diese Passage in der späten Erzählung *Der Tod des Ivan Il'ič* beschrieben. Der Erzähler hat hier unmittelbare Introspektion in das

---

[9] Eine in aller Kürze ausgezeichnete Darstellung von Tolstojs Todesphilosophie gibt Käte Hamburger ([1950] 1963, 62–73).

Innere des Sterbenden. Das Sterben beginnt mit dem drei Tage lang währenden Schrei, der so furchtbar ist, dass man ihn hinter zwei Türen nicht ohne Entsetzen hören kann. Der Sterbende fühlt sich durch eine unsichtbare, unüberwindbare Gewalt in einen schwarzen Sack gestoßen. Er schlägt um sich, wie sich ein zum Tode Verurteilter in den Händen des Henkers wehrt, und weiß doch, dass er nicht zu retten ist. Er fühlt in jedem Augenblick, dass er trotz aller Kraftanstrengungen dem immer näher und näher kommt, was ihn mit Entsetzen erfüllt. Und er fühlt, dass die Qual sowohl darin liegt, dass er in dieses schwarze Loch gestoßen wird, als auch darin, dass er in das Loch nicht hineinkommt. Daran hindert ihn noch der Gedanke, dass sein Leben gut gewesen sei.

Schließlich dringt der Sterbende in das Loch ein und erblickt Licht am Ende des Lochs. Dieser Prozess ist von zwei Vorgängen begleitet: Zum einen ist sein Sohn, der Gymnasiast, an das Bett getreten und hat die Hand des Schreienden, der allen unerträglich wird, an seine Lippen gedrückt. Zum andern eröffnet sich dem Sterbenden zum ersten Mal die Einsicht, dass sein Leben nicht so war, wie es hätte sein sollen.

Der Autor verknüpft also die Beschreibung der Passage in den Tod mit einer Passage zu einer wesentlichen ethischen Erkenntnis. Käte Hamburger ([1950] 1963, 70–71) spricht für diese Stelle von einem „Sprung", „durch den die Phänomenologie des Todes, die der eigentliche Gegenstand der Erzählung ist, in eine Sinndeutung des Todes umgewandelt wird". Dieser Sprung von der Erfahrung zur Idee wird manifest einerseits in der bei Ivan Il'ič zum ersten Mal erscheinenden Empathie für die mitleidende Familie, anderseits in der freudvollen Vision, die dem Sterbenden in einem stark ideologischen Postulat unterstellt wird:

> Und plötzlich war ihm klar, dass das, was ihn quälte und nicht aus ihm heraus wollte, auf einmal herausging von zwei Seiten, von zehn Seiten, von allen Seiten. Sie taten ihm leid, er musste etwas tun, dass sie nicht mehr zu leiden brauchten; er musste sie retten und sich selber von den Leiden retten. „Wie gut und wie einfach!" dachte er. „Und der Schmerz?" fragte er sich. „Wo soll der hin? Ja, wo ist denn der Schmerz?" Und er horchte auf. „Ja, da ist er. Nun, meinetwegen."
>
> „Und der Tod? Wo ist der Tod?" Und er suchte seine frühere Todesangst und fand sie nicht. „Wo ist sie? Wo ist der Tod?" Die Angst war nicht mehr da, weil auch der Tod nicht mehr da war. An Stelle des Todes war ein Licht da.
>
> „Das ist es also!" sagte er laut. „Welche Freude!" (Tolstoj, Erzählungen, 81–82)

Tolstojs ideologiegeleiteter Darstellung des Sterbens des Ivan Il'ič als Eingang in das Licht, dem Versuch des Autors, das christlich tradierte Bild metaphysischer Erfahrung in die Beschreibung der physischen Realität des Sterbens zu integrieren, wirft Thomas Wächter logische Inkonsistenz vor:

Soll das Licht, das Ivan Il'ič statt des Todes sieht, ontisch aufzufassen sein, verbietet sich eine weitere Beschreibung des Sterbens. Soll aber einzig der Prozess des Sterbens, sein physischer wie psychischer Aspekt, als Wirklichkeit gelten, ist das von Ivan Il'ič gesehene Licht nichts anderes als ein Trugbild. (Wächter 1992, 203–204)

Andrej Bolkonskij hat kurz vor seinem Tod einen Traum. Darin antizipiert er die Passage, die er als Kampf mit einer sich öffnenden Tür wahrnimmt. Er will die Tür geschlossen halten, den Riegel vorschieben und sie abschließen. Doch seine Füße lassen sich nicht bewegen, obwohl er alle Kräfte anspannt. Ihn ergreift entsetzliche Angst. Hinter der Tür steht der Tod. Der Tod drängt durch die Tür. Der Sterbende greift unter Anspannung seiner letzten Kräfte nach der Tür. Doch seine Kräfte sind zu schwach. Beide Türhälften öffnen sich. *„Es* ist eingetreten, und es ist der *Tod"* (IV, 1, 16). Im selben Moment, als er stirbt, erwacht Andrej aus dem Traum. Wie später für Ivan Il'ič ist auch für Andrej Bolkonskij die Passage mit Befreiung, Erleichterung und dem Erleben von Helligkeit verbunden.

> „Ja, das war der Tod. Ich bin gestorben – ich bin erwacht. Ja, Tod ist Erwachen!" Plötzlich erhellte es sich in seiner Seele, und der Vorhang, der bisher das Unbekannte verhüllt hatte, hob sich vor seinem inneren Blick. Er empfand es wie eine Befreiung der Kraft, die vorher in ihm gebunden war, empfand eine seltsame Leichtigkeit, die ihn seither nicht mehr verließ. (IV, 1, 16)

Anders als Ivan Il'ič erblickt Andrej Bolkonskij das Licht nur im Traum. Aber das ist ein prophetischer Traum, der den realen Übergang vorwegnimmt.

> Seit dem Tag begann für Fürst Andrej mit seinem Erwachen vom Schlaf das Erwachen vom Leben. Und im Verhältnis zur Dauer des Lebens kam es ihm nicht langsamer vor als das Erwachen vom Schlaf im Verhältnis zur Dauer eines Traums. Da war nichts Schreckliches und Abruptes in diesem verhältnismäßig langsamen Erwachen. (IV, 1, 16)

In unermüdlicher Anstrengung versuchte Tolstoj dem Tod einen Sinn abzuringen, aber über die freudvolle Erleuchtung des Ivan Il'ič, der er als Autor zutiefst misstraute, kam er nicht hinaus.

12.2.3 Pierre Bezuchov

Pierre Bezuchov, der als Erbe seines natürlichen Vaters Reichtum und Grafentitel erlangt hat, gilt als attraktiver Bräutigam. Besonders nachdrücklich bemüht sich Fürst Vasilij, das Haupt der moralisch zweifelhaften Familie der Kuragins, den mit Frauen unerfahrenen und im Gesellschaftlichen täppischen Pierre, der bei ihm wohnt, mit seiner Tochter Hélène zu verheiraten. Pierre ist von der Aussicht hin- und hergerissen. Er hat, wenn man Hélènes Schönheit rühmte, sie immer hübsch gefunden. Aber zugleich hat er sie als dumm erkannt. Nun, da er begreift, dass diese Frau ihm angehören könnte, empfindet er eine große Verlockung und zugleich etwas Abstoßendes, Verbotenes in dem, was sie in ihm geweckt hat: „Das ist doch keine Liebe" (I, 3, 1)). In ihm kämpft die Versuchung, die von Hélènes schönem Körper ausgeht, mit dem Bewusstsein, dass in dieser Ehe etwas „Widerwärtiges", „Widernatürliches", „Unehrenhaftes" wäre (I, 3, 1). Obwohl er beschließt, Hélène zu meiden und abzureisen, bleibt er unentschlossen bei ihrem Vater wohnen und fühlt voller Grauen, dass er sich in den Augen der Leute immer fester an die Kuragins bindet. Er dementiert vor sich das Urteil über Hélènes Dummheit. Ist das, was sie sagt, nicht immer einfach und klar? Beendet sie nicht jeglichen Disput mit einer kurzen, treffenden Bemerkung, die zeigt, dass sie das Thema nicht interessiert? Und wendet sie sich ihm nicht mit einem „freudigen, zutraulichen und allein ihm geltenden Lächeln" (I, 3, 2) zu? Im analytischen Gedankenbericht von Pierres Zerrissenheit wird allerdings deutlich, dass die treibende Kraft nicht mehr die erotische Verlockung, sondern der Druck der Umgebung ist, und es fällt hier das Wort von der Grenze und ihrer Überschreitung:

> Pierre wusste, alle warteten nur darauf, dass er endlich das eine Wort sagte, die gewisse Linie überschritte [переступил через известную черту], und er wusste, dass er sie früher oder später überschreiten würde; doch ein unbegreifliches Grauen packte ihn allein bei dem Gedanken an diesen schrecklichen Schritt. (I, 3, 1)

Pierre *überschreitet* die Grenze nicht, er wird über sie hinweggehoben. Nachdem er spürt, dass schon alles beschlossen ist, sich aber gleichwohl nicht zum letzten Schritt, zum entscheidenden Wort entschließen kann, schafft Fürst Vasilij vollendete Tatsachen, indem er Bezuchov und seiner Tochter schlichtweg zur Verlobung gratuliert. Pierre fügt sich in sein Schicksal: „Jetzt ist es zu spät, alles ist geschehen; und ich liebe sie ja" (I, 3,2).

Nach dem Duell mit Dolochov, Hélènes mutmaßlichem Liebhaber, in dem Pierre, wie er glaubt, den Gegner getötet hat, gibt er sich Rechenschaft über sein Handeln und seine Ehe. Dieser ausgedehnte innere Monolog gehört zu jenem Tolstojschen Typus den Adolf Stender-Petersen ([1957] 1974, 394–397) als „Haltmonolog" charakterisiert: die Helden machen auf ihrem Lebensweg Halt, sehen sich um, erörtern ihren seelischen Zustand mit sich selbst und erleben „eine Art Katharsis" oder „krisenhafter Metamorphose", ohne dass – wie Stender-Petersen wahrnimmt – eine wirkliche Entwicklung stattfände. Das folgende Zitat enthält nur Ausschnitte aus Pierres „Haltmonolog":

„Was ist geschehen?", fragte er sich. „Ich habe den *Liebhaber*, ja, den Liebhaber meiner Frau getötet. Ja, das ist geschehen. Weshalb? Wie bin ich dazu gekommen?" – „Weil du sie geheiratet hast", sagte eine innere Stimme. – „Aber was kann ich denn dafür?" fragte er. „Dass du sie geheiratet hast, ohne sie zu lieben, dass du dich und sie betrogen hast", und lebhaft stellte er sich den Augenblick nach dem Abendessen bei Fürst Vasilij vor, als er diese Worte *Je vous aime* gesagt hatte, die ihm nicht von den Lippen wollten. „Alles kommt davon! Auch damals hab ich es empfunden, dachte er, „ich habe damals empfunden, dass es nicht das Wahre war, dass ich kein Recht dazu hatte. So ist es gekommen." [...] „Wie oft war ich stolz auf sie", dachte er, „stolz auf ihre majestätische Schönheit, ihren gesellschaftlichen Takt, stolz auf dieses mein Haus, in dem sie ganz Petersburg empfing, stolz auf ihre Unnahbarkeit und Schönheit. Also das war es, worauf ich stolz war?! Ich meinte damals, ich verstünde sie nicht. Wie oft, wenn ich mich in ihren Charakter hineindachte, sagte ich mir, es sei meine Schuld, dass ich sie nicht verstehe, nicht diese immerwährende Ruhe, Befriedigung und dieses Fehlen jeglicher Begierden und Wünsche verstehe, dabei lag die ganze Lösung in jenem schrecklichen Wort, dass sie eine verdorbene Frau ist: hätte ich mir dieses schreckliche Wort gesagt, alles wäre klar gewesen! „Sie ist an allem, an allem ist sie allein schuld", sagte er sich selbst. „Aber was folgt daraus? Weshalb habe ich mich mit ihr verbunden, weshalb ihr dieses *Je vous aime* gesagt, was eine Lüge war, und noch schlimmer als eine Lüge", sagte er sich. „Ich bin schuld und muss es aushalten ... Aber was? Die Schande für meinen Namen, das Unglück meines Lebens? Ach, alles Unsinn", dachte er, „die Schande für Namen und Ehre, das alles ist Konvention, alles unabhängig von mir. [...] Doch im selben Augenblick, als er glaubte, sich mit dieser Art Überlegungen beruhigt zu haben, sah er *sie* plötzlich vor sich, und das in Momenten, wo er ihr am stärksten seine unaufrichtige Liebe bewiesen hatte, und er fühlte, wie ihm das Blut zum Herzen schoss, er musste wieder aufstehen, sich bewegen und alles, was ihm unter die Finger kam, zerbrechen und zerreißen. „Weshalb habe ich ihr gesagt: *Je vous aime?*" wiederholte er sich immer wieder. (II, 1, 6)

Stender-Petersens These der Entwicklungslosigkeit muss freilich relativiert werden. Eine Entwicklung findet in dem zitierten Monolog durchaus statt, und sie findet auch Ausdruck darin, dass sich Pierre am nächsten Morgen nach einer dramatischen Szene von seiner Frau trennt.

Von der nun eintretenden Orientierungslosigkeit und Schwermut wird Pierre, wie er wahrnimmt, von einem Freimaurer gerettet. Der alte Mann nennt ihm die wahre Erkenntnis der Welt und des Selbst als entscheidende Lebensziele. Pierre tritt begeistert der Bewegung bei und wird Haupt der Petersburger Loge. Nach seiner emphatischen Rede, die von den Brüdern schlecht aufgenommen wird, bricht Pierre mit den Freimaurern. Auf seinen Gütern erklärt er, die Bauern befreien zu wollen. Auch hier muss er erkennen, dass er sich über die Schwierigkeit der praktischen Durchführung seiner philanthropischen Pläne getäuscht hat.

Für Tolstojs Bewusstseinspoetik aufschlussreich ist, dass er seinen Helden in einzelnen Passagen von Buch II Rechenschaft über sein Denken und Handeln in einem Tagebuch ablegen lässt, der bevorzugten Gattung des achtzehnten

Jahrhunderts. In diesem Tagebuch zeichnet Pierre vor allem Träume auf und verfasst gute Vorsätze im Stil des Franklin-Tagebuchs der Regeln und Überschreitungen, das Lev Tolstoj selbst führte (Ėjchenbaum 1922, 26–29):

> Ich lege mich in glücklicher, ruhiger Verfassung schlafen. Großer Gott, hilf mir, zu wandeln auf Deinen Pfaden, 1) zu überwinden den Zornesmut – durch Stille, Mäßigung, 2) die Sinneslust – durch Enthaltsamkeit und Abscheu, 3) mich fernzuhalten von eitlem Treiben, aber mich nicht zu entziehen a) der Arbeit im Staatsdienst, b) den Sorgen für die Familie, c) den Beziehungen zu Freunden und d) der Beschäftigung mit der Wirtschaft. (II, 3, 10)

In den Regeln und Vorsätzen zeigt sich ein Analytismus, wie er dem Denken des achtzehnten Jahrhunderts eigen war. Das fließende, komplexe, aus widersprüchlichen Impulsen gebildete Seelenleben wird so in einzelne Faktoren zerlegt und erscheint als ein überschaubarer Mechanismus. (Es ist nicht zufällig, dass mit Ėjchenbaum ein Vertreter des Russischen Formalismus auf Tolstojs analytische Methode aufmerksam machte. Diese Bewegung suchte wie auch zeitgleiche Richtungen in den bildenden Künsten und der Psychologie den Zugang zur Wahrheit, zum Wesen und zur Bedeutung über die Analyse.)

Nach der Verlobung von Andrej und Nataša ändert Pierre „plötzlich und ohne jeden ersichtlichen Grund" (II, 5, 1) sein Leben. Er hört auf, Tagebuch zu schreiben, vermeidet den Kontakt mit den Freimaurern, fährt wieder in die Klubs und beginnt ein liederliches Leben zu führen, so dass sogar Hélène, mit der er wieder in einem Haus zusammenlebt, ihm Vorhaltungen macht.

Pierre zieht nach Moskau. „In Moskau wurde ihm wohl zumute, warm, vertraut und schmuddelig wie in einem alten Schlafrock" (II, 5, 1). Im Moment seiner Lebenskrise legt sich Pierre Rechenschaft ab über das, was er im Leben erreicht hat:

> Pierre war einer jener gutmütig ihr Leben in Moskau verbringenden Kammerherren außer Dienst, wie es sie zu Hunderten gab.
>
> Wie entsetzt wäre er gewesen, hätte ihm jemand sieben Jahre zuvor gesagt, als er gerade aus dem Ausland gekommen war, dass er nichts zu suchen oder sich auszudenken brauche, dass ihm sein Weg längst vorbestimmt, seit Urzeiten festgelegt sei und dass er sich drehen und wenden könne, wie er wolle, er bliebe doch, was alle in seiner Situation seien. Er hätte es nicht glauben können! Hatte er denn nicht mit ganzem Herzen gewünscht, mal die Republik in Russland herzustellen, mal selbst ein Napoleon zu sein, mal ein Philosoph, mal ein Taktiker, der Sieger über Napoleon? Hatte er denn nicht eine Möglichkeit gesehen und leidenschaftlich gewünscht, das verdorbene Menschengeschlecht umzuformen und sich selbst zur höchsten Stufe der Vollkommenheit zu steigern? Hatte er nicht Schulen und Krankenhäuser eingerichtet und seine Bauern in die Freiheit entlassen?
>
> Statt dessen war er nun der reiche Mann einer untreuen Ehefrau, ein Kammerherr außer Dienst, der gerne aß und trank, sich dann den Rock aufknöpfte und ein wenig über

die Regierung schimpfte, Mitglied des Moskauer Englischen Klubs war und von allen geliebtes Mitglied der Moskauer Gesellschaft. Er konnte sich lange nicht mit dem Gedanken abfinden, dass er tatsächlich dieser Moskauer Kammerherr außer Dienst war, ein Typus, den er noch vor sieben Jahren zutiefst verachtet hatte. (II, 5, 1)

Unzufrieden mit sich selbst, leidet Pierre an der allgemeinen gesellschaftlichen Lüge, was in dem in Abschnitt 2.4.1.2 zitierten direkten inneren Monolog Ausdruck findet. Die unlösbaren Fragen des Lebens lassen ihn das Vergessen in allen möglichen Zerstreuungen suchen, worauf sich die Fragen nur mit größerer Dringlichkeit melden.

Im Laufe der Annäherung an Nataša, die nach der Affäre mit Anatole Kuragin ihrem Verlobten Andrej Bolkonskij abgesagt hat und sich in einer schweren gesundheitlichen Krise befindet, hören die quälenden Fragen nach dem Sinn des Irdischen auf, Pierre zu beschäftigen. Die Fragen werden jetzt durch die Vorstellung von *ihr* (d. i. Nataša) ersetzt. Deshalb beschließt Pierre, die Familie der Rostovs zu meiden.

Mit der Einnahme des den Franzosen überlassenen Moskau betritt Pierre wieder die Szene des Romans. In dem von den Bewohnern weitgehend verlassenen Stadt rettet Pierre ein kleines Mädchen aus einem brennenden Haus und eine schöne junge Armenierin vor den marodierenden französischen Soldaten. Nachdem er einen von ihnen niedergeschlagen hat, wird er von einer französischen Patrouille festgenommen. Seitdem er Zeuge einer Exekution werden musste, ist in ihm der Glaube an eine wohlgeordnete Welt, an die menschliche Seele, seine eigene Seele und an Gott vernichtet. Im Gegensatz zu früher, als er sich selbst als Ursache seiner Zweifel erkennen musste, fühlt er nun, dass es nicht mehr in seiner Macht steht, zum Glauben an das Leben zurückzukehren.

In der Baracke der Kriegsgefangenen lernt er den Bauern Platon Karataev kennen, die „Verkörperung alles Russischen, Gütigen und Runden" (IV, 1, 13), der für Pierre die „unfassbare, runde und ewige Verkörperung des Geistes der Einfachheit und Wahrheit" (IV, 1, 13) bildet. Karataev ist ein für Tolstoj typisches ideologiegeneriertes Konstrukt, die Verkörperung des einfachen, spontanen, unreflektierten, vegetativen Lebens. Der dem Bekenntnis nach gottergebene Bauer lebt das unmittelbare Leben, ohne eine leitende Idee, ohne Gedächtnis und ohne Absichten. Sein zweifelhaftes Christentum besteht nicht im Glauben an die Transzendenz, sondern im Vertrauen auf die Kraft des Lebens. Er lenkt Pierre nicht auf die christlichen Werte der Demut, Selbstlosigkeit oder Opferbereitschaft (Zelinsky 2007, 215), und in seiner bestürzenden Teilnahmslosigkeit am Leiden anderer ist er weit vom christlichen Ideal der Nächstenliebe entfernt.

In der Gefangenschaft erlangt Pierre jene Ruhe und Zufriedenheit mit sich selbst, nach der er früher vergeblich gesucht hat. Und er versteht, dass er die

Übereinstimmung mit sich selbst, die er in der Philanthropie, in der Freimaurerei, in gesellschaftlichen Zerstreuungen, im Alkohol, in der Selbstopferung, in der romantischen Liebe zu Nataša zu finden hoffte, nun durch das Grauen des Todes, durch die Entbehrungen und durch Karataev gefunden hat. Und er beginnt auch die „geheimnisvolle, gleichgültige Kraft" zu verstehen, „die die Menschen gegen ihren Willen dazu bringt, ihresgleichen zu töten" (IV, 2, 13).

In nächtlicher Ruhe lacht Pierre zur Verwunderung der Mitgefangenen laut auf. Man hält ihn gefangen, ihn, seine unsterbliche Seele. Und beim Blick auf den Sternenhimmel sagt er sich: „Und all das ist mein, all das ist in mir, all das bin ich! [...] Und all das haben sie gefangen und in eine mit Brettern verstellte Bude gesperrt!" (IV, 2, 14).

Je schwieriger die Lage wird, in der sich Pierre befindet, desto mehr kommen ihm, unabhängig von der prekären äußeren Situation, „freudige und beruhigende Gedanken, Erinnerungen und Vorstellungen" (IV, 3, 12). Von dem erkrankten Karataev entfernt sich Pierre, je schwächer dieser wird. Dieser eklatante Mangel an Caritas entspricht ganz der Lebensanschauung Karataevs, die in der vegetativen Existenz im jeweils gegebenen Lebensmoment ohne Reflexion auf Vergangenheit und Zukunft besteht. Im Gefängnis und auf dem Marsch, auf dem zurückbleibende Soldaten erschossen werden, hat Pierre „nicht mit dem Verstand, sondern mit seiner ganzen Existenz, mit seinem Leben erkannt, dass der Mensch für das Glück geschaffen ist, dass das Glück in ihm selbst liegt, in der Befriedigung der natürlichen, menschlichen Bedürfnisse" (IV, 3, 12). Als der schwerkranke, nicht mehr marschierfähige Karataev von einem Franzosen erschossen wird, blickt sich Pierre, der den Schuss gehört hat, nicht einmal um. Und über das Jaulen des beim Toten zurückbleibenden Hundes ärgert er sich.

Im Traum hört Pierre Worte über das Leben, die ihm sofort Karataev in den Sinn bringen und ihn zu einem vitalistischen Christentum führen:

> Leben ist alles. Leben ist Gott. Alles verschiebt und bewegt sich, und diese Bewegung ist Gott. Solange es Leben gibt, gibt es die beseligende Selbsterkenntnis der Gottheit. Das Leben lieben heißt Gott lieben. Am schwierigsten und seligsten ist es, dieses Leben im eigenen Leiden zu lieben, in der Unschuld des Leidens. (IV, 3, 15)

Nach der Befreiung aus der französischen Gefangenschaft genießt Pierre das Gefühl der Freiheit, und damit entfällt für ihn die Suche nach dem Sinn des Lebens:

> Was ihn früher immer gequält hatte, wonach er ständig gesucht hatte, der Sinn des Lebens – jetzt existierte er für ihn nicht mehr. Nicht zufällig jetzt existierte dieser unbekannte Lebenssinn für ihn nicht mehr, nicht nur in diesem Augenblick, vielmehr fühlte er,

dass es ihn gar nicht gab, nicht geben konnte. Und eben dieses Fehlen eines Sinns verlieh ihm jenes freudige Bewusstsein völliger Freiheit, das in dieser Zeit sein Glück ausmachte. (IV, 4, 12)

Die Suche nach dem Sinn des Lebens wird für Pierre ersetzt durch den Glauben an „einen lebendigen, immer fühlbaren Gott" (IV, 4, 12). Diesen Gott hat er in der Gefangenschaft erkannt, im Leben Platon Karataevs, in dem Gott größer war als im „Architekton des Unendlichen", von dem die Freimaurer sprachen. Früher hat er nicht vermocht, das Große in irgendetwas zu sehen. Jetzt hat er gelernt, das „Große, Ewige und Unendliche" in allem zu sehen.

> Die schreckliche Frage: Wozu?, die früher alle seine geistigen Konstruktionen zerstört hatte, jetzt existierte sie für ihn nicht mehr. Jetzt hatte er auf diese Frage: Wozu? in seiner Seele immer die einfache Antwort parat: Dafür, dass es Gott gibt, diesen Gott, ohne dessen Willen kein Haar von des Menschen Haupt auf die Erde fallen soll. (IV, 4, 12)

Stellt schon Pierres Weg zum Glauben unter dem Eindruck der Lebensanschauung Platon Karataevs hohe Ansprüche an die Toleranz des Lesers, so überschreiten die Folgen seiner Gottesfindung alle Grenzen der Glaubwürdigkeit. Tolstoj behauptet für Pierres inneres Ereignis höchste Konsekutivität, über alle gemeinhin angenommenen Grenzen der Veränderungsfähigkeit von Menschen hinaus. Pierre ist ein anderer Mensch geworden: geduldig, wo er sich früher geärgert hat, zufrieden mit sich, während er früher mit sich ewig haderte, „ein Lächeln von Lebensfreude ständig um seinen Mund" (IV, 4, 13), anteilnehmend und aufmerksam für andere Menschen, tolerant gegenüber ihren von den seinen abweichenden Überzeugungen. In Gelddingen, in denen er immer unsicher war, weiß er jetzt sicheren Rat. Und während seiner Reise nach Moskau empfindet er „eine Freude wie ein Schuljunge auf Ferien" (IV, 4, 13). Die Personen, denen er unterwegs begegnet, haben für ihn „einen neuen Sinn" (IV, 4, 13). Den Wandel in ihm bemerken die Menschen in seiner Umgebung, Diener wie Gleichgestellte. Pierre Bezuchovs Veränderung ist ein Maximum von mentaler Ereignishaftigkeit in der narrativen Welt von *Krieg und Frieden*.

12.3 *Anna Karenina*: Die Levin-Handlung

Tolstojs Doppelroman *Anna Karenina* (1877–1878), in gewisser Hinsicht eine Fortsetzung von *Krieg und Frieden* (Zelinsky 2007a, 223), stellt in seinen beiden Handlungssträngen ereignishafte mentale Entwicklungen der beiden Hauptfiguren dar, die in gegensätzliche Richtungen gehen.[10] Während Konstantin Levin den Sinn des Lebens findet, wird die Titelheldin durch ihre seelische Entwicklung zum Selbstmord geführt.

Konstantin Levin ist ein Seelenverwandter Pierre Bezuchovs. Beide sind Sinnsucher, und Tolstoj hat sie, wie schon oft angemerkt wurde, mit eigenen Charakterzügen ausgestattet, ja im Familiennamen Konstantins seinen eigenen Vornamen anagrammatisch verborgen. Levin, der junge Gutsbesitzer, steht den Figuren der von ihm abgelehnten städtischen Welt gegenüber, unterhält aber gleichwohl freundschaftliche Beziehungen zu ihrem Protagonisten Stepan Oblonskij und hat eine überraschend harmonische und von gegenseitigem Verständnis getragene Begegnung mit dessen Schwester Anna Karenina (VII, 9–10).[11] Wie auch andere fiktive Autoporträts des Autors ist auch Levin „als eine komplizierte Gestalt angelegt: schwerfällig grüblerisch in seinem Denken, äußerlich nicht sehr anziehend", aber von „redlicher ethisch geprägter Gesinnung" und mit einem „hellwachen Gewissen" (Wedel 1973b, 1049).

In Levins grüblerischer Suche nach dem Sinn des Lebens weist ihm den Weg zur Erkenntnis die Begegnung mit seinen Bauern. Hat er schon bei seiner tätigen Mitwirkung bei der Heumahd (III, 4–5) tiefe Befriedigung erfahren, so führt ihn die Beobachtung eines jungen, frisch verliebten Bauernpaars bei der Heuernte zu neuen Gedanken. An dem Heuhaufen, auf dem Levin liegt, ziehen die fröhlichen Bauernweiber mit vielstimmigem Gesang vorbei, eine „Wolke donnernder Fröhlichkeit" (III, 12). Levin wird neidisch auf diese „gesunde Fröhlichkeit" und hätte gerne an ihr teilgenommen. Aber er muss auf seinem Heuhaufen liegen und schauen. Und als die Frauen vorbeigezogen sind, überfällt ihn schwere Melancholie „ob seiner Einsamkeit, ob seines körperlichen Müßiggangs und ob seiner Feindseligkeit gegenüber dieser Welt" (III, 12).

> Levin hatte dieses Leben schon oft mit Wohlgefallen betrachtet, hatte schon oft Neid auf die Menschen empfunden, die dieses Leben führten, aber heute zum ersten Mal, besonders unter dem Eindruck von Ivan Parmënovs Verhältnis zu seiner jungen Frau, zum ersten Mal kam Levin klar der Gedanke, es hänge von ihm ab, das so bedrückende, müßige, künstliche und private Leben, das er führte, gegen dieses arbeitsame, reine und gemeinschaftliche, herrliche Leben einzutauschen. (III, 12)

---

10 Zur Korrelation der beiden Handlungsstränge in der Entstehungsgeschichte und in der Komposition des Romans vgl. Keesman-Marwitz 1987.
11 Bezugnahmen auf Stellen des Romans mit Angabe von Teil und Kapitel. Die Zitate sind der deutschen Übersetzung von Rosemarie Tietze entnommen (Tolstoj, *Anna Karenina*).

Levin verbringt die ganze Nacht auf seinem Heuhaufen, hört dem singenden Volk zu, und als die Stimmen verstummen, lauscht er auf die quakenden Frösche und schnaubenden Pferde. Als die Nacht vorüber ist, steht er auf und blickt zu den Sternen. In direkter innerer Rede stellt er sich Fragen: „Also, was werde ich tun? Wie werde ich es tun?" (III, 12). Der Erzähler fasst das von Levin Gedachte und Durchlebte in drei Gedankengängen zusammen: das ist die Abkehr von seinem alten Leben, von seiner „vollkommen überflüssigen Bildung". Die Grundsätze des neuen Lebens sollen „Einfachheit, Reinheit und Rechtmäßigkeit" sein. Darüber aber, wie der Übergang zuwege zu bringen wäre, hat er keine klare Vorstellung:

> „Sollte ich eine Frau haben? Eine Arbeit haben und zum Arbeiten gezwungen sein? Sollte ich Pokrovskoe aufgeben? Land kaufen? Mich in eine Dorfgemeinde aufnehmen lassen? Eine Bäuerin heiraten? Wie bringe ich das nur zuwege?" fragte er sich wieder und wieder und fand keine Antwort. „Im Übrigen habe ich die ganze Nacht nicht geschlafen, ich kann mir nicht klar Rechenschaft ablegen", sagte er sich. „Ich kläre das später. Jedenfalls stimmt es, dass diese Nacht mein Schicksal entschieden hat. Alle meine früheren Träume von einem Familienleben sind Unsinn, nicht das rechte", sagte er sich. „Es ist alles viel einfacher und besser ..." (III, 12)

Auf der Landstraße, auf der er in der Morgenkühle fröstelnd zum Dorf zurückgeht, kommt ihm eine Kutsche entgegen. Zerstreut blickt er in das Innere. Am Fenster sitzt ein junges Mädchens und schaut über ihn hinweg auf die Morgenröte. In dem Augenblick, als die Kutsche entschwindet, blicken ihn die aufrichtigen Augen an. Das Mädchen erkennt ihn, und Freude erhellt ihr Gesicht. Das ist der Moment, der sein Leben verändern soll:

> Er konnte sich nicht getäuscht haben. Nur einmal gab es auf der Welt diese Augen. Nur ein Wesen gab es auf der Welt, das für ihn alles Licht und allen Lebenssinn in sich zu vereinen vermochte. Das war sie. Das war Kitty. Er begriff, dass sie von der Bahnstation nach Ergušovo fuhr. Und alles, was Levin in dieser schlaflosen Nacht bewegt hatte, alle Entschlüsse, die er gefasst, alles war plötzlich verschwunden. Mit Abscheu dachte er an seine Träume, eine Bäuerin zu heiraten. Nur dort, in dieser rasch sich entfernenden, auf die andere Wegseite übergewechselten Kutsche, nur dort war die Möglichkeit, die in letzter Zeit ihn so qualvoll bedrängenden Lebensrätsel zu lösen. [...] „Nein", sagte er sich, „wie schön dieses Leben auch sein mag, das einfache und arbeitsame, ich kann nicht dahin zurück. Ich liebe *sie*." (III, 12)

Nach der Nacht auf dem Heuhaufen hat Levin jegliches Interesse an der Landwirtschaft verloren. Und bald ist er mit Kitty verheiratet. Er braucht die Landwirtschaft jedoch nicht aufzugeben. Kitty ist mit Oblonskijs Vorschlag einer Hochzeitsreise ins Ausland nicht einverstanden, sondern entscheidet sehr bestimmt, dass sie mit Levin sogleich dorthin reisen wird, wo ihr beider Heim ist, auf das Land, wo er seine Tätigkeit hat, von der sie zwar nichts versteht, die sie aber für wichtig hält.

Levin ist in all seinem Glück über die Ehe mit Kitty von einem Problem belastet. Das ist sein Unglauben. Schon bei der Beichte, der er sich in der Vorbereitung zur Trauung widerwillig unterzogen hat, musste er bekennen, dass er an allem zweifelt, manchmal sogar an der Existenz Gottes. Danach hat er gespürt, „dass in seiner Seele etwas unklar und unsauber war" (V, 1) und dass er das irgendwann später klären müsse. Die fromme, an den Wahrheiten der Religion nie zweifelnde Kitty ist vom Geständnis seines Unglaubens in dem Tagebuch, das er ihr vor der Trauung übergibt, überhaupt nicht berührt. Sie kennt seine Seele, und in ihr sieht sie das, was sie wünscht. Bittere Tränen ruft allerdings das im Tagebuch berichtete erotische Vorleben hervor (einer der zahlreichen autobiographischen Züge der Levin-Handlung).

Noch später ist Kitty von Levins Unglauben nicht beunruhigt, obwohl sie weiß, dass es für einen Ungläubigen keine Erlösung geben kann und sie über alles auf der Welt die Seele ihres Mannes liebt: „Er und Unglaube? Bei seinem Herzen, bei dieser Furcht, irgendwen zu betrüben und sei es ein Kind!" (VIII, 7).

Levin aber quält sich unsäglich in seiner Suche und seinen Zweifeln. Die Begriffe der neuen Wissenschaften, die ihm seit dem Tod des Bruders die jugendlichen Glaubensvorstellungen ersetzt haben, sind gut für geistige Zwecke, geben aber für das Leben nichts her (VIII, 8). In der ersten Zeit nach der Hochzeit haben die neuen Freuden und Pflichten diese Gedanken zum Schweigen gebracht. Seit er aber nach Kittys Niederkunft untätig in Moskau lebt, stellt sich Levin immer dringlicher die entscheidende Frage: „Wenn ich die Antworten, die das Christentum auf die Fragen meines Lebens gibt, nicht anerkenne, welche Antworten erkenne ich dann an?" (VIII, 8). Er versteht, dass sich die Religion nicht überlebt hat, er weiß, dass um ihn herum alle glauben, dass das gesamte russische Volk gläubig ist. Er liest die Philosophen, die das Leben nicht materialistisch erklären, von Platon bis Schopenhauer, sobald er aber aus dem Leben zu dem, was er aus den Theorien zu verstehen geglaubt hat, zurückkehrt, fällt das ganze Gebäude zusammen. In seiner Verzweiflung mehrfach dem Selbstmord nahe, versteckt Levin den Strick, um sich nicht zu erhängen, und geht nicht mit dem Gewehr, um sich nicht zu erschießen (VIII, 9).

Aufs Land zurückgekehrt, wird er von seinen fruchtlosen Grübeleien durch die notwendige Arbeit befreit. Solange er das Notwendige tut, ist Levins Leben erfüllt; es hat aber keinen Sinn, sobald er aber darüber nachdenkt. Wenn er nicht nachdenkt, fühlt er in seiner Seele die Anwesenheit eines unfehlbaren Richters, der entscheidet, welche von zwei möglichen Handlungen die bessere ist.

Die quälende Sinnsuche gelangt unerwartet zu einem Abschluss, als Levin auf dem Höhepunkt der Getreideernte, an der er selbst kräftig mitwirkt, ins Gespräch mit dem Zureicher Fëdor kommt. Auf Levins Frage, warum Platon Fokanyč, ein reicher Bauer aus dem Dorf, weniger erfolgreich als sein Nachbar wirtschaftet, antwortet Fëdor: „Onkel Fokanyč, [...] zieht der einem Menschen vielleicht das Fell über die Ohren? Dem einen borgt er, dem andern lässt er etwas nach. Und kommt nicht auf seine Kosten. Bleibt eben Mensch" (VIII, 11). Und auf die Frage, warum Fokanyč etwas nachlässt, gibt Fëdor eine Antwort, die Levin in höchste Erregung bringt: „Er lebt für die Seele. Hat Gott im Sinn".

> Ein neues, freudiges Gefühl hatte Levin erfasst. Bei den Worten des Bauern, dass Fokanyč für die Seele lebe, rechtschaffen, in Gottesfurcht, war ein Schwall unklarer, aber gewichtiger Gedanken wie durch eine geschlossene Tür gebrochen, und alle auf ein Ziel gerichtet, kreisen sie in seinem Kopf, blendeten ihn mit ihrem Licht. (VIII, 11)

Levin befindet sich nun auf dem Scheitelpunkt seiner Konversion: „Die Worte des Bauern hatten in seiner Seele gewirkt wie ein elektrischer Funke und einen Schwarm verstreuter, kraftloser Einzelgedanken, die ihn unablässig beschäftigten, auf einen Schlag verwandelt und zu einem Ganzen gefügt" (VIII, 12). Die Verarbeitung des Neuen, das Levin „mit Entzücken" in seiner „Seele" findet, gestaltet der Autor, der Levins Konversion bislang im narratorialen Bewusstseinsbericht dargestellt hat, in einem sich über mehrere Seiten erstreckenden direkten inneren Monolog, der Levin im Zwiegespräch mit sich zeigt:

> Nicht für seine Bedürfnisse leben, sondern für Gott. Für welchen Gott? Für Gott. Was könnte man Sinnloseres sagen als das, was er gesagt hat? Er hat gesagt, man solle nicht für seine Bedürfnisse leben, also, man solle nicht für das leben, was wir begreifen, wozu es uns hinzieht, was wir wollen, vielmehr solle man für etwas Unbegreifliches leben, für Gott, den niemand begreifen oder bestimmen kann. Tja, und? Habe ich diese sinnlosen Worte Fëdors etwa nicht verstanden? Und danach, habe ich etwa ihre Richtigkeit angezweifelt? habe ich sie dumm, unklar, ungenau gefunden?
> Nein, ich habe ihn verstanden, habe ganz genauso, wie er es versteht, ihn durchaus verstanden, klarer, als ich sonst etwas im Leben verstehe, und nie im Leben habe ich daran gezweifelt und kann es auch nie bezweifeln. Und nicht ich allein, sondern alle, die ganze Welt versteht dies eine durchaus und zweifelt dies eine nicht an und ist sich darin stets einig. [...]
> Wenn das Gute einen Grund hat, ist es nicht mehr das Gute; wenn es eine Folge hat, einen Lohn, ist es auch nicht das Gute. Somit steht das Gute außerhalb der Kette von Gründen und Folgen.
> Und ich kenne es, und wir alle kennen es.
> Ich dagegen habe nach Wundern gesucht, geklagt, ich hätte kein Wunder gesehen, das mich überzeugt hätte. Dabei ist dies das Wunder, das einzig mögliche, ständig existie-

rende, mich von allen Seiten umgebende, und ich habe es nicht bemerkt! Was für ein Wunder könnte größer sein als dieses? (VIII, 12)

Am Ende seines ausgedehnten Räsonnements dankt Levin Gott für das Glück des Glaubens und wischt sich die Tränen der Rührung ab, die ihm in den Augen stehen (VIII, 13).

Der Roman endet wiederum mit einem direkten inneren Monolog, in dem Levin für sich das Problem der Koexistenz seines neu erworbenen Christentums mit anderen Glaubensrichtungen klärt und sich die Frage nach den Folgen seines Glaubens oder seines neuen Gefühls stellt:

> Dieses neue Gefühl hat mich nicht verändert, nicht beglückt, nicht plötzlich erleuchtet, wie ich es erträumt hatte [...] Und der Glaube – nicht Glaube, ich weiß nicht, was das ist – jedenfalls ist dieses Gefühl genauso unmerklich und durch Leiden in mich gekommen und hat sich in der Seele festgesetzt.
> Genau wie früher werde ich mich über Kutscher Ivan ärgern, genau wie früher werde ich streiten, werde meine Gedanken unpassend äußern [...] genau wie früher werde ich mit dem Verstand nicht begreifen, weshalb ich bete, und werde ich beten – aber mein Leben ist nun, mein ganzes Leben, unabhängig von allem, was mir zustoßen kann, in jedem seiner Augenblicke – es ist keineswegs mehr sinnlos, wie es früher war, vielmehr hat es einen unanzweifelbaren Sinn: das Gute, das hineinzubringen in meiner Macht steht! (VIII, 19; Ü. rev.)

12.4 Tolstojs Ereignisphilosophie

Bezuchovs und Levins ‚Erleuchtungen' sind große mentale Entwicklungen, die sich nach unsern Kriterien als wahre Ereignisse ausweisen. Die Veränderungen sind relevant, unerwartet, nicht iterativ und in hohem Maße konsekutiv.

Bezuchovs Sinnfindung vermittelt ihm eine völlig neue Sicht auf das Leben und führt ihn zu einer erheblich veränderten Lebensweise. Nur als ein so Gewandelter kann er Partner der lebensvollen, spontanen, tatkräftigen und den Menschen zugewandten Nataša werden. Levin dagegen ändert grundlegend zwar seine Lebensauffassung, braucht aber nicht seine Lebensweise zu ändern. Er bildet sich für sein Ethos und sein praktisches Handeln, die unverändert bleiben, lediglich einen neuen theoretischen Überbau: Er versteht am Ende des Romans, „dass er gut gelebt, aber schlecht gedacht hat" (VIII, 12). Nicht von ungefähr endet der Roman mit seinem inneren Monolog, in dem er sich eingesteht, dass sein „neues Gefühl", wie er den gewonnenen Glauben nennt, seine gewohnten Verhaltensweisen und sein praktisches Handeln nicht verändern wird, aber sein ganzes Leben mit einem Sinn erfüllt, nach dem er lange vergeblich gesucht hat.

Tolstoj ist in seinen beiden Romanen im Allgemeinen ein Skeptiker der großen Taten. Im praktischen Handeln gibt es keine herausragenden, besonders relevanten Veränderungen. In *Krieg und Frieden*, das zeigt uns Tolstoj mit allem didaktischen Nachdruck, sind die kleinen Aktionen von Kapitän Tušin an seiner Kanone mindestens so schlachtentscheidend wie die Anweisungen des Feldherrn. Das Leben und die Geschichte bestehen aus dem Gewimmel von unzähligen kleinen, unbedeutenden Handlungen, und es ist in Tolstojs Sicht willkürlich, einzelne von ihnen als besonders ausschlaggebend herauszuheben. Tolstoj modelliert das Leben und die Geschichte als unendliches Kontinuum, in dem nur der abstrahierende und konstruierende Blick Ereignisse oder Kausalitäten erkennt.

Tolstoj gestaltet auch das Seelenleben seiner Helden als unendliches Kontinuum. Nicht weniger als geschichtliche Entwicklungen geschieht die Veränderung des Bewusstsein in unzähligen kleinen Schritten.[12] Das ist am mentalen Ereignis Andrej Bolkonskijs demonstriert worden. Die plötzlichen, alle früheren Annahmen revidierenden Erleuchtungen Bezuchovs und Levins scheinen der Entwicklung in kleinen Schritten zu widersprechen. Indessen sind sie, wie gezeigt wurde, jeweils durch die Reihe von Irrtümern und falschen Optionen vorbereitet, so dass es nur eines kleinen Funkens bedarf, um die Erleuchtung auszulösen.

Die Suche nach Gott und dem Sinn des Lebens ist bei Tolstoj ein Privileg oder eine Last der Männer. Die Suche Pierre Bezuchovs und Konstantin Levins führt zu dem Ergebnis, dass Gott nicht mit einer metaphysischen Idee zu fassen und der Sinn des Lebens nicht in der Reflexion zu gewinnen ist. Gott fällt im antimetaphysischen Glauben Tolstojs mit dem Guten zusammen, und das Gute besteht im richtigen, der Situation angemessenen Handeln. Die idealen Frauen Nataša und Kitty bedürfen der Suche und der Reflexion nicht. Sie wissen instinktiv, was im konkreten Moment das Notwendige ist. Das zeigt sich an Nikolaj Levins Sterben. Während Konstantin hilflos und ratlos am Todeslager des Bruders steht, tut Kitty das, was getan werden muss, um dem Sterbenden das noch vorhandene Leben zu erleichtern, und sei es auch nur durch das Aufschütteln des Kopfkissens. Um das Notwendige und Hilfreiche, das im Tolstojschen Sinne ‚Gute', weiß Kitty instinktiv. Deshalb benötigt sie auch keine Gottesidee, und deshalb ist sie nicht beunruhigt durch Konstantins Unglauben. Sie kennt seine Seele, seine redliche Gesinnung. Das reicht ihr. Nach einer metaphysischen Begründung für das Tun des Richtigen verlangt sie nicht.

---

12 Vgl. dazu Gary Saul Morsons (2014, XIV) Anwendung seines Konzepts der *prosaics* (Morson 1988; 2013) auf die Bewusstseinsdarstellung in den beiden großen Romanen Tolstojs.

Eine andere ideale Frau, der „moralische Kompass" von *Anna Karenina* (Morson 1988, 5), ist Dar'ja, genannt Dolly, die Ehefrau des zynischen, ganz dem konkreten Moment hingegebenen Lebensgenießers Stepan (Stiva) Oblonskij, die als Mutter von sieben Kindern in ständiger Sorge um ihre Familie ist und sich umsichtig um das jeweils Notwendige kümmert. Vronskij bezeichnet sie herablassend als „sehr gutherzig, aber excessivement terre-à-terre" (VI, 24). Genau diese prosaische um die kleinen, konkreten Bedürfnisse des Lebens besorgte Existenz ist für den Autor des Romans die ideale Lebensform, in der sich der Sinn des Lebens erfüllt.

Das Gegenspiel von männlicher Reflexion und weiblicher praktischer Sorge um die Existenz der Familie, das das Verhältnis der Geschlechter in *Anna Karenina* bestimmt, wird noch einmal in den Schlusszeilen des Romans manifest. Levin schickt sich an, Kitty seine neuen Gedanken über Gott und den Sinn des Lebens mitzuteilen, wird aber von ihr unterbrochen, die sich um die Unterbringung eines eingetroffenen Gastes kümmert. Levin ist damit zufrieden und verzichtet darauf, Kitty seine Ideen mitzuteilen.

So ergibt sich für Tolstojs narrative Welt, dass die Männer in ihrer langwierigen und quälenden Suche nach Gott und dem Sinn des Lebens dort ankommen, wo die Frauen schon sind. Die Frauen sind in Tolstojs Welt, sofern sie dem auktorialen Ideal entsprechen, nicht Subjekte einer kognitiven, ethischen oder religiösen Metabolé. Es mangelt ihnen nicht an Ereignisfähigkeit. Sie sind vielmehr nicht ereignisbedürftig. Anders steht es mit den Frauen, die dem auktorialen Ideal nicht entsprechen, also Hélène Kuragina und Anna Karenina. Erstere ist unendlich weit von einem Umdenken und Umwerten entfernt und wird vom Autor durch Krankheit und Tod aus dem Spiel genommen. Annas Denken führt sie in den Abgrund des Selbstmords.

Mittler des Wissens, das die Sinnsucher erwerben, sind nicht die Frauen Nataša und Kitty, sondern Figuren aus dem einfachen Bauernvolk, der vegetativ lebende Platon Karataev und der uneigennützige Platon Fokanyč, beide nicht zufällig Träger des Philosophennamens. Nataša und Kitty, aber auch Dolly und die beiden Platons haben gemeinsam, dass sie in Tolstojs narrativer Welt der Natur, dem natürlichen Leben und der natürlichen Ethik näher als die reflektierenden Männer stehen.

Wenn die Männer nur so weit gelangen, wie ihre Partnerinnen immer schon sind, ist dann Entwicklung in Tolstojs Welt überhaupt möglich? Tatsächlich zeigt sich der Autor von *Krieg und Frieden* und *Anna Karenina* als ein Skeptiker der Veränderung, der Ereignishaftigkeit. Dafür ist Levins Monolog, der den ganzen Roman beschließt, höchst symptomatisch mit seiner anaphorischen Reihung von *genau wie früher*. In seinem praktischen Handeln hat sich durch das

Finden des Lebenssinnes und einer Gottesidee nichts verändert. Schon vor dem Gewinn seiner Einsichten war er ein Mensch mit hohem Ethos. An Levin exemplifiziert der Autor seine eigene antimetaphysische Gottesidee: Gott ist das Gute, und das Gute besteht im richtigen praktischen Handeln.

Unter dem Aspekt von Levins und Tolstojs Skepsis gegenüber tiefgreifenden Veränderungen ist an das Ende von beiden Romanen eine Frage zu stellen: Ist die finale Sistierung, die die beiden beweglichen Helden Bezuchov und Levin im Familienleben finden, angesichts der Konstituierung ihres unruhigen, auf fortwährende Suche eines Ideals eingestellten Charakters glaubwürdig? Ist es plausibel, dass die von einem Lebenskonzept zum andern wechselnden Helden nach ihrer ‚Erleuchtung' zur Ruhe kommen? Realisiert der Autor in der Ruhe, die seine Sinnsucher im Glauben und in der Familie finden, nicht einen eigenen Sinnwunsch?

12.5 Pragmatische Ereignishaftigkeit in *Auferstehung*

Dass Reflexion, Einsicht und Umdenken durchaus auch einschneidende praktische Folgen haben und dass mentale Ereignisse hohe pragmatische Konsekutivität zeitigen können, demonstriert Tolstoj in seinem dritten Roman, *Auferstehung* (Voskresenie; 1899), an dem der Autor mehr als zehn Jahre schrieb und der, vom Publikum in der langen Romanpause des Autors sehnlichst erwartet, mehr als zwanzig Jahre nach *Anna Karenina* erschien.

Fürst Dmitrij Nechljudov, der als Geschworener vor Gericht fungiert, erkennt in der des Giftmordes angeklagten Prostituierten Ekaterina Maslova ein von ihm einst verführtes Mädchen, das er verlassen hat, als sie, ohne sein Wissen, von ihm schwanger war. Im Bewusstsein seiner Schuld bemüht er sich mit allen ihm zur Verfügung stehenden Mitteln um eine Revision des von ihm als ungerecht erkannten Urteils. Nachdem seine Bemühungen um eine Revision gescheitert sind, übergibt er einen großen Teil seines Grundbesitzes unentgeltlich seinen Bauern und folgt der Verurteilten nach Sibirien. Vor Beginn der Zwangsarbeit wird Ekaterina begnadigt und kann sich in Sibirien ansiedeln. Nechljudov will mit Ekaterina in Sibirien leben und bietet ihr die Ehe an, doch sie lehnt ab und heiratet einen politischen Häftling.

Warum nimmt Ekaterina den Antrag Nechljudovs, der seine ganze Existenz für die Wiedergutmachung seiner verwerflichen Handlungsweise aufgegeben hat, nicht an? Das bleibt ein Rätsel. Nechljudov versteht ihre Absage so, dass sie ihn liebt, aber schonen will, da auch er, wie sie sagt, leben müsse.

Es gibt für die Absage auch eine andere Erklärung, die im Text nicht explizit erscheint. Ekaterina hat Nechljudov vorgeworfen, er wolle sich durch sie nur

„retten", wie er an ihr nur seine Lust befriedigt habe. Offensichtlich spürt sie, dass er nach wie vor von Motiven der Sühne, des Opfers und ihrer Rettung geleitet ist, ohne sie zu lieben. Von seiner Seite ist auch nicht von Liebe die Rede. Sie will aber nicht Gegenstand eines Opfers, Gegenstand allgemeiner, abstrakter von Sühnegedanken getragener Menschenliebe sein.[13] Deshalb entschuldigt sie sich, offensichtlich dafür, dass sie nicht die zugedachte Rolle in Nechljudovs Sühnedrama zu spielen bereit ist. Ekaterina kann seine Gedanken geahnt haben, die ihm kurz vor ihrem letzten Zusammentreffen durch den Kopf geschossen sind: „Ich will leben, will eine Familie haben, will Kinder haben, will ein menschliches Leben" (Tolstoj, SS v 20 t., XIII, 482).

Wie Ekaterinas Absage auch zu deuten ist, unbezweifelbar stellt Tolstoj in diesem späten, bereits von seiner Didaktik stark geprägten Roman, eine geistig-moralische Metabolé dar, die im praktischen Leben weitreichende Folgen hat.

12.6 *Anna Karenina*: Annas Konstruktion

12.6.1 Äquivalenzen: Die Träume und der Bär

Über den Grund für Annas Selbstmord gibt es unter den Interpreten weit divergierende Auffassungen, von der Ablehnung des Ehebruchs durch die Gesellschaft über die Bestrafung des Geliebten für seine vermeintlich abnehmende Leidenschaft bis hin zur fatalen Wirksamkeit des von Schopenhauer beschriebenen Lebenswillens (vgl. L. Müller 1952; Busch 1966, 1–14). Eine etwas andere Erklärung eröffnet sich, wenn man ein von Tolstoj stark gebrauchtes diegetisches, geschichtenbildendes Verfahren betrachtet, die Äquivalenz, die in den beiden Relationstypen Similarität und Kontrast auftritt (vgl. Schmid 2014a, 9–11; 2014d). Äquivalenzen sind ein wesentliches Moment jenes „endlosen Labyrinths der Verkettungen", das nach den Worten Tolstojs im berühmten Brief an Nikolaj Strachov von 1875 den Sinn von *Anna Karenina* konstituiert:

> Wenn ich mit Worten alles das sagen wollte, was ich mit dem Roman auszudrücken beabsichtigte, dann müsste ich denselben Roman, den ich geschrieben habe, noch einmal schreiben, und wenn die Kritiker das, was ich sagen will, schon jetzt verstehen und es sogar in einem Feuilleton ausdrücken können, dann kann ich ihnen nur gratulieren und freimütig versichern *qu'ils en savent plus long que moi*. Und wenn kurzsichtige Kritiker

---

[13] Käte Hamburger ([1950] 1963, 106) bringt das auf die Formel: „Nechljudow repäsentiert die unpersönliche Mitleidsethik Tolstojs".

glauben, ich hätte lediglich beschreiben wollen, was mir gefällt, wie Oblonskij zu Mittag isst und was für Schultern die Karenina hat, so irren sie sich.

In allem, fast in allem, was ich geschrieben habe, hat mich das Bedürfnis geleitet, Gedanken zu sammeln, die, um Ausdruck zu finden, miteinander verkettet waren, aber jeder Gedanke, den man gesondert in Worten ausdrückt, verliert seinen Sinn, wird schrecklich trivial, wenn er aus jener Verkettung herausgelöst wird, in der er sich befindet. Die Verkettung selbst wird (so glaube ich) nicht von einem Gedanken gebildet, sondern von etwas anderem, und die Grundlage dieser Verkettung unmittelbar mit Worten auszudrücken, ist einfach unmöglich. Das ist nur mittelbar möglich, indem man mit Worten Gestalten, Handlungen und Situationen beschreibt [...] Jetzt aber, da neun Zehntel alles Gedruckten Kunstkritik ist, sind Leute vonnöten, die zeigten, wie unsinnig es ist, in einem Kunstwerk einzelne Gedanken ausfindig zu machen, und die die Leser durch jenes endlose Labyrinth der Verkettungen leiteten, auf dem das Wesen der Kunst beruht, und die sie schließlich zu jenen Gesetzen hinführten, die die Grundlage dieser Verkettungen bilden. (Tolstoj, 62, 268–269)

Zu den Äquivalenzen gehören nicht nur die bekannten Leitmotive in Tolstojs Roman, z. B. Annas eigenwillige Haare und Vronskijs kräftige Zähne, sondern auch ganze Handlungssequenzen. Ein Beispiel sind Vronskijs und Annas ähnliche Träume. Von der Bärenjagd mit dem ausländischen Prinzen nach Hause zurückgekehrt, findet Vronskij ein Billet vor, in dem ihn Anna bittet, abends zu ihr zu kommen. Nach dem Mittagessen legt sich Vronskij auf das Sofa. Vor dem Einschlafen verwirren sich in seinem Bewusstsein die abstoßenden Szenen, die er in den letzten Tagen mit dem ausländischen Prinzen auf dessen Jagd nach „russischen" Vergnügungen gesehen hat, mit der Vorstellung von Anna und einem Kerl, der bei der Bärenjagd das Tier aufgestöbert hat. Er hat einen Traum, aus dem er zitternd erwacht. Kaltes Entsetzen läuft ihm über den Rücken. Als das Entsetzliche in dem Traum erkennt er die Figur eines kleinen verdreckten Mannes, wie ihm scheint, der Kerl von der Bärenjagd, mit zerzaustem Bart, der auf Französisch merkwürdige Wörter murmelt. Was ist in dem Traum so entsetzlich? Offensichtlich ist es die Äquivalenz des Treibers bei der Jagd mit Anna. In seinem Traum sieht sich Vronskij als Opfer, als der Bär, der von dem Treiber in die Falle gelockt wird. Aufgewacht, tut Vronskij den Traum als „Unsinn" ab und schaut auf die Uhr. Es ist spät. Er eilt zu Anna (IV, 2). Anna empfängt den Verspäteten mit einem der immer häufiger wiederkehrenden Anfälle ihrer Eifersucht. Sie weiß sicher, dass sie bei der Geburt des Kindes, das sie von Vronskij erwartet, sterben wird. Die Sicherheit gibt ihr ein Traum, den sie schon seit langem mehrfach geträumt hat. Als Anna diesen Traum erwähnt, dessen Inhalt er noch gar nicht kennt, erinnert sich Vronskij augenblicklich an seinen Traum und die darin französische Wörter murmelnde Figur. In Annas Traum figuriert „ein Kerl, klein, mit zerzaustem Bart, grauenhaft". Anna erzählt: „Ich möchte davonlaufen, aber er beugt sich über einen Sack und kramt darin mit den Händen ..." (IV, 3). Entsetzen steht in ihrem Gesicht. Und Vronskij spürt in Erinnerung an seinen Traum ebensolches Entsetzen.

> „Er kramt darin und murmelt dazu auf Französisch, blitzschnell, weißt du, mit weichem R: ‚Il faut le battre le fer, le broyer, le pétrir [Man muss es schlagen, das Eisen, es zermalmen, es durchwalken] ...' Und ich will aufwachen vor Angst, wache auch auf – aber ich wache im Traum auf. Und frage mich, was das zu bedeuten hat. Und Kornej sagt zu mir: ‚Bei der Geburt, bei der Geburt werden Sie sterben, liebe Frau, bei der Geburt ...' Und ich wache auf ..." (IV, 3)

Neben der starken Ähnlichkeit der Träume gibt es eine vielsagende Differenz. Vronskijs Traum ist ein Reflex seiner Furcht davor, dass ihn Anna seiner Freiheit berauben könnte, einer Furcht, die in Bildern der Bärenjagd ausgedrückt wird. Annas Traum reflektiert die Erwartung ihres bevorstehenden Todes. Das Motiv des Eisens verweist auf die „Eisenbahn" (die russische Bezeichnung железная дорога ist eine Lehnprägung nach dem Deutschen). An der Eisenbahn hat Anna Vronskij zum ersten Mal getroffen, und es ist die Eisenbahn, die ihr den Tod bringen wird.

Hunderte Seiten später hat Anna denselben Traum. Sie hat Streit mit Vronskij gehabt. Sie glaubt das völlige Erkalten seines Gefühls zu spüren, und der Tod erscheint ihr als einziges Mittel, um in seinem Herzen die Liebe zu ihr wiederherzustellen, ihn zu bestrafen und den Sieg im Kampf um die Liebeshoheit zu erringen. Nach unruhiger Nacht, in der sie die Absichten des Tages revidiert und nur mit der üblichen Dosis von Morphium in den Schlaf findet, hat sie wieder den grauenhaften Alptraum, der sich, wie der Erzähler unterstreicht, schon vor ihrer Liaison mit Vronskij ein paarmal wiederholt hat:

> Ein uraltes Männlein mit zottigem Bart machte etwas, über Eisen gebeugt, und murmelte dazu sinnlose französische Wörter, und wie immer bei diesem Alptraum (das war auch das Entsetzliche daran) spürte sie, dass dieses Männlein sie überhaupt nicht beachtete, sondern etwas Grauenhaftes da machte an dem Eisen über ihr, etwas Grauenhaftes machte über ihr. Und sie erwachte in kaltem Schweiß. (VII, 26)

Die Motive des Traums sind natürlich eine Vorausdeutung auf ihr Ende unter den Eisenrädern des Zugs. Nicht zufällig erscheint die Figur des Männleins bei ihrem Selbstmord unmittelbar bevor das Rad der Eisenbahn sie erfasst.

Wenn der Erzähler erwähnt, dass sich der Alptraum „schon vor ihrer Liaison mit Vronskij ein paarmal wiederholt hat", berichtet er offensichtlich figural. Angesichts des Designs der Traum-Äquivalenzen ist es nicht sehr wahrscheinlich, dass die Gestalt des französische Worte murmelnden Kerls, eines Todesboten, unabhängig von Annas Verbindung mit Vronskij und schon vor dieser aufgetreten ist. Der Erzähler hat offensichtlich Annas Perspektive übernommen und behandelt ihr Wunschdenken als eine objektiv gegebene Tatsache. Wir haben guten Grund für diese Annahme, da die Passage in einen Kontext eingebettet ist, der viel erlebte Rede und uneigentliches Erzählen enthält. Und Anna hat gute Gründe zu wünschen, dass ihr Alptraum nicht mit Vronskij verbunden ist. In Wirklichkeit tritt die Figur des unheimlichen Männleins erst nach ihrem ersten Zusammentreffen mit Vronskij in ihr Bewusstsein ein. Auf ihrer Rückkehr von Moskau nach Petersburg[14] nimmt sie auf einem Zwischenhalt an einer kleinen Station während des tosenden Schneesturms, unmittelbar bevor sie Vronskij erblickt, den „gebückten Schatten eines Mannes" wahr, der vor ihren Füßen durchhuscht, und sie hört Hammerschläge gegen Eisen. Diese Wahrnehmung in der Nähe des ergeben blickenden, ihre erotische Phantasie anregenden Vronskij und in der ominösen Sphäre der Eisenbahn kann man als den Ursprung des Alptraums annehmen.[15] Das Beispiel zeigt, wie kunstvoll Tolstoj Verfahren der Komposition für die Bewusstseinsdarstellung nutzt.

12.6.2 Zerschnittene Körper

Das Netz der Verkettungen reicht jedoch noch weiter und verbindet Beginn und Ende der Anna-Handlung durch eine starke, dreiteilige Äquivalenz. Das Motiv, das die drei Teile verbindet, ist das Zerschneiden eines menschlichen Körpers. Das mittlere Glied dieser Triade bildet die Szene der ersten körperlichen Vereinigung der Liebenden. Es geht um die Situation nach der Erfüllung dessen, was Vronskij glühend gewünscht hat und was Anna wie ein nicht zu verwirklichender Glückstraum erschienen ist:

---

14 Während dieser Rückfahrt ist Anna zwischen Gefühl und Vernunft hin- und hergerissen. Einerseits ist sie beim Besteigen des Zugs froh, dass „alles zu Ende ist, Gott sei Dank!" (I, 29), und sie meint damit natürlich die Versuchung durch den ergeben und verliebt blickenden Vronskij. Im Rückblick auf die Moskauer Begegnungen vergewissert sie sich, dass es in ihnen nichts gab, dessen sie sich schämen müsste. „Gleichwohl wurde an dieser Stelle der Erinnerungen das Gefühl der Scham stärker". Diesem Gefühl widerspricht die Stimme der Vernunft: „Als gäbe es zwischen mir und diesem Offizier, diesem Bürschchen, als könnte es da ein anderes Verhältnis geben wie zu jedem Bekannten!" Die Stimme der Vernunft wird wiederum durch die aufwallende Emotion dementiert: sie „hätte fast laut aufgelacht vor der Freude, die sie plötzlich grundlos befiel" (I, 29).
15 Zum Motiv der Eisenbahn in *Anna Karenina* und zu Tolstojs negativer Einstellung zu dem Verkehrsmittel, das er als Symbol für fleischliches Verlangen und Grausamkeit betrachtete, vgl. Elisabeth Stenbock-Fermor (1975, 65–74).

Sie empfand sich als derart frevlerisch und schuldig, dass sie nichts anderes tun konnte, als sich zu demütigen und um Vergebung zu bitten; doch hatte sie in ihrem Leben jetzt niemanden mehr außer ihm, so dass sie auch an ihn ihr Flehen um Vergebung richtete. Blickte sie ihn an, empfand sie körperlich ihre Demütigung und konnte nichts weiter sagen. Er hingegen empfand, *was ein Mörder empfinden muss, wenn er den Leib sieht, dem er das Leben genommen hat. Dieser Leib, dem er das Leben genommen hat, war ihre Liebe, die erste Zeit ihrer Liebe.* Etwas Entsetzliches und Widerwärtiges war an den Erinnerungen, was zu diesem schrecklichen Preis der Scham erkauft worden war. Die Scham vor ihrer inneren Nacktheit drückte sie nieder und teilte sich ihm mit. Aber trotz allen Entsetzens, das der Mörder vor dem Leib des Ermordeten empfindet, muss er diesen Leib auch noch in Stücke schneiden, verbergen, muss der Mörder das nutzen, was er mit dem Mord erlangt hat.

Und mit Ingrimm, gleichsam mit Leidenschaft stürzt sich der Mörder auf diesen Leib und verschleppt und zerschneidet ihn; so bedeckte auch er ihr Gesicht und ihre Schultern mit Küssen. Sie hielt seine Hand und rührte sich nicht. (II, 11; Ü. Rev.; Hervorhebung von mir – W. Sch.)

Wer vergleicht hier den Liebhaber mit einem Mörder? Zunächst könnte es scheinen, dass Vronskij so empfindet. Es heißt ja ausdrücklich: „Er hingegen empfand, was ein Mörder empfinden muss". Aber sollte der Rittmeister die Erfüllung dessen, was „fast ein ganzes Jahr lang das einzige und ausschließliche Begehren seines Lebens gewesen war" (II, 11), als Mord empfinden? Auch die narratoriale Wiedergabe der Gefühle Vronskijs ist hier wenig wahrscheinlich. Vronskij muss anderes empfinden. In Betracht käme natürlich ein Vergleich, den der Erzähler im eigenen Namen, sozusagen hinter dem Rücken der Figuren, anstellt, also eine rein narratoriale Bemerkung oder gar eine auktoriale, auf den Autor zurückgehende. Bei Tolstoj begegnen solche narratorialen – und letztlich auktorialen – Kommentare durchaus nicht selten. Gleichwohl legt die Perspektivgestaltung dieser Passage eine andere Leseweise nahe. Wenn man bedenkt, dass um die kursiv gesetzten Segmente herum die Empfindungen und die innere Rede Annas wiedergegeben werden, kann man den Schluss ziehen, dass den Vergleich des wütenden Liebhabers mit dem Mörder niemand anders als Anna selbst zieht.[16] In ihrem Bewusstsein ist eine solche Vorstellung höchst motiviert. Denn das Bild des zerschnittenen Körpers lässt sich deuten als ein Reflex des „entsetzlichen Tods", den der Eisenbahnwärter bei ihrer ersten Begegnung mit Vronskij erlitten hat. Die Worte, die sie damals von zwei Vorübergehenden gehört hat, müssen sich tief in ihr Bewusstsein eingegraben haben: „Ein entsetz-

---

16 Die in vielen Aspekten geniale Verfilmung von 2012 nach dem Drehbuch von Tom Stoppard unter der Regie von Joe Wright mit Keira Knightley in der Titelrolle bestätigt diese Auffassung: Während des Liebesaktes ruft Anna Vronskij „Mörder, Mörder" zu.

licher Tod! [...] Es heißt, in zwei Stücke zerteilt" – „Im Gegenteil, ich finde, ein sehr leichter, augenblicklicher Tod" (I, 18; Ü. rev.). Anna ist erschüttert und kann nur mit Mühe die Tränen zurückhalten. Gegenüber ihrem Bruder Oblonskij deutet sie das Unglück als „schlechtes Vorzeichen" (I, 18; Ü. rev.). Es fragt sich: Vorzeichen für welche Entwicklung, welche Geschichte? Oblonskij mag an seine Eheprobleme denken, zu deren Lösung Anna angereist ist. Anna selbst meint indes offensichtlich ihre Beziehung zu Vronskij, dessen bewundernde Blicke ihr nicht entgangen sein können. Angesichts dieser Blicke hat Anna bereits eine Geschichte mit ihm entworfen.

Von diesem Moment an wird die Heldin zur Trägerin des fatalen Bildes vom zerschnittenen Körper, das sie mit Vronskij verbindet und das in ihren Träumen im Motiv des von einem Arbeiter bearbeiteten Eisens assoziativ aufscheint. Sie unterlegt dieses Bild ihrer ersten körperlichen Vereinigung mit Vronskij, und trägt es in sich, bis sich ihr Schicksal unter den schneidenden Rädern der Eisenbahn erfüllt. Kurz vor ihrem Selbstmord erinnert sich die Rat- und Orientierungslose an den Bahnarbeiter, der am Tag ihres ersten Zusammentreffens mit Vronskij überfahren wurde, und sie weiß, was sie zu tun hat (VII, 31). Bei solcher Verkettung der Motive erscheint ihr Tod unter den Rädern des Zuges als Erfüllung des Schemas ihrer fatalen Erwartungen, das sich bereits in der ersten Begegnung mit Vronskij gebildet hat. Insofern die betrachtete Schlüsselszene nach dem Liebesakt in figuraler, auf Anna bezogener Perspektive dargeboten wird, verweist uns der Autor auf die Heldin als Konstrukteurin ihres Schicksals.

Annas Selbstmord ist nicht Folge eines bewussten Entschlusses und nicht Ergebnis langer Überlegungen. Wie die Entscheidung für den Selbstmord zustande kommt, bedarf genauerer Betrachtung.

Nach dem Besuch bei Kitty, von der sie sich verurteilt und gehasst fühlt, lässt sich Anna in der Kalesche nach Hause fahren. In ihrem ausgedehnten, sich über mehrere Kapitel erstreckenden direkten inneren Monolog, der in seiner assoziativ-fragmentarischen Faktur einen *stream of consciousness* bildet[17], artikuliert sie ihre Erinnerung an die unerfreuliche Begegnung mit Kitty, reagiert abwertend auf zufällige Eindrücke von der Straße und formuliert für sich negative Generalisierungen. Sie hat soeben zwei Jungen beobachtet, die von einem Eismann unsauberes Eis erhalten:

---

17 Vgl. die oben in 2.8 zitierten Beispiele für indiziale und symbolische Bewusstseinsdarstellung.

> Alle möchten wir Süßes, das, was gut schmeckt. Gibt es kein Konfekt, dann schmutziges Eis. Kitty genauso: wenn nicht Vronskij, dann Levin. Und sie beneidet mich. Und hasst mich. Und wir alle hassen einander. [...] Wozu diese Kirchen, dieses Glockengeläut und diese Lüge? Nur, um zu verbergen, dass wir alle einander hassen, wie diese Droschkenkutscher, die sich so böse beschimpfen. (VII, 29; Ü. rev.)

Es gibt hier einen engen Zusammenhang zwischen Annas Erlebnis der vermeintlichen Ablehnung durch Kitty, ihrem Verdacht, dass sich Vronskij von ihr entferne, den auf der Straße mit negativem Fokus wahrgenommenen Figuren der Außenwelt und ihren Verallgemeinerungen.

Zu Hause angekommen, findet Anna ein Telegramm von Vronskij vor, das sie in seiner Tendenz missdeutet, da sie nicht bedenkt, dass Vronskij, als er es abgesandt hat, ihren Brief noch nicht erhalten haben kann. In ihr steigen Zorn und das Bedürfnis nach Rache auf: „Ich werde selbst zu ihm fahren. Bevor ich für immer wegfahre, will ich ihm alles sagen. Nie habe ich jemanden so gehasst wie diesen Menschen. [...] Ja, ich muss zu der Eisenbahnstation fahren und, wenn er dort nicht ist, hinfahren und ihn überführen" (VII, 29). Die Entscheidung, zum Bahnhof zu fahren, um Vronskij zu treffen, zeugt von Annas verlorenem Bezug zur Realität. Vronskij wird sich dort kaum aufhalten und auch nicht zufällig anzutreffen sein. Er hat das Telegramm von seiner Mutter aus geschickt, und es gibt keine Anzeichen dafür, dass er dabei eine falsche Adresse angegeben hätte. Bei der Beurteilung des Realitätsgehalts von Annas Vorstellungen ist zu bedenken, dass sie vor dem Schlafengehen regelmäßig eine Arznei einnimmt, „in der Morphium ein wichtiger Bestandteil ist".[18] In Kapitel VI, 24 wird dargestellt, wie Anna nach der Einnahme des Rauschgifts „beruhigt und in heiterer Stimmung" ins Schlafzimmer zu Vronskij geht.

Dass Anna zum Bahnhof fährt, ist offensichtlich diktiert von der unterschwelligen Assoziation des Geliebten mit der Eisenbahn, die sich bei ihrer Ankunft auf dem Bahnhof in Moskau gebildet hat. Unbewusst will Anna sich von ihrem Konflikt befreien, indem sie zu dessen Ursprung zurückkehrt. Auf der bewussten Ebene hat Anna nur unklare Vorstellungen von dem weiteren Vorgehen. Auf dem Bahnhof angekommen, weiß sie nicht, wohin sie fahren wollte.

Auf der Fahrt zum Bahnhof versinkt Anna wieder im assoziativen Strom ihrer negativen Beobachtungen und Generalisierungen. Zum ersten Mal legt sie

---

[18] Die Verfilmung von 2012 (s.o. S. 314) lässt keinen Zweifel an Annas Drogenkonsum aufkommen: mehrfach wird gezeigt, wie sie sich vor dem Schlafengehen aus einem Fläschchen mit dem Etikett „Morphine" bedient. In einer Szene, in der sie träumend dargestellt wird, erscheint das Bild des Fläschchens überblendet vom Bild und begleitet vom Geräusch der rotierenden Räder der Eisenbahn.

sich über ihre Beziehung zu Vronskij Rechenschaft ab und kommt zu dem Schluss, dass sie vor allem Vronskijs Eitelkeit schmeicheln musste, dass er stolz auf seinen Erfolg war. In Annas erlebter Rede benutzt Tolstoj wieder seine Lichtmetapher, die die klare Erkenntnis begleitet: „Das war keine Vermutung – sie sah das klar dank dem durchdringenden Licht, das ihr jetzt den Sinn des Lebens und der menschlichen Verhältnisse offenbarte" (VII, 30). Sie rechnet nicht nur schonungslos mit Vronskijs Motiven ab, sondern stellt auch ihre Liebe zum eigenen Sohn in Frage, die sie gegen „jene" Liebe vertauscht hat. „Und mit Abscheu ging ihr durch den Sinn, was sie jene Liebe nannte. Und die Klarheit, mit der sie jetzt ihr eigenes und aller Menschen Leben sah, machte sie froh" (VII, 30). Auf dem Bahnhof wird sie von widersprüchlichen Gedanken und Gefühlen überwältigt: der Beschuldigung Vronskijs, ihrer Liebe und ihrem Hass. Bislang hat sie freilich nicht bewusst an Selbstmord gedacht.

Aus dem Abteil erblickt Anna „einen verdreckten, grässlich anzusehenden Kerl, dessen zerzaustes Haar unter der Mütze hervorhing". Der Kerl geht am Fenster vorbei und beugt sich hinab zu den Rädern des Waggons. (VII, 31). Die Figur erinnert Anna an ihren Traum, und sie wechselt die Seite des Abteils. Aus den Gesprächen der Mitreisenden hört Anna nur gegenseitigen Hass heraus, und es ist ihr unmöglich, solche „kläglichen Missgestalten" nicht zu hassen (VII, 31). Während der Fahrt greift sie einen von Mitreisenden gesprochenen Satz auf: „Dafür ist dem Menschen der Verstand gegeben, damit er sich von dem befreit, was ihm zu schaffen macht", und sie wendet diesen Satz auf sich an:

> „Ja, sehr macht es mir zu schaffen, und dafür ist einem der Verstand gegeben, damit man sich befreit; folglich muss ich mich befreien. Warum nicht die Kerze löschen, wenn es nichts mehr zu schauen gibt, wenn es einen anwidert, das alles anzuschauen? Aber wie? Wozu läuft dieser Schaffner an der Stange draußen vorbei, wozu schreien sie, die jungen Leute in dem anderen Waggon? Wozu reden sie, wozu lachen sie? Es ist alles die Unwahrheit, alles Lüge, alles Trug, alles von Übel!" (VII, 31)

Bei Ankunft auf der Station steigt Anna aus dem Zug aus und weiß nicht mehr recht, was sie vorgehabt hat. Sie will sich nicht quälen lassen, und diese Absichtserklärung richtet sich nicht gegen Vronskij, sondern „gegen den, der ihre Qualen veranlasst hat" (VII, 31).

Anna steht auf dem Perron. In der Fülle der sie quälenden visuellen und akustischen Eindrücke ist sie hilflos, weiß nicht wohin. Es nähert sich ein Güterzug. „Da fiel ihr plötzlich der überfahrene Mann vom Tag ihrer ersten Begegnung mit Vronskij ein, und sie wusste, was sie zu tun hatte" (VII, 31). Sie richtet ihren Blick auf die Mitte zwischen Vorder- und Hinterrädern: „Dorthin!

[...] genau in die Mitte, und ich bestrafe ihn und befreie mich von allen und von mir selbst" (VII, 31):

> [Sie] ließ sich unter den Waggon auf die Hände fallen und mit einer leichten Bewegung, als wollte sie gleich wieder aufstehen, nieder auf die Knie. Und im selben Augenblick war sie entsetzt über das, was sie tat. „Wo bin ich? Was tue ich? Wozu?" Sie wollte sich erheben, zurückschnellen, doch etwas Riesiges, Unerbittliches stieß ihren Kopf und zog sie am Rücken. „Lieber Gott, vergib mir alles!" sagte sie in dem Gefühl, dass ein Kampf unmöglich war. Der kleine Mann arbeitete an dem Eisen, murmelte dazu etwas vor sich hin. Und die Kerze, in deren Licht sie das von Unruhe, Trug, Kummer und Übel erfüllte Buch gelesen hatte, flackerte auf, heller denn je, erhellte ihr alles, was zuvor in Finsternis gelegen war, knisterte, wurde schwächer und erlosch für immer. (VII, 31)

Die Rekonstruktion des Endes macht klar, dass von einer bewussten, zielgerichteten Handlung nicht die Rede sein kann. Der Selbstmordgedanke kommt assoziativ, ist aber auf der Ebene des Unbewussten wohl vorbereitet. Nicht von ungefähr ist der das Eisen bearbeitende Mann des Alptraums, der die an der Eisenbahn begonnene Beziehung zu Vronskij symbolisiert und den Tod verkörpert, der letzte erwähnte Agent der Anna-Handlung.

Höchste Beachtung verdient, dass Anna in dem Moment, da sie sich auf die Gleise fallen lässt, entsetzte Fragen stellt: „Wo bin ich? Was tue ich? Wozu?". Sie erwacht aus ihrem Rausch der Realitätsverweigerung[19], erkennt ihre Wirklichkeit und will dem schneidenden Rad entkommen. Aber es ist zu spät. Im Erwachen erfasst sie, dass die Klarheit, die sie in ihrer Erkenntnis der Situation gewonnen zu haben glaubt, trügerisch gewesen ist. Und die Rache, die sie mit ihrem Fall vor die Räder üben wollte, erweist sich als Spiel, das nicht existenziell ernst gemeint war, als eine Finte im Kampf um Vronskijs grenzenlose Hingabe, im Kampf um ihre Macht. Schon nach der ersten Liebesbegegnung hat sie drohend verkündet: „Alles ist zu Ende. [...] Ich habe nun nichts außer dir. Vergiss das nicht" (II, 11). Und auf dem Weg zum Bahnhof hat sie ihrem maßlosen Verlangen nach Herrschaft unverhohlenen Ausdruck verliehen: „Mir ist er mein Ein und Alles, und ich verlange, dass er sich mehr und mehr mir hingibt" (VII, 30).

Das Ereignis besteht darin, dass Anna, von Vronskijs Ergebenheit verführt, ihre Liebe von Anfang an als Inbesitznahme begreift und im Kampf um die

---

19 Es ist nicht zufällig Dolly, Tolstojs Idealfigur, die an Anna in der letzten Zeit die Angewohnheit bemerkt, die Augen zuzukneifen, vornehmlich dann, wenn es um Herzensangelegenheiten geht (z. B. in VI, 18; VI, 19; VI, 23 und VI, 28). Dolly interpretiert das als Annas Weigerung, die Realität zu sehen: „als ob sie vor ihrem Leben die Augen zukniffe, um nicht alles zu sehen" (VI, 21; Ü. rev.).

Dominanz Vronskij für seinen vermeintlichen Rückzug zu bestrafen sucht. Sie übersieht dabei, dass, was sie in ihrer wahnhaften Wirklichkeit als Bestrafung, als Finte intendiert, in der Realität entsetzliche Folgen hat.[20]

---

20 Der spielerische Charakter von Annas Handlungsweise wird in der oben genannten Verfilmung von 2012 durch die Struktur des Spiels im Spiel, durch die Verlegung der Handlung auf eine mitdargestellte Theaterbühne sinnfällig symbolisiert.

VI. Ereignisskepsis im russischen Postrealismus

13 Anton Čechov

13.1 Leidenschaftlicher Arzt und „Priester der Prinzipienlosigkeit"

Der russische Arzt Anton Čechov (1860–1904) war ein wahrer ‚positiver Held' in seinem Leben, aber ein Skeptiker der Ereignishaftigkeit in der Literatur. Während die Propagatoren einer progressiven Literatur aus behaglichen Lederfauteuils ihre Direktiven für die Darstellung großer sozialer Ereignisse erteilten, machte sich der lungenkranke Schriftsteller im April 1890 auf den strapaziösen, zwei Monate dauernden Weg von Moskau zur mehr als siebentausend Kilometer entfernten Sträflingsinsel Sachalin.[1] Das war nach seinen Worten ein „Ort der unerträglichsten Leiden", in dessen Gefängnissen Russland „Millionen von Menschen verfaulen ließ" und „alles auf die rotnasigen Aufseher abwälzte".[2] In der Absicht, die unerträglichen Lebensbedingungen der Häftlinge zu dokumentieren, fuhr Čechov nach eigenem Bekunden in jede Siedlung, betrat jede Hütte und sprach mit jedem Sträfling und Strafkolonisten.[3] Im Dezember 1890 nach Hause zurückgekehrt, begnügte er sich mit der wissenschaftlich-publizistischen Abhandlung *Die Insel Sachalin* (Ostrov Sachalin; 1893–1895) als Frucht der Reise[4] und verzichtete darauf, die Erlebnisse auf der Sträflingsinsel für seine literarischen Werke zu nutzen.[5] Der nüchterne, aber deshalb nicht weniger erschütternde Bericht *Die Insel Sachalin* wurde in Russland aufmerksam wahrgenommen und veranlasste die Regierung zu einer Reihe von Erleichterungen für die Sträflinge.

---

1 Einzelheiten zu den Stationen der Reise mit der Pferdekutsche und dem Dampfer und Auszüge aus Briefen von Sachalin in Urban (Hg. 1981, 141–148).
2 Brief an Aleksej Suvorin (Čechov, *Pis'ma*, IV, 31–34). Suvorin war der Verleger der konservativen Zeitung *Die neue Zeit* (Novoe vremja), in der Čechov von 1886 an seine Erzählungen veröffentlichte und in deren Verlagshaus die ersten Werkausgaben erschienen. Mit Suvorin verband ihn bis zum Zerwürfnis im Jahr 1899, als Čechov zu dem aus Deutschland stammenden Verleger Adolf Marx (Marks) wechselte, ein enges Vertrauensverhältnis, aus dem zahlreiche Briefe mit persönlichen Bekenntnissen hervorgegangen sind, eine Hauptquelle für die Rekonstruktion der Weltsicht des Autors.
3 Vgl. dazu seinen Brief an Suvorin vom 11.9.1890 (*Pis'ma*, IV, 133–134; dt. Auszüge in Urban [Hg. 1981, 146]).
4 Neben dem nüchternen akademischen Bericht über Sachalin, an dem Čechov fast vier Jahre arbeitete, verfasste er auch Reiseskizzen unter dem Titel *Aus Sibirien* (Iz Sibiri; 1890).
5 Einen Anklang an das auf Sachalin Erlebte gibt lediglich die Erzählung *Krankenzimmer № 6* (Palata № 6; 1892).

Gleichwohl schloss sich der Menschenfreund Čechov, der mit seiner erfolgreichen Schriftstellerei seine ärztliche Behandlung von Armen finanzierte, nicht dem damals dominanten Trend zu sozial engagierter Literatur an, sondern fuhr fort, leidenschaftslos-objektive Erzählungen zu schreiben, in denen er sich erlaubte, die progressive Doxa der Mainstreamkultur kritisch zu betrachten. Seine hundertzeiligen Erzählungen brachten ihm den Vorwurf fehlender Ideale und mangelnden sozialen Engagements ein. Dem Vorwurf ethischer Indifferenz begegnete er noch kurz vor der Abreise nach Sachalin in einem Brief an Suvorin:

> Sie schelten mich für meine Objektivität und nennen sie Gleichgültigkeit gegenüber Gut und Böse, Mangel an Idealen und Ideen und dergleichen. Sie wollen, dass ich, wenn ich Pferdediebe darstelle, sage: Pferdediebstahl ist etwas Böses. Aber das weiß man auch ohne mich schon lange. Sollen doch die Geschworenen über sie richten, meine Sache ist nur, zu zeigen, wie sie sind. Ich schreibe: Sie haben es mit Pferdedieben zu tun, so wissen Sie denn, dass das keine Armen sind, sondern satte Menschen, dass sie Leute des Kults sind und dass Pferdediebstahl nicht einfach Diebstahl ist, sondern eine Leidenschaft. Natürlich wäre es angenehm, Kunst mit Predigt zu verbinden, aber für mich ist das außerordentlich schwierig und fast unmöglich, aus Gründen der Technik. (*Pis'ma*, IV, 54)[6]

Mit dem Vorwurf der Positionslosigkeit und des mangelnden sozialen Engagements verband sich die Klage über die „Sujetlosigkeit" (*bessjužetnost'*) seiner Erzählungen. Diese wurde entweder auf die „Zufälligkeit" (*slučajnost'*) des Geschehens oder die „Ereignislosigkeit" (*bessobytijnost'*) der Geschichten zurückgeführt.[7] Mentale Entwicklungen der Figuren waren in der Literatur des progressiven politischen Denkens in der Regel von sozialen Botschaften begleitet. So wirkte Čechovs Skepsis gegenüber der Möglichkeit tiefgreifender Veränderung der menschlichen Natur als humaner Vorenthalt, als soziales Renegatentum.

Der grundsätzliche und konsequente Verzicht des Autors auf eindeutige ethische oder politische Botschaften führte in den Kreisen der linken Intelligencija zu scharfer Ablehnung seiner Werke.[8] In der weit verbreiteten Zeitschrift *Russkaja mysl'* (Die russische Idee; 1890, № 3; *Pis'ma*, IV, 406–407) wurde Čechov in

---

[6] Schon in einem Brief vom Februar 1883 warnt Čechov den schriftstellernden älteren Bruder Aleksandr vor seiner subjektiven Schreibweise: „Subjektivität ist eine schreckliche Sache. Sie ist schon deshalb nicht gut, weil sie den armen Autor mit Haut und Haar ausliefert" (*Pis'ma*, I, 55; dt. Urban [Hg. 1981, 43]).

[7] Vgl. den detaillierten Überblick über die Geschichte dieser Urteile bis in die jüngere Zeit bei Cilevič 1976, 9–51.

[8] Čechov urteilte sehr kritisch über die Intelligencija seiner Zeit, wie aus dem Brief an I. I. Orlov vom 22.2.1899 hervorgeht: „Ich glaube nicht an unsere Intelligencija, die heuchlerisch, falsch, hysterisch, ungebildet und faul ist, ich glaube ihr sogar dann nicht, wenn sie leidet und klagt, denn ihre Unterdrücker kommen doch aus ihrem eigenen Schoß. Ich glaube an den einzelnen

einem anonymen Artikel sogar als „Priester der Prinzipienlosigkeit" verunglimpft, was den Autor veranlasste, in einem Brief an den Herausgeber Vul Lavrov in der ihm eigenen Bescheidenheit seine persönliche und professionelle Ethik darzulegen und im Übrigen den Kontakt mit der Redaktion der Zeitschrift abzubrechen (Brief vom 10.4.1890; *Pis'ma*, IV, 54–57).

Nach der Rückkehr von Sachalin setzte Čechov sein praktisches soziales Handeln fort: er leitete die Hilfsorganisation bei der Hungersnot im Gouvernement Nižnij Novgorod; kämpfte als Zemstvo-Arzt gegen die Ausbreitung der Cholera-Epidemie; baute auf eigene Kosten Volksschulen in und um das Gut Melichovo, in das er mit seinen Angehörigen, für die er zu sorgen hatte, 1892 umgezogen war.

Trotz seines persönlichen sozialen Engagements, das er oft weit über seine von der Krankheit reduzierten Kräfte hinaus betrieb, blieb Čechov skeptisch gegenüber dem politischen Fortschritt. Er glaubte aber an den wissenschaftlich-technischen Fortschritt und sah in Elektrizität und Dampfkraft „mehr Menschenliebe als in Keuschheit und Ablehnung des Fleischgenusses"[9], womit er sich gegen Tolstojs Morallehren abgrenzte.[10]

13.2 Problematisiertes Erkennen

Čechovs postrealistisches Erzählen ist nicht Prosa ohne Sujet, nicht einfach ereignislos, wie immer wieder wahrgenommen wurde, es *problematisiert* vielmehr die realistische Ereignishaftigkeit. Das Ereignis, Kernstück jeglichen Sujets, fand

---

Menschen, ich sehe die Rettung in den Einzelpersönlichkeiten, die über ganz Russland verstreut sind – ob Intelligenzler oder Bauern –, in ihnen liegt die Kraft, obwohl ihrer nur wenige sind [...] Die Wissenschaft schreitet immer weiter vorwärts, das gesellschaftliche Selbstbewusstsein nimmt zu, die Fragen der Moral beginnen uns zu beunruhigen und so weiter und so fort – und das alles geschieht ohne Wissen der Staatsanwälte, Ingenieure, Gouverneure, ohne Wissen der Intelligencija en masse und trotz allem." (Anton Tschechow, *Briefe 1879–1904*. Berlin 1968. 370–371; Ü. rev.)

9 Brief an Suvorin vom 27.3.1894 (*Pis'ma*, V, 283–284; dt. Urban [Hg. 1981, 195]). In dem Brief bekundet er: „Die Tolstojsche Philosophie hat mich stark berührt, hat mich 6–7 Jahre beherrscht, aber beeindruckt haben mich nicht die Grundthesen, die mir schon früher bekannt waren, sondern Tolstojs Art sich auszudrücken, seine Bedachtsamkeit, und wahrscheinlich eine besondere Art von Hypnose" (Ü. rev.).

10 Gleichwohl schätzte er Tolstojs persönliche Freundschaft und literarische Praxis immer hoch ein, während er sich über Dostoevskij distanziert äußerte: „Habe in Ihrem Buchladen Dostoevskij gekauft und lese ihn jetzt. Gut, aber schon ziemlich lang und unbescheiden. Sehr prätentiös" (an Suvorin vom 5.3.1889; *Pis'ma*, III, 169; dt. Urban [Hg. 1981, 123]).

im russischen Realismus seine höchste Verkörperung in jener geistigen und moralischen Umkehr, die man mit den Begriffen *prozrenie* („plötzliches Begreifen"), *prosvetlenie* („Klärung der Gedanken") oder *ozarenie* („Erleuchtung") bezeichnet hat.[11]

Das Ereignis des Erkennens hat man auch für Čechovs narrative Welt in Anspruch genommen. Oft freilich – und in der sowjetischen Forschung fast durchweg – mit Einengung auf politisch-soziale Erkenntnisprozesse. So bezeichnet Leonid Cilevič mit dem Sujet des *prozrenie* die Geschichte eines Helden, „der *schon* die Unnatürlichkeit der gesellschaftlichen Verhältnisse empfunden, aber *noch* nicht angefangen hat zu handeln" (1976, 56).

Tatsächlich ist Čechovs Narration in vielen seiner Erzählungen ganz auf die Gestaltung eines mentalen Ereignisses, einer existentiellen oder sozialen Erkenntnis, einer emotionalen Umstimmung oder einer ethisch-praktischen Neuorientierung ausgerichtet. Allerdings erscheint bei ihm das Ereignis anders motiviert, in anderer Gestalt und mit anderer Funktion als bei den Realisten. Die sittliche, religiöse oder soziale Einsicht, die innere Umkehr, die ethisch-moralische Läuterung und Vervollkommnung war bei Tolstoj und Dostoevskij, durch – zumindest vermeintliche – Erleuchtung aus der Transzendenz ins Werk gesetzt, vollständig vollzogen, unbezweifelbar in ihren Resultaten, gültig und allgemeingültig in ihrem Vorbildcharakter. Die Reue und Buße der Verbrecher und Sünder verhieß die Möglichkeit einer moralischen Wiedergeburt für alle, und die erfolgreiche Suche nach dem Sinn des Lebens garantierte die Existenz des Allgemeingültigen. Von den durch den Glauben an die Transzendenz ermöglichten, sich im unbezweifelbaren Resultat bestätigenden und in der auktorialen Intention zu Mustern erhobenen Ereignissen der großen Realisten unterscheiden sich die Erkenntnishandlungen in Čechovs narrativer Welt zumindest in fünf wesentlichen Punkten:[12]

1. Bei den Realisten war das Erkennen der Bezuchovs, Levins, Raskol'nikovs und Karamazovs das Ergebnis langer, qualvoller Sinnsuche. Bei Čechov dagegen gelangt der Mensch zur neuen Sicht der Dinge unversehens, wider Willen,

---

11 Zum Begriff des *prozrenie* vgl. oben Abschnitt 3.2, Anm. 3. Zu seiner narratologischen Verwendung: Cilevič 1976, 56; Levitan 1976, 33; Šatalov 1980, 67. Zur Anwendung des Begriffs der „Erleuchtung" auf Turgenev und Čechov vgl. etwa Šatalov 1974. In der sowjetischen Literaturwissenschaft wird mit diesen Begriffen synonym der Begriff des *sdvig* gebraucht, der „Verschiebung" in der Seele (Šatalov 1974) oder im Bewusstsein (Levitan 1976).
12 In den Ausführungen zu Čechov und in den Abschnitten zu einzelnen Werken greife ich Ergebnisse folgender meiner früheren Publikationen auf: 1984; 1987; 1994a; 1995; 1997b; 1998b; 2014e; 2014f; 2017b.

zumindest ohne es zu wollen, unter dem Druck der Umstände. Čechovs Figuren streben von sich aus weder nach Erkenntnis noch nach sittlicher Vervollkommnung noch gar nach einer Revision ihres Lebensentwurfs. Im Gegensatz zu den dynamischen Sinnsuchern der Realisten tendiert der postrealistische Mensch Čechovs eher zur ethischen Inertia.

2. Bei den Realisten verdankte sich das Erkennen, das mit Lichtmetaphern wie *Erhellung* oder *Erleuchtung* umschrieben wurde, der Bewegung der Seele oder gar der Einwirkung einer transzendenten Macht und wurde vermittelt durch einen Mann aus dem Volke, der in seiner Einfachheit eine überweltliche Wahrheit verkündete. Bei Čechov dagegen sind die Erkenntnishandlungen weltimmanent motiviert. Jedes auch nur teilweise Mitwirken einer transzendenten Macht ist in Čechovs antimetaphysischem Weltentwurf ausgeschlossen. Das *prozrenie* verdankt sich einem lediglich durch die äußere Situation hervorgerufenen neuen Sehen und nicht einer Erleuchtung von oben oder von innen.[13]

3. Das Erkennen in der Narration der Realisten bezog sich auf Wesentliches. In den Romanen Dostoevskijs und Tolstojs ging es um nichts Geringeres als die Existenz und Gerechtigkeit Gottes, den Sinn des Lebens, die Lizenzen des Menschen. Bei Čechov geht es in den Erkenntnishandlungen nicht selten um etwas, was allgemein als trivial aufgefasst werden kann. Die für das klassische Ereignis geforderte objektive Relevanz ist in Čechovs subjektiv-personalistischer Welt als Kriterium aufgehoben. Relevant ist, was der Protagonist als solches empfindet. Die Relativität der Relevanz demonstriert Čechov an der Erzählung mit dem narratologisch verheißungsvollen Titel *Ein Ereignis* (Sobytie; 1886). Das Ereignis besteht hier darin, dass eine Katze Junge wirft und der riesige Hofhund Nero alle Kätzchen mit einem Mal auffrisst. Čechov zeigt, wie subjektabhängig die Relevanzzuschreibung ist. Für die kleinen Kinder Vanja und Nina ist schon die Geburt der Katzenjungen ein Vorgang größter Bedeutung. Während die Erwachsenen dann ruhig hinnehmen, dass Nero die neugeborenen Kätzchen alle frisst, und sich nur über seinen unermesslichen Appetit wundern, bricht für die Kinder die Welt zusammen.[14]

---

13 Vgl. die Šatalov (1980, 67) korrigierende Darstellung des Unterschieds zwischen Tolstojs und Čechovs Ereignissen bei Thomas Wächter (1992, 93–94).
14 Cathy Popkin 1990 unterscheidet vier „Strategien", mit denen Čechov die traditionelle Bedeutsamkeit des Ereignisses unterläuft und die Dichotomie *bedeutsam/bedeutungslos* problematisch macht: 1. eine unbedeutend scheinende Begebenheit erweist sich als höchst folgenreich (Beispiel: *Der Tod eines Beamten* (Smert' činovnika; 1883), 2. ein Ereignis erscheint aus *einer* Perspektive als äußerst trivial, aus einer *andern* als höchst bedeutungsvoll (*Ein Ereignis*), 3. ein bedeutsames Ereignis wird erwartet, tritt dann aber nicht ein *Die Ehegattin* (Supruga; 1895), 4.

4. Bei Dostoevskij und Tolstoj bedeutete das Erkennen einen ethischen Fortschritt, der durch narratoriale Akzente axiologisch eindeutig markiert war. Čechovs Erkenntnishandlungen dagegen sind radikal figuralisiert und werden aus narratorialer Warte nicht bewertet. So können auch Einsichten zum zentralen Ereignis werden, die vom Standpunkt der jeweils gültigen Ethik zweifelhaft erscheinen. Die aufgewühlten Fragen etwa, die der Feldscher Ergunov in der Erzählung *Diebe* (Vory; 1890) an die gültige Ordnung der Welt richtet, geben ein *prozrenie* kund. Aber die neue Einsicht, die aus der Bewunderung für die Stärke, Freiheit und moralische Skrupellosigkeit der Pferdediebe herrührt, kollidiert nicht nur mit der herrschenden Ethik, sondern führt den Helden auch in eine höchst unromantische, wenig beeindruckende Existenz. Die axiologische Unmarkiertheit dieses Erkennens hat moralische Bedenken bei Suvorin hervorgerufen, der dem Autor – wie wir aus der oben, S. 342, zitierten Replik Čechovs wissen – „Gleichgültigkeit gegenüber Gut und Böse, Mangel an Idealen" vorwarf.

5. Die sittliche Einsicht, die moralische Wiedergeburt oder die ethische Vervollkommnung waren bei den Realisten allgemeingültig in ihrem Vorbildcharakter. Čechovs Darstellung von mentalen Ereignissen folgt dagegen keinerlei didaktischem Plan und zielt nicht auf die Gestaltung von Mustern. Eine errungene Einsicht hat keine allgemeine Gültigkeit und keine Mustergültigkeit, auch wenn sie im Einklang mit der allgemeinen Ethik zu stehen scheint. Wahrheit gibt es nur als individuelle, subjektive. Čechovs individualistisches Denken hegt tiefste Skepsis gegenüber jeder Generalisierung[15], und sein Schreiben strebt nach äußerster Unparteilichkeit, ohne sich zu expliziten oder impliziten Urteilen hinreißen zu lassen.

6. Das Erkennen war bei Tolstoj und Dostoevskij vollständig vollzogen, unumkehrbar in seinen Resultaten und zeitigte radikale Konsequenzen für das weitere Denken und Handeln der Menschen. Čechovs Erkenntnishandlungen zeigen deutliche Defizite in zumindest einer der Modalitäten, die für das klassische Ereignis maßgeblich waren; das sind: *Realität, Resultativität, Irreversibiliät* und *Konsekutivität*. Die Reduktion der realistischen Ereignismodalität ist eine der entscheidenden Neuerungen in Čechovs skeptischer Narration.[16]

---

ein erwartetes Ereignis tritt ein, erweist sich dann aber als bedeutungslos (*Der Literaturlehrer*).
15 Zu Čechovs Prinzip der Individualisierung und zu seiner Ablehnung jeglicher Generalisierung, Prinzipien, die er sich bereits als Student der Medizin aneignete („Jeden Fall gesondert erklären"), vgl. Vladimir Kataev (1979, 87–140).
16 Zu den Defiziten in Čechovs späten Erzählungen hinsichtlich der in Abschnitt 3.4 genannten Bedingungen *Faktizität* und *Resultativität* und der fünf Kriterien für Ereignishaftigkeit vgl. Schmid (1992, 109–117; 2014a, 16–19).

7. Čechovs Ereignishaftigkeit steht unter Vorbehalten, unterliegt dem Zweifel, erscheint in gewissen Hinsichten eingeklammert oder relativiert. Das ist der Grund, warum in manchen Erzählungen unentschieden und vielleicht auch unentscheidbar bleibt, ob ein Ereignis überhaupt eingetreten ist.

Čechov stellt also nicht einfach mentale Ereignisse dar, sondern problematisiert sie. Ihn interessiert nicht das Resultat, sondern der Prozess, nicht das Faktum, sondern der Verlauf. Ihn interessieren die Motive, die zu einer Umkehr auffordern, die physiologischen wie psychologischen Auslöser des Versuchs einer Grenzüberschreitung und die äußeren wie inneren Umstände, die eine tatsächliche Veränderung behindern oder letztlich gar verhindern.

Čechov verhält sich zu den mentalen Ereignissen ebenso impassibel, leidenschaftslos, naturwissenschaftlich wie zu den dargestellten Ideen. Wenn er ideologische Themen behandelt, geht es ihm – wie Karla Hielscher (1987, 59–60) ausführt – „weniger um den Inhalt, die Substanz des Gesagten, als vielmehr um die psychologischen Bedingungen des Entstehens und Wirkens". Čechov hatte an Ideen ein gleichsam naturwissenschaftliches Interesse. Ihn interessierte weniger die Realisierung der Idee in Gedanken und Handlungen als vielmehr die Umstände ihrer Entstehung und die Bedingungen ihrer Existenz (vgl. Čudakov 1986, 329). Das hat der Autor im Brief an Suvorin vom 17.10.1989 deutlich ausgedrückt:

> Für mich als Autor besitzen alle diese Meinungen eigentlich keinerlei Wert. Es geht nicht um ihre Aussage, die ist veränderlich und nicht neu. Das Wesentliche liegt in der Natur dieser Meinungen, in ihrer Abhängigkeit von äußeren Einflüssen usw. Man muss sie betrachten wie Dinge, wie Symptome, absolut objektiv, ohne zu versuchen, sie zu teilen oder zu bestreiten. (*Pis'ma*, III, 266).

Čechovs analytischen Zugang zu den Bedingungen von Ereignissen und den Gründen ihres Scheiterns darf man natürlich nicht mit bloßer Negierung der Ereignishaftigkeit gleichsetzen. Es vereinfacht deshalb unzulässig, wer sagt, Čechovs Werke seien sujetlos und in seiner Welt ereigne sich nichts. Auch wenn die Gültigkeit und Endgültigkeit der Veränderungen einem Zweifel unterliegen oder eingeklammert erscheinen, sind doch die späten Erzählungen ganz auf das Phänomen des sich Ereignens ausgerichtet.

13.2 Veränderungslose Welt: *Der Dicke und der Dünne*

Čechov verhält sich nicht nur zum gesellschaftlichen Fortschritt skeptisch, er bezweifelt auch die Möglichkeit des Menschen, sich wesentlich zu verändern. In keinem andern Werk wird diese kritische Haltung deutlicher ausgedrückt als in der frühen Humoreske *Der Dicke und der Dünne* (Tolstyj i tonkij; 1883, veränderte Version 1886), einer Programmerzählung der Veränderungslosigkeit.

Auf einem Bahnhof treffen sich zufällig zwei alte Freunde, ein „Dicker" und ein „Dünner". Während der Dicke allein im Bahnhofsrestaurant gespeist hat und nach Sherry und Fleur d'Orange duftet, ist der Dünne, beladen mit Koffern, Bündeln und Kartons, soeben dem Waggon entstiegen und riecht nach Schinken und Kaffeesatz. „Hinter seinem Rücken schauen eine hagere Frau mit einem langen Kinn, seine Ehefrau, und ein hochgeschossener Gymnasiast mit einem zugekniffenen Auge, sein Sohn, hervor".[17] Das Gepäck und die Familie des Dünnen teilen mit ihm sein Hauptmerkmal, das körperliche und soziale Dünnsein.

Die Erzählung ist ein Musterbeispiel für thematische und phonische Äquivalenz und elaborierte klangliche Faktur in der Prosa (vgl. Schmid 1992, 42–50). So wird das – in doppelter Hinsicht markierte – Dünnsein der Familie auch im Erzähldiskurs phonisch sinnfällig gemacht: in den „Kartons" (*kartonki*), die der Dünne schleppt, ist anagrammatisch das Wort *dünn* enthalten (*tonkij*). Und sein Kichern, das „wie bei einem Chinesen" klingt, „Chi-chi-chi", wird zum akustischen Ikon des Dünnseins.

Ungeachtet der sozialen Ungleichheit der Freunde dominiert in der ersten Phase der Begegnung ihre Ähnlichkeit. Die Helden begrüßen einander auf das Herzlichste mit ihren Namen, zuerst der Dicke: „Porfirij, bist du das?", „mein Bester", dann der Dünne: „Miša! Freund meiner Kindheit". Die Freunde küssen sich dreimal auf russische Weise und richten ihre tränengefüllten Blicke aufeinander. „Beide waren angenehm erschüttert".

Der Dünne beginnt den Austausch der Informationen: er spricht viel, lobt das Äußere des Freundes („Immer noch der alte hübsche Kerl wie früher. Eben so ein Herzensbrecher und Stutzer"), präsentiert stolz seine Frau „Luisa, geborene Wanzenbach ... Lutheranerin" und seinen Sohn Nafanail („Schüler der dritten Klasse") und stellt wiederum seinem Sohn den „Freund der Kindheit" vor, mit dem er zusammen ins Gymnasium ging. Er ist schon das zweite Jahr Kollegienassessor und besitzt den „Stanislav" (den niedrigsten russischen Orden), allerdings ist das Gehalt so bescheiden, dass seine Frau Musikstunden geben und er Zigarrenetuis verkaufen muss. So wird deutlich, dass der Träger des Herrschernamens *Porfirij* (von griech. πορφύριος ‚der Purpurtragende')[18], der seinen

---

17 Alle Zitate aus der Erzählung nach: Čechov, *Sočinenija*, II, 250–251. Angesichts der Kürze der Erzählung wird auf die Angabe der Seitenzahlen verzichtet.
18 Griech. *porphyra* ‚das Purpurkleid' erscheint im Russischen als *porfira* ‚der Purpur-, Königsmantel'. – Zur Rolle griechischer Namen in Čechovs Erzählungen vgl. Schmid 2013b.

Sprössling *Nathanael* getauft hat (hebr. ‚der von Gott Gegebene'), eine Existenz führt, die eher dem deutschen Geburtsnamen seiner Ehefrau entspricht.

Die Similarität der Freunde wird für den Dünnen jäh aufgehoben, sobald er erfahren muss, welchen Rang sein Schulfreund inzwischen einnimmt. Der Dünne hat es für möglich gehalten, dass der Dicke Staatsrat geworden ist. Das wäre immerhin der 5. Rang in der vierzehnteilige Rangtabelle und damit 3 Ränge über dem des Dünnen, aber der Freund wäre damit noch in der Reichweite der Similarität geblieben. Aber nun erklärt der Dicke, dass er bereits Geheimrat ist (was dem 3. Rang entspricht) und zwei Sterne besitzt. Damit hat er die soziale Sphäre des Dünnen definitiv hinter sich gelassen.

Die Reaktionen auf die soziale Anagnorisis sind gespalten. Der Dünne vollzieht mitsamt seiner Familie und seinen Gepäckstücken eine Wandlung, die man mit der Mimikry eines Chamäleons verglichen hat (Kramer 1970, 55–58):

> Der Dünne erblasste plötzlich, erstarrte, doch bald verzog sich sein ganzes Gesicht zu einem breiten Lächeln; es schien, als sprühten sein Gesicht und seine Augen Funken. Er selbst krümmte sich zusammen, beugte den Rücken, machte sich kleiner ... Seine Koffer, Bündel und Kartons wurden klein und schrumpften zusammen ... Das lange Kinn seiner Frau wurde noch länger; Nafanail ging in Habachtstellung und knöpfte alle Knöpfe seiner Uniform zu ...
> „Ich, euer Exzellenz ... Sehr angenehm, mein Herr! Ein Freund, sozusagen, der Kindheit und plötzlich zu einem solchen Würdenträger geworden! Chi-chi, mein Herr."

Während das Verhalten der drei Dünnen vom differenzierenden Merkmal des Rangs bestimmt wird, besteht der Dicke, unangenehm berührt von der Unterwürfigkeit des Jugendfreundes, weiterhin auf dem verbindenden Merkmal der gemeinsamen Jugend: „‚Lass gut sein!', runzelte der Dicke die Stirn. ‚Was soll denn dieser Ton? Wir sind doch Jugendfreunde und wozu diese Unterwürfigkeit!'"

Da für den Dünnen die Freundschaft annulliert ist, ist auch die Vorstellung der Familie ungültig, und so hält er es für erforderlich, Sohn und Ehefrau erneut vorzustellen. Letztere präsentiert er jetzt aber nur noch mit unterwürfiger Einschränkung ihrer Dignität: „Lutheranerin gewissermaßen". Er wiederholt sich dabei nicht, sondern stellt die Familie zum ersten Mal vor, in einer völlig veränderten Welt, nicht dem Jugendfreund, sondern dem Vorgesetzten (Šklovskij [1955] 1966, 348).

Der Dicke will etwas antworten, ist aber von der Ehrfurcht und der süßlichen Ehrerbietung im Gesicht des Dünnen so angewidert, dass er sich abwendet und dem Dünnen zum Abschied die Hand reicht:

Der Dünne drückte drei Finger, verbeugte sich mit dem ganzen Körper und kicherte wie ein Chinese ‚Chi-chi-chi'. Seine Frau lächelte. Nafanail machte einen Kratzfuß und ließ seine Mütze fallen. Alle drei waren angenehm erschüttert.

Hinter der Ähnlichkeit der Sätze „Beide waren angenehm erschüttert" und „Alle drei waren angenehm erschüttert" verbirgt sich eine wesentliche Verschiebung. „Angenehm erschüttert" waren der Dicke und der Dünne angesichts des Jugendfreunds. „Alle drei" bezieht sich nur auf die Dünnen, und ihre Erschütterung gilt nicht dem Jugendfreund selbst, sondern dem hohen Rang, den er verkörpert.

In den beiden Protagonisten vollziehen sich also zwei ganz unterschiedliche mentale Ereignisse. Im Dünnen ereignet sich der plötzliche Umschlag vom anfänglichen *Verkennen* des sozialen Status des wiedererkannten Freundes, für den zunächst *Similarität* vermutet wird, zu seinem *Erkennen*, das in der Einsicht in die tiefe soziale *Kluft* zwischen ihnen besteht. In aristotelischen Begriffen geht es hier um die *Metabolé* von der *Hamartía* in die *Anagnórisis* (also von einem Irrtum im Erkennen) zur richtigen *Anagnorisis*, zum Erkennen des tatsächlichen sozialen Status. Während der Dünne den Übergang von der ursprünglich angenommenen Similarität zur schließlich erkannten Differenz geradezu dramatisch, körperlich, mit seiner ganzen Familie und seinem Gepäck vollzieht, beharrt der Dicke auf der Similarität. Wenn er sich schließlich angeekelt abwendet, reagiert er nicht auf die Erkennung des sozialen Unterschieds selbst (der ihm von Anfang der Begegnung an bewusst gewesen sein muss), sondern auf die Wirkung, die die Anagnorisis im Dünnen hervorgerufen hat, nämlich seine vollständige Verwandlung zum unterwürfigen Speichellecker, die der Dicke als Verrat an der gemeinsamen Schulvergangenheit erfahren muss. Wir haben also zwei Ereignisse: das Ereignis des Dünnen, sein richtiges Erkennen und die darauf folgende Verwandlung, und – als deren Folge – das Ereignis des Dicken, die von Ekel begleitete Abkehr vom verwandelten Schulfreund, der die gemeinsame Vergangenheit aufgehoben hat.

Für unsere Fragestellung ist allerdings ein anderer Aspekt relevanter, die Konstanz der Lebensrollen. In der Erinnerung an die Schulzeit erwähnt der Dünne, dass der Dicke einmal in das Klassenbuch mit einer Zigarette ein Loch gebrannt hat und dass er selbst gerne petzte. Die Erinnerung zeigt, dass der Dicke schon immer die Gesetze verletzte und der Dünne sich mit Verrat bei der Obrigkeit einzuschmeicheln suchte. Die ontogenetische Perspektive offenbart, dass die beiden ‚dick' und ‚dünn' in der übertragenen Bedeutung der Erzählung nicht wurden, sondern schon immer waren. Das schließt jede Möglichkeit einer konventionellen sozialen Motivierung aus, die die Entwicklung der Charaktere mit gesellschaftlichen Bedingungen erklärt. Der Dicke und der Dünne sind nicht entwicklungsfähige, gesellschaftsgeprägte Charaktere, sondern Typen, Archetypen – der Dicke und der Dünne. Sie haben in der Erzählung auch eine philogenetische Vorgeschichte. Der Dünne erinnert an die Spitznamen, mit denen man sie in der Klasse nannte, die Namen archetypischer Figuren aus der griechischen Geschichte. Den Dicken nannte man wegen seiner Zündelei mit dem Klassenbuch „Herostrat", und der Dünne wurde wegen seiner Neigung zum Petzen „Ephialtes" genannt. Herostratos steckte um 356 v. Chr. den Tempel der Artemis in Ephesos, eines der sieben Weltwunder der Antike, in Brand, um seinen Namen unsterblich zu machen. Obwohl in dem Richtspruch über ihn festgelegt wurde, dass seinen Namen niemand jemals erwähnen sollte (*ut nomen eius ne quis ullo tempore nominaret*), ist er bis in die Klasse von Čechovs Helden vorgedrungen. Ephialtes war der Name des Griechen, der 480 v. Chr. in der Schlacht bei den Thermopylen „das Vaterland an die Perser verriet" (wie Čechov an anderer Stelle [*Sočinenija*, I, 155] schreibt). Während „Herostrat" zum Inbegriff des Ehrsüchtigen wurde, der um jeden Preis Ruhm zu erlangen sucht, wurde „Ephialtes" bei den Griechen zum Synonym des Verräters.

Der Hinweis auf die negativen Genotypen neutralisiert die axiologische Differenz zwischen den in Čechovs Erzählung auftretenden Phänotypen des großzügigen Erfolgsmenschen und des devoten Untertans. Der Dicke hat in seiner Laufbahn wahrscheinlich nicht nur jene souveräne Jovialität gezeigt, mit der er gegenüber dem Dünnen die Jugendfreundschaft beschwört und hat vermutlich nicht immer jene Verachtung der Liebedienerei ausgedrückt, die ihn sich vom verwandelten Dünnen abwenden lässt. Die Ähnlichkeit im Negativen, die sowohl zwischen den antiken Genotypen als auch zwischen den Gymnasiasten bestand, hebt jenen ethischen Gegensatz auf, der, wie es zunächst scheinen mag, zwischen den russischen Beamten existiert.

Es ist nun höchst aufschlussreich, dass Čechov bei der Überarbeitung der Erzählung im Jahr 1886 nur geringe Veränderungen vornahm und doch ihren Sinn damit kategorial veränderte. In der ersten Version ging der scharfe Übergang von der Ähnlichkeit der Freunde zum Kontrast der Beamten vom Dicken aus: „Sie sollen also mein Sekretär sein?, sagte mit seinem Bass der Dicke, der sich plötzlich wie ein Truthahn aufblies" (II, 439). Und dieser Übergang war nicht mit dem Erkennen des sozialen Abstands motiviert, der die beiden ehemaligen Klassenkameraden nun trennt, sondern damit, dass der Dünne seinen neuen ihm noch unbekannten Vorgesetzten, den er für einen zufälligen Namensvetter des Jugendfreunds hält, „Mistkerl" nennt, den der Teufel holen möge. So wird aus dem anekdotischen „Splitter" für die humoristische Zeitschrift dieses Namens (Oskolki) eine ernste Erzählung über die Veränderungsunfähigkeit der Welt.

Die Bearbeitung bedeutete nicht einfach eine Umkehrung der Vorzeichen. In der zweiten Redaktion wird der Dicke nicht zu einem Sympathieträger. Čechovs Überdruss am sozial-philanthropischen Topos des unterdrückten kleinen Beamten, den er in seinen Ratschlägen an den schriftstellernden älteren Bruder Aleksandr aus dem Jahr der Umarbeitung bekundet[19], schlägt nicht ins Gegenteil um, in den Lobpreis jovialer Obrigkeit. Die Abscheu des Dicken gegen den sich windenden Dünnen ist nicht Ausdruck grundsätzlicher Ablehnung des Denkens in Rängen. Zu sehr genießt es der Dicke, die Vermutung des Dünnen über seinen erreichten Rang mit der Offenbarung seines wahren Ranges zu übertrumpfen: „Nein, mein Lieber, geh noch etwas höher. Ich habe es schon zum Geheimrat gebracht". Sein archetypischer Spitzname Herostrat verbietet es, ihm soziale Motive zu unterstellen. Ihm ist es offensichtlich nur unangenehm, den Jugendfreund, den er zu seiner Welt rechnet, in solcher Unterwürfigkeit zu sehen. Wenn er den Dünnen beschwichtigt und den Tiefergestellten als gleichwertig apostrophiert „Wir sind doch Freunde aus der Kindheit", verteidigt er lediglich den Wert seiner Welt, der nicht durch die ehemalige Gemeinschaft mit dem jetzigen Speichellecker gemindert werden soll. Aber er wird nicht vergessen, dass schon die situationelle Äquivalenz der Schüler die Hierarchie der sozialen Rollen von Herostrat und Ephialtes keineswegs aufhob.

13.3 Körper, Stimmung und Weltbild: *Der Student*

Der Arzt Anton Čechov weiß um den Zusammenhang zwischen Körper und Geist und zeigt in vielen Fällen die Abhängigkeit weltanschaulicher Positionen von seelischen Befindlichkeiten und physiologischen Zuständen. In Modellform wird dieser Nexus in einer kleinen Skizze im Notizbuch des Autors fixiert: „Er ging zu seiner Tante, die bewirtete ihn mit Tee und Kringeln, und der Anarchismus verging" (*Sočinenija*, XVII, 73).

Aleksandr Čudakov, der auf diese Notiz aufmerksam macht, führt aus (1986, 328–329), dass bei Dostoevskij auf die Entwicklung von Ideen die Umstände nie

---

[19] Unter den Ratschlägen im Brief vom 4. Januar 1886 findet sich u. a.: „Um Allahs willen! Lass doch bitte deine unterdrückten Kollegienregistratoren! Hast du denn kein Gespür dafür, dass dieses Thema sich überlebt hat und nur noch Gähnen hervorruft? [...] Nein, Saša, es ist höchste Zeit, mit den unterdrückten Beamtenseelen auch die verfolgten Korrespondenten ins Archiv zu tun... Realer ist es jetzt, Kollegienregistratoren darzustellen, die ihren Exzellenzen keine Ruhe geben, und Korrespondenten, die fremde Existenzen vergiften..." (*Pis'ma*, I, 176, 178). Das Sujet des mit seiner Unterwürfigkeit lästig fallenden Untergebenen hat Čechov in der Erzählung *Der Tod eines Beamten* (Smert' činovnika; 1883) realisiert.

entscheidenden Einfluss ausübten. Die Umstände sind bei Dostoevskij eine andere, niedere Sphäre. Einfluss auf Ideen können nur andere Ideen, Phänomene derselben Sphäre haben (womit Čudakov einem Grundgedanken von Bachtin 1929 folgt). Tatsächlich ist die Philosophie des Kellerlochmenschen zum Beispiel nicht ein Ergebnis seiner Leberschmerzen, und Raskol'nikovs Mordplan ist nicht seinen Fieberschauern entsprungen. Genauso wenig wie Dostoevskij die Schuldfähigkeit der Verbrecher mit psycho-physischen Ausnahmezuständen oder Umständen des Milieus zu relativieren bereit ist, erklärt er die Entstehung oder Entwicklung von Ideen aus körperlichen oder seelischen Befindlichkeiten.

Der Nexus von Körperlichem, Seelischem und Geistigem, den Čechov in seiner Analytik von mentalen Ereignissen gestaltet, sei an der späten Erzählung *Der Student* (Student; 1894) gezeigt. Vom Autor zu seiner Lieblingserzählung deklariert[20] und von ihm selbst als sein am besten durchgearbeitetes Werk betrachtet[21], wurde *Der Student* für viele Leser und Deuter zum Meisterexempel einer gelungenen geistigen und sittlichen Umkehr.[22] An dieser hochkomplexen Erzählung, die in der Geschichte ihrer Rezeption und Interpretation auf sehr unterschiedliche Weise aufgenommen wurde und noch in jüngerer Zeit Kontroversen ausgelöst hat[23], soll das Augenmerk der Frage der Motivierung der weltanschaulichen Positionen gelten.[24]

---

20 Das bezeugt in seinen Erinnerungen Ivan Bunin: *A. P. Čechov v vospominanijach sovremennikov*, Moskva 1986, 482–486, hier: 484.
21 Vgl. die Antwort des Bruders Ivan auf die Enquête „Welches seiner Werke schätzte Čechov am meisten?": „den *Studenten*. Er hielt ihn für das am meisten durchgearbeitete Werk" (*Sočinenija*, VIII, 507).
22 Die sowjetische Interpretationstradition tendierte natürlicherweise dazu, die Faktizität, Gültigkeit und Reichweite von Čechovs *prozrenie*-Ereignissen zu überschätzen. Nach Leonid Cilevič (1976, 60–61) führt das „Sujet der Erleuchtung" den Studenten „zur Erkenntnis der höchsten Wahrheiten des Seins". Ähnlich überschwängliche Befunde finden wir in andern Interpretationen aus sowjetischer Zeit. Aber es gibt auch im Westen, vor allem bei den Vertretern religiöser Deutungen, durchaus den Hang zu recht unkritischer Aufnahme der vermeintlichen Umkehr-Geschichten. Dabei hat schon Abram Derman in seinem 1952 entstandenen und 1959 postum veröffentlichten Buch die Euphorie über die Erkenntnisse des Studenten mit dem Verweis auf die „Jugend" als Thema der Erzählung nicht unwesentlich abgekühlt: „Das ist eine Erzählung darüber, wie lieb, frisch und poetisch die Jugend ist und wie naiv und leichtgläubig" (Derman 1959, 35).
23 Vgl. etwa die Arbeiten von Ščerbenok 2005 und 2010, die mit den Interpretationen von Cilevič 1976; 1994 und Schmid 1994a polemisieren.
24 Neben diesem Teilaspekt wird hier nicht noch einmal die Frage nach der ethischen Reaktion des Titelhelden aufgeworfen und eine Bewertung seiner mentalen Entwicklung gegeben. Vgl. dazu Schmid 1992, 117–134; engl. Kurzfassung: Schmid 2014e.

Der Student der geistlichen Akademie Ivan Velikopol'skij (deutsch etwa Johannes Großfeld) kehrt am Abend des Karfreitags von der Schnepfenjagd nach Hause zurück. Das anfangs schöne Frühlingswetter hat sich gewendet, und es ist ein kalter Wind aufgekommen. In dem oben (S. 62) zitierten Textbeginn wird deutlich, dass sich der Student von der im Frühjahr nicht ungewöhnlichen abendlichen Abkühlung in seinem körperlichen Behagen gestört fühlt.[25] Weil Karfreitag ist, hat Ivan noch nichts gegessen. Durchgefroren und hungrig denkt der Student:

> [...] ebenso ein Wind wehte zu Zeiten Rjuriks, Ivan des Schrecklichen und Peters, [...] zu ihren Zeiten gab es ebenso eine bittere Armut, Hunger, ebensolche löcherige Strohdächer, Unwissenheit, Gram, eine ebensolche Wüste ringsum, Dunkelheit, das Gefühl der Bedrückung, – alle diese Schrecken gab es, gibt es und wird es geben, und davon, dass noch tausend Jahre vergehen, wird das Leben nicht besser.

Der Student nähert sich dem Feuer, das er von weitem gesehen hat und das Wärme und Speise verheißt. An ihm findet er zwei Frauen aus dem Dorf, beide Witwen, die männlich gekleidete Vasilisa (deren Name von griech. Basiléus ‚König' abgeleitet ist) und ihre eingeschüchterte Tochter Luker'ja. Das Feldfeuer in der kalten Nacht erinnert den Studenten der geistlichen Akademie an die Geschichte von der dreimaligen Verleugnung Jesu durch den Apostel Petrus, die er am Abend zuvor bei der Lesung der zwölf Evangelien gehört hat, und er erzählt den Frauen, die die Lesung auch gehört haben, die Geschichte aus dem Neuen Testament noch einmal. Die von ihm erzählte Geschichte, ist freilich eine eigenwillige Auswahl aus den am Gründonnerstag gelesenen Zwölf Evangelien (Martin 1978). In dieser vom Studenten zusammengestellten Geschichte geht es nicht so sehr um das Leiden Christi und um Petri Verrat, sondern um das Leiden des Petrus, der im Garten Gethsemane den Schlaf nicht überwinden kann und dann im Hof des Hohenpriesters, als er sich am Feuer die Hände wärmt, aus der Ferne mitansehen muss, wie man Christus schlägt. Nachdem der Student seine Geschichte von den Leiden des Petrus beendet hat, bricht Vasilisa, die anfangs gelächelt hat, in Tränen aus und schützt mit dem Ärmel ihr Gesicht vor dem Feuer, als schäme sie sich ihrer Tränen. Ihre Tochter Luker'ja aber, die schon bei der Erwähnung von Petri besinnungsloser Liebe zu Christus auf den Erzähler ihren unverwandten Blick geheftet hat, sieht den Studenten weiterhin starr an, errötet und nimmt den gequälten und angestrengten Gesichtsausdruck eines Menschen an, der einen starken Schmerz unterdrückt.

---

25 Der ursprüngliche Titel der Erzählung lautete *Am Abend* (Večerom).

Die Reaktionen der Frauen glaubt der Student in einer dreimaligen Denkanstrengung, in einem dreifachen Syllogismus zu ergründen.

Erster Schritt:

> [...] der Student dachte an Vasilisa: wenn sie in Tränen ausgebrochen war, dann stand also alles, was in jener furchtbaren Nacht mit Peter geschehen war, zu ihr in irgendeiner Beziehung... [...]

Zweiter Schritt:

> Der Student dachte wieder, dass, wenn Vasilisa in Tränen ausgebrochen war und ihre Tochter verlegen schaute, dann offensichtlich das, wovon er soeben erzählt hatte, was vor neunzehn Jahrhunderten geschehen war, in einer Beziehung zur Gegenwart stand – zu beiden Frauen und wahrscheinlich auch zu diesem öden Dorf, zu ihm selbst, zu allen Menschen.

Dritter Schritt:

> Wenn die Alte in Tränen ausgebrochen war, so nicht deshalb, weil er rührend erzählen konnte, sondern deshalb, weil Petrus ihr nahe war, weil sie sich mit ihrem ganzen Wesen dafür interessierte, was in der Seele Petri vorgegangen war.

An diesen abstrakten Konklusionen sind freilich bereits die Prämissen zu korrigieren: Vasilisa ist nicht nur in Tränen ausgebrochen, sondern hat auch Zeichen der Scham gezeigt, und Luker'ja zeigte nicht Verlegenheit, sondern kaum unterdrückten Schmerz. Das Ergebnis der dreifachen Denkanstrengung ist wenig überzeugend. Sollte Vasilisa tatsächlich an Petri Seelenregungen interessiert sein? In seinen Äquivalenzen suggeriert der Text ganz andere Motive der Frauen. Luker'ja, die „von ihrem Mann durch Schläge mundtot gemachte", wird zum Äquivalent von Christus, den seine Peiniger – wie Petrus aus der Ferne beobachtete – „schlugen". Vasilisa aber „bricht in Tränen aus" wie Petrus, der nach seinem Verrat „bitterlich-bitterlich zu weinen begann". Verbirgt Vasilisa ihr Gesicht tatsächlich, weil sie sich – wie der Student vermutet – ihrer Tränen schämt? Schämt sie sich nicht vielmehr dessen, dass sie die Tochter – wie Petrus seinen Heiland – verraten und verleugnet hat? Hat sie die Tochter nicht dem rohen Manne ausgeliefert, und hat sie ihrem Leiden nicht aus der Ferne tatenlos zugesehen? Der Student hat mit seiner Konklusion nicht ganz Unrecht. Tatsächlich steht alles, was in jener furchtbaren Nacht mit Petrus geschehen ist, in *irgendeiner* Beziehung zu Vasilisa. Vasilisa ist aber nicht an der Geschichte Petri, sondern an ihrer eigenen Geschichte interessiert. In der Geschichte von Petri Verrat, die der Student erzählt, hat Vasilisa offensichtlich ihren Verrat an der Tochter erkannt.[26]

Beglückt durch seine vermeintliche Erkenntnis, unternimmt der Student eine weitere Konklusion. Sie betrifft nun – noch abgehobener – das Gesetz der Weltgeschichte:

> Die Vergangenheit, dachte er, ist mit der Gegenwart durch eine ununterbrochene Kette von Ereignissen verbunden, von denen eines aus dem andern hervorgegangen ist. Und es schien ihm, als habe er soeben beide Enden dieser Kette gesehen: er berührte ein Ende, da erzitterte das andere.

Der Text aber suggeriert in seinen Äquivalenzen: Vasilisas Geschichte ist mit Petri Geschichte nicht durch Kontiguität, sondern durch Äquivalenz verbunden, durch eine Wiederholung des Verrats, die dem pessimistischen Bild des Kreises mehr Recht gibt als dem optimistischen Bild der Kette.

Euphorisiert von seiner abstrakten Konklusion über die Weltgeschichte, glaubt der Student auf der Höhe des Berges und im Schein der Abendröte eine dritte (noch abstraktere) Erkenntnis zu machen:

> Und als er mit der Fähre über den Fluss setzte und dann, den Berg ersteigend, auf sein heimatliches Dorf und nach Westen blickte, wo als schmaler Streifen die kalte, blutrote Abenddämmerung glänzte, dachte er daran, dass Wahrheit und Schönheit, die das menschliche Leben dort im Garten und im Hof des Hohenpriesters geleitet hatten, ununterbrochen bis zum heutigen Tage fortwirkten und offensichtlich immer die Hauptsache im menschlichen Leben und überhaupt auf der Erde bildeten.

Auch hier ist größte Skepsis angebracht. Inwiefern illustrieren die Geschehnisse im Garten Gethsemane und im Hof des Hohenpriesters die Macht von „Wahrheit und Schönheit"? Greift der Student nicht einfach einen philosophischen Gemeinplatz seiner Zeit auf, die Sehnsucht des neunzehnten Jahrhunderts nach Verknüpfung des Ethischen mit dem Ästhetischen, die Kalokagathia?

Čechovs Erzählung deutet freilich auch ein richtiges Erkennen an. Das ist die aus den Äquivalenzen zu erschließende Einsicht der Mutter in ihren Verrat an der Tochter. Diese Erkenntnis aber, die der Mimik und Gestik der Frau abzulesen war, verkennt der Student. Insofern stellt die Erzählung auch das Verkennen eines Erkennens dar.

---

26 Zu den Äquivalenzen zwischen Vasilisa und Petrus sowie Luker'ja und Christus vgl. schon Rayfield (1975, 154), zu Vasilisas Verrat an der Tochter: Amsenga/Bedaux (1984, 310) und Schiefelbein (1986, 5).

Čechov zeigt uns indes den Studenten nicht lediglich als einen verkennenden und voreilig abstrakte Schlüsse ziehenden. Das System der Äquivalenzen bezieht auch den Studenten selbst mit ein. Nicht nur Vasilisa wiederholt mit ihrem Verrat die Handlungsweise Petri, auch der Student wird zum Äquivalent des Apostels. Beim letzten Schein der vom Berge noch sichtbaren Abenddämmerung verrät der Student mit seiner dreifachen und dreifach gestuften Konklusion die durch Schläge mundtot gemachte Luker'ja so, wie Petrus in der frühesten Morgendämmerung, vor dem Krähen des Hahns, den geschlagenen Christus dreimal verraten hat. An dem angehenden Geistlichen, der am Karfreitag auf die Jagd geht und sich nur widerwillig dem Fastengebot unterwirft, zeigt die Erzählung ein erschreckendes Desinteresse am Leiden in der Welt. Am Anfang der Erzählung (siehe das Zitat S. 62) integriert Velikopol'skij den Leidenslaut der Kreatur dem angenehmen Bild von Ordnung und Harmonie. Die Zeichen der Reue und des stummen Leidens der Frauen macht er zum Ausgangspunkt von sehr abstrakten, beglückenden Konklusionen. Der junge Theologe, das zeigt uns Čechov, nutzt das wahrgenommene, aber verkannte Leiden zu hedonistischen Zielen aus.

Es sollte an der Erzählung *Der Student* gezeigt werden, wie Čechov den Nexus seelischer Befindlichkeiten und physiologischer Zustände mit weltanschaulichen Positionen gestaltet. Anfangs, als Velikopol'skij quälenden Hunger empfand und vom kalten Wind durchgefroren war, dachte er die Weltgeschichte als Wiederkehr der Schrecken, als ereignislose Iteration, als schlechten Kreis. Nun, freudig von seinem Erzählerfolg erregt, denkt er die Geschichte als kausale Kette von Ereignissen. Den jungen Mann – „er war erst zweiundzwanzig Jahre alt", so fügt der Erzähler hier relativierend ein, überkommt ein Gefühl der Jugend, der Gesundheit, der Kraft, er gibt sich – mit der Illusionsfreude vieler Čechovscher Helden und mit dem entsprechenden emphatischen Aufschwung ihrer inneren Rede – einer „unaussprechlich süßen Erwartung des Glücks" hin, „eines unbekannten, geheimnisvollen Glücks", und ihm erscheint das Leben, das er zuvor als Wiederholung der Schrecken gedacht hat, „hinreißend, zauberhaft und voll hohen Sinns".

Die Euphorie, die den Studenten überkommt, und die Glückserwartung, die sich seiner bemächtigt, sind durch die Darbietung im Bewusstseinsbericht eindeutig als figural markiert. Gleichwohl tendieren viele Leser und auch nicht wenige Interpreten dazu, den emotionalen Aufschwung des jungen Mannes in diesem die Erzählung abschließenden Absatz als narratorial oder gar auktorial gerechtfertigt zu betrachten. Die euphorisierenden Faktoren, die der Erzähler erwähnt, wie die Höhe des Berges, auf der der junge Mann nun steht und von der er auf sein Dorf hinabschaut, und der Schein der Abendröte, in den er blickt, werden von den meisten Rezipienten nicht als Signale verstanden, die emotionalen

Regungen zu relativieren. Und die unklaren und wenig begründeten Gedanken des Studenten über „Wahrheit und Schönheit" als „Hauptsache im menschlichen Leben und überhaupt auf der Erde" werden sogar von nicht wenigen Interpreten als Philosophie des Autors aufgefasst.

13.4 Ein vermeintliches Ereignis: *Die Dame mit dem Hündchen*

Auf vielen Erkenntnishandlungen und moralischen Veränderungen in Čechovs Welt liegt der Schatten mangelnder Faktizität. Die Verschiebung im Wissen und im Empfinden wird von den Figuren zwar wahrgenommen, aber es bleibt dabei nicht selten fraglich, ob die subjektiv wahrgenommene Veränderung tatsächlich stattgefunden hat. Es fehlt die narratoriale Bestätigung der figuralen Wahrnehmung.

Ein Beispiel für eine subjektiv wahrgenommene oder für tatsächlich gehaltene ethisch-emotionale Veränderung ist *Die Dame mit dem Hündchen* (Dama s sobačkoj; 1899). Die Erzählung ist das Musterwerk aller Enthusiasten des *prozrenie*, die in ihr ein unbezweifelbares mentales Ereignis erkennen, nämlich den Übergang einer flüchtigen Kurliaison in eine existentielle Liebe, Gurovs Verwandlung vom zynischen, frauenverachtenden Schürzenjäger zum aufrichtig liebenden Mann.

Selbst kritisch lesende Analytiker erkennen der Erzählung die Darstellung einer grundlegenden mentalen Veränderung zu. Von dieser Auffassung ist sogar Vladimir Nabokovs einfühlsame Vorlesung zu der Erzählung geprägt, die er in den 1940er Jahren an amerikanischen Universitäten hielt (1981b). Nach sorgfältiger und umsichtiger Analyse der Geschichte konstatiert Jan van der Eng (1978, 89), dass in allen Äquivalenzen schließlich die Oppositionen zwischen Gurovs neuer Liebe und seinen früheren Affären die Oberhand gewönnen und dass Gurovs „psychologische Entwicklung" beschrieben werden könne als „a gradual process of emotional and moral awakening (at first hardly acknowledged, then for a long time subject to uncertainties)"[27]. Die Unsicherheiten, die van der Eng als überwunden ansieht, bleiben freilich bis zum Schluss bestehen.

---

27 Noch 1983, 232 verweist van der Eng auf „Gurov's emotional and intellectual transformation, developed in a chain of parallelisms opposing his love for Anna to previous amorous affairs, including the Yalta-affair with Anna herself". Penzkofer (1984, 279) spricht von Gurovs „Bewusstwerdung", Kjetsaa (1971, 61) gar von Gurovs „geistiger Wiedergeburt".

Es sei hier ganz außer Acht gelassen, dass die Konsekutivität von Gurovs Verwandlung mehr als fraglich erscheint, dass die beiden Liebenden zwar in endlosen Gesprächen die Frage erörtern, wie sie sich von den unerträglichen Fesseln der Ehen, in denen sie sich befinden, befreien können, dazu aber nicht die geringsten Anstalten machen. Keineswegs aber nur über die Konsekutivität des Ereignisses besteht erhebliche Unsicherheit, schon auf seine Faktizität fällt der Schatten der Ungewissheit.

Noch kurz vor dem Finale bezieht sich Gurovs Überzeugung, dass ihre Liebe nicht bald enden werde, ausschließlich auf Annas Emotion:

> Für ihn war es offensichtlich, dass diese ihre Liebe nicht so bald enden würde, ja, man konnte nicht sagen, wann. Anna Sergeevna hatte immer stärkere Zuneigung zu ihm gewonnen, sie vergötterte ihn, und es war undenkbar, ihr zu sagen, dass das alles einmal ein Ende haben müsse; sie hätte es auch gar nicht geglaubt. (*Sočinenija*, X, 142)

Denkt so ein Mann, der seine große, einzige Liebe im Leben gefunden zu haben glaubt, der sich vom Frauenhelden zum tief empfindenden Liebespartner gewandelt hat?

Man betrachte die Situation, in der Gurov sich dann selbst als liebend erkennt oder zu erkennen glaubt. Er fasst Anna bei den Schultern, um sie zu liebkosen, um mit ihr zu scherzen. Dabei sieht er sich selbst im Spiegel:

> Sein Kopf begann schon grau zu werden. Und es erschien ihm merkwürdig, dass er in den letzten Jahren so gealtert, so hässlich geworden war. Die Schultern, auf denen seine Hände lagen, waren warm und bebten. Er empfand Mitleid mit diesem Leben, das noch so warm und schön war, aber wahrscheinlich auch schon nahe daran war, matt zu werden und zu welken wie sein eignes Leben. Weshalb liebte sie ihn so? Er hatte den Frauen immer ein anderer geschienen, als er wirklich war, und sie hatten in ihm nicht ihn selbst geliebt, sondern einen Menschen, den ihre Phantasie geschaffen hatte und den sie in ihrem Leben gierig suchten; und später, als sie ihren Irrtum bemerkten, liebten sie ihn trotzdem. Und keine einzige von ihnen war mit ihm glücklich gewesen. Die Zeit war vergangen, er hatte Bekanntschaften gemacht, sich mit Frauen verbunden, sich von ihnen getrennt, aber kein einziges Mal hatte er geliebt; es war alles Mögliche gewesen, nur keine Liebe. (*Sočinenija*, X, 142–143)

Jetzt erst, nach dem Blick auf sein Spiegelbild, das eigene Alter registrierend und die Wärme des vor ihm stehenden Körpers empfindend, lenkt er seine Gedanken auf sich und seine Emotion. Es folgen im Text jene Schlüsselsätze, auf die sich die Verteidiger der moralischen und emotionalen Verwandlung Gurovs berufen:

> Und erst jetzt, als sein Kopf grau wurde, liebte er, wie es sich gehörte, liebte er wirklich – zum ersten Mal in seinem Leben.

> Anna Sergeevna und er liebten einander, wie Menschen, die einander sehr nahestehen, die miteinander ganz vertraut sind, wie Mann und Frau, wie zärtliche Freunde; ihnen schien, dass das Schicksal sie füreinander bestimmt habe, und es war unbegreiflich, warum er mit einer andern Frau und sie mit einem andern Mann verheiratet war; und als ob sie zwei Zugvögel wären, Männchen und Weibchen, die man gefangen und gezwungen hatte, in getrennten Käfigen zu leben. Sie verziehen einander das, wessen sie sich in der Vergangenheit schämten, verziehen alles in der Gegenwart und fühlten, dass diese ihre Liebe sie beide verändert hatte. (*Sočinenija*, X, 143)

Diese Worte konstatieren tatsächlich eine kategorial neue emotionale Befindlichkeit. Aber sie stellen in der Form des scheinbar narratorialen Erzählens figurale Bewusstseinsinhalte in einem bestimmten emotionalen Kontext dar. Es denkt und empfindet hier Gurov, und es ist gar nicht zu bezweifeln, dass er „jetzt" von „dieser ihrer Liebe" und ihrer verwandelnden Kraft tatsächlich überzeugt ist. Aber welche Gültigkeit und Lebensdauer hat diese Überzeugung? Ist sie nicht vielleicht einer augenblicklichen Wehleidigkeit entsprungen, dem Bewusstsein des nahenden Alters, das sich beim Blick in den Spiegel eingestellt hat, beim Blick über Anna hinweg, die, vor ihm stehend und den Großteil des Spiegelbilds einnehmend, auffälligerweise gar nicht betrachtet wird? Trägt zur Überzeugung von der ersten echten Liebe nicht auch der Kontrast zwischen dem wahrgenommenen Alter, der Hässlichkeit des eignen Körpers und der empfundenen Wärme und Schönheit des vor ihm stehenden jugendlichen Körpers bei? Kann sich Gurov, den wir als Zyniker kennengelernt haben, so tiefgreifend gewandelt haben? Können wir ihm, der von den Frauen als „niederer Rasse" sprach, die Fähigkeit zur aufrichtigen, freundschaftlichen Liebe abnehmen? Muss nicht stutzig machen, dass „diese ihre Liebe" erst nach längerer Trennung aufgekeimt ist und dass sich Gurovs geheimes Leben ganz gut mit dem andern Leben in der Gesellschaft vereinbaren lässt? Čechovs konsequent figurale Darbietung zeigt uns zwar hinter der subjektiven Überzeugung keine objektive Realität. Aber die Exposition des Helden und das Aufblühen seiner ersten echten Liebe unter den Bedingungen des Doppellebens werfen einen Schatten auf die Faktizität der Verwandlung, die – wie Gurov (und mit ihm mancher Interpret) meint – durch „diese ihre Liebe" verursacht wurde.[28]

---

28 Zu meiner früheren Analyse dieser Stelle (in Schmid 1992, 115–117) schrieb mir van der Eng, dass er Gurovs Haltung nach wie vor für authentisch halte. Im letzten Absatz sei nämlich auch die Stimme des Erzählers zu hören, und van der Eng verweist auf die von ihm auch in anderen Werken beobachtete Symbiose von Erzähler und Figur. Der Erzähler könne dabei im Wortlaut der Figur untertauchen, um seinen eigenen Standpunkt mit mehr Verve, mehr Kolorit und deshalb expressiver zu vermitteln. Ich glaube nicht, dass van der Eng für dieses Werk Recht hat,

13.5 Iterative Zustandsveränderungen: *Die Braut*

Die Erkenntnishandlungen der Realisten waren im perfektiven Erzählaspekt und in resultativer Modalität dargeboten, d. h. das Erkennen war vor dem Ende der erzählten Geschichte vollzogen und führte tatsächlich zu einem Ergebnis. Bei Čechov dominiert jedoch der *imperfektive* Erzählaspekt[29] in unterschiedlichen Modalitäten: das Erkennen befindet sich entweder erst im Anfangszustand (inchoative Modalität) oder es wird lediglich versucht (konative Modalität) oder es verbleibt bis zum Ende der Geschichte im Zustand des Vollzugs, ohne einen Abschluss zu erreichen (durative Modalität), oder es wiederholt sich (iterative Modalität). Eine neue Sicht des Lebens ist angestrebt, sie vollzieht sich auch vor unsern Augen, es bleibt aber ungewiss, ob sie wirklich zu einem Abschluss gelangt. Häufig beruht diese Ungewissheit darauf, dass die Geschichte früher endet als das mentale Ereignis. Die Resultativität, die das authentische Ereignis auszeichnet, kann auch dadurch in Frage gestellt werden, dass die Grenzüberschreitung wiederholt vollzogen wird, mit der zwischenzeitlichen Rückkehr zum Ausgangspunkt.

Imperfektivität mit inchoativer, konativer, durativer und iterativer Modalität prägt das Erkennen Nadjas in der *Braut*. In kaum einem Werk Čechovs lässt sich die Endgültigkeit einer inneren Umkehr so wenig entscheiden wie in seiner letzten Erzählung. Dass Saša, der die Frauen ewig zum Aufbruch mahnende, nicht weniger unter einem Wiederholungszwang steht als Andrej Andreič, der verschmähte Bräutigam, der, um nicht sprechen zu müssen, ewig Geige spielt, oder Nadjas Mutter Nina, die von einer Welterklärung zur andern wechselt (vgl. dazu oben, S. 81), wirft einen Schatten auf die Endgültigkeit von Nadjas Aufbruch aus der von der bigotten und geschäftstüchtigen Großmutter beherrschten Welt. Nadja gibt ihrem Bräutigam den Abschied und entwickelt sich auch über ihren Mentor Saša hinaus. Kann sie aber tatsächlich den Bannkreis ihrer alten Existenz verlassen, oder erliegt auch sie dem Zwang zur Wiederholung, der die von ihr verlassene Welt beherrscht? Das ist eine Frage, die in aller Virulenz mit dem berühmten Schlusssatz aufbricht, dessen referentiellen Sinn Čechov in der letzten Textvariante durch einen Einschub, die bloße Markierung subjektiver Meinung, so fatal unentscheidbar gemacht hat[30]: „Sie ging zu sich nach oben, um sich reisefertig zu machen, und am nächsten Morgen verabschiedete sie sich von den

---

will aber konzedieren, dass beim späten Čechov durchaus mit solcher Symbiose zu rechnen ist und dass der Erzähler seine Bedeutungsposition auch in figuraler Perspektive durchsetzen kann.
29 Zur Anwendung der Verbalaspekte auf die Narration vgl. Peter Alberg Jensen 1984.
30 Vgl. dazu Schmid 1987; Wächter 1992, 235-263 (Kap. „Eine bestimmte Unbestimmtheit").

Ihren, und voller Lebensfreude verließ sie die Stadt – wie sie annahm – für immer" (220).[31] Schon in der ersten Redaktion ließ der Schlusssatz erhebliche Zweifel an der Resultativität, Irreversibilität und Konsekutivität von Nadjas Entscheidung zu: „Sie ging zu sich nach oben, um sich reisefertig zu machen, und am nächsten Morgen fuhr sie fort, und vor ihr zeichnete sich ein arbeitsames, weites und reines Leben ab" (299). Der berühmte Zusatz *wie sie annahm* ist ja nicht als vereindeutigendes narratoriales Dementi zu verstehen, sondern er unterstreicht lediglich die Figuralität des Urteils und damit die Durativität der Handlung.

Betrachten wir noch eine Stelle kurz vor diesem Schlusssatz, in der das Eintreten des Ereignisses im Text der betroffenen Figur konstatiert wird: „Sie erkannte klar [ясно сознавала; genau: „sie war im Begriff klar zu erkennen"], dass ihr Leben umgekrempelt war, wie Saša es gewollt hatte [...]" (219).

Wie ist dieser Satz zu verstehen? Ist *Sie erkannte klar* der narratoriale Einleitungssatz zu einer indirekten Gedankendarstellung, oder sind diese Worte bereits Teil einer erlebten Rede, die gleichermaßen den Bewusstseinsvorgang wie sein Resultat umgreift? Wer sich für die erste Möglichkeit entscheidet, kann dem Autor vorhalten, dass er nicht eindeutig genug das Prekäre der vermeintlich klaren Erkenntnis signalisiert, dass er sich zu stark mit der erkennenden Person identifiziert habe. *Klar erkennen* ist freilich eine Prädikation, die der Erzähler kaum im eigenen Namen verwendet hätte, denn in ihr wird ein nicht unerheblicher semantisch-grammatischer Widerspruch hörbar. Das Resultative, die klare Erkenntnis, die die Lexeme denotieren, wird von der durativen Aktionsart des imperfektiven Verbs konterdeterminiert. *Klar* ist mit seiner Implikation des Perfektiven, Resultativen ein Adverb, das von der aktionalen Determinierung *im Begriff sein* (*zu erkennen*) im Grunde ausgeschlossen wird. *Klar erkennen* klingt verdächtig nach dem Figurentext, und tatsächlich sind ähnliche Wendungen in der Erzählung schon vorher zweimal aufgetaucht, einmal in der Rede der Mutter, die beteuert, ihr sei jetzt vieles so „klar wie der helle Tag" geworden (218), und noch früher in Nadjas Rede selbst. Schon vor dem ersten Aufbruch ist Nadja „klar gewesen, dass sie unbedingt fortfahren werde" (215). Das Adverb *klar* stiftet also eine Äquivalenz (Wächter 1992, 235–263). Aber die Korrespondenz der scheinbar endgültig und für immer aufbrechenden Nadja mit der früheren Nadja, die wieder zurückgekommen ist, und mit der Mutter, die sich der Fuchtel der männlich herrschenden Schwiegermutter nie hat entziehen können und die ihre je neue Philosophie mit Bildern des klaren und scharfen Sehens beschreibt, diskreditiert sowohl *klar* wie *erkennen*.

---

31 Alle Zitate aus der *Braut* nach Čechov, *Sočinenija*, X mit Angabe nur der Seitenzahl.

Die Erkenntnishandlungen im realistischen Erzählen waren einmalig, nichtiterativ und irreversibel. Bei den Erkenntnishandlungen der Realisten waren Rückfälle in frühere Denkweisen ausgeschlossen. In Čechovs Welt beobachten wir nicht selten iteratives Erkennen, und die Annullierung von Erkenntnisprozessen ist nie auszuschließen.

Iterative und ständig revidierte Erkenntnisse hat auf jeden Fall Nadjas Mutter Nina. Zu Beginn der Geschichte beschäftigt sie sich mit Spiritismus und Homöopathie, liest viel und liebt es, von den sie plagenden Zweifeln zu sprechen. Im zweiten Kapitel hat sie sich der Historie zugewandt und ist besonders am Altertum interessiert. Gegen Ende der Geschichte bekennt sie, dass sie religiös geworden sei, sich mit Philosophie beschäftige, viel nachdenke, dass für sie jetzt vieles „so klar wie der helle Tag" (218) geworden sei, dass man das Leben „wie durch ein Prisma" (218) sehen müsse, d. h. in seine einfachsten Elemente wie in die sieben Grundfarben zerlegen und jedes Element einzeln untersuchen müsse. Ihre kulturelle Flexibilität und der schnelle Wechsel der sie jeweils ganz einnehmenden Lehren lässt erwarten, dass auch ihre scheinbar finale Erkenntnis nicht mehr als nur ein Durchgangsstadium zu immer neuen Einsichten sein kann.[32]

Die Möglichkeit der Reversion gilt auch für die Heldin der *Braut*. Kann Nadja tatsächlich den Bannkreis ihrer alten Existenz verlassen, oder wird sie doch vom Wiederholungszwang eingeholt, der die von ihr verlassene Welt beherrscht, mitsamt dem die Frauen ewig zum Aufbruch mahnenden Mentor Saša?

13.6 Die Vision im Tode: *Der Erzpriester*

Für den Arzt Anton Čechov war ein herausforderndes Thema das Sterben und der Tod. Das Ende des Lebens begründete einen besonderen Mangel an Ereignishaftigkeit in den Vorgängen des Erkennens, das Fehlen von Konsekutivität. Eine Erkenntnis wird gemacht, aber sie kommt zu spät, um Folgen für das Leben zu haben. Das Sterben ist in diesen Fällen Bedingung des Erkennens und vereitelt zugleich seine Konsekutivität.

Eine späte mentale Metabolé gestaltet die Erzählung *Der Erzpriester* (Archierej; 1902). An keinem Prosawerk hat der Autor länger gearbeitet, mit mehr Unterbrechungen und unter ungünstigeren Bedingungen für das Schreiben, im

---

[32] Ein extremer, fast pathologischer Fall des iterativen *prozrenie* ist *Seelchen*. Olja Plemjannikova passt sich immer vollständig der Lebenswelt des jeweiligen Ehemannes an und gelangt mit jedem Partnerwechsel zu einer völlig neuen Sicht auf das Leben. Zu der Erzählung vgl. Schmid 1992, 67–70; Freise 1997, 205–208.

ständigen Kampf gegen die fortschreitende Krankheit (vgl. den Kommentar in *Sočinenija*, X, 457).

Thema der Erzählung ist das Sterben des Bischofs Petr. Am Vorabend des Palmsonntags zelebriert der Bischof die Nachtmesse. Er fühlt sich seit drei Tagen nicht wohl, und die Nachtmesse will kein Ende finden. Die Menschen in der dämmrigen Kirche kommen ihm vor wie ein wogendes Meer, und ihm scheint, als glichen alle Gesichter einander, alte und junge, männliche und weibliche, und alle, die sich Palmzweige holen, haben den gleichen Ausdruck in den Augen. Es kommt ihm vor, als sei auch seine leibliche Mutter Marija Timofeevna, die er seit neun Jahren nicht gesehen hat, herangetreten und habe sich einen Zweig geholt und ihn dabei mit einem freudigen Lächeln angesehen, bis sie wieder in der Menge verschwand.[33]

Die Erzählung ist dichotomisch angelegt. Es ist aber nicht die Opposition von Leben und Tod, Zeit und Ewigkeit, Alltag und kirchlichem Leben, Säkularem und Geistlichem, die die erzählte Welt organisiert, wie es zunächst scheinen mag und wovon viele Interpretationen ausgehen.[34] Die Wertreaktionen des Bischofs lassen sich in zwei Reihen bringen. Negative Reaktionen rufen in dem Geistlichen die in der Kirche versammelten Gläubigen hervor („die Menschenmenge wogte unaufhörlich, es sah so aus, als wolle sie überhaupt kein Ende nehmen"; 587), das Schreien des Narren in Christo „berührt ihn unangenehm", die Bittsteller mit ihren nichtigen Anliegen sind ihm lästig. Diesen Motiven, auf die Petr mit Ablehnung reagiert, steht eine andere Motivreihe gegenüber, die Leben und Freundlichkeit konnotiert. Sie wird gebildet von den ästhetisch rezipierten Gegenständen und den lebensvollen Erscheinungen der Natur, die der Erzähler über die Wahrnehmung des Bischofs in einem harmonischen Bild präsentiert:[35]

> Bald ging auch die Messe zu Ende. Als der Bischof in die Kutsche stieg, um nach Hause zu fahren, tönte durch den im Mondschein liegenden Garten der freudige, schöne Klang der kostbaren, schweren Glocken. Die weißen Mauern, die weißen Kreuze auf den Gräbern, die weißen Birken, die schwarzen Schatten und der ferne Mond am Himmel, der gerade über

---

[33] Eine ausführliche Analyse der Erzählung wird im vorliegenden Rahmen nicht angestrebt. Es sei nachdrücklich auf die gründliche, feinsinnige und sehr differenzierte Interpretation von Thomas Wächter (1992, 173–223) verwiesen. In ihr spielen die Anspielungen auf Jesus Christus als „Erzpriester" und „Menschensohn" eine herausragende Rolle. Wächter referiert auch kritisch die einschlägige Sekundärliteratur in russischer, englischer und deutscher Sprache, aus der vor allem die Arbeit von Penzkofer 1984 hervorzuheben ist.
[34] Für eine Metakritik der in den zahllosen Interpretationen der Erzählung unterstellten Oppositionen vgl. Stepanov 2005, 335–359.
[35] Zu den Faktoren, die in diesem Abschnitt den Eindruck der Harmonie evozieren, vgl. Nilsson 1968, 102–104.

dem Kloster stand – alles schien zu leben, ein eigenes, ungewöhnliches Leben zu haben, das dem Menschen unbegreiflich und doch so vertraut war. [...] alles ringsum war so freundlich, so jung, so nahe, alles – die Bäume, der Himmel und sogar der Mond, und man konnte meinen, es wäre immer so. (588; Ü. rev.)[36]

Auch im weiteren Verlauf wechselt Petrs Wahrnehmung zwischen den als belastend empfundenen ehrerbietigen Menschen, die in ihm den geistlichen Würdenträger sehen, und den Erscheinungen der Natur und der Natürlichkeit, die für ihn Leben und Lebensfülle bedeuten. In die Reihe der natürlichen Phänomene rücken auch Vater Sisoj, „der einzige Mensch, der sich in seiner Gegenwart ungehemmt fühlte und alles sagte, was er wollte" (598), und die junge Nichte Katja, die den Onkel ungeniert beobachtet, ihm von der Heimat erzählt und, ihn vertraulich mit „Lieber" anredend, um ein bisschen Geld für die Familie bittet.

Der Schein hat Petr nicht getrogen. Seine Mutter ist mit ihrer Enkelin Katja angekommen. Die Ankunft der Mutter löst in Petr zärtliche Gefühle und Erinnerungen aus. Während der Text bisher weitgehend narratorial war, mit einer Tendenz zum uneigentlichen Erzählen und einzelnen Einsprengseln klassischer erlebter Rede, wird die Wiedergabe der Erinnerungen zunehmend figural:

> Der Bischof kleidete sich um und begann die Nachtgebete zu lesen. Aufmerksam las er die alten, längst bekannten Gebete und dachte dabei an seine Mutter. Sie hatte neun Kinder und an die vierzig Enkelkinder. Einst hatte sie mit ihrem Mann, einem Diakon, in einem armen Kirchdorf gelebt, sehr lange, von ihrem siebzehnten bis zu ihrem sechzigsten Lebensjahr. Der Bischof konnte sich bis in die früheste Kindheit, beinahe bis zu seinem dritten Lebensjahr, an sie erinnern – wie lieb er sie hatte! Liebe, teure, unvergessliche Kindheit! Weshalb erscheint sie, diese auf ewig entschwundene, niemals wiederkehrende Zeit, heiterer, glücklicher und reicher, als sie in Wirklichkeit war? Wenn er in der Kindheit oder Jugend krank war, wie zärtlich und feinfühlig war da die Mutter gewesen! Und nun vermischten sich die Gebete mit den Erinnerungen, die wie eine Flamme immer heller auflodern, und die Gebete hinderten ihn nicht, an seine Mutter zu denken. (590)

Die Erinnerungen tragen den Bischof tief in die Vergangenheit zurück. Er erinnert sich an das heimatliche Dorf, die Eltern, einzelne Menschen, komische Situationen, sogar den Hund mit dem Namen *Syntax*.

Unter seinen Erinnerungen lacht Petr laut auf, und er lacht wieder, als ihm einfällt, dass die Mutter gekommen ist.

Die Mutter aber ist trotz der Zärtlichkeit, mit der sie spricht, geniert und spricht ihren Sohn mit Sie an. Petr gesteht der Mutter, dass er im Ausland große

---

36 Alle Zitate aus dem *Erzpriester* nach Čechov, *Meistererzählungen*, wo die Erzählung *Der Bischof* heißt.

Sehnsucht nach ihr gehabt habe. Die Mutter lächelt und strahlt, behält aber ihr ehrerbietiges Verhalten bei, „als fühlte sie sich mehr als Diakonswitwe denn als Mutter" (593). Petr wird traurig und ärgert sich. Die ehrerbietige Mutter, die ihn nicht als Sohn annimmt, rückt für ihn in die Reihe der als lästig empfundenen Besucher und Bittsteller, die ihn mit der „Hohlheit und Nichtigkeit all dessen verblüffen, worum sie bitten und worüber sie weinen". (597). Nach der Rückkehr aus dem Ausland ist ihm das russische Volk grob vorgekommen, die Bittstellerinnen langweilig und dumm, die Seminaristen und ihre Lehrer ungebildet, bisweilen sogar roh. Petr leidet unter der Distanz, die die Menschen, seine Mutter eingeschlossen, zu ihm halten:

> Er konnte sich einfach nicht an die Furcht gewöhnen, die er, ohne das zu wünschen, in den Menschen weckte, trotz seines ruhigen, bescheidenen Wesens. Wenn er sich die Menschen in diesem Gouvernement ansah, schienen sie ihm alle klein, verschüchtert und schuldbewusst. In seiner Gegenwart waren alle ängstlich, sogar die alten Oberpriester, alle „plumpsten" ihm vor die Füße, und vor kurzem konnte eine Bittstellerin, die alte Frau eines Dorfpopen, vor Angst kein Wort hervorbringen und ging so unverrichteter Dinge fort. Und er, der sich niemals entschließen konnte, in seinen Predigten schlecht über die Menschen zu sprechen, der ihnen niemals Vorwürfe machte, weil sie ihm leid taten, gegenüber den Bittstellern war er ungehalten, er ärgerte sich und warf ihre Gesuche auf den Boden. Während der ganzen Zeit, seit er hier war, sprach kein einziger Mensch mit ihm aufrichtig, einfach und menschlich; sogar die alte Mutter schien nicht mehr dieselbe zu sein, ganz und gar nicht! Und warum, fragt sich, redete sie mit Sisoj ununterbrochen und lachte viel, aber ihm, ihrem Sohn gegenüber, war sie ernst, schweigsam und verlegen, was gar nicht zu ihr passte? (597–598; Ü. rev.)

Beim Abendgottesdienst schweifen die Gedanken des Bischofs wieder in die ferne Vergangenheit ab, in die Kindheit und Jugend, und die Vergangenheit erscheint ihm „so lebendig, herrlich und freudvoll, wie sie wahrscheinlich nie gewesen war" (599). Offensichtlich in der Ahnung des nahen Lebensendes zieht der Bischof eine Bilanz:

> Er dachte daran, dass er alles, was für einen Menschen seines Standes möglich war, erreicht hatte, er glaubte, und doch war ihm noch nicht alles klar, etwas fehlte noch, er wollte nicht sterben; aber noch immer schien ihm etwas sehr Wichtiges zu fehlen, von dem er einst dunkel geträumt hatte, und in der Gegenwart erregte ihn noch immer die gleiche Hoffnung auf die Zukunft, die ihn auch in der Kindheit, auf der Akademie und im Ausland erregt hatte. (599)

Nach der Lesung der zwölf Evangelien am Gründonnerstagabend legt sich Petr ermattet ins Bett. Er leidet körperlich und seelisch. Es ist nicht der Kirchendienst, der ihn belastet. „In der Kirche fühlte er sich, besonders wenn er selbst am Gottesdienst teilnahm, tätig, froh und glücklich" (602). Es ist die Isolierung vom

Menschlichen, die Ehrerbietung und die Scheu, die die Menschen sich von ihm fernhalten lässt. „Wenn auch nur ein Mensch da wäre, mit dem man sprechen, dem man die Seele ausschütten könnte!" (603; Ü. rev.).

An Wuchs geschrumpft, mit verrunzeltem Gesicht und großen Augen liegt der, der Bischof war, wie ein Kind da, und er freut sich darüber („Wie schön! Wie schön!"; 604), dass er „unbedeutender als alle" ist und dass alles, was gewesen ist, irgendwohin, weit, weit weggegangen ist und sich nicht mehr wiederholt, nicht mehr fortsetzt. Die Mutter kommt und denkt nicht mehr daran, dass er Bischof war. Sie küsst ihn wie ein geliebtes Kind, sagt Du zu ihm und nennt ihn, wie in der Kindheit, mit der Koseform seines eigentlichen Namens *Pavluša*.[37]

Im allerletzten Augenblick seines Lebens, als er kein Wort mehr sprechen kann und nichts mehr versteht, hat der Erzpriester Petr eine Vision:

> [...] er hatte den Eindruck, er sei schon ein einfacher, gewöhnlicher Mensch, er gehe schnell und fröhlich über das Feld und stoße mit dem Wanderstab auf, über ihm wölbe sich, von Sonnenlicht überflutet, der weite Himmel, er sei jetzt frei wie ein Vogel und könne gehen, wohin er wolle! (605)

Der Erzpriester erzählt keine Ostergeschichte, keine säkularisierte Heiligenlegende, wie manche christlich gestimmten Interpreten in Russland wie im Westen deuten (vgl. die Kritik bei Wächter 1992). Weder überwindet der Bischof den Tod, noch gewinnt er ewiges Leben, da er in den Kreislauf der Natur eingeht. Die Erzählung stellt nicht mehr dar als eine Vision des Sterbenden. In dieser Vision gibt es kein verheißendes Licht wie bei Tolstoj und keine Erwartung einer Auferstehung wie bei Dostoevskij.

Im Sterben überschreitet der Erzpriester eine Grenze, die Grenze zu einer Existenzweise, die ihm als ideale vorschwebt. Er kündigt nicht einfach seine geistliche Existenz auf, sondern befreit sich von den belastenden Erwartungen, die die Menschen an ihn als Bischof haben. Er wird der „einfache, gewöhnliche" Mensch, der er in der Kindheit war und der zu bleiben nicht sein Amt, sondern die trennende Ehrerbietung der Gläubigen verhindert hat. So wohl ist der fröhliche Gang über das freie Feld unter dem weiten, vom Sonnenlicht überfluteten Himmel zu verstehen. Dieser Gewinn des Lebens wird ihm freilich nur für einen Augenblick zuteil und nur im Modus der Vorstellung. Und in dieser Vision fällt ein Moment auf: es gibt in ihr außer dem frohen Wanderer keine Menschen, auch

---

37 Die dreifach Rückverwandlung: Petrs in Pavel, des Geistlichen in den Jungen und des „alten" Menschen in den „neuen" betrachtet Valerij Tjupa (2001, 26) als das paradoxe Handlungsereignis des *Erzpriesters*.

keine „einfachen, gewöhnlichen", und sie ist weit von aller lebbaren Realität entfernt. Ein mentales Ereignis hat stattgefunden, aber es vollzieht sich in einer illusionären Vision und kann keine Folgen zeitigen. Ihm fehlen Faktizität und Konsekutivität.

Wie weit Čechovs Erzählung davon entfernt ist, die Idee eines Lebens nach dem Tode – und sei es auch nur in einem metaphorischen Sinne – zu propagieren, zeigt der Epilog. Schon einen Monat nach dem Tod des Erzpriesters erinnert sich seiner niemand mehr, und wenn seine Mutter vor den Frauen ängstlich erwähnt, dass sie einen Sohn hatte, der Erzpriester war, glauben ihr nicht alle.

13.7 Die innere Umkehr Sterbender: *Kummer* und *Rothschilds Geige*

Die Erzählung *Rothschilds Geige* (Skripka Rotšil'da; 1894), in der Zeit ihrer Entstehung von der Kritik kaum beachtet (vgl. den Kommentar in *Sočinenija*, VIII, 504), erlangte später außergewöhnliche Anerkennung als ein perfekt gebautes Meisterwerk. Der russische Dichter und Kritiker Kornej Čukovskij (1967, 129) nannte sie die „Quintessenz des Čechovschen Stils": „In ihr sind alle Grundzüge der Weltanschauung Čechovs und die Besonderheiten seines Künstlertums konzentriert, und zwar in ihrer stärksten Verkörperung".

Rothschilds Geige erzählt die Geschichte des groben, gefühllosen russischen Sargmachers Jakov Ivanov, der auf der Schwelle des Todes dem armen jüdischen Flötisten Rothschild, den er zeitlebens beschimpft und bedroht hat, seine Geige vermacht. Die Übergabe der Geige ist für den Sargmacher keine unbedeutende Handlung. Das Instrument liegt nächstens neben ihm auf dem Bett, und wenn ihn die Gedanken an die riesigen Verluste in seinem Beruf überkommen, die etwa daher rühren, dass die Menschen zu selten sterben, berührt er die Saiten, und die Geige gibt einen Ton von sich, von dem ihm leichter wird. Dem sterbenden Sargmacher krampft sich das Herz zusammen, nicht weil er sterben muss, sondern weil er die Geige nicht ins Grab mitnehmen kann und sie als „Waise" zurückbleibt.

Im Geigenspiel zeigt der grobe Sargmacher eine sonst verborgene Seite. Er spielt „sehr gut auf der Geige, besonders russische Lieder" (VIII, 297).[38] Und wegen seines guten Spiels wird er manchmal zu Hochzeiten ins jüdische Orchester eingeladen, obwohl er die Juden hasst und beschimpft und insbesondere den

---

[38] Alle Zitate aus *Kummer* und *Rothschilds Geige* nach *Sočinenija* mit Angabe von Band und Seitenzahl

Anblick des hageren rothaarigen Rothschild „mit dem ganzen Netz roter und blauer Äderchen im Gesicht" (VIII, 297) nicht ausstehen kann. Rothschild ist allerdings die einzige Figur der Geschichte, die ausdrücklich Jakovs Begabung würdigt. Er hätte seinen Beleidiger, wie er in hilfloser Empörung ausruft, längst aus dem Fenster geschmissen, wenn er ihn nicht wegen seines Talents achtete.

Auf der Geige kann Jakov Gedanken ausdrücken, für die ihm die Sprache fehlt. Und wenn er auf der Schwelle seiner Hütte sitzend in Gedanken an das „verlorene verlustreiche Leben" die Geige singen lässt, „selbst nicht wissend was", so kommt es „klagend (*žalobno*) und rührend" heraus (VIII, 304). Die Töne, die die Geige jetzt singt, haben eben jenen klagenden Charakter, der Jakov am Flötenspiel Rothschilds im jüdischen Orchester zur Weißglut gereizt hat: „Dieser verdammte Jude brachte es fertig, sogar das Allerfröhlichste klagend (*žalobno*) zu spielen" (VIII, 298). Rothschild, der sich dem auf der Schwelle die Geige spielenden Jakov genähert hat, um ihn erneut zum Spiel ins Orchester einzuladen, ängstlich, neuer Beleidigungen gewärtig, hört aufmerksam zu, sein „erschrockener und staunender Gesichtsausdruck" weicht einer „gramvollen und leidenden" Miene, er zeigt „schmerzhaftes Entzücken" (VIII, 305) und er bricht in Tränen aus, dem Beispiel des weinenden Geigenspielers folgend.

Kummer (Gore; 1885) ist die Geschichte des Drechslers Grigorij Petrov, der seine sterbende Frau Matrëna ins Krankenhaus fährt und, nachdem seine Frau auf dem Schlitten gestorben ist, sich auf der weiteren Fahrt solche Erfrierungen holt, dass ihn der Arzt im Krankenhaus aufgibt. Die Erzählung *Kummer* bildet eine Art Vorstufe zu *Rothschilds Geige*. Grigorij Petrov zeichnet dieselbe paradoxale Verbindung von grobem Charakter und ästhetischer Feinheit aus wie den gefühllosen Sargmacher Jakov Ivanov, der gut auf der Geige spielt (vgl. den ersten Versuch eines Vergleichs der Erzählungen bei Ioannisjan 1960). Petrov ist ein Meisterdrechsler, der für seine Erzeugungen bekannt ist. Im vorgestellten Zwiegespräch, das er auf der Fahrt mit dem Arzt führt, bietet er ihm die kostenlose Anfertigung seiner Meisterwerke an, wenn nur Matrëna wieder gesund wird: „Ein Zigarrenetui, wenn Sie es wünschen, aus karelischer Birke – Krockettkugeln, Kegel kann ich anfertigen, nach der ausländischsten Mode ..." (IV, 231). Im realen Dialog mit dem Arzt bietet er dann für die Verlängerung des eigenen Lebens ähnliche Proben seiner Meisterschaft an.

Beide Helden sind trotz ihrer Begabung arm geblieben. Den Drechsler hindert am Geldverdienen seine Trunksucht. Und den Sargmacher bittet man wegen seines Hasses auf die Juden nur selten zum Spiel ins jüdische Orchester.

Neben den groben Virtuosen und ihren stumm leidenden Frauen sind die beiden Erzählungen durch die gefühllosen Figuren der ärztlichen Hilfe verbunden.

Der reale Arzt in *Kummer* ist von genauso grober Wesensart wie der Feldscher in *Rothschilds Geige*. Bei beiden suchen sich die Helden einzuschmeicheln. Der Feldscher, zu dem der Sargmacher seine kranke Frau gebracht hat, stellt lapidar fest: „Sie hat genug gelebt, die Alte. Es wird Zeit zu gehen" (VIII, 300). Und den mit seinen Erfrierungen dem Tod geweihten Drechsler beruhigt der nicht gefühlvollere Arzt: „Ist ja gut ... Was weinst du denn? Du hast gelebt. Sicherlich bist du sechzig geworden – das reicht!" (IV, 234).

Die wichtigste Gemeinsamkeit der Erzählungen ist das Thema der inneren Umkehr. In beiden Erzählungen führt der Tod der Ehefrau den Helden zu einer Neubewertung seines Lebens, zur Einsicht in seinen unmenschlichen Umgang mit der Frau und zur Erkenntnis seiner Schuld.

Die Erzählung *Kummer* zeichnet sich durch vier narrative Besonderheiten aus:

(1) Die Erzählung enthält eine Binnengeschichte. Das ist die futurische Erzählung der Figur, die als sekundärer Erzähler auftritt. In der futurischen Erzählung nimmt der Drechsler Grigorij Petrov die Begegnung mit dem Arzt im Krankenhaus vorweg.

(2) In die futurische Erzählung ist der imaginäre Dialog eingebettet, den Petrov mit dem Arzt zu führen erwartet. Die Repliken des Arztes antizipiert der sekundäre Erzähler in seinem eigenen Horizont.

(3) Formal ist die futurische Erzählung an die sterbende Ehefrau gerichtet. In Wirklichkeit aber spricht der Drechsler nur zu sich selbst. Somit ist die futurische Erzählung und der in ihr eingebettete imaginäre Dialog mit dem Arzt Teil eines inneren Monologs des Drechslers.

(4) In diesem hochkomplexen inneren Monolog ereignet sich eine innere Umkehr des Drechslers.

Auf dem Weg, auf dem Grigorij Petrov seine Frau ins Krankenhaus fährt, wütet ein Schneesturm, die Fahrspur ist zugeweht. Ohne sich zu der auf dem Schlitten Liegenden umzudrehen, murmelt Petrov vor sich hin, wie er den unwilligen Arzt Pavel Ivanovič überreden will, sie zu behandeln. Mit dem winterlichen Element auf der unwegsamen Straße kämpfend, das schwache Pferdchen immer wieder mit der Peitsche antreibend, entwickelt Petrov einen imaginären Dialog mit dem Arzt. Nach einiger Zeit fragt er die Frau, ob die Seite noch wehtut, aber erhält keine Antwort. Jetzt bemerkt er, dass im Gesicht seiner Alten der Schnee nicht taut. Ohne sich umzusehen, fühlt er ihre kalte Hand. „Sie ist gestorben! Verdammt!" (IV, 232–233). Petrov wendet und schlägt das Pferd mit aller Kraft. In Erinnerungen verloren kommt Petrov zu sich: „Wohin fahre ich eigentlich?" und wendet erneut. Von einem neuen Leben träumend, schläft er ein und kommt erst im Krankenhaus zu sich. Hände und Füße gehorchen ihm nicht mehr. Der Arzt eröffnet ihm, dass sie erfroren sind. Auf Petrovs Klage „Was für ein Kummer! ... Euer Wohlgeboren, das ist doch ein Kummer. Verzeihen Sie großmütig! Noch fünf-sechs Jährchen!" winkt der Arzt ab: „Für den Drechsler ein Amen!" (IV, 234).

Die innere Umkehr des Drechslers wurde ausgelöst durch den Blick der Frau, einen ungewohnten und ihm bis dahin völlig unbekannten Blick. Gestern Abend, als Petrov wie üblich betrunken nach Hause kam und wie üblich zu schimpfen und die Fäuste zu schwingen begann, schaute die Alte auf ihren „Krakeeler", wie sie vorher nie geschaut hatte. Normalerweise hatten ihre Augen einen leidenden, sanften Ausdruck, wie bei Hunden, die man viel schlägt und schlecht füttert. Jetzt aber blickte sie „streng und unbeweglich, wie Heilige auf Ikonen oder Sterbende blicken. Mit diesen merkwürdigen, unguten Augen begann der ganze Kummer" (IV, 232). Der Drechsler lieh sich beim Nachbarn ein Pferd und fuhr die Frau ins Krankenhaus, in der Hoffnung, dass der Arzt ihr mit Pulvern und Salben den früheren Blick zurückgebe.

Während der ganzen Fahrt murmelt Petrov vor sich hin. Formal sind seine Worte an die Frau gerichtet; sie sollen sie beruhigen, bis der Arzt ihr Tropfen verschreibt, sie zur Ader lässt oder mit Spiritus einreibt. In Wirklichkeit beruhigt der Drechsler sich selbst, und er kann auch gar nicht annehmen, dass die auf dem Schlitten Liegende sein Gemurmel versteht.

Die für den Drechsler unerwartete Veränderung in seinem Leben wird mit den Worten des objektiven Erzählers festgestellt: „Der sorglose Faulpelz und Saufbruder befand sich mir nichts dir nichts in der Lage eines beschäftigten, besorgten, sich eilenden und sogar mit der Natur kämpfenden Menschen" (IV, 232). Bisher hat er ruhig gelebt, im trunkenen Vergessen, kannte weder Kummer noch Freude und spürt jetzt plötzlich in seiner Seele einen entsetzlichen Schmerz.

In seiner futurischen Erzählung über die Ankunft im Krankenhaus imaginiert Petrov den Arzt als unfreundlich, mürrisch, aber im Prinzip bereit zu helfen: „Pavel Ivanyč wird sich bemühen. Er wird ein bisschen schreien, mit den Füßen stampfen, aber dann wird er sich bemühen" (IV, 230). Jedoch fällt das von Petrov imaginierte Bild des Arztes keineswegs mit dem realen Arzt zusammen. Während der Arzt in Petrovs Vorstellung bei all seiner Griesgrämigkeit und Nörgelei ein anständiger Mensch ist, der bereit ist, die Kranke zu behandeln, erweist sich der reale Arzt als gefühlloses Ungeheuer.

In den imaginierten Vorwürfen des Arztes drückt Petrov eine Kritik an sich selbst aus. Die Selbstkritik mit den Worten des vorgestellten Gesprächspartners vollzieht sich stufenweise. Zunächst betrifft sie die späte Ankunft. Petrov entschuldigt sich mit dem Schneesturm und dem schwachen Pferd. Dann erinnert der Arzt Petrov an das Trinken: „Wir kennen euch! Immer eine Ausrede zur Hand! Besonders du, Griška! Ich kenne dich schon lange. Sicher bis du unterwegs fünfmal in einer Schenke gewesen!" (IV, 231). Petrov verteidigt sich mit Nachdruck: „Euer Hochwohlgeboren! Bin ich denn so ein Bösewicht oder Unmensch? Meine Alte gibt ihren Geist auf, sie stirbt, und ich soll in die Schenken laufen! Haben Sie Gnade! Der Teufel soll die Schenken holen!" (IV, 231). Nach diesen Worten ist der Arzt zufrieden und lässt – immer noch in der futurischen Erzählung des Drechslers – die Kranke ins Krankenhaus bringen. Die übermäßig unterwürfigen Dankesbekundungen quittiert der Arzt mit Verachtung und erhebt einen neuen Vorwurf: „Anstatt auf die Knie zu plumpsen, hättest du Dummkopf lieber keinen Vodka gesoffen und Mitleid mit deiner Alten gehabt. Verprügeln müsste man dich!" (IV, 231). Petrov ist sogar damit einverstanden und verspricht dem Arzt, ihm seine Erzeugnisse zu schenken, wenn er Matrëna heilen kann. Im imaginierten Dialog lacht der Arzt darüber, und in der realen Wendung an die auf dem Schlitten liegende Frau brüstet sich der Drechsler mit seiner Fähigkeit, mit Herren zu sprechen.

Petrov ist sich noch eines wunden Punktes in seinem Leben bewusst. Wenn der Arzt sie frage, wendet er sich an Matrëna, ob er sie schlage, soll sie sagen: „Überhaupt nicht!" (IV, 232). Die Erinnerung an sein wahres Verhalten führt den Drechsler zum Versprechen: „Ich werde dich nicht mehr schlagen. Das schwöre ich!" (IV, 232). Aber zugleich versucht er seine Sünde zu verkleinern und stellt seine Fürsorglichkeit heraus: „Habe ich dich denn aus Bosheit geschlagen? Ich habe dich einfach so geschlagen. Ich habe doch Mitleid mit dir. Ein anderer würde auf den Kummer pfeifen, und ich fahre dich ... ich bemühe mich" (IV, 232). Da er von der toten Frau keine Antwort erhält, ärgert sich Petrov: „So eine Dumme! [...] Ich spreche mit dir ganz ehrlich wie vor Gott ... und du nimmst das nicht ernst ... So eine Dumme! Jetzt fahre ich dich nicht mehr zu Pavel Ivanyč!" (IV, 232).

Als er entdeckt, dass Matrëna tot ist, beginnt Petrov zu weinen. Seine Gedanken, die der Erzähler in narratorialer erlebter Rede wiedergibt, drücken in ihrer Klage über die Flüchtigkeit des Lebens Mitleid und Reue aus:

> Wie in dieser Welt alles schnell vergeht! Kaum hat sein Kummer begonnen, da ist der Ausgang schon da. Er hat noch gar nicht richtig mit seiner Alten gelebt, ist noch gar nicht dazu gekommen, sich mit ihr auszusprechen, Mitleid mit ihr zu haben, und da ist sie auch schon gestorben. Er hat mit ihr vierzig Jahre gelebt, aber diese vierzig Jahre sind wie im Nebel vergangen. Über der Trinkerei, der Prügelei und der Not hat man das Leben nicht gespürt. (IV, 233)

Das Umdenken ist in *Kummer* mit der Erinnerung verbunden. Als Petrov sich daran erinnert, wie er seine Frau zu den Leuten geschickt hat, um Brot zu bitten, wird ihm unbehaglich zumute: „Verdammt! Die Dumme hätte doch noch gut so zehn Jahre leben können, und so denkt sie sicher, dass ich wirklich so einer bin" (IV, 233).

Vor vierzig Jahren war Matrëna jung, hübsch, fröhlich, von einem reichen Hof gewesen. Man hatte sie ihm wegen seines handwerklichen Könnens zur Frau gegeben. Sie erwartete ein gutes Leben, aber nach der Hochzeit hatte er angefangen zu trinken, hatte sich auf den Ofen gelegt. „An die Hochzeit kann er sich noch erinnern, aber an das, was nach der Hochzeit kam, kann er sich ums Verrecken nicht erinnern, nur dass er trank, auf dem Ofen lag, und sich prügelte. So sind vierzig Jahre vorbeigegangen" (IV, 233).

In Petrov wächst ein Wunsch: „Noch einmal von vorne leben ... Ein neues Werkzeug einführen, Bestellungen annehmen ... und das Geld der Alten geben, ja!" (IV, 234). Auf diesem Höhepunkt seines Umdenkens endet sein Leben.

Welchen Grad der Ereignishaftigkeit kann man diesem Umdenken zuerkennen? Das Erkennen tritt bei dem Drechsler zu spät ein. Das verbindet die Erzählung mit dem *Erzpriester* und mit *Rothschilds Geige*. Folgen kann das neue Denken des Drechslers nicht mehr haben. Sein Umdenken vergeht auch spurlos. In der narrativen Welt gibt es nicht einmal einen Zeugen dessen, was in ihm vor sich gegangen ist. Das verbindet die Erzählung wiederum mit dem *Erzpriester*, an den sich nach seinem Tod nur noch die Mutter erinnert. Und sie weiß nicht von seiner Vision im Tode.

In *Kummer* steht die Ereignishaftigkeit auch infolge der mangelnden Resultativität des *prozrenie* in Frage. Petrovs beruhigende futurische Erzählung ist weniger an Matrëna gerichtet, die sie nicht mehr aufnehmen kann, als an ihn selbst. Nachdem Petrov entdeckt hat, dass seine Frau tot ist, beginnt er zu weinen. Aber es ist weniger Mitleid als Verärgerung, die ihn weinen lässt. Er ärgert sich darüber, dass der Tod der Frau sein Umdenken überholt hat. In seinen Gedanken an das schnell vergehende Leben klingt der absurde Vorwurf an die Frau an, dass sie zu früh gestorben ist: „Und wie zum Trotz ist die Alte gerade in dem Moment gestorben, als er spürte, dass sie ihm leidtat, dass er ohne sie nicht leben konnte, dass er schreckliche Schuld vor ihr hatte" (IV, 233). Ungeachtet der unbezweifelbaren Reue, die Petrov empfindet, klingt aus diesen Worten auch Mitleid mit sich selbst heraus, Ärger auf die Ehefrau, die sein *prozrenie* nicht abwarten konnte. Somit erweist sich die innere Umkehr des Drechslers Petrov als recht relativ.

Die Übergabe des Musikinstruments ist in *Rothschilds Geige* mit einem zweiten Sujet verknüpft, das im Notizbuch von 1893 unter dem Titel *Sark* [sic!] *für Olga* (Grop dlja Ol'gi) skizziert ist. Einem Sargmacher stirbt die Ehefrau. Er nimmt das Maß für den Sarg von der noch Lebenden und trägt die Kosten für den Sarg in sein Ausgabenbuch ein. (Der vorgesehene Titel mit dem orthographischen Fehler gibt die Eintragung des Sargmachers wieder, ist also Figurentext.) Die Sterbende erinnert ihren Mann daran, dass sie vor dreißig Jahren ein Kind hatten mit blonden Härchen und dass sie mit ihm am Fluss saßen. Nach dem Tod der Frau geht der Sargmacher an den Fluss und nimmt wahr: in den dreißig Jahren ist die Weide erheblich gewachsen (*Sočinenija*, XVII, 109).[39]

In *Rothschilds Geige* führt das Sterben der Ehefrau Marfa den Sargmacher zu einer neuen Sicht seines Lebens und seines Verhaltens. Der Prozess des Erkennens und Umdenkens vollzieht sich in fünf Stufen.[40]

1. Marfa erkrankt schwer und vollbringt mit letzter Anstrengung ihr häusliches Tagewerk. Währenddessen spielt Jakov auf der Geige. Gegen Abend legt sich Marfa krank ins Bett. Jakov zieht aus Langeweile in seinem Ausgabenbuch die Jahresbilanz und errechnet einen Verlust von mehr als tausend Rubel. Der in seine absurden Rechnungen vertiefte und ob der überall entstehenden Verluste verzweifelte Sargmacher hat keinen Blick für seine schwer kranke Frau und achtet ihrer erst dann, als sie ihn unerwartet anspricht: „Jakov! Ich sterbe!" (VIII, 299). Nun erst schaut er auf seine Frau: „Ihr Gesicht war rosafarben vor Hitze, ungewöhnlich klar und froh" (VIII, 299). Jakov versteht, dass sie stirbt und dass sie froh ist, endlich aus dieser Hütte, von den Särgen und von Jakov loszukommen. Die Sterbende hat einen glücklichen Gesichtsausdruck, als sähe sie den Tod, ihren Befreier, und flüsterte mit ihm. Im Blick auf seine Frau erinnert sich Jakov „aus irgendeinem Grunde" daran, dass er sie in seinem ganzen Leben kein einziges Mal freundlich behandelt oder bedauert hat. Kein einziges Mal ist ihm in den Sinn gekommen, ihr ein Tüchlein zu kaufen oder von einer Hochzeit etwas Süßes mitzubringen. Er hat sie nur angeschrien, wegen der Verluste gescholten und sich mit Fäusten auf sie gestürzt. Und um die Ausgaben zu mindern, musste sie statt des Tees heißes Wasser trinken. „Und er begriff, warum sie jetzt so einen seltsamen, frohen Ausdruck hatte, und ihm wurde unheimlich zumute" (VIII, 299). Am nächsten Morgen bringt Jakov seine Frau ins Krankenhaus. Der grobe Feldscher, den Jakov mit unterwürfiger Rede zu irgendeiner Behandlung (Schröpfköpfen, Blutegeln) zu überreden sucht, macht ihm keine Hoffnung und

---

[39] Vgl. Papernyj (1967, 41–42), der diese Notiz als „Sujet-Trampolin" für die spätere Erzählung wertet.
[40] Vgl. dazu die Analyse von Lija Levitan 1976, die lediglich drei Stufen ansetzt. Levitans Befunde differenzierend und korrigierend, rekonstruiert den Prozess des Erkennens und Umdenkens umsichtig und überzeugend Wächter (1992, 63–122). Zum Prozess des Erinnerns vgl. auch Kirjanov 2000.

gibt ihm zu verstehen, dass die Neunundsechzigjährige lang genug gelebt habe (vgl. das Zitat oben, S. 370).[41]

2. In die Hütte zurückgekehrt, nimmt Jakov mit der eisernen Elle von seiner Frau Maß, da vier Tage bevorstehen, an denen er nicht arbeiten kann, und beginnt mit der Anfertigung des Sarges. In sein Ausgabenbuch trägt er ein: „Sarg für Marfa Ivanova – 2 Rubel 40 Kopeken" (VIII, 301). Gegen Abend spricht Marfa ihn ein zweites Mal an: ob er sich erinnere, dass sie vor fünfzig Jahren ein blondgelocktes Kindchen hatten und dass sie zusammen am Fluss saßen und unter der Weide Lieder sangen.[42] Aber ihr Mädchen sei gestorben. So sehr Jakov sein Gedächtnis auch anstrengt, er kann sich weder an das Kind noch an die Weide erinnern. „Das kommt dir nur so vor", erwidert er. Bei der Beerdigung liest Jakov, um Ausgaben zu vermeiden, selbst das Psalterium und nimmt kostenlose Hilfe seiner Bekannten in Anspruch. Und er ist zufrieden, dass alles würdig, anständig und billig abläuft. Sich von der toten Marfa verabschiedend, fasst er an den Sarg: „Eine gute Arbeit!". Als er aber vom Friedhof zurückkehrt, überkommt ihn Unwohlsein, die Beine werden ihm schwach und ihn dürstet, die ersten Anzeichen des Typhus, der auch ihn ergriffen hat. Er erinnert sich nun erneut daran, dass er Marfa in seinem ganzen Leben kein einziges Mal freundlich behandelt oder bedauert hat, und er vergegenwärtigt sich, wie sie in den zweiundfünfzig Jahren gemeinsamen Lebens die Hauswirtschaft geführt und ihn umsorgt hat. Und er hat in dieser ganzen Zeit kein einziges Mal an sie gedacht, ihr keine Aufmerksamkeit geschenkt, als ob sie eine Katze oder ein Hund gewesen wäre.

Dem Sargmacher kommt Rothschild entgegen, der ihn zum Spiel ins jüdische Orchester einladen soll. Das Keuchen des Juden, sein Blinzeln und die Sommersprossen stoßen Jakov ab, und ihm ist es zuwider, den grünen Gehrock mit den dunklen Flicken und die ganze gebrechliche, schmale Figur zu sehen. Er herrscht den Juden an: „Geh mir aus den Augen! Es ist ja nicht auszuhalten mit Euch Gesindel!" (VIII, 302), und Rothschild stößt wieder eine seiner unrealisierbaren Drohungen aus: Wenn Jakov nicht innehalte, werde er ihn über den Zaun schmeißen. Der Jude läuft vor Jakovs Fäusten davon, wird von den Gassenjungen mit „Jid! Jid!" verhöhnt und von den Hunden mit Gebell verfolgt. Ein Hund muss Rothschild gebissen haben. Jakov nimmt einen verzweifelten Schmerzensschrei wahr. In der Begegnung mit Rothschild zeigt Jakov, der sich kurz zuvor sein

---

[41] Zu der Höflichkeitsrhetorik und der Hartnäckigkeit, mit der der Sargmacher den Feldscher zu einer Behandlung der sterbenden Frau zu bewegen sucht und die in merkwürdigem Widerspruch zu den fünfzig Jahren der groben Missachtung von Marfas Lebensinteressen steht, vgl. Bauer (2000, 201–204).
[42] Zur mythologischen und symbolischen Bedeutung der Weide vgl. Kšicová (1997, 589).

schändliches Verhalten zu Marfa bewusst gemacht hat, noch keine Spur des *prozrenie*. Es ist hier aber nicht von einem „Rückfall" zu sprechen (so Levitan 1976, 33). Jakovs Umdenken betrifft hier erst nur sein Verhalten zur Ehefrau und hat noch nicht den Kreis weiterer Personen erreicht.

3. Offensichtlich von Marfas Frage nach seiner Erinnerung geleitet, geht Jakov zum Fluss. Auf dem Weg verfolgen diesmal ihn die Gassenjungen „Bronze kommt! Bronze kommt!". (*Bronze* ist der Spitzname Jakov Ivanovs.[43] Der arme Sargmacher ist also in der Gesellschaft des Städtchens ebenso wenig geachtet wie der arme Jude.) Am Fluss sieht Jakov eine breite alte Weide mit einer riesigen Höhlung, deren Anblick ihm die tief vergessene Vergangenheit vergegenwärtigt. Und in seinem Gedächtnis ersteht der Säugling mit den blondgelockten Haaren und die Weide, von der Marfa gesprochen hat. „Ja, das ist dieselbe Weide – grün, still, traurig. Wie alt sie geworden ist, die Arme!" (VIII, 303). Jakov fragt sich, warum er in den vergangenen vierzig oder fünfzig Jahren kein einziges Mal am Fluss war, und er stellt sich vor, welchen Gewinn man aus Fischfang, Bootsbetrieb und Gänsezucht hätte ziehen können. Und er hat das alles versäumt, nichts davon hat er unternommen. „Welche Verluste! Ach, welche Verluste!" (VIII, 303). Und wenn man alles das zusammen mit dem Geigenspiel gemacht hätte, welches Kapital hätte das ergeben? Das Leben war ohne Nutzen, ohne jedes Vergnügen vergangen, es war vertan, für nichts und wieder nichts. Blickte man voraus, so war nichts geblieben, blickte man zurück, so gab es nichts als Verluste, so schreckliche, dass es einen schauderte. In einer merkwürdigen Expansion weitet Jakov in seinem Prozess des *prozrenie* seinen eigentümlichen Begriff des Verlustes, den er, nicht gemachte Geschäfte einschließend, schon in sehr weitem Sinne gebraucht hat, vom Merkantilen auf die Natur und die zwischenmenschlichen Beziehungen aus:

> Und warum kann der Mensch nicht so leben, dass es diese Einbußen und Verluste nicht gibt? Es fragt sich, wozu hat man den Birkenwald und den Kiefernwald abgeholzt? Wozu bleibt die Viehweide ungenutzt? Wozu machen die Menschen immer gerade nicht das, was nötig wäre? Wozu hat Jakov sein ganzes Leben geschimpft, gebrüllt, ist er mit Fäusten losgegangen, hat er seine Frau gekränkt und, so fragt sich, wozu war das nötig, dass er vorhin den Juden erschreckt und beleidigt hat? Wozu überhaupt lassen die Menschen einander

---

[43] Zu den komplexen thematischen Äquivalenzen der Erzählung, in denen die Opposition von hohlen Hölzern (Geige, Särge, Kähne, hohle Weide) und Metallen (eiserne Messlatte, Verzinner [Beruf des Leiters des jüdischen Orchesters], Bronze, Roth-Schild) eine prominente Rolle spielt, vgl. Schmid 2017b.

nicht leben? Welche Verluste man davon hat! Welch schrecklichen Verluste! Wenn es keinen Hass und keine Bosheit gäbe, hätten die Menschen voneinander einen riesigen Nutzen. (VIII, 304)

4. Am nächsten Tag begibt sich Jakov ins Krankenhaus und versteht, dass auch ihm nicht mehr geholfen werden kann. Auf dem Nachhauseweg dreht sich die Spirale seiner Überlegungen um eine Windung weiter:

> Auf dem Weg nach Hause überlegte er, dass man vom Tod einzig und allein Nutzen hat: man braucht nicht zu essen, nicht zu trinken, keine Steuern zu zahlen, nicht Menschen zu kränken, und da der Mensch nicht nur ein Jahr im Grab liegt, sondern Hunderte, Tausende von Jahren, ergibt sich, wenn man alles zusammenzählt, ein riesiger Nutzen. Vom Leben hat der Mensch Verluste, und vom Tod hat er Nutzen. (VIII, 304)

5. In Gedanken an das verlorene, verlustreiche Leben lässt Jakov auf der Schwelle seines Hauses und seines Lebens die Geige die traurige Weise singen, und den sich mit allen Zeichen der Furcht nähernden Rothschild ruft er diesmal freundlich heran. Als der Geistliche ihn in der Beichte nach einer besonders schweren Sünde fragt, erinnert sich Jakov wieder an das unglückliche Gesicht Marfas und den verzweifelten Schrei des Juden, den der Hund gebissen hat, und er trägt dem Beichtvater kaum hörbar auf: „Die Geige geben Sie Rothschild" (VIII, 305).

Čechovs ornamentalisierendes Erzählen erweckt gelegentlich den Eindruck, als wäre der Zusammenhang der thematischen Einheiten nicht nur durch das Geschehen bestimmt, sondern auch von phonischen Ordnungen des Diskurses gesteuert.[44] Das spezifisch wortkünstlerische Verfahren der thematischen Überdeterminierung phonischer Äquivalenzen zeigt sich deutlich am Kulminationspunkt der Geschichte von *Rothschilds Geige*.[45]

Der sterbende Jakov sitzt auf der Schwelle seiner Hütte. In Gedanken an das „verlorene, verlustreiche" Leben entlockt er seiner Geige eine ganz neue, „klagende und rührende" Weise, die ihm, dem rohen Sargmacher, Tränen entlockt: „I čem krepče on dumal, tem pečal'nee pela skripka. Skripnula ščekolda razdrugoj, i v kalitke pokazalsja Rotšil'd" (Und je stärker er nachdachte, desto trauriger sang die Geige. Es knarrte der Türriegel ein-, zweimal, und in der Pforte erschien Rothschild; VIII, 304–305).

---

44 Zur Tendenz von Čechovs Prosa zur ornamentalen phonischen Faktur vgl. Schmid 1984; zu den Klangfiguren in *Rothschilds Geige* Winner (1966, 162–167).
45 Zu dieser Stelle und ihrer phonischen Faktur vgl. schon Levitan (1976, 37–38) und ausführlich Wächter (1992, 108–112).

Der erste Satz bringt das traurige Singen der Geige nicht nur thematisch, sondern auch phonisch in eine Abhängigkeit von Jakovs tiefem Nachdenken: *krepče* („stärker") erscheint in *skripka* („Geige") und *pečal'nee* („trauriger") in seine lautlichen Bestandteile zerlegt. Durch diese Isotopie thematischer und phonischer Beziehungen sensibilisiert, wird der Leser auch den zweiten Satz und seine Anknüpfung an den ersten aufmerksam wahrnehmen. Die Wörter an der Nahtstelle der Sätze, *skripka* („Geige") und *skripnula* („knarrte"), die – grundsätzlich kombinierbar – hier gleichwohl Agens und Actio zweier ganz unterschiedlicher Handlungen bezeichnen, bilden eine Paronomasie. Sie wiederum suggeriert einen mehr als nur zufälligen Zusammenhang der Handlungen. Die phonische Ordnung des Diskurses stiftet also einen Handlungsnexus, der in der Geschichte selbst nicht ausgeführt ist. Voraussetzung dafür ist freilich, dass der Leser das Prinzip der Äquivalenz von der Klang- auf die Handlungsebene projiziert. Das aber fordert die tendenzielle Ikonizität des ornamentalen Erzählens.

Wenn im Diskurs *skripnula* („knarrte") wie ein verbales Echo auf *skripka* („Geige") klingt, so erscheint in der Geschichte das mehrmalige Knarren des Türriegels, das den ängstlich zögernden Rothschild ankündigt, als Folge, als Handlungsecho der singenden Geige. Man wird noch weiter gehen können: Rothschilds Auftreten ist sowohl durch die Geschichte als auch durch den Diskurs motiviert. Und in der Geschichte ist es auf doppelte Weise begründet: Rothschild soll den Auftrag des Orchesterleiters erfüllen, nämlich Jakov zum Spiel bei einer Hochzeit einladen, aber er scheint auch dem Klang der Geige zu folgen. Und das phonische Ornament des Diskurses suggeriert: Rothschild, den metonymisch die knarrende (*skripnula*) Türklinke vertritt, ist auch vom Klang jenes Wortes (*skripka*) ‚herbeigerufen', das metonymisch den auf der Schwelle des Todes neue Gedanken denkenden Jakov Ivanov bezeichnet.

Jakovs Spiel auf der Schwelle ist die Schlüsselszene der Erzählung. Die im Text hervorgehobene Ähnlichkeit von Jakovs klagendem Geigenspiel mit Rothschilds klagendem Flötenspiel ist nicht so zu interpretieren, dass Jakov Rothschilds Spielweise imitierte, sondern eher so, dass er als Sterbender, Erinnernder und Erkennender jene Erfahrungen macht, die die Klage des Juden ausgelöst haben. Rothschilds empathische Reaktion zeigt, dass er die Klage des Russen im Singen der Geige versteht.

Die Übergabe der Geige, die das mentale Ereignis nach außen manifestiert, ermöglicht die Pointe der Erzählung: wenn der Flötist Rothschild auf der Geige zu wiederholen versucht, was der sterbende Sargmacher auf der Schwelle in Gedanken an das verlustreiche Leben gespielt hat, „kommt" bei ihm etwas so Trauriges und Kummervolles „heraus", dass die Zuhörer weinen. Und diese „neue Weise" gefällt in der Stadt so sehr, dass die Kaufleute und Beamten ihn um die

Wette zu sich einladen und ihn die Weise zehnmal spielen lassen. Der arme Flötist realisiert somit den „riesigen Gewinn", den der Geige spielende Sargmacher in seinem Leben nicht hat machen können und der die im Namen „Rothschild" liegende Verheißung bewahrheitet.

Das Finale der Erzählung ist durchaus unterschiedlich gedeutet worden. Die meisten sowjetischen Deuter nehmen, einer geläufigen sozialphilologischen Interpretationsfigur folgend, im Ausgang der Geschichte die „progressive Weltanschauung des Autors" (Ioannisjan 1960, 155) wahr und rechnen Jakovs Klage über die im Leben gemachten Verluste zu Čechovs Kritik an den gesellschaftlichen Verhältnissen hoch (so Berdnikov [1961] 1984, 326). Auch im Westen ist der Geschichte meistens ein uneingeschränkt positives Finale zugesprochen worden. Gary Rosenshield (1997, 488) nennt die Erzählung eine der wenigen Darstellungen der „Versöhnung" zwischen Russen und Juden in der russischen Literatur des neunzehnten Jahrhunderts. Donald Rayfield (1975, 137) spricht gar von einem „harmonious end of almost schmalzy sentimentality". Nur wenige Rezipienten erkennen die im Finale anklingende Ironie. Zu den am radikalsten deutenden gehört N. L. Mamaeva (1972, 147), die im letzten Absatz eine „bittere Negation des Pathos" sieht, das die Erzählung von Jakovs letzten Tagen geschaffen hat. Jakov Ivanovs Umbewertung der existierenden Realität sei „individuell und ganz hoffnungslos". Die Ironie der letzten Sätze zeige, dass die Menschen nicht fähig sind, Jakovs Entdeckung zu verstehen.[46] Wie man die ironischen Töne des Finales auch verstehen mag, sie übertönen keineswegs die in Jakovs *prozrenie* angeschlagenen Töne des Erkennens und der Empathie. Für die Poetik Čechovs charakteristisch ist die Simultaneität widersprüchlicher Stimmungseindrücke.

Im Zentrum der Erzählung *Rothschilds Geige* steht nach dem Urteil Efim Ėtkinds (1985, 31) das jüdische Thema. Der Gegensatz des Sargmachers mit dem geläufigsten russischen Namen *Ivanov* und des Flötisten mit dem bekanntesten jüdischen Namen *Rothschild* werde im gemeinsamen Empfinden der Musik und in den gemeinsamen Tränen aufgelöst. Jakovs Verhältnis zu Rothschild entwickle sich vom Hass zur Liebe. Das ist zu unkritisch gesehen oder zu einfach ausgedrückt. Čechov beschreibt in der Entwicklung seiner Figuren immer nur den Augenblick, stellt die innere Befindlichkeit seiner Figuren in einem durch äußere und innere Faktoren bestimmten Moment ihrer Geschichte dar und schließt Hochrechnungen auf den nächsten Moment oder gar auf Allgemeingültiges aus. In einem Moment ihrer gemeinsamen Geschichte sind Ivanov und Rothschild

---

46 Ironische Töne des Finales erkennen auch Kirk 1981, 95–97; May 1985, 159–160.

gewiss in der Musik und in den Tränen miteinander „verschmolzen", wie Ėtkind emphatisch konstatiert, aber ihr Gegensatz ist dadurch noch nicht aufgehoben.[47]

Jakov Ivanovs Antisemitismus ist von besonderer, selektiver Art. Er richtet sich hauptsächlich gegen den schwachen, furchtsamen, sensiblen Rothschild, merkwürdigerweise nicht aber gegen Moisej Il'ič Šachkes, den Leiter des jüdischen Orchesters. Dessen Beruf Verzinner bringt ihn in die Reihe der metallischen Motive. Sein Name geht auf hebräisch *śāḳar* ‚anwerben, kaufen, bestechen' zurück, das auch dem deutschen *Schacher* zugrunde liegt.[48] Die russische Berufsbezeichnung *ludil'ščik* (‚Verzinner') ist vom Verb *ludit'* abgeleitet, das nicht nur ‚verzinnen' bedeutet, sondern auch ‚betrügen, Spitzbübereien treiben'.[49] Mit dieser zweiten Bedeutung von *ludit'* wird in *ludil'ščik* ein thematisches Merkmal aktiviert, das, mit der Bedeutungspotenz des Namens *Šachkes* konvergierend, den geldgierigen Orchesterleiter charakterisiert, der mehr als die Hälfte des jeweils eingespielten Gewinns für sich behält. Dieses Verhalten, das dem antisemitischen Klischee des geldgierigen Juden entspricht, wird vom Judenhasser Jakov Ivanov merkwürdigerweise gleichmütig hingenommen.

In Rothschild, der in der Geschichte ohne Vornamen und Patronym bleibt (während sein Orchesterleiter mit beidem ausgestattet ist), verkörpert sich für Jakov offensichtlich das Judentum. Jakov reizt sicher die Schwäche und Hilflosigkeit des Flötisten, der ihm als ein geeignetes Opfer seiner Aggressionen erscheint, während er vor dem ‚Verzinner' und Orchesterleiter Respekt hat, nicht zuletzt wohl auch, weil dieser einen ordentlichen Gewinn macht. Gegen Lija Levitan (1976, 36), die auch dem schimpfenden Rothschild Grobheit, Feindschaft und Erniedrigung unterstellt, ist einzuwenden, dass die absurden Drohungen des Flötisten lediglich die hilflose Empörung des grundlos Beleidigten, aber keine Aggression ausdrücken.

Bei der Überarbeitung der Erzählung für die zweite Ausgabe in einer Zeit der in Russland tobenden Pogrome und des offiziellen Antisemitismus verstärkte Čechov die antisemitischen Akzente Ivanovs noch dadurch, dass er dort, wo der Erzähltext sprachlich Jakovs Position reproduziert, *evrej* durch *žid*, die neutrale

---

47 Eine umsichtige Erörterung von *Rothschilds Geige* unter dem Aspekt des jüdischen Themas im Vergleich mit Dostoevskijs *Tagebuch eines Schriftstellers* gibt Rosenshield 1997.
48 *Duden. Das große Wörterbuch der deutschen Sprache*. In 8 Bänden. 2. Aufl. Mannheim 1994, S. 2876, s. v. *Schacher, Schächer, schachern*.
49 So I. Ja. Pavlovskij, *Russko-nemeckij slovar'* [1900–1902]. 3. Aufl. Riga 1911, s.v. *ludit'*; vgl. auch M. Vasmer, *Russisches etymologisches Wörterbuch*. Heidelberg 1950–1958, s.v. *ludit'* I. Während Vasmer das Verb von altruss. *lud* ‚Dummkopf' ableitet, bringt es Pavlovskij, plausibler, in Zusammenhang mit dem in Nordrussland gebräuchlichen Wort *ludá* 1. ‚blendender Glanz', 2. ‚Blendwerk, Täuschung, Schwindel'.

russische Bezeichnung des Juden durch die pejorative, ersetzte, in narratorialen Partien dagegen *evrej* beließ. Außerdem wird Rothschild in der zweiten Ausgabe sprachlich durch Schtetl-Formen des Russischen charakterisiert.

Antisemitische Klischees klingen auch in den misstrauischen Fragen der Bewohner des Städtchens nach der Herkunft von Rothschilds guter Geige an: „Hat er sie gekauft oder gestohlen, oder ist sie ihm vielleicht als Pfand zugefallen?" (VIII, 305).

Im Singen am Fluss unter der Weide, das Marfa dem erinnerungslosen Jakov vergegenwärtigt, sieht Robert Louis Jackson ([1978] 1987) eine Anspielung auf den 137. Psalm, der in der Übersetzung von M. Luther mit den Versen beginnt: „An den Wassern zu Babel saßen wir und weinten, wenn wir an Zion gedachten. Unsere Harfen hingen wir an die Weiden, die daselbst sind". Čechov mag durchaus an den Psalm gedacht haben, zumal der lateinische Name der eigentlichen Trauerweide, *Salix babylonica*, an die babylonische Gefangenschaft erinnert, aber es lässt sich keine prägnante intertextuelle Äquivalenz zwischen den Figuren und Situationen herstellen (vgl. schon Wächter 1992, 84–85). Mit den an den Flüssen Babylons sitzenden Juden, die, von ihren Unterdrückern bedrängt, sich zu singen weigern, ist weder das vor fünfzig Jahren am Fluss singende Sargmacherpaar zu vergleichen noch der am Fluss nun die Vergangenheit erinnernde Jakov Ivanov. Einen Kontakt zwischen den Texten stellen allenfalls zwei Motive her, die Bedrängnis der Juden im fremden Land und das Thema des Vergessens und Erinnerns.

Der erste Absatz von *Rothschilds Geige* führt unmittelbar in den Wertehorizont des Sargmachers ein:

> Das Städtchen war klein, mieser als ein Dorf, und es lebten in ihm fast nur alte Leute, die so selten starben, dass es ärgerlich war. Ins Krankenhaus aber und in das Gefängnis wurden nur sehr wenige Särge bestellt. Mit einem Wort, die Geschäfte liefen miserabel. Wenn Jakov Ivanov Sargmacher in der Gouvernementsstadt gewesen wäre, hätte er wahrscheinlich ein eigenes Haus und man würde ihn Jakov Matveič nennen; hier aber in dem Nest nannte man ihn einfach Jakov, sein Spitzname war aus irgendeinem Grund „Bronze", und er lebte arm wie ein einfacher Bauer, in einer kleinen alten Hütte, in der es nur ein einziges Zimmer gab, und in diesem Zimmer waren er und Marfa untergebracht, der Ofen, ein Doppelbett, die Särge, eine Hobelbank und die ganze Hauswirtschaft. (VIII, 297)

Das ist nicht erlebte Rede, als die die vorliegende Form der Interferenz von Erzähler- und Figurentext häufig bezeichnet wird (so bei Levitan 1976, 42). Die figuralen Wertungen der Sätze sind nicht Inhalte des aktuellen Figurenbewusstseins, ja die Figur hat die Bühne der Erzählung noch gar nicht betreten.[50]

Der erste Absatz der Erzählung denotiert die Ausgangssituation der Geschichte. Die Auswahl der Gegenständlichkeiten und der negativ bewerteten Sachverhalte, die mit ihnen verbunden werden, und auch die Verknüpfung der heterogenen Momente zu einer Situation, die eine Stimmungsqualität ausdrückt, Selektion und Kombination also folgen dem räumlichen und ideologischen Standpunkt des Helden, des Sargmachers Jakov Ivanov, der vom Sterben der Menschen sein Leben fristet. Auch der zeitliche Standpunkt, von dem aus die Situation so beschreibbar wird, ist der des Helden. Die Erzählung setzt ein an der Schwelle zwischen Vorgeschichte und eigentlicher Geschichte, in der Phase unmittelbar vor dem Eintreten jener Ereignisse (Marfas Tod, Jakovs Erkrankung), die das mentale Hauptereignis, Jakovs innere Umkehr, auslösen werden. Auf den Ebenen des Raumes, der Wertung und der Zeit ist die Perspektive also figural. Es wird hier aber nicht etwa eine vor jeder Perspektivierung vorhandene Situation nur figural dargeboten. Ohne Perspektive gibt es gar keine Situation. Eine Situation konstituiert sich immer erst im Bewusstsein eines die Wirklichkeit erlebenden, ihre Komplexität auf wenige Momente reduzierenden, latent geschichtenbildenden Subjekts. Wer ist hier dieses Subjekt? Es scheint zunächst, als sei es Jakovs Bewusstsein, das die Stadt, die alten Menschen und die schlechten Geschäfte zu einer Situation zusammengeschlossen hätte. Aber in seinem Bewusstsein gibt es eine solche Situation nicht, zumindest nicht als aktuelle. Wir haben hier keine klassische erlebte Rede, die aktuelle Bewusstseinsinhalte wiedergibt, sondern die Narration eines Erzählers, der sich in der Auswahl, Bewertung und Benennung der thematisierten Gegenständlichkeiten am Standpunkt der Person orientiert, ohne dass diese zu dem gegebenen Zeitpunkt der Geschichte als das Thematisierte wahrnehmend oder denkend vorzustellen wäre. Die gewählten Momente sind zwar Faktoren, die Jakovs Seelenzustand bestimmen, und ihrer Qualifizierung haftet auch etwas von der inneren Befindlichkeit des Helden an, sie sind auch grundsätzlich in seinem Bewusstsein präsent, aber ihre Wahl aus der Mannigfaltigkeit seiner Bewusstseinsinhalte und die Verknüpfung zu einer Situation hat der Erzähler vorgenommen. Es handelt sich hier also um jene Form, die oben *uneigentliches Erzählen* genannt wurde.

---

50 Dies ist ein bei Čechov nicht selten anzutreffendes Verfahren, man vgl. etwa den Beginn von *Student* (siehe oben, S. 62). Dass bei Čechov „die Stimme des Helden nicht selten vor seinem Erscheinen als handelnder Person erklingt", hat bereits Vera Chimič (1969, 143) angemerkt.

Uneigentliches Erzählen stellt besondere Anforderungen an den Übersetzer. Im Folgenden werden zwei deutsche Übersetzungen verglichen, die diese Anforderungen in unterschiedlichem Maße erfüllen:

> *Klein war das Städtchen*, schlimmer als ein Dorf, und es lebten darin fast nur alte Leute, die so selten starben, dass man sich sogar darüber ärgern konnte, und vom Krankenhaus und vom Schlossgefängnis wurden nur wenige Särge angefordert. Mit einem Wort, *es war ein schlechtes Geschäft*. Wenn Jakow Iwanow Sargmacher in der Gouvernementsstadt gewesen wäre, *er hätte es bestimmt zu einem eigenen Haus gebracht*, und man *würde* ihn Jakow Matwejitsch *genannt haben*; hier im Städtchen *dagegen* wurde er einfach Jakow genannt, sein Spitzname aber war *aus einem unerfindlichen Grunde* „Bronze". *Und so lebte er* ärmlich wie ein einfacher Bauer in einer kleinen Hütte, in der *sich nur ein Zimmer befand*, und in diesem Zimmer *waren* er, Marfa, der Ofen, ein zweischläfriges Bett, die Särge, die Hobelbank und überhaupt die ganze Hauswirtschaft *untergebracht*. (Johannes von Guenther)[51]

> Das Städtchen war klein, schlimmer als ein Dorf, und es lebten darin fast nur alte Leute, *von denen so selten welche starben*, dass es *einen* beinahe ärgerte. Vom Krankenhaus und vom Gefängnis wurden nur sehr wenig Särge angefordert. Mit einem Wort – die Geschäfte gingen schlecht. Wäre Jakow Iwanow Sargtischler in der Gouvernementsstadt gewesen, er besäße wahrscheinlich sein eigenes Haus und man würde ihn mit Jakob Matwejitsch anreden, hier aber, im Städtchen, nannte man ihn einfach Jakov, und aus irgendeinem Grund hatte er den Spitznamen Bronze. Er lebte arm wie ein einfacher Bauer, in einer kleinen Hütte, in der es nur ein einziges Zimmer gab, und in diesem Zimmer befanden sich er, Marfa, der Ofen, ein Doppelbett, Särge, eine Hobelbank und die ganze Wirtschaft. (Ada Knipper und Gerhard Dick) [52]

Die beiden Übersetzungen zeigen die typischen Schwierigkeiten bei der Wiedergabe des uneigentlichen Erzählens. Johannes von Guenther verfehlt mit seinem lexikalisch wie syntaktisch zu literarischen Stil (im Zitat kursiv gesetzt) den simplen Duktus des Originals, der die primitiv-archaische Mentalität des groben Sargmachers reflektiert. (Bronze ist übrigens das Metall, nach dem im Russischen das eherne Zeitalter [*bronzovyj vek*] benannt ist.) Ada Knipper und Gerhard Dick übersetzen dagegen einige Wendungen ein wenig zu umgangssprachlich (im Zitat kursiv gesetzt). Insgesamt ist ihre Version jedoch adäquater.

Die Darbietung der Handlung, die mit Marfas Erkrankung am „6. Mai des vorigen Jahres" einsetzt, und die Präsentation der Vorgeschichte sind in *Rothschilds Geige* in der Schablone des uneigentlichen Erzählens gestaltet. Zur Vorgeschich-

---

[51] Anton Tschechow, *Werke. Novellen, Erzählungen, Dramen*. Zweiter Band. Hamburg und München: Verlag Heinrich Ellermann, 1963, S. 544.
[52] Anton Tschechow, *Die Dame mit dem Hündchen. Späte Erzählungen. 1893-1903*, München: Winkler Verlag, 1989, S. 167.

te gehört auch die Beschreibung des jüdischen Orchesters und die Wahrnehmung seiner Musik als Kakophonie. Hier wird deutlich, dass der Erzähltext in den Wertungen (also in der ideologischen Perspektive) ganz dem Horizont des Helden folgt:

> Wenn Bronza im Orchester saß, so schwitzte und rötete sich sofort sein Gesicht; es war heiß, es roch stickig nach Knoblauch, die Geige kreischte auf, am rechten Ohr krächzte der Kontrabass, am linken weinte die Flöte, auf der der rothaarige, dürre Jude mit dem ganzen Netz roter und blauer Äderchen im Gesicht spielte, der den Namen des bekannten Reichen Rothschild trug. (VIII, 297)

Ein großer Teil des Erzähltextes dient der Darstellung von Jakovs Innenwelt, seiner inneren Reden, Gedanken und Wahrnehmungen. Der Figurentext, der die mentalen Handlungen des Helden umfasst, wird sowohl in der Schablone der direkten Rede als auch der indirekten und erlebten Rede wiedergegeben. Die direkte Rede erscheint nicht selten ohne graphische Markierung und fällt, wenn Pronomina der ersten und zweiten Person fehlen, mit erlebter Rede zusammen: „Ja, das ist dieselbe Weide, grün, still, traurig ... Wie alt sie geworden ist, die Arme!" (VIII, 303).

Die indirekte Darstellung der Reden, Gedanken und Wahrnehmungen begegnet durchweg in ihrer figuralen Variante, folgt also axiologisch und sprachlich dem Figurentext und geht häufig in erlebte Rede über, die meistens in der im Russischen möglichen Variante mit dem Tempus des Figurentextes, in der Regel also im Präsens, erscheint: „Auf dem Weg nach Hause überlegte er, dass man vom Tod einzig und allein Nutzen hat: man braucht nicht zu essen, nicht zu trinken, keine Steuern zu zahlen, nicht Menschen zu kränken" (VIII, 304).

Wir nehmen Jakov, seine Vorgeschichte und seine Verwandlung also ganz aus seiner axiologischen oder ideologischen Perspektive wahr. Der objektive Erzähler versagt sich eigene Wertungen und wertende Akzente wie etwa ironische Intonation. Er passt sich auch in Lexik und Syntax dem sprachlichen Horizont des Helden an. Ebenso ist die räumliche Perspektive figural. Die Außenwelt wird nur in dem Maße erfasst, wie sie in das Wahrnehmungsfeld des Helden fällt. Die zeitliche Perspektive ist indes narratorial. Der zeitliche Nullpunkt des Erzählens liegt nach Marfas und Jakovs Tod, die beide dem „vergangenen Jahr" zugewiesen werden. Der temporale Standpunkt des Erzählers wird im letzten Absatz markiert: „Und jetzt fragen alle in der Stadt: woher hat Rothschild eine so gute Geige? [...] Er hat schon lange die Flöte aufgegeben und spielt jetzt nur noch auf der Geige" (VIII, 305).

Čechovs Erzählung repliziert unverkennbar auf einen prominenten Text, Puškins Novelle *Der Sargmacher*.[53] Adrijan Prochorov, Puškins Held, ist ein ähnlich düsterer Charakter wie Jakov Ivanov. Er ist gewöhnlich in traurige Überlegungen an die unvermeidlichen Ausgaben versunken. Ähnlich wie dann Jakov Ivanov rechnet er entgangene Beerdigungen als Verlust. Čechovs Held beklagt sich darüber, dass die alten Leute in seiner Stadt zu selten sterben, und seine Bilanzen, die einen Verlust auch dort ausweisen, wo gar kein Geschäft stattgefunden hat, sind nicht anders als absurd zu nennen. Ja, er zählt zu seinen Verlusten sogar noch die Zinsen für die nicht gemachten Einnahmen aus nicht zustande gekommenen Beerdigungen. Auf der dritten Stufe seines *prozrenie* rechnet Jakov zu den merkantilen Verlusten auch die Einbußen in der Natur und in den zwischenmenschlichen Beziehungen, und auf der vierten Stufe zieht er schließlich die radikale Bilanz, dass der Mensch einzig vom Tod einen Nutzen habe. Die Schlussfolgerung ist absurd und paradox zugleich; absurd, insofern sie merkantil gedacht ist, paradox, d. h. scheinbar widersinnig, in Wirklichkeit aber tief wahrheitshaltig, insofern Jakov als Sterbender tatsächlich den moralischen Verlusten, die sein Leben begleitet haben, ein Ende setzt und zum ersten Mal einen (materiellen *und* moralischen) Gewinn erzielt: er übergibt dem verhassten Juden sein „Waisenkind", die Geige.

Die Opposition der von den Metallen *Bronze* und *Rotšil'd* konnotierten Bedeutungen geht eine sehr komplexe Beziehung mit der in der Geschichte dominierenden Opposition von „Verlust" und „Nutzen" ein. Der „Verlust", die Grundkategorie in Jakovs Denken, wird an unterschiedlichen Objekten und mit verschiedenen Bedeutungen durchgespielt. Zunächst bezeichnet er den nicht realisierten Gewinn des Sargmachers, dann das Kapital, das Jakov aus Fischfang, Geigenspiel, Betrieb von Kähnen und Gänsezucht hätte ziehen können. In der Szene am Fluss, unter der Weide, scheint dann zum ersten Mal ein „Verlust" ganz anderer Art auf: der Verlust an Natur und Lebensfülle. Schließlich wird der „Verlust" zur moralischen Kategorie, die die Inhumanität des menschlichen Zusammenlebens bezeichnet.

Vor seiner Erinnerung und dem sie begleitenden *prozrenie* hat Ivanov trotz seines schönen Geigenspiels keinen Gewinn erzielt, weil er archaisch, primitiv, eben Bronze war; als Sterbender erzielt er einen Gewinn, indem er sein Kostbarstes Rothschild schenkt. Der zur Vergebung fähige Jude, der die beklagenswerten Verluste, die die Menschen einander zufügen, buchstäblich am eigenen Leibe spüren musste, bringt den Sieg des beseelten Holzes über das harte Metall, der

---

[53] Zu den Beziehungen zwischen den Texten vgl. Fortunatov 1976; Polockaja 1990; Rév 1990; Golovačeva 1998.

sich in der inneren Umkehr des sterbenden Sargmachers ereignet, als dessen Erbe zur sinnfälligen, musikalischen Erscheinung. Deshalb trägt die Novelle zurecht den zunächst änigmatischen Titel „Rothschilds Geige".

Wie weit reicht Jakov Ivanovs *prozrenie*? Welcher Grad von Ereignishaftigkeit kommt ihm zu? Die sowjetischen Deutungen tendieren dazu, Jakovs Wandlung, vor allem in der Verallgemeinerung der Rede von den „Verlusten", als Aufruf Čechovs zu einer Veränderung der gesellschaftlichen Verhältnisse zu deuten oder zumindest in Jakovs „neuen Gedanken über das Leben" einen „Sieg über den Tod" zu sehen (so Cilevič 1981, 96). Die jüdische Thematik wird dabei auffällig ausgespart. Und im Westen spricht Gary Rosenshield (1997, 496) in hochreligiösen Formeln von Jakovs „epiphany and awakening", „resurrection from the dead" und „spiritual rebirth".

Die Erzählung zwingt jedoch, eine Reihe von Einschränkungen zu machen, die ihre Ereignishaftigkeit relativieren.

Zunächst ist zu bedenken, dass Jakovs *prozrenie* für sein Leben zu spät kommt. Das reiht die Geschichte in die Gruppe der Čechov-Erzählungen vom zu spät eintretenden Ereignis ein. Selbst wenn Jakovs neues Denken resultativ ist, mangelt es ihm in jedem Fall an Konsekutivität, die ein Kriterium für volle Ereignishaftigkeit darstellt. Jakovs innere Umkehr kann für sein Leben keine Folgen mehr haben. Und seine „neue Weise", die Rothschild auf Jakovs Geige wiederholt, rührt zwar die Kaufleute und Beamten in der Stadt, wird aber nicht die Welt verändern. Wie wenig die Bewohner des Städtchens von Jakovs Erkenntnis und der neuen Weise berührt sind, erweisen ihre misstrauischen Fragen nach der Herkunft von Rothschilds guter Geige. Es steht zu befürchten, dass sich die Wirkung der neuen Weise in der Rührung der Hörer und in Rothschilds kommerziellem Gewinn erschöpft.

Dann erfährt die Metabolé eine Relativierung dadurch, dass Jakov das merkantile Denken in den Kategorien von Verlust und Nutzen, auf das er fixiert ist, auch als Sterbender nicht überwinden kann. Die ethischen „Verluste", die er nun beklagt, bringt er ja mit den kommerziellen in eine Reihe. Diese Gleichsetzung stellt die Reichweite seines Umdenkens nicht unwesentlich in Frage.

Wenn Jakov die Verluste in der Umwelt feststellt, scheint ihm weniger an der Erhaltung der Natur als solcher gelegen zu sein als an ihrer wirtschaftlichen Nutzung („Wozu bleibt die Viehweide ungenutzt?"). Er will ja am Fluss den Fischfang wieder einführen und Gänse züchten, um sie zu schlachten und nach Moskau zu verkaufen. Allein der Verkauf der Daunen würde im Jahr zehn Rubel ergeben. Dieser nüchtern-merkantile Plan prosaisiert sein Traumbild von den weißen Gänsen, das ästhetisches Vergnügen an der Natur zu signalisieren schien. In der Szene am Fluss hieß es: „Jakov schloss die Augen, und in seiner Vorstellung zogen riesige Scharen weißer Gänse vorüber" (VIII, 303).

Der eigentliche Durchbruch zu einem neuen Denken zeigt sich weniger in Jakovs inneren Reden und Visionen als darin, dass er den Geistlichen anweist, die Geige Rothschild zu übergeben. Aber auch diese Handlungsweise zeigt eine gewisse Einschränkung der Ereignishaftigkeit. Hätte Jakov Rothschild die Geige nicht selbst geben können?

Was hat Jakov überhaupt dazu bewogen, die Geige Rothschild geben zu lassen? Rothschild ist ja Flötist und nicht Geiger. Und von einer besonderen musikalischen Begabung ist bei ihm nicht die Rede. Den Gewinn bei den gerührten Kaufleuten und Beamten macht er nur mit dem Versuch, das zu wiederholen, was Jakov auf der Schwelle gespielt hat. Nicht zu Unrecht bezeichnet Viktor Šklovskij (1966, 369) Rothschild als „gutmütigen, verstehenden, ergebenen und kraftlosen Salieri". Unmittelbar bevor er dem Geistlichen aufträgt, Rothschild die Geige zu übergeben, hat sich Jakov an das unglückliche Gesicht Marfas und den verzweifelten Schrei des vom Hund gebissenen Juden erinnert. Darin scheint Empathie auf und das Motiv der Reue, vielleicht auch der Versuch einer Wiedergutmachung. Aber es fragt sich, ob das Vermächtnis nicht auch der väterlichen Sorge um das zurückbleibende „Waisenkind", die Geige, entspringt, die Jakov bei Rothschild gut untergebracht weiß. Wenn das zuträfe, wäre sein Auftrag an den Geistlichen weniger eine „grand gesture of magnanimity" (Rosenshield 1997, 496), als er zunächst scheinen mochte. Es bleibt auch unentschieden, ob die Fürsorge für die Geige an dem, der von der sterbenden Frau daran erinnert werden musste, dass sie einmal ein Kind hatten, ein neues Denken zeigt oder nur wieder die alte Fixierung auf den Gegenstand, der den Menschen ersetzen soll. Wenn Jakov seine kranke Frau dem Feldscher als seinen *predmet* (,Gegenstand') vorstellt, so benutzt er einen Ausdruck, der im neunzehnten Jahrhundert jemanden bezeichnete, dem man in Zuneigung verbunden war.[54] Gleichwohl ist in der Verwendung des Ausdrucks durch den nicht stilsicheren Jakov die nicht intendierte, unbewusste, aber eigentliche Bedeutung ,Gegenstand' durchaus präsent.

Rothschilds Geige ist also die Geschichte eines nicht perfekten Ereignisses und als solche charakteristisch für das Spätwerk des Novellisten, der an unterschiedlichen mentalen Veränderungen, denen die Helden unterliegen oder zu unterliegen glauben, einen Mangel an Ereignishaftigkeit erkennen lässt.

---

54 Vgl. *Slovar' russkogo jazyka v 4-ch tomach*, Moskva 1983, s.v. „predmet 5"; vgl. auch Erëmin (1991, 95).

VII. Zusammenfassung und Auswertung

14 *Parzival*: Asymmetrische Entwicklung in Sprüngen

Wie werden in erzählenden Werken unterschiedlicher Epochen und Kulturen mentale Ereignisse dargestellt, d. h. wichtige und folgenreiche Umschwünge im Bewusstsein von Figuren. Das war die Leitfrage der vorausgehenden Untersuchungen.

Die mittelalterliche Versepik wird vom mainstream der Literaturwissenschaft zumindest in zwei Hinsichten unterschätzt. Sie ist narrativ komplexer, als gemeinhin angenommen wird, und bedarf narratologischer Analyse in höherem Maße, als manche Vertreter der Altgermanistik zu konzedieren bereit sind. Die Anwendung narratologischer Kategorien wie Erzähler, Perspektive, Ereignis, Schablone der Wiedergabe von Rede und Gedanken usw. widerstreitet keineswegs der spezifischen Faktur, dem sozio-pragmatischen Ort und dem mentalitätsgeschichtlichen Status mittelalterlicher Erzähldichtung, wie methodendefensive Altgermanisten gerne ins Feld führen. Jüngere altgermanistische Untersuchungen mit Hilfe dieser Kategorien beweisen, dass sie keineswegs mit anachronistischen Werkzeugen operieren, sondern zu Befunden gelangen, die für das Mittelalter durchaus epochengemäß sind und das Wissen um die mittelalterlichen Werke in Wesentlichem bereichern.

Wolframs *Parzival* wird dem mit dem Rüstzeug der Narratologie anrückenden Analysator freilich einiges Befremden bereiten. Gewiss ist für den Helden ein großes Ereignis nachzuzeichnen. Und sein Weg vom tumben Toren, der in der Waldeinöde ohne Kontakt zur Außenwelt aufwächst, zum Gralskönigtum ist auch von einer inneren Entwicklung begleitet, die als Prozess eines in Stufen verlaufenden Erkennens und Reifens beschreibbar wird. Zwischen diesen Stufen fehlt freilich nicht selten eine kontinuierliche Linie, so dass man von Sprüngen der Entwicklung sprechen muss. Von der Hoffart in Gottesfeindschaft entwickelt sich Parzival in diesen Sprüngen zur reuevollen Demut. Indes bleibt die geistige und charakterliche Entwicklung einseitig, asymmetrisch. Während Parzival in seinem rationalen Verhalten an Reife gewinnt, zeigt er in seinem intuitiven Verhalten unveränderliche Züge, die an sein elterliches Erbe erinnern. Das sind zum einen die von der Mutter geerbten Tugenden *triuwe* und *erbärmde* und auf der negativen Seite eine vom Vater geerbte unbedachte *manheit*, die sich in unreflektiertem Draufgängertum äußert.

Für den neuzeitlichen Leser ist noch ein anderer Umstand befremdlich. Die Selbsterkenntnis und ethische Selbstvervollkommnung würde dem Helden nicht das Amt des Gralskönig eröffnen, wenn er nicht durch seine Herkunft dafür prädestiniert wäre und sich nicht durch Tugenden auszeichnete, die er der ererbten *art* verdankt.

In der Erzählung von Parzivals Aufstieg tritt ein Zwiespalt zwischen Offenheit und Determination auf, der charakteristisch ist für teleologische, von einem heilsgeschichtlichen Denken geprägten Kultursysteme. Prädetermination mindert aber Ereignishaftigkeit, die nicht mehr für alle Entwicklungen offen ist. Wenn Parzivals Lebensweg von der Macht des Grals geschützt wird, wie der Erzähler in 737, 25–27 unterstreicht, fehlt seiner Entwicklung das für Ereignishaftigkeit konstitutive Merkmal der Unvorhersagbarkeit.

Die Erzählperspektive im *Parzival* ist narratorial. Der deutlich profilierte, allwissende, mit uneingeschränkter Introspektion ausgestattete Erzähler schaltet in den Gang der Erzählung immer wieder seine Wertungen, Kommentare und Bekenntnisse ein. Er simuliert auch Sorge um seinen Helden, als ob er nicht um den guten Ausgang der Geschichte wüsste.

Für die Bewusstseinsdarstellung bedient sich der Erzähler der beiden archaischen expliziten Schablonen, des Bewusstseinsberichts und der direkten inneren Rede. Manche direkte äußere Rede (z. B. 329, 25–27; 332, 1–8) ist allerdings weniger eine Kommunikation mit dem jeweiligen Gegenüber als ein Selbstgespräch, ein direkter innerer Monolog. In dieser Schablone sind die wesentlichen negativen Entscheidungen in der mentalen Entwicklung des Helden gestaltet, so die Absage an die Freuden des Lebens, bis er den Gral wieder erblickt (329, 25–27); die Aufkündigung des Lehnsdienstes und die Kampfansage an Gott (332, 1–8); die Beschuldigung Gottes, dass er ihm Hilfe verweigert und ihn vor Leiden nicht geschützt hat (450, 21–22); die hoffärtige Aufforderung an Gott, seinen Dienst zu entlohnen und ihm zumindest am Karfreitag Hilfe zu gewähren (451, 15–22), sein Pferd zu lenken (452, 5–9); die Erneuerung seines Gotteshasses und seiner Gottesanklage vor Trevrizent (461, 9–14).

Zwischen direkten äußeren und inneren Reden sind keine stilistischen Differenzen erkennbar. Beide sind sprachlich narratorial. Auch die zahlreichen inneren Monologe enthalten keine lexikalischen oder syntaktischen Merkmale, die auf den Figurentext verweisen. Dabei ist zu bedenken, dass die strenge Versstruktur mit dem vierhebigen jambischen Metrum, das semantisch wichtige Wörter durch die sogenannte „beschwerte Hebung" (metrische Längung bei Wegfall der Senkung) hervorheben kann (Beyschlag [1950] 1963, 26–29; Paul/Glier [1938] 1961, 60–62), und mit dem obligatorischen Paarreim der Sprache so viele Begrenzungen auferlegt, dass sie jegliche Figuralisierung unterdrückte, wenn diese stilgeschichtlich überhaupt schon denkbar gewesen wäre.

Die breite Anwendung des direkten inneren Monologs ist Anlass, über den Einsatz dieses Verfahrens in der Geschichte des Erzählens neu nachzudenken. Gewiss, vom Dujardin-Typus der Schablone ist Wolframs Verfahren noch weit entfernt. Es fehlt hier die Unmittelbarkeit, der Ausdruck der Gedanken in *statu nascendi* mit dem Eindruck „tout venant" (vgl. oben, S. 26). Parzivals innere Monologe sind logisch wohlgeordnet, sprachlich voll artikuliert, in Lexik und Syntax narratorial gehalten. Aber systematisch setzt Wolfram den inneren Monolog ein, wenn er Wendepunkte der inneren Handlung gestaltet.

15 *Tristan*: Widersprüche des Herzens in dialogisierten inneren Monologen

Gottfrieds *Tristan* ist in einigen narratologischen Parametern ‚moderner' als Wolframs *Parzival*. In besonderen Maße betrifft das die Bewusstseinsdarstellung. Stärker noch als im *Parzival* ist die Handlung aus der Außenwelt in die Innenwelt gerückt. Die Erzählperspektive ist dementsprechend leicht vom narratorialen Pol zum figuralen verschoben. Einen großen Anteil an der Diegesis haben innere Monologe, die freilich nach wie vor nur in der direkten Schablone vorkommen. In ausgedehnten Monologen äußern sich beide Helden. Tristans Aufbruch löst Isoldes leidvollen Entsagungsmonolog aus, der mehr als 100 Verse umfasst. Nachdem Tristan Markes Hof verlassen hat, bleibt der Fokus auf ihm, und wir erfahren nichts mehr von Isolde. In drei ausgedehnten inneren Monologen gibt Tristan seiner Herzensnot Ausdruck. Gegenüber den inneren Monologen Parzivals zeichnen sich die Soliloquien beider Helden Gottfrieds durch eine starke innere Dialogisierung aus. Der in dem imaginären Dialog Angesprochene ist entweder der abwesende Partner oder ein *alter ego*. Die Zweistelligkeit dient der Analyse.

Obwohl Isolde in ihrem Monolog einen Kampf zwischen Gefühl und Vernunft austrägt und versucht ist, den Scheidenden anzuklagen, bleibt die innerlich Aufgewühlte gefasst, kann sie ihre Ungeduld mäßigen und sich immer wieder zur Vernunft aufrufen. Schließlich gelangt sie zur Haltung der wahren, uneigennützigen Liebe.

Dramatischer verlaufen Tristans ausgedehnte Soliloquien, die die gesamte Handlung nach der Trennung der Liebenden tragen. In seinen drei Monologen, in denen er zwischen zwei Positionen hin- und hergerissen ist, drückt er seine *zwîvelnôt* aus, die Qual der Unentschlossenheit zwischen den beiden Isoldes, genauer: zwischen zwischen der leidenschaftlichen Liebe zur fernen blonden Isolde und der Bequemlichkeit bei der nahen ungeliebten Isolde Weißhand.

In der Geschichte der Bewusstseinsdarstellung sind die von Gottfried gestalteten innerlich dialogisierten Monologe ein Markstein. Die eindringliche Gestaltung der Widersprüchlichkeit des Herzens weist weit voraus in die Neuzeit.

16 Samuel Richardson: Der Beginn der Bewusstseinskunst

Mit dem empfindsamen Brief- und Briefwechselroman tritt das Erzählen in den Bereich der Bewusstseinskunst ein.

In *Pamela*, dem monoperspektivischen Briefroman, registriert die Schreiberin die feinsten Regungen ihrer eigenen Seele und die mentalen Zustände des sie begehrenden Squire B. Unmittelbares Erleben und Selbstbeschreibung fallen in einer Instanz zusammen, und zwischen Erleben und Erzählen besteht oft ein geringer zeitlicher Abstand (*writing to the moment*). Bei dramatischen Entwicklungen werden die Briefe zu einer Art innerer Monolog. Die in den Aufzeichnungen wörtlich fixierten inneren Monologe Pamelas nehmen zuweilen dialogischen Charakter an und reflektieren die Unentschiedenheit der Heldin über die zu gehenden Schritte und ihre tiefen Zweifel an der Aufrichtigkeit des um sie werbenden Adeligen. Die innere Dialogisierung führt in der Briefschreiberin zu einer Spaltung in zwei Instanzen. In der großen Apostrophe des Verstandes an das Herz (*O credulous, fluttering, throbbing mischief*), das so leichtfertig glaubt, was es wünscht, wird diese Spaltung dramatisch.

Der Monoperspektivismus bot ein gewisses Problem. Die Seelenregungen Mr. B.s und seine Konversion vom wüsten Verführer zum aufrichtig liebenden Mann konnten nur über Pamelas Wahrnehmung dargestellt werden. So registriert die Verfolgte aufmerksam und mit Wohlgefallen jedes Zeichen dafür, dass ihre Worte und Briefe in B. Rührung und ein Umdenken auslösen. Das hat naturgemäß auf viele Rezipienten den Eindruck der Eitelkeit und Berechnung gemacht und die Motive der Heldin in fragwürdigem Licht erscheinen lassen, was in England und im Ausland schon bald Parodien und zweideutige Anspielungen auslöste.

Die Probleme des Monoperspektivismus suchte Richardson in seinem zweiten Roman, *Clarissa*, zu lösen, der von Anfang an als Briefwechselroman konzipiert war. Die vier Briefschreiber haben unterschiedliche Perspektiven und Wertungspositionen. Die Briefe entfalten Überlegungen zur eigenen Situation und zur Situation des Gegenübers, Abwägungen zwischen verschiedenen Handlungsmöglichkeiten, das Durchspielen von Optionen, aber auch Offenbarungen der seelischen Befindlichkeit. Von besonderem Interesse sind die Briefe des Verführers Lovelace an seinen Freund Belford, in denen der Libertin mit zynischer Offenheit die Abgründe seiner Seele aufdeckt.

Die innere Dialogisierung, die Richardson schon in Pamelas Soliloquien erprobt hat, bezieht nun auch die besprochene Figur und den angesprochenen Adressaten ein, deren imaginäre Repliken der Schreiber vorwegnimmt und beantwortet. Die im Brief inszenierte innere Dialogisierung ist eine jener Techniken der direkten Bewusstseinsdarstellung, mit denen Richardson neuere Entwicklungen der Erzählliteratur einleitet.

In Clarissas Briefen über ihre Schwester Arabella begegnet bereits klassische erlebte Rede, die in diesen Briefen, in denen es um Lovelaces halbherzige Werbungen um Arabella geht, der ironischen Distanzierung Clarissas von den Worten und Wertungen der Schwester dient.

Pamela, der erste Roman, stellt über das Prisma der Briefschreiberin bis zu seiner Mitte (von der an er zum Briefwechselroman wird) zwei klare mentale Ereignisse dar, relevante und unvorhersagbare Umschwünge: Squire B.s zerknirschte Reue und sein Angebot der Ehe an das geliebte Dienstmädchen, die Vergewisserung der Tugendhaften, dass sie ihren Verfolger und Entführer, der sie so hartnäckig bedrängt hat, aufrichtig liebt. *Clarissa* gestaltet weniger eindeutige Ereignisse. Lovelaces Untat ist die nicht überraschende Konsequenz aus den zynischen Reden und Handlungen des notorischen Frauenverführers und kann kaum als Ereignis gelten. Und Lovelaces finaler Reue nach Clarissas Tod fehlt jegliche Konsekutivität. Als Ereignis ist dagegen zu werten, dass Clarissa nach ihrer Entehrung der Welt entsagt. Allerdings ist diese Entwicklung damit erkauft, dass die lebende Frau, die durchaus einige Schwächen hat, zu einer idealen Gestalt wird und sich der Roman von einer Liebes- und Verführungsgeschichte zur Vita einer Märtyrerin wandelt.

In *Clarissa* ist die Form des Briefwechselromans an ihre Grenze gekommen. Die Gattung war auf jene Beobachtung und sprachliche Darstellung angewiesen, die die Briefschreiber aus sich heraus leisten konnten. Das schloss ganze Dimensionen des Bewusstseins aus. Für den Ausdruck des Ahnungsvollen, Schwankenden und Unbestimmten des Seelenlebens bedurfte es eines anderen Erzählmodus. Ein solcher bot sich im nichtdiegetischen („Er"-) Erzähler an, der in hybriden, Figurentext und Erzählertext mischenden Modi ein mehr oder weniger konkretisationsbedürftiges Bild der tieferen, nicht eindeutig fixierbaren Bewegungen des Bewusstseins seiner Figuren präsentierte.

17 Jane Austen: Erkenntnisprozesse in erlebter Rede

In den drei Romanen Jane Austens, die wir näher betrachtet haben, werden verschiedene Typen und Formen der mentalen Zustandsveränderung dargestellt. Gemeinsames Thema der frühen Romane Janes Austens (und auch der postum erschienenen *Persuasion*) sind Erkenntnisprozesse. In einigen Fällen besteht die Zustandsveränderung aus der Überwindung des Selbstbetrugs durch Selbsterkenntnis.

In den Ereignissen der drei frühen Romane entwickeln die Heldinnen eine zunehmende Aktivität. In *Sense and Sensibility* überwinden die Schwestern Marianne und Elinor ihre ursprüngliche einseitige Lebenseinstellung und gelangen zu einer neuen, hybriden und deshalb reiferen Haltung. Dabei erweist sich Marianne als aktiver, insofern sie nach dem Scheitern ihrer romantischen Haltung bewusst ein neues Lebenskonzept anstrebt. Elinor bleibt dagegen weitgehend passiv. Sie ist eher Patientin (im narratologischen Sinne), Objekt einer Zustandsveränderung als Agentin, die eine Zustandsveränderung herbeiführt.

In *Pride and Prejudice* überwinden sowohl Elizabeth als auch Darcy ihren Stolz *und* ihr Vorurteil und müssen in der Bekämpfung ihrer Schwächen selbst aktiv werden. Ihre wechselseitige Wandlung nähert sie einander an und macht sie, die von Anfang an geheimes Interesse aneinander gezeigt haben, für eine glückliche Liebesbeziehung reif.

In *Emma* wird das mentale Ereignis, das schmerzhafte Erkennen des eigenen Irrens und Fehlverhaltens paradigmatisch. Ein Partner der Wandlung fehlt hier. Der Räsoneur Knightley, eine ideale Figur, wie schon der Name suggeriert, ist bereits zum Anfang der Geschichte in seiner Entwicklung abgeschlossen. Nur eine winzige Schwäche trübt sein strahlendes Bild. Das ist die bei seiner Souveränität nicht ganz verständliche Eifersucht auf Frank Churchill, den er im Grunde von Anfang an durchschaut hat.

In *Pride and Prejudice* (P&P) und *Emma* müssen die Heldinnen einen Zustand durchleben, den sie selbst als *humiliation* empfinden (P&P, zweimal 141; Emma, 107, 334), und in beiden Werken ringen sich die stolzen Heldinnen das Eingeständnis ab, dass sie sich bis jetzt selbst nicht kannten (P&P, 141) oder dass sie mit Kopf und Herz blind waren (Emma, 334). Dieser kathartische Tiefpunkt ist das notwendige Durchgangsstadium zum finalen Glück.

In der Darstellung konzentriert sich Austen auf die Krisenmomente, deren emotionale Spitzen in der Regel in figuraler erlebter Rede gestaltet sind. Wo nicht emotionale Erregung dargestellt wird, ist die erlebte Rede in der Regel narratorial gefiltert. Allgemein kann man sagen, dass in der narratorialen erlebten Rede die wesentlichen Einsichten, Schuldbekenntnisse und Vorsätze der zentralen Figuren wiedergegeben werden.

Die Verunsicherung über die in der erlebten Rede aktiven Sprech- und Denkinstanz spielt in den Werken Austens keine Rolle. Oft wird der figurale Ursprung durch vorausgehenden oder nachfolgenden Bewusstseinsbericht oder indirekte Darstellung von Wahrnehmungen, Gedanken und Gefühlen angezeigt. Wenn solche kontextuellen Anzeichen fehlen und die erlebte Rede nicht in einer deutlich figuralen Variante gestaltet ist, mit Exklamationen, syntaktischen Formen der gesprochenen Sprache und einer Lexik, die für die Figur charakteristisch ist, nähert sie sich dem uneigentlichen Erzählen.

Der leicht distanzierte, zu ironischen Akzenten neigende nichtdiegetische Erzähler in Austens Romanen (der gendermäßig nicht markiert ist) gibt in der kaschierten Präsentation des Figurentextes nicht selten eine durchaus wohlwollende, aber nicht unkritische Intonierung zu erkennen. Dabei ist die Wiedergabe in erlebter Rede generell ein Privileg positiver Figuren. Wo negative Figuren in erlebter Rede zu Wort kommen, handelt es sich in der Regel um eine durch die Hauptfigur wahrgenommene perzipierte Rede, also um ein Phänomen der Bewusstseinsdarstellung (in *Emma* häufig bei der Wiedergabe der Reden Mrs. Eltons).

Bei Jane Austen spielt auch der indiziale und der symbolische Modus der Bewusstseinsdarstellung eine Rolle. Ein Beispiel ist der oben analysierte *plot point* aus *Sense and Sensibility*: Edward Ferrars, den die Dashwood-Schwestern für verheiratet halten, gibt zu verstehen, dass er unverheiratet ist. Sein innerer Zustand wird dadurch angezeigt, dass er beim Sprechen mit der Schere, die er zufällig vorfindet, ein Etui in Stücke schneidet.

Der eigentliche Moment des Umbruchs in der mentalen Metabolé, die Mikrostruktur einander widersprechender Seelenregungen, bleibt bei Austen ungestaltet. Ebensowenig ist Austen an der Inszenierung von Liebesszenen und figuralen Glücksgefühlen interessiert. Der immer leicht distanzierte, zu Ironie neigende Erzähler konstatiert statt dessen recht nüchtern oder dem Eindruck der Figur folgend *joy* (S&S, 335), *felicity* (S&S, 338), *happiness never felt before* (P&P, 246) oder *something like perfect happiness* (Emma, 350).

Welches Menschenbild realisiert sich in den mentalen Ereignissen? Was ist Austens implizite ‚Ereignis- und Bewusstseinsphilosophie'?

Die Erzähler besitzen absolute Introspektion in das Innere ihrer Figuren, nutzen sie aber (fast) nur in Fällen, in denen es die gewählte Perspektive motiviert. So wird Marianne in *Sense and Sensibility* weitgehend nur über die Wahrnehmung ihrer Schwester Elinor, die Reflektorfigur des Romans, dargestellt.

Reflektor ist in der Regel immer *eine* Figur. Aber die Autorin ist so frei, bei Bedarf den Erzähler durchaus aus der Perspektive einer anderen Figur erzählen zu lassen. Das ist in *Emma* der Fall, wenn in Kapitel 41 um der Profilierung der dramatischen Ironie willen die Welt unversehens und ohne Motivierungsbemühung mit den Augen und über das Bewusstsein Knightleys gesehen wird.

Jane Austens Bewusstseinsphilosophie kennt keine Hemmung vor der Alterität. Fremdes Bewusstsein oder – genauer – das Bewusstsein der fingierten Figuren ist grundsätzlich zugänglich und wird vor allem in den Krisenmomenten der Erschütterung, der Selbstanklage und der schonungslosen Selbsterkenntnis differenziert dargestellt. Die Momente der selbstkritischen Analyse der Heldinnen interessieren die Autorin deutlich mehr als die finalen Glücksmomente. Die dabei bevorzugte Schablone der erlebten Rede impliziert mit ihrer perspektivischen Uneindeutigkeit einen gewissen absichernden Vorbehalt. Aber die Ambivalenz der Formen der Textinterferenz wird von Austen nicht bewusst ausgenutzt oder gar kultiviert.

Das bei Jane Austen dargestellte Bewusstsein tendiert dazu, sich in zwei Ebenen aufzuspalten, in voluntatives und unwillkürliches oder rationales und emotionales Bewusstsein. Bereits in *Sense and Sensibility* ist die Kluft zwischen diesen Ebenen in den erotischen Phantasien der rationalen Elinor nach Willoughbys nächtlichem Besuch angedeutet. In *Pride and Prejudice* spielt die Ebene, die Freud das Unbewusste nennen wird, in Elizabeths Verhalten eine nicht zu übersehende Rolle. Im Fall von Emma Woodhouse könnte man in der Manie ihres *matchmaking* eine – mit Freud zu sprechen – verdrängte und verschobene Sehnsucht nach ehelicher Verbindung der jungen Frau erkennen, die für sich selbst eine Heirat strikt ablehnt.

Jane Austen stellt eine Welt dar, die durch die Normen der ständischen Gesellschaft und die Doxa der Religion streng geregelt ist. Gleichwohl gibt es in ihrer narrativen Welt für menschliches Verhalten und seine Wandlungen keine absolut gültigen Normen. Marianne in *Sense and Sensibility* wandelt sich (oder versucht zumindest sich zu entwickeln) von romantischem Überschwang zu nüchterner Lebensklugheit. Anne Elliot macht in *Persuasion* die umgekehrte Entwicklung durch, von *prudence* zu *romance*. Beide Entwicklungen werden in der impliziten Wertehierarchie ihrer Werke jeweils positiv markiert.

Die Ereignisphilosophie Austens ist optimistisch und noch vom Geist des rationalistischen achtzehnten Jahrhunderts geprägt. Den Möglichkeiten der Selbstvervollkommnung, ja der Charakterveränderung sind keine engen Grenzen gesetzt. Die Frage, wie weit und in welchen Zügen der Mensch veränderbar ist, wird nicht gestellt, und Skepsis gegenüber der Perfektivität, Konsekutivität und

Irreversibilität von mentalen Wandlungen kommt nicht auf. Marianne Dashwood ist für immer von romantischen Anwandlungen befreit, Elizabeth Bennet und Fitzwilliam Darcy haben Stolz und Vorurteil endgültig überwunden, und Emma Woodhouse hat ihre Lektion ein für allemal gelernt und wird, nachdem sie sich mit Knightley verbunden hat, nie wieder *matchmaker* spielen wollen.

18 Aleksandr Puškin: Vielstimmige Charaktere

Im vierten Teil werden drei unterschiedliche Fälle von „Minus-Verfahren" (Lotman) mentaler Ereignishaftigkeit betrachtet.

Auf dem Weg zum psychologischen Roman orientiert sich der russische Nationalpoet Aleksandr Puškin in seinen Prosafragmenten an der Bewusstseinsdarstellung, wie er sie aus der zeitgenössischen frankophonen Literatur, vor allem von Benjamin Constants *Adolphe*, kannte. Unzufrieden mit der Explizitheit der dort vorgefundenen Verfahren, wandte Puškin in seinem ersten vollendeten Prosawerk, dem Zyklus der Belkin-Erzählungen, einen grundverschiedenen Modus der Bewusstseinsdarstellung an: eine *psychologia in absentia*. Puškin verzichtet auf Benennung der psychischen Zustände und überlässt die unbestimmten Motivationen seiner Figuren der Konkretisation durch die Leser. Dabei kann der Leser auf drei diegetische Verfahren rekurrieren: 1) die Bildung intratextueller Äquivalenz thematischer Einheiten, den Parallelismus von Situationen, die Wiederholung, Spiegelung und Variation von Kernmotiven, 2) die Allusion auf fremde Texte, 3) die Entfaltung und Realisierung phraseologischer Wendungen, semantischer Figuren (Antithesen, Paradoxa, Oxymora), Tropen (Metaphern, Metonymien) und parömischer Redeklischees (Sprichwörter und Redensarten) zu Sujets. An den Autorvarianten lässt sich gut verfolgen, wie Puškin systematisch Reste expliziter Bewusstseinsdarstellung durch deutungsbedürftige Szenen ersetzt hat. Dabei kommen besonders die Verfahren der indizialen und symbolischen Bewusstseinsdarstellung zum Zuge, die die hermeneutische Kompetenz des Lesers herausfordern. Die absente Psychologie, die vom Leser auf diese Weise in die Präsenz gebracht wird, hat nichts mehr mit der Charakterologie des achtzehnten Jahrhunderts gemein. Die Person ist nicht mehr der geschlossene, grundsätzlich fixierbare Charakter, wie ihn die Literatur bislang gezeichnet hat. Die von Puškin eingeführte *psychologia in absentia* trägt bereits jene Züge, die die Bewusstseinskunst des Realismus aufdeckt: Vielstimmigkeit, Widersprüchlichkeit und Uneindeutigkeit der Seelenregungen.

19 Otto Ludwig: Das nicht eintretende Ereignis im Gemenge von Stimmen und Sinnpositionen

Otto Ludwigs Roman *Zwischen Himmel und Erde* fungiert als Beispiel für die Darstellung eines von allen Beteiligten erwarteten, ja als wünschenswert betrachteten mentalen Ereignisses, das nicht eintritt. Apollonius Nettenmair kann sich zur Ehe mit der geliebten und ihn liebenden Witwe seines Bruders nicht entschließen. Das Ereignis wäre die Überschreitung der Grenzen, die „Klarheit" und „Sauberkeitsbedürfnis" in seinem Bewusstsein gezogen haben. Das Ausbleiben eines erwarteten Ereignisses ist selbst kein Ereignis. Ihm fehlt die Geschehensdimension. Das ist einer der Fälle, in denen die Ereignishaftigkeit und die Erzählwürdigkeit auseinanderfallen.

Ludwig zeigt sich in dem Roman als ein Ereignisskeptiker, soweit mentale Ereignisse betroffen sind. Die von ihm dargestellte Welt zeichnet sich durch geistige Enge und eigensinnige Starrheit im Ethischen aus. Ein anderes, beweglicheres Bild zu zeichnen, käme dem Autor, wie er gegenüber Kritikern bekundet, als Verrat an der Wirklichkeit vor.

Zwischen Himmel und Erde gilt als der erste Bewusstseinsroman in der deutschen Literatur. Apollonius hat zwei Entscheidungen zu treffen: kann er, darf er die geliebte Christiane heiraten? Wie soll er die Attacken seines Bruders auf dem Kirchturmdach parieren; soll er den Bruder in den Tod stürzen lassen, oder soll er zur Rettung des Bruders sein eigenes Leben riskieren? Die inneren Kämpfe des Protagonisten um die rechte Entscheidung geben dem Autor Gelegenheit, das Bewusstsein seines Protagonisten in einer breiten Palette von Verfahren darzustellen. Neben den kaschierten Formen, vor allem der erlebten Rede, die hier zum ersten Mal in der deutschen Literatur systematisch verwendet wird, finden sich hier auch die beiden Grundformen der markierten Darstellung, die indirekte Darstellung und der Bewusstseinsbericht. Zu Beginn des Romans dominieren in der Beschreibung von Haus und Garten die indiziale und die symbolische Bewusstseinsdarstellung, mit deren Hilfe der Autor ein eindringliches Psychogramm des Helden zeichnet.

Der Erzähler des Romans hat in alle Figuren Introspektion, perspektiviert aus der Warte verschiedener Protagonisten und ist gleichwohl selbst ständig präsent. Die Präsenz des narratorialen Elements erschwert die Identifizierung der kaschierten Schablonen der Bewusstseinsdarstellung, die in mannigfachen Formen vorkommt. Die weitgehende Neutralisierung der Opposition von Erzählertext und Figurentext in den stilistischen Merkmalen (Sprachfunktion, Syntax,

Lexik) verunklart in ganzen Passagen, wer jeweils ‚sieht' und ‚spricht', bis zur Unauflösbarkeit.

Ludwigs Textur zeichnet sich durch schnellen und häufigen Wechsel zwischen Narratorialität und Figuralität sowie zwischen markierten und kaschierten Modi der Bewusstseinsdarstellung aus. Das bedarf eines Lesers, der hinreichend Sprachsinn und Vermögen zur Einfühlung in die Figuren besitzt, um die Interferenz der Stimmen aufzulösen und die Konstellation der Sinnpositionen zu erkennen. Nicht immer wird das auch bei größter Sensibilität für die interferierenden Texte zweifelsfrei gelingen. Die Uneindeutigkeit der Identifizierung der jeweils empfindenden und denkenden Instanz wird zum Modell des uneindeutigen Seelenlebens. Insofern ist Ludwigs *Zwischen Himmel und Erde* der erste moderne deutsche Bewusstseinsroman.

20 Jan Neruda: Der Reigen der nicht gelingenden Ereignisse

In seinen Geschichten aus der Prager Kleinseite stellt Jan Neruda eine abgeschlossene Mikrowelt dar, die durch Veränderungsunwilligkeit und Ereignisunfähigkeit charakterisiert ist. Die Mentalität dieses Topos wird am eindrücklichsten durch die Erzählung wiedergegeben: *Wie sich Herr Vorel sein Meerschaumpfeifchen anrauchte*. Das im Titel genannte Nicht-Ereignis verweist auf eine Grenzüberschreitung im wörtlichen, topologischen Sinne, das Aufbrechen einer Mauer, hinter deren gewölbtem Bogenfenster seit unvordenklichen Zeiten vom Morgen bis zum Abend Frau Staňková vor ihrem Gebetbuch saß. An die Stelle des Fensters setzt der Krämer Vorel die Tür zu einem neuen Laden. Die Kleinseitner Bürger ahnden die Grenzverletzung, die die für sie überflüssige Neuerung darstellt, mit dem Boykott des neuen Krämers, der ihn zum Bankrott und schließlich zum Selbstmord führt. Ausgelöst wird die Katastrophe durch das Gerede des Fräulein Poldi, der einzigen Kundin, die Herr Vorel je bedienen konnte. Das schon länger ledige Fräulein hat die Freundlichkeit des Geschäftsmannes als erotische Werbung missverstanden und, gedemütigt durch das Gerede der Nachbarschaft über ihren ledigen Status, am vermeintlichen Werber ‚ihr Geschlecht gerächt'.

Die Ereignisunwilligkeit der Welt der Kleinseite, deren Wertungen in der kollektiven Textinterferenz, vor allem in der erlebten Rede und im uneigentlichen Erzählen reproduziert werden, äußert sich auch darin, dass die übrigen Geschichten von vergeblichen Heiratsversuchen und rituellem Gedenken an Fast-

Eheschließungen erzählen. So feiert Herr Jarmárka das fünfundzwanzigste Jubiläum seiner Fast-Hochzeit. An die Stelle von Ereignissen tritt in dieser Welt der Ritus, die rituelle Wiederholung. Die Kleinseitner Riten zeichnen sich dadurch aus, dass das Ereignis, an das sie erinnern, gar nicht stattgefunden hat, wie Jarmárkas Eheschließung oder die Heiratsanträge der verstorbenen vermeintlichen Bräutigame, derer Fräulein Máry im jährlichen Allerseelenritual gedenkt. Und wo sich etwas ereignet, zum Beispiel die Rettung des Scheintoten durch den Arzt Dr. Heribert, als am engen Oujezder Tor (dem symbolischen Durchlass zur Ereigniswelt) der Sarg abgeladen werden muss und der Deckel herunterfällt, wird die Ordnungsmacht gerufen und der Lebensretter als „Doktor Weltverderber" verunglimpft. Nicht zufällig ist in Vorels Geschichte Herr Uhmühl, der Vertreter der Ordnungsmacht auf der Kleinseite, der Einzige, der von der Meerschaumpfeife profitiert, und dass die Pfeife „schön angeraucht" ist, bleibt als einziges Resultat von Vorels Veränderungsversuchen zurück.

21 Fëdor Dostoevskij: Dialogizität im Pro und Contra

Dostoevskij stellt das Bewusstsein seiner Figuren als bipolar dar. Alle seine Protagonisten sind von einer inneren Spaltung betroffen. Das gilt schon für den verzagten, aber ambitiösen Kanzleibeamten Jakov Goljadkin, den Helden im *Doppelgänger*, der das Ich, das er nicht zu sein vermag, nach außen projiziert und einen im Amt und bei den Frauen erfolgreichen Rivalen imaginiert. Raskol'nikov, der die Spaltung in seinem Namen trägt, ist vor der Mordtat gespalten zwischen dem Wollen des Kopfes und dem Handeln der Hand und nach der Tat von dem Bestreben, die Spuren der Tat zu verwischen und dem von der Stimme des Gewissens ausgehenden Drang, sich zu offenbaren. Ivan Karamazov ist zerrissen zwischen dem geheimen Wunsch, den verachteten Vater tot zu sehen, und dem Willen, sich von der Tat fernzuhalten. Wenn er im Dialog mit dem halbidiotischen, aber äußerst raffinierten Smerdjakov den Mord ablehnt, gibt er subliminal seine vom Gegenüber verstandene Zustimmung. In seinem Cauchemar inszeniert Ivan sein *alter ego* in der Gestalt des spießigen, aber nicht recht das Böse wollenden Diabolus, der ihm höhnisch seine eigenen früheren Argumente und Texte vorhält, was Ivan zur Weißglut reizt.

Die tiefgreifende Figuralisierung des Erzählberichts, in dem vor allem die Schablonen der kaschierten Bewusstseinsdarstellung wie erlebte Rede, erlebte Wahrnehmung und uneigentliches Erzählen dominieren, gibt dem *Doppelgänger* eine herausragende Stellung in den abendländischen Literaturen. Wendete Jane Austen zum ersten Mal die erlebte Rede systematisch an, so ist der *Doppelgänger* das Werk, das die verunklarende Wirkung der Textinterferenz, die in der Verschleierung der sprechenden und denkenden Instanz besteht, in einem bis dahin nicht gekannten Maße ausnutzt.

Die neue Darstellungstechnik führte dazu, dass das Leserpublikum der Entstehungszeit, das an narratorial dargebotene romantisch-phantastische Doppelgängerdarstellungen Hoffmannscher Prägung gewöhnt war, die Figuralität der Präsentation und damit die rein imaginäre Existenz des Doppelgängers nicht erkannte. Deshalb wurde der in seiner Darbietungsform innovative *Doppelgänger* in seiner Zeit zu einem Misserfolg.

Dostoevskijs erster großer Roman *Schuld und Sühne* setzt die Linie der im *Doppelgänger* begonnenen Bewusstseinskunst fort. Obwohl in dem Roman das narratoriale Element stark ausgeprägt ist, wird seine erzählte Welt, meistens ohne besondere Markierung, weitgehend aus der Perspektive des Helden dargeboten. Die Verfahren der Textinterferenz sind folglich weit verbreitet, aber die seelischen Kämpfe des Helden um die richtige Entscheidung werden auch in direkten inneren Monologen ausgetragen.

Bereits im *Doppelgänger* ist der innerlich dialogisierte Monolog, in dem die denkende Figur sich an und gegen ihr *alter ego* wendet, ein Grundverfahren der Bewusstseinsdarstellung. Dieses Verfahren begegnet auch in *Schuld und Sühne*, wenn Raskol'nikov sich selbst zur Rechenschaft zieht oder sich selbst für seine eigenen Argumente und Motive verhöhnt.

In den *Brüdern Karamazov*, die nicht auf einen einzigen Helden und eine Reflektorfigur fokussiert sind, tritt die Textinterferenz naturgemäß zurück, und es dominiert der äußere Dialog. In den angespannten Wechselreden wird die Handlung vorangetrieben, das Bewusstsein der Protagonisten indizial, mit Hilfe von Symptomen, dargestellt und die Philosophie der Figuren kundgegeben. Höhepunkte von Dostoevskijs Kunst des Dialogs und der Psychologie sind im Fünften Buch, das *Pro und Contra* überschrieben ist, das Gespräch zwischen Ivan und Alëša im Wirtshaus, in dessen Verlauf Ivan seine „Auflehnung" artikuliert und das „Poem" vom Großinquisitor vorträgt, ferner die drei Unterredungen zwischen Ivan und Smerdjakov, in denen Ivan die subliminale Zustimmung zum Vatermord gibt, und schließlich sein brillantes Teufelsgespräch, das im Grunde ein dialogisch inszenierter innerer Monolog ist.

Eine nicht zu unterschätzende Form der Bewusstseinsdarstellung sind in Dostoevskijs Romanen die von den Protagonisten verfassten Texte. Raskol'nikov hat vor einiger Zeit einen Traktat *Über das Verbrechen* verfasst, anhand dessen der kluge Untersuchungsrichter den Mörder und seine wahre Motivation identifiziert, ohne jedoch Beweise für Raskol'nikovs Täterschaft in der Hand zu haben. In den *Brüdern Karamazov* äußert Ivan seine Ansichten in vier Texten. Allerdings nimmt er in jedem von ihnen eine andere Position ein und lässt sich nicht gerne an frühere Positionen erinnern. Während er selbst die Positionen wechselt, sind seine Adepten auf eine einzige seiner Positionen fixiert. (Etwas Ähnliches beobachten wir in den *Dämonen* am Verhältnis Stavrogins zu seinen Adepten, die ihm vorhalten, seinen früheren Ideen untreu geworden zu sein.)

Die bei Dostoevskij dargestellten Ereignisse spielen sich im Wesentlichen zwischen den beiden Polen ab, die im Bewusstsein der Protagonisten als Stimmen erklingen. Im *Doppelgänger* besteht das mentale Ereignis aus dem finalen Erkennen Goljadkins, der sich in der gesamten Geschichte mit allen seinen Kräften sowohl gegen die vermeintlichen Feinde als auch gegen die geahnte psychische Krankheit gewehrt hat. In *Schuld und Sühne* mordet der Täter weder aus sozial-philanthropischen Motiven noch um die jungen Frauen zu retten, Motivierungen, die der Autor seinem Leser, den er durch progressive Diskurse seiner Zeit versucht weiß, zunächst anbietet. Die mythische Motivierung, an der Raskol'nikov zunehmend mehr Gefallen findet, wird den Leser nur so lange überzeugen, bis der Untersuchungsrichter die Rede auf den oben erwähnten Traktat des Verdächtigen bringt, in dem Raskol'nikov die Unterscheidung darlegt zwischen den „außergewöhnlichen" Menschen, die das Recht haben, jedes Verbrechen zu begehen, und den „gewöhnlichen", die nur der Fortpflanzung dienen.

Das eigentliche mentale Ereignis in *Schuld und Sühne*, der Umschlag vom Verbrechen zum Geständnis und zur Annahme der Strafe, vollzieht sich in vielen kleinen Schritten und nicht ohne Rückfälle. In diesem qualvollen Prozess vor dem eigenen Gewissen spielen innere Monologe in der direkten Schablone und die Dialoge mit Sonja Marmeladova eine wichtige Rolle. Die entscheidenden prognostischen Stichwörte des Finales wie „künftige Auferstehung" und „Morgenröte einer neuen Zukunft" erscheinen jedoch im autoritativen Wort des Erzählers.

Die mentalen Ereignisse in den *Brüdern Karamazov* betreffen die Konversion von einer gottfernen Existenz zur Annahme eines guten und gerechten Gottes und einer entsprechenden Lebensführung. Die Konversionen verlaufen in der Form einer Kettenreaktion, die vom Atheisten Markel ausgeht und über seinen Bruder Zinovij-Zosima, dessen Adepten Alëša, die stadtbekannte Sünderin Grušen'ka, ihren Geliebten Dmitrij letztlich auch den Gotteskritiker Ivan und den ihn bewundernden Schüler Kolja Krasotkin erreicht. Begleitende und bedingende

Momente der Konversionen sind die Freude an Gottes herrlicher Natur, die franziskanische Liebe zu den Vögelchen, natürlich die Liebe zu den Menschen und die Annahme der persönlichen Schuld, der Verantwortung für alle und für alles.

Dostoevskij ist ein Optimist der Ereignishaftigkeit. In den beiden besprochenen Romanen erreicht der Glaube an die Veränderbarkeit und Wandlungsfähigkeit des Menschen ihren Höhepunkt.

Eine Besonderheit von Dostoevskijs letztem Werk, den *Brüdern Karamazov*, besteht darin, dass von der Spaltung, die auf der Ebene der erzählten Figuren diagnostiziert werden kann, auch der implizite oder abstrakte Autor betroffen ist. Die vom gesamten Werk ausgedrückte Philosophie des Autors zerfällt in zwei Positionen, die hier mit ‚Dostoevskij Pro' und ‚Dostoevskij Contra' umschrieben werden. Für die Unentschiedenheit des Autors im großen *Pro und Contra* seines Vermächtnisromans bietet sich der Begriff des Schwankens, der Oszillation an. Die Oszillation darf nicht mit Bachtins Polyphonie gleichgesetzt werden. Die postulierte Vielstimmigkeit entspringt in Bachtins Modell einem Verzicht, einer intentionalen Selbstbegrenzung des Autors. Die in den *Brüdern Karamazov* wirksame Oszillation ist dagegen kein bewusster Akt, sondern eine Spaltung, die dem Autor, der sich im *nadryv*, in der Selbstvergewaltigung, über eine Seite seines bipolaren Denkens hinwegsetzt, gegen seine Intention gleichsam unterläuft. Diese nicht-intendierte Spaltung in ‚Dostoevskij Pro' und ‚Dostoevskij Contra' sichert dem Roman einen Reichtum und eine Beweglichkeit, die ihm auch die dialogischste Polyphonie, von der Bachtin spricht, nicht geben könnte.

22 Lev Tolstoj: die Dialektik der Seele in der Suche nach dem Sinn

Tolstoj ist ein auktorialer Autor. In den beiden großen Romanen sind die Erzähler als eigene Persönlichkeiten nicht konstituiert. Obwohl auch für Tolstoj die grundsätzliche Scheidung von Erzähler und Autor gilt, die in andern Werken wie etwa der *Kreutzersonate* oder bei den diegetischen Erzählern des Frühwerks deutlich wahrgenommen wird, ist eine Dissoziierung des Erzählers vom Autor in den beiden Romanen nicht spürbar. Auch auf der Darstellung des Bewusstseins der Figuren liegt der Schatten des Autors. Die Bewusstseinszustände werden häufiger im Bewusstseinsbericht oder in indirekter Darstellung dargeboten als in direkter oder erlebter Rede. Mit der Ausnahme der Inszenierung besonderer Seelenzustände wie der oben in Abschnitt 2.4.1 zitierten Wiedergabe der Gedankensplitter und phonischen Assoziationen des schlaftrunkenen Nikolaj Rostov oder der selektiv negativen Wahrnehmungen der verdüsterten Anna Karenina auf ihrem Weg zum Bahnhof tendieren die direkten und erlebten inneren Monologe Tolstojs zum narratorialen Typus. Auch die ausgedehnten inneren Monologe Levins der Schlusskapitel, in denen er im Zwiegespräch mit sich selbst seine neuen Erkenntnisse darlegt, haben narratorialen Charakter. Daran ändert auch ihr, wie es scheint, spontanes Gepräge nichts. Frage und Antwort, die Folge von Prämisse und Schlussfolgerung und die steigernde Reihung der Sachverhalte sind weniger Ausdruck des figuralen Bewusstseins als der didaktischen Intention der narratorialen Rhetorik.

In diesem Punkt ist Viktor Vinogradov (1939, 179–189) zu widersprechen, der bei Tolstoj zwei Typen des inneren Monologs unterscheidet – (1) den „irrationalen" Typus (der den Figurentext unmittelbar reproduziert) und (2) den konventionelleren „logischen" Typus – und der den letzteren als Ausnahme im Werk Tolstojs bezeichnet. Wie schon Lidija Ginzburg ([1971] 1977, 339) korrigiert hat, dominiert bei Tolstoj klar der ‚logische', d. h. der narratoriale Typus der inneren Rede. Dieser Typus überwiegt sowohl in der direkten als auch in der erlebten inneren Rede. Das wird in den angeführten Zitaten immer wieder deutlich.

Tolstojs Auktorialität mag auch durch seine Neigung zur Poetik des achtzehnten Jahrhunderts zu erklären sein. Stender-Petersen ([1957] 1974, 396) jedenfalls führt Tolstojs Vorliebe für die „Selbstgespräche" seiner Helden auf die Monologe der klassizistischen Tragödie zurück. Wie in der klassischen Tragödie wird nach Auffassung des dänischen Literaturwissenschaftlers eine Romangestalt Tolstojs, der er einen Monolog in den Mund legt, zum Sprachrohr des Dichters, zum Räsoneur.

Wie bei Dostoevskij, wenn auch in weniger radikaler Form, sind bei Tolstoj viele inneren Monologe der Helden dialogisiert. Im Gegensatz zu den in den inneren Monologen inszenierten Wechselgesprächen bei Ersterem, deren Dialogizität einen Kampf der Sinnpositionen austrägt, was besonders deutlich an den Soliloquien Raskol'nikovs oder dem Cauchemar Ivan Karamazovs wird, geht es Tolstojs Helden in ihren inneren Monologen eher um selbstkritische Bestandsaufnahme, nüchterne Selbsterkenntnis und Vorsätze für ethisches Handeln.

Hier mag noch einmal der Vergleich zwischen den beiden großen Realisten angestellt werden. Tolstoj nutzt das Bewusstsein und die innere Rede seiner Figuren zu seinen auktorialen Zwecken. Er exemplifiziert an ihnen Mustergültiges und Falsches. Die Axiologie ist immer klar. Gemischte Wertigkeiten kommen nicht vor. Dostoevskij ist mehr an der Figur in ihrer Idiosynkrasie, in ihrem Eigensein und in ihren Widersprüchen interessiert. Wie schon oben angedeutet, ist sein Modell des figuralen Bewusstseins räumlich. Die Seele seiner Helden ist polytopisch, hat mehrere Orte. Deshalb befindet sich sein Held in ständigem Dialog und in ständigem Zwiespalt mit sich selbst und andern Sinnpositionen, die er in sich bekämpft. Auch bei Dostoevskij gibt es Figuren, die ihm persönlich sehr nahe stehen. Aber die Sympathien des Autors sind nicht so klar verteilt und so unbestreitbar wie bei Tolstoj. In den *Brüdern Karamazov* vertreten die Position des Autors viel weniger der franziskanisch fromme Zosima oder sein Adept Alëša als der Gottesankläger Ivan. Aber Ivan ist zwischen den Ideen hin- und hergerissen. Es wurde oben ausgeführt, dass er in seinen vier Texten sehr unterschiedliche Positionen einnimmt und im Gegensatz zu den auf eine einzige seiner Positionen fixierten Adepten zwischen extremen ideellen Polen wechselt. Die aufgezeigte Differenz zwischen den beiden großen Realisten ist vermutlich das, was Michail Bachtin mit seiner Dichotomie *Polyphonie* (Dostoevskij) vs. *Monologismus* (Tolstoj) zum Ausdruck bringen wollte.

Tolstoj lässt seine männlichen Protagonisten mentale Ereignisse durchlaufen, die sie zutiefst erschüttern. Es geht dabei um nichts Geringeres als den Sinn des Lebens und die Existenz Gottes. Ihre Partnerinnen verhalten sich angesichts der inneren Kämpfe der Männer gleichmütig, denn für das richtige Handeln, um das sie instinktiv wissen, benötigen sie keine metaphysische Begründung. Pierre Bezuchov und Konstantin Levin gelangen freilich zu einem unmetaphysischen Glauben, in dem Gott mit dem Guten und das Gute mit dem der Situation angemessenen Handeln gleichgesetzt wird

Andrej Bolkonskij, dem dritten männlichen Sinnsucher, ist ein früher Tod bereitet. Sein Sterben wird in seinen Phasen als mentales Ereignis dargestellt. Das ist der innere für die Zurückbleibenden schmerzliche und unverständliche Rückzug aus dem Leben, die Entfremdung von dieser Welt, ein kalter, fast feindseliger Blick auf die Nächsten, das Verstehen von etwas nicht Mitteilbarem, das Empfinden einer „freudigen und seltsamen Leichtigkeit des Seins" und die Entfaltung einer nicht auf eine Person gerichteten All-Liebe. Die Gestaltung von Andrej Bolkonskijs Passage in den Tod ist wie schon das von Lichterlebnissen begleitete Sterben des Ivan Il'ič für den Autor ein Mittel, dem Tod einen Sinn abzugewinnen, um den er selbst von seinem ersten Werk an kämpfte. Die dem mentalen Ereignis Andrejs unterstellte Erkenntnis des Todes als Erwachen entspringt, nach allem, was wir von Tolstojs Furcht vor dem Tode, der, wie er sich äußerte, jede Wahrheit tilgt, einer Selbstüberredung. Diese Haltung ist Dostoevskijs *nadryv*, der Selbstvergewaltigung zum Glauben, bei allem Unterschied zwischen den Autoren nicht unähnlich.

Anna Karenina wird durch eine weitgespannte Triade von Äquivalenzen als unbewusste Konstrukteurin ihres Schicksals gezeichnet. Schon bei der ersten Begegnung mit Vronskij in der fatalen Sphäre des Eisenbahn erkennt sie in dem zeitgleich geschehenden Unglück, bei dem ein Arbeiter von den Rädern des Zugs in zwei Teile zerschnitten wird, ein „schlechtes Vorzeichen", ein Omen offensichtlich für die von ihr bereits skizzierte Geschichte mit dem jungen Mann, den sie soeben kennengelernt hat. Seit der ersten Begegnung trägt Anna das fatale Bild des zerschnittenen Körpers in sich, das sie mit der Liebe zu Vronskij verbindet und das in ihren Träumen im Motiv des von einem bärtigen Mann bearbeiteten Eisens assoziativ aufscheint. Sie unterlegt dieses Bild ihrer ersten körperlichen Vereinigung mit Vronskij, den sie im Liebesakt mit einem Mörder identifiziert, und sie trägt es weiter mit sich, bis sich ihr Schicksal unter den Rädern der Eisenbahn erfüllt. Nicht zufällig erinnert sie sich vor ihrem Schritt auf die Geleise an das Unglück auf dem Bahnhof bei ihrer ersten Begegnung mit Vronskij, und sie weiß, wie der Erzähler in erlebter Rede mitteilt, was sie zu tun hat. Somit erscheint ihr eigener Tod unter den Rädern der Eisenbahn als Erfüllung des Schemas ihrer fatalen Erwartungen, die sich im Moment der Bekanntschaft mit Vronskij bilden.

Woran scheitert Anna Kareninas Liebe? Was setzt ihre fatalen Erwartungen in Kraft? Sie scheitert nicht an der missbilligenden Gesellschaft, nicht an der benachteiligten Stellung der Frau, nicht an Vronskijs – nur in ihrer Vorstellung – schwindender Liebe, sondern an ihrem immer maßloseren Machtanspruch, der immer vorbehaltlosere Hingabe fordert.

Zu den Glanzleistungen von Tolstojs Bewusstseinsdarstellung gehört Annas Fahrt zum Bahnhof, auf der sie noch nicht bewusst weiß, dass sie sich unter den Zug werfen wird. In ihren ausgedehnten direkten inneren Monologen artikuliert Anna ihre verdüsterte Stimmung, und in die Monologe sind hochselektive Wahrnehmungen eingebettet, die sich auf die abstoßenden Ansichten der Außenwelt konzentrieren. Der indiziale und symbolische Modus der Bewusstseinsdarstellung wird hier in Vollendung dargeboten.

23 Anton Čechov: Die Ereignisskepsis des Postrealisten

Anton Čechovs Erzählungen werden hier als postrealistisch apostrophiert. Als Postrealismus bezeichne ich eine Poetik, die in Grundparametern, wie etwa dem Gebot der psychologischen Wahrscheinlichkeit oder der konsequenten Erzählperspektive, dem Realismus verpflichtet bleibt, sich aber in andern Hinsichten von ihm löst.

Symptomatisch für Čechovs Innovation sind Stimmen der Zeit. Maksim Gor'kij schrieb Čechov, nachdem er seine *Dame mit dem Hündchen* gelesen hatte, im Januar 1900:

> Wissen Sie, was Sie tun? Sie töten den Realismus. Und Sie werden ihn schon bald totgeschlagen haben, für lange. Diese Form hat ihre Zeit überlebt, das ist eine Tatsache! Weiter als Sie kann niemand auf diesem Weg gehen, niemand kann so einfach über einfache Dinge schreiben, wie Sie das können. Nach der unbedeutendsten Erzählung von Ihnen erscheint alles grob, nicht mit einer Feder geschrieben, sondern mit einem Holzscheit. [...] Ja, das ist es – den Realismus werden Sie erledigen. Ich bin darüber außerordentlich froh. Genug davon! Zum Teufel mit ihm! (*Perepiska A. P. Čechova*. Moskva 1984, I, 185–187)

Čechovs neue Poetik entwickelt sich allerdings in eine Richtung, die Gor'kij, dessen Erzählungen von der sowjetischen Kultur zum Muster des sozialistischen Realismus erhoben wurden, nicht als Ideal vorgeschwebt haben wird. Man kann Čechovs Postrealismus in fünf Punkten charakterisieren:

1. Den großen mentalen Ereignisse, die die Realisten dargestellt haben, stehen bei Čechov Veränderungen gegenüber, die mindestens ein Kriterium für volle Ereignishaftigkeit nicht erfüllen. Entweder fehlt ihnen die *Faktizität*, und die Veränderung erweist sich als Illusion (*Auf dem Wagen*) oder ist der aus dem Moment entstandenen Selbsttäuschung verdächtig (*Die Dame mit dem Hündchen*). Die *Relevanz*, ein wichtiges Merkmal der Ereignishaftigkeit, kann höchst relativ, nur in einer reduzierten Außenseiterperspektive gegeben sein (*Ein Ereignis*). Häufig mangelt es den Veränderungen an *Resultativität*, und es bleibt nur bei einem Wunsch oder Vorsatz (*Der Literaturlehrer*). Wenn alle Beteiligten außer dem Protagonisten die Zustandsveränderung vorausgesehen und erwartet haben, mangelt es an der *Imprädiktabilität* (*Der Literaturlehrer*). Ein mentales Ereignis kann faktisch eintreten, aber zu spät kommen, um für das Leben des Sterbenden oder seine Mitmenschen wirksam zu sein. Dann handelt es sich um einen Mangel an *Konsekutivität* (*Der Erzpriester, Rothschilds Geige*). Ereignisse im emphatischen Sinne sind unumkehrbar, wie das bei den Konversionen in den *Brüdern Karamazov* der Fall ist. Solche *Irreversibilität* steht dagegen erheblich in Zweifel bei den Aufbrüchen Nadjas, deren voller Name *Nadežda* ,Hoffnung' heißt (*Die Braut*). Vielleicht bleibt es bei der bloßen Hoffnung in der Schwundstufe. Eine Wiederholung schwächt die Ereignishaftigkeit, und eine mehrfache Iteration tilgt sie vollends. Die Forderung der Non-Iterativität wird in vielen Erzählungen Čechovs nicht erfüllt. Das Musterbeispiel ist *Seelchen*, die Geschichte der Frau,

die sich vorbehaltlos an ihre Ehemänner anpasst, sie dabei, selbst „rosig aufblühend", ihrer Substanz beraubt, so dass die Männer, immer blasser und schmaler geworden, ‚Seelchen' als Witwe zurücklassen.

2. Der Held der realistischen Narration war ein autonomes Subjekt, das frei über sein Handeln entschied. Dostoevskij führt körperliche Ausnahmezustände, z. B. die Leberschmerzen des Menschen aus dem Kellerloch oder Raskol'nikovs Fieberschauer und auch den Einfluss des Milieus als mögliche Motivierungen ein, nur um ihre Wirkung zu widerlegen und jegliche Relativierung des freien Handelns abzuweisen. Raskol'nikov handelt aus freiem, durch nichts bedingtem Willen. Diese Autonomie des freien Subjekts steht in der postrealistischen Welt Čechovs in Frage. Der angehende Geistliche in *Der Student* denkt, solange er wegen des Fastengebots am Karfreitag hungrig ist und in der ihm unangemessen scheinenden Kühle des Frühlingsabend friert, pessimistisch über die Weltgeschichte als Kreislauf immer wieder derselben Nöte ohne Fortschritt. Nachdem er sich aber die Hände gewärmt, seine Erzählkunst an den Frauen am Feuer erprobt hat und zu seinen Schlussfolgerungen über den Grund ihrer Reaktion gelangt ist, denkt er die Weltgeschichte im tröstlichen Bild einer Kette von Ereignissen. Der postrealistische Mensch handelt also abhängig von körperlichen Zuständen und seelischen Stimmungen. Bei dem Arzt Čechov fällt das Verdikt über den rational-autonomen Menschen des Realismus naturgemäß dezidierter als bei andern Autoren aus. Das ist aber noch kein Naturalismus mit seiner rigiden physiologistischen Kausalität.

Čechovs Menschenbild leitet über zum Modernismus und zur Avantgarde. In der russischen Prosa der 1920er Jahre, die das Weltbild des Realismus als rationalistische Reduktion verwirft, fällt die dem Realismus unterstellte Unterschätzung des Vorrationalen, des Intuitiven und Leiblichen, des elementar Triebhaften der Kritik anheim. Autoren wie Evgenij Zamjatin, Boris Pil'njak oder Nikolaj Nikitin thematisieren die archaische Existenz des primitiven Menschen, der vom Körper, seinen elementaren Empfindungen und Trieben bestimmt wird und sich noch nicht als ein seiner selbst bewusstes Subjekt von der Welt der Objekte abzugrenzen gelernt hat.

3. Für die postrealistische Prosa, die grundsätzlich „Erzählkunst" bleibt, ist die Annäherung an die „Wortkunst" charakteristisch (zur Dichotomie „Erzählkunst" vs. „Wortkunst" vgl. Hansen-Löve 1984, 16–19; Schmid 2008b). Bei kaum einem anderen postrealistischen Prosaiker wird die Spannung zwischen diesen beiden elementaren Dichtungstypen so augenfällig wie bei Anton Čechov. Trotz der unbezweifelbaren Priorität der erzählten Geschichte rufen seine Novellen den Eindruck von ‚Lyrismus' und ‚Musikalität', von „Wortkunst" hervor. Und obwohl der

Tradition realistischer „Erzählkunst" verpflichtet, wurde Čechov von den Wortkünstlern der Moderne, dem Symbolisten Belyj und dem Futuristen Majakovskij, nicht von ungefähr als ein ihnen verwandter Geist gefeiert:

> Čechov ist ein erstaunlicher Stilist. Er ist der erste Instrumentalist des Stils unter den russischen Realisten. (Andrej Belyj, *Arabeski*. Moskva 1907. 399)
>
> Nicht die Idee gebiert das Wort, sondern das Wort gebiert die Idee. Auch bei Čechov finden Sie keine einzige leichtfertige Erzählung, deren Erscheinen sich nur durch eine „notwendige" Idee rechtfertigte. Alle Werke Čechovs sind Lösungen von nichts anderem als wortkünstlerischen Aufgaben. (Vladimir Majakovskij, *Dva Čechova*. In: V. M. *Polnoe sobranie sočinenij v 13 tt*. Moskva 1955. I, 300)

Der Wortkunstcharakter der Prosa Čechovs beruht insbesondere auf phonischen Äquivalenzen, die ein Netz von Verbindungen über das diegetische Substrat ziehen, ein Netz, das perspektivisch nicht auf den Erzähler zu beziehen ist, sondern unmittelbar – wie in der Poesie – auf den Autor verweist. Die sich aus den Klangwiederholungen ergebenden formalen Korrespondenzen suggerieren thematische Verknüpfungen, die in der Diegesis möglicherweise selbst nicht bestehen, und sie können so maßgeblich am Sinnaufbau mitwirken. An der deutschen Übersetzung war das wortkünstlerische Element in Čechovs Prosa naturgemäß nicht umfangreich zu zeigen. Gleichwohl ist an *Rothschilds Geige* ein kleines Beispiel für die diegetische Relevanz phonischer Äquivalenzen gegeben worden, das auch für die Frage nach dem Ereignis bedeutsam ist: Zwischen dem klagenden Singen der Geige und der Annäherung Rothschilds wird ein von der Phonik der denotierenden Wörter gestifteter Zusammenhang suggeriert.

4. Čechovs Postrealismus zeigt sich auch in seinem Anti-Auktorialismus. Michail Bachtin hat in seiner vollständig erst 1979 edierten frühen Schrift über *Autor und Held in der ästhetischen Tätigkeit* (Bachtin 1922–1924) eine dezidiert auktorialistische und wert- wie wertungsorientierte Ästhetik entworfen. Danach ist die „Innerhalbbefindlichkeit" des Autors im Helden nur ein transitorischer Zustand. Die eigentliche ästhetische Tätigkeit beginnt erst dann, wenn der Autor zu sich selbst zurückkehrt, wenn er dem Material der Einfühlung Gestalt gibt und es „abschließt", wie Bachtin formuliert (vgl. Freise 1993, bes. Kap. III). Bachtin vergleicht sogar das Misstrauen der Moderne gegen die „Außerhalbbefindlichkeit" des Autors, gegen sein „abschließendes" Wort, das den Helden gültig charakterisiert, mit der „Immanentisierung Gottes, mit der Psychologisierung Gottes und der Religion" (Bachtin [1922–1924] 1979, 176; dt. 263). Nichts anderem als einer solchen ‚Immanentisierung und Psychologisierung Gottes' aber hat Anton Čechov in seinem antidogmatischen, metaphysikkritischen, agnostischen Weltbild Gestalt gegeben. Bezeichnenderweise nennt Bachtin Čechov nicht namentlich,

sondern verweist auf ihn mit der Umschreibung „die Prosa von Dostoevskij bis Belyj".

Ausdruck der Deauktorialisierung ist bei Čechov das Streben nach äußerster Objektivität und Unparteilichkeit, der Verzicht auf jegliche Wertung, die Herausarbeitung einer impassiblen, indifferenten Darstellungstechnik. Čechov verlässt die Innerhalbbefindlichkeit nicht zugunsten einer axiologisch determinierenden Außerhalbbefindlichkeit. Er überlässt das Urteil vielmehr ganz dem Leser. Eine solche Technik musste natürlich das wertungs- und standpunktbedürftige, gesellschaftskritisch gestimmte russische Publikum provozieren. Und so kam es zu den oben erwähnten Vorwürfen der ethischen Indifferenz. Seine Darbietungsweise hat der Autor in der Fortsetzung seiner oben (S. 342) zitierten Verteidigung der objektiven Darstellung der Pferdediebe dargelegt:

> Um Pferdediebe auf 700 Zeilen darzustellen, muss ich die ganze Zeit in ihrem Ton sprechen und denken und in ihrem Geist fühlen, sonst, wenn ich Subjektivität von mir aus hinzufüge, verschwimmen die Figuren, und die Erzählung wird nicht so kompakt, wie alle kurzen Erzählungen sein müssen. Wenn ich schreibe, rechne ich voll mit dem Leser und verlasse mich darauf, dass er die in der Erzählung fehlenden subjektiven Elemente selbst hinzufügt. (*Pis'ma*, IV, 54)

5. Postrealistisch ist Čechov auch in seiner Bewusstseinsdarstellung, in der Behandlung der Textinterferenz, konkret: im Überwiegen des uneigentlichen Erzählens über die klassische erlebte Rede.

Zur Entwicklung des Čechovschen Figuralismus können wir auf einige Beobachtungen Aleksandr Čudakovs (1971) zurückgreifen. Danach ergeben sich für die Relation von Erzähler und Figur drei Phasen. In den humoristischen Anekdoten und narrativen „Splittern" bis 1888 dominierte der subjektiv-narratoriale Stil eines frei schaltenden und waltenden ironischen Erzählers. Seit 1883 setzte sich allmählich eine Technik durch, die auf den perspektivischen Ebenen des Raumes und der Psychologie immer mehr den Standpunkt der Figur zur Geltung brachte. Diese Tendenz führte zur Herausbildung einer konsequent figuralen Technik, die Čudakov mit der Zeit von 1888 bis 1894 datiert. In dieser – wie Čudakov sagt – „objektiven" Darstellungsweise dominiert die klassische erlebte Rede als narratoriale Transformation des Figurentextes. Der Figurentext ist in dieser zweiten Phase axiologisch und stilistisch maximal subjektiviert, während der reine Erzählertext weitgehend neutralisiert ist. In der dritten Phase von 1895 bis 1904 beobachtet Čudakov wieder ein Anwachsen der Präsenz und der Subjektivität des Erzählers und eine Reduktion der klassischen erlebten Rede als kompakter Wiedergabe der Rede, Gedanken, Wahrnehmungen und Standpunkte der Person. Das Ergebnis dieser Entwicklung beschreibt Čudakov (1971, 98) am Beispiel der

Dame mit dem Hündchen: „Die Beschreibung wird vollständig in der Sprache des Erzählers gegeben und geht nirgends in erlebte Rede über. Aber auf der objektiven Rekonstruktion des Geschehens liegt gleichsam der Schatten des emotionalen Zustands des Helden".

Čudakovs Beobachtung, dass in der dritten Phase die Präsenz und Subjektivität des Erzählers wieder zunimmt, muss freilich relativiert werden: der Ursprung dieser Subjektivität ist nicht der Erzählertext, sondern der Figurentext. Die Textinterferenz geht hier von der Form der erlebten Rede über zu der Form, die wir uneigentliches Erzählen genannt haben. Dieser Begriff bezeichnet nicht die narratorialisierte Wiedergabe eines kompakten Figurentextes, sondern umgekehrt die punktuelle und überaus fluktuierende Figuralisierung eines Erzählberichts, für den im Wesentlichen der Erzähler verantwortlich bleibt. Beispiele dafür waren die Erzähleinsätze von *Rothschilds Geige* und *Der Student*.

Das uneigentliche Erzählen ist charakteristisch für den späten Čechov. Es entsteht der Eindruck, als wäre die gesamte dargestellte Welt in den Horizont der Figur getaucht. Mit dem Vordringen dieser Form ist eine erhebliche Erschwerung der Rezeption verbunden. Der figurale Anteil am Erzählbericht ist weniger leicht als in der klassischen erlebten Rede zu identifizieren, in der sprachfunktionale Mittel (Ausrufe, Selbstfragen) und angrenzende direkte oder indirekte Darstellung auf die Präsenz des Figurentextes schließen lassen. Die figuralen Momente des uneigentlichen Erzählens, das sich vom rein narratorialen Kontext nicht durch syntaktische Mittel abgrenzt, bestehen hauptsächlich in der Verwendung bestimmter figuraler Ausdrücke und Wertungen. Deren Identifizierung setzt einen Rekurs auf das gesamte sprachliche, geistige und ethische Profil der Figur voraus.

Es ist bezeichnend, dass viele Interpreten dazu tendieren, die in uneigentlichem Erzählen präsentierten mentalen Veränderungen als narratorial und auktorial beglaubigt aufzufassen. Der in der *Braut* vom Autor in letzter Minute des Satzvorgangs eingefügte Zusatz *wie sie annahm* ist indes weder in dem Sinne zu verstehen, dass der Erzähler den Aufbruch der Heldin als wirklich endgültig qualifiziert, noch ist er als narratoriales Signal des Zweifels an der Endgültigkeit des Aufbruchs aufzufassen. Der Erzähler und mit ihm der Autor sagen hier nicht mehr, als dass Nadja in dem gegebenen Moment von der Endgültigkeit ihres Aufbruchs überzeugt ist. Der Bezug auf den Moment ist wichtig bei einem Autor, der um die Flüchtigkeit und Veränderlichkeit mentaler Regungen weiß und sie immer wieder darstellt. Über diesen in dem Satz fixierten Moment hinaus erlaubt die Einfügung keine Schlussfolgerungen. Mutmaßungen über die Geschichte nach dem Text anzustellen verbieten dem Autor die naturwissenschaftliche Ausbildung, das ärztliche Gewissen, seine Lebenserfahrung und seine literarische

Dezenz. Čechov weigert sich, seinen Helden im Sinne Bachtins „abzuschließen", und rechnet auch in dieser Hinsicht ganz mit dem Leser.

Literaturverzeichnis

Primärtexte und ihre Siglen

Die Zitate aus literarischen Werken beziehen sich auf folgende Ausgaben, falls nicht anders angegeben. Die Übersetzungen stammen von mir, sofern keine publizierte deutsche Version angegeben ist.

Aretino = Pietro Aretino, Sei giornate. Bari 1969.
Austen, Emma = Jane Austen, Emma. 200th-Anniversary Annotated Edition. Ed. with an Introduction by Juliette Wells. New York 2015.
Austen, Pride and Prejudice = Jane Austen: Pride and Prejudice. New York 1995.
Austen, Persuasion = Jane Austen, Persuasion. New York 1997.
Austen, Sense and Sensibility = Jane Austen, Sense and Sensibility. Ed. with an Introduction by R. Ballaster. With the original Penguin Classics Introduction by T. Tanner. London 2003.
Babel, Taubenschlag = Isaak Babel, Mein Taubenschlag. Sämtliche Erzählungen. Hg. von Urs Heftrich und Bettina Kaibach. Übersetzt von Bettina Kaibach und Peter Urban. München 2014.
Čechov, Meistererzählungen = Anton Tschechow, Meistererzählungen. Berlin (Ost) 1983.
Čechov, Pis'ma = Anton P. Čechov, Polnoe sobranie sočinenij i pisem v tridcati tomach. Moskva 1974–1982. Pis'ma v 12-i tomach.
Čechov, Sočinenija = Anton P. Čechov, Polnoe sobranie sočinenij i pisem v tridcati tomach. Moskva 1974–1982. Sočinenija v 18-i tomach.
Chrétien = Chrétien de Troyes, Le Roman de Perceval ou Le Conte du Graal. Altfranzösisch/deutsch. Übersetzt und herausgegeben von Felicitas Olef-Krafft. Stuttgart 1991.
Coetzee = John M. Coetzee, The Master of Petersburg. London 1999.
Dostoevskij = Fedor M. Dostoevskij, Polnoe sobranie sočinenij v 30 t. Leningrad 1972–1990.
Dostoevskij, Schuld und Sühne = Fjodor Dostojewski, Schuld und Sühne. Aus dem Russischen von Margit und Rolf Bräuer, Berlin 2008 (1. Aufl. 1994).
Feuchtwanger, Jud Süß = Lion Feuchtwanger, Jud Süß. Frankfurt a. M. 1981.
Feuchtwanger, Der jüdische Krieg = Lion Feuchtwanger, Der jüdische Krieg. Berlin 1997.
Fielding = Henry Fielding, The History of Tom Jones. Harmondsworth 1975.
Goethe = J. W. Goethe, Die Wahlverwandtschaften. Frankfurt a. M. 1960.
Gorki = Maxim Gorki, Gesammelte Werke. Berlin.
Gottfried = Gottfried von Straßburg, Tristan. Nach dem Text von Friedrich Ranke, neu herausgegeben, ins Neuhochdeutsche übersetzt, mit einem Stellenkommentar und einem Nachwort von Rüdiger Krohn. 3 Bde. Stuttgart 1990–2002.
Karamzin = Nikolaj Karamzin, Izbrannye proizvedenija. Moskva 1966.
Ludwig = Otto Ludwig, Romane und Romanstudien. Hg. von William Lillyman. München 1977.
Mann = Thomas Mann, Gesammelte Werke in 13 Bänden. Frankfurt a. M. 1990.
Neruda = Jan Neruda, Kleinseitner Geschichten. Aus dem alten Prag. Aus dem Tschechischen übertragen von Josef Mühlberger. Mit einem Nachwort von Ota Filip. München, 3. Aufl. 1992.
Puškin = Aleksandr Sergeevič Puškin, Polnoe sobranie sočinenij, Moskva/Leningrad 1937–1959.

Puškin, *Erzählungen* = Aleksandr Puškin, *Die Erzählungen einschließlich der Fragmente, Varianten, Skizzen und Entwürfe*. Neu übersetzt und herausgegeben von Peter Urban. Berlin 1999.
Richardson, *Pamela* = Samuel Richardson, *Pamela; or, Virtue Rewarded*. New York 2001.
Richardson, *Clarissa* = Samuel Richardson, *Clarissa, or The History of a Young Lady*. Ed. with an Introduction and Notes by A. Ross. London 1985.
Solženicyn = Aleksandr Solženicyn, *Maloe sobranie sočinenij*. Moskva 1991.
Tolstoj = Lev N. Tolstoj, *Polnoe sobranie sočinenij* v 91 t. Moskva 1936–1964.
Tolstoj, SS v 20 tt = Lev N. Tolstoj, *Sobranie sočinenij v 20 t.* Moskva 1964.
Tolstoj, *Anna Karenina* = Lew Tolstoi, *Anna Karenina*. Aus dem Russischen neu übersetzt und kommentiert von Rosemarie Tietze. München 2009.
Tolstoj, *Erzählungen* = Leo N. Tolstoj, *Die großen Erzählungen*. Aus dem Russischen von Arthur Luther und Rudolf Kassner. Frankfurt a. M. 1997.
Tolstoj, *Krieg und Frieden* = Lew Tolstoi, *Krieg und Frieden*. Aus dem Russischen neu übersetzt und kommentiert von Barbara Conrad. 2 Bde. München 2010.
Wolfram = Wolfram von Eschenbach, *Parzival*. Nach der Ausgabe Karl Lachmanns, revidiert und kommentiert von Eberhard Nellmann. Übertragen von Dieter Kühn. 2 Bände. 3. Auflage, Frankfurt a. M. 2013.
Woolf, *Mrs Dalloway* = Virginia Woolf, *Mrs Dalloway*. Harmondsworth 1964.

Sekundärtexte

Die Jahreszahl der Harvard-Zitierung bezieht sich in der Regel auf die erste Ausgabe. Zitiert wird nach der jüngsten angegebenen Ausgabe. Titel in slavischen Sprachen werden auch in deutscher Übersetzung angeführt.

Achmatova, Anna (1936). „,Adol'f' Benžamena Konstana v tvorčestve Puškina" [Benjamin Constants Adolphe in Puškins Werk]. In: A. A., *O Puškine. Stat'i i zametki*. Leningrad 1977. 50–88.
Amsenga, Bonno J. und Veerle A. A. Bedaux (1984). „Personendarstellung in Čechovs Erzählung ‚Student'". In: R. Grübel (Hg.), *Russische Erzählung. Russian Short Story. Russkij rasskaz*. Amsterdam. 281–314.
Aristoteles (1934). *Hauptwerke*. Ausgewählt, übersetzt und eingeleitet von Wilhelm Nestle. 8. Aufl. Stuttgart 1977.
Aristoteles (1994). *Poetik*. Griechisch/deutsch. Übers. und hg. von Manfred Fuhrmann. Stuttgart.
Armstrong, Grace (1972). „The Scene of the Blood Drops on the Snow: A Crucial Narrative Moment in the Conte du Graal". In: *Kentucky Romance Quarterly* 19. 127–147.
Atkins, Stuart Pratt (1939). „A Note on Fritz Nettenmair". In: *Monatshefte für den Deutschen Unterricht* (University of Wisconsin-Madison). 31. 349–352.
Atkins, Stuart Pratt (1941). „Some Misunderstood Passages in Otto Ludwig's ‚Zwischen Himmel und Erde'". In: *Monatshefte für den Deutschen Unterricht* (University of Wisconsin-Madison). 33. 308–320.
Austen-Leigh, James Edward (1870). *A Memoir of Jane Austen*. London. Nachdruck: Cambridge 2009.

Bachtin, Michail (1922–1924). „Avtor i geroj v ėstetičeskoj dejatel'nosti". In: M. M. Bachtin, *Ėstetika slovesnogo tvorčestva*. Moskva 1979. 7–180. Dt. *Autor und Held in der ästhetischen Tätigkeit*. Hg. von R. Grübel, E. Kowalski und U. Schmid. Frankfurt a. M. 2008.

Bachtin, Michail (1929). *Problemy tvorčestva Dostoevskogo* [Probleme von Dostoevskijs Werk]. In: M. M. Bachtin, *Sobranie sočinenij*, Bd. 2, Moskva 2000, 5–175.

Bachtin, Michail (1934/35). „Slovo v romane [Das Wort im Roman]". In: M. M. Bachtin, *Voprosy literatury i ėstetiki*. Moskva 1975. 72–233. Dt.: Bachtin 1979.

Bachtin, Michail (1937/38). „Formy vremeni i chronotopa v romane. Očerki po istoričeskoj poėtike [Formen der Zeit und des Chronotops im Roman. Skizzen zur historischen Poetik]". In: M. B., *Voprosy literatury i ėstetiki. Issledovanija raznych let*. Moskva 1986. 234–407. Dt.: M. B., *Chronotopos*. Stuttgart 2008.

Bachtin, Michail (1979). „Das Wort im Roman" [Übers. von Bachtin 1934/35]. In: M. B., *Die Ästhetik des Wortes*. Hg. von R. Grübel. Frankfurt a. M. 154–300.

Banfield, Ann (1973). „Narrative Style and the Grammar of Direct and Indirect Speech". In: *Foundations of Language* 10. 1–39.

Banfield, Ann (1982). *Unspeakable Sentences. Narration and Representation in the Language of Fiction*. Boston.

Baroni, Raphaël (2009). „Tellability". In: P. Hühn, J. Ch. Meister, J. Pier, W. Schmid (Hgg.), *Handbook of Narratology*. 2nd edition, fully revised and expanded. Berlin/Boston 2014. 836–845. Online-Version (2013) in: P. Hühn, J. Ch. Meister, J. Pier, W. Schmid (Hgg.), *The Living Handbook of Narratology*.
URL = http://www.lhn.uni-hamburg.de/article/tellability (gesehen 5.5.2014).

Baršt, Konstantin (2017). „Filosofskoe ėsse V. P. Burenina kak pretekst stat'i Rodiona Raskol'nikova v romane ,Prestuplenie i nakazanie' [Ein philosophischer Essay V. P. Burenins als Prätext für Rodion Raskol'nikovs Aufsatz in ,Schuld und Sühne']. Im Druck.

Bauer, Gerhard (2000). *„Lichtstrahl aus Scherben". Čechov*. Frankfurt a. M.

Belov, Sergej (1979). *Roman F. M. Dostoevskogo Prestuplenie i nakazanie* [Dostoevskijs Roman Schuld und Sühne]. Pod red. D. S. Lichačëva. Leningrad.

Berdnikov, Georgij P. (1961). *A. P. Čechov. Idejnye i tvorčeskie iskanija* [A. P. Čechov. Welt-anschauliche und künstlerische Suche]. 3. Aufl. Moskau 1984.

Beyschlag, Siegfried (1950). *Die Metrik der mittelhochdeutschen Blütezeit in Grundzügen*. 5., durchgesehene Aufl. Nürnberg 1963.

Boor, Helmut de (1953). *Die höfische Literatur. Vorbereitung, Blüte, Ausklang. 1170–1250*. 6. Aufl. München 1964.

Booth, Wayne C. (1961). *The Rhetoric of Fiction*. 2nd ed. Chicago 1983.

Bortolussi, Marisa (2011). „Response to Alan Palmer's Social Minds". In: *Style* 45. 283–287.

Bortolussi, Marisa; Peter Dixon (2003). *Psychonarratology: Foundations for the Empirical Study of Literary Response*. Cambridge.

Braun, Maximilian (1976). *Dostojewskij. Das Gesamtwerk als Vielfalt und Einheit*. Göttingen.

Brinkmann, Richard (1957). „Otto Ludwig: ,Zwischen Himmel und Erde'. Die Verwirrung von Objektivität und Subjektivität". In: R. B., *Wirklichkeit und Illusion. Studien über Gehalt und Grenzen des Begriffs Realismus für die erzählende Dichtung des neunzehnten Jahrhunderts*. 3. Aufl. Tübingen 1977. 145–216.

Brinton, Laurel (1980). „Represented Perception: A Study in Narrative Style". In: *Poetics* 9. 363–81.

Brown, Lloyd W. (1969). „The Comic Conclusion in Jane Austen's Novels". In: *PMLA* 84. 1582–1587.

Bühler, Karl (1918/20). „Kritische Musterung der neueren Theorien des Satzes". In: *Indogermanisches Jahrbuch* 4. 1–20.
Bühler, Karl (1934). *Sprachtheorie. Die Darstellungsfunktion der Sprache*. Frankfurt a. M. 1978.
Bühler, Willi (1937). *Die „Erlebte Rede" im englischen Roman. Ihre Vorstufen und ihre Ausbildung im Werke Jane Austens*. Zürich/Leipzig.
Bulachovskij, L. A. (1948). *Russkij literaturnyj jazyk pervoj poloviny XIX veka: Fonetika, morfologija, udarenie, sintaksis* [Die russische Literatursprache der ersten Hälfte des 19. Jahrhunderts: Phonetik, Morphologie, Betonung, Syntax]. Moskva 1954.
Bumke, Joachim (1964). *Wolfram von Eschenbach*. 2., durchgesehene Aufl. Stuttgart 1966.
Bumke, Joachim (1991). *Wolfram von Eschenbach*. 6., neu bearbeitete Aufl. Stuttgart.
Bumke, Joachim (2001). *Die Blutstropfen im Schnee. Über Wahrnehmung und Erkenntnis im ‚Parzival' Wolframs von Eschenbach*. Tübingen.
Busch, Ulrich (1966). „L. N. Tolstoj als Symbolist. Zur Deutung von ‚Anna Karenina'". In: *Gogol' – Turgenev – Dostoevskij – Tolstoj. Zur russischen Literatur des 19. Jahrhunderts*. München. 7–36.
Caracciolo, Marco (2012). „Fictional Consciousnesses: A Reader's Manual". In: *Style*. 46. 42–65.
Caracciolo, Marco (2014). *The Experientiality of Narrative. An Enactivist Approach*. Berlin/Boston.
Chatman, Seymour (1978). *Story and Discourse. Narrative Structure in Fiction and Film*. Ithaca.
Chimič, Vera V. (1969). „Avtorskoe slovo i slovo geroja v rasskazach Čechova [Autorwort und Wort des Helden in Čechovs Erzählungen]". In: *Russkaja literatura 1870–1890 godov*. Sb. 2. Sverdlovsk. 139–155
Cilevič, Leonid M. (1976). *Sjužet čechovskogo rasskaza* [Das Sujet der Čechovschen Erzählung]. Riga.
Cilevič, Leonid M. (1994). *Stil' čechovskogo rasskaza* [Der Stil der Čechovschen Erzählung]. Daugavpils.
Cohn, Dorrit (1969). „Erlebte Rede im Ich-Roman". In: *Germanisch-romanische Monatsschrift*. Neue Folge 19. 305–313.
Cohn, Dorrit (1978). *Transparent Minds: Narrative Modes for Presenting Consciousness in Fiction*, Princeton.
Čudakov, Aleksandr P. (1971). *Poètika Čechova* [Die Poetik Čechovs]. Moskva.
Čudakov, Aleksandr P. (1986). *Mir Čechova. Vozniknovenie i utverždenie* [Čechovs Welt. Entstehung und Behauptung]. Moskva.
Čukovskij, Kornej I. (1967). *O Čechove* [Über Čechov]. Moskva.
Damasio, Antonio (2000). *The Feeling of What Happens: Body, Emotion and the Making of Consciousness*. London.
Debreczeny, Paul (1983). *The Other Pushkin. A Study of Alexander Pushkin's Prose Fiction*. Stanford.
Derman, Abram B. (1959). *O masterstve Čechova* [Über Čechovs Kunst]. Moskva.
Dietz, Reiner (1974). *Der ‚Tristan' Gottfrieds von Straßburg. Probleme der Forschung (1902–1970)*. Göppingen
Dinkler, Michal Beth (2015). „‚The Thoughts of Many Hearts Shall be Revealed': Listening in on Lukan Interior Monologues". In: *Journal of Biblical Literature* 134. 373–399.
Dirscherl, Fabian und Jürgen Pafel (2015). „Die vier Arten der Rede- und Gedankendarstellung. Zwischen Zitieren und Referieren". In: *Linguistische Berichte*. 241. 3–47.

Doležel, Lubomír (1958). „Polopřímá řeč v moderní české próze [Die erlebte Rede in der modernen tschechischen Prosa]". In: *Slovo a slovesnost* 19. 20–46.
Doležel, Lubomír (1960). *O stylu moderní české prózy. Výstavba textu* [Der Stil der modernen tschechischen Prosa. Der Textaufbau]. Praha.
Doležel, Lubomír (1965). „Nejtralizacija protivopostavlenij v jazykovo-stilističeskoj strukture ėpičeskoj prozy [Neutralisierung der Oppositionen in der sprachlich-stilistischen Struktur der epischen Prosa]". In: *Problemy sovremennoj filologii.* Sb. st. k semidesjatiletiju V. V. Vinogradova. Moskva. 116–123.
Doležel, Lubomír (1973). *Narrative Modes in Czech Literature.* Toronto.
Dujardin, Edouard (1931). *Le monologue intérieur. Son apparition, ses origines, sa place dans l'œuvre de James Joyce et dans le roman contemporain.* Paris.
Ebbinghaus, Andreas (2013). „Übersetzungstheoretische Überlegungen zu den jüngsten deutschen Fassungen des Raskolnikow-Romans von F. Dostojewskij". In: G. Goes (Hg.), *Ausklang und Widerhall. Dostojewskij in medialen Kontexten* (Jb. der Dt. Dostojewskij-Gesellschaft 20). 89–119.
Eder, Jens; Fotis Jannidis; Ralf Schneider (2010). *Characters in Fictional Worlds: Understanding Imaginary Beings in Literature, Film, and Other Media.* Berlin/New York.
Eichenbaum [Ėjchenbaum], Boris (1920). „Tolstojs Krisen". In: B. E., *Aufsätze zur Theorie und Geschichte der Literatur.* Frankfurt a. M. 1965. 143–148.
Eichenbaum [Ėjchenbaum], Boris (1922). *Molodoj Tolstoj* [Der junge Tolstoj]. Peterburg/Berlin.
Emerson, Caryl (1984). „The Tolstoy Connection in Bakhtin". In: G. S. Morson & C. Emerson (Hgg.), *Rethinking Bakhtin. Extensions and Challenges.* Evanston, IL., 1989. 149–170, 282–288.
Emmott, Catherine und Marc Alexander (2009). „Schemata". In: P. Hühn, J. C. Meister, J. Pier, W. Schmid (Hgg.), *Handbook of Narratology.* 2nd edition, fully revised and expanded. Berlin/Boston 2014. 756–764.
Online-Version (2013) in: P. Hühn, J. Ch. Meister, J. Pier, W. Schmid (Hgg.), The Living Handbook of Narratology.
URL = http://www.lhn.uni-hamburg.de/article/schemata [gesehen 11.8.2013].
Eng, Jan van der (1968). „,Les récits de Belkin'. Analogie des procédés de construction". In: J. v. d. Eng/A. G. F. van Holk/J. M. Meijer, *The Tales of Belkin by A. S. Puškin.* The Hague. 9–60.
Eng, Jan van der (1978). „The Semantic Structure of Lady with Lapdog". In: J. v. d. Eng et al., *On the Theory of Descriptive Poetics: Anton P. Chekhov as Story-Teller and Playwright.* Lisse. 59–94.
Eng, Jan van der (1983). „The Arrangement of the Narrative". In: B. J. Amsenga et al. (Hgg.), *Miscellanea Slavica. To Honour the Memory of Jan M. Meijer.* Amsterdam. 223–234.
Erëmin, P. (1991). „,Skripka Rotšil'da' A. P. Čechova – svjaz' s tradicijami russkoj klassiki [Rothschilds Geige von A. P. Čechov. Die Verbindung mit den Traditionen der russischen Klassik]". In: *Voprosy literatury* No 4. 93–123.
Ėtkind, Efim (1985). „Ivanov i Rotšil'd. O rasskaze A. P. Čechova ‚Skripka Rotšil'da' [Ivanov und Rothschild. Über Čechovs Erzählung ‚Rothschilds Geige']". In: *Russian Language Journal* 39. Nos. 132–34. 1–49.
Fehr, Bernhard (1938). „Substitutionary Narration and Description: A Chapter in Stylistics". In: *English Studies* 20. 97–107.
Fludernik, Monika (1993). *The Fictions of Language and the Language of Fiction. The Linguistic Representation of Speech and Consciousness.* London/New York.

Fludernik, Monika (2011). „1050–1500. Through a Glass Darkly; or, the Emergence of Mind in Medieval Narrative". In: D. Herman (Hg.), *The Emergence of Mind. Representations of Consciousness in Narrative Discourse in English*. Lincoln. 69–109.

Forster, Edward M. (1927). *Aspects of the Novel*. London 1974.

Fortunatov, Nikolaj M. (1976). „,Grobovščik' Puškina i ,Skripka Rotšil'da' Čechova. K probleme architektoniki novelly [Puškins ‚Sargmacher' und Čechovs ‚Rothschilds Geige'. Zum Problem der Architektonik der Novelle]". In: *Boldinskie čtenija*. Gor'kij. 93–102.

Fox, Robert (1962). „Elizabeth Bennet: Prejudice or Vanity?" In: *Nineteenth-Century Fiction* 17. 185–187.

Freise, Matthias (1993). *Michail Bachtins philosophische Ästhetik der Literatur*. Frankfurt a. M.

Freise, Matthias (1997). *Die Prosa Anton Čechovs. Eine Untersuchung im Ausgang von Einzelanalysen*. Amsterdam.

Fuhrmann, Manfred (1994). Nachwort. In: Aristoteles. *Poetik*. Griechisch/deutsch. Übers. und hg. von M. Fuhrmann. Stuttgart. 144–178.

Furstner, Hans (1957). „Der Beginn der Liebe bei Tristan und Isolde in Gottfrieds Epos". In: *Neophilologus* 41. 25–38.

Garis, Robert (1968). „Learning Experience and Change". In: B. C. Southam (Hg.), *Critical Essays on Jane Austen*. London. 60–82.

Geier, Swetlana (1964). „,Brat'ja Karamazovy'". In: *Kindlers Literatur Lexikon*. Sonderausgabe in 12 Bden. Zürich 1970. 1615–1617.

Geier, Swetlana (2003). [Anmerkungen zu:] Fjodor Dostojewskij, *Die Brüder Karamasow*. Frankfurt a. M. 2010. 1205–1237.

Genette, Gérard (1972). „Discours du récit". In: G. Genette, *Figures III*, Paris, 67–282. Dt.: Genette 1994, 9–192.

Genette, Gérard (1983). *Nouveau discours du récit*, Paris. Dt.: Genette 1994, 193–298.

Genette, Gérard (1994). *Die Erzählung* [Übers. von Genette 1972 und 1983], München.

Gerigk, Horst-Jürgen (1968). „Text und Wahrheit. Vorbemerkungen zu einer kritischen Deutung der ‚Brüder Karamasow'". In: E. Koschmieder, M. Braun (Hgg.), *Slavistische Studien zum VI. Internationalen Slavistenkongreß in Prag 1968*. München. 331–348.

Gerigk, Horst-Jürgen (1975). *Entwurf einer Theorie des literarischen Gebildes*. Berlin/New York.

Gerigk, Horst-Jürgen (2006). *Lesen und Interpretieren*. 3. Aufl. Heidelberg 2013.

Gerigk, Horst-Jürgen (2013). *Dostojewskijs Entwicklung als Schriftsteller. Vom ‚Toten Haus' zu den ‚Brüdern Karamazov'*. Frankfurt a M.

Gerigk, Horst-Jürgen (2016). „150 Jahre Raskolnikow. Dostojewski heute". Ms. eines unveröff. Vortrags, Hamburg 8.3.2016.

Geršenzon, Michail O. (1923). „Čtenie Puškina [Puškin lesen]". In: M. O. G., *Stat'i o Puškine*. Moskva 1926. 13–17.

Ginzburg, Lidija Ja. (1971). *O psichologičeskoj proze* [Über psychologische Prosa]. Leningrad. 2. Aufl. 1977.

Gol'denvejzer, Aleksandr B. (1959). *Vblizi Tolstogo* [In der Nähe Tolstojs]. Moskva.

Golovačeva, Alla G. (1998). „,Povesti pokojnogo Ivana Petroviča Belkina', pereskazannye Antonom Pavlovičem Čechovym". In: *Čechoviana. Čechov i Puškin*. Moskva. 175–191.

Gopnik, Alison (1999). „Theory of Mind". In: R. A. Wilson, F. C. Keil (Hgg.), *The MIT Encyclopedia of the Cognitive Sciences*. Cambridge, MA. 838–841.

Green, Dennis H. (1982). *The Art of Recognition in Wolfram's ‚Parzival'*. Cambridge.

Gruber, Carola (2014). *Ereignisse in aller Kürze. Narratologische Untersuchungen zur Ereignishaftigkeit in Kürzestprosa von Thomas Bernhard, Ror Wolf und Helmut Heißenbüttel.* Bielefeld.

Grüne, Matthias (2017a). *Realistische Narratologie. Otto Ludwigs Romanstudien im Kontext einer Geschichte der Erzähltheorie.* Berlin/Boston. (In Vorbereitung)

Grüne, Matthias (2017b). „Traditionslinien der Erzähltheorie von der Antike bis in die erste Hälfte des 20. Jahrhunderts". In: M. Huber, W. Schmid (Hgg.), *Erzählen.* Berlin/Boston. (In Vorbereitung)

Gusev, Nikolaj N. (1973). *Dva goda s L. N. Tolstym – Iz Jasnoj Poljany v Čerdyn' – Otryvočnye vospominanija – Lev Tolstoj-čelovek* [Zwei Jahre mit L. N. Tolstoj – Von Jasnaja Poljana nach Čerdyn' – Fragmentarische Erinnerungen – Lev Tolstoj als Mensch]. Moskva.

Haas, Alois M. (1964). *Parzivals tumpheit bei Wolfram von Eschenbach.* Berlin.

Halliwell, Stephen (2014). „Diegesis – Mimesis". In: P. Hühn, J. C. Meister, J. Pier, W. Schmid (Hgg.), *Handbook of Narratology.* 2nd edition, fully revised and expanded. Berlin/Boston. 129–137. Online-Version in: P. Hühn, J. Ch. Meister, J. Pier, W. Schmid (Hgg.), *The Living Handbook of Narratology.* URL = http://www.lhn.uni-hamburg.de/article/diegesis---mimesis (gesehen: 26.12.2014).

Hamburger, Käte (1950) *Leo Tolstoj. Gestalt und Problem.* Bern. 2. Aufl. Göttingen 1963.

Hamburger, Käte (1957). *Die Logik der Dichtung,* Stuttgart.

Hamburger, Käte (1968). *Die Logik der Dichtung,* 2., wesentlich veränderte Auflage, Stuttgart.

Hansen-Löve, Aage A. (1978). *Der russische Formalismus. Methodologische Rekonstruktion seiner Entwicklung aus dem Prinzip der Verfremdung.* 2. Aufl. Wien 1996.

Hansen-Löve, Aage A. (1984). „Beobachtungen zur narrativen Kurzgattung". In: R. Grübel (Hg.), *Russische Erzählung. Russian Short Story. Russkij rasskaz.* Amsterdam. 1–45.

Hauschild, Christiane (2009). „Jurij M. Lotmans semiotischer Ereignisbegriff: Versuch einer Neubewertung". In: W. Schmid (Hg.), *Slavische Erzähltheorie. Russische und tschechische Ansätze.* Berlin/New York. 141–186.

Herman, David (2009). „Cognitive Narratology". In: P. Hühn, J. Pier, W. Schmid, J. Schönert (Hgg.), *Handbook of Narratology.* Berlin/New York. 30–43. Online-Version in: P. Hühn, J. Ch. Meister, J. Pier, W. Schmid (Hgg.), *The Living Handbook of Narratology.* URL = http://www.lhn.uni-hamburg.de/article/cognitive-narratology-revised-version-uploaded-22-september-2013 (gesehen: 15.2.2017)

Herman, David (2014). „Cognitive Narratology". In: P. Hühn, J. C. Meister, J. Pier, W. Schmid (Hgg.), *Handbook of Narratology.* 2nd edition, fully revised and expanded. Berlin/Boston 2014. 46–64.

Herzmann, Herbert (1976). „Nochmals zum Minnetrank in Gottfrieds ‚Tristan'. Anmerkungen zum Problem der psychologischen Entwicklung in der mittelhochdeutschen Epik". In: *Euphorion* 70. 73–94.

Hielscher, Karla (1987). *Tschechow. Eine Einführung.* München.

Hirschberg, Dagmar (1976). *Untersuchungen zur Erzählstruktur von Wolframs ‚Parzival'. Die Funktion von erzählter Szene und Station für den doppelten Kursus.* Göppingen.

Holdheim, William W. (1978). „Die Suche nach dem umfassenden Epos: ‚Krieg und Frieden'". In: W. W. H., *Die Suche nach dem Epos. Der Geschichtsroman bei Hugo, Tolstoi und Flaubert.* Heidelberg. 89–122.

Holthusen, Johannes (1968). „Stilistik des ‚uneigentlichen' Erzählens in der sowjetischen Gegenwartsliteratur". In: *Die Welt der Slaven* 13, 225–245.

Howell, William D. (1901). *Heroines of Fiction.* New York.

Huber, Christoph (2000). *Gottfried von Straßburg: ‚Tristan'*. 3. neu bearb. u. erw. Aufl. Berlin 2013.

Huber, Martin und Wolf Schmid (Hgg. 2017). *Erzählen*. Berlin/Boston.

Hübner, Gert (2003). *Erzählform im höfischen Roman. Studien zur Fokalisierung im Eneas, im Iwein und im Tristan*. Tübingen.

Hübner, Gert (2010). „evidentia. Erzählformen und ihre Funktionen". In: H. Haferland, M. Meyer (Hgg.), *Historische Narratologie – mediävistische Perspektiven*. Berlin/New York. 119–148.

Hühn, Peter (2007). „Eventfulness in Poetry and Prose Fiction". In: *Amsterdam International Electronic Journal for Cultural Narratology* No. 4. URL = http://cf.hum.uva.nl/narratology

Hühn, Peter (2008). „Functions and Forms of Eventfulness in Narrative Fiction". In: J. Pier, J. Á. García Landa (Hgg.), *Theorizing Narrativity*. Berlin/New York. 141–163.

Hühn, Peter (2009). „Event and Eventfulness". In: P. Hühn, J. C. Meister, J. Pier, W. Schmid (Hgg.), *Handbook of Narratology*. 2nd edition, fully revised and expanded. Berlin/Boston 2014. 159–178. Überarbeitete Online-Version (2013) in: P. Hühn, J. Ch. Meister, J. Pier, W. Schmid (Hgg.), *The Living Handbook of Narratology*. URL = http://www.lhn.uni-hamburg.de/article/event-and-eventfulness (gesehen: 24.1.2017).

Hühn, Peter (2010a). „Introduction". In: P. Hühn, *Eventfulness in British Fiction*. With contributions by M. Kempf, K. Kroll and J. K. Wulf. Berlin/New York. 1–13.

Hühn, Peter (2010b). „James Joyce: Grace (1914)". In: P. Hühn, *Eventfulness in British Fiction*. With contributions by M. Kempf, K. Kroll and J. K. Wulf. Berlin/New York. 125–132.

Hühn, Peter (2010c). „Samuel Richardson: Pamela (1740)". In: P. Hühn, *Eventfulness in British Fiction*. With contributions by M. Kempf, K. Kroll, and J. K. Wulf. Berlin/New York. 63–73.

Hühn, Peter (2016). „The Eventfulness of Non-Events". In: R. Baroni, F. Revaz (Hgg.), *Narrative Sequence in Contemporary Narratology*. Columbus, OH. 37–47.

Hühn, Peter; Jörg Schönert (2007). „Theorie und Methodologie narratologischer Lyrik-Analyse". In: J. Schönert, P. Hühn, M. Stein. *Lyrik und Narratologie. Text-Analysen zu deutschsprachigen Gedichten vom 16. bis zum 20. Jahrhundert*. Berlin/New York. 1–18.

Hühn, Peter und Roy Sommer (2014). „Narration in Poetry and Drama". In: P. Hühn, J. C. Meister, J. Pier, W. Schmid (Hgg.), *Handbook of Narratology*. 2nd edition, fully revised and expanded. Berlin/Boston. 419–434. Online-Version in: P. Hühn, J. Ch. Meister, J. Pier, W. Schmid (Hgg.), *The Living Handbook of Narratology*. URL = http://www.lhn.uni-hamburg.de/article/narration-poetry-and-drama (gesehen: 2.12.2014).

Ingarden, Roman (1937). *Vom Erkennen des literarischen Kunstwerks* [ursprünglich polnisch: *O poznawaniu dzieła literackiego*, Lwów], Tübingen 1968.

Ioannisjan, D. (1960). „Tri rasskaza: ‚Kapitanskij mundir', ‚Gore', ‚Skripka Rotšil'da' [Drei Erzählungen: Die Kapitänsuniform, Kummer, Rothschilds Geige]". In: *A. P. Čechov. Sb. st. i materialov*. Bd. II. Rostov-na-Donu. 135–156.

Jackson, Robert Louis (1978). „If I Forget Thee, O Jerusalem. An Essay on Chekhov's Rothschild's Fiddle. In: S. Senderovich und M. Sendich (Hgg.), *Anton Chekhov Rediscovered: A collection of New Studies With a Comprehensive Bibliography*. East Lansing, MI. 1987. 35–49.

Jackson, William H. (1971). *The Anatomy of Love. The ‚Tristan' of Gottfried von Strassburg*. New York.

James, William (1890). *Principles of Psychology*. New York.

Jensen, Peter Alberg (1984). „Imperfektives Erzählen: Zum Problem des Aspekts in der späten Prosa Čechovs". In: R. Grübel (Hg.), *Russische Erzählung. Russian Short Story. Russkij rasskaz.* Amsterdam. 261–279.

Kalepky, Theodor (1899). „Zur französischen Syntax. VII. Mischung indirekter und direkter Rede. (T[obler] II, 7) oder V[erschleierte] R[ede]?" In: *Zeitschrift für romanische Philologie* 23, 491–513.

Kalepky, Theodor (1913). „Zum ‚Style indirect libre' (‚Verschleierte Rede')". In: *Germanisch-romanische Monatsschrift* 5, 608–619.

Kalepky, Theodor (1928). „Verkleidete Rede". In: *Neophilologus* 13, 1–4.

Kannicht, Richard (1976). „Handlung als Grundbegriff der aristotelischen Theorie des Dramas". In: *Poetica* 8. 326–336.

Karpf, Fritz (1933). „Die Erlebte Rede im Englischen". In: *Anglia* 57. 225–276.

Kataev, Vladimir (1979). *Proza Čechova. Problemy interpretacii* [Čechovs Prosa. Probleme der Interpretation]. Moskva.

Keesman-Marwitz, A. H. (1987). *Das Primat der objektiven Zeit. Dargelegt am Roman ‚Anna Karenina'.* Amsterdam.

Keiter, Heinrich (1876). *Versuch einer Theorie des Romans und der Erzählkunst.* Paderborn.

Kenner, Hugh (1979). *Joyce's Voices.* Berkeley.

Kirjanov, Daria A. (2000). *Chekhov and the Poetics of Memory.* New York.

Kirk, Irene (1981). *Anton Chekhov.* Boston.

Kjetsaa, Geir (1971). „Tschechows Novellenkunst. Versuch einer Analyse der Erzählung ‚Die Dame mit dem Hündchen'". In: *Československá Rusistika* 1971, 2. 60–68.

Kovtunova, I. I. (1955). *Nesobstvenno-prjamaja reč' v jazyke russkoj literatury konca XVIII–pervoj poloviny XIX v.* [Die erlebte Rede in der russischen Literatur vom Ende des 18. bis zur ersten Hälfte des 19. Jahrhunderts]. Unveröffentlichte Kandidatendissertation, Moskva.

Koževnikova, Natal'ja A. (1971). „O tipach povestvovanija v sovetskoj proze [Über die Typen des Erzählens in der sowjetischen Prosa]". In: *Voprosy jazyka sovremennoj russkoj literatury.* Moskva. 97–163.

Koževnikova, Natal'ja A. (1977). „O sootnošenii reči avtora i personaža [Über die Korrelation von Autorenrede und Figurenrede]". In: *Jazykovye processy sovremennoj russkoj chudožestvennoj literatury. Proza.* Moskva. 7–98.

Koževnikova, Natal'ja A. (1994). *Tipy povestvovanija v russkoj literature XIX–XX vv.* [Typen des Erzählens in der russischen Literatur des 19. und 20. Jahrhunderts]. Moskva.

Kramer Karl D. (1970). *The Chameleon and the Dream: The Image of Reality in Čexov's Stories.* 's-Gravenhage.

Krohn, Rüdiger (1980). Kommentar, Nachwort und Register zu: Gottfried von Straßburg, ‚Tristan'. Nach dem Text von Friedrich Ranke, neu herausgegeben, ins Neuhochdeutsche übersetzt, mit einem Stellenkommentar und einem Nachwort von Rüdiger Krohn. Bd. 3. 6. Aufl. Stuttgart 2002.

Kšicová, Danuše (1997). „‚Skripka Rotšil'da' (Problemy interpretacii) [‚Rothschilds Geige' – Probleme der Interpretation]". In: V. B. Kataev, R.-D. Kluge, R. Nohejl (Hgg.), *Anton P. Čechov – Philosophische und religiöse Dimensionen im Leben und im Werk.* München. 587–593.

Kuhn, Markus; Johann N. Schmidt (2014). „Narration in Film". In: P. Hühn, J. C. Meister, J. Pier, W. Schmid (Hgg.), *Handbook of Narratology.* 2nd edition, fully revised and expanded. Berlin/Boston. 384–405. Online-Version in: P. Hühn, J. Ch. Meister, J. Pier, W. Schmid

(Hgg.), *The Living Handbook of Narratology*.
URL = http://www.lhn.uni-hamburg.de/article/ narration-film-revised-version-uploaded-22-april-2014 (gesehen: 2.12.2014).

Labov, William (1972). *Language in the Inner City: Studies in the Black English Vernacular*. Philadelphia.

LaCapra, Dominick (1982). *Madame Bovary on Trial*. Ithaca.

Låftman, Emil (1929). „Stellvertretende Darstellung". In: *Neophilologus* 14. 161–168.

Leech, Geoffrey N. und Michael Short (1981). *Style in Fiction: A Linguistic Introduction to English Fictional Prose*. London.

Lerch, Eugen (1914). „Die stilistische Bedeutung des Imperfektums der Rede (style indirect libre)". In: *Germanisch-romanische Monatsschrift* 6. 470–489.

Lerch, Eugen (1928). „Ursprung und Bedeutung der sog. Erlebten Rede (Rede als Tatsache)". In: *Germanisch-romanische Monatsschrift* 16. 459–478.

Lerch, Gertraud (1922). „Die uneigentlich direkte Rede". In: V. Klemperer und E. Lerch (Hgg.), *Idealistische Neuphilologie. Festschrift für Karl Vossler zum 6. September 1922*. Heidelberg. 107–119.

Levitan, Lija S. (1976). „Sjužet i kompozicija rasskaza A. P. Čechova ‚Skripka Rotšil'da' [Sujet und Komposition in A. P. Čechovs Erzählung ‚Rothschilds Geige']". In: *Voprosy sjužetosloženija* 4. Riga. 33–46.

Liddell, Robert (1963). *The Novels of Jane Austen*. London.

Lillyman, William J. (1967). *Otto Ludwig's ‚Zwischen Himmel und Erde'. A Study of its Artistic Structure*. The Hague.

Lillyman, William J. (1977). Nachwort. In: Otto Ludwig, *Romane und Romanstudien*. Hg. von W. J. Lillyman. München. 729–754.

Litz, A. Walton (1965). *Jane Austen. A Study of her Artistic Development*. New York.

Lorck, Etienne (1921). *Die „Erlebte Rede". Eine sprachliche Untersuchung*. Heidelberg.

Lotman, Jurij M. (1970). *Struktura chudožestvennogo teksta*, Moskva. Dt.: Lotman 1972; Lotman 1973.

Lotman, Jurij M. (1972). *Die Struktur literarischer Texte* [Übers. von Lotman 1970]. Übers. von R.-D. Keil. München.

Lotman, Jurij M. (1973). *Die Struktur des künstlerischen Textes* [Übers. von Lotman 1970]. Hg. mit einem Nachwort und einem Register von R. Grübel. Frankfurt a. M.

Mai, Hans-Peter (1986). *Samuel Richardsons ‚Pamela': Charakter, Rhetorik und Erzählstruktur*. Stuttgart.

Mamaeva (Mamayeva), N. L. (1972). „Some Problems of Structure in the Short Story Genre (Based on ‚Rothschild's Violin' by A. Chekhov and ‚A Short Happy Life of Francis Macomber' by E. Hemingway). In: *Problemy teorii romana i rasskaza. Sb. naučnych statej aspirantov*. Riga. 134–147.

Markovič, Vladimir M. (1989). „‚Povesti Belkina' i literaturnyj kontekst [‚Belkins Erzählungen' und ihr literarischer Kontext]". In: *Puškin. Issledovanija i materialy*. 13. Leningrad. 63–87.

Martin, David W. (1978). „Realia and Chekhov's ‚The Student'". In: *Canadian-American Slavic Studies* 12. 266–273.

Maurer, Friedrich (1950). „Parzivals Sünden". In: *Deutsche Vierteljahrsschrift für Literaturwissenschaft und Geistesgeschichte* 24. 304–346.

May, Ch. E. (1985). „Chekhov and the Modern Short Story". In: *A Chekhov Companion*. Hg. T. W. Clyman. Westport, CT. 147–163.

McHale, Brian (1978). „Free Indirect Discourse: A Survey of Recent Accounts". In: *PTL* 3. 249–287.
McHale, Brian (1981). „Islands in the Stream of Consciousness. Dorrit Cohn's *Transparent Minds*". In: *Poetics Today* 2.2. 183–191.
McHale, Brian (2014). „Speech Representation". In: P. Hühn, J. C. Meister, J. Pier, W. Schmid (Hgg.), *Handbook of Narratology*. 2nd edition, fully revised and expanded. Berlin/Boston. 812–824. Online-Version in: P. Hühn, J. Ch. Meister, J. Pier, W. Schmid (Hgg.), *The Living Handbook of Narratology*. URL = http://www.lhn.uni-hamburg.de/article/speech-representation (gesehen: 6.4. 2014).
Meijer, Jan M. (1971). „The Author of ‚Brat'ja Karamazovy'". In: J. van der Eng, J. M. Meijer, *‚The Brothers Karamazov' by F. M. Dostoevskij*. Den Haag. 7–46.
Mengel, Ewald (1997). *Der englische Roman des 18. Jahrhunderts. Eine Einführung in seine Klassiker*. Tübingen.
Meyer, Albert (1957). *Die ästhetischen Anschauungen Otto Ludwigs*. Winterthur.
Morson, Gary Saul (1988). „Prosaics and ‚Anna Karenina'". In: *Tolstoy Studies Journal*, Vol 1. 1–12.
Morson, Gary Saul (2013). „What is Prosaics?". In: G. S. M., *Prosaics and other Provocations. Empathy, Open Time and the Novel*. Boston. 12–31.
Morson, Gary Saul (2014). „Introduction: The Moral Urgency of ‚Anna Karenina'". In: Leo Tolstoy, *Anna Karenina*. Tr. by Marian Schwartz. Ed. with an Introduction by G. S. Morson. Yale UP: New Haven & London. IX–XXII.
Müller, Ludolf (1952). „Der Sinn des Lebens und der Sinn der Liebe. Der ideologische Plan der ‚Anna Karenina'". In: *Zeitschrift für slavische Philologie* 21. 22–39.
Müller, Wolfgang G. (1977). „Gefühlsdarstellung bei Jane Austen". In: *Sprachkunst* 8. 87–103.
Müller, Wolfgang G. (1984). „Der freie indirekte Stil bei Jane Austen als Mittel der Rede- und Gedankenwiedergabe". In: *Poetica*. 16. 206–236.
Nabokov, Vladimir (1964). *Eugene Onegin. A Novel in Verse by Aleksandr Pushkin*. Translated from the Russian, with a Commentary, by V. N. 4 Bde, 2. Aufl. New York 1975.
Nabokov, Vladimir (1981a). *Lectures on Russian Literature*. New York. Dt.: Nabokov 1981b.
Nabokov, Vladimir (1981b). *Die Kunst des Lesens. Meisterwerke der russischen Literatur*. Hg. von F. Bowers. Aus d. Amerikan. von K. A. Klewer. Frankfurt a. M. 1984.
Nellmann, Eberhard (2013). Stellenkommentar. In: Wolfram von Eschenbach, ‚Parzival'. Nach der Ausgabe Karl Lachmanns, revidiert und kommentiert von Eberhard Nellmann. Übertragen von Dieter Kühn. 3. Aufl. Frankfurt a. M. Bd. 2.
Neubert, Albrecht (1957). *Die Stilformen der „erlebten Rede" im neueren englischen Roman*. Halle a. d. Saale.
Niederhoff, Burkhard (2014). „Focalization". In: P. Hühn, J. C. Meister, J. Pier, W. Schmid (Hgg.), *Handbook of Narratology*. 2nd edition, fully revised and expanded. Berlin/Boston. 197–205. Online-Version in: P. Hühn, J. Ch. Meister, J. Pier, W. Schmid (Hgg.), *The Living Handbook of Narratology*. URL = http://www.lhn.uni-hamburg.de/article/focalization (gesehen: 24.6.2015).
Nilsson, Nils Åke (1968). *Studies in Čechov's Narrative Technique. The Steppe and The Bishop*. Stockholm.
Pachaly, Paul (o. J.), *Erläuterungen zu Otto Ludwigs „Zwischen Himmel und Erde"*. Leipzig.
Padučeva, Elena V. (1996). „Semantika narrativa [Die Semantik des Narrativs]". In: E. V. Padučeva, *Semantičeskie issledovanija*. Moskva. 193–418.
Page, Norman (1973). *Speech in the English Novel*. London.

Palmer, Alan (2002). „The Construction of Fictional Minds". In: *Narrative* 10.1. 29-46.
Palmer, Alan (2004). *Fictional Minds*. Lincoln.
Palmer, Alan (2005a). „Thought and consciousness representation (literature)". In: *Routledge Encyclopedia of Narrative Theory*. Oxon. 602-607.
Palmer, Alan (2005b). „Stream of Consciousness and Interior Monologue". In: *Routledge Encyclopedia of Narrative Theory*. Oxon. 570–571.
Palmer, Alan (2007). „Universal Minds". In: *Semiotica* 165. 205–225.
Palmer, Alan (2010). *Social Minds in the Novel*. The Ohio State University Press.
Palmer, Alan (2011a). „Social Minds in Fiction and Criticism". In: *Style* 45. 196–240.
Palmer, Alan (2011b). „Enlarged Perspectives: A Rejoinder to the Responses". *Style* 45. 366–412.
Palmer, Alan (2011c). „Rejoinder to Response by Marie-Laure Ryan". *Style* 45. 660—662.
Papernyj, Zinovij (1967). *Zapisnye knižki Čechova* [Čechovs Notizbücher]. Moskva.
Pascal, Roy (1977). *The Dual Voice: Free Indirect Speech and Its Functioning in the Nineteenth-Century European Novel*. Manchester.
Paul, Otto; Ingeborg Glier (1938). *Deutsche Metrik*. 4., völlig umgearb. Aufl. München 1961.
Penzkofer, Gerhard (1984). *Der Bedeutungsaufbau in den späten Erzählungen Čechovs. „Offenes" und „geschlossenes" Erzählen*. München.
Picard, Hans Rudolf (1971). *Die Illusion der Wirklichkeit im Briefroman des achtzehnten Jahrhunderts*. Heidelberg.
Polockaja, Ėmma A. (1990). „O naznačenii iskusstva (Puškin i Čechov) [Über die Bestimmung der Kunst. Puškin und Čechov]". In: *Čechoviana*. Moskva. 40–53.
Popkin, Cathy (1990). „Chekhov and the Pragmatics of Insignificance". In: R.-D. Kluge (Hg.), *Anton P. Čechov. Werk und Wirkung*. Wiesbaden. 123–145.
Prince, Gerald (1987). *A Dictionary of Narratology*. Lincoln.
Prince, Gerald (2008). „Narrativehood, Narrativeness, Narrativity, Narratability". In: J. Pier, J. Á. García Landa, *Theorizing Narrativity*. Berlin/New York. 19–27.
Ranke, Friedrich (1925). *Tristan und Isold*. München.
Rauter, Herbert (1969). „Austen. Emma". In: F. K. Stanzel (Hg.), *Der englische Roman. Vom Mittelalter zur Moderne*. Bd. II. Düsseldorf. 9–38, 359–363.
Rayfield, Donald (1975). *Chekhov. The Evolution of his Art*. London.
Reber, Natalie (1964). *Studien zum Motiv des Doppelgängers bei Dostojevskij und E. T. A. Hoffmann*. Gießen.
Reents, Edo (2013). „Ein großer Erzähler, der zu Unrecht vergessen ist". In: *Frankfurter Allgemeine Zeitung*. 12.2.2013.
URL = http://www.faz.net/aktuell/feuilleton/buecher/autoren/otto-ludwig-ein-grosser-erzaehler-der-zu-unrecht-vergessen-ist-12059267.html
Rév, Mária (1990). „Vidoizmenenie odnoj literaturnoj temy (Puškin i Čechov) [Die Variation eines literarischen Themas. Puškin und Čechov]". In: *Studia Slavica Hungarica* 36. 319–334.
Ries, Sybille (1980). „Erkennen und Verkennen in Gottfrieds ‚Tristan' mit besonderer Berücksichtigung der Isold-Weißhand-Episode". In: *Zeitschrift für deutsches Altertum und deutsche Literatur* 109. 316–337
Rosenshield, Gary (1997). „Dostoevskii's The Funeral of the Universal Man and An Isolated Case and Chekhov's ‚Rothschild's Fiddle': The Jewish Question". In: *The Russian Review* 56. 487–504.
Rothe, Hans (Ms.). „Tolstoj: ‚Krieg und Frieden' und die Empfindsamkeit". Unveröff. Ms.

Ruh, Kurt (1978). Rez.: Dietmar Mieth, Dichtung, Glaube und Moral. Studien zur Begründung einer narrativen Ethik und einer Interpretation zum Tristanroman Gottfrieds von Straßburg. In: *Anzeiger für deutsches Altertum und deutsche Literatur* 89. 117–129.
Ryan, Marie-Laure (2005). „Tellability". In: D. Herman, M. Jahn, M.-L. Ryan (Hgg.), *The Routledge Encyclopedia of Narrative Theory*. London. 589–591.
Ryan, Marie-Laure (2007). „Toward a Definition of Narrative". In: D. Herman (Hg.), *The Cambridge Companion to Narrative*. Cambridge. 22–35.
Ryan, Marie-Laure (2009). „Narration in Various Media". In: P. Hühn, J. C. Meister, J. Pier, W. Schmid (Hgg.), *Handbook of Narratology*. 2nd edition, fully revised and expanded. Berlin/Boston 2014. 468–488. Online-Version in: P. Hühn, J. Ch. Meister, J. Pier, W. Schmid (Hgg.), *The Living Handbook of Narratology*. URL = http://www.lhn.uni-hamburg.de/article/narration-various-media (gesehen: 2.12.2014).
Šatalov, S. E. (1974). „Čerty poėtiki (Čechov i Turgenev) [Merkmale der Poetik (Čechov und Turgenev)]". – In: *V tvorčeskoj laboratorii Čechova*. Moskva. 296–309.
Šatalov, S. E. (1980). „Prozrenie kak sredstvo psichologičeskogo analiza [Plötzliches Begreifen als Mittel der psychologischen Analyse]". In: *Čechov i Lev Tolstoj*, Moskva. 56–68.
Ščerbenok, Andrej (1998). „Rasskaz Čechova ‚Archierej': poststrukturalistskaja perspektiva smysla [Čechovs Erzählung ‚Der Erzpriester'. Die postrukturalistische Sinnperspektive]". In: *Molodye issledovateli Čechova* III. Moskva. 113–120.
Ščerbenok, Andrej (2005). *Dekonstrukcija i klassičeskaja russkaja literatura. Ot ritoriki teksta k ritorike istorii* [Dekonstruktion und klassische russische Literatur. Von der Rhetorik des Textes zur Rhetorik der Geschichte]. Moskva.
Ščerbenok, Andrej (2010). „Killing Realism: Insight and Meaning in Anton Chekhov". In: *Slavic and East European Journal* 54. 297–315.
Schank, Roger C. und Robert P. Abelson (1977). *Scripts, Plans, Goals and Understanding*. Hillsdale.
Schiefelbein, Annemarie (1986). „Der Verrat. Eine Interpretation von Anton P. Čechovs Erzählung ‚Student'". Unveröffentlichte Seminararbeit. Hamburg.
Schmid, Wolf (1968). „Zur Erzähltechnik und Bewusstseinsdarstellung in Dostoevskijs ‚Večnyj muž'". In: *Die Welt der Slaven* 13. 294–306.
Schmid, Wolf (1971). [Rez. zu:] B. A. Uspenskij, *Poėtika kompozicii. Struktura chudožestvennogo teksta i tipologija kompozicionnoj formy* [Poetik der Komposition. Die Struktur des künstlerischen Textes und die Typologie der Kompositionsform]. Moskva 1970. In: *Poetica* 4. 124–134.
Schmid, Wolf (1973). *Der Textaufbau in den Erzählungen Dostoevskijs*, 2. Auflage mit einem Nachwort („Eine Antwort an die Kritiker"). Amsterdam 1986.
Schmid, Wolf (1982). „Edinstvo raznonapravlennych vpečatlenij vosprijatija. Rasskazyvanie i rasskazyvaemoe v ‚Brat'jach Karamazovych' [Die Einheit divergierender Wahrnehmungseindrücke. Erzählen und Erzähltes in den ‚Brüdern Karamazov']". In: *Acta Litteraria Academiae Scientiarum Hungaricae*. 24. 57–63. Dann in: V. Š. [W. Sch.], *Proza kak poėzija. Stat'i o povestvovanii v russkoj literature*. Sankt-Peterburg 1994. 142–150.
Schmid, Wolf (1984). „Thematische und narrative Äquivalenz. Dargelegt an Erzählungen Puškins und Čechovs". In: R. Grübel (Hg.), *Russische Erzählung. Russian Short Story. Russkij rasskaz*. Amsterdam. 79–118.
Schmid, Wolf (1987). „Analysieren oder Deuten? Überlegungen zur Kontroverse zwischen Strukturalismus und Hermeneutik am Beispiel von Čechovs ‚Nevesta'". In: *Die Welt der Slaven*, N.F. 11. 101–120.

Schmid, Wolf (1991). *Puškins Prosa in poetischer Lektüre. Die Erzählungen Belkins*. München.
Schmid, Wolf (1992). *Ornamentales Erzählen in der russischen Moderne. Čechov – Babel' – Zamjatin*. Frankfurt a. M.
Schmid, Wolf (1994a). „Mnimoe prozrenie Ivana Velikopol'skogo (‚Student') [Die vermeintliche Erkenntnis Ivan Velikopol'skijs (‚Der Student')]". Dann in: V. Š [W. Sch.], *Proza kak poėzija. Puškin. Dostoevskij. Čechov. Avangard*. 2. Aufl. Sankt-Peterburg 1998. 278–294.
Schmid, Wolf (1994b). „‚Jak si nakouřil pan Vorel pěnovku'. Událostnost v Nerudových *Povídkách malostranských* [,Wie Herr Vorel seine Meerschaumpfeife eingeraucht hat'. Zur Ereignishaftigkeit in Nerudas *Kleinseitner Erzählungen*]. In: *Česká literatura* 42. 570–583.
Schmid, Wolf (1995). „Textinterferenz, Äquivalenz und Ereignis in späten Erzählungen Anton Čechovs. Mit Rücksicht auf das Problem des Übersetzens". In: D. Kullmann (Hg.), *Erlebte Rede und impressionistischer Stil. Europäische Erzählprosa im Vergleich mit ihren deutschen Übersetzungen*. Göttingen. 221–238.
Schmid, Wolf (1996). „Die ‚Brüder Karamazov' als religiöser ‚nadryv' ihres Autors". In: R. Fieguth (Hg.), *Orthodoxien und Häresien in den slavischen Literaturen*. Wien. 25–50.
Schmid, Wolf (1997a). „‚Pique Dame als poetologische Novelle'". In: *Die Welt der Slaven* 42. 1–33.
Schmid, Wolf (1997b). „Modi des Erkennens in Čechovs narrativer Welt". In: V. B. Kataev, R.-D. Kluge, R. Nohejl (Hgg.), *Anton P. Čechov – philosophische und religiöse Dimensionen im Leben und im Werk*. München. 529–536.
Schmid, Wolf (1998a). „‚Brat'ja Karamazovy' – nadryv avtora, ili roman o dvuch koncach [‚Die Brüder Karamazov', Selbstvergewaltigung des Autors oder ein zweischneidiger Roman]". In: V. Šmid [W. Schmid], *Proza kak poėzija. Puškin – Dostoevskij – Čechov – avangard*. Sankt-Peterburg. 171–193.
Schmid, Wolf (1998b). „Ėkvivalentnost' v povestvovatel'noj proze. Po primeram iz rasskazov Čechova [Äquivalenz in erzählender Prosa. An Beispielen der Erzählungen Čechovs]". V. Šmid [W. Schmid], *Proza kak poėzija. Puškin – Dostoevskij – Čechov – avangard*. Sankt-Peterburg. 213–242.
Schmid, Wolf (2003a). *Narratologija* [Narratologie], Moskva.
Schmid, Wolf (2005). „Nischoždenie Puškina k proze" [Puškins Abstieg zur Prosa]. In: D. Bethea (Hg.), *The Pushkin Handbook*, Madison, WI. 210–240.
Schmid, Wolf (2008a). *Narratologija* [Narratologie][2003]. 2., erw. Aufl. Moskva.
Schmid, Wolf (2008b). „Wortkunst und Erzählkunst im Lichte der Narratologie". In: R. Grübel, W. Schmid (Hgg.), *Wortkunst – Erzählkunst – Bildkunst. Festschrift für Aage A. Hansen-Löve*. München. 23–37.
Schmid, Wolf (Hg. 2009a). *Russische Proto-Narratologie. Texte in kommentierten Übersetzungen*. Berlin/New York.
Schmid, Wolf (Hg. 2009b). *Slavische Erzähltheorie. Russische und tschechische Ansätze*. Berlin/New York.
Schmid, Wolf (2009c). „Fabel und Sujet". In: W. Schmid (Hg.), *Slavische Erzähltheorie. Russische und tschechische Ansätze*. Berlin/New York. 1–45.
Schmid, Wolf (2010). *Narratology. An Introduction*. Berlin/Boston.
Schmid, Wolf (2012). „‚Die Brüder Karamazov' – Dostoevskijs Pro und Contra". In: *Jahrbuch der deutschen Dostojewskij-Gesellschaft* 18. München und Berlin. 11–26.
Schmid, Wolf (2013a). *Proza Puškina v poėtičeskom pročtenii. ‚Povesti Belkina' i ‚Pikovaja dama'* [Puškins Prosa in poetischer Lektüre. ‚Die Erzählungen Belkins' und ‚Pique Dame']. 2., erw. Aufl. Sankt-Peterburg [1. russ. Aufl. 1996].

Schmid, Wolf (2013b). „Grečeskie imena v proze A. P. Čechova [Griechische Eigennamen in Čechovs Prosa]". In: M. Freise (Hg.), *Namen in der russischen Literatur. Imena v russkoj literature.* Wiesbaden. 267–278.
Schmid, Wolf (2014a). *Elemente der Narratologie* [1. Aufl. 2005]. 3., erw. und überarb. Aufl. Berlin/ Boston.
Schmid, Wolf (2014b). „Implied author". In: In: P. Hühn, J. C. Meister, J. Pier, W. Schmid (Hgg.), *Handbook of Narratology.* 2nd edition, fully revised and expanded. Berlin/Boston. 288–300. Online-Version in: P. Hühn, J. Ch. Meister, J. Pier, W. Schmid (Hgg.), *The Living Handbook of Narratology.* URL = www.lhn.uni-hamburg.de/article/implied-author-revised-version-uploaded-26-january-2013 (gesehen: 5.7.2016).
Schmid, Wolf (2014c). „Skaz". In: In: P. Hühn, J. C. Meister, J. Pier, W. Schmid (Hgg.), *Handbook of Narratology.* 2nd edition, fully revised and expanded. Berlin/Boston. 787–795. Online-Version in: P. Hühn, J. Ch. Meister, J. Pier, W. Schmid (Hgg.), *The Living Handbook of Narratology.*
URL = www.lhn.uni-hamburg.de/article/skaz (gesehen: 5.7.2016).
Schmid, Wolf (2014d). „Non-temporal Linking in Narration". In: In: P. Hühn, J. C. Meister, J. Pier, W. Schmid (Hgg.), *Handbook of Narratology.* 2nd edition, fully revised and expanded. Berlin/Boston. 667–676. Online-Version in: P. Hühn, J. Ch. Meister, J. Pier, W. Schmid (Hgg.), *The Living Handbook of Narratology.*
URL = www.lhn.uni-hamburg.de/article/skaz (gesehen: 1.11.2016).
Schmid, Wolf (2014e.) „A Vicious Circle: Equivalence and Repetion in ‚The Student'". In: *Anton Chekhov's Selected Stories. Texts of the Stories, Comparison of Translations, Life and Letters, Criticism.* Selected and ed. by C. Popkin. New York/London. 646–649.
Schmid, Wolf (2014f). „Prozrenie v voobražaemom dialoge. Rasskaz A. P. Čechova ‚Gore' [Die innere Umkehr im imaginierten Dialog. A. P. Čechovs Erzählung ‚Kummer']". In: W. Weststeijn, J. Stelleman, W. Honselaar (Hgg.), *To the Point. Festschrift Eric de Haard.* Amsterdam. 331–340.
Schmid, Wolf (2015). „Zeit und Erzählperspektive. Am Beispiel von F. M. Dostoevskijs Roman ‚Der Jüngling'". In: A. Weixler, L. Werner (Hgg.), *Zeiten erzählen. Ansätze – Aspekte – Analysen.* Berlin/Boston. 343–368.
Schmid, Wolf (2017a). „Aleksandr Puškin: ‚Povesti pokojnogo Ivana Petroviča Belkina' (‚Die Erzählungen des verstorbenen Ivan Petrovič Belkin')". In: B. Zelinsky (Hg.), *Die russische Erzählung.* (Im Druck).
Schmid, Wolf (2017b). „Anton Čechov: ‚Skripka Rotšil'da' (‚Rothschilds Geige')". In: B. Zelinsky (Hg.), *Die russische Erzählung.* (Im Druck).
Schmid, Wolf (2017c). „Ereignis". In: M. Huber, W. Schmid (Hgg.), *Erzählen.* Berlin/Boston. (Im Druck).
Schmid, Wolf (2017d). „Eventfulness and Repetitiveness: Two Aesthetics of Storytelling". In: P. K. Hansen, J. Pier, P. Roussin, W. Schmid (Hgg.), *The Emergence of Narrative.* Berlin/Boston. (Im Druck).
Schönert, Jörg (1980). „Otto Ludwig: ‚Zwischen Himmel und Erde' (1856). Die Wahrheit des Wirklichen als Problem poetischer Konstruktion". In: H. Denkler (Hg.), *Romane und Erzählungen des Bürgerlichen Realismus. Neue Interpretationen.* Stuttgart. 153–172.
Schulz, Armin (2004). Rez. von Hübner 2003. In: *Arbitrium* 22. 158–165.
Schulz, Armin (2012). *Erzähltheorie in mediävistischer Perspektive.* Berlin/Boston.
Schümann, Daniel (2014). „Raskol'nikovs Aural Conversion: From Hearing to Listening". In: *Ulbandus* 16. 6–23.

Schwietering, Julius (1932). *Die deutsche Dichtung des Mittelalters.* Potsdam. Nachdruck: Darmstadt 1957.

Sedmidubský, Miloš (1988). „Jan Nerudas ‚Kleinseitner Geschichten' als Antiidylle. Zur Geschichte des Idyllischen in der tschechischen Literatur". In: V. Setschkareff u. a. (Hgg.), *Ars Philologica Slavica. FS für Heinrich Kunstmann.* München 1988. 412–428.

Shaw, J. Thomas (1973). „Raskol'nikov's Dreams". In: *Slavic and East European Journal* 17. 131–145.

Šklovskij, Viktor (1917). „Kunst als Verfahren". Russ.-dt. in: J. Striedter (Hg.). *Texte der russischen Formalisten.* Bd. 1. München 1969. 2–35.

Šklovskij, Viktor (1955). „O značenii protivopostavlenij detalej [Über die Bedeutung der Opposition von Details]". In: V. Š., *Povesti o proze. Razmyšlenija i razbory.* Tom 2. Moskva 1966. 345–348.

Šklovskij, Viktor (1966). „O protivorečivosti i tekučesti čechovskich geroev [Über die Widersprüchlichkeit und Flüssigkeit der Čechovschen Helden]". In: V. Š., *Povesti o proze. Razmyšlenija i razbory.* T. 2. Moskva. 64–370.

Sokolova, Ljudmila A. (1968). *Nesobstvenno-avtorskaja (nesobstvenno-prjamaja) reč' kak stilističeskaja kategorija* [Die uneigentliche Autorenrede (erlebte Rede) als stilistische Kategorie]. Tomsk.

Southam, Brian (2001). *Jane Austen's Literary Manuscripts: A Study of the Novelist's Development through the Surviving Papers.* London.

Spitzer, Leo (1922a). *Italienische Umgangssprache,* Leipzig.

Spitzer, Leo (1922b). „Pseudoobjektive Motivierung bei Charles Louis Philippe". In: L. Spitzer, *Stilstudien II.* München 1928. 166–207.

Spitzer, Leo (1922c). „Sprachmengung als Stilmittel und als Ausdruck der Klangphantasie". In: L. Spitzer, *Stilstudien II.* 2. Aufl. München 1961. 84–124.

Spitzer, Leo (1928a). „Zur Entstehung der sogenannten erlebten Rede". In: *Germanisch-romanische Monatsschrift* 16. 327–332.

Stanzel, Franz K. (1955). *Die typischen Erzählsituationen im Roman. Dargestellt an Tom Jones, Moby Dick, The Ambassadors, Ulysses u. a.* Wien/Stuttgart.

Stanzel, Franz K. (1959). „Episches Präteritum, erlebte Rede, historisches Präsens". In: *Deutsche Vierteljahrsschrift für Literaturwissenschaft und Geistesgeschichte* 33. 1–12.

Stanzel, Franz K. (1979). *Theorie des Erzählens.* Göttingen.

Stein, William B. (1972). „‚Pamela': The Narrator as Unself-Conscious Hack". In: *Bucknell Review* 20. 39–66.

Steinberg, Günter (1971). *Erlebte Rede. Ihre Eigenart und ihre Formen in neuerer deutscher, französischer und englischer Erzählliteratur.* 2 Bde. Göppingen.

Stenbock-Fermor, Elisabeth (1975). *The Architecture of ‚Anna Karenina'. A History of its Writing, Structure, and Message.* Lisse.

Stender-Petersen, Adolf (1957). *Geschichte der russischen Literatur.* 2. Aufl. München 1974.

Stepanov, Andrej D. (2005). *Problemy kommunikacii u Čechova* [Probleme der Kommunikation bei Čechov]. Moskva.

Sternberg, Meir (1982a). „Point of View and the Indirections of Direct Speech". In: *Language and Style* 15. 67–117.

Sternberg, Meir (1982b). „Proteus in Quotation-Land: Mimesis and the Forms of Reported Discourse". In: *Poetics Today* 3. 107–156.

Stierle, Karlheinz (1993). „Die Unverfügbarkeit der Erinnerung und das Gedächtnis der Schrift. Über den Ursprung des Romans bei Chrétien de Troyes". In: A. Haverkamp und R. Lachmann (Hgg.), *Memoria – Vergessen und Erinnern*. München. 117–159.

Tanner, Tony (1969). [Original Penguin Classicy Introduction]. In: Jane Austen, *Sense and Sensibility*. Ed. with an Introduction by R. Ballaster. London 2003. 355–383.

Tanner, Tony (1986). *Jane Austen*. Basingstoke.

Terras, Victor (1981). *A Karamazov Companion. Commentary on the Genesis, Language, and Style of Dostoevsky's Novel*. Madison, WI. 2002.

Titzmann, Michael (2003). „Semiotische Aspekte der Literaturwissenschaft: Literatursemiotik". In: R. Posner, K. Robering, Th. A. Sebeok (Hgg.), *Semiotik/Semiotics. Ein Handbuch zu den zeichentheoretischen Grundlagen von Natur und Kultur/A Handbook on the Sign-Theoretic Foundations of Nature and Culture*. Berlin. Bd. 3. 3028–3103.

Tjupa, Valerij I. (2001). Narratologija kak analitika povestvovatel'nogo diskursa. ‚Archierej' A. P. Čechova [Narratologie als Analytik des Erzähldiskurses. A. P. Čechovs ‚Erzpriester']. Tver'.

Tobler, Adolf (1887). „Vermischte Beiträge zur französischen Grammatik". In: *Zeitschrift für romanische Philologie* 11. 433–461.

Todd, Janet (2006). *The Cambridge Introduction to Jane Austen*. Cambridge.

Tomasek, Tomas (2006). „Zur Tristanliebe. Anlässlich von Anna Keck, *Die Liebeskonzeption der mittelalterlichen Tristanromane* (München 1998)". In: *Beiträge zur Geschichte der deutschen Sprache und Literatur*. Bd. 128(3). 467–471.

Tomasek, Tomas (2007). *Gottfried von Straßburg*. Stuttgart.

Tomaševskij, Boris (1925). *Teorija literatury. Poėtika*. Leningrad. Dt.: Tomaševskij 1985.

Tomaševskij, Boris (1985). *Theorie der Literatur. Poetik* [Übers. von *Teorija literatury. Poėtika*, 6. Aufl. Moskva/Leningrad 1931]. Hg. v. K.-D. Seemann. Wiesbaden.

Toolan, Michael (2006). „Speech and Thought: Representation of". In: K. Brown (Hg.), *Encyclopedia of Language and Linguistics*. 2. Aufl. Amsterdam. Bd. 12. 698–710.

Ullmann, Stephen (1960). Rez. zu Verschoor 1959. In: *French Studies* 14. 383–384.

Urban, Peter (Hg.) (1981). *Čechov Chronik. Daten zu Leben und Werk*. Zürich.

Uspenskij, Boris (1970). *Poėtika kompozicii. Struktura chudožestvennogo teksta i tipologija kompozicionnoj formy*. Moskva. Dt.: 1975.

Uspenskij, Boris (1975). *Poetik der Komposition. Struktur des künstlerischen Textes und Typologie der Kompositionsform*, Frankfurt a.M.

Vacuro, Vadim Ė. (1981). „Povesti Belkina [Belkins Erzählungen]". In: A. S. Puškin, *Povesti pokojnogo Ivana Petroviča Belkina, izdannye A. P.*, Moskva. 7–60.

Verschoor, Jan Adriaan (1959). *Etude de grammaire historique et de style sur le style direct et les styles indirects en français*, Groningue.

Vetlovskaja, Valentina E. (1967). „Nekotorye osobennosti povestvovatel'noj manery v ‚Brat'jach Karamazovych' [Einige Besonderheiten der Erzählweise in den ‚Brüdern Karamazov']". In: *Russkaja literatura*. 4. 67–78.

Vetlovskaja, Valentina E. (1977). *Poėtika romana ‚Brat'ja Karamazovy'* [Die Poetik des Romans ‚Die Brüder Karamazov']. Leningrad.

Vinogradov, Igor' (1996). „‚Osanna' ili ‚Gornilo somnenij'? Po povodu stat'i Vol'fa Šmida [„Hosanna" oder "Schmelzfeuer des Zweifels"? Aus Anlass eines Aufsatzes von Wolf Schmid]". In: *Kontinent*, 90. 294–342.

Vinogradov, Viktor V. (1934). „O stile Puškina [Über Puškins Stil]". In: *Literaturnoe nasledstvo*, 16-18. 135–214.

Vinogradov, Viktor V. (1939). „O jazyke Tolstogo (50-60-e gody) [Über die Sprache Tolstojs (50er–60er Jahre)]". In: *L. N. Tolstoj I*. Moskva. 117–220.

Vinogradov, Viktor V. (1941). *Stil' Puškina* [Puškins Stil]. Moskva.

Vodička, Felix (1951). „Poznání skutečnosti v Povídkách malostranských. K otázce Nerudova realismu [Das Erkennen der Wirklichkeit in den Kleinseitner Geschichten Zur Frage von Nerudas Realismus]". In: F. V., *Struktura vývoje*. Praha 1969. 177–191.

Vološinov, Valentin (1929). *Marksizm i filosofija jazyka: Osnovnye problemy sociologičeskogo metoda v nauke o jazyke*, Moskva 1993. Dt.: Vološinov 1975.

Vološinov, Valentin (1975). *Marxismus und Sprachphilosophie. Grundlegende Probleme der soziologischen Methode in der Sprachwissenschaft* [Übers. von Vološinov 1929]. Hg. von S. Weber, Frankfurt a. M.

Voort, Cok van der (1986). „Hoe vrij is de vrije indirecte rede?". In: *Forum der letteren: Tijdschrift voor Taal- en Letterkunde* (Leiden) 27. 241–255.

Wächter, Thomas (1992). *Die künstlerische Welt in späten Erzählungen Čechovs*. Frankfurt a. M.

Wahrenburg, Fritz (1995). „Versuch über den Roman, Friedrich von Blanckenburg". In: R. G. Renner, E. Habekost (Hgg.), *Lexikon literaturtheoretischer Werke*. Stuttgart. 442–444.

Waltenberger, Michael (2006) Rez. von Hübner 2003. In: *Beiträge zur Geschichte der deutschen Sprache und Literatur* 127. 493–498.

Walzel, Oskar (1924). „Von erlebter Rede". In: O. Walzel, *Das Wortkunstwerk. Mittel seiner Erforschung*, Leipzig 1926, 207–230.

Watt, Ian (1957). *The Rise of the Novel*. Berkeley and Los Angeles.

Weber, Gottfried (1953). *Gottfrieds von Straßburg ‚Tristan' und die Krise des hochmittelalterlichen Weltbildes um 1200*. 2 Bde. Stuttgart.

Weber, Gottfried und Werner Hoffmann (1981). *Gottfried von Straßburg*. 5., von W. Hoffmann bearbeitete Aufl. Stuttgart.

Wedel, Erwin (1973a). „Tri smerti". In: *Kindlers Literatur Lexikon*. Sonderausgabe in 12 Bänden. Zürich. 9563–9565.

Wedel, Erwin (1973b). „Anna Karenina". In: *Kindlers Literatur Lexikon*. Sonderausgabe in 12 Bänden. Zürich. 1048–1050.

Winner, Thomas (1966). *Chekhov and His Prose*. New York.

Woledge, Brian (1988). *Commentaire sur ‚Ivain (Le Chevalier au lion)' de Chrétien de Troyes*. Tome II, vv. 3412-6808. Genève.

Wolf, Werner (2017). „Erzählen in der Musik". In: M. Huber, W. Schmid (Hgg.), *Erzählen*. Berlin/Boston. (Im Druck).

Wright, Andrew H. (1953). *Jane Austen's Novels. A Study in Structure*. London.

Zelinsky, Bodo (2007a). „Lev Tolstoj: Vojna i mir (Krieg und Frieden)". In: B. Zelinsky, *Der russische Roman*. Köln. 186–223. 510–516.

Zelinsky, Bodo (2007b). „Lev Tolstoj: Anna Karenina". In: B. Zelinsky, *Der russische Roman*. Köln. 224–249. 516–520.

Zundelovič, Jakov O. (1963). *Romany Dostoevskogo Stat'i* [Dostoevskijs Romane. Aufsätze]. Taškent.

Zunshine, Lisa (2006). *Why We Read Fiction. Theory of Mind and the Novel*. Columbus, OH.

Index der Namen und Werke

Seiten, die unter dem Werk eines Autors aufgeführt sind, erscheinen nicht unter seinem Namen. In russischen Namen und Werktiteln wird die Betonung durch Akzente angezeigt.

Abbott, Edwin A.
   Flatland. A Romance of Many Dimensions 82
Abelson, Robert P. 77, 427
Achmátova, Ánna 193–194
Alexander, Marc 77
Alexander, John 77, 158, 419
Amsenga, Bonno J. 356, 416
Anselm von Canterbury 102
Apostelgeschichte 286
Archard von Saint-Victor 102
Aretino, Pietro 205, 415
   Ragionamenti 209
Aristoteles
   Poetik (De arte poetica) 3–5, 64–65, 416
Armstrong, Grace 103, 416
Atkins, Stuart P. 213, 217, 416
Auerbach, Berthold
   Schwarzwälder Dorfgeschichten 231
Augustinus 102–102
Austen, Jane 6, 55, 151, 403, 415
   Elinor and Marianne 153
   Emma 17, 177–188, 396–399
   First Impressions 153, 167
   Mansfield Park 154
   Northanger Abbey 154
   Persuasion 60, 154, 164, 174, 396, 398
   Pride and Prejudice 39, 59, 77–78, 153, 166–176, 396, 398
   Sense and Sensibility 153, 155–166, 176, 396–398
Austen-Leigh, James E. 166, 177, 416

Bábel', Ísaak 72, 415
   Die Reiterarmee (Konármija) 199
   Der Übergang über den Zbruč (Perechód čérez Zbruč) 199
Bachtín, Michaíl M. 6, 19, 23, 41, 65, 85, 105, 146, 250–251, 257, 260, 282, 303, 353, 407, 411, 413, 417

Bally, Charles 12
Balzac, Honoré de
   Père Goriot 40
   Physiologie du mariage, ou Méditations de philosophie éclectique sur le bonheur et le malheur conjugal, publiées par un jeune célibataire 194
Banfield, Ann 20, 23, 43, 417
Baroni, Raphaël 67, 417
Baršt, Konstantin A. 262, 417
Bauer, Gerhard 375, 417
Beccaria, Cesare
   Dei delitti e delle pene 261
Bedaux, Veerle A. A. 356, 416
Belínskij, Vissarión 58
Belóv, Sergej 262–263, 417
Bélyj, Andréj
   Arabesken (Arabéski) 410
Bérdnikov, Georgij P. 379, 417
Berend, Alice
   Die Bräutigame der Babette Bomberling 20, 45
Bernhard von Clairvaux 102
Béroul 116
Beyschlag, Siegfried 392, 417
Blanckenburg, Christian Friedrich von 5
Boor, Helmut de 109, 417
Booth, Wayne C. 28, 179, 181, 188
Bortolussi, Marisa 3, 12, 417
Bräuer, Margit und Rolf 254
Braun, Maximilian 265, 279–280, 290, 417
Brinkmann, Richard 213, 217, 224–225, 417
Brinton, Laurel 50, 417
Brown, Lloyd W. 165, 417
Buch Hiob 287, 294
Bühler, Karl 20, 223, 418
Bühler, Willi 50, 133, 146, 148, 159, 174, 418
Bulachóvskij, L. A. 36, 418
Bumke, Joachim 94, 100–103, 105, 114, 418
Búnin, Iván 353

Burney, Fanny
  Cecilia 167
Busch, Ulrich 328, 418
Byron, George G. N. 191–192

Caracciolo, Marco 11–12, 418
Čéchov, Aleksándr P. 352
Čéchov, Antón 7, 68, 70, 72, 415
  Auf dem Wagen (Na podvóde) 69, 409
  Aus Sibirien (Iz Sibíri) 341
  Die Braut (Nevésta) 81, 361–363, 409, 413
  Die Dame mit dem Hündchen (Dáma s sobáčkoj) 358–360, 408–409, 412
  Der Dicke und der Dünne (Tólstyj i tónkij) 347–352
  Diebe (Vóry) 346, 412
  Die drei Schwestern (Tri sestrý) 69–70
  Die Ehegattin (Suprúga) 345
  Ein Ereignis (Sobýtie) 345, 409
  Der Erzpriester (Archieréj) 363–368, 409
  Die Insel Sachalin (Óstrov Sachalín) 341
  Krankenzimmer № 6 (Paláta № 6) 341
  Kummer (Góre) 368–387
  Der Literaturlehrer (Učítel' slovésnosti) 71, 346, 409–388
  Rothschilds Geige (Skrípka Rótšil'da) 368–387, 409, 411
  Seelchen (Dúšečka) 80, 363, 409
  Der Student (Studént) 62, 352–358, 382, 410
  Der Tod eines Beamten (Smert' činóvnika) 352
Čéchov, Ivan P. 353
Čertkóv, Vladímir G. 59
Chatman, Seymour 64, 418
Chímič, Véra V. 382, 418
Chmel'níckij, Nikoláj
  Dem Beschiedenen entkommt man auch zu Pferde nicht, oder Kein Unglück ohne Glück (Suženogo koněm ne ob''edeš', ili Net chuda bez dobra) 204–205
Chrétien de Troyes 100, 108, 415
  Li Contes del Graal ou Le roman de Perceval 91, 94, 99, 102
Cilévič, Leoníd M. 342, 344, 353, 386, 418

Coetzee, John M.
  The Master of Petersburg 46, 415
Cohn, Dorrit 11, 15–17, 28, 33, 38, 40, 43, 56, 107, 418
Constant, Benjamin 195
  Adolphe. Anecdote trouvée dans les papiers d'un inconnu 192–193, 399
Čudakóv, Aleksándr P. 347, 352–353, 412–413, 418
Čukóvskij, Kornéj I. 368, 418

Damasio, Antonio 66, 418
Debreczeny, Paul 195, 418
Defoe, Daniel 133
Dérman, Abram B. 353, 418
Dick, Gerhard 383
Dietz, Reiner 126, 418
Dinkler, Michal Beth 1, 418
Dirscherl, Fabian 13, 36, 418
Dixon, Peter 3
Doležel, Lubomír 19, 24, 223–224, 418
Dostoévskij, Fëdor M. 7, 17, 55, 65, 146, 209, 302–303, 343–346, 352–353, 415
  Aufzeichnungen aus dem Kellerloch (Zapíski iz podpól'ja) 269, 273, 353, 410
  Die Brüder Karamazov (Brát'ja Karamázovy) 31, 79–80, 264, 306, 344, 402–407, 409
  Die Dämonen (Bésy) 299, 404
  Der Doppelgänger (Dvojník) 27, 29, 35–36, 41, 46–48, 44, 51, 53, 57–58, 249–253, 260, 265, 402–404
  Eine dumme Geschichte (Skvérnyj anekdót) 52
  Der ewige Ehemann (Véčnyj muž) 41
  Herr Prochárčin (Gospodín Prochárčin) 36
  Der Jüngling (Podróstok) 25, 31, 44, 78–79, 84–87, 266
  Schuld und Sühne (Prestuplénie i nakazánie) 254–279, 292, 344, 353, 402–404, 410
Duden, Barbara 29
Dujardin, Edouard 419
  Les Lauriers sont coupés 26

Ebbinghaus, Andreas 254, 419
Eder, Jens 5
Edgeworth, Maria
    Letters of Julia and Caroline 158
Eichenbáum (Ėjchenbáum), Borís M. 301, 316, 419
Eilhart von Oberge 116
Eliasberg, Alexander 254
Emerson, Caryl 303, 419
Emmott, Catherine 77, 419
Eng, Jan van der 200, 358, 360, 419
Erëmin, P. 387, 419
Ėtkind, Efim 379, 419

Fehr, Bernhard 50, 419
Fet, Afanásij 311
Feuchtwanger, Lion 419
    Jud Süß 38–39, 49
    Der jüdische Krieg 45–46
Fielding, Henry 153
    Apology for the Life of Mrs. Shamela Andrews 134
    Joseph Andrews 134
    Tom Jones 27–29, 39, 40, 64
Flaubert, Gustave 55
    Madame Bovary 58, 79
Fludernik, Monika 1, 13–14, 16, 19, 33, 56, 60, 419–420
Fonvízina, Natál'ja D. 300
Forster, Edward Morgan 63–64, 420
Fortunátov, Nikoláj M. 385, 420
Fox', Robert 166, 420
Freise, Matthias 363, 411, 420
Fuhrmann, Manfred 3, 420
Furstner, Hans 110, 112, 115, 420

Garis, Robert 158, 420
Garnett, Constance 299
Geier, Swetlana 254, 291, 299, 420
Genette, Gérard 63, 88, 107, 420
Gerigk, Horst-Jürgen 254, 264–265, 273, 280–281, 292, 420
Geršenzon, Michaíl O. 207, 420
Gínzburg, Lídija Ja. 193, 406, 420
Glier, Ingeborg 392, 420
Goethe, Johann Wolfgang von 415

Die Wahlverwandtschaften 34–35, 47, 59, 213
    Wilhelm Meisters Lehrjahre 79
Gol'denvéjzer, Aleksándr B. 196, 420
Golováčeva, Álla G. 385, 420
Gopnik, Alison 2, 420
Gór'kij, Maksím 80, 302, 408–409, 415
Gottfried von Straßburg 28
    Tristan 1, 6, 55, 82–83, 393–394, 415
Green, Dennis H. 98, 102–103, 420
Gruber, Carola 66–67, 88
Grüne, Matthias 16, 232
Guenther, Johannes von 383
Gusev, Nikolaj N. 196, 420

Haas, Alois 103, 421
Halliwell, Stephen 14, 421
Hamburger, Käte 16, 43, 310–312, 421
Hansen-Löve, Aage A. 5, 410, 421
Hartmann von Aue 56, 108
Hauschild, Christiane 66, 421
Heinrich von Freiberg 128
Henkel, Wilhelm 254
Herman, David 2, 11, 421
Herzmann, Herbert 110–111, 114–115, 421
Heyse, Paul 215
Hielscher, Karla 347, 421
Hirschberg, Dagmar 102, 421
Hoffmann, Werner 110, 116, 127, 432
Hoffmann, E. T. A. 249, 251, 260, 265, 403
Holdheim, William W. 304, 421
Holford, Margaret W.
    First Impressions, or the Portrait 167
Holthusen, Johannes 36, 52, 421
Homer 20
Howell, William D. 155, 421
Huber, Christoph 110, 127–128, 422
Hübner, Gert 55, 107–109, 422
Hugo von St. Victor 103
Hühn, Peter 63, 67, 88, 138, 422

Ingarden, Roman 13, 422
Ioannisján, D. 379, 422

Jackson, Robert Louis 381, 422
Jackson, William H. 107, 422
James, William 26, 422

Jannidis, Fotis 413, 419
Jarcho, Gregor 254
Jensen, Peter Alberg 361, 423
Johannesevangelium 276
Joyce, James 52, 153
    Grace 87
    Ulysses 26

Kaerrick, Elisabeth 299
Kalepky, Theodor 23, 57, 423
Kannicht, Richard 3, 423
Karamzín, Nikoláj M. 21, 201, 203, 206, 212, 415
    Die arme Lisa (Bédnaja Líza) 21, 201
    Geschichte des russischen Staates (Istórija rossíjskogo gosudárstva) 22
    Natál'ja, die Bojarentochter (Natál'ja, bojárskaja doč') 203, 205–206
Karlhof (Kárlgof), Wilhelm 200
Karpf, Fritz 146, 423
Katáev, Vladímir 346, 423
Katkóv, Michaíl 263
Keesman-Marwitz, A. H. 320, 423
Keil, Rolf-Dieter 191
Keiter, Heinrich 16, 423
Keller, Gottfried
    Der Grüne Heinrich 79
Kenner, Hugh 52
Kirjánov, Dária A. 374, 423
Kirk, Irene 379, 423
Kjetsaa, Geir 358, 423
Knipper, Ada 383
Kovtunóva, Irina I. 42, 423
Kožévnikova, Natál'ja A. 52, 423
Kramer, Karl D. 349, 423
Krohn, Rüdiger 110–111, 123, 127, 423
Kšicová, Danuše 375, 423
Kuhn, Markus 63, 423
Kuhn, Hugo 111

Labov, William 67, 424
LaCapra, Dominick 58, 424
Lachmann, Karl 104
Låftman, Emil 57, 424
Lavrov, Vul 343
Lee, Ang 158
Leech, Geoffrey N. 14, 17, 33, 424

Lenin, Vladímir I. 80
Lerch, Eugen 12, 43, 424
Lerch, Gertraud 12, 424
Levitán, Líja S. 344, 374, 376–377, 380, 382, 424
Liddell, Robert 156, 424
Lillyman, William J. 213, 215–217, 220, 225, 231–232, 424
Litz, A. Walton 60, 155, 158, 167, 174, 424
Lorck, Etienne 12, 424
Lótman, Júrij M. 66, 73, 82, 263, 281, 424
Ludwig, Otto 6, 415
    Zwischen Himmel und Erde 48–49, 400–401
Lukasevangelium 196, 296

Mai, Hans-Peter 134, 424
Majakóvskij, Vladímir
    Zwei Čechovs (Dva Čéchova) 411
Maméava, N. L. 379, 424
Mann, Thomas 301, 415
    Doktor Faustus 77, 284
    Die Kunst des Romans 1–2
    Der Zauberberg 76–77
Marivaux', Pierre Carlet de
    Le Jeu de l'amour et du hazard 208
Markóvič, Vladímir V. 201, 424
Marks (Marx), Adolf 341
Martin, David W. 354, 424
Matlaw, Ralph E. 299
Matthäusevangelium 196
Maurer, Friedrich 95–96, 99, 101, 424
May, Ch. E. 379, 424
McEwan, Ian
    Atonement 150
McHale, Brian 13, 17, 19, 24, 34–35, 38, 43, 47, 52, 425
Meijer, Jan M. 282–283, 425
Mengel, Ewald 135, 149, 425
Merker, Paul 225
Meyer, Albert 232, 425
Morson, Gary Saul 325–326, 425
Müller, Ludolf 328, 425
Müller, Wolfgang 17, 159, 164, 425

Nabókov, Vladímir 191, 255, 293, 358, 425

Nellmann, Eberhard 92-94, 425
Němcová, Božena
  Die Großmutter (Babička) 235
Neruda, Jan 6, 425
  Abendliche Plaudereien (Večerní šplechty), 244
  Aus dem Tagebuch eines Konzipienten (Figurky), 234-235
  Doktor Weltverderber (Doktor Kazisvět), 234, 237-238, 402
  Kleinseitner Geschichten (Malostranské povídky) 233-246, 401
  Sie stürzte den Bettler ins Elend (Přivedla žebráka na mizinu) 241, 244
  Die St.-Wenzels-Messe (Svatováclavská mše) 234
  Der Wassermann (Hastrman) 234
  Wie es kam, dass Österreich am 20. August 1849 um halb ein Uhr mittags nicht zerstört wurde (Jak to přišlo, že dne 20. srpna roku 1849, o půl jedné s poledne, Rakousko nebylo rozbořeno) 234
  Wie sich Herr Vorel sein Meerschaumpfeifchen anrauchte (Jak si nakouřil pan Vorel pěnovku) 235-246, 401-402
  Eine Woche in einem stillen Hause (Týden v tichém domě; 1867) 242, 244
  Zu den heurigen Allerseelen geschrieben (Psáno o letošních Dušičkách) 234, 241, 244
Nestle, Wilhelm 3
Nestorchronik 73
Neubert, Albrecht 42, 425
Nikítin, Nikoláj 410
Nilsson, Nils Åke 364

Ovid
  Remedia Amoris 125, 127

Pachaly, Paul 217, 425
Pádučeva, Eléna B. 23, 36, 223, 425
Pafel, Jürgen 13, 36
Page, Norman 17, 425
Palmer, Alan 2-3, 5, 11-12, 16-17, 27, 33, 38, 41, 50, 53, 66, 220, 426

Papérnyj, Zinóvij 374, 426
Pascal, Roy 23, 43, 426
Paul, Otto 392, 426
Pavlóvskij, I, Ja. 380
Penzkofer, Gerhard 358, 364, 426
Petrarca, Francesco 200, 205
  Canzoniere 209
Picard, Hans Rudolf 135, 143, 426
Pil'nják, Borís 410
Platon 5, 17
  Der Staat (De re publica) 3, 14, 20, 67
Pobedonóscev, Konstantín N. 290
Pogorél'skij, Antónij (= Aleksej A. Peróvskij) 200
  Die Mohnkuchenverkäuferin von Lafertovo (Lafértovskaja makovníca) 210
Polevój, Ksenofónt A. 192
Pólockaja, Ėmma A. 385, 426
Popkin, Cathy 345, 426
Prince, Gerald 63-64, 67, 426
Propp, Vladímir Ja. 66
Púškin, Aleksándr S. 6, 65, 72, 415
  An der Ecke eines kleinen Platzes (Na uglú málen'koj plóščadi) 193-194
  Erzählungen des verstorbenen Ivan Petrovič Belkin (Póvesti pokójnogo Ivána Petróviča Bélkina) 195-212, 399
  Eugen Onegin (Evgénij Onégin), 191, 192, 257
  Fräulein Bäuerin (Báryšnja krest'jánka) 134, 141, 195, 208, 212
  Der Gefangene im Kaukasus (Kavkázskij plénnik) 56, 53
  Geschichte des Dorfes Gorjuchino (Istórija selá Gorjúchino) 191
  Die Hauptmannstochter (Kapitánskaja dóčka) 196
  Im Landhaus *** trafen die Gäste ein (Gósti s"ezžális' na dáče) 193
  Der Mohr Peters des Großen (Aráp Petrá Velíkogo) 193
  Noch wehen die kalten Winde (Eščě dújut cholódnye větry) 292
  Pique Dame (Píkovaja dáma) 196, 211, 252
  Roman in Briefen (Román v pís'mach) 201

Der Sargmacher (Grobovščík) 195, 199, 210, 385
Der Schneesturm (Metél') 65, 192, 195, 203–207, 209–210, 212
Der Schuss (Výstrel) 195, 202, 207, 209, 212
Der Stationsaufseher (Stanciónnyj smotrítel') 212, 196–199, 201–202, 206–207, 209–210, 212
Über die Prosa (O próze) 203, 206

Quincey, Thomas de
On Murder Considered as One of the Fine Arts 261

Rahsin, E. K. (= Elisabeth Kaerrick) 299
Ranke, Friedrich 110, 112, 426
Rauter, Herbert 178, 426
Rayfield, Donald 356, 379, 426
Reber, Natalie 249, 426
Reents, Edo 213, 426
Rév, Mária 385, 426
Richard von Saint-Victor 102
Richardson, Samuel 6, 153, 191, 204, 416
  Clarissa 136, 143–151, 394–395
  Pamela, or Virtue Rewarded 77, 133–143, 145, 149, 394–395
  Sir Charles Grandison 136
Ries, Sybille 110, 121, 426
Rosenshield, Gary 379–380, 386–387, 426
Rothe, Hans 301, 310, 426
Rousseau, Jean-Jacques 205, 301
  Julie ou la Nouvelle Héloïse 192, 204
Ruh, Kurt 110–111, 427
Ryan, Marie-Laure 1, 63, 67, 427

Šatálov, S. E. 344–345, 427
Schank, Roger C. 77, 427
Ščerbenók, Andrej 353, 427
Schiefelbein, Annemarie 356, 427
Schiller, Friedrich
  Ode an die Freude 296
  Versuch über den Zusammenhang der tierischen Natur des Menschen mit seiner geistigen 255
Schmid, Wolf 3, 11, 14, 19–20, 23–24, 41, 43, 50, 52–53, 58, 63, 66–68, 72, 86, 88, 104, 141, 168, 191, 199, 204, 207, 211, 223, 233, 249–250, 257, 267, 284, 286, 328, 346, 348, 353, 360–361, 376–377, 410, 427–429
Schmidt, Johannes N. 63, 423
Schmidt, Julian 215, 231
Schneider, Ralf 419
Schönert, Jörg 88, 216–217, 422, 429
Schopenhauer, Arthur 1–2
  Parerga und Paralipomena 2
Schulz, Armin 98, 109, 429
Schümann, Daniel 260, 276, 429
Schwietering, Julius 127–128, 430
Scott, Walter 2, 191
Sedmidubský, Miloš 235, 430
Shakespeare, William 191, 200
  King Lear 231
Shaw, J. Thomas 269, 430
Short, Michael 14, 17, 33, 424
Šklóvskij, Víktor B. 66, 301, 349, 387, 430
Sokolóva, Ljudmíla 31, 42, 430
Sommer, Roy 63, 422
Sophokles
  König Ödipus 6
Solženícyn, Aleksándr I. 416
  Ein Tag im Leben des Iván Denísovič (Odín den' Ivána Denísoviča) 54
Southam, Brian 153, 430
Spiewok, Wolfgang 104
Spitzer, Leo 31, 43, 52, 430
Stanzel, Franz K. 13, 16, 28, 40, 159, 180, 221, 265, 430
Stein, William B. 134, 430
Steinberg, Günter 14, 42, 55
Stenbock-Fermor, Elisabeth 331, 430
Stender-Petersen, Adolf 303, 314–315, 406, 430
Stepánov, Andréj D. 364, 430
Stern, Adolf 216
Sternberg, Meir 13, 19, 430
Sterne, Laurence 191, 301
Stierle, Karlheinz 101, 431
Stoppard, Tom 332
Stráchov, Nikoláj N. 328
Suvórin, Aleksándr 341–343, 346–347

Tanner, Tony 155–156, 158–159, 431

Terras, Victor 294, 299, 431
Thackeray, William M.
   Vanity Fair 40
Thomas d'Angleterre 111, 126–128
Tietze, Rosemarie 61
Titzmann, Michael 66, 431
Tjupá, Valérij I. 367, 431
Tobler, Adolf 16, 431
Todd, Janet 155–159, 431
Tolstój, Lev 7, 27, 55, 59, 65, 71, 73, 196,
   199, 290, 302–303, 343–346, 416
   Anna Karénina 61–62, 79–80, 195, 301–
      302, 311, 319–337, 344, 353, 405,
      407–408
   Auferstehung (Voskresénie) 327
   Drei Tode (Tri smérti) 302, 311
   Familienglück (Seméjnoe sčást'e) 302
   Die Geschichte des gestrigen Tages
      (Istórija včerášnego dnja) 301
   Hadschi Murat (Xadží Murát) 301–302
   Kaukasus-Erzählungen 302
   Kindheit (Détstvo) 196, 302
   Knabenjahre (Ótročestvo) 196, 311
   Die Kreutzersonate (Kréjcerova sonáta)
      302
   Krieg und Frieden (Vojná i mir) 29, 30,
      73–76, 302, 304–310, 313–320, 324–
      326, 344, 405, 407
   Der Leinwandmesser (Cholstomér) 81
   Luzern (Ljucérn) 73
   Sevastópol' im Mai (Sevastópol' v mae)
      302
   Sevastopoler Skizzen 302
   Der Tod des Iván Il'íč (Smert' Ivána Il'ičá)
      302, 311, 312–313
Tomasek, Tomas 110, 113, 116, 126, 128, 431
Tomaševskij, Borís 4–5, 431
Toolan, Michael 13, 26, 32, 431
Turgénev, Iván S. 344

Ullman, Stephen 55, 431
Ulrich von Türheim 128
Urban, Peter 194, 341–343, 431
Uspénskij, Borís A. 267, 431

Vacúro, Vadím E. 201
Vasmer, Max 380
Verschoor, Jan Adriaan 55
Veselóvskij, Alekséj N. 66
Vetlóvskaja, Valentína E. 282
Vinográdov, Ígor' 294, 431
Vinográdov, Víktor 200, 406, 431
Vjázemskij, Pëtr A. 192–193
Vodička, Felix 233–234, 431
Volóšinov, Valentín 12, 19, 22, 34, 52, 56,
   432
Voort, Cok van der 23, 432
Voß, Johann Heinrich
   Luise 235
Vossler, Karl 12

Wächter, Thomas 313, 345, 361–362, 364,
   367, 374, 377, 381, 432
Wahrenburg, Fritz 7, 432
Waltenberger, Michael 108, 432
Walzel, Oskar 57, 432
Watt, Ian 138, 432
Weber, Gottfried 110, 112, 116, 127, 432
Wedel, Erwin 311, 320, 432
Wieland, Christoph Martin 213
   Geschichte des Agathon 40, 79
Winner, Thomas 377, 432
Woledge, Brian 56, 432
Wolf, Werner 63, 432
Wolfram von Eschenbach 28
   Parzival 6, 55, 82–83, 87–100, 371–373,
      416
Woolf, Virginia 32, 55, 153
   Mrs Dalloway 32–34, 36–38, 43, 45, 50,
      416
Wordsworth, William 191
Wright, Andrew H. 154–155, 432

Zachárov, Vladímir N. 294
Zamjátin, Evgénij 410
Zelinsky, Bodo 304, 317, 319, 432
Zundelóvič, Jákov 282, 432
Zunshine, Lisa 2, 12, 220, 432

www.ingramcontent.com/pod-product-compliance
Lightning Source LLC
Chambersburg PA
CBHW051241300426
44114CB00011B/834